俄 罗 斯 数 学
教 材 选 译

"十一五"国家重点图书

● 数学天元基金资助项目

微积分学教程

(第一卷) (第8版)

□ Г. М. 菲赫金哥尔茨 著
□ 杨弢亮 叶彦谦 译
□ 郭思旭 校

WEIJIFENXUE JIAOCHENG

高等教育出版社·北京

《俄罗斯数学教材选译》序

从 20 世纪 50 年代初起, 在当时全面学习苏联的大背景下, 国内的高等学校大量采用了翻译过来的苏联数学教材. 这些教材体系严密, 论证严谨, 有效地帮助了青年学子打好扎实的数学基础, 培养了一大批优秀的数学人才. 到了 60 年代, 国内开始编纂出版的大学数学教材逐步代替了原先采用的苏联教材, 但还在很大程度上保留着苏联教材的影响, 同时, 一些苏联教材仍被广大教师和学生作为主要参考书或课外读物继续发挥着作用. 客观地说, 从新中国成立初期一直到 "文化大革命" 前夕, 苏联数学教材在培养我国高级专门人才中发挥了重要的作用, 产生了不可忽略的影响, 是功不可没的.

改革开放以来, 通过接触并引进在体系及风格上各有特色的欧美数学教材, 大家眼界为之一新, 并得到了很大的启发和教益. 但在很长一段时间中, 尽管苏联的数学教学也在进行积极的探索与改革, 引进却基本中断, 更没有及时地进行跟踪, 能看懂俄文数学教材原著的人也越来越少, 事实上已造成了很大的隔膜, 不能不说是一个很大的缺憾.

事情终于出现了一个转折的契机. 今年初, 在由中国数学会、中国工业与应用数学学会及国家自然科学基金委员会数学天元基金联合组织的迎春茶话会上, 有数学家提出, 莫斯科大学为庆祝成立 250 周年计划推出一批优秀教材, 建议将其中的一些数学教材组织翻译出版. 这一建议在会上得到广泛支持, 并得到高等教育出版社的高度重视. 会后高等教育出版社和数学天元基金一起邀请熟悉俄罗斯数学教材情况的专家座谈讨论, 大家一致认为: 在当前着力引进俄罗斯的数学教材, 有助于扩大视野, 开拓思路, 对提高数学教学质量、促进数学教材改革均十分必要. 《俄罗斯数学教材选译》系列正是在这样的情况下, 经数学天元基金资助, 由高等教育出版社组织出版的.

经过认真遴选并精心翻译校订, 本系列中所列入的教材, 以莫斯科大学的教材为主, 也包括俄罗斯其他一些著名大学的教材; 有大学基础课程的教材, 也有适合大学高年级学生及研究生使用的教学用书. 有些教材虽曾翻译出版, 但经多次修订重版, 内容已有较大变化, 至今仍广泛采用、深受欢迎, 反映出俄罗斯在出版经典教材方面所作的不懈努力, 对我们也是一个有益的借鉴. 这一教材系列的出版, 将中俄数学教学之间中断多年的链条重新连接起来, 对推动我国数学课程设置和教学内容的改革, 对提高数学素养、培养更多优秀的数学人才, 可望发挥积极的作用, 并产生深远的影响, 这无疑值得庆贺, 特为之序.

李大潜

2005 年 10 月

编者的话

格里戈里 · 米哈伊洛维奇 · 菲赫金哥尔茨的《微积分学教程》是一部卓越的科学与教育著作, 曾多次再版, 并被翻译成多种文字.《教程》包含实际材料之丰富, 诸多一般定理在几何学、代数学、力学、物理学和技术领域的各种应用之众多, 在同类教材中尚无出其右者. 很多现代著名数学家都提到, 正是 Г. М. 菲赫金哥尔茨的《教程》使他们在大学时代培养起了对数学分析的兴趣和热爱, 让他们能够第一次清晰地理解这门课程.

从《教程》第一版问世至今已有 50 年, 其内容却并未过时, 现在仍被综合大学以及技术和师范院校的学生像以前那样作为数学分析和高等数学的基本教材之一使用. 不仅如此, 尽管出现了新的一批优秀教材, 但自 Г. М. 菲赫金哥尔茨的《教程》问世起, 其读者群就一直不断扩大, 现在还包括许多数理特长中学 (译注: 在俄罗斯, 除了类似中国的以外语、音乐为特长的中学, 还有以数学与物理学为重点培养方向的中学, 其教学大纲包括更多更深的数学与物理学内容, 学生则要经过特别的选拔.) 的学生和参加工程师数学进修培训课程的学员.

《教程》所独有的一些特点是其需求量大的原因.《教程》所包括的主要理论内容是在 20 世纪初最后形成的现代数学分析的经典部分 (不含测度论和一般集合论). 数学分析的这一部分在综合大学的一、二年级讲授, 也 (全部或大部分) 包括在所有技术和师范院校的教学大纲中.《教程》第一卷包括实变一元与多元微分学及其基本应用, 第二卷研究黎曼积分理论与级数理论, 第三卷研究多重积分、曲线积分、曲面积分、斯蒂尔吉斯积分、傅里叶级数与傅里叶变换.

《教程》的主要特点之一是含有大量例题与应用实例, 正如前文所说, 通常这些内容非常有趣, 其中的一部分在其他俄文文献中是根本没有的.

另外一个重要特点是材料的叙述通俗、详细和准确. 尽管《教程》的篇幅巨大, 但这并不妨碍对本书的掌握. 恰恰相反, 这使作者有可能把足够多的注意力放在新定义的论证和问题的提法, 基本定理的详尽而细致的证明, 以及能使读者更容易理解本课程的其它方面上. 每个教师都知道, 同时做到叙述的清晰性和严格性一般是很困难的 (后者的欠缺将导致数学事实的扭曲). 格里戈里 · 米哈伊洛维奇 · 菲赫金哥尔茨的非凡的教学才能使他在整个《教程》中给出了解决上述问题的大量实例, 这与其他一些因素一起, 使《教程》成为初登讲台的教师的不可替代的范例和高等数学教学法专家们的研究对象.

《教程》还有一个特点是极少使用集合论的任何内容 (包括记号), 同时保持了叙述的全部严格性. 整体上, 就像 50 年前那样, 这个方法使很大一部分读者更容易初步掌握本课程.

在我们向读者推出的 Г. М. 菲赫金哥尔茨的新版《教程》中, 改正了在前几版中发现的一些印刷错误. 此外, 新版在读者可能产生某些不便的地方增补了 (为数不多的) 一些简短的注释, 例如, 当作者所使用的术语或说法与现在最通用的表述有所不同时, 就会给出注释. 新版的编辑对注释的内容承担全部责任.

编者对 Б. М. 马卡罗夫教授表示深深的谢意, 他阅读了所有注释的内容并提出了很多有价值的意见. 还要感谢国立圣彼得堡大学数学力学系数学分析教研室的所有工作人员, 他们与本文作者一起讨论了与《教程》前几版的内容和新版的设想有关的各种问题.

编辑部预先感谢所有那些希望通过自己的意见来协助进一步提高出版质量的读者.

A. A. 弗洛连斯基

目　录

绪论　实数

§1. 有理数域

1. 前言 读者对于有理数及其性质, 从中学的教材内便很熟悉了. 在那时, 初等数学的要求, 已趋向于必须扩大数的领域. 的确,在有理数中即使是正整数 (自然数) 的根, 例如 $\sqrt{2}$, 也常常并不存在. 就是说, 并没有这样的有理数 $\frac{p}{q}$ (式中 p 及 q —— 自然数), 其平方能等于 2.

为了证明, 试假定其反面: 设有分数 $\frac{p}{q}$, 其平方为 $\left(\frac{p}{q}\right)^2=2$. 我们可以假设 $\frac{p}{q}$ 是既约分数, 即 p 和 q 是没有公约数的. 因 $p^2=2q^2$, 故 p 为偶数: $p=2r$ (r —— 整数), 于是 q 为奇数. 用 p 的式子代入, 得: $q^2=2r^2$, 由此推得 q 为偶数. 所得的矛盾便证明了我们的命题.

同时, 若我们仅停留在有理数的范围内, 那么在几何学上便已显然知道, 并非一切的线段都能有一个**长度**. 例如考察边长为单位长度的正方形, 其对角线就不可能有有理长度$\frac{p}{q}$, 因若不然, 依毕达哥拉斯定理, 这长度的平方应等于 2, 而我们已看到这是不可能的.

在本绪论内, 我们要做这样一件工作: 在有理数域中添上新的数 —— 无理数, 以扩大有理数域的范围. 同时, 我们要证明, 对有理数施行算术运算及用等号、不等号把它们连接起来等众所周知的性质, 在扩大的领域内仍然是正确的. 为了对扩大后的数域验证上述性质, 需选出为数最少的**基本性质**, 使其余的一切性质都能作为形式逻辑的结果而从之推出: 所要验证的便仅限于这些基本性质了.

因此, 我们列举有理数域的下列一些基本性质. 同时我们将用一些例子来证明, 它们的另一些众所周知的性质是怎样从基本性质推导出来的. 我们这里所说的 "数",

总是指的有理数, 用字母 $a, b\cdots$ 等来表示它们.

2. 有理数域的序 首先让我们约定: 所谓相等的数就是同一数的各种不同形式. 换言之, "相等" (=) 的概念即指 "恒等". 因此, 我们不再列举相等的数的性质.

有理数域的序得自 "大于" (>) 的概念, 与之有关的是第一组性质.

I 1° 每一对数 a 与 b 之间必有且仅有下列关系之一

$$a = b,\ a > b,\ a < b;$$

I 2° 由 $a > b$ 及 $b > c$ 推得 $a > c$ (> 的传递性);

I 3° 若 $a > b$, 则必能求得一数 c, 使

$$a > c, \quad 且 \quad c > b$$ ①

(稠密性).

"小于" (<) 的概念作为派生的而引入. 说 $a < b$, 当且仅当 $b > a$ 时. 显而易见, 由 $a < b$ 及 $b < c$, 即得 $a < c$ (< 的传递性). 实则, 由假设, 不等式 $a < b$ 及 $b < c$, 相当于不等式 $b > a$ 及 $c > b$; 由此推得 $c > a$ (I 2°), 或即 $a < c$.

在对有理数施行算术运算时所要牵涉到的 "大于" 这一概念的其他性质, 将在以后随时指出之.

3. 有理数的加法及减法 第二组性质是关于加法的, 即关于求两数之和的运算的. 对于每一对数 a 及 b, 存在着一个 (唯一的) 数, 被称为 a 及 b 的**和** (记成 $a+b$). 这概念具有下列的性质:

II 1° $a + b = b + a$ (加法的交换性);

II 2° $(a + b) + c = a + (b + c)$ (加法的结合性).

零这个数比较特殊, 它具有下列特性:

II 3° $a + 0 = a$;

此外,

II 4° 对每一数 a 存在着 (与它对称的) 数 $-a$, 使 $a + (-a) = 0$.

在这些性质的基础上, 首先解决加法的逆运算即**减法**的问题. 通常称使 $c + b = a$ ② 的数 c 为数 a 及 b 的**差**, 假若如此, 便发生这样的数的存在及唯一性的问题.

设 $c = a + (-b)$, 则得 [II 2°, 1°, 4°, 3°]

$$c + b = [a + (-b)] + b = a + [(-b) + b] = a + [b + (-b)] = a + 0 = a,$$

因此, 这 c 满足于差的定义.

---

①在这条件下也说成: 数 c 位于数 a 与 b 之间; 显然, 这样的数有无限个之多.

②依 II 1°, 定义差的等式可写成: $b + c = a$.

反之, 令 c' 为数 a 及 b 的差, 即有 $c'+b=a$. 在这等式两边各加 $(-b)$, 并变换其左边 [II 2°, 4°, 3°]:

$$(c'+b)+(-b)=c'+[b+(-b)]=c'+0=c',$$

结果得 $c'=a+(-b)=c$.

这样, 就证明了数 a 及 b 的差的存在及单值性; 把它记成 $a-b$.

由差的单值性可以推得一系列的推论. 首先, 由 II 3° 推得 $0=a-a$, 因而得出结论: 除去数 0 以外, 具有相似于 II 3° 的性质的数不存在. 其次, 由此推得与所给数对称的数的唯一性: $-a=0-a$.

因为由 $a+(-a)=0$ 可推得 $(-a)+a=0$ [II 1°], 所以 $a=-(-a)$, 即数 a 及 $-a$ 为互相对称的数. 我们再来证明对称数满足下述性质:

$$-(a+b)=(-a)+(-b).$$

为此, 只需证明

$$(a+b)+[(-a)+(-b)]=0,$$

而这由 II 1°, 2°, 4°, 3°, 便可推得.

最后, 再引进联系 $>$ 与加号的一个性质.

II 5° 由 $a>b$ 推得 $a+c>b+c$.

它使我们得以在不等式的两边各加上一个等量; 用它又可证明两不等式

$$a>b \quad 和 \quad a-b>0$$

是相当的. 其次, 由 $a>b$ 推得 $-a<-b$. 实则, 由 $a>b$ 引致 $a-b>0$; 但 $a-b=a+(-b)=(-b)+a=(-b)+[-(-a)]=(-b)-(-a)$, 因此这不等式可改写成: $(-b)-(-a)>0$, 由此 $-b>-a$ 或 $-a<-b$.

特别是, 由 $a>0$ 推得 $-a<0$, 由 $a<0$ 推得 $-a>0$. 若 $a\neq 0$, 则在两个互相对称的数 a 及 $-a$ 中, 必有一个 (且仅一个) 将大于 0; 它即称为数 a 或数 $-a$ 的**绝对值**, 记成

$$|a|=|-a|.$$

零的绝对值就定为零: $|0|=0$.

根据性质 II 5°, 可以将不等式边边相加: 由 $a>b$ 及 $c>d$ 推得 $a+c>b+d$. 实际上, 由 $a>b$ 推得 $a+c>b+c$; 仿此, 由 $c>d$ 推得 $c+b>d+b$, 或 [II 1°] $b+c>b+d$, 然后由 I 2°, 最后即得 $a+c>b+d$.

4. 有理数的乘法及除法 第三组性质是关于**乘法**的, 即关于求两数之乘积的运算的. 对于每一对数 a 及 b 存在着一个 (唯一的) 数, 被称为 a 及 b 的**乘积** (记成 $a\cdot b$ 或 ab). 这概念具有下列性质:

III 1° $ab=ba$ (乘法的交换性);

III 2° $(ab)c=a(bc)$ (乘法的结合性).

“1” 这个数比较特殊, 它具有下列特性:

III 3° $a\cdot 1=a$;

此外,

III 4° 对于每一异于 0 的数 a, 必有数 $\frac{1}{a}$ (其倒数), 使 $a\cdot\frac{1}{a}=1$.

关于**除法**的问题, 作为乘法的逆运算, 亦可根据乘法的性质来解决, 正如前面根据加法的性质来解决关于减法的问题一样. 倒数在这里的作用正如对称数在那里的作用一样.

如果一数 c 满足关系

$$c\cdot b=a^{①}$$

(其中除数 b 常预先假定异于 0), 则 c 称为 a 及 b 的**商**.

令 $c=a\cdot\frac{1}{b}$, 就可以满足这定义. 因 [III 2°, 1°, 4°, 3°]

$$c\cdot b=\left(a\cdot\frac{1}{b}\right)\cdot b=a\cdot\left(\frac{1}{b}\cdot b\right)=a\cdot\left(b\cdot\frac{1}{b}\right)=a\cdot 1=a.$$

反之, 若数 c' 满足数 a 及 b 的商的定义, 于是 $c'\cdot b=a$, 则在这等式两边乘以 $\frac{1}{b}$, 并变换左边 [III 2°, 4°, 3°]:

$$(c'\cdot b)\cdot\frac{1}{b}=c'\cdot\left(b\cdot\frac{1}{b}\right)=c'\cdot 1=c',$$

就得到 $c'=a\cdot\frac{1}{b}=c$.

这样, 就证明了数 a 及 b (设 $b\neq 0$) 的商的存在及单值性; 把它记成 $a:b$ 或 $\frac{a}{b}$.

由商的单值性可知, 除了 1 以外, 再没有什么数能具有类似于 III 3° 的性质. 由此, 如前所述, 推得倒数 (看成 1 及 a 的商) 的唯一性; 此外, 容易证明数 a 及 $\frac{1}{a}$ 是互为倒数.

下列性质与算术的基本运算 —— 加法及乘法双方都有关系:

III 5° $(a+b)c=a\cdot c+b\cdot c$ (乘法关于和的分配性).

由此很易导出关于乘法关于差的分配性:

$$(a-b)\cdot c=a\cdot c-b\cdot c.$$

①依 III 1°, 定义商的这个等式也可写成: $b\cdot c=a$.

依差的定义, 这可以直接由下式推出

$$(a-b)\cdot c+b\cdot c=[(a-b)+b]\cdot c=a\cdot c.$$

再应用性质 III 5°, 可证

$$b\cdot 0=0\cdot b=0.$$

实际上 [II 3°]

$$a+0=a,\quad (a+0)\cdot b=a\cdot b+0\cdot b=a\cdot b,$$

由此推得 $0\cdot b=0$, 再由 [III 1°] 得 $b\cdot 0=0$.

反之, 若 $a\cdot b=0$ 又 $b\neq 0$, 则必须 $a=0$. 实际上, $a=\dfrac{0}{b}$, 但同时又有 $0=\dfrac{0}{b}$ (因 $b\cdot 0=0$), 因为商是唯一的, 故 $a=0$.

最后, 我们指出联系符号 $>$ 与乘号的一个性质:

III 6° 由 $a>b$ 及 $c>0$ 推得 $a\cdot c>b\cdot c$.

据此可以用正数乘不等式的两边. 由此可知, 当 $a>0$ 及 $b>0$ 时, 亦必有 $a\cdot b>0$.

注意, $(-a)\cdot b=-(a\cdot b)$; 这由下面推得

$$a\cdot b+(-a)\cdot b=[a+(-a)]\cdot b=0\cdot b=0.$$

现在不难看出, 若 $a<0, b>0$, 于是 $a=-|a|, b=|b|$, 则

$$a\cdot b=(-|a|)\cdot|b|=-(|a|\cdot|b|)<0;$$

当 $a>0, b<0$ 时亦如此, 又若 $a<0, b<0$, 则

$$a\cdot b=(-|a|)(-|b|)=-[|a|\cdot(-|b|)]=-[-(|a|\cdot|b|)]=|a|\cdot|b|>0.$$

这样, 我们已完全重新建立了关于乘法的符号规则, 这些符号规则现在已成为有理数的上述性质的逻辑推论了. 换言之, 如果有理数要满足上述诸性质, 就必定要遵守这些符号规则. 关于乘以 0 的规则, 也可以这样说 (如上所述).

在处理了加法和乘法的性质以后, 我们现在能够证明在前面数的基本性质 [I 3°] 中已述及的有理数域的**稠密性**了. 就是, 可以用它们证明, 例如, 由 $a>b$ 推得 $a>\dfrac{a+b}{2}>b$.

5. 阿基米德公理 我们用下列的简单而重要的论证, 来结束我们的有理数基本性质一览表. 这一性质是不能由上述的诸性质里推得的.

IV 1° 不论 $c>0$ 是怎样的数, 总有大于 c 的自然数 n 存在着 (**阿基米德公理**).

实际上, 阿基米德曾说明一个几何的命题, 即为众所周知的阿基米德公理:

若在直线上给定任意两线段 A 及 B, 则 A 重复相加若干次后, 其和总可以大于 B:

$$\underbrace{A+A+\cdots+A}_{n\text{ 次}}=A\cdot n>B.$$

若将这论证转而对正数 a 及 b 来叙述, 它便肯定有这样的自然数 n 存在使

$$\underbrace{a+a+\cdots+a}_{n\text{ 次}}=a\cdot n>b.$$

若应用已研究过的有理数的性质, 则这不等式相当于 $n>\dfrac{b}{a}$; 把商 $\dfrac{b}{a}$ 记成 c, 我们便得出上面所叙述的 IV 1°.

§2. 无理数的导入 · 实数域的序

6. 无理数的定义[1)] 有理数集及其在第一节内列举的一切性质, 作为是已知的.

我们仿效**戴德金** (R. Dedekind) 来叙述无理数的理论. 有理数域内的分划的概念是这理论的基础. 若将有理数全体所成的集合分拆为两个非空集合 (即至少包含一个数的) A, A'. 我们把这样的分拆叫做**分划**, 只要满足条件:

1° 任一有理数, 必在且仅在 A 及 A' 二集之一[①] 中出现;

2° 集 A 内的任一数 a, 必小于集 A' 内的任一数 a'.

集 A 称为分划的**下组**, 集 A' 为**上组**. 分划记成 $A|A'$.

由分划的定义推得, 小于下组内的数 a 的一切有理数也都属于下组. 仿此, 大于上组内的数 a' 的一切有理数亦都属于上组.

例 1 一切满足不等式 $a<1$ 的有理数 a, 定为集 A, 一切满足 $a'\geqslant 1$ 的 a', 都算入集 A'.

很易验证, 这样, 我们实际上已得出分划了. 数 1 属于 A' 组, 且显然成为其中最小的数. 由另一方面看, 在 A 组内并无最大数, 因不论我们在 A 内取怎样的数 a, 恒能在 a 与 1 之间指出有理数 a_1 来, 因而它必大于 a 并且属于 A 组.

例 2 取小于或等于 1 的一切有理数 $a, a\leqslant 1$, 归入下组 A; 取大于 1 的一切有理数 $a', a'>1$, 归入上组.

则亦得一分划, 且其中在上组无最小数, 而在下组有最大数 (即 1).

---

① "任一有理数仅在二集之一中出现" 这一事实亦可由 2° 推得.

1) 在分析教程中引入实数的另一种办法是把**所有的** (无论是有理的, 还是无理的) 实数的最简单性质看作公理, 而不加证明地予以承认. 倾向于这种办法的读者在阅读本节时, 可一下子跳到 **10** 和 **11** 目. (从此处开始, 用数码加半括号表示编者注; 用数码加圆圈表示作者注.)

例 3 取使 $a^2<2$ 的一切正有理数 a, 数 0 及一切负有理数归入 A 组, 使 $a'^2>2$ 的一切正有理数 a' 归入 A' 组.

很易证明, 我们亦已得出分划. 此处, 在 A 组内既无最大数, 在 A' 组内亦无最小数. 我们将证明, 例如, 这论断的第一点 (第二点同样可以证明). 设 a 为 A 组内的任意正数, 则 $a^2<2$. 再证, 必能得这样的正整数 n, 使

$$\left(a+\frac{1}{n}\right)^2<2,$$

于是 $a+\dfrac{1}{n}$ 亦属于 A.

这不等式相当于:

$$a^2+\frac{2a}{n}+\frac{1}{n^2}<2,\qquad \frac{2a}{n}+\frac{1}{n^2}<2-a^2,$$

若 n 满足不等式 $\dfrac{2a+1}{n}<2-a^2$, 则上面第二个不等式也自然能满足了. 为此, 只需取

$$n>\frac{2a+1}{2-a^2},$$

而这是恒为可能的 [依阿基米德公理, IV 1°]. 因此, 不论 a 为 A 组内的怎样的正数, 在这 A 组内终能求得大于它的数; 又因为当 $a\leqslant 0$ 时这论证显然也成立, 故在 A 组内没有任何数能成为最大的.

很易明了, 不可能有这样的分划存在, 在它的下组内有最大数 a_0, 同时在上组内又有最小数 a_0'. 实际上, 假设这样的分划存在着. 则应用有理数域的稠密性 [I 3°], 必能取得一个位于 a_0 与 a_0' 之间的有理数 $c: a_0<c<a_0'$. 数 c 不能属于 A 组, 因否则, a_0 就不是此组的最大数. 仿此, c 亦不能属于 A' 组, 但这是与定义分划的概念的性质 1° 相矛盾的.

这样, 分划仅能有三种类型, 如刚才例 1, 2, 3 所表明的:

1) 在下组 A 内无最大数, 而在上组 A' 内有最小数 r;

2) 在下组 A 内有最大数 r, 而在上组 A' 内无最小数;

3) 在下组内既无最大数, 在上组内亦无最小数.

在前两种情形, 我们说, 分划由有理数 r 所产生 (r 成为 A 与 A' 之间的**界数**), 或说分划定义有理数 r. 在例 1, 2 中, 1 便是这样的数. 在第三种情形界数并不存在, 分划并不定义任何有理数. 今引入新的对象 —— **无理数**. 让我们约定, 任一 3) 型的分划定义某一无理数 α. 这个数 α 便代替缺少的界数, 我们好像把它插入在 A 组的一切数 a 与 A' 组的一切数 a' 中间. 在例 3 中, 这新创的数, 很易推想而知, 即是 $\sqrt{2}$.

我们并不引入无理数的任何同一式样的记法①, 我们总是把无理数 α 理解为有理数域中确定它的分划 $A|A'$.

为了一致起见, 同样来理解有理数 r 也常是很方便的. 但对于任一有理数 r 存在着确定它的两种分划: 在两种情形中, 数 $a<r$ 总是属于下组, 数 $a'>r$ 总是属于上组, 而数 r 本身可以任意包含在下组 (这时 r 为下组的最大数), 或包含在上组 (r 为上组的最小数). 为了确定起见, 我们约定: 凡说到确定有理数 r 的分划时, 常把这数放在上组内.

有理数及无理数总称为**实数**. 实数的概念, 为数学分析的基本概念之一.

7. 实数域的序 由分划 $A|A'$ 及 $B|B'$ 所确定的二无理数 α 及 β, 当且仅当二分划为恒等时, 始认为相等. 实际上只要下组 A 及 B 互相重合就够了, 因为这时 A' 与 B' 亦必互相重合. 这定义在数 α 及 β 为有理数时, 仍可保持不变. 换言之, 若二有理数 α 与 β 相等, 则确定它们的分划相重合, 反之, 由分划的重合推得数 α 与 β 相等. 在这里, 自然仍须注意到, 以分划来确定有理数时的上述约定②.

现在转而建立关于实数"大于"的概念. 关于有理数这概念早已建立了. 对于有理数 r 与无理数 α 之间, "大于"的概念实际上在 **6** 中已建立了: 即, 若 α 由分划 $A|A'$ 所确定, 我们便算作 α 大于 A 组中的一切有理数, 同时 A' 组中的一切有理数大于 α.

现在设有二无理数 α 及 β, α 由分划 $A|A'$, β 由分划 $B|B'$ 所确定. 我们将称有较大下组的那个数为较大数. 更准确些说, 若 A 组整个包含着 B 组, 并且不与它重合, 则算作 $\alpha>\beta$ (这条件, 显然相当于: B' 组整个包含着 A' 组, 并且不与它重合). 很易验证, 当 α,β 之一是或甚至二者都是有理数时, 这定义仍可保持.

现在证明实数均能满足性质 I 1° 及 I 2°.

I 1° 任一对 (实) 数 α 与 β 之间必有且仅有下列三种关系之一:

$$\alpha=\beta,\quad \alpha>\beta,\quad \beta>\alpha.$$

若确定 α 的分划 $A|A'$ 与确定 β 的分划 $B|B'$ 相重合, 则 $\alpha=\beta$. 若这二分划不相重合, 则或 A 整个包含 B (这时 $\alpha>\beta$), 或不是这样. 在后一情形, B 组内有元素 b_0, 落在 A' 组内. 则对于 A 组内的任何元素 a, 必有 $a<b_0$. 因此 B 组整个包含 A 组, 且不与它重合, 于是我们有 $\beta>\alpha$.

I 2° 由 $\alpha>\beta$, $\beta>\gamma$ 推得 $\alpha>\gamma$.

设数 α,β,γ (它们中间可能有有理数) 是由分划 $A|A'$, $B|B'$, $C|C'$ 来确定的. 若 $\alpha>\beta$, 则依"大于"的定义, A 组包含 B 组, 且并不与它重合. 但因 $\beta>\gamma$, 故 B 组包含 C 组, 且不与它重合. 因此, A 组亦包含 C 组, 并且不与它重合, 即 $\alpha>\gamma$.

---

①这里说的是有限的记法, 对于无限的记法, 读者在 **9** 中会熟习它. 个别给定的无理数我们经常总是用这数所由产生的关系式来记它, 如 $\sqrt{2}$, $\log 5$, $\sin 10^\circ$ 等.

②没有这条件, 例如, 在 **6** 的例 1 及 2 内所考察的分划, 双方都定义数 1, 但非恒等.

如在 **2** 中一样, 现在可以建立 "小于" 的概念: 若 $\beta > \alpha$, 则我们说 $\alpha < \beta$. $<$ 号亦与 $>$ 号一样具有传递性.

8. 辅助命题 现在我们来建立实数域的**稠密性** (比较 I 3°); 准确些说, 我们将证明下列论断:

引理 1 *对于不论怎样的两个实数 α 及 β, 其中 $\alpha > \beta$, 恒有一个位于它们中间的有理数 $r : \alpha > r > \beta$ (因此, 这种有理数有无穷个).*

因 $\alpha > \beta$, 故确定数 α 的分划的下组 A 整个包含确定 β 的下组 B, 且不与 B 重合. 因此在 A 内必有有理数 r, 它不包含在 B 内, 于是必属于 B'; 对于它

$$\alpha > r \geqslant \beta$$

(只有在 β 为有理数时始能成立等式). 但因为在 A 内无最大数, 故在必要时, 把 r 取得大一些就可以取消等式.

附注 我们事实上已证明了比实数域的稠密性还要强的性质: 即在实数 α 与 β (若 $\alpha > \beta$) 之间必定存在着有理数 (不仅是实数). 以后我们就将引用这个更强的稠密性.

由此直接推得

引理 2 *设给定两个实数 α 和 β. 如果任取一个数 $e > 0$, 数 α 及 β 都能位于同一对有理数 s 与 s' 之间:*

$$s' > \alpha > s, \quad s' > \beta > s,$$

这对数的差小于 e:

$$s' - s < e,$$

则数 α 与 β 必须相等.

证明 我们用反证法来证明. 例如, 设 $\alpha > \beta$, 依引理 1, 在 α 与 β 间可以插入两个有理数 r 及 $r' > r$:

$$\alpha > r' > r > \beta.$$

于是对于任何二数 s 及 s', 当 α 及 β 都在它们之间时, 显然成立如下不等式

$$s' > r' > r > s,$$

由此

$$s' - s > r' - r > 0,$$

因此差 $s' - s$, 比如不能小于数 $e = r' - r$, 违背引理的条件. 这矛盾即证明了引理.

9. 用无限小数来表示实数 现在我们考虑这样的表示实数的方法, 即其分数部分 (尾数) 是正的, 而同时, 其整数部分可以为正的、负的或零.

首先假定被考察的实数 α 并非整数, 亦非有限十进小数. 现在要来求它的十进小数近似值. 若 α 由分划 $A|A'$ 所确定, 则首先易见在 A 组内必有整数 M, 又在 A' 组内亦必有整数 $N>M$. 在 M 上依次加 1, 必能得出这样两个相邻的整数 C_0 及 C_0+1, 使

$$C_0<\alpha<C_0+1.$$

这里的数 C_0 可以为正的、负的或零.

若再用数

$$C_0.1; C_0.2; \cdots; C_0.9,$$

分 C_0 与 C_0+1 间的区间为十等份, 则 α 必 (且仅) 落在其中之一个部分区间内, 因此我们又求得相差为 $\frac{1}{10}$ 的两数: $C_0.c_1$ 及 $C_0.c_1+\frac{1}{10}$, 且有

$$C_0.c_1<\alpha<C_0.c_1+\frac{1}{10}.$$

继续这样分下去, 在确定数码 $c_1, c_2, \cdots, c_{n-1}$ 后, 我们就用不等式

$$C_0.c_1c_2\cdots c_n<\alpha<C_0.c_1c_2\cdots c_n+\frac{1}{10^n}. \tag{1}$$

定义第 n 位数码 c_n.

这样, 在求数 α 的十进小数近似值的过程中, 我们求得整数 C_0 及数码 $c_1, c_2, \cdots, c_n, \cdots$ 的无限序列. 由此组成的*无限小数*, *即记号*

$$C_0.c_1c_2\cdots c_n\cdots \tag{2}$$

可以看成是实数 α 的一种表示.

在例外的情形, 当 α 本身就是整数或有限小数, 亦可以用相似的方法由比 (1) 更普遍的关系式

$$C_0.c_1c_2\cdots c_n\leqslant\alpha\leqslant C_0.c_1c_2\cdots c_n+\frac{1}{10^n} \tag{1a}$$

来相继地确定数 C_0 及数码 $c_1, c_2, \cdots, c_n, \cdots$. 事情是这样的, 到某时, 数 α 会重合于包含它的区间的一端, 重合于左端或右端都行; 从这时开始, 相应地, 在 (1a) 中左端或右端就将经常不变地成立等式. 按照成立等式的是左端还是右端, 这以后的各数码就将全是 0 或全是 9. 因此, 这时 α 就有了双重的表示, 一种是用零循环的, 一种是用 9 循环的, 例如,

$$3.826=3.826\,000\cdots=3.825\,999\cdots,$$

$$-3.826=\overline{4}.174\,000\cdots=\overline{4}.173\,999\cdots.^{2)}$$

2) 记法 $x=\overline{4},174\,000$ 表示 $x=-4+0.174\,000$.

反之, 今设任给一无限十进小数 (2); 我们要证明总可以找到一实数 α, 刚好是被这小数所表示的. 为此, 我们来考察小数 (2) 的一段:

$$C_n = C_0.c_1c_2\cdots c_n, \tag{3}$$

把它作为所求数的 "亏 (不足的) 近似值", 同样把

$$C'_n = C_0.c_1c_2\cdots c_n + \frac{1}{10^n} \tag{4}$$

作为其 "盈 (过剩的) 近似值". 不难看出, 每一 C_n 小于每一 C'_n. 现在我们用如下法来定有理数域的一个分划: 把大于一切 C_n 的有理数 a' (例如, 一切数 C'_n) 放在上组 A' 内, 而把一切余下的数 (例如, 数 C_n 本身) 放在 A 组内. 很易验证, 这就是我们所要的分划, 它确定了所求的实数 α.

实则, 因 α 就是在两组之间的界数, 因此, 当然成立

$$C_n \leqslant \alpha \leqslant C'_n,$$

即数 α 满足于一切 (1a) 型的不等式. 这就证明了小数 (2) 就是所求实数的表示式.

盈十进近似值 (4) 和亏十进近似值 (3) 的差等于 $\dfrac{1}{10^n}$, 随着 n 的增大, 这差可小于任何有理数 $e>0$. 事实上, 因不超出数 $\dfrac{1}{e}$ 的自然数仅能是有限多个, 故不等式 $10^n \leqslant \dfrac{1}{e}$, 或相当的不等式 $\dfrac{1}{10^n} \geqslant e$ 仅能对有限个 n 的值满足; 对于其余一切 n 的值, 将有

$$\frac{1}{10^n} < e.$$

由这附注, 依引理 2, 可得结论: 任一异于 α 的数 β, 既不能像 α 那样满足一切不等式 (1) 或 (1a), 故其无限十进小数表示式必与 α 的表示式不同.

特别是由此推得: 不等于有限小数的数, 其表示式不能以 0 或 9 来循环, 因为任一以 0 或 9 来循环的小数显然表示有限小数.

今后读者就可以将实数想象为无限十进小数. 由中学课本内, 人们知道, 无限循环小数表示有理数, 反之, 任一有理数总可化成循环小数. 这样, 不循环的无限小数, 就用来表示我们新引入的无理数 (这一概念也可作为建立无理数的理论的出发点).

附注 下面我们将常应用有理近似值 a 及 a' 以接近实数 α, 这时,

$$a < \alpha < a'.$$

其差 $a'-a$ 可为任意小. 对于有理数 α, 显然存在着这种数 a 及 a'; 对于无理数 α 也可以有这样的 a 及 a', 例如, 当 n 充分大时应用十进近似值 C_n 及 C'_n.

10. 实数域的连续性 今转而考察一切实数所成之域的一个极重要的性质. 这种性质使实数域在本质上异于有理数域. 在考察有理数域的分划时, 我们已看到,有时有这样的分划存在, 使在有理数域内并无产生此分划的界数. 正是由于有理数域有这种不完全性, 即在它们中间存在着这些空隙, 所以我们才要引入新数 —— 无理数. 今开始考察实数域的分划. 在这种分划之下我们把这数域分拆成两个均非空集 $\boldsymbol{A}$ 及 $\boldsymbol{A}'$, 使能满足:

1° 每一实数必落在集 $\boldsymbol{A}, \boldsymbol{A}'$ 中一个且仅一个之内 ①;

2° 集 $\boldsymbol{A}$ 的每一数 α 小于集 $\boldsymbol{A}'$ 的每一数 α'.

现在发生了问题: 对于这样的分划 $\boldsymbol{A}|\boldsymbol{A}'$, 是否永远能找到 —— 在实数域内 —— 一个产生这分划的界数, 或在这数域内还存在着空隙 (这种空隙可作为再引入新数的理由)?

要指出, 事实上并没有这种空隙:

基本定理 (戴德金) [3] *对于实数域内的任一分划 $\boldsymbol{A}|\boldsymbol{A}'$ 必有产生这分划的实数 β 存在. 这数 β, 1) 或是下组 $\boldsymbol{A}$ 内的最大数, 2) 或是上组 $\boldsymbol{A}'$ 内的最小数.*

实数域的这一性质常称为它的**完全性**, 也称为它的**连续性** (或**稠密性**).

证明 将属于 $\boldsymbol{A}$ 的一切有理数集记成 A, 属于 $\boldsymbol{A}'$ 的一切有理数集记成 A'. 容易证明, 集 A 及 A' 形成有理数域内的一个分划.

这分划 $A|A'$ 确定出某一实数 β. 它应该落在 $\boldsymbol{A}$ 组或 $\boldsymbol{A}'$ 组之一内. 假定 β 落在下组 $\boldsymbol{A}$ 内, 则情形 1) 便实现了, 就是 β 成为 $\boldsymbol{A}$ 组的最大数. 实际上, 如果不是这样, 便可在这组内找出大于 β 的另一数 α_0 来. 今在 α_0 与 β 之间 (依引理 1) 插入有理数 r:

$$\alpha_0 > r > \beta.$$

r 亦属于 $\boldsymbol{A}$, 故必属于 $\boldsymbol{A}$ 的一部分 A. 我们便得出谬论: 有理数 r 属于确定 β 的分划的下组, 却又大于这数! 这便证明了我们的论断.

我们还可以证明类似的论断, 如果 β 落在上组 $\boldsymbol{A}'$ 内, 则情形 2) 就实现了.

附注 同时在 $\boldsymbol{A}$ 组内存在最大数, 在 A' 组内存在最小数是不可能的; 这可如同对有理数集合的分划一样地来验证 (应用引理 1).

11. 数集的界 我们应用基本定理 [**10**], 在这里建立一些在现代分析中担任重要角色的概念. (在考察实数的算术运算时就已需要它们了.)

---

① 参阅第 6 页注 ①.

[3] 如果不加证明地承认实数的基本性质, 而不从有理数的性质引入这些基本性质, 那么本定理同样应看作是**公理**. 把它称为**戴德金公理**或**完全性公理**.

设有实数的任一无限集; 它可用任何方法给出. 这种数集的例子是: 自然数集, 一切真分数集, 在 0 与 1 间的一切实数集, 方程 $\sin x = \dfrac{1}{2}$ 的根的集, 等等.

集内的任一数记成 x, 因此 x 所代表的是集内一般的数, 诸数 x 所成的集, 便记成 $\mathcal{X} = \{x\}$ [4].

若对所考察的集 $\{x\}$, 有这样的数 M 存在, 使一切 $x \leqslant M$, 就说, 这集 (借助于数 M) **上有界**; 这 M 就是集 $\{x\}$ 的**上界**. 例如, 真分数集借助于数 1 或任何大于 1 的数上有界; 自然数序列非上有界.

仿此, 若能求出数 m, 使一切 $x \geqslant m$, 就说, 集 $\{x\}$ (借助于数 m) **下有界**, 且数 m 称为集 $\{x\}$ 的**下界**. 例如, 自然数序列借助于数 1 或任何 < 1 的数下有界; 真分数集借助于 0 或 < 0 的数下有界.

上 (下) 有界的集, 可以又下 (上) 有界, 也可以不是下 (上) 有界. 如, 真分数集上有界也下有界, 而自然数序列下有界, 却非上有界.

若数集非上 (下) 有界, 则称 "广义的数" $+\infty$ $(-\infty)$ 为它的上 (下) 界. 关于这些 "广义的数" 或 "无穷的数", 我们有

$$-\infty < +\infty \quad 及 \quad -\infty < \alpha < +\infty,$$

不论 α 是怎样的 ("有限的") 实数.

符号 $+\infty$ 和 $-\infty$ 读作 "正无穷" 和 "负无穷".

若数集上有界, 即有有限的上界 M, 则同时可知这种上界必有无数个之多 (例如, 任何 $> M$ 的数, 显然亦是上界). 在一切上界内, 最小的上界特别有用, 它称为**上确界**. 仿此, 若数集下有界, 则一切下界中的最大者, 便称为**下确界**. 如对于一切真分数集, 0 及 1 就各为下确界及上确界.

成为问题的是: 上 (下) 有界的数集是否永远有上 (下) 确界存在? 实际上, 由于上 (下) 界既是一无限数集, 而在无限数集中并非恒能找出最小者或最大者①, 故在所考察的数集的一切上 (下) 界中有这种最小 (大) 数存在还需要加以证明.

定理 *若集 $\mathcal{X} = \{x\}$ 上 (下) 有界, 则它必有上 (下) 确界.*

证明 在进行关于上界的讨论前, 先考察两种情形:

1° 在集 $\mathcal{X}$ 的诸数 x 中有一最大数 $\bar{\boldsymbol{x}}$. 那时, 集内的一切数将满足不等式 $x \leqslant \bar{\boldsymbol{x}}$, 即 $\bar{\boldsymbol{x}}$ 为 $\mathcal{X}$ 的上界. 另一方面, $\bar{\boldsymbol{x}}$ 属于 $\mathcal{X}$; 因此, 对于任何的上界 M 成立不等式 $\bar{\boldsymbol{x}} \leqslant M$. 由此得结论, $\bar{\boldsymbol{x}}$ 是 $\mathcal{X}$ 集的上确界.

2° 在集 $\mathcal{X}$ 的诸数 x 中无最大数. 用下列方法产生实数域内的一个分划. 取集 $\mathcal{X}$ 的一切上界 α' 归入上组 $\boldsymbol{A}'$ 内, 一切余下的实数归入下组 $\boldsymbol{A}$ 内. 在这样分拆时,

①例如, 在一切真分数的集中, 便没有最小者及最大者.

[4] 当然, 这个记法并不是假定集 $\mathcal{X}$ 由一个元素组成.

集 $\mathcal{X}$ 的一切数 x 将全部落在 $\boldsymbol{A}$ 组内, 因依照假定, 其中没有最大数. 这样, $\boldsymbol{A}$ 组及 $\boldsymbol{A}'$ 组均非空集. 这种分拆实际上就是一个分划, 因一切实数均已分入两组, 且 $\boldsymbol{A}'$ 组内的任一数必大于 $\boldsymbol{A}$ 组内的任何数. 依戴德金基本定理 [**10**], 必有产生分划的实数 β 存在. 一切数 x, 因属于 $\boldsymbol{A}$ 组, 均不能超过这 "界数" β, 即 β 可以用来作为 x 的上界, 故 β 本身属于 $\boldsymbol{A}'$ 组, 且成为该组的最小数. 这样, β 就成为一切上界中的最小数, 即是所求的集 $\mathcal{X}=\{x\}$ 的上确界.

定理的下半部 (关于下确界的存在) 的证法完全与此相同.

若 M^* 是数集 $\mathcal{X}=\{x\}$ 的上确界, 则对于一切 x 恒有

$$x \leqslant M^*.$$

今取小于 M^* 的任意数 α, 因 M^* 是上界中的最小者, 则 α 一定不会是集 $\mathcal{X}$ 的上界, 即必能在 $\mathcal{X}$ 中求出数 x', 使

$$x' > \alpha.$$

用这两个不等式就能完全表明集 $\mathcal{X}$ 的上确界的特征.

仿此, 集 $\mathcal{X}$ 的下确界 m^* 的特征可以用下面的话来表明: 即对于 $\mathcal{X}$ 中的一切 x 有

$$x \geqslant m^*,$$

但对于任一大于 m^* 的数 β, 必能在 $\mathcal{X}$ 中求出数 x'', 使

$$x'' < \beta.$$

数集 $\mathcal{X}$ 的上确界是 M^* 及下确界是 m^* 常用下列符号来记:

$$M^* = \sup\ \mathcal{X} = \sup\{x\},\ m^* = \inf\ \mathcal{X} = \inf\{x\}$$

(依拉丁文: supremum= 最高的, infimum= 最低的).

请注意一个明显的、以后常会遇到的推论:

若某数集的一切数 x 满足不等式 $x \leqslant M$, 则必 $\sup\{x\} \leqslant M$.

实际上, 数 M 显然是数集的上界之一, 因此, 一切上界中的最小者总不能超过它.

仿此, 由不等式 $x \geqslant m$, 推得 $\inf\{x\} \geqslant m$.

最后我们约定, 若数集 $\mathcal{X}=\{x\}$ 非上有界, 便说, 它的上确界是 $+\infty : \sup\{x\} = +\infty$. 仿此, 若数集 $\mathcal{X}=\{x\}$ 非下有界, 则说, 它的下确界是 $-\infty : \inf\{x\} = -\infty$.

§3. 实数的算术运算

12. 实数的和的定义 今转而建立实数的运算的概念. 在以后, α, β, γ 表示实数, 可以是有理数, 也可以是无理数.

设有二实数 α 及 β. 先考察有理数 a, a' 及 b, b', 它们满足不等式:

$$a < \alpha < a' \quad \text{及} \quad b < \beta < b'. \tag{1}$$

如果实数 γ 位于一切形如 $a+b$ 的和与一切形如 $a'+b'$ 的和之间:

$$a+b < \gamma < a'+b' \tag{2}$$

则 γ 称为数 α 及 β 的和, 记为 $\alpha+\beta$.

首先须证明, 对于任何一对实数 α, β 必有这样的数 γ 存在.

考察一切可能的和 $a+b$ 所成的数集. 这数集是上有界的, 例如, 任何形如 $a'+b'$ 的和即为其上界. 假定 [**11**]

$$\gamma = \sup\{a+b\}.$$

则 $a+b \leqslant \gamma$, 而同时, $\gamma \leqslant a'+b'$.

因为对于任何一组满足于条件 (1) 的有理数 a, b, a', b', 不论它们怎样, 我们常常可以把 a, b 增大, 也可以把 a', b' 减小, 使得条件 (1) 仍能满足, 所以在刚才得到的两个含有等号的关系式 $a+b \leqslant \gamma$ 及 $\gamma \leqslant a'+b'$ 中, 实际上没有一处能成立等式. 这样, 数 γ 便满足于和的定义.

但又发生了问题, 由不等式 (2) 所确定的和 $\gamma = \alpha+\beta$ 是否为单值的? 为了要证实和的唯一性, 依 **9** 的附注, 选取有理数 a, b, a', b', 使

$$a'-a < e \quad \text{及} \quad b'-b < e,$$

式中 e 为任意小的正有理数. 由此,

$$(a'+b')-(a+b) = (a'-a)+(b'-b) < 2e,$$

即这差亦能使成为任意小①. 所以, 依引理 2, 位于形式如 $a+b$ 的和与形式如 $a'+b'$ 的和之间的数仅存在着一个.

最后注意, 若数 α 及 β 均为有理数, 则显然它们的通常的和 $\gamma = \alpha+\beta$ 满足于不等式 (2). 这样, 上述两实数和的一般定义并不与两有理数和的原来定义相矛盾.

---

①若取 $e < \dfrac{e'}{2}$, 则数 $2e$ 便小于任何小的数 $e' > 0$.

13. 加法的性质 很易证实, 对于实数下列的性质仍然保持:

II 1° $\alpha+\beta=\beta+\alpha$;

II 2° $(\alpha+\beta)+\gamma=\alpha+(\beta+\gamma)$;

II 3° $\alpha+0=\alpha$.

例如, 我们证明最后一个性质. 若有理数 a, a', b, b' 是这样的数, 使

$$a<\alpha<a', \quad b<0<b',$$

则显然,

$$a+b<a<\alpha<a'<a'+b'.$$

这样, α 是位于形如 $a+b$ 与 $a'+b'$ 的数之间的实数, 依定义, 在那两种数间又存在着和 $\alpha+0$. 但这样的数仅有一个, 因此 $\alpha+0=\alpha$, 这就是需要证明的.

现在证明性质 II 4°, 对于任一实数 α, 存在着 (对称于它的) 数 $-\alpha$, 满足条件 $\alpha+(-\alpha)=0$.

在这里, 只要就无理数 α 的情形来证就够了.

假定, 数 α 被分划 $A|A'$ 所确定, 我们用下法确定 $-\alpha$. 我们取一切有理数 $-a'$ 归入数 $-\alpha$ 的下组 $\overline{A}$, 此处 a' 是 A' 组的任何数, 取一切数 $-a$ 归入 $-\alpha$ 的上组 $\overline{A}'$, 此处 a 是 A 组的任何数. 不难看出, 这样构成的分拆实际上就是一个分划, 因此确定出一个实数 (在现在的情形是无理数); 把这数记成 $-\alpha$.

今证明它满足上述的条件. 应用数 $-\alpha$ 的确定法, 看出和 $\alpha+(-\alpha)$ 是位于形如 $a-a'$ 与 $a'-a$ 的数中间的唯一实数, 此处 a 及 a' 是有理数, 且 $a<\alpha<a'$. 但, 显然

$$a-a'<0<a'-a,$$

于是数 0 也位于方才所述的数之间. 但具有这种性质的数是唯一的, 故有

$$\alpha+(-\alpha)=0.$$

这就是需要证明的.

最后, 证明性质:

II 5° 由 $\alpha>\beta$ 推得 $\alpha+\gamma>\beta+\gamma$.

若 $\alpha>\beta$, 则在它们中间可以插入二有理数 r_1 及 r_2 : $\alpha>r_1>r_2>\beta$. 依 **9** 中的附注, 必有二有理数 c 及 c' 存在, 使

$$c<\gamma<c' \quad 及 \quad c'-c<r_1-r_2.$$

由此

$$r_1+c>r_2+c',$$

而依和的定义

$$\alpha+\gamma>r_1+c, \quad r_2+c'>\beta+\gamma.$$

比较这些不等式, 我们就得出所需的结论.

这样, 就加法来说, 实数域具有一切基本性质 II 1° ~ 5°, 有理数的这些性质在 **3** 内已早叙述过了. 由此可知, 从这些性质得出的一切形式逻辑上的推论对于实数也都成立. 特别对于实数我们能逐字重述 **3** 内所叙述的紧跟在第二组性质后面的一切性质, 即能证明数 α 及 β 的差 $\alpha-\beta$ 的存在及其单值性, 并能建立数 α 的绝对值 (我们保持记法 $|\alpha|$) 的概念, 等等.

14. 实数的积的定义 现在转向实数的乘法, 先只讲正数的乘法. 设已给二正数 α 及 β. 我们在此也先考察满足不等式 (1) 的一切可能的有理数, 这些数也假定是正数.

位于一切形如 ab 的积与一切形如 $a'b'$ 的积之间的实数 γ

$$ab<\gamma<a'b', \tag{3}$$

称为 α 及 β 的积, 记成 $\alpha\beta$.

要证明这种数 γ 的存在, 我们取一切可能的积 ab 所成的集, 这集被任何形如 $a'b'$ 的积上有界. 若假定

$$\gamma=\sup\{ab\},$$

则当然有 $ab\leqslant\gamma$, 但同时又有 $\gamma\leqslant a'b'$.

因为我们常可将数 a,b 增大, 或是将 a',b' 减小, 使得 (3) 仍能满足 (如在和的情形一样), 因此在 $ab\leqslant\gamma$ 及 $\gamma\leqslant a'b'$ 中实际上不能成立等式, 故数 γ 满足积的定义.

由下面的论断可推得积的唯一性. 依在 **9** 内的附注, 选取有理数 a,a', 及 b,b', 使

$$a'-a<e \quad 及 \quad b'-b<e,$$

式中的 e 是任意小的正有理数. 这时数 a 及 b 算作是正数, 而数 a' 及 b' 各不超过某些预先固定的数 a'_0 及 b'_0. 则差

$$a'b'-ab=a'(b'-b)+b(a'-a)<(a'_0+b'_0)\cdot e,$$

即也能为任意小①, 依引理 2, 这便足以证实仅有一数 γ 可以满足不等式 (3).

若正数 α 及 β 都是有理数, 则它们通常的积 $\gamma=\alpha\beta$ 显然满足不等式 (3), 即与二实数积的一般定义并无矛盾.

最后, 为定义任意 (不一定是正的) 一对实数的积, 我们先作如下约定.

---

①注意, 若取 $e<\dfrac{e'}{a'_0+b'_0}$, 则 $(a'_0+b'_0)e$ 便可小于任意小的数 $e'>0$.

首先约定, 不论 α 是怎样的实数, 常有

$$\alpha \cdot 0 = 0 \cdot \alpha = 0.$$

若二乘数都异于 0, 则根据通常的 "符号规则" 置:

$\alpha \cdot \beta = |\alpha| \cdot |\beta|$, 当 α 与 β 同号时,

$\alpha \cdot \beta = -(|\alpha| \cdot |\beta|)$, 当 α 与 β 异号时.

(我们已经知道正数 $|\alpha|$ 及 $|\beta|$ 的积指的是什么.)

假若我们希望实数运算能具有有理数运算的一切基本性质, 那么这些约定有如我们在 **4** 内见到过的, 对于我们在某些意义上是必需的.

15. 乘法的性质 如同在有理数的情形一样, 对于任何实数仍保持以下性质:

III 1° $\alpha \cdot \beta = \beta \cdot \alpha$;

III 2° $(\alpha \cdot \beta)\gamma = \alpha \cdot (\beta \cdot \gamma)$;

III 3° $\alpha \cdot 1 = \alpha$.

证明第二式作为例子, 先从三数 α, β, γ 都是正数的情形开始. 设 a, a', b, b', c, c' 是任意的有理数, 满足不等式

$$0 < a < \alpha < a', \quad 0 < b < \beta < b', \quad 0 < c < \gamma < c'.$$

则依二实数的积的定义, 有

$$ab < \alpha\beta < a'b' \quad 及 \quad bc < \beta\gamma < b'c'.$$

再应用这一定义, 又得

$$(ab)c < (\alpha\beta)\gamma < (a'b')c' \quad 及 \quad a(bc) < \alpha(\beta\gamma) < a'(b'c').$$

因所证的性质 III 2° 对于有理数是已知的, 故实数 $(\alpha\beta)\gamma$ 及 $\alpha(\beta\gamma)$ 都位于同样的界限:

$$(ab)c = a(bc) \quad 与 \quad (a'b')c' = a'(b'c')之间.$$

但很易证明, 因乘数 a 与 a', b 与 b', c 与 c' 间都很接近, 因而得出积的差 $a'b'c' - abc$ 可为任意小 (在这时, 可以应用与 **14** 内有关二乘数之积的相似的论证). 由此, 依引理 2, 可知数 $(\alpha\beta)\gamma$ 与 $\alpha(\beta\gamma)$ 相等.

当 α, β, γ 不全为正数时, 只需注意到 "符号规则", 便可立刻得出结果. 又若数 α, β, γ 中至少有一数等于 0, 则两个积都化为 0.

现在讲性质:

III 4° 对于任一异于零的实数 α, 必有 (倒) 数 $\frac{1}{\alpha}$ 存在, 满足条件:

$$\alpha \cdot \frac{1}{\alpha} = 1.$$

这里只要证无理数 α 的情形便够了. 先设 $\alpha>0$.

若 α 由分划 $A|A'$ 所确定, 则我们可用下法构成对于数 $\dfrac{1}{\alpha}$ 的分划. 我们把一切负的有理数, 零, 以及一切形如 $\dfrac{1}{a'}$ 的数归入下组 $\widetilde{A}$, 此处 a' 是 A' 组的任何数; 把一切形如 $\dfrac{1}{a}$ 的数放在上组 $\widetilde{A}'$ 内, 此处 a 是 A 组内的任何正数. 容易说明, 这样, 实际上我们已得出一个分划, 它确定出一正的实数 (在现在的情形是无理数); 这数记成 $\dfrac{1}{\alpha}$.

让我们证明, 它满足所需要的条件. 由上面所述倒数的构作法以及乘积的定义可知, 数 $\alpha\cdot\dfrac{1}{\alpha}$ 是唯一的实数, 位于形如 $\dfrac{a}{a'}$ 与 $\dfrac{a'}{a}$ 的二数之间, 此处 a 及 a' 是满足不等式 $a<\alpha<a'$ 的正有理数. 但数 1 也位于上述两类数之间:

$$\frac{a}{a'}<1<\frac{a'}{a},$$

故它是所求的积.

若 $\alpha<0$, 则假定

$$\frac{1}{\alpha}=-\frac{1}{|\alpha|};$$

于是依 "符号规则"

$$\alpha\cdot\frac{1}{\alpha}=|\alpha|\cdot\frac{1}{|\alpha|}=1.$$

当我们证明了实数域也具有关于乘法的一切基本性质 III 1° ~ 4° 以后, 显然可知, 这数域也保持着在 **4** 内所述的一切性质, 即关于数 α 及 β 的商 $\dfrac{\alpha}{\beta}$ (在 $\beta\neq 0$ 时) 的存在及唯一性等.

分配性:

III 5° $(\alpha+\beta)\cdot\gamma=\alpha\cdot\gamma+\beta\cdot\gamma$

对于任何实数亦成立. 在正数的情形 (如证明 III 2° 那样) 这很易证明. 所有其他的情形可以用等式两边均变号的方法, 或由一边移项到另一边的方法化为这个特别情形. 但是数 $\alpha,\beta,\gamma,(\alpha+\beta)$ 中之一等于零的情形并不在内; 对于这种情形, 等式的成立是非常明显的.

最后, 还有性质:

III 6° *由 $\alpha>\beta$ 及 $\gamma>0$ 推得 $\alpha\cdot\gamma>\beta\cdot\gamma$.*

其核验并无困难. 不等式 $\alpha>\beta$ 相当于 $\alpha-\beta>0$; 依 "符号规则" 有 $(\alpha-\beta)\cdot\gamma>0$. 但乘法也有关于差的分配性, 故知 $\alpha\cdot\gamma-\beta\gamma>0$, 而由此即得 $\alpha\cdot\gamma>\beta\cdot\gamma$.

16. 结论 最后, 还要讲一讲**阿基米德公理**:

IV 1° *对不论怎样的实数 γ, 必有大于 γ 的自然数 n 存在.*

这公理的核验是很容易的: 因在确定数 γ 的分划 $C|C'$ 的上组内必能找到大于它的有理数 c', 而这公理对于有理数 c' 是成立的.

现在可以说我们已经证明了下述事实: 在实数域中, 初等代数学上关于四则运算及等式与不等式运算的规则, 仍旧完全维持不变.

17. 绝对值 因以后的需要, 特再附加一些关于绝对值的附注.

首先证明不等式: $|\alpha| < \beta$ (此处当然有 $\beta > 0$) 相当于二重不等式: $-\beta < \alpha < \beta$.

实际上, 由 $|\alpha| < \beta$ 推得 $\alpha < \beta$ 及 $-\alpha < \beta$ (即 $\alpha > -\beta$) 同时成立. 反之, 若已给定 $\alpha < \beta$ 及 $\alpha > -\beta$, 则必同时有: $\alpha < \beta$ 及 $-\alpha < \beta$; 但在 α 及 $-\alpha$ 中有一为 $|\alpha|$, 故 $|\alpha| < \beta$.

仿此, 不等式:

$$|\alpha| \leqslant \beta \quad 与 \quad -\beta \leqslant \alpha \leqslant \beta$$

显然是相当的.

再证明有用的不等式:

$$|\alpha + \beta| \leqslant |\alpha| + |\beta|.$$

逐项地相加两个显明的不等式:

$$-|\alpha| \leqslant \alpha \leqslant |\alpha| \quad 及 \quad -|\beta| \leqslant \beta \leqslant |\beta|,$$

得

$$-(|\alpha| + |\beta|) \leqslant \alpha + \beta \leqslant |\alpha| + |\beta|,$$

由此, 依据上述的附注, 即得所求的不等式.

用数学归纳法可以把它推广到任意个加数的情形:

$$|\alpha + \beta + \cdots + \gamma| \leqslant |\alpha| + |\beta| + \cdots |\gamma|.$$

若在已证明的不等式内, 把 β 换成 $-\beta$, 则得

$$|\alpha - \beta| \leqslant |\alpha| + |\beta|.$$

因 $\alpha = (\alpha + \beta) - \beta$, 故 $|\alpha| \leqslant |\alpha + \beta| + |\beta|$, 或

$$|\alpha + \beta| \geqslant |\alpha| - |\beta|.$$

同样

$$|\alpha - \beta| \geqslant |\alpha| - |\beta|.$$

因为同时

$$|\beta| - |\alpha| \leqslant |\alpha - \beta|$$

所以显然

$$||\alpha| - |\beta|| \leqslant |\alpha - \beta|$$

所有这些不等式在极限论内都是很有用的.

§4. 实数的其他性质及应用

18. 根的存在 · 以有理数为指数的幂 由实数乘法 (及除法) 的定义, 也如通常一样, 可直接导出以正 (及负) 整数为指数的幂的定义. 在转向一般的有理指数幂以前, 先叙述一下关于根的存在问题.

我们还记得, 在有理数域内不存在最简单的根这一事实是扩充有理数域的根据之一, 现在再来考查一下, 这种缺陷在扩充后的数域中 (但不进行更进一步的扩充) 得到如何程度的补救.

设 α 是任一实数, n 是自然数.

众所周知, 实数 ξ 称为数 α 的 n 次根, 若

$$\xi^n = \alpha.$$

我们限定 α 是正数, 并将求得满足于这关系式的正数 ξ, 就是所谓**根的算术值**. 我们将证明这种 ξ 永远存在, 且仅有一个.

关于 ξ 的唯一性这一点, 可立刻推得, 因为对应于不同的正数, 有着不同的幂: 即若 $0 < \xi < \xi'$, 则 $\xi^n < \xi'^n$.

若有这样的有理数 r 存在, 它的 n 次幂等于 α, 则它就是所求的数 ξ. 因此, 以后我们只需讨论这种有理数并不存在的情形就成.

今在一切有理数域内用下列方法构成一个分划 $X|X'$. 取一切负有理数及零, 并取合于 $x^n < \alpha$ 的正有理数 x, 归入 X 组. 取合于 $x'^n > \alpha$ 的一切正有理数 x' 归入 X' 组.

很易看出这两组都非空集, 且 X 内还包含着正数. 例如, 若取自然数 m, 使合于 $\frac{1}{m} < \alpha < m$, 则当然成立 $\frac{1}{m^n} < \alpha < m^n$, 于是可知数 $\frac{1}{m}$ 属于 X, 数 m 属于 X'.

关于分划的其他条件显然也都满足.

今设 ξ 是由分划 $X|X'$ 所确定的数; 我们将证明 $\xi^n = \alpha$, 即 $\xi = \sqrt[n]{\alpha}$.

把 ξ^n 看成是 n 个等于 ξ 的乘数的连乘积, 根据正实数乘积的定义 [**14**] 可知, 若 x 及 x' 是正有理数, 合于

$$0 < x < \xi < x',$$

则

$$x^n < \xi^n < x'^n,$$

又因显然 x 属于 X 组, x' 属于 X' 组, 所以依照这些组的定义, 同时又有

$$x^n < \alpha < x'^n.$$

但差 $x' - x$ 可小于任意数 $e > 0$ (**9**, 附注), 并且无妨把 x' 当作小于某一预先指定的数 x'_0. 在这种情形, 则差

$$x'^n - x^n = (x' - x)(x'^{n-1} + x \cdot x'^{n-2} + \cdots x^{n-1}) < e \cdot n x_0'^{n-1},$$

即亦可成为任意小①. 由此, 依引理 2, 推得数 ξ^n 与 α 相等.

在证明了根的存在以后, 可由通常的途径建立有任意有理指数 r 的幂的概念, 并可核验初等代数教本内所讲的通常规则对于这种幂都成立. 如:

$$\alpha^r \cdot \alpha^{r'} = \alpha^{r+r'}, \quad \alpha^r : \alpha^{r'} = \alpha^{r-r'},$$

$$(\alpha^r)^{r'} = \alpha^{r\cdot r'}, \quad (\alpha\beta)^r = \alpha^r \cdot \beta^r,$$

$$\left(\frac{\alpha}{\beta}\right)^r = \frac{\alpha^r}{\beta^r} \text{ 等.}$$

再着重指出, 在 $\alpha > 1$ 时, 幂 α^r 随着有理指数 r 的增大而增大.

19. 以任意实数为指数的幂　现在再定义任意 (正的) 实数 α 的 β 次幂, 其中 β 亦为任意实数. 先引进数 α 的幂

$$\alpha^b \quad \text{及} \quad \alpha^{b'},$$

其中指数 b 及 b' 为有理数, 且满足不等式

$$b < \beta < b'.$$

位于所有的 α^b 与 $\alpha^{b'}$ 之间的实数 γ:

$$\alpha^b < \gamma < \alpha^{b'} \tag{1}$$

称为数 $\alpha > 1$② 的 β 次幂 (记成 α^β).

很易说明, 这种数永远存在着. 事实上, 集 $\{\alpha^b\}$ 上有界, 例如, 任一 $\alpha^{b'}$ 为其界. 因此, 若取 [**11**]

$$\gamma = \sup_{b<\beta}\{\alpha^b\}.$$

对于这一数将有

$$\alpha^b \leqslant \gamma \leqslant \alpha^{b'}.$$

事实上, 在这里等号并不需要, 因为我们常可增大 b' 或减小 b, 使不等式 $b < \beta < b'$ 仍能满足的缘故. 这样, 数 γ 的确能满足条件 (1) 了.

今转而证明由这些条件所确定的数的唯一性.

为此, 首先要指出引理 2 [8] 在数 s, s' 及 e 非有理数时仍成立; 其证明相同.

①注意, 若取 $e < \dfrac{e'}{nx_0'^{n-1}}$, 则数 $enx_0'^{n-1}$ 就可小于任意数 $e' > 0$.

②我们可以只限于这种情形来讨论, 在 $\alpha < 1$ 时, 则设

$$\alpha^\beta = \left(\frac{1}{\alpha}\right)^{-\beta}.$$

其次, 建立一个很简单且常用的不等式, 人们有时称它为**伯努利** (Jac. Bernoulli) **不等式**: 如果 n 是大于 1 的自然数, 又 $\gamma > 1$, 则

$$\gamma^n > 1 + n(\gamma - 1). \tag{2}$$

实际上, 设 $\gamma = 1 + \lambda$, 此处 $\lambda > 0$, 依牛顿二项公式有

$$(1 + \lambda)^n = 1 + n\lambda + \cdots$$

因未写上的各项均为正数, 故

$$(1 + \lambda)^n > 1 + n\lambda,$$

这就相当于不等式 (2).

今设 $\gamma = \alpha^{\frac{1}{n}}$ $(\alpha > 1)$, 则得不等式

$$\alpha^{\frac{1}{n}} - 1 < \frac{\alpha - 1}{n}, \tag{3}$$

这就是我们现在就要用到的不等式.

对于任意预先指定的自然数 n, 我们可这样选取数 b 及 b', 使差 $b' - b$ 小于 $\frac{1}{n}$; 则依不等式 (3),

$$\alpha^{b'} - \alpha^b = \alpha^b(\alpha^{b'-b} - 1) < \alpha^b(\alpha^{\frac{1}{n}} - 1) < \alpha^b \frac{\alpha - 1}{n}.$$

因 b 小于任意的 (而且系固定了的) b'_0, 故若选取

$$n > \frac{\alpha^{b'_0}(\alpha - 1)}{\varepsilon},$$

式中 ε 是任意小正数, 便可使

$$\alpha^{b'} - \alpha^b < \varepsilon,$$

在这种情形, 依上述引理 2 的推广, 在限界 α^b 与 $\alpha^{b'}$ 间不能包含两个相异的数 γ, 这就证明了 γ 的唯一性.

若 β 是有理数, 则以上所给的定义符合于 α^β 的通常的定义.

很易验证, 有任意实指数的幂满足一切通常的指数法则. 例如, 证明指数相加的法则:

$$\alpha^\beta \cdot \alpha^\gamma = \alpha^{\beta+\gamma}.$$

设 b, b', c, c' 是任意的有理数, 满足

$$b < \beta < b', \quad c < \gamma < c';$$

则依和的定义 [**12**], 有

$$b+c<\beta+\gamma<b'+c'.$$

而依幂的定义, 有

$$\alpha^b<\alpha^\beta<\alpha^{b'},\quad \alpha^c<\alpha^\gamma<\alpha^{c'},\quad 及\quad \alpha^{b+c}<\alpha^{\beta+\gamma}<\alpha^{b'+c'}.$$

把首两个二重不等式逐项相乘 (对于有理指数, 所要证的法则是已知的), 则得

$$\alpha^{b+c}<\alpha^\beta\cdot\alpha^\gamma<\alpha^{b'+c'},$$

这样, 二数 $\alpha^{\beta+\gamma}$ 及 $\alpha^\beta\cdot\alpha^\gamma$ 是位于限界 α^{b+c} 与 $\alpha^{b'+c'}$ 之间, 而且容易证明, 这两个界是可以任意接近的. 由此 (依引理 2 的推广), 推得这二数是相等的.

再证明, 在 $\alpha>1$ 时, 幂 α^β 随着实指数 β 的增大而增大. 若 $\beta<\overline{\beta}$, 则在它们中间插入有理数 $r:\beta<r<\overline{\beta}$, 依实指数幂的定义, 就有

$$\alpha^\beta<\alpha^r\quad 及\quad \alpha^r<\alpha^{\overline{\beta}},$$

由此

$$\alpha^\beta<\alpha^{\overline{\beta}}.$$

20. 对数 应用以任意实数为指数的幂的已给定义, 现在便很易确定以异于 1 的正数 α (例如我们当作 $\alpha>1$) 为底的任意正实数 γ 的对数的存在.

若有这样的有理数 r 存在, 使

$$\alpha^r=\gamma,$$

即 r 便是所求的对数. 现在我们假定, 这样的有理数并不存在.

于是, 可以在一切有理数域内, 依下列规则作分划 $B|B'$. 取合于 $\alpha^b<\gamma$ 的有理数 b 归入 B 组, 取合于 $\alpha^{b'}>\gamma$ 的有理数 b' 归入 B' 组.

我们证明, B 组及 B' 组均非空集. 依不等式 (2), 有

$$\alpha^n>1+n(\alpha-1)>n(\alpha-1),$$

并且只需取

$$n>\frac{\gamma}{\alpha-1}$$

便能使 $\alpha^n>\gamma$; 这样的自然数 n 必属于 B' 组. 同时又因

$$\alpha^{-n}=\frac{1}{\alpha^n}<\frac{1}{n(\alpha-1)},$$

故只需取

$$n>\frac{1}{\gamma(\alpha-1)},$$

便能使 $\alpha^{-n} < \gamma$, 于是 B 内有数 $-n$.

对于分划的其他要求这里也都满足.

所构成的分划 $B|B'$ 确定一个实数 β, β 就成为两组数间的"界数". 依幂的定义, 有

$$\alpha^b < \alpha^\beta < \alpha^{b'} \ (b < \beta < b'),$$

因此 α^β 是满足一切这类不等式的唯一的数. 但对于数 γ(依分划的构成) 有

$$\alpha^b < \gamma < \alpha^{b'}.$$

故

$$\alpha^\beta = \gamma \quad \text{而} \quad \beta = \log_\alpha \gamma;$$

对数的存在就证明了.

21. 线段的度量 若停留于有理数域之内, 便不能提供一切线段以长度, 而这也是引入无理数的一个重要的动机. 现在我们将指出, 在已被拓广的数域中可以解决线段的度量的问题.

首先, 叙述这一问题: ①

今要求对于任一直线段 A 以一个正实数 $l(A)$ 和它对应, 即称为**线段 A 的长**, 使得

1) 某一预先指定的线段 E (长的单位) 有长为1 : $l(E) = 1$;

2) 相等的线段有同一的长;

3) 在线段相加时, 和的长常等于各相加线段之长的和:

$$l(A + B) = l(A) + l(B)$$

(可加性).

在这些条件的限制之下, 问题的解答是唯一的.

由 2) 及 3) 推得, 单位线段的 q 等分中的一份应有长 $\dfrac{1}{q}$; 若这一份又重复地加 p 次, 则依 3), 所得线段应有长 $\dfrac{p}{q}$. 这样, 若线段 A 与单位长是可通约的, 又线段 A 及 E 各为公共度量的 p 及 q 倍, 则必须

$$l(A) = \frac{p}{q}.$$

易见这数并不依赖于所取的公共度量, 又易见若依这规则以有理长赋予与单位长可通约的线段, 则对于这些线段, 度量的问题就完全解决了.

若线段 A 大于线段 B, 设 $A = B + C$, 此处 C 亦为某一线段, 则依 3) 应有

$$l(A) = l(B) + l(C),$$

①在这里我们应用中学几何方面的知识, 不叙述与它有关的公理.

由 $l(C) > 0$ 得 $l(A) > l(B)$. 故不等的线段应有不等的长, 而且较长的线段有较大的长度.

因任一正有理数 $\frac{p}{q}$ 必为某一与单位长 E 可通约的线段的长, 很清楚地, 无一与单位长不可通约的线段能有有理的长度.

令Σ 是一与 E 不可通约的线段. 我们可找到无数多的与 E 可通约的线段 S 及 S', S 小于 Σ 而 S' 大于 Σ[①]. 若把它们的长度记成 s 及 $s' : l(S) = s, l(S') = s'$, 则所求之长 $l(\Sigma)$ 应满足不等式

$$s < l(\Sigma) < s'\ ②.$$

若把一切有理数分配到 $\boldsymbol{S}$ 及 $\boldsymbol{S'}$ 二组, 把数 s (以及一切负数及 0) 归入下组 $\boldsymbol{S}$, 把数 s' 归入上组 $\boldsymbol{S'}$, 则得有理数域中的分划. 因为显然在下组内没有最大数, 在上组内没有最小数, 故这分划确定一无理数 σ, 它是满足诸不等式 $s < \sigma < s'$ 的唯一实数. 显然, 长度 $l(\Sigma)$ 必须等于此数.

今假定一切线段, 不论与 E 可通约或不可通约, 都依照上述规则记下其长度. 条件 1), 2) 显然满足. 考察二线段 P, Σ, 长度为

$$\rho = l(P), \quad \sigma = l(\Sigma),$$

及其和, 线段 $T = P + \Sigma$, 其长度记成 $\tau = l(T)$. 取任意正有理数 r, r', s, s', 使

$$r < \rho < r', \quad s < \sigma < s',$$

作线段 R, R', S, S', 各为有上述数字作为长度的线段. 线段 $R + S$ (长为 $r + s$) 将比 T 短, 而线段 $R' + S'$ (长为 $r' + s'$) 将比 T 长. 因此

$$r + s < \tau < r' + s'.$$

但由 [**12**], 位于形如 $r + s$[③] 与 $r' + s'$ 的数之间的实数是唯一的, 因此 $\tau = \rho + \sigma$, 这就证明了条件 3).

依数学归纳法, "可加性" 可以推广至任意有限个加数的情形.

若在轴 (有向直线) 上 (图 1) 选取原点 O 及单位长 OE, 则

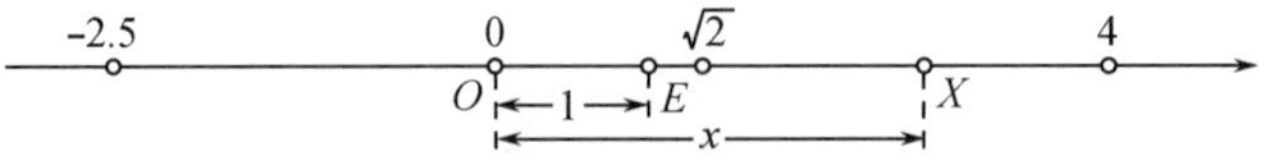

图 1

①由几何学上的阿基米德公理出发易于证明, 该公理我们在 **5** 内已讨论过了.

②自然, 与 E 可通约的线段 Σ 的长, 亦同样满足这不等式.

③r 及 s 是正数的限制当然并不重要.

这直线上的任一点 X 必对应于某一实数 x, 称为它的**横标**, 若 X 位于自 O 起的正向上, x 即等于线段 OX 的长, 而在相反的情形等于这长的负数.

自然要问其逆是否亦真: 任一实数 x 在这时必对应于直线上某一点吗? 这问题在几何学上的回答是肯定的. 即依靠直线的连续性的公理, 它赋予作为点的集合的直线以类似于实数域的连续性的性质 [**10**].

这样, 在一切实数与有向直线 (轴) 上的点之间就可以成立一一对应的关系. 实数可以表示为轴上的点, 这轴因此便称为**数轴**. 类似的表示法我们以后将经常地应用着.

第一章　极限论

§1. 整序变量及其极限

22. 变量、整序变量　在物理学及其他自然科学内读者曾经遇到各种不同的量:时间, 长度, 体积, 重量等. 任一种量, 按照不同的情况, 有时具有不同的值, 有时仅取一值. 在第一种情形我们称它为**变量**, 在第二种情形称它为**常量**.

但在数学上我们不顾所考察的量的物理意义, 仅关心于表示这量的**数字**; 量的物理意义仅当数学被应用时, 始再获得重要性. 这样, 对于我们来说, 变量仅为赋予数值的符号 (例如, 字母 x) 而已 [5].

若变量所能取值的集合 $\mathcal{X} = \{x\}$ 已经指定, 则这变量就当作是已给定了. 常量可以当作变量的特殊情形来看待, 它相当于 $\mathcal{X} = \{x\}$ 只有一个元素的情形 [6].

在建立变量 x 的极限概念时, 仅知道这变量所取值的数集 $\mathcal{X}$ 还是不够的; 必须再知道, 它所取的到底是些怎样的数值 (在它们中间, 可能有重复的), 以及它取这些值的次序. 关于**有序变量**及其极限的问题的一般讨论, 这里暂时搁下不提, 放在下一

---

[5] 对整个数学分析来说, (在历史上) 原来的、十分一般的变量概念与其说是纯数学性质的, 不如说是自然科学性质的. 给这个概念一个完全形式的定义, 实际上不可能.

有两种更为特殊的变量在今后的叙述中将起到关键的作用, 它们是严格定义的, 一种称为 (自) 变量, 另一种称为整序变量 (或称为整序型变量). 所说这两类变量的严格定义靠如下方式实现: 对它们要补充描述其指定过程, 即确切地指出认为变量或整序变量已经给定的条件. 特别是下面的一段正文乃是变量的定义.

[6] 这样一来, 首先是**给定 (自) 变量**, 等价于**给定某个数集**; 其次, 说法 "x —— 变量" 事实上等价于 "x —— **数集的类元** (或**任意元**)". 我们指出, 上面所说的不适用于 "整序型的变量" (对于它, 给定的手续另行说明). 在本质上, 刚才所说的一类变量 (即自变量), 仅在第二章开头才会遇到并且用到.

卷的末尾[①] (那时, 读者将已累积了对于这一方面的充分的经验). 在本章内我们且讲述一种最简单同时也是最重要的特殊类型的变量.

今从建立**数列**的概念开始. 设有自然数的序列:

$$1, 2, \cdots, n, \cdots, n', \cdots \tag{1}$$

在序列内数字依由小而大的顺序排列着, 较大的数 n' 在较小的数 n 的后面 (或较小的数 n 在较大的数 n' 的前面). 若在序列 (1) 内, 按照任何规律, 将每一自然数 n 换成实数 x_n, 则得数列:

$$x_1, x_2, x_3, \cdots, x_n, \cdots, x_{n'}, \cdots \tag{2}$$

其**项**或**元素** x_n 有一切自然数作为序号, 并依序号增大的次序排列着. 当 $n' > n$ 时, $x_{n'}$ 就在 x_n 的后面 (x_n 在 $x_{n'}$ 的前面), 不管 $x_{n'}$ 本身的数值大于、小于或等于 x_n[②].

取值成序列 (2) 的变量 x, 我们 —— 依照梅雷 (Ch. Méray) —— 称之为**整序变量**. 我们在这里就限于考察这种类型的变量[7)].

在中学的数学教程内读者遇到过的变量即是整序型的变量. 例如, 大家所熟悉的序列

$$\underset{1}{a}, \underset{2}{a+d}, \underset{3}{a+2d}, \cdots, \underset{n}{a+(n-1)d}, \cdots \qquad \text{(算术序列)}$$

或

$$\underset{1}{a}, \underset{2}{aq}, \underset{3}{aq^2}, \cdots, \underset{n}{aq^{n-1}}, \cdots \qquad \text{(几何序列)};$$

每一序列中的变项就是整序变量.

在定义圆周的长度时, 通常考察圆内接正多边形的可变周长, 由六边形起, 将边数依次增加一倍; 这样, 这整序变量所取的数值便成一序列:

$$P_6 \underset{1}{=} 6R, \quad P_{12} \underset{2}{=} 12R\sqrt{2-\sqrt{3}},$$

$$P_{24} \underset{3}{=} 24R\sqrt{2-\sqrt{2+\sqrt{3}}}, \quad \underset{4}{P_{48}}, \quad \cdots$$

---

①参阅第三卷的附录:《极限的一般观点》.

②仿此, 可以定义直线上点的序列或自然界任何其他物体的序列的概念.

7) 虽然从直观上看, **序列**与**整序变量**两个概念有某些不同, 但在本质上两者是等价的. 实际上, 为了确定序列 $x_1, x_2, \cdots, x_n, \cdots$ 和为了给定依次具有值 $x_1, x_2, \cdots, x_n, \cdots$ 的变量 x, 我们做的是同样的事 —— 指出某个**规则**, 使每一个自然数 n 对应着完全确定的实数 x_n (这个取决于我们意愿的数, 我们可称之为序列的第 n 项或整序变量的第 n 个值). 序列与整序变量这两个概念的等价性反映在表示上: 对于二者, 形如 x_n 的符号是标准的表示. 读者今后可以毫无顾虑地把**序列**与**整序变量**两个**概念看成等同的**, 而认为这两个术语是可以互换的**同义词** (确定整序变量总是等同于确定序列所遍历的值). 我们要指出, 更为普遍的术语 "序列" 现已远比术语 "整序变量" 更为通行, 后者几乎不再使用.

再说到 $\sqrt{2}$ 的十进小数近似值 (所说的是亏近似值), 使准确度继续增大, 它们便成一序列:

$$\underset{1}{1.4}, \underset{2}{1.41}, \underset{3}{1.414}, \underset{4}{1.4142}, \cdots$$

这也是一个整序变量.

取值成序列 (2) 的变量 x 常记成 x_n, 就是以序列中的变项 (或普通项), 来记这个变量.

有时, 整序变量 x 直接由 x_n 的表达式所给定. 如在算术序列及几何序列时各为 $x_n = a + (n-1)d$ 及 $x_n = aq^{n-1}$. 利用这表达式便可以依已给序号立即算出整序变量的对应数值, 而不必知道在这以前它取过一些什么数值.

对于内接正多边形的周长, 要写出一般的表达式, 仅在引用数 π 后始为可能; 内接正 m 边形的周长 p_m, 一般地表示为公式

$$p_m = 2mR\sin\frac{\pi}{m}.$$

有时, 序列 (2) 的普通项 x_n 的表达式可能无法知道. 然若我们能掌握某种规则, 只要知道整序变量的任一序号时, 便能按照这规则算出其对应的数值, 则序列 (2) 以及由它所决定的整序变量都算作是已给定了. 因此, 既然我们已知道根的近似算法, 我们就可以算作 $\sqrt{2}$ 的一切十进位近似值所成的序列是已经给定了, 虽然这序列的普通项的表达式不得而知.

若整序变量 —— 在上述的意义下 —— 已给定, 则不仅它所取值的集合已整个地确定, 并且它取这些值的次序亦确定; 对应于每一序号, 整序变量必有一个数值, 又在两数值中, 序号较大的当作是在后面的.

再着重指出, 整序变量的各个数值不一定要互不相同. 例如, 由下列公式之一所给定的整序变量:

$$x_n = 1; \quad x_n = (-1)^{n+1}; \quad x_n = \frac{1+(-1)^n}{n},$$

其对应的数列各为:

$$\begin{array}{lllllll}
\underset{1}{1}, & \underset{2}{1}, & \underset{3}{1}, & \underset{4}{1}, & \underset{5}{1}, & \underset{6}{1}, & \cdots \\
\underset{1}{1}, & \underset{2}{-1}, & \underset{3}{1}, & \underset{4}{-1}, & \underset{5}{1}, & \underset{6}{-1}, & \cdots \\
\underset{1}{0}, & \underset{2}{1}, & \underset{3}{0}, & \underset{4}{\tfrac{1}{2}}, & \underset{5}{0}, & \underset{6}{\tfrac{1}{3}}, & \cdots
\end{array}$$

在第一种情形, 整序变量根本是一个常量, 它所取值的集合只有一个元素 1. 在第二种情形, 这集由整序变量所交错地取着的两个值 1 及 -1 所组成. 最后, 在第三种情形, 变量的值是无限集, 但这并不影响变量每隔一次取一个等于 0 的数值这一回事; 在第三项的数值 0, 我们当作不仅是在第二项的数值 1 以后, 且亦在第一项的数值 0 以后.

23. 整序变量的极限 读者从中学的教程内应该已熟悉这概念了. 这里是它的严格的定义:

若对于每一正数 ε, 不论它怎样小, 恒有序号 N, 使在 $n > N$ 时, 一切 x_n 的值满足不等式

$$|x_n - a| < \varepsilon, \tag{3}$$

则常数 a 称为**整序变量** $x = x_n$ **的极限**.

a 是整序变量的极限这一事实, 记成:

$$\lim x_n = a \quad 或 \quad \lim x = a$$

(lim 是拉丁文 limes 的简写, 即指 "极限"). 我们也说, 变量**趋于** a, 并写成

$$x_n \to a \quad 或 \quad x \to a.$$

有时称数 a 为**序列** (2) **的极限**, 并说, 这序列**收敛于** a.

上述定义可以简短地叙述成:

数 a 是整序变量 $x = x_n$ 的极限, 若 x 的数值 x_n 从某项开始都与 a 相差任意小.

含任意 ε 的不等式 (3) 就是 x_n 可以与 a "相差任意小" 这一句话的准确记法, 而序号 N 恰好就指示着上述定义中 "从某项开始" 那个 "某项" 的位置.

最重要的是要认识到, 序号 N 一般地说来, 并不是一经指定后就永远不变的: 它是由我们所选的数 ε 来决定的. 为着要重视这件事, 我们有时不写 N 而写成 N_ε. 当数 ε 减小时, 与它对应的序数 $N = N_\varepsilon$, 一般地说来, 将会增大: 要使整序变量 x_n 的值与 a 的接近程度愈大, 则我们在序列 (2) 内所要考察的数值便必须愈远.

整序变量 x_n 的一切数值都等于常量 a 的这情形是例外: 显然, 这时 $a = \lim x_n$, 但这时对于任何 $\varepsilon > 0$, 不等式 (3) 能同时对于 x_n 的一切值都成立①.

我们已从 **17** 中知道, 不等式 (3) 相当于下列不等式

$$-\varepsilon < x_n - a < \varepsilon$$

或

$$a - \varepsilon < x_n < a + \varepsilon; \tag{4}$$

以后我们经常要用到这些不等式.

若把我们的整序变量 x_n 的值及数 $a, a \pm \varepsilon$ 表示为数轴上的点 [**21**] (图 2), 则得整序变量的极限的显明的几何解释. 以 a 点为中心的线段不论取得怎样小 (其长为 2ε), 一切点 x_n, 从某点起, 必全部落在这线段之内 (这样, 在线段之外一定只有有限个点了). 表示极限的点 a 就是表示整序变量的数值的点的**凝聚中心**.

---

①对于从某项起开始都等于 a 的整序变量 x_n, 有与此类似的情况.

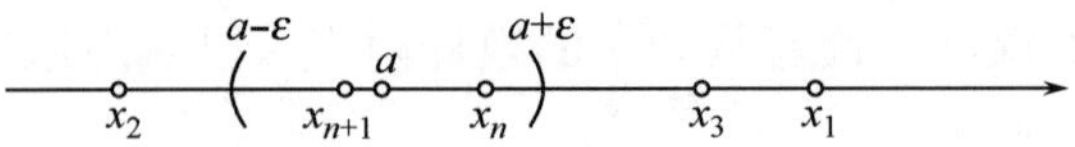

图 2

24. 无穷小量 当整序变量趋向于零时: $x_n \to 0$, 这情形特别值得注意.

*极限为零的整序变量 x_n 称为***无穷小量**, 或简称**无穷小**.

若在整序变量的极限的定义 [**23**] 内使 $a=0$, 则不等式 (3) 成为

$$|x_n - 0| = |x_n| < \varepsilon \qquad (n > N_\varepsilon).$$

这样, 上面的无穷小的定义可以不用术语 "极限" 而更详细地叙述成:

若整序变量 x_n 的绝对值, 自某项起, 成为而且永远保持小于预先指定的任意小数 $\varepsilon > 0$, 则它称为无穷小.

由于历史性所形成的术语 "无穷小" 量是不十分恰当的, 希望不要引起读者的误解, 这量的任何个别数值, 只要它不是零, 就不能当作是 "很小的" 量. 事实上, 无穷小是这样一个变量①, 它仅在自己变化过程中, 可以变为小于任意选取的数 ε.

回到一般情形, 设整序变量 x_n 以 a 为极限, 则此变量与其极限的差

$$\alpha_n = x_n - a$$

显然将为无穷小: 因依 (3),

$$|\alpha_n| = |x_n - a| < \varepsilon \quad (n > N_\varepsilon).$$

反之, 若 α_n 是无穷小, 则 $x_n \to a$. 这使我们导出下列命题:

整序变量 x_n 以常数 a 为极限的必要而且充分的条件是: 它们的差 $\alpha_n = x_n - a$ 是无穷小.

因此, 可以给予 "极限" 的概念以另一定义 (和旧定义完全相当):

若常数 a 与整序变量 x_n 的差是无穷小量, 则 a 称为整序变量 x_n 的极限.

自然而然地, 若以这定义为极限论的出发点, 则对于无穷小必须应用上述的第二定义. 否则便得循环推理: 极限由无穷小确定, 而无穷小又由极限确定!

因此, 若整序变量 $x_n \to a$, 则可以表示为

$$x_n = a + \alpha_n,$$

式中 α_n 为无穷小. 反之, 若整序变量满足这表示式, 则它有极限 a. 在实用时常用这式子以建立变量的极限.

---

①除去当它恒等于零的那种平凡情形以外.

25. 例题 1) 考察整序变量

$$x_n=\frac{1}{n}, x_n=-\frac{1}{n}, x_n=\frac{(-1)^{n+1}}{n};$$

与它们对应的数列为

$$1,\quad \frac{1}{2},\quad \frac{1}{3},\quad \frac{1}{4},\quad \cdots$$

$$-1,\quad -\frac{1}{2},\quad -\frac{1}{3},\quad -\frac{1}{4},\quad \cdots$$

$$1,\quad -\frac{1}{2},\quad \frac{1}{3},\quad -\frac{1}{4},\quad \cdots$$

三个变量都是无穷小, 即有极限 0. 事实上, 要使

$$|x_n|=\frac{1}{n}<\varepsilon,$$

仅需 $n>\frac{1}{\varepsilon}$ 便能成立. 这样, 便可取, 例如, 包含在 $\frac{1}{\varepsilon}$ 内的最大的整数, 即 $E\left(\frac{1}{\varepsilon}\right)$①, 作为 N_ε.

注意到, 第一个变量常大于其极限 0; 第二个常小于它; 第三个则交迭地忽大于忽小于它.

2) 若设

$$x_n=\frac{2+(-1)^n}{n},$$

则变量依次取下列数列中的数值

$$1, \frac{3}{2}, \frac{1}{3}, \frac{3}{4}, \frac{1}{5}, \frac{3}{6}, \cdots$$

在这情形同样有 $x_n\to 0$, 因

$$|x_n|\leqslant\frac{3}{n}<\varepsilon,$$

当 $n>\frac{3}{\varepsilon}$, 故 N_ε 可以取为 $E\left(\frac{3}{\varepsilon}\right)$.

我们在此地碰到稀奇的特性: 变量交迭地忽而接近于其极限 0, 忽而离开它.

3) 今设

$$x_n=\frac{1+(-1)^n}{n};$$

这整序变量我们已在 **22** 末遇到过. 在这里, 亦同样地有 $x_n\to 0$, 因

$$|x_n|\leqslant\frac{2}{n}<\varepsilon,$$

仅需 $N>N_\varepsilon=E\left(\frac{2}{\varepsilon}\right)$.

注意到, 对于 n 的一切奇数值变量都等于它的极限.

这些简单的例子是很有趣的, 由于它们表现出包含在上述整序变量的极限定义中的各种各样的可能性. 变量的值是否均在极限值的一方; 变量是否每一步都向其极限接近; 最后, 变量是否能达到其极限, 即是否具有等于极限的数值; 这些都不关紧要. 重要的仅是定义中所说的: 变量在最后, 即项数充分远时的数值, 与极限值之差要是任意小.

---

①一般地, 用 $E(p)$ 表示不超过 p 的最大整数, 或简称数 p 的**整数部分**; E 是法文 Entier 的起首字母, 表示"整".

4) 取整序变量的更复杂的例:

$$x_n = \frac{n^2 - n + 2}{3n^2 + 2n - 4};$$

我们要证明它的极限是 $\frac{1}{3}$.

为此目的, 考察差

$$x_n - \frac{1}{3} = \frac{-5n + 10}{3(3n^2 + 2n - 4)},$$

估计其绝对值, 当 $n > 2$ 时, 有:

$$\left|x_n - \frac{1}{3}\right| = \frac{5n - 10}{3(3n^2 + 2n - 4)} < \frac{5n}{3(3n^2 - 4)} < \frac{5n}{3 \cdot 2n^2} < \frac{1}{n},$$

因此, 若 $n > N_\varepsilon = E\left(\frac{1}{\varepsilon}\right)$, 这表达式便小于 ε. 这就证明了 $x_n \to \frac{1}{3}$.

5) 整序变量由公式

$$x_n = a^{\frac{1}{n}} = \sqrt[n]{a} \quad (a > 1)$$

所确定. 要证 $x_n \to 1$.

若应用 **19** 内的不等式 (3), 则可以写成:

$$|x_n - 1| = \sqrt[n]{a} - 1 < \frac{a-1}{n} < \varepsilon, \text{ 仅需 } n > N_\varepsilon = E\left(\frac{a-1}{\varepsilon}\right).$$

但亦可用另外方法证明. 不等式

$$|x_n - 1| = a^{\frac{1}{n}} - 1 < \varepsilon,$$

相当于

$$\frac{1}{n} < \log_a(1+\varepsilon) \text{ 或 } n > \frac{1}{\log_a(1+\varepsilon)},$$

这样, 在 $n > N_\varepsilon = E\left(\frac{1}{\log_a(1+\varepsilon)}\right)$ 时, 它就成立了.

由于所选的推论方法不同, 我们便得出不同的 N_ε 的表达式. 例如, 在 $a = 10, \varepsilon = 0.01$ 时, 依第一种方法得 $N_{0.01} = \frac{9}{0.01} = 900$, 而依第二种方法得 $N_{0.01} = E\left(\frac{1}{0.004\,32\cdots}\right) = 231$. 依第二种方法我们得出 $N_{0.01}$ 的一切可能的数值中的最小者, 因为 $10^{\frac{1}{231}} = 1.010\,017\cdots$ 与 1 的差已大于 $\varepsilon = 0.01$. 在一般情形也是如此, 因为, 很容易看出, 当 $n \leqslant \frac{1}{\log_a(1+\varepsilon)}$ 时必有 $a^{\frac{1}{n}} - 1 \geqslant \varepsilon$.

注意: 如果只是要证明极限存在, 则在这种场合我们总不关心于 N_ε 的最小可能的数值. 只需保证不等式 (3) 能成立就好了, 至于从哪一项开始, 位置远些的抑近些的, 可以不必去管它.

6) 整序变量

$$a_n = q^n, \text{ 式中 } |q| < 1$$

是无穷小的一个重要的例题. 要证明 $a_n \to 0$, 试考察不等式

$$|a_n| = |q|^n < \varepsilon,$$

它相当于

$$n \cdot \lg|q| < \lg\varepsilon \quad 或 \quad n > \frac{\lg\varepsilon}{\lg|q|}.$$①

这样, 若假定 (设 $\varepsilon < 1$)

$$N_\varepsilon = E\left(\frac{\lg\varepsilon}{\lg|q|}\right),$$

则在 $n > N_\varepsilon$ 时, 上述不等式一定成立.

仿此, 很易证明整序变量

$$\beta_n = A \cdot q^n$$

亦是无穷小, 其中 $|q| < 1$, 而 A 是常数.

7) 再考察无穷递减几何序列

$$a, aq, aq^2, \cdots, aq^{n-1}, \cdots \quad (|q| < 1)$$

并提出关于其**和**的定义问题.

大家知道所谓无穷序列各项的和, 自然应该是, 当 n 无限增大时, 其首 n 项的和 s_n 所趋向的极限. 但

$$s_n = \frac{a - aq^n}{1-q} = \frac{a}{1-q} - \frac{a}{1-q} \cdot q^n,$$

因此这整序变量 s_n 与常数 $\frac{a}{1-q}$ 之差为 $a_n = -\frac{a}{1-q}q^n$, 我们刚才已看到它是无穷小量. 因此, 依极限的第二定义, 所求序列各项的和为

$$s = \lim s_n = \frac{a}{1-q}.$$

因此, 这个数就是几何序列的无穷多项的和, 把它写成为:

$$a + aq + aq^2 + \cdots + aq^{n-1} + \cdots = \frac{a}{1-q}.$$

8) 设已给二数 a 及 b. 假定 $x_0 = a, x_1 = b$, 而整序变量 x_n 以后的数值则由等式

$$x_n = \frac{x_{n-2} + x_{n-1}}{2} \quad (n \geqslant 2)$$

来决定.

这些 x_n 实际上都已给定, 因为, 这里令 $n = 2, 3, 4, \cdots$, 就可以依序地求出它的一切数值至任何项.

若从上述等式的两边各减去 x_{n-1}, 则得

$$x_n - x_{n-1} = -\frac{1}{2}(x_{n-1} - x_{n-2}) \quad (n = 2, 3, \cdots).$$

这样, 序列

$$x_1 - x_0 = b - a, x_2 - x_1, \cdots, x_{n-1} - x_{n-2}, x_n - x_{n-1}$$

---

①这里 (和以后) $\lg x$ 都理解为 $\log_{10} x$. 由于 $|q| < 1$, 故 $\lg|q| < 0$; 因此, 在用这数除不等式的两边时, 不等号应换成相反的方向.

中, 任一个差 (由第二个开始) 都可以由前面一个差乘以 $-\frac{1}{2}$ 而得到. 就是说, 我们有乘以 $-\frac{1}{2}$ 为公比的几何数列. 因为它的 n 项和是 $x_n - a$, 所以利用我们已知的 (参看 **7**) 几何序列和的公式, 立即得出

$$\lim(x_n - a) = \frac{b-a}{1-\left(-\frac{1}{2}\right)} = \frac{2}{3}(b-a).$$

由此不难得出

$$\lim x_n = a + \frac{2}{3}(b-a) = \frac{a+2b}{3}.$$

9) 与几何序列相似, 可以考查任意数列

$$a_1, a_2, \cdots, a_n, \cdots$$

并且把它们依次相加, 作成 "部分和"

$$A_1 = a_1, A_2 = a_1 + a_2, A_3 = a_1 + a_2 + a_3, \cdots$$
$$A_n = a_1 + a_2 + \cdots + a_n, \cdots$$

如果当 n 无限增大时, A_n 趋于 (有限或无穷) 极限 A, 则数 A 就叫做所取一切数 a_n 的和, 并且写成

$$a_1 + a_2 + \cdots + a_n + \cdots = A.$$

等式左边记号叫做**无穷级数**, 数 A 叫做它的**和**. 具有有限和的级数, 我们说它是**收敛的**.

例如, 设已知级数

$$\frac{1}{1\cdot 2} + \frac{1}{2\cdot 3} + \frac{1}{3\cdot 4} + \cdots + \frac{1}{n(n+1)} + \cdots$$

这里

$$a_1 = \frac{1}{1\cdot 2} = 1 - \frac{1}{2}, a_2 = \frac{1}{2\cdot 3} = \frac{1}{2} - \frac{1}{3}, \cdots$$
$$a_n = \frac{1}{n(n-1)} = \frac{1}{n} - \frac{1}{n+1}, \cdots$$

因此, 在这个情形

$$A_n = \left(1-\frac{1}{2}\right) + \left(\frac{1}{2}-\frac{1}{3}\right) + \cdots + \left(\frac{1}{n}-\frac{1}{n+1}\right) = 1 - \frac{1}{n+1}.$$

显然 $A_n \to 1$, 因此, 所说的级数收敛, 并且和为 1.

如果级数没有有限和, 这时我们就说这个级数**发散**: 例如,

$$1 + 1 + \cdots + 1 + 1 \cdots$$

就是这样的级数.

26. 关于有极限的整序变量的一些定理 设整序变量有极限 a. 对于任一 $p < a$ (或 $q > a$) 很易选取数 $\varepsilon > 0$, 使

$$a - \varepsilon > p \quad (\text{或 } a + \varepsilon < q);$$

为此目的, 只需取 ε 小于差 $a - p$ (或 $q - a$) 就是. 但依极限的定义 [**23**], 恒能求出这样的序号 N, 使当 $n > N$ 时不等式 [参阅 (4)]

$$x_n > a - \varepsilon \quad (x_n < a + \varepsilon)$$

能满足. 因此, 自然也成立不等式

$$x_n > p \quad (\text{或 } x_n < q).$$

1° *若整序变量 x_n 趋于极限 a, 又 $a > p$ $(a < q)$, 则一切变量的数值, 从某项开始, 亦将 $> p$ $(< q)$.*

这一简单的命题包含一系列有用的推论.

2° *若整序变量 x_n 趋于极限 $a > 0$ (< 0), 则变量本身从某项开始亦必有 $x_n > 0$ (< 0).*

要证明此论点, 只需在上述命题中取 $p = 0$ $(q = 0)$ 就行了.

更准确的结果是:

3° *若整序变量 x_n 趋于异于零的极限 a, 则必有充分远的 x_n 的值, 其绝对值得超过某正数 r:*

$$|x_n| > r > 0 \quad (n > N).$$

实际上, 当 $a > 0$ (< 0) 时, 可以取

$$0 < p < a \quad (a < q < 0),$$

并假定 $r = p$ $(r = |q|)$.

4° *另一方面, 若整序变量 x_n 有极限 a, 则 x_n 必定是有界的*, 意即, 它的一切值在绝对值上不超过某一有限的界:

$$|x_n| \leqslant M \quad (M = \text{常数}; n = 1, 2, \cdots).$$

取数 $M' > |a|$, 即 $-M' < a < M'$, 并假定 $p = -M', q = M'$. 求出这样的序号 N, 使当 $n > N$ 时, 有

$$-M' < x_n < M' \quad \text{或} \quad |x_n| < M'.$$

这不等式当 $n = N + 1, N + 2, \cdots$ 时, 自然能满足, 因此它只可能对于整序变量的前 N 项 (或它们之中的某几项) 不满足.

因此, 若假定 M 等于数

$$|x_1|, |x_2|, \cdots, |x_N|, M'$$

中的最大者, 则一切 x_n 的值都将满足 $|x_n| \leqslant M$, 此即需证者.

附注 I. x_n 为有界变量的定义也可以用不等式

$$k \leqslant x_n \leqslant g \quad (n = 1, 2, \cdots)$$

来表示, 式中 k 及 g 为二有限的数. 实际上, 由这些不等式, 若令 M 等于 $|k|$ 及 $|g|$ 中的最大数, 则得 $|x_n| \leqslant M$; 反之, 若先有最后的不等式, 则可以把它写成 $-M \leqslant x_n \leqslant M$, 这样 $-M$ 就可当作是 k, M 就可当作是 g.

II. 命题 4° 不能逆述. 并非一切有界的整序变量都有极限. 例如, 若设 $x_n = (-1)^{n+1}$, 则这个整序变量当然是有界的: $|x_n| \leqslant 1$, 但它却并无极限, 总是在 $+1$ 和 -1 间振动着.

最后, 根据命题 1°, 证明极限的唯一性.

5° *整序变量 x_n 不能同时趋于两个相异的极限.*

事实上, 假定其逆: 设同时有 $x_n \to a$ 和 $x_n \to b$, 又 $a < b$. 取出 a 与 b 间的任一数 r,

$$a < r < b.$$

因 $x_n \to a$ 及 $a < r$, 必能求得序号 N', 使当 $n > N'$ 时不等式 $x_n < r$ 能满足. 由另一方面, 因 $x_n \to b$ 及 $b > r$, 必能求得序号 N'', 使当 $n > N''$ 时成立 $x_n > r$. 若取大于 N' 及 N'' 的序数 n, 则变量 x_n 的对应值将同时既 $< r$ 又 $> r$, 这是不可能的.

这矛盾便证明了我们的命题.

27. 无穷大量 **无穷大量** (或简称**无穷大**), 在某种意义上是与无穷小量相反的.

若整序变量 x_n, 由某项开始, 其绝对值变成且保持着大于预先指定的任意大数 $E > 0$,

$$|x_n| > E \quad (\text{当 } n > N_E \text{ 时}),$$

x_n 便称为无穷大.

如同在无穷小的情形一样, 这里亦需着重指出, 无穷大量的任一个别数值都不能当作“大量” 看待. 我们这里所讨论的是这样的变量, 它仅在本身改变的过程中可以大于任意选取的数 E.

无穷大的例, 如整序变量

$$x_n = n; \quad x_n = -n; \quad x_n = (-1)^{n+1} n,$$

它们都依次在整数的序列中取值, 但第一种带正号, 第二种带负号, 第三种带交迭的符号.

再举一个无穷大量的例子:

$$x_n = Q^n, \quad \text{当 } |Q| > 1 \text{ 时}.$$

事实上, 不论有怎样的 $E > 0$, 不等式

$$|x_n| = |Q|^n > E$$

总能满足, 仅需

$$n \cdot \lg |Q| > \lg E \quad \text{或} \quad n > \frac{\lg E}{\lg |Q|} ①.$$

因此可以取数

$$E\left(\frac{\lg E}{\lg |Q|}\right)$$

当作 N_E.

若整序变量 x_n 成为无穷大, 并且 (至少在充分大的 n 时) 保持着一定的符号 (+ 或 −), 这时, 按照符号的正或负, 我们说 x_n 有极限 $+\infty$ 或 $-\infty$, 并写成:

$$\lim x_n = +\infty, x_n \to +\infty \quad \text{或} \quad \lim x_n = -\infty, x_n \to -\infty.$$

在这些情形时, 可以分别用不等式

$$x_n > E \quad \text{或} \quad x_n < -E$$

来代替不等式 $|x_n| > E$, 以作为每种特殊无穷大量的定义式. 由此已可推得必有 $x_n > 0$ 或 $x_n < 0$.

在一般情形无穷大量表示关系: $|x_n| \to +\infty$.

在前面所举的无穷大量的例中, 显然, 整序变量 $x_n = n$ 趋向 $+\infty, x_n = -n$ 趋向 $-\infty$. 至于第三个: $x_n = (-1)^{n+1}n$, 对于它我们既不能说它趋向 $+\infty$, 也不能说它趋向 $-\infty$.

最后, 关于整序变量 $x_n = Q^n$, 当 $Q > 1$ 时, 可以说它趋向 $+\infty$, 而当 $Q < -1$ 时, 仅能说极限不存在.

关于 "广义的数" $\pm\infty$, 我们在 **10** 内已讨论过它; 必须记住, 它们的应用, 在意义上完全是有条件的, 对这些 "数" 进行算术运算时要特别小心. 常常简单写 ∞ 来代替 $+\infty$.

引入无穷极限并不破坏在前一段 (参阅 5°) 内所建立的极限的唯一性的定理; 实际上, 有如在 (4°) 已指出过的, 有一有限极限 a 的整序变量必为有界, 因此, 无论如何不能同时又趋向无穷极限.

最后, 讲一讲无穷大量与无穷小量间的简单关系:

若整序变量 x_n 是无穷大, 则它的倒数 $\alpha_n = \dfrac{1}{x_n}$ 将成无穷小.

①因 $|Q| > 1$, 故 $\lg |Q| > 0$.

取任意数 $\varepsilon > 0$. 因 $x_n \to \infty$, 故对于数 $E = \dfrac{1}{\varepsilon}$ 可以求得序号 N, 使

$$|x_n| > \frac{1}{\varepsilon}, \quad \text{仅需 } n > N.$$

于是对于这种 n, 显然将有

$$|\alpha_n| < \varepsilon,$$

这就证明了我们的命题.

仿此, 可以证明逆命题:

若整序变量 α_n (不等于零) 是无穷小, 则其倒数 $x_n = \dfrac{1}{\alpha_n}$ 将成无穷大.

§2. 极限的定理 · 若干容易求得的极限

28. 对等式及不等式取极限 当我们用等号或不等号联结二整序变量 x_n 及 y_n 时, 我们所指的总是它们的对应数值, 即具有同一序号的数值.

1° 若二整序变量 x_n, y_n 在它们的一切变化过程中总是相等: $x_n = y_n$, 并且各趋于有限极限:

$$\lim x_n = a, \quad \lim y_n = b,$$

则这些极限必相等: $a = b$.

这可由极限的唯一性 [**26**, 5°] 直接推得.

这定理通常写成对等式取极限的形式: 由 $x_n = y_n$ 得出:

$$\lim x_n = \lim y_n.$$

2° 若二整序变量 x_n, y_n 常满足不等式 $x_n \geqslant y_n$, 并且各趋于有限极限:

$$\lim x_n = a, \quad \lim y_n = b,$$

则必 $a \geqslant b$.

假定是相反的情形: 设 $a < b$. 像在 **26**, 5° 中一样, 任取在 a 与 b 间的一数 r,$a < r < b$. 那么, 一方面, 可以求得序号 N', 使当 $x > N'$ 时成立 $x_n < r$, 但另一方面, 又可求得序号 N'', 使当 $n > N''$ 时成立 $y_n > r$. 若 N 大于 N' 和 N'', 则当 $n > N$ 时将同时成立不等式

$$x_n < r, \quad y_n > r, \quad \text{由此 } x_n < y_n,$$

这是违反假定的. 定理便得证明.

这定理使我们得以对不等式 (连同着等号的) 取极限: 由 $x_n \geqslant y_n$ 得结论

$$\lim x_n \geqslant \lim y_n.$$

当然, 各处的 $\geqslant$ 号都可以换成 $\leqslant$ 号.

请读者注意, 由严格的不等式 $x_n > y_n$, 一般说来, 不能推得严格的不等式 $\lim x_n > \lim y_n$, 而仅能推得: $\lim x_n \geqslant \lim y_n$. 例如对于一切的 n, 有 $\frac{1}{n} > -\frac{1}{n}$, 但却有

$$\lim \frac{1}{n} = \lim \left(-\frac{1}{n}\right) = 0.$$

在确定整序变量的极限的存在及其数值时, 下面的定理常是很有用的:

3° 若整序变量 x_n, y_n, z_n 恒满足不等式

$$x_n \leqslant y_n \leqslant z_n,$$

并且 x_n 及 z_n 趋向同一极限 a:

$$\lim x_n = \lim z_n = a,$$

则 y_n 亦必以 a 为极限:

$$\lim y_n = a.$$

指定任意的 $\varepsilon > 0$. 对于这 ε, 首先可以求得序号 N', 使当 $n > N'$ 时

$$a - \varepsilon < x_n < a + \varepsilon.$$

其次, 又可求得序号 N'', 使当 $n > N''$ 时

$$a - \varepsilon < z_n < a + \varepsilon.$$

设 N 大于 N' 及 N''; 则当 $n > N$ 时, 上述两不等式都能满足, 故

$$a - \varepsilon < x_n \leqslant y_n \leqslant z_n < a + \varepsilon.$$

结果当 $n > N$ 时

$$a - \varepsilon < y_n < a + \varepsilon \quad 或 \quad |y_n - a| < \varepsilon.$$

这样, 实际上就是 $\lim y_n = a$.

由这定理, 特别, 可以推得: 若对于一切 n

$$a \leqslant y_n \leqslant z_n,$$

且已知 $z_n \to a$, 则亦必有 $y_n \to a$. 要直接证明这事实也是很容易的.

定理 1°, 2° 及 3° 很易推广至无穷极限的情形 (其中定理 3° 仅适用于带有确定符号的无穷极限).

29. 关于无穷小的引理 在以后的定理中我们将要同时考察两个 (或更多个) 整序变量, 并在它们之间施行算术运算. 这时如上所述, 我们所指的也就是在这些整序变量的对应数值间施行算术运算的意思. 例如, 说及二整序变量 x_n 及 y_n 的和时, 若 x_n 及 y_n 各依次在数列

$$x_1, x_2, x_3, \cdots, x_n, \cdots$$

及

$$y_1, y_2, y_3, \cdots, y_n, \cdots$$

中取值, 那么整序变量 $x_n + y_n$ 便依次在数列

$$x_1 + y_1, x_2 + y_2, x_3 + y_3, \cdots, x_n + y_n, \cdots$$

中取值.

在证明关于变量的算术运算的定理时, 下面两个关于无穷小的引理, 将担任着重要的角色.

引理 1 任何有限个无穷小的和亦是无穷小量.

我们只证明对于二无穷小 α_n 及 β_n 的情形 (一般的情形仿此讨论).

给定任意的 $\varepsilon > 0$. 根据无穷小的定义, 由 ε 可以决定无穷小 α_n 的序号 N', 使当 $n > N'$ 时有

$$|\alpha_n| < \frac{\varepsilon}{2}.$$

同样地对于 β_n 可以求出 N'', 使当 $n > N''$ 时有

$$|\beta_n| < \frac{\varepsilon}{2}.$$

若取自然数 N 大于 N' 及 N'', 则当 $n > N$ 时, 两不等式同时成立, 这样, 便有

$$|\alpha_n + \beta_n| \leqslant |\alpha_n| + |\beta_n| < \frac{\varepsilon}{2} + \frac{\varepsilon}{2} = \varepsilon.$$

因此, $\alpha_n + \beta_n$ 也是无穷小.

引理 2 有界变量 x_n 与无穷小 α_n 的乘积仍是无穷小.

设对于一切 n 有

$$|x_n| \leqslant M.$$

若给定任意数 $\varepsilon > 0$, 则依 $\frac{\varepsilon}{M}$, 对于无穷小 α_n 可以求出 N, 使当 $n > N$ 时有

$$|\alpha_n| < \frac{\varepsilon}{M}.$$

对于这种 n, 显然有

$$|x_n \cdot \alpha_n| = |x_n| \cdot |\alpha_n| < M \cdot \frac{\varepsilon}{M} = \varepsilon.$$

由此推得, $x_n \cdot \alpha_n$ 为无穷小.

30. 变量的算术运算 下面这些定理所以重要，在于在很多情形时，用了它们可以不必把一切与极限有关的问题都追溯到“极限”的定义，然后依指定的 ε 找出对应的 N，等等. 用了这些定理，极限的计算将大为简化.

1° 若整序变量 x_n 及 y_n 趋于有限极限:

$$\lim x_n = a, \quad \lim y_n = b,$$

则它们的和 (差) 仍趋于有限极限，并且

$$\lim(x_n \pm y_n) = a \pm b.$$

由定理的条件，推得

$$x_n = a + \alpha_n, \quad y_n = b + \beta_n \tag{1}$$

式中 α_n 及 β_n 为无穷小. 故

$$x_n \pm y_n = (a \pm b) + (\alpha_n \pm \beta_n).$$

这里的 $\alpha_n \pm \beta_n$ 依引理 1 为无穷小；因此，应用极限的第二定义，可以证实整序变量 $x_n \pm y_n$ 有极限等于 $a \pm b$，此即要证明的.

这定理及其证法，可以推广到任意有限个有极限的整序变量相加的情形.

2° 若整序变量 x_n 及 y_n 趋于有限极限

$$\lim x_n = a, \quad \lim y_n = b,$$

则它们的积仍趋于有限极限，并且

$$\lim x_n y_n = ab.$$

仍由等式 (1) 出发，这次便有

$$x_n y_n = ab + (a\beta_n + b\alpha_n + \alpha_n\beta_n).$$

依引理 1 及 2，在括号内的式子为无穷小量. 由此便推得，整序变量 $x_n y_n$ 确趋于极限 ab.

这定理可以推广到任意有限个有极限的整序变量相乘的情形 (例如，用数学归纳法).

3° 若整序变量 x_n 及 y_n 趋于有限极限

$$\lim x_n = a, \quad \lim y_n = b,$$

并且 b 异于 0，则它们的比仍趋于有限极限，并且

$$\lim \frac{x_n}{y_n} = \frac{a}{b}.$$

由于 $b \neq 0$, 根据 **26** 的命题 3°, 由某项开始, 不仅 $y_n \neq 0$, 且有

$$|y_n| > r > 0,$$

式中 r 是常数. 对于使上面的不等式成立的那些 n, 比 $\frac{x_n}{y_n}$ 显然是有意义的.

依旧由等式 (1) 出发, 得

$$\frac{x_n}{y_n} - \frac{a}{b} = \frac{a+\alpha_n}{b+\beta_n} - \frac{a}{b} = \frac{1}{by_n}(b\alpha_n - a\beta_n).$$

依引理 1 及 2, 在括号内的式子为无穷小量. 根据开始时的叙述, 而其乘数将是有界变量:

$$\left|\frac{1}{by_n}\right| = \frac{1}{|b||y_n|} < \frac{1}{|b|r}.$$

因此, 依引理 2, 等式右边的积将是无穷小. 但它表示整序变量 $\frac{x_n}{y_n}$ 及数 $\frac{a}{b}$ 的差, 故 $\frac{x_n}{y_n}$ 的极限是 $\frac{a}{b}$. 此即所要证的.

31. 不定式 在前一段内我们曾考察式子

$$x_n \pm y_n, \quad x_n y_n, \quad \frac{x_n}{y_n}, \tag{2}$$

并在整序变量 x_n 及 y_n 都趋于有限极限的假定下 (在相除的情形, y_n 的极限应不等于零), 我们已确定了各式子的极限.

今再详述余下的尚未考察的情形, 当 x_n 及 y_n (其中之一或两者) 的极限是无穷大时, 或 (若论及除法) 当分母的极限为零时. 由这两种情形, 这里只讲四种重要而且有用的奇异性.

1° 我们首先来看商 $\frac{x_n}{y_n}$, 设两个变量 x_n 及 y_n 同时趋于零. 这里我们首先遇到完全特殊的情况: 虽然已知 x_n 及 y_n 的极限, 但关于它们的比的极限 —— 在不知道这些整序变量的本身时 —— 我们不能作出任何一般的论断.这极限, 依赖着两变量各自改变的规律, 可以有各种不同的数值, 或根本不存在. 下列的简单的例子可以解释这点.

设 $x_n = \frac{1}{n^2}, y_n = \frac{1}{n}$, 则两整序变量各自趋于零, 它们的比 $\frac{x_n}{y_n} = \frac{1}{n}$ 也趋于零; 反之, 设 $x_n = \frac{1}{n}, y_n = \frac{1}{n^2}$, 虽然它们依旧各自趋于零, 但这次它们的比 $\frac{x_n}{y_n} = n$ 趋于 ∞! 再取任一异于零的数 a, 并作出两个无穷小 $x_n = \frac{a}{n}$ 及 $y_n = \frac{1}{n}$ 便知它们的比有极限为 a (因恒等于 a).

最后, 若 $x_n = \frac{(-1)^{n+1}}{n}, y_n = \frac{1}{n}$ (两者各有极限为零), 则比 $\frac{x_n}{y_n} = (-1)^{n+1}$ 显出根本没有极限.

这样, 单是知道整序变量 x_n 及 y_n 的极限, 在目前的情形下我们就无法判断它们的比的性态: 必须知道整序变量本身, 即它们改变的规律, 并直接研究比 $\frac{x_n}{y_n}$. 为了要表达当 $x_n \to 0$ 及 $y_n \to 0$ 的情形时的奇异性, 就说, 表达式 $\frac{x_n}{y_n}$ 是 $\frac{0}{0}$ 型的不定式.

2° 在同时 $x_n \to \pm\infty$ 及 $y_n \to \pm\infty$ 的情形, 亦有类似的情况. 若不知道整序变量本身, 关于它们的比的性态便不能作出一般的论断. 这一事实可以用完全类似于 1° 内引用的那些例题来表明:

$$
\begin{aligned}
&x_n = n \to \infty, \quad y_n = n^2 \to \infty, \quad \frac{x_n}{y_n} = \frac{1}{n} \to 0;\\
&x_n = n^2 \to \infty, \quad y_n = n \to \infty, \quad \frac{x_n}{y_n} = n \to \infty;\\
&x_n = an \to \pm\infty\ (a \neq 0), \quad y_n = n \to \infty, \quad \frac{x_n}{y_n} = a \to a;\\
&x_n = [2 + (-1)^{n+1}]n \to \infty, \quad y_n = n \to \infty, \quad \frac{x_n}{y_n} = 2 + (-1)^{n+1}
\end{aligned}
$$

根本没有极限.

在这种情形, 就说, 表达式 $\frac{x_n}{y_n}$ 是 $\frac{\infty}{\infty}$ 型的不定式.

转而考察积 $x_n y_n$.

3° 若 x_n 趋于零, 同时 y_n 趋于 $\pm\infty$, 则研究积 $x_n y_n$ 的性态时, 我们又遇到像 1° 及 2° 内所遇到的那种奇异性. 关于这点可以由下面的例题证实它:

$$
\begin{aligned}
&x_n = \frac{1}{n^2} \to 0, \quad y_n = n \to \infty, \quad x_n y_n = \frac{1}{n} \to 0;\\
&x_n = \frac{1}{n} \to 0, \quad y_n = n^2 \to \infty, \quad x_n y_n = n \to \infty;\\
&x_n = \frac{a}{n} \to 0\ (a \neq 0), \quad y_n = n \to \infty, \quad x_n y_n = a \to a;\\
&x_n = \frac{(-1)^{n+1}}{n} \to 0, \quad y_n = n \to \infty, \quad x_n y_n = (-1)^{n+1}
\end{aligned}
$$

根本没有极限.

在这种情形, 即当 $x_n \to 0$ 及 $y_n \to \infty$ 时, 就说, 表达式 $x_n y_n$ 是 $0 \cdot \infty$ 型的不定式.

最后, 考察代数和 $x_n + y_n$.

4° 这里讲当 x_n 及 y_n 趋于异号的无穷大时的奇异情形: 就是若不知道整序变量 x_n 及 y_n 本身, 则不可能确定 $x_n + y_n$ 的极限. 在这里所表示的各种不同的可能

性可用下面的例题表明它:

$$x_n = 2n \to +\infty, \quad y_n = -n \to -\infty, \quad x_n + y_n = n \to +\infty;$$

$$x_n = n \to +\infty, \quad y_n = -2n \to -\infty, \quad x_n + y_n = -n \to -\infty;$$

$$x_n = n + a \to +\infty, \quad y_n = -n \to -\infty, \quad x_n + y_n = a \to a;$$

$$x_n = n + (-1)^{n+1} \to +\infty, \quad y_n = -n \to -\infty, \quad x_n + y_n = (-1)^{n+1}$$

根本没有极限.

因此, 当 $x_n \to +\infty$ 及 $y_n \to -\infty$ 时, 即说, 式 $x_n + y_n$ 表示 $\infty - \infty$ 型的不定式.

这样, 当提出了依整序变量 x_n 及 y_n 的极限去确定由它们所组成的算术式 (2) 的极限这个问题以后, 我们发现了不可能解答的四种情形: 即型为

$$\frac{0}{0}, \quad \frac{\infty}{\infty}, \quad 0 \cdot \infty, \quad \infty - \infty$$ ①

的不定式. 在这些情形, 必须注意整序变量 x_n 及 y_n 的改变规律, 直接去研究我们所关心的式子. 类似的研究称为**不定式的定值法**. 以后它并不永远像上面所举的例题那样简单. 下面我们要举几个这种类型的比较有趣的例题.

32. 极限求法的例题 1) 设 $p(n)$ 是整数 n 的常系数多项式:

$$p(n) = a_0 n^k + a_1 n^{k-1} + \cdots + a_{k-1} n + a_k,$$

今试求这多项式的极限. 若这多项式的一切系数全是正 (负) 的, 则显然 $p(n)$ 的极限是 $+\infty$ $(-\infty)$. 但在系数为异号的情形, 某些项趋向 $+\infty$, 另一些项趋向 $-\infty$, 就遇到 $\infty - \infty$ 型的不定式.

要确定这一不定式, 可以把 $p(n)$ 写成

$$p(n) = n^k \left(a_0 + \frac{a_1}{n} + \cdots + \frac{a_{k-1}}{n^{k-1}} + \frac{a_k}{n^k}\right).$$

因为在括号内的一切加数, 从第二项起, 当 n 增大时为无穷小, 所以括号内的式子有极限为 a_0; 但第一个乘数趋向 $+\infty$. 在这个情形整个式子趋于 $+\infty$ 或 $-\infty$, 视 a_0 的符号而定.

将已给式子**变形**以消除其 "不定性" (如我们这里所用的) 是不定式定值法中常用的方法.

2) 若 $q(n)$ 也是多项式:

$$q(n) = b_0 n^l + b_1 n^{l-1} + \cdots + b_{l-1} n + b_l,$$

则商 $\dfrac{p(n)}{q(n)}$ 在 n 增大时是 $\dfrac{\infty}{\infty}$ 型的不定式.

在这里也就将每一个多项式变形, 如同在 1) 内做过的那样, 则得:

$$\frac{p(n)}{q(n)} = n^{k-l} \frac{a_0 + \dfrac{a_1}{n} + \cdots + \dfrac{a_k}{n^k}}{b_0 + \dfrac{b_1}{n} + \cdots + \dfrac{b_l}{n^l}}.$$

上式右边第二个乘数有一有限极限 $\dfrac{a_0}{b_0}$. 若两个多项式的幂次相等: $k = l$, 则比 $\dfrac{p(n)}{q(n)}$ ② 的极

---

①当然, 这些记号是不带有任何数的意义的. 其中每一个不过是四种例外类型之一的简短约定记号.

②据此, 在 **25** 的例 4 内, 可得极限为 $\dfrac{1}{3}$.

限为 $\frac{a_0}{b_0}$. 在 $k>l$ 时, 第一个乘数趋向 $+\infty$, 故所考察的比亦趋向 $\pm\infty$ (其符号视 $\frac{a_0}{b_0}$ 的符号而定). 最后, 在 $k<l$ 时, 第一个乘数趋向零, 于是整个式子跟着它趋向零.

3) 求三角锥体 $SABC$ 的体积 V (图 3).

分锥体的高 H 成 n 等分, 过各分点作平行于底面的平面. 所得的截面为相似于底的三角形. 在这些三角形上各作一系列的内含与外包的三角柱体; 由第一组组成体积 V_n, 由第二组组成体积 V'_n, 并且显然

$$V_n < V < V'_n.$$

但差 $V'_n - V_n$ 并非别的, 就是最下面的那个外包三角柱体, 其底为 $Q=\Delta ABC$, 高为 $\frac{H}{n}$. 因此, 在 n 增大时, 差

$$V'_n - V_n = \frac{QH}{n} \to 0,$$

从而差 $V-V_n$ 及 $V'_n - V$ 也趋于零, 即

$$V = \lim V_n = \lim V'_n.$$

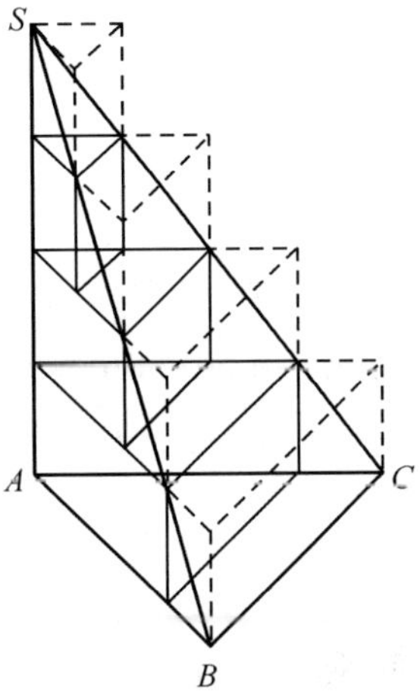

图 3

今试求 V'_n 的表达式. 在这里我们所考察的是由一组外包三角柱体所组成的立体; 依锥体截面的性质, 它们的底依次等于

$$\frac{1}{n^2}Q, \frac{2^2}{n^2}Q, \cdots, \frac{i^2}{n^2}Q, \cdots, \frac{n^2}{n^2}Q = Q,$$

同时所有的高都等于 $\frac{H}{n}$. 因此,

$$V'_n = \frac{Q}{n^2}(1^2+2^2+\cdots+n^2)\cdot\frac{H}{n} = \frac{QH}{n^3}\cdot\frac{n(n+1)(2n+1)}{6} = \frac{QH}{6}\cdot\frac{(n+1)(2n+1)}{n^2} \text{①},$$

而

$$V = \lim V'_n = \frac{QH}{3}.$$

4) 求由抛物线 $y=ax^2$ $(a>0)$ 上的一部分 OM, x 轴上的线段 OP 及线段 PM 所围成的图形 OPM 的面积 Q (图 4).

分线段 OP 成 n 等分, 并在各部分上作一系列的内含及外凸的矩形. 这些内含或外凸矩形的全体各自组成阶状平面域, 其面积为 Q_n 及 Q'_n, 二者之差即最大外凸矩形之面积 $\frac{x}{n}\cdot y$. 由此, 如同 3) 内一般, $Q'_n - Q_n \to 0$, 又因

$$Q_n < Q < Q'_n,$$

显然

$$Q = \lim Q_n = \lim Q'_n.$$

因各个矩形的高是抛物线上的点的纵标, 其对应之横标依次为

$$\frac{1}{n}x, \frac{2}{n}x, \cdots, \frac{i}{n}x, \cdots, \frac{n}{n}x = x,$$

①在这里我们利用前 n 个自然数平方和的已知公式.

根据曲线的方程, 这些高各等于

$$a\cdot\frac{1}{n^2}x^2, a\cdot\frac{2^2}{n^2}x^2, \cdots, a\cdot\frac{i^2}{n^2}x^2, \cdots, ax^2.$$

故得 Q_n' 的表示式

$$\begin{aligned}Q_n' &= \frac{ax^2}{n^2}(1^2+2^2+\cdots+n^2)\cdot\frac{x}{n}\\ &= \frac{ax^3}{6}\cdot\frac{(n+1)(2n+1)}{n^2}.\end{aligned}$$

由此,

$$Q=\lim Q_n'=\frac{ax^3}{3}=\frac{x\cdot ax^2}{3}=\frac{xy}{3}.$$

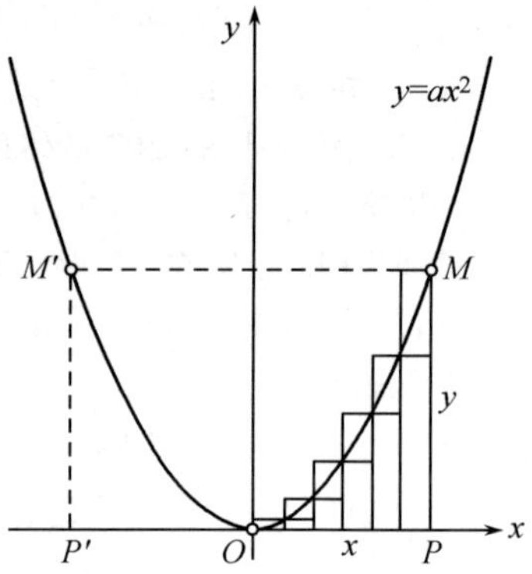

图 4

根据上例, 很易得出抛物线弓形 $M'OM$ 的面积等于 $\frac{4}{3}xy$, 即为外接矩形 $M'P'PM$ 的 $\frac{2}{3}$ (这结果阿基米德早就知道了)①.

5) 证明, 在 $0<k<1$ 时,

$$\lim[(n+1)^k-n^k]=0.$$

在这里我们有 $\infty-\infty$ 型的不定式. 将它变形, 把 n^k 从括号内取出:

$$\begin{aligned}0<(n+1)^k-n^k &= n^k\left[\left(1+\frac{1}{n}\right)^k-1\right]\\ &< n^k\left[\left(1+\frac{1}{n}\right)-1\right]=\frac{1}{n^{1-k}}.\end{aligned}$$

因 $\frac{1}{n^{1-k}}\to 0$, 所以 $(n+1)^k-n^k\to 0$, 此即所要证的.

6) 求整序变量

$$x_n=\sqrt{n}(\sqrt{n+1}-\sqrt{n})$$

的极限. x_n (根据前例) 是 $\infty\cdot 0$ 型的不定式.

用根式 $\sqrt{n+1}+\sqrt{n}$ 乘及除上式的右边, 则所给式变形成 $\frac{\infty}{\infty}$ 型的不定式:

$$x_n=\sqrt{n}\cdot\frac{(\sqrt{n+1}-\sqrt{n})(\sqrt{n+1}+\sqrt{n})}{\sqrt{n+1}+\sqrt{n}}=\frac{\sqrt{n}}{\sqrt{n+1}+\sqrt{n}};$$

最后, 以 $\sqrt{n}$ 除分子及分母:

$$x_n=\frac{1}{\sqrt{1+\frac{1}{n}}+1}.$$

显然,

$$1<\sqrt{1+\frac{1}{n}}<1+\frac{1}{n};$$

因 $1+\frac{1}{n}\to 1$, 故 $\sqrt{1+\frac{1}{n}}\to 1$. 最后得出

$$\lim x_n=\frac{1}{2}.$$

①曲线形面积的一般定义, 要在第十章 (第二卷) 才给定; 这里所应用的面积计算法在那里亦将一般化以适用于别的曲线形上.

7) 求出下列整序变量的极限:

$$x_n = \frac{n}{\sqrt{n^2+n}}, \quad y_n = \frac{n}{\sqrt{n^2+1}},$$

及

$$z_n = \frac{1}{\sqrt{n^2+1}} + \frac{1}{\sqrt{n^2+2}} + \cdots + \frac{1}{\sqrt{n^2+i}} + \cdots + \frac{1}{\sqrt{n^2+n}}.$$

整序变量 x_n 及 y_n 是 $\dfrac{\infty}{\infty}$ 型的不定式 (因两者中的根式都 $> n$, 故它们必趋向 ∞). 将它们变形, 用 n 除分子及分母:

$$x_n = \frac{1}{\sqrt{1+\dfrac{1}{n}}}, \quad y_n = \frac{1}{\sqrt{1+\dfrac{1}{n^2}}}.$$

因在两式分母中的根式都有极限为 1 (参阅上例), 故 $x_n \to 1, y_n \to 1$.

z_n 的表示式有着特有的形式: 这个和的每一项都依赖于 n, 且其项数也随着 n 而增大①. 因每一项都小于首项而大于末项, 故

$$\frac{n}{\sqrt{n^2+n}} < z_n < \frac{n}{\sqrt{n^2+1}}, \text{ 即 } x_n < z_n < y_n.$$

但已证整序变量 x_n 及 y_n 趋于公共极限 1; 因此, 依 **28** 的定理 3°, z_n 亦必趋于这一极限.

8) 设给定 m 个正数 $a_1, a_2, \cdots, a_m$, 其中之最大者记成 A, 证明

$$\lim \sqrt[n]{a_1^n + a_2^n + \cdots + a_m^n} = A.$$

这一结论可由很明显的不等式

$$A \leqslant \sqrt[n]{a_1^n + a_2^n + \cdots + a_m^n} \leqslant A \cdot \sqrt[n]{m}$$

推得 [参阅 **25**, 5)].

9) 我们在 **27** 内看到过, 当 $a > 1$时, 幂 $a^n \to +\infty$ (在 n 增大时). 今研究比

$$\frac{a^n}{n^k}$$

的性态 (当 $k > 0$ 时), 它是 $\dfrac{\infty}{\infty}$ 型的不定式.

先证一辅助不等式 (参阅在 **19** 内的伯努利不等式). 设令 $a = 1 + \lambda$, 因此 $\lambda > 0$, 依牛顿二项公式得:

$$a^n = (1+\lambda)^n = 1 + n\lambda + \frac{n(n-1)}{2}\lambda^2 + \cdots > \frac{n(n-1)}{2}\lambda^2.$$

因在 $n > 2$ 时, 显然 $n - 1 > \dfrac{n}{2}$, 故最后得出

$$a^n > \frac{(a-1)^2}{4} n^2. \tag{3}$$

在 $k = 1$ 时, 立即得出

$$\frac{a^n}{n} > \frac{(a-1)^2}{4} n,$$

①在 4) 及 5) 中的 V_n' 及 Q_n' 的表示式也有这种特性.

因此,

$$\lim \frac{a^n}{n} = +\infty.$$

因这结果对于任何 $a>1$ 均成立, 故若 $k>1$, 便可写成 (至少在充分大的 n 时)

$$\frac{a^n}{n^k} = \left[\frac{(a^{\frac{1}{k}})^n}{n}\right]^k > \frac{(a^{\frac{1}{k}})^n}{n},$$

由此

$$\lim \frac{a^n}{n^k} = +\infty \quad (a>1).$$

这样, 当 $k \geqslant 1$ 时已证明了我们的结果, 而这结果当 $k<1$ 时显然也成立.

10) 不等式 (3) 亦可以用来证明

$$\lim \sqrt[n]{n} = 1.$$

在 (3) 内假定 $a = \sqrt[n]{n}$, 便得出

$$n > \frac{n^2}{4}(\sqrt[n]{n}-1)^2,$$

由此

$$0 < \sqrt[n]{n} - 1 < \frac{2}{\sqrt{n}},$$

便导出所需的结果.

11) 我们现在可以建立另一有趣的极限.

$$\lim \frac{\log_a n}{n} = 0 \quad (a>1).$$

(在这里我们又得一 $\dfrac{\infty}{\infty}$ 型的不定式, 因为, 容易证明 $\log_a n \to +\infty$).

实际上, 若取任意数 $\varepsilon>0$, 则根据 $a^\varepsilon>1$, 当 n 充分大时将有 [**26**, 1°]

$$\sqrt[n]{n} < a^\varepsilon.$$

以 a 为底取对数, 便得

$$\frac{\log_a n}{n} < \varepsilon,$$

由此便推得上述命题.

33. 斯托尔茨 (O. Stolz) 定理及其应用 为着要确定 $\dfrac{\infty}{\infty}$ 型的不定式 $\dfrac{x_n}{y_n}$ 的极限, 下列斯托尔茨的定理经常是有用处的①.

设整序变量 $y_n \to +\infty$, 并且 —— 至少是从某一项开始 —— 在 n 增大时 y_n 亦增大: $y_{n+1} > y_n$. 则

$$\lim \frac{x_n}{y_n} = \lim \frac{x_n - x_{n-1}}{y_n - y_{n-1}}.$$

只需等式右边的极限已知为存在 (有限或 $\pm\infty$).

首先假定这极限等于有限数 l:

$$\lim \frac{x_n - x_{n-1}}{y_n - y_{n-1}} = l.$$

①特别, 当 $y_n = n$ 时, 这定理早已被柯西 (A. L. Cauchy) 所证明了.

则依任何已给的 $\varepsilon > 0$, 必能求得序号 N, 使当 $n > N$ 时有

$$\left|\frac{x_n - x_{n-1}}{y_n - y_{n-1}} - l\right| < \frac{\varepsilon}{2}$$

或

$$l - \frac{\varepsilon}{2} < \frac{x_n - x_{n-1}}{y_n - y_{n-1}} < l + \frac{\varepsilon}{2}.$$

意即, 不论取怎样的 $n > N$, 一切分数

$$\frac{x_{N+1} - x_N}{y_{N+1} - y_N}, \frac{x_{N+2} - x_{N+1}}{y_{N+2} - y_{N+1}}, \cdots, \frac{x_{n-1} - x_{n-2}}{y_{n-1} - y_{n-2}}, \frac{x_n - x_{n-1}}{y_n - y_{n-1}}$$

都包含在这些限界之内. 因为 n 增大时 y_n 随着增大, 它们的分母都是正数, 所以在那些限界之内亦包含着分数

$$\frac{x_n - x_N}{y_n - y_N},$$

它的分子即为上述各分式的一切分子的和, 分母即为一切分母的和. 因此, 在 $n > N$ 时,

$$\left|\frac{x_n - x_N}{y_n - y_N} - l\right| < \frac{\varepsilon}{2}.$$

由恒等式 (它很容易直接验算出来):

$$\frac{x_n}{y_n} - l = \frac{x_N - l y_N}{y_n} + \left(1 - \frac{y_N}{y_n}\right)\left(\frac{x_n - x_N}{y_n - y_N} - l\right),$$

可得

$$\left|\frac{x_n}{y_n} - l\right| \leqslant \left|\frac{x_N - l y_N}{y_n}\right| + \left|\frac{x_n - x_N}{y_n - y_N} - l\right|.$$

右边的第二项, 我们已看到, 在 $n > N$ 时 $< \frac{\varepsilon}{2}$; 由于 $y_n \to +\infty$, 所以第一项, 在 $n > N'$ 时, 也将 $< \frac{\varepsilon}{2}$. 若在这时所取的 $N' > N$, 则在 $n > N'$ 时, 显然有

$$\left|\frac{x_n}{y_n} - l\right| < \varepsilon,$$

这就证明了我们的命题.

无穷极限的情形可以化为上面已研究过的情形. 例如, 设

$$\lim \frac{x_n - x_{n-1}}{y_n - y_{n-1}} = +\infty.$$

由此, 首先推得 (在充分大的 n 时),

$$x_n - x_{n-1} > y_n - y_{n-1},$$

因此, 随着 $y_n \to +\infty$ 而 $x_n \to +\infty$, 并且整序变量 x_n 随着序号 n 的增大而无限增大. 在这种情形, 可以把已证明的定理应用于 $\frac{y_n}{x_n}$:

$$\lim \frac{y_n}{x_n} = \lim \frac{y_n - y_{n-1}}{x_n - x_{n-1}} = 0.$$

(因为在这里极限已是有限的.) 由此推得

$$\lim \frac{x_n}{y_n} = +\infty,$$

此即所要证的.

再转而考察下列例题.

12) 我们在 9) 内已看到, 在 $a > 1$ 时

$$\lim \frac{a^n}{n} = +\infty.$$

借助于斯托尔茨定理立即能得出这一结果:

$$\lim \frac{a^n}{n} = \lim(a^n - a^{n-1}) = \lim a^n \left(1 - \frac{1}{a}\right) = +\infty.$$

关于例 11) 亦有同样的情形.

13) 应用斯托尔茨定理可以证明下列有趣的 (柯西) 命题.

若整序变量 a_n 有 (有限或无穷) 极限, 则整序变量

$$b_n = \frac{a_1 + a_2 + \cdots + a_n}{n}$$

(整序变量 a_n 的首 n 个值的"算术平均值") 亦有同一极限.

实际上, 在斯托尔茨定理内令

$$x_n = a_1 + a_2 + \cdots + a_n, \quad y_n = n,$$

便有

$$\lim b_n = \lim \frac{x_n}{y_n} = \lim \frac{x_n - x_{n-1}}{y_n - y_{n-1}} = \lim a_n.$$

例如, 若我们知道 [10)] $\sqrt[n]{n} \to 1$, 则必有

$$\frac{1 + \sqrt{2} + \sqrt[3]{3} + \cdots + \sqrt[n]{n}}{n} \to 1.$$

14) 今考察整序变量

$$z_n = \frac{1^k + 2^k + \cdots + n^k}{n^{k+1}}$$

(k 为自然数), 它是 $\dfrac{\infty}{\infty}$ 型的不定式.

在斯托尔茨定理内令

$$x_n = 1^k + 2^k + \cdots + n^k, \quad y_n = n^{k+1},$$

便有

$$\lim z_n = \lim \frac{n^k}{n^{k+1} - (n-1)^{k+1}}.$$

但

$$(n-1)^{k+1} = n^{k+1} - (k+1)n^k + \cdots$$

如此, 便有

$$n^{k+1} - (n-1)^{k+1} = (k+1)n^k + \cdots$$

从而 [参阅 2)]

$$\lim z_n = \lim \frac{n^k}{(k+1)n^k + \cdots} = \frac{1}{k+1}.$$

15) 最后, 我们来求整序变量

$$u_n = n\left(z_n - \frac{1}{k+1}\right) = \frac{1^k + 2^k + \cdots + n^k}{n^k} - \frac{n}{k+1}$$

的极限, 它在第一种形式表示 $\infty \cdot 0$ 型的不定式, 而在第二种, $\infty - \infty$ 型. 由分数的减法, 又得出 $\dfrac{\infty}{\infty}$ 型的不定式:

$$u_n = \frac{(k+1)(1^k + 2^k + \cdots + n^k) - n^{k+1}}{(k+1)n^k}.$$

令 x_n 等于这分数的分子, 而 y_n 等于分母, 再应用同一定理, 则得

$$\lim u_n = \lim \frac{(k+1)n^k - [n^{k+1} - (n-1)^{k+1}]}{(k+1)[n^k - (n-1)^k]}.$$

但

$$(k+1)n^k - [n^{k+1} - (n-1)^{k+1}] = \frac{(k+1)k}{2}n^{k-1} + \cdots$$

而

$$n^k - (n-1)^k = kn^{k-1} + \cdots$$

如此, [参阅 2)], 最后即得

$$\lim u_n = \lim \frac{\dfrac{(k+1)k}{2}n^{k-1} + \cdots}{(k+1)kn^{k-1} + \cdots} = \frac{1}{2}.$$

§3. 单调整序变量

34. 单调整序变量的极限 到现在为止, 在所有关于变量的极限存在的定理中, 都具有下面的特点: 就是假设某些变量的极限存在, 而证明另一些与前者有关的变量的极限也存在. 至于当所给的变量与别的变量无关时如何判定它有有限极限的问题, 迄今尚未提出. 这问题的一般形式的解答, 留待第四节 **39** ~ **42** 再讲. 我们在这里且考察一种简单而重要的特殊类型的变量, 这一类变量的极限问题是很容易解决的.

若对于整序变量 x_n 有

$$x_1 < x_2 < \cdots < x_n < x_{n+1} < \cdots$$

就是说, 若 $n' > n$, 必有 $x_{n'} > x_n$, 这时我们把 x_n 称为是**增大的**. 若

$$x_1 \leqslant x_2 \leqslant \cdots \leqslant x_n \leqslant x_{n+1} \leqslant \cdots$$

就是说, 若 $n' > n$, 必有 $x_{n'} \geqslant x_n$, 这时就把 x_n 称为**不减小的**. 若对于增的这一术语, 赋予更广泛的意义, 则在上述的后一种情形亦可以称为增的变量.

仿此, 可建立**减小的** —— 狭义的或广义的 —— 变量的概念: 变量 x_n 称为是减小的, 若

$$x_1 > x_2 > \cdots > x_n > x_{n+1} > \cdots$$

或

$$x_1 \geqslant x_2 \geqslant \cdots \geqslant x_n \geqslant x_{n+1} \geqslant \cdots$$

如此由 $n' > n$, 推得 (看情形而论) $x'_n < x_n$ 或仅 $x'_n \leqslant x_n$.

一切这种类型的, 向单一方向改变的变量总称为**单调变量**. 至于其中个别的整序变量, 通常就说它是"单调增大"或"单调减小".

关于单调整序变量成立下列 —— 具有基本重要性的 —— 定理.

定理 设已给单调增大的整序变量 x_n. 若它上有界:

$$x_n \leqslant M \quad (M = \text{常量};\ n = 1, 2, \cdots),$$

则必有一有限的极限, 否则它趋向 $+\infty$.

完全同样地, 单调减小的整序变量 x_n 恒有极限. 若它下有界:

$$x_n \geqslant m \quad (m = \text{常量};\ n = 1, 2, \cdots),$$

则它的极限是有限的, 否则它的极限为 $-\infty$.

证明 且限制在整序变量 x_n 增大的情形, 可能是广义的 (整序变量减小的情形可仿此详细证明).

先假定这变量上有界. 则依 **11** 的定理, 对于其数值的集 $\{x_n\}$ 必有 (有限的) 上确界存在:

$$a = \sup\{x_n\};$$

我们将指出, 这数 a 刚好就是整序变量 x_n 的极限.

实际上, 回忆一下 **11** 内的上确界的特性. 第一, 对于一切 n 值将有

$$x_n \leqslant a.$$

第二, 不论取怎样的数 $\varepsilon > 0$, 恒能求出序号 N, 使

$$x_N > a - \varepsilon.$$

由于我们的整序变量的单调性 (在这里, 我们首先用着它), 在 $n > N$ 时将有 $x_n \geqslant x_N$, 从而 $x_n > a - \varepsilon$, 因此对于这种 n 就成立不等式:

$$0 \leqslant a - x_n < \varepsilon \quad \text{或} \quad |x_n - a| < \varepsilon,$$

由此, 必有 $\lim x_n = a$.

今设整序变量 x_n 非上有界. 则不论数 $E>0$ 怎样大, 我们的变量总有一值大于 E; 设这数值是 $x_N: x_N > E$. 根据整序变量 x_n 的单调性, 在 $n>N$ 时常成立

$$x_n > E,$$

而这即表示 $\lim x_n = +\infty$.

很易明了, 对于那种变量, 它仅从某一项起才变成单调的, 一切结论仍能适用 (因为弃去起首的任何有限个数值, 对于变量的极限并无影响).

转而考察应用上述定理的例题.

35. 例题 1) 考察整序变量

$$x_n = \frac{c^n}{n!} \quad (\text{当作 } c>0),$$

式中 $n! = 1\cdot 2\cdot \cdots \cdot n$. (它在 $c>1$ 时是 $\frac{\infty}{\infty}$ 型的不定式.)

因

$$x_{n+1} = x_n \cdot \frac{c}{n+1},$$

故仅需 $n>c-1$ 时, 变量就成为减小的; 同时它下有界, 例如, x_n 都大于 0. 因此, 整序变量 x_n —— 依定理 —— 有一有限极限, 把它记成 a.

为了求出它, 可使上述等式趋于极限; 因 x_{n+1} 与 x_n 取值于同一数列 (除第一项外), 亦必有同一极限 a, 故得出

$$a = a\cdot 0,$$

由此, $a=0$, 最后,

$$\lim \frac{c^n}{n!} = 0.$$

2) 仍设 $c>0$, 令定义整序变量 x_n 为:

$$x_1 = \sqrt{c}, \quad x_2 = \sqrt{c+\sqrt{c}}, \quad x_3 = \sqrt{c+\sqrt{c+\sqrt{c}}}, \cdots$$

一般地

$$x_n = \underbrace{\sqrt{c+\sqrt{c+\cdots+\sqrt{c}}}}_{n\text{个根式}}$$

这样, 依公式, 由 x_n 可得出 x_{n+1}

$$x_{n+1} = \sqrt{c+x_n}.$$

很明显, 整序变量 x_n 单调地增大, 同时它上有界, 例如, 都小于数 $\sqrt{c}+1$. 实际上, $x_1=\sqrt{c}$ 小于这数, 今若假定某一个 $x_n<\sqrt{c}+1$, 则对其后一数值亦得

$$x_{n+1} < \sqrt{c+\sqrt{c}+1} < \sqrt{c+2\sqrt{c}+1} = \sqrt{c}+1.$$

这样, 根据数学归纳法就证明了我们的论点是正确的.

依基本定理, 整序变量 x_n 有某一有限极限 a. 要确定它可在等式

$$x_{n+1}^2 = c + x_n$$

中取极限; 这样, 我们得出 a 满足于二次方程

$$a^2 = c + a.$$

这方程有异号的两个根; 但我们所要的极限 a 不可能是负数, 因此, 必等于其正根

$$a = \frac{\sqrt{4c+1}+1}{2}.$$

3) 取任何 $x_0, 0 < x_0 < 1$, 我们用递推关系式

$$x_{n+1} = x_n(2 - x_n)$$

确定整序变量 x_n, 设 $0 < x_n < 1$ (这条件对于 $n = 0$ 也满足), 我们确定了

$$0 < x_n < x_{n+1} < 1.$$

事实上, 因为 $2 - x_n > 1$, 所以 $x_{n+1} > x_n$; 但 $x_n(2 - x_n) = 1 - (1 - x_n)^2$, 由此 $x_{n+1} < 1$. 因此我们已归纳地证明了, 整序变量 x_n 是单调增大的, 而且保持小于 1; 所以它有有限极限 $a \neq 0$. 对递推关系式取极限, 得出 $a = 1$. 因此 $\lim x_n = 1$.

请读者自己进行讨论如果取 x_0 在区间 (0, 1) 外的情形.

附注 设 c 是任何正数, 并设 $x_n = cy_n$. 上述递推关系式变成为:

$$y_{n+1} = y_n(2 - cy_n).$$

取第一个值 y_0 满足条件: $0 < y_0 < \frac{1}{c}$, 我们得出 y_n 是单调增大的, 将趋于 $\frac{1}{c}$. 计算机就是按这个方法来计算 c 的倒数.

4) 设给定二正数 a 及 b $(a > b)$. 作出其等差中项及等比中项:

$$a_1 = \frac{a+b}{2}, \quad b_1 = \sqrt{ab}.$$

大家知道, 等差中项大于等比中项①; 同时它们又都位于原来两数的中间:

$$a > a_1 > b_1 > b.$$

对于数 a_1 及 b_1, 再作出它们的二种中项:

$$a_2 = \frac{a_1+b_1}{2}, \quad b_2 = \sqrt{a_1 b_1},$$

①这可立刻由如下不等式推得:

$$\frac{a+b}{2} - \sqrt{ab} = \frac{1}{2}(a - 2\sqrt{ab} + b) = \frac{(\sqrt{a}-\sqrt{b})^2}{2} > 0 \ (\text{在} a \neq b \text{时}).$$

并且有

$$a_1 > a_2 > b_2 > b_1$$

等等. 若数 a_n 及 b_n 已确定, 则数 a_{n+1} 及 b_{n+1} 依公式

$$a_{n+1} = \frac{a_n + b_n}{2}, \quad b_{n+1} = \sqrt{a_n b_n}$$

确定, 并且, 如上所述, 有

$$a_n > a_{n+1} > b_{n+1} > b_n.$$

这样就得出二整序变量 a_n 及 b_n, 其中第一个显然是减小的, 而第二个显然是增大的 (逐渐互相接近). 同时

$$a > a_n > b_n > b.$$

即二整序变量都是有界的, 故二者都趋于有限极限:

$$\alpha = \lim a_n \quad 及 \quad \beta = \lim b_n.$$

若在等式

$$a_{n+1} = \frac{a_n + b_n}{2}$$

中取极限, 则得

$$\alpha = \frac{\alpha + \beta}{2}, \quad 由此\ \alpha = \beta.$$

这样, 二序列 —— 等差中项 a_n 的序列及等比中项 b_n 的序列 —— 都趋向于公共极限 $\mu = \mu(a, b)$; 依高斯的称呼, 称它为原数 a 及 b 的**等差–等比中项**. 要通过二数 a, b 来表达 $\mu(a, b)$, 在现阶段中对于我们是不能办到的, 它需要用到所谓**椭圆积分** [参阅 **303** (第二卷)].

5) 仍由二正数 a 及 b $(a > b)$ 出发, 这次是等差中项及调和中项[①] 所组成的数列:

$$a_1 = \frac{a+b}{2}, \quad b_1 = \frac{2ab}{a+b},$$
$$a_2 = \frac{a_1 + b_1}{2}, \quad b_2 = \frac{2a_1 b_1}{a_1 + b_1},$$
$$\cdots\cdots\cdots\cdots\cdots\cdots$$
$$a_{n+1} = \frac{a_n + b_n}{2}, \quad b_{n+1} = \frac{2a_n b_n}{a_n + b_n},$$
$$\cdots\cdots\cdots\cdots\cdots\cdots$$

由我们已知的不等式 $\frac{a+b}{2} > \sqrt{ab}$ (在 $a \neq b$ 时) 可得出:

$$\left(\frac{a+b}{2}\right)^2 > ab, \quad 最后, \quad \frac{a+b}{2} > \frac{2ab}{a+b},$$

[①] 若数 c 的倒数 $\frac{1}{c}$ 是正数 a 及 b 的倒数 $\frac{1}{a}$ 及 $\frac{1}{b}$ 的等差中项:

$$\frac{1}{c} = \frac{1}{2}\left(\frac{1}{a} + \frac{1}{b}\right), \quad 由此\ c = \frac{2ab}{a+b},$$

则 c 称为 a 及 b 的**调和中项**.

故等差中项大于调和中项, 但二种中项仍都位于原来二数之间. 应用于 a_n 及 b_n, 便得

$$a_n > a_{n+1} > b_{n+1} > b_n.$$

完全类似于前一例题内所做过的那样, 可以证明 a_n 及 b_n 都趋于公共极限 c, 这 c 可以称为数 a 及 b 的**等差–调和中项**.

然而, 在这里的 c 有一个通过 a 及 b 的简单表示式. 我们看出, $a_1b_1 = ab$; 因为, 类似地, 又有 $a_{n+1}b_{n+1} = a_nb_n$, 故可得结论: 对于一切 n 值,

$$a_nb_n = ab.$$

由此式取极限, 则得

$$c = \sqrt{ab},$$

即两数的等差–调和中项就是它们的等比中项.

6) 最后, 研究一个较复杂的例题.

由某一实数 c 出发, 假定 $x_1 = \frac{c}{2}$, 而以后的整序变量 x_n 的值则由公式

$$x_{n+1} = \frac{c}{2} + \frac{x_n^2}{2} \tag{1}$$

归纳地确定它. 今由关于 c 的两个不同的假设出发来研究这整序变量的极限的问题.

注意到, 若预先知道有一有限极限

$$a = \lim x_n \tag{2}$$

存在, 便可不费力地求出它, 仅需在等式 (1) 中取极限, 便得出

$$a = \frac{c}{2} + \frac{a^2}{2} \quad 或 \quad a^2 - 2a + c = 0.$$

由这二次方程求得

$$a = 1 \underset{(+)}{-} \sqrt{1-c}. \tag{3}$$

由此立刻看出, 在 $c > 1$ 时整序变量显然不能有一有限极限.

a) 先假定 $0 < c \leqslant 1$. 则显见 $x_n > 0$. 由 (1) 式逐项地减去相似的等式

$$x_n = \frac{c}{2} + \frac{x_{n-1}^2}{2},$$

便得

$$x_{n+1} - x_n = \frac{x_n^2 - x_{n-1}^2}{2}.$$

显然, $x_2 > x_1 = \frac{c}{2}$; 而由上述等式推得, 仅需 $x_n > x_{n-1}$, 便必定有 $x_{n+1} > x_n$. 这样, 依数学归纳法, 可以确定整序变量 x_n 为单调增大.

类似地, 可证明这整序变量是有 (上) 界的:

$$x_n < 1.$$

这不等式在 $n=1$ 时显然成立; 又根据 (1) 式, 若它在任何 n 值时成立, 则在 $n+1$ 时亦成立. 因此知道, (2) 式的极限确实存在, 且可由 (3) 式来表示, 因这极限不能大于 1, 根号前必然是负号.

b) 今设 $-3 \leqslant c < 0$. 显然, 对于一切 n 有

$$x_n \geqslant \frac{c}{2}.$$

我们将指出, 在这情形时 $x_n < 0$. 这在 $n=1$ 时为真; 若设这一事实对某一 n 值时为真, 则

$$|x_n| \leqslant \frac{|c|}{2}, \quad x_n^2 \leqslant \frac{|c|^2}{4} < |c| \quad \left(因\ \frac{|c|}{4} < 1\right).$$

故 x_{n+1} 将与 $\frac{c}{2}$ 的符号相同, 故必为负数, 此即需证者.

整序变量 x_n 现在不再是单调的了. 于是, 若在 (1) 式内先设 $n = 2k$ 及 $2k-2$, 然后设 $n=2k+1$ 及 $2k-1$, 并在两个情形内逐项相减, 则得

$$\left.\begin{aligned} x_{2k+1} - x_{2k-1} &= \frac{x_{2k}^2 - x_{2k-2}^2}{2}, \\ x_{2k+2} - x_{2k} &= \frac{x_{2k+1}^2 - x_{2k-1}^2}{2}. \end{aligned}\right\} \tag{4}$$

由此, 可以归纳地得出结论: 恒有

$$x_{2k+1} > x_{2k-1} \quad 及 \quad x_{2k+2} < x_{2k}.$$

事实上,$x_3 > x_1 = \frac{c}{2}$; 故 $|x_3| < |x_1|, x_3^2 < x_1^2$. 又依公式 (4) 的第二式 (在 $k=1$ 时) 将有 $x_4 < x_2$. 因此 $|x_4| > |x_2|, x_4^2 > x_2^2$. 又依公式 (4) 的第一式 (在 $k=2$ 时) 得 $x_5 > x_3$, 等等.

这样, 在所考察的情形, 分别地取出的整序变量 x_{2k-1} 及 x_{2k} $(k=1,2,\cdots)$ 将成为单调的; 又因它们都位于有限限界 $\frac{c}{2}$ 及 0 之间, 则必两者都有有限极限

$$a' = \lim x_{2k-1}, \quad a'' = \lim x_{2k}.$$

剩下来还要证明 $a' = a''$. 为这目的, 使 (1) 式内的序号 n, 先经由偶数各值, 然后经由奇数各值趋于无穷. 我们得出两个极限关系式:

$$a' = \frac{c}{2} + \frac{a''^2}{2}, \quad a'' = \frac{c}{2} + \frac{a'^2}{2}. \tag{5}$$

相减, 消去 c, 得

$$(a' - a'')(a' + a'' + 2) = 0.$$

因我们即将断定, 若 $c > -3$, 则第二因式不能为零, 故必须 $a' = a''$. 在相反的情形, 以 $a'' = -a' - 2$ 代入关系式 (5) 的第二式内, 我们将得出 a' 的二次方程

$$a'^2 + 2a' + (4 + c) = 0,$$

它在 $c > -3$ 时是不能有实根的.

最后, 若 $c = -3$, 则第一括号与第二括号同时等于 0, 因为在这种情形 $a' = -1, a'' = -1$.

因此, 在一切情形 $a' = a''$. 用 a 表示这些极限的公共数值, 显然, 在 a 的表达式 (3) 中根号前将仍为负号, 因为负的整序变量 x_n 的极限决不会是正数的.

总结前述的各例题, 我们作出下列附注: 已证明的这个定理乃是典型的 "存在定理": 这定理只确定了极限存在的事实, 但它并未给出任何计算极限的方法. 虽然如此, 它仍具有非常的重要性. 因为一方面, 在理论问题中常常仅需知道极限的存在就够了. 另一方面, 在很多情形预先证明了极限存在的可能是很重要的, 它会帮助我们找出实际计算这极限值的途径. 如在例 1), 2), 3), 5), 6) 中, 就是先知道极限存在的事实, 然后才允许在某些等式内用极限步骤来确定极限的确实数值.

就这一点来说, 特别应该接受例 6) (b) 的教训. 注意, 在 $c < -3$ 时 (3) 式仍有意义, 但这并不表示着它仍然是整序变量 x_n 的极限; 相反地, 这时 x_n 的极限并不存在: 例如, 容易知道, 在 $c = -4$ 时, 整序变量依数列

$$-2, 0, -2, 0, -2, 0, \cdots$$

而递变, 故无极限.

在例 4) 中我们并无表达极限的式子, 但因为知道它的存在, 并且它常位于整序变量 a_n 与 b_n 之间, 而 a_n 及 b_n 又从两边趋向它为极限, 故能很容易地算出它的准确到任何程度的近似值来.

在下一小节内我们将再看到应用单调整序变量定理的另一重要例题.

36. 数 e 我们在这里将应用极限步骤来定义一个新的数. 这新的数迄今为止我们尚未遇到过.

试考察整序变量

$$x_n = \left(1 + \frac{1}{n}\right)^n,$$

并设法应用 **34** 的定理来确定它的极限.

因为在指数 n 增大时幂的底数正在减小, 所以整序变量的 "单调性" 不是直接看得出来的. 为着证明 x_n 的单调性, 可根据二项定理展开上式:

$$\begin{aligned} x_n = & \left(1 + \frac{1}{n}\right)^n = 1 + n \cdot \frac{1}{n} + \frac{n(n-1)}{1 \cdot 2} \cdot \frac{1}{n^2} + \frac{n(n-1)(n-2)}{1 \cdot 2 \cdot 3} \cdot \frac{1}{n^3} + \cdots \\ & + \frac{n(n-1)\cdots(n-k+1)}{1 \cdot 2 \cdots k} \cdot \frac{1}{n^k} + \cdots + \frac{n(n-1)\cdots(n-n+1)}{1 \cdot 2 \cdots n} \cdot \frac{1}{n^n} \\ = & 1 + 1 + \frac{1}{2!}\left(1 - \frac{1}{n}\right) + \frac{1}{3!}\left(1 - \frac{1}{n}\right)\left(1 - \frac{2}{n}\right) + \cdots \\ & + \frac{1}{k!}\left(1 - \frac{1}{n}\right)\cdots\left(1 - \frac{k-1}{n}\right) + \cdots + \frac{1}{n!}\left(1 - \frac{1}{n}\right)\cdots\left(1 - \frac{n-1}{n}\right). \end{aligned} \tag{6}$$

若改上式左边的 x_n 为 x_{n+1}, 即使 n 增大 1, 则在该式右边首先须在最后加上第 $(n+2)$ 项 (正的), 又前面写着的 $n+1$ 项中每一项也都增大了些, 因为在任一括号内 $1 - \dfrac{s}{n}$ 型的因式都已换成较大的因式 $1 - \dfrac{s}{n+1}$. 由此必有

$$x_{n+1} > x_n,$$

即 x_n 是增大的整序变量.

今将证明, 它又是上有界的. 在 (6) 式中略去一切括号内的因式会使它增大了些, 因此

$$x_n < 2 + \frac{1}{2!} + \frac{1}{3!} + \cdots + \frac{1}{n!} = y_n.$$

更进一步, (由第 2 个分数起) 将分母中的每一因子都换成 2, 使所得的式子又增大了些, 因此

$$y_n < 2 + \frac{1}{2} + \frac{1}{2^2} + \cdots + \frac{1}{2^{n-1}}.$$

但是由第二项 $\frac{1}{2}$ 起各项的总和 < 1, 因此 $y_n < 3$, 从而 $x_n < 3$.

由此, 依 **34** 的定理, 整序变量 x_n 必有一有限极限. 依照欧拉 (L. Euler) 的记法, 用字母 e 表示这极限. 这数

$$e = \lim \left(1 + \frac{1}{n}\right)^n,$$

不论对于分析学本身, 或是它的应用, 都有极端的重要性. 它的首 15 位十进小数, 就是

$$e = 2.718\ 281\ 828\ 459\ 045 \cdots$$

在下一目内, 我们将指出计算数 e 的近似值的简便方法, 同时顺便证明数 e 是无理数.

数 e 的某些性质 (我们在以后 [**54**, (13)] 再证明) 使得选它作为对数系统的底时有特殊的便利. 以 e 为底的对数称为**自然对数**, 用不标出底的记号 ln 来表示它; 在理论的研究中, 总是用着自然对数①.

以十为底的常用对数与自然对数的关系借公式

$$\lg x = \ln x \cdot M$$

来表示, 式中 M 为换底的模且等于

$$M = \lg e = \frac{1}{\ln 10} = 0.434\ 294 \cdots$$

这个公式也很容易求得, 只需在恒等式

$$x = e^{\ln x}$$

的两边各取以 10 为底的对数便是.

①这对数有时误称为纳皮尔对数, 取名于对数的发明者 —— 苏格兰数学家纳皮尔 (J. Napier, 16~17 世纪). 纳皮尔本人并不曾有过对数系统的底的概念 (因为他系独创一格, 在另外的原理上建立它们), 但他的对数相当于底数接近 $\frac{1}{e}$ 的对数. 与他同时代的比尔吉 (J. Bürgi) 则创底数接近 e 的对数.

37. 数 e 的近似计算法 回到等式 (6), 若固定 k, 并设 $n>k$, 弃去最后的一部分, 即在第 $k+1$ 项以后的一切项, 则得不等式

$$x_n>2+\frac{1}{2!}\left(1-\frac{1}{n}\right)+\frac{1}{3!}\left(1-\frac{1}{n}\right)\left(1-\frac{2}{n}\right)+\cdots+\frac{1}{k!}\left(1-\frac{1}{n}\right)\cdots\left(1-\frac{k-1}{n}\right).$$

让 n 增大至无穷取极限, 因所有括号的极限均为 1, 故得:

$$e\geqslant 2+\frac{1}{2!}+\frac{1}{3!}+\cdots+\frac{1}{k!}=y_k.$$

这不等式对于任何自然数 k 都成立. 因此,

$$x_n<y_n\leqslant e,$$

由此, 明显地 [根据 **28**, 定理 3], 又有

$$\lim y_n=e.$$

顺便注意到, y_n 是无穷级数 [**25**, 9)]

$$1+\frac{1}{1!}+\frac{1}{2!}+\cdots+\frac{1}{n!}+\cdots$$

的前 $n+1$ 项的部分和, 因而刚才所说的极限关系式表明 e 是它的和, 也可以说 e 展开成为这个级数, 因而可写

$$e=1+\frac{1}{1!}+\frac{1}{2!}+\cdots+\frac{1}{n!}+\cdots$$

在计算数 e 的近似值时, 用整序变量 y_n 比用 x_n 更为便利. 再估计 y_n 向 e 接近的程度. 为此目的, 先考察 y_n 与在 y_n 后面的任何数值 y_{n+m} $(m=1,2,\cdots)$ 之间的差. 得

$$\begin{aligned}&y_{n+m}-y_n\\&=\frac{1}{(n+1)!}+\frac{1}{(n+2)!}+\cdots+\frac{1}{(n+m)!}\\&=\frac{1}{(n+1)!}\left\{1+\frac{1}{n+2}+\frac{1}{(n+2)(n+3)}+\cdots+\frac{1}{(n+2)(n+3)\cdots(n+m)}\right\}.\end{aligned}$$

若在括号 $\{\ \}$ 内把各分母中的因子都换成 $n+2$, 则得不等式

$$y_{n+m}-y_n<\frac{1}{(n+1)!}\left\{1+\frac{1}{n+2}+\frac{1}{(n+2)^2}+\cdots+\frac{1}{(n+2)^{m-1}}\right\}.$$

若把括号内换成无穷级数的和, 则不等式只有加强, 故

$$y_{n+m}-y_n<\frac{1}{(n+1)!}\cdot\frac{n+2}{n+1}.$$

今使 n 固定不变, 并使 m 趋于无穷, 则整序变量 y_{n+m} (标着序号 m 的) 依次取数列

$$y_{n+1}, y_{n+2}, \cdots, y_{n+m}, \cdots$$

中的各值, 显然将收敛于 e. 因此, 在取极限时得

$$e - y_n \leqslant \frac{1}{(n+1)!} \cdot \frac{n+2}{n+1}$$

或最后, 得

$$0 < e - y_n < \frac{1}{n!n} ①.$$

若用 θ 表示差 $e - y_n$ 与数 $\frac{1}{n!n}$ 的比值 (显然, 它位于 0 与 1 之间), 则又可以写成

$$e - y_n = \frac{\theta}{n!n}.$$

将式中的 y_n 用它的展开式代入, 我们便得出重要的公式:

$$e = 1 + \frac{1}{1!} + \frac{1}{2!} + \cdots + \frac{1}{n!} + \frac{\theta}{n!n}, \tag{7}$$

它是计算 e 的出发点. 弃去最后的一项 "余项", 并把其余的各项都换上十进位小数的近似值, 我们就得出 e 的近似值.

	2.000 000 00
$\frac{1}{2!}$	=0.500 000 00
$\frac{1}{3!}$	=0.166 666 67−
$\frac{1}{4!}$	=0.041 666 67−
$\frac{1}{5!}$	=0.008 333 33+
$\frac{1}{6!}$	=0.001 388 89−
$\frac{1}{7!}$	=0.000 198 41+
$\frac{1}{8!}$	=0.000 024 80+
$\frac{1}{9!}$	=0.000 002 76−
$\frac{1}{10!}$	=0.000 000 28−
	2.718 281 81

今将用公式 (7) 计算 e, 使准确至 $\frac{1}{10^7}$. 首先须确定怎样选取 n (它可由我们任意取定), 才能实现这一准确度.

逐次计算阶乘的倒数 (参阅附表), 我们看到, 在 $n = 10$ 时, 公式 (7) 的 "余项" 已是

$$\frac{\theta}{n!n} = \frac{\theta}{10!10} < 0.000\,000\,03,$$

所以弃去它时, 我们造成的误差远远地小于所规定的限度. 我们就停止在这 n 值上. 把其余的各项都化成十进位小数, 在第八位小数上四舍五入地凑成整数 (达到后备的准确度), 则最大误差在绝对值上小于第八位小数的半个单位, 即小于 $\frac{1}{2 \cdot 10^8}$. 我们把计算的结果汇集成一表. 与近似值并列着的记号 (+ 或 −) 表示着校正数的符号, 要回复到准确的数值必须要把校正数加上去才行.

因此, 我们刚才所看到的, 在弃去余项时校正数小于 $\frac{3}{10^8}$. 再检查在四舍五入地凑成整数时的校正数 (连同它们的记号) 以后, 很易判定, 对于数 e 的近似值的总校正数必在

$$-\frac{3}{10^8} \quad 及 \quad +\frac{5}{10^8}$$

①因 $\frac{n+2}{(n+1)^2} < \frac{1}{n}$ (这是很易验算的).

之间. 由此数 e 本身必位于小数

$$2.718\,281\,78 \quad 及 \quad 2.718\,281\,86$$

之间, 故可置

$$e = 2.718\,281\,8 \pm 0.000\,000\,1.$$

顺便注意到, 公式 (7) 亦可以用来证明数 e 为无理数.

由反面推论, 试假定 e 等于有理数 $\frac{m}{n}$, 则若对于这个 n 写出公式 (7), 便有

$$\frac{m}{n} = 1 + \frac{1}{1!} + \frac{1}{2!} + \cdots + \frac{1}{n!} + \frac{\theta}{n!n} \quad (0 < \theta < 1).$$

在这等式的两边都乘以 $n!$, 约去除末项以外的一切分母, 我们将得出左边是整数, 而右边是整数带着分数 $\frac{\theta}{n}$, 但这是不可能的. 这矛盾便证明了我们的命题.

38. 关于区间套的引理 在简述单调整序变量的这一节的末尾, 尚需叙述 "面对面" 地互相接近的二个单调整序变量.

设给定单调增大的整序变量 x_n 及单调减小的整序变量 y_n, 且恒有

$$x_n < y_n, \tag{8}$$

若其差 $y_n - x_n$ 趋向于 0, 则二整序变量必有公共的有限极限:

$$c = \lim x_n = \lim y_n.$$ [8)]

事实上, 在一切 n 值时 $y_n \leqslant y_1$, 于是依 (8) 式, 又必有 $x_n < y_1$ $(n = 1, 2, \cdots)$. 增大的变量 x_n 既然上有界, 因此它必有一有限极限

$$c = \lim x_n.$$

类似地, 对于减小的变量 y_n 将有

$$y_n > x_n \geqslant x_1,$$

因而它也趋于有限极限

$$c' = \lim y_n.$$

但依 **30** 的定理 1°, 两极限的差

$$c' - c = \lim(y_n - x_n)$$

依给定条件是等于 0, 因而 $c' = c$; 此即所要证的.

8) 在等式 (8) 中以 $\leqslant$ 代替 $<$ 不会破坏命题的正确性.

已证明的论点可以赋予另一形式, 使成为常用的形式.

满足不等式

$$a \leqslant x \leqslant b$$

的一切数 (或常说成 "点") x 所成的集合称为**区间** $[a,b]$ (式中 $a<b$). 数 ("点") a 及 b 各称为区间的**左端点**及区间的**右端点**, 其差 $b-a$ 称为区间的**长**. 不难看出, 在数轴上与区间对应的是 (具有相同长度的) 线段.

若区间 $[a',b']$ 的一切点都属于区间 $[a,b]$, 或同一说法, 若

$$a \leqslant a' < b' \leqslant b,$$

则约定说, 区间 $[a',b']$ 包含在区间 $[a,b]$ 内, 或套在它里面. 其几何意义是很明白的.

设有一区间套的无穷序列

$$[a_1,b_1],[a_2,b_2],\cdots,[a_n,b_n],\cdots$$

后一个总是包含在前一个内, 并且在 n 增大时这些区间的长趋向 0:

$$\lim(b_n-a_n)=0.$$

则区间的端点 a_n 及 b_n (从不同的两边) 趋于公共的极限

$$c=\lim a_n=\lim b_n,$$

它是一切区间的唯一的公共点.

这只是前面已证明的定理的另一种写法而已, 依条件

$$a_n \leqslant a_{n+1} < b_{n+1} \leqslant b_n,$$

因而第 n 个区间的左端点 a_n 及右端点 b_n 就分别担任着单调整序变量 x_n 及 y_n 的角色.

因为 a_n 增大而趋于 c, b_n 减小而趋于 c, 故

$$a_n \leqslant c \leqslant b_n \qquad (n=1,2,\cdots),$$

即点 c 实际上属于一切这些区间. 同时, 异于 c 的另一点 c' 就不会有这样的性质, 因为, 否则我们便要有

$$b_n-a_n \geqslant |c'-c|>0,$$

而第 n 个区间的长就不能趋于 0.

以后我们要时常引用这一命题, 它就称为 "关于区间套的引理".

§4. 收敛原理 · 部分极限

39. 收敛原理 设给定整序变量 x_n, 依数列

$$x_1, x_2, \cdots, x_n, \cdots, x_{n'}, \cdots \tag{1}$$

而递变. 最后, 我们要研究关于这一整序变量是否有有限极限存在的一般判定法的问题. 为着这一目的, 极限定义本身是不能使用的, 因为在定义内已经用到这个极限, 而它的存在与否却还是我们所要讨论的问题. 我们所需要的, 是在判定法内仅需应用我们已经有的东西, 也就是整序变量 x_n 的数值所成的数列 (1).

所提出的问题由下列著名的定理而得解决. 这定理属于捷克数学家布尔查诺 (B. Bolzano) 及法国数学家柯西, 它常称为收敛原理.

定理 整序变量 x_n 有有限极限的必要且充分的条件是: 对于每一个数 $\varepsilon > 0$ 总存在着序号 N, 使当 $n > N$ 及 $n' > N$ 时, 便能成立不等式

$$|x_n - x_{n'}| < \varepsilon. \tag{2}$$

有如读者所看到的, 在这里, 事情就是这样, 要使变量的诸数值依它们的序号增大的程度互相无限地接近着 [9]. 且看**证明**.

必要性 设整序变量 x_n 有确定的有限极限 a. 依 [**23**] 极限的定义, 就是对于不论怎样的数 $\varepsilon > 0$, 根据数 $\dfrac{\varepsilon}{2}$, 必能求出序号 N, 使当 $n > N$ 时, 不等式

$$|x_n - a| < \frac{\varepsilon}{2}$$

恒能成立.

今任意取出二序号 $n > N$ 及 $n' > N$, 则必同时成立

$$|x_n - a| < \frac{\varepsilon}{2} \quad 及 \quad |a - x_{n'}| < \frac{\varepsilon}{2},$$

由此

$$|x_n - x_{n'}| = |(x_n - a) + (a - x_{n'})| \leqslant |x_n - a| + |a - x_{n'}| < \frac{\varepsilon}{2} + \frac{\varepsilon}{2} = \varepsilon.$$

这样, 条件的必要性已证明. 证明它的充分性要难得多.

充分性 设定理的条件已经满足, 需要证明整序变量 x_n 有确定的有限极限存在.

为这目的, 在全体实数域中依下列法则产生一个分划. 对于实数 α, 若 x_n 从某一序号开始能满足不等式

$$x_n > \alpha,$$

[9] 使得定理条件成立的序列 x_n 通常称为**自己收敛的** (术语 "基本序列" 和 "柯西序列" 同样通行).

则取这种实数 α 归入下组 A. 取其余的 (即不落在 A 内的) 一切实数 α' 归入上组 A'.

首先, 利用定理的条件说明这些组均非空集. 指定任意数 $\varepsilon > 0$, 取出 (在前述的意义下) 对应于它的序号 N. 若 $n > N$ 及 $n' > N$, 则 (2) 式成立, 由此

$$x_{n'} - \varepsilon < x_n < x_{n'} + \varepsilon. \tag{3}$$

现在我们看到, 每一数 $x_{n'} - \varepsilon$ (其中 $n' > N$) 都属于 A 组, 因为在 n 充分大时 (就是, $n > N$) x_n 总能超过它. 另一方面, 因为 (对于同样这些 n) x_n 显得比 $x_{n'} + \varepsilon$ ($n' > N$) 型的任何一数为小, 就没有哪一个 $x_{n'} + \varepsilon$ 可以放入 A 内去, 因此, 必属于 A' 组.

由确定 A 及 A' 的法则很明显地可以看出, 每一实数必定而且仅只落在二组之一内. 同时还有, 每一 (A 内的) 数 α 必小于每一 (A' 内的) 数 α'; 事实上, 在 $\alpha > \alpha'$ 时, 整序变量 x_n, 从某一项起, 便要违反数 α' 的定义而超过数 α' 了. 这样, 上述实数域的分组确实产生一个分划.

根据 [**10**] 戴德金的基本定理, 有实数 a① 存在, 它是两组数中间的界数:

$$\alpha \leqslant a \leqslant \alpha'.$$

但我们注意到, 在任何 $n' > N$ 时, $x_{n'} - \varepsilon$ 是某一个 α, 而 $x_{n'} + \varepsilon$ 是某一个 α'. 因此, 对于任何 $n' > N$, 特别有

$$x_{n'} - \varepsilon \leqslant a \leqslant x_{n'} + \varepsilon \quad 或 \quad |a - x_{n'}| = |x_{n'} - a| \leqslant \varepsilon.$$

根据 [**23**] 极限的定义, 这即指

$$a = \lim x_n.$$

定理已证明[10]).

这一判定法的应用, 我们在以后的叙述中将不止一次地要遇到.

---

①在所指的定理中, 它是用 β 表示的.

10) **不利用分割的概念**也可以证明定理中所给收敛条件的**充分性**.

用等式 $a_n = \inf\limits_{k \geqslant n} x_k, b_n = \sup\limits_{k \geqslant n} x_k$ 分别定义数 a_n, b_n (a_n, b_n 是有限的或无穷 —— 暂时没多大关系). 那么, 当 $k \geqslant n$ 时 $a_n \leqslant x_k \leqslant b_n$; 此外对任意的 n 有 $a_n \leqslant a_{n+1}, b_n \geqslant b_{n+1}$. 根据定理条件, 对任意 $\varepsilon > 0$, 存在这样的数 $N = N(\varepsilon)$, 使得对所有的 $n, n' > N$ 有 $x_n - x_{n'} \leqslant \varepsilon$. 任意固定 $n' > N$, 那么不等式 $x_n < x_{n'} + \varepsilon$ 表明序列 x_n 上有界, 数 b_n 对所有 n 有限, 且当 $n > N$ 时 $b_n \leqslant x_{n'} + \varepsilon$. 现在固定 $n > N$, 因为当 $n' > N$ 时 $x_{n'} \geqslant b_n - \varepsilon$, 我们已可断言当 $n' > N$ 时 $a_{n'}$ 有限且 $a_{n'} \geqslant b_n - \varepsilon$. 令 $n' = n$, 便得到: 当 $n > N$ 时 $0 < b_n - a_n \leqslant \varepsilon$, 从而 $b_n - a_n \underset{n\to\infty}{\longrightarrow} 0$. 根据 **38** 目第一个断言, 序列 a_n 与 b_n 收敛于某个共同的极限 c, 因为 $a_n \leqslant x_n \leqslant b_n$, 序列 x_n 同样收敛于 c, 布尔查诺–柯西定理证毕.

40. 部分数列及部分极限 今同时考察数列 (1) 及由它里面所选出的任一**部分数列** (或**子数列**)

$$x_{n_1}, x_{n_2}, \cdots, x_{n_k}, \cdots \tag{4}$$

式中 $\{n_k\}$ 是某一自然数的递增数列:

$$n_1 < n_2 < \cdots < n_k < n_{k+1} < \cdots \tag{5}$$

在这里, 依次取所有自然数为值的序号已不是由 n, 而是由 k 担任; 而 n_k 则已成为一个取自然数为值的整序变量, 且显然地, 在 k 增大时它趋向于 ∞.

若数列 (1) 有确定的极限 a (有限或无穷), 则部分数列 (4) 亦必有相同的极限.

为了示例, 试考察 a 为有限的情形. 设对于指定的 $\varepsilon > 0$ 能求出 N, 使当 $n > N$ 时已成立不等式:

$$|x_n - a| < \varepsilon,$$

因 $n_k \to \infty$, 故必有 K 存在, 使当 $k > K$ 时有 $n_k > N$. 于是对于那些 k 的值将成立不等式

$$|x_{n_k} - a| < \varepsilon,$$

这就证明了我们的命题.

(顺便注意到, 在作出这论断时, 我们并没用不等式 (5), 即并未应用到整序变量 n_k 的单调性. 因此, *不论整序变量 n_k 依怎样的规律趋向 $+\infty$, 我们的命题仍为有效.*)

若整序变量 x_n, 或即数列 (1), 并无确定的极限, 则对于它的任何一个部分数列 (4) 或对应于它的整序变量 $x_{n'} = x_{n_k}$ 来说, 极限仍可能存在. 这种极限称为整序变量 x_n 或数列 (1) 的**部分极限**.

例如, 设 $x_n = (-1)^{n+1}$, 这整序变量无极限. 但若限制 n 仅依奇数或偶数而递变, 则部分数列

$$x_1 = 1, \quad x_3 = 1, \quad \cdots, \quad x_{2k-1} = 1, \quad \cdots$$

及

$$x_2 = -1, \quad x_4 = -1, \quad \cdots, \quad x_{2k} = -1, \quad \cdots$$

将各有极限为 1 或 -1. 这两数就是 x_n 的部分极限. 类似地, 整序变量 $x_n = (-1)^{n+1}n$ 有部分极限 $+\infty$ 及 $-\infty$, 而 $x_n = n^{(-1)^{n+1}}$ 有部分极限 $+\infty$ 及 0.

整序变量的部分极限可以是一无穷集, 举一个这种例子也很容易; 下面是其一例. 依下列法则定义整序变量 x_n: 若序号 n 写成十进位制为 $\alpha\beta\cdots\gamma$ ($\alpha, \beta, \cdots, \gamma$ 是数码), 则令

$$x_n = 0.\alpha\beta\cdots\gamma.$$

例如, $x_{13} = 0.13$, $x_{4035} = 0.4035$, 等等. 在这时, 每一个 0.1 与 1 之间的有限十进小数在这整序变量的数列中出现无穷多次, 例如, 0.217 在第 217 项出现, 又在第 2170 项、第 21700 项等出现.

由此立刻推得, 在 0.1 与 1 之间的每一个有限十进小数将成为这整序变量的部分极限. 但若在这限界内取任何另一实数 α, 则只需将它表示为无穷十进小数 [9]:

$$\alpha = 0.c_1c_2\cdots c_k\cdots \quad (c_1 \geqslant 1),$$

就立刻可知部分数列

$$x_{c_1} = 0.c_1, \quad x_{c_1c_2} = 0.c_1c_2, \quad \cdots, \quad x_{c_1c_2\cdots c_k} = 0.c_1c_2\cdots c_k, \quad \cdots$$

的极限刚好就是 α, 这样, 在所考察的情形, 数列的部分极限充满着全区间 $[0.1, 1]$.

整序变量 x_n 是否恒有部分极限存在? 在数集 $\{x_n\}$ 非为有界时, 这问题很易肯定地回答. 例如, 设它非上有界, 则对于每一个自然数 k, 必能在数列 (1) 内求得大于 k 的项 x_{n_k}:

$$x_{n_k} > k \quad (k = 1, 2, \cdots)$$

(并且很易办到, 使得序号 n_k 随 k 而增大). 部分数列

$$x_{n_1}, x_{n_2}, \cdots, x_{n_k}, \cdots$$

显然地将有极限 $+\infty$; 它就是原数列的部分极限.

在有界整序变量的情形, 亦可以给予肯定的回答. 但这需要更细致的讨论, 我们在下一段内再谈.

41. 布尔查诺–魏尔斯特拉斯 (B. Bolzano-C. Weierstrass) 引理 由任何有界数列 (1) 内恒能选出收敛于有限极限的部分数列 (4).

(这种写法不致除去在所给数列内有相等的数的可能性, 应用起来有便利之处.)

证明 设一切数 x_n 都位于界限 a 与 b 之间. 将区间 $[a, b]$ 分为两半, 则必有一半包含着所给数列的无穷多个元素, 因为, 若不是这样, 则在全区间 $[a, b]$ 内所包含着的元素将是有限个数, 但这是不可能的. 因此设包含着无穷多个 x_n 的那一半是 $[a_1, b_1]$ (若两个半区间都是如此, 则任取其中之一).

类似地, 在区间 $[a_1, b_1]$ 内分出它的一半 $[a_2, b_2]$, 使得在它里面包含无穷多个 x_n. 继续这种步骤至于无穷, 在第 k 次分出的区间 $[a_k, b_k]$ 内照样包含着无穷多个的 x_n.

这样构成的区间 (由第二个开始), 每一个都包含在前一个之内, 等于它的一半. 此外, 第 k 个区间的长等于

$$b_k - a_k = \frac{b-a}{2^k}.$$

它随着 k 的增大而趋向零. 把 [**38**] 关于区间套的引理应用到这里来, 便得结论: a_k 及 b_k 趋向一公共极限 c.

现在部分数列 $\{x_{n_k}\}$ 可由下列方法归纳地产生出来. 在所给数列的元素 x_n 内任取包含在 $[a_1, b_1]$ 中的一个 (例如, 第一个) 当作 x_{n_1}. 在 x_{n_1} 后面的元素 x_n 内任

取包含在 $[a_2, b_2]$ 中的一个 (例如, 第一个) 当作 x_{n_2}, 等等. 一般地说, 在以前分出的 $x_{n_1}, x_{n_2}, \cdots, x_{n_{k-1}}$ 后面的元素 x_n 内任取包含在 $[a_k, b_k]$ 中的一个 (例如, 第一个), 当作 x_{n_k}. 这种产生数列方法是完全可能的: 因为每一区间 $[a_k, b_k]$ 内包含着无穷多个 x_n, 即包含着序号可为任意大的元素 x_n.

再则, 因为

$$a_k \leqslant x_{n_k} \leqslant b_k, \quad \text{又} \quad \lim a_k = \lim b_k = c,$$

故依 **28** 的定理 3° 必有 $\lim x_{n_k} = c$. 此即所要证的.

在证明这引理时, 用了逐次等分所考察的区间的方法, 称为**布尔查诺方法**. 这在其他场合对我们也是经常有用的.

布尔查诺–魏尔斯特拉斯引理使许多困难定理的证明大为简化, 就好像它本身已吸收了论证中的基本困难点似的. 我们用它再来证明收敛原理作为一例; 我们来考虑其中条件的充分性, 它在 **39** 内曾费了我们很多气力.

因此, 设条件已满足, 且依指定的 $\varepsilon > 0$ 已求出序号 N, 在 $n > N$ 及 $n' > N$ 时成立不等式 (2) 或 (3). 若在这时固定 n', 则很清楚地, 由 (3) 式, 整序变量 x_n 在一切情形下将成为有界的: 因为在 $n > N$ 时它的值全部位于 $x_{n'} - \varepsilon$ 与 $x_{n'} + \varepsilon$ 之间, 且不难把这些限界的距离拉长, 使它又包括首 N 个值: $x_1, x_2, \cdots, x_N$.

于是, 依刚才所证明的定理, 可以分出收敛于有限极限 c 的部分数列 $\{x_{n_k}\}$:

$$\lim x_{n_k} = c.$$

现在证明, 整序变量 x_n 也趋向这一极限. 我们可以选取充分大的 k, 使

$$|x_{n_k} - c| < \varepsilon,$$

又同时使 $n_k > N$. 因此, 可在 (2) 内取 $n' = n_k$:

$$|x_n - x_{n_k}| < \varepsilon,$$

联合这两不等式, 最后即得

$$|x_n - c| < 2\varepsilon \quad (n > N),$$

这就证明了我们的命题①.

42. 上极限及下极限 这样, 任何整序变量 x_n, 不论它是有界的或无界的, 都有部分极限存在. 现在我们将指出, 在这些部分极限内必能求出最大的及最小的. 它们即称为整序变量 x_n 的**上极限与下极限**, 并各记成

$$\overline{\lim} x_n \quad \text{及} \quad \underline{\lim} x_n.$$

---

①数 2ε, 有如 ε, 亦可 "任意小". 假若愿意的话, 可以在开始时不取 ε 而取 $\dfrac{\varepsilon}{2}$, 则在这里我们便得出 ε. 以后如遇相似的情形, 便留待读者自己去体会.

定理 整序变量 x_n 恒有上极限及下极限存在. 这两极限相等是整序变量有极限 (普通意义下) 存在的必要且充分的条件①.

证明 从考察上极限的问题开始. 我们已在上面 [**40**] 看到, 若 x_n 非上有界, 则可以从数列 (1) 内分出部分数列 $\{x_{n_k}\}$, 使

$$\lim x_{n_k} = +\infty.$$

这样, 在这种情形, $+\infty$ 便是整序变量的部分极限之一, 显然, 它是一切可能的极限中之最大者, 因此,

$$\overline{\lim} x_n = +\infty.$$

今再假定整序变量 x_n 上有界:

$$x_n \leqslant M \quad (n = 1, 2, \cdots).$$

考察 x_n 在 $n > k$ 时的上确界:

$$M_k = \sup_{n>k}\{x_n\} = \sup\{x_{k+1}, x_{k+2}, \cdots\} \leqslant M.$$

在 k 增大时 M_k 的值只能减小, 因此, 依 [**34**] 单调整序变量的定理, 无论如何极限 (在 k 无限增大时)

$$\lim M_k$$

必存在, 是有限的或等于 $-\infty$.

当这极限是 $-\infty$ 时, 情形同样是那么简单. 对于任何 $E > 0$ 必能求出序号 $k = N$, 使

$$M_N < -E;$$

但在 $n > N$ 时, 显然, $x_n \leqslant M_N$, 因此, 对于这种 n 更有

$$x_n < -E.$$

而这就表示有极限 (普通意义下)

$$\lim x_n = -\infty$$

存在, 这极限将同时是上极限和下极限②.

尚待考察最重要的情形, 即有一有限极限

$$\lim M_k = M^*$$

存在的情形. 我们将指出, 这数 M^* 将是整序变量 x_n 的上极限.

为此目的, 我们将先确立数 M^* 的二特性.

若任意取数 $\varepsilon > 0$, 则必能求出 $k = N'$, 使 $M_{N'} < M^* + \varepsilon$; 因为, 在 $n > N'$ 时, $x_n \leqslant M_{N'}$, 所以更有 $x_n < M^* + \varepsilon$. 因此,

M^* **的特性 I**: 对于不论怎样的 $\varepsilon > 0$, 必有序号 N' 存在, 使对一切 $n > N'$ 有

$$x_n < M^* + \varepsilon.$$

①这定理的证明并没有利用布尔查诺–魏尔斯特拉斯引理, 实际上这定理包括该引理.

②当整序变量的普通极限存在时, 一切部分极限都和它重合 [**40**].

另一方面, 对于任意的 $\varepsilon > 0$ 及任何的 k 必有

$$M_k \geqslant M^* > M^* - \varepsilon.$$

但依上确界的性质 [**11**], 在序号 $n = k+1, k+2, \cdots$ 的 x_n 各值中间必能求出 $x_{n'}$, 使 $x_{n'} > M^* - \varepsilon$. 把任意取的 k 换成 N, 便得

M^* **的特性 II**: 对于不论怎样的 $\varepsilon > 0$ 及序号 N, 必能求出 $x_{n'}$, 其序号 $n' > N$, 满足

$$x_{n'} > M^* - \varepsilon.$$

必须强调这两种性质的差别. 在第一种情形, 一切 x_n 的值, 由某一项开始, 毫无例外地满足着不等式. 在第二种情形, 仅是若干个别的 x_n 满足不等式, 但在这些个别的值中间却有序号为任意大的 x_n.

首先, 根据这些特性, 证明数 M^* 是整序变量 x_n 的部分极限. 为此, 需要分出收敛于 M^* 的部分数列 $\{x_{n_i}\}$.

作一正数的数列 $\varepsilon_i \to 0$. 设 $n_1 = 1$, 假定序号

$$n_1 = 1 < n_2 < \cdots < n_{i-1}$$

已选出, 现在说明怎样选取 n_i. 依特性 I, 在 $\varepsilon = \varepsilon_i$ 时必能求出对应的序号 $N' = N_i$, 使对一切 $n > N_i$ 有 $x_n < M^* + \varepsilon_i$. 今再看特性 II, 仍旧假定 $\varepsilon = \varepsilon_i$ 并取序号 n_{i-1} 及 N_i 中的最大者作为 N; 对于这样的 ε 及 N, 由特性 II 所得到的序号 n' 就取作 n_i. 那么, 一方面,

$$x_{n_i} > M^* - \varepsilon_i,$$

而另一方面, 因 $n_i > N_i$, 同时必有

$$x_{n_i} < M^* + \varepsilon_i.$$

除此以外, 还需注意 $n_i > n_{i-1}$.

对于用这种方法 —— 归纳地 —— 构成的数列中的元素 x_{n_i} 必有

$$|x_{n_i} - M^*| < \varepsilon_i \quad (i = 2, 3, \cdots),$$

实际上就是 $x_{n_i} \to M^*$.

最后, 将证明没有一个部分极限能超过 M^*. 事实上, 设对于某一部分数列 $\{x_{n_i}\}$ 有 $x_{n_i} \to a$, 则 a 就是部分极限之一. 依特性 I, 当 n_i 充分大时 (已大于 N'), 必有

$$x_{n_i} < M^* + \varepsilon.$$

在这不等式中取极限, 则得 $a \leqslant M^* + \varepsilon$, 又因 ε 是任意小, 最后, 即得

$$a \leqslant M^*.$$

这样, M^* 实际上就成为一切部分极限中之最大的, 即

$$M^* = \overline{\lim} x_n.$$

类似地可证下极限的存在. 不需再重复一切论证, 只注意下列二种情况.

若下极限是 $+\infty$, 则在普通意义下, 有极限

$$\lim x_n = +\infty$$

存在.

又若下极限是有限数 M_*,

$$M_* = \varliminf x_n,$$

则它具有类似于上述的 M^* 的特性.

M_* **的特性 I**: 对于不论怎样的 $\varepsilon > 0$, 必有序号 N'' 存在, 使当 $n > N''$ 时有

$$x_n > M_* - \varepsilon.$$

M_* **的特性 II**: 对于不论怎样的 $\varepsilon > 0$ 及序号 N, 必能求出 $x_{n''}$, 其序号 $n'' > N$, 满足

$$x_{n''} < M_* + \varepsilon.$$

现在来证明定理的后半部. 若在普通意义下说有极限

$$\lim x_n$$

(有限或无穷) 存在, 则一切可能的部分极限都与它重合 [**40**], 前述条件的必要性便得证明.

今假定

$$\varlimsup x_n = \varliminf x_n.$$

若它们的公共数值是 $+\infty$ 或 $-\infty$, 则有如我们已看到的, 整序变量在普通意义下有极限存在, 且就是那一值.

最后, 设二极限都是有限的:

$$M^* = M_* = a.$$

则比较 M^* 及 M_* 的特性 I, 依预先指定的 $\varepsilon > 0$ 可求出序号 N, 使当 $n > N$ 时成立

$$a - \varepsilon < x_n < a + \varepsilon \quad \text{即} \quad |x_n - a| < \varepsilon.$$

这就说明, a 是整序变量 x_n 在普通意义下的极限. 定理证明完毕.

注意, 用这定理, 布尔查诺–柯西条件的充分性 [**39**] 就能很简单地被证明了. 就是说 (若仍用原来的记法), 由不等式

$$x_{n'} - \varepsilon < x_n < x_{n'} + \varepsilon \quad (n \text{ 及 } n' > N)$$

立刻可以看出, 整序变量 x_n 的上极限及下极限是有限的, 而且相差不大于 2ε, 由于 ε 可任意小, 因此必须重合. 由此, 立刻推得有一有限极限 (在普通意义下) 存在.

第二章　一元函数

§1. 函数概念

43. 变量及其变动区域　在 **22** 内, 早已给定关于**变量**的一般概念. 数集 $\mathcal{X} = \{x\}$ 给出变量 x 可能取的那些数值 (在所考察的问题内). $\mathcal{X}$ 内的每一个数值, x 都有机会能取到, 这数集 $\mathcal{X}$ 就称为变量 x 的**变动区域**. 一般地说, 任一数集总可以当作变量的变动区域 [11].

我们早已讲过, **数**的几何解释就是 (数) 轴上的**点**. 变量 x 的变动区域 $\mathcal{X}$ 在这轴上就表示为某一点集. 因此, 变量的数值常称为点.

我们经常会遇到变量 n, 它以全体自然数集 $\mathcal{N}$ 为其变动区域. 整序变量 $x_n = \dfrac{1+(-1)^n}{n}$ 的变动区域是数 0 以及全部形如 $\dfrac{1}{m}$ $(m = 1, 2, \cdots)$ 的分数所成的数集 [12]. 常量的变动区域则只含一个数.

但是在分析上通常研究的是所谓**连续地**或**密接地**变动着的变量: 它们的原型就是各种物理量 —— 如时间, 动点所经过的路程, 等等. 数的**区间**就是类似于此的变量的变动区域. 最常用的是**有限区间**, 它用两个实数 a 及 b $(a < b)$ —— 它的端点 —— 为界限, 有些端点可以包含在区间内, 也可以不包含在内. 因此, 我们先来区别

闭区间 $[a, b] : a \leqslant x \leqslant b$ (包含两端点);

半开区间 $\left\{ \begin{array}{l} (a, b] : a < x \leqslant b \\ [a, b) : a \leqslant x < b \end{array} \right.$ (仅包含一端点);

---

[11] 当然, 本目正文对整序变量型的变量不适用 [参看 **22** 目的脚注 5) 与 6)].

[12] 如果把整序变量的变动区域看作是函数变动区域的特殊情形 [参看 **45** 目及那里的脚注 14)], 对整序变量的变动区域可以有另一种理解. 请注意, "整序变量的变动区域" 的概念在今后实际上并不使用.

开区间 $(a,b): a<x<b$ (不包含任一端点).
在每一种情形都称数 $b-a$ 为区间的长.

很易了解, 数轴上的线段就是数字区间的几何表示. 并且 —— 按照区间的类型 —— 线段有时有端点, 有时没有.

有时还得考察**无穷区间**, 这区间, 用 "广义的数" $-\infty, +\infty$ 作为它的一端或两端. 它们的记法, 与有限区间相类似. 例如: $(-\infty,+\infty)$ 是全体实数集; $(a,+\infty)$ 表示满足不等式 $x>a$ 的数 x 所成的集; 区间 $(-\infty,b]$ 由不等式 $x\leqslant b$ 所决定. 无穷区间的几何表示, 是两端无限伸展的直线或仅一端趋于无限的射线.

44. 变量间的函数关系, 例题 数学分析内主要研究的事物, 并非一个变量独自的变动, 而是两个或几个变量在同时变动时相互之间的**关系**. 在这里我们只限于研究两个变量的最简单的情形.

在科学及生活的各种领域内 —— 在数学本身, 在物理学、工程学中 —— 读者已不止一次地遇到这种同时变动的变量. 它们不能同时取一对任意的数值 (由各自的变动区域内取出的): 相反的, 当其中之一 (**自变量**) 已给定具体的数值时, 则另一变量 (**因变量**或**函数**) 的数值也就确定了. 先举几个例题.

1) 圆的面积 Q 是它的半径 R 的函数; 它的数值可以根据给定的半径数值用已知公式:

$$Q=\pi R^2$$

计算出来.

2) 在重量颇大的质点自由降落 —— 不计其阻力 —— 的情形, 由运动开始时算起的时间 t (秒) 与在这时间内经过的路程 s (米) 依靠方程

$$s=\frac{gt^2}{2}$$

联结着, 式中 $g=9.81$ 米/秒 ^{2} 是重力加速度. 由此也确定着对应于所取时间 t 的路程 s 的数值: 路程 s 就成为经过的时间 t 的函数.

3) 考察一定质量的 (理想) 气体, 这气体贮藏在气缸的活塞下面. 假定温度保持不变, 这气体的体积 V (立升) 及压力 p (大气压力) 就服从波义耳–马瑞特定律: $pV=c=$ 常数. 若任意改变V, 则 p 当作 V 的函数, 就可根据公式

$$p=\frac{c}{V}$$

单值地被确定.

4) 最后, 再建立空气的压力 p (大气压力) 与高出海面的位置 h (米) 的关系. 在物理学上导出气压公式

$$p=p_0e^{-kh},$$

式中 p_0 是在海平面上的压力, k 是某一常数. 根据这一公式, p 就可当作 h 的函数, 仅需给定 h 的数值, p 的数值就确定了.

又需注意到, 在两个被考察的数字内选取自变量, 有时是任意的, 有时则由考虑问题的简单方便而定. 在大多数的场合它被进行研究的目的性所指导着.

例如, 若在最后的例题内, 压力 p 与高度 h 的关系是用来使飞机师能借观察压力而判断已达到的高度, 则变量所担任的角色自然需要更换, 气压公式就表示为

$$h = \frac{1}{k}\ln\frac{p_0}{p}$$

的形式.

45. 函数概念的定义 现在, 像通常一样, 抽去所考察的数量的物理意义, 我们来确定函数概念 —— 数学分析的基本概念之一 —— 的准确而普遍的定义.

设给定两变量 x 及 y, 其变动区域为 $\mathcal{X}$ 及 $\mathcal{Y}$. 假定根据问题的条件, 变量 x 可以不受任何限制地取区域 $\mathcal{X}$ 内的任意数值. 那么, *如果依某一法则或规律, 对于 $\mathcal{X}$ 中的每一 x 值总有一个确定的数值 y (在 $\mathcal{Y}$ 内) 和它对应, 则变量 y 就称为变量 x (在它的变动区域 $\mathcal{X}$ 内) 的函数.*

自变量 x 亦称为函数的**变元**.

在这定义内存在着两个要素: 第一, 指出变元 x 的变动区域 $\mathcal{X}$ (它称为函数的**定义域**), 第二, 确定 x 与 y 的数值之间的对应法则或规律 (函数 y 的变动区域 $\mathcal{Y}$ 通常并不指出, 因为对应的规律本身就已经确定函数值的集合了.) [13)]

函数概念的定义也可以建立在更普遍的观点上, 就是假设对应于 $\mathcal{X}$ 内的 x 的每一数值, y 的数值不止一个, 而是几个 (甚至是无穷多个). 在这种场合函数称为**多值的**, 以区别于前面所定义的**单值函数**. 然而, 在分析教程内, 站在实变数的观点上, 大都避免讨论多值函数, 以后说到函数, 若没有特别的声明, 我们就理解为单值函数.

要指出 y 是 x 的函数这件事实: 就写成

$$y = f(x), \quad y = \varphi(x), \quad y = F(x), \quad 等等^{①}.$$

字母 $f, \varphi, F, \cdots$ 就表示那种法则, 根据它就可以由给定的 x 值得出对应的 y 值. 因此, 若同时考察同一变元 x 的几个不同的函数, 各具不同的对应规律, 那么它们就不能用同一字母来表示.

①这记法读成: “y 等于 fx”, “y 等于 φx”, 等等.

13) 我们还要指出与前述函数定义等价的一个通行的函数定义. 对集 $\mathcal{X}$ 的每一个元素, 有且仅有集 $\mathcal{Y}$ 中的一个元素和它对应的任何一个规则, 称为在集 $\mathcal{X}$ 上定义在集 $\mathcal{Y}$ 内取值的函数. 这与正文中所述定义的区别仅仅是术语上的. 后一定义在现今更为通行. [关于术语 “变动区域” 与函数的 “值的集合” 参看下一个脚注 14).]

虽然只有字母 "f" (小写及大写) 是原来与 "函数" 这字有关的, 但函数关系自然也可以改用旁的字母来记; 有时, 甚至就重复用着字母 y, 记成 $y = y(x)$ [14)].

在有些场合把变元写成函数的附标的形状, 例如, y_x. 我们所熟悉的整序变量 x_n 的记法就是这种类型, 它是 (我们现在可以说) 自变量 n 的函数, n 是依自然数列 $\mathcal{N} = \{n\}$ 而递变的. 类似地 N_ε 的记法 (在整序变量的极限定义内, [**23**]) 表示序号 N 依赖着 ε, 等等.

若在考察函数 $y = f(x)$ 时我们希望指出, 对应于某一 x 的特别数值 x_0 的函数的特别数值, 就使用记号 $f(x_0)$, 例如, 若

$$f(x) = \frac{1}{1+x^2}, \quad g(t) = \frac{10}{t}, \quad h(u) = \sqrt{1-u^2}, \quad \cdots$$

则 $f(1)$ 表示 $f(x)$ 在 $x = 1$ 时的函数值, 即化简后的数 $\frac{1}{2}$, 仿此, $g(5) = 2, h\left(\frac{3}{5}\right) = \frac{4}{5}$, 等等.

今转而讨论变量的数值之间的**对应法则**或**规律**, 它是函数关系这概念的要素. 这法则可以有各种各样的表现方式, 如果对它不加丝毫限制的话.

最简单也最自然的是把这法则表示为**解析式**或**公式**的形状, 它指示出, 对 x 的数值及一些常数必须进行哪些演算, 才可以得出 y 的对应数值. 这种函数的**解析表示法**是数学分析中最重要的方法 (我们在下一目内还要讨论它). 读者最好在中学的数学教程内去熟习它. 最后, 我们在 **44** 的例题内应用的也是解析方法.

然而, 假如以为这是表示函数的唯一方法, 那是错误的. 就在数学内也有不少场合是不用公式来定义函数的. 例如, 有这样的函数 $E(x)$ —— "数 x 的整数部分" [①]. 很易了解

$$E(1) = 1, \quad E(2.5) = 2, \quad E(\sqrt{13}) = 3, \quad E(-\pi) = -4, \quad \text{等等},$$

可是表示 $E(x)$ 的公式却并不曾有.

同样还有很多的 "算术函数", 即变元是自然数而函数值也是自然数的函数, 例如, "数 n 的阶乘":

$$n! = 1 \cdot 2 \cdot \cdots \cdot n.$$

以及表示 n 的除数个数的函数 $\tau(n)$, 或表示在 $1, 2, \cdots, n$ 内所有与 n 互素的数字个数的函数 $\varphi(n)$. 不管给定这些函数的法则有什么独特的性质, 我们还是可以由此算

---

① 参看 **25**, 1) 的脚注.

14) 通常为了表示函数, 除了记法 $y = f(x)$ 之外, 还使用记号 $f: \mathcal{X} \to \mathcal{Y}$, 其中 $\mathcal{X}$ 是所考虑函数的定义域, 而 $\mathcal{Y}$ 是函数的变动区域; 例如, 记号 $x: \mathcal{N} \to \mathcal{R}$ 表示 x 是整序变量. 应当把函数 f 的**变动区域** $\mathcal{Y}$ 与函数的**值的集合**区分开来. 后者是 $\mathcal{Y}$ 中实际上与自变量某个值 x 对应的那个数 y [具有 $y = f(x)$ 的形式]. 例如, f 是恒等于常数零的一个函数, 那么它的值的集合由唯一的零组成 (即是一个单元素集), 其变动区域则可以随心所欲地认为是任意一个含有零的集合.

出确定的函数值, 好像用公式算出来的一样. 例如

$$\tau(10)=4,\quad \tau(12)=6,\quad \tau(16)=5,\quad \cdots$$
$$\varphi(10)=4,\quad \varphi(12)=4,\quad \varphi(16)=8,\quad \cdots$$

在自然科学及工程学内, 变量之间的关系经常由实验或观察而得. 例如, 使水受任意选定的压力 p (大气压力), 则由实验可以确定与它对应着的沸点的温度 θ (℃): θ 是 p 的函数. 然而这一函数关系, 并非由任何公式来表示, 而只是由实验所得的数据的简单对应来表示. 用**列表法**给定函数的实例在任何工程手册上都很容易找到.

最后, 再要讲到, 在某种场合 —— 用自动记录器 —— 物理量之间的函数关系直接用**图像**表示着. 例如, 用指示器画成的 "指示图表" 给出正在工作着的蒸汽机的汽缸内的汽压 p 与体积 V 之间的关系; 由气压指示器所获得的 "气压图" 表示大气压力在一昼夜内的变化过程, 等等.

关于确定函数关系的列表法或图示法, 我们不再详细讲它, 因为在数学分析内并不是必须应用它们的.

46. 函数的解析表示法 函数的解析式或公式的表示法在数学分析内担任着极端重要的角色, 我们将作出一系列的附注来说明它们.

1° 首先, 在这些公式内可以进行怎样的演算? 第一步, 在这里自然可以有初等代数及三角学内研究过的一切演算: 算术运算, 乘幂 (开方), 取对数, 由角度求三角函数值及其反运算 [参阅下面 **48~51**]. 但是, 须着重指出, 由于我们在分析知识上的发展, 还需要再加入其他的演算, 而首要的就是极限步骤, 读者在第一章内已熟悉它了.

这样, 术语 "解析式" 或 "公式" 的完全的内容只能逐步地去揭露它了.

2° 其次, 须注意借解析式或公式所表示的函数的定义域.

每一个包含变元 x 的解析式具有所谓自然的适用区域: 就是使这解析式子有意义的一切 x 所成的集合. 我们说解析式子有意义, 即是指它有着完全确定的有限实数值的意思. 用最简单的例题说明这事.

例如, 表达式 $\dfrac{1}{1+x^2}$ 的定义域是全体实数集. 表达式 $\sqrt{1-x^2}$ 的定义域则为闭区间 $[-1,1]$, 在这界限以外它的数值就不再是实数了. 相反的, 对于表达式 $\dfrac{1}{\sqrt{1-x^2}}$ 就必须取开区间 $(-1,1)$ 作为自然适用区域, 因为在两端点上它的分母等于 0. 有时函数值保持有意义的区域由隔开的区间所组成; $\sqrt{x^2-1}$ 的定义域是区间 $(-\infty,-1]$ 及 $[1,+\infty)$, $\dfrac{1}{x^2-1}$ 的定义域是区间 $(-\infty,-1)$, $(-1,1)$ 及 $(1,+\infty)$, 等等①.

今考察无穷几何序列的和

$$1+x+x^2+\cdots+x^{n-1}+\cdots=\lim(1+x+x^2+\cdots+x^{n-1})$$

① 自然, 对 x 的任何数值都没有意义的那种函数, 我们是并不感兴趣的.

作为最后一个例题. 若 $|x|<1$, 则我们知道 [**25**, 7)], 有极限存在且其数值是 $\dfrac{1}{1-x}$. 在 $|x|>1$ 时, 或者有极限等于 $+\infty$, 或者根本没有极限. 因此, 所引入的解析式的自然适用区域是开区间 $(-1,1)$.

在下面的叙述内我们将需考察更复杂更普遍的解析式, 并且我们将不止一次地研究由这类表达式在它保持有意义的**全部**区域内所确定的函数的性质, 即研究**解析工具**的本身.

然而, 我们认为必须预先引起读者去注意另一种可能的情况. 设在任何具体问题内, 变量 x 由于**事情的本质**被限制在其变动区域 $\mathcal{X}$ 内, 而此问题引导我们去考察一个具有解析表达式的函数 $f(x)$. 虽然这个表达式可能在区域 $\mathcal{X}$ 以外也有意义, 但欲越出界限来研究我们的具体问题却是全然不可能的. 在这里, 解析式便只担任着附属的辅助角色了.

例如, 如果研究质点从地面上高 h 处的自由降落, 我们用公式

$$s=\frac{gt^2}{2}$$

[**44**, 2)], 则考察 t 的负值, 或 t 的大于 $T=\sqrt{\dfrac{2h}{g}}$ 的数值将是荒谬可笑的. 因为, 很易看出, 在 $t=T$ 时质点已落到地上了, 虽然表达式 $\dfrac{gt^2}{2}$ 本身对于全部 t 的实数值都有意义.

3° 可能遇到这种情形, 即对于变元的一切数值函数并非由同一公式所确定, 而是对于变元的某一部分数值用某一公式, 对于另一部分数值用另一公式, 例如, 在区间 $(-\infty,+\infty)$ 内用下面的三个公式来定义的函数就是一个例子:

$$f(x)=1,\quad \text{若 } |x|>1 \ (\text{即若 } x>1 \text{ 或 } x<-1),$$
$$f(x)=-1,\quad \text{若 } |x|<1 \ (\text{即若 } -1<x<1),$$

最后, $f(x)=0$, 若 $x=\pm1$.

再讲到**狄利克雷** (P. G. Lejeune-Dirichlet) **函数**, 它是这样定义的:

$$\chi(x)=1,\quad \text{若 } x \text{ 是有理数},$$
$$\chi(x)=0,\quad \text{若 } x \text{ 是无理数}.$$

最后, 考察**克罗内克** (L. Kronecker) **函数**, 称它为 "x 的符号" 并记成 $\operatorname{sgn} x$ ①:

$$\operatorname{sgn} x=1,\quad \text{若 } x>0;$$
$$\operatorname{sgn} x=-1,\quad \text{若 } x<0;$$
$$\operatorname{sgn} 0=0.$$

并且, 不必以为对于全部 x 的数值用一个公式给定的函数与用几个公式来定义的函数之间有着原则上的差别. 通常, 用几个公式给定的函数也可以改用一个公式给定它 (当然, 需用比较复杂的表达式).

---

①根据拉丁文 signum= 符号.

例如, 若运用求极限的演算, 则上面引入的第一个函数 $f(x)$ 就可以改用一个公式来给定它 (适用于全部 x):

$$f(x) = \lim \frac{x^{2n} - 1}{x^{2n} + 1}.$$

事实上, 在 $|x| > 1$ 时幂 $x^{2n} \to +\infty$, 而它的倒数趋于 0 [**27**], 因此

$$\lim \frac{x^{2n} - 1}{x^{2n} + 1} = \lim \frac{1 - \dfrac{1}{x^{2n}}}{1 + \dfrac{1}{x^{2n}}} = 1.$$

在 $|x| < 1$ 时幂 $x^{2n} \to 0$ [**25**, 6)], 在这情形

$$\lim \frac{x^{2n} - 1}{x^{2n} + 1} = -1.$$

最后, 在 $x = \pm 1$ 时, 显然,$x^{2n} = 1$, 由此

$$\frac{x^{2n} - 1}{x^{2n} + 1} = 0,$$

在取极限时亦得 0. 一切这些都完全符合于原来的定义.

47. 函数的图像 虽然在数学分析内并不用图像给出函数, 但却经常要依靠图像来说明函数的性质. 图像的直观而且明了的特性使它成为研究函数性质不可缺少的辅助工具.

设在某一区间 $\mathcal{X}$ 内给定函数 $y = f(x)$. 想象在平面上有两根互相垂直的坐标轴 —— x 轴及 y 轴. 考察对应的一对 x 及 y 的数值, 此处的 x 取自区间 $\mathcal{X}$, 而 $y = f(x)$; 有横标 x 及纵标 y 的点 $M(x, y)$ 就是这一对数值在平面上的图形. 当变量 x 在区间 $\mathcal{X}$ 内变动时, 这点画出某一曲线 AB (图 5), 它就是这函数的几何图形, 并称它为**图像**. 在这些条件下方程 $y = f(x)$ 本身称为**曲线 AB 的方程**.

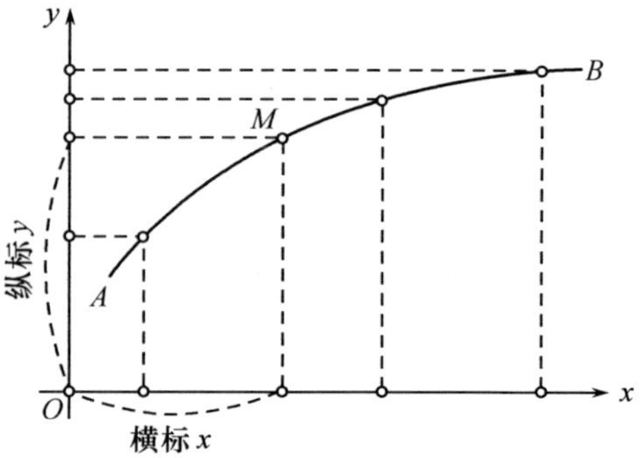

图 5

例如, 在图 6 及图 7 内画着函数

$$\underset{(|x| \leqslant 1)}{y = \pm\sqrt{1 - x^2}} \quad 及 \quad \underset{(|x| \geqslant 1)}{y = \pm\sqrt{x^2 - 1}}$$

的图像, 读者将能认出它们是**圆**及**等轴双曲线**. 其他许多函数的图示法的例子读者将在最近的几目内遇到它们.

图像通常总是逐点地画出的.

在区间 $\mathcal{X}$ 内取出一系列互相接近的 x 的数值, 依公式 $y = f(x)$ 算出各对应的 y 的数值:

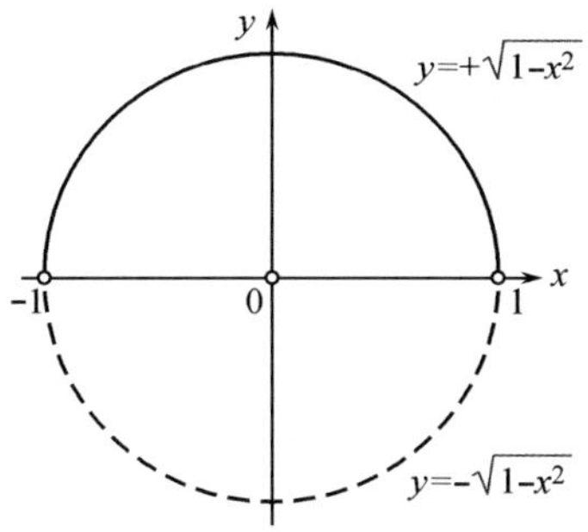

图 6

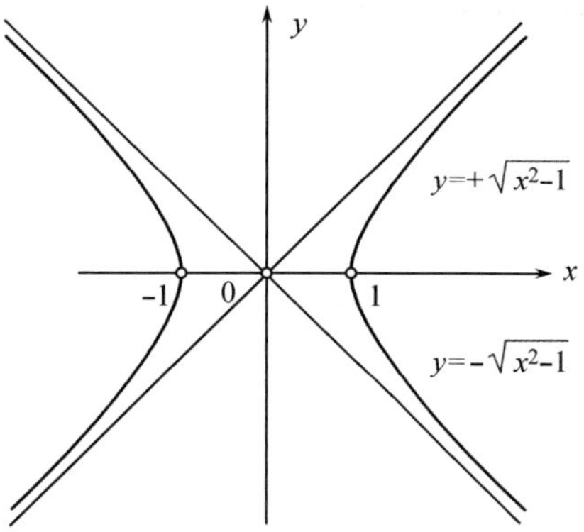

图 7

$x=$	x_1	x_2	x_3	$\cdots$	x_n
$y=$	y_1	y_2	y_3	$\cdots$	y_n

并把点

$$(x_1, y_1), (x_2, y_2), \cdots, (x_n, y_n)$$

画在图上. 通过这些点用手或用曲线板作出曲线, 它 (当然, 只是近似的) 就是所求的图像. 若图像画得愈滑溜及所取的点愈稠密, 则画出的曲线愈能准确地代表这图像.

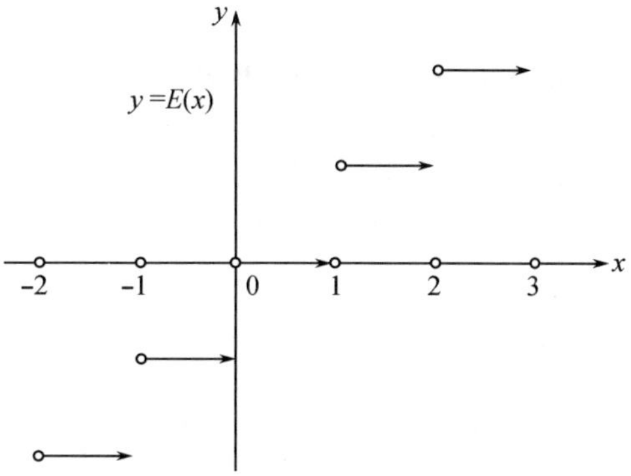

图 8

必须注意, 虽然函数常可借几何图形来 "表示" 它自己, 但是这图形并不一定就是通常直观意义下的曲线.

例如, 作出函数 $y = E(x)$ 的图像. 因为在区间 $\cdots$, $[-2,-1), [-1,0), [0,1), [1,2), [2,3), \cdots$ 内函数保持着常数 $\cdots, -2, -1, 0, 1, 2 \cdots$, 所以图像将由一系列分离的缺少右端点的平行线段所组成 (图 8)①.

狄利克雷函数 $\chi(x)$ 的图像由 x 轴上横标是无理数的点集及直线 $y = 1$ 上横标是有理数的点集所组成, 可是它却不能画出来.

48. 几类最重要的函数 在这里将列举几类函数, 通常称之为**初等函数**.

1° **有理整函数及分式函数**.

表示为 x 的多项式的函数

$$y = a_0x^n + a_1x^{n-1} + \cdots + a_{n-1}x + a_n \quad (a_0, a_1, a_2, \cdots \text{是常数}),$$

①我们用许多箭头来表示这一事实, 箭头的尖端指出不属于图像的诸点.

称为**有理整函数**.

两个这样的多项式之比:

$$y=\frac{a_0x^n+a_1x^{n-1}+\cdots+a_{n-1}x+a_n}{b_0x^m+b_1x^{m-1}+\cdots+b_{m-1}x+b_m}$$

称为**有理分式函数**. 它对于 x 的一切数值除了使分母为零者以外都是有意义的.

例如, 在图 9 内给出函数 $y=ax^2$ 在系数 a 取各种不同数值时的图像 (**抛物线**), 在图 10 内同样地给出函数 $y=\dfrac{a}{x}$ 在 a 取各种不同数值时的图像 (**等轴双曲线**).

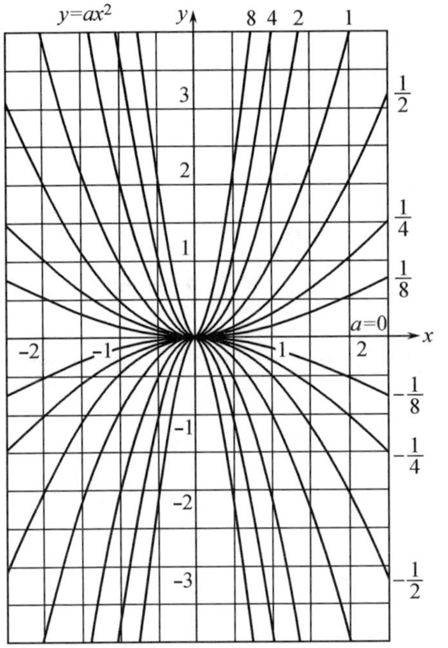

图 9

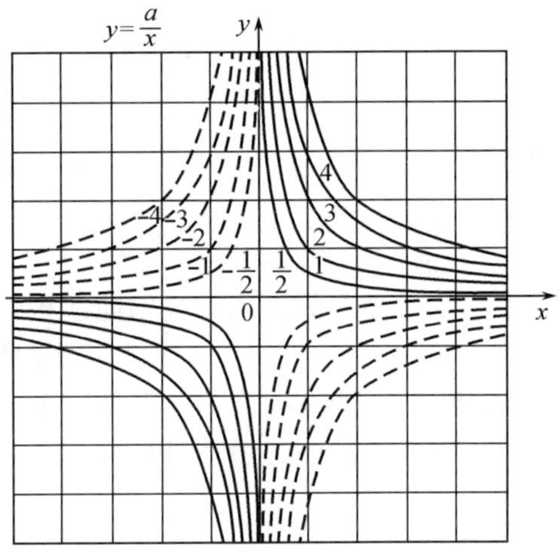

图 10

2° **幂函数** 形如

$$y=x^{\mu}$$

的函数称为幂函数, 式中 μ 是任何实常数. 当 μ 是整数时便得有理函数. 当 μ 是分数时便得**根数**. 例如, 设 m 是自然数, 则

$$y=x^{\frac{1}{m}}=\sqrt[m]{x};$$

若 m 是奇数, 则这函数对于 x 的一切数值都是有意义的, 当 m 是偶数时 (在这种场合, 我们只考虑根数的算术值) 只对于 x 的非负值才有意义. 最后, 若 μ 是无理数, 我们就须预设 $x>0$ (仅在 $\mu>0$ 时准许 $x=0$).

在图 11 及图 12 内给出幂函数在 μ 取各种不同数值时的图像.

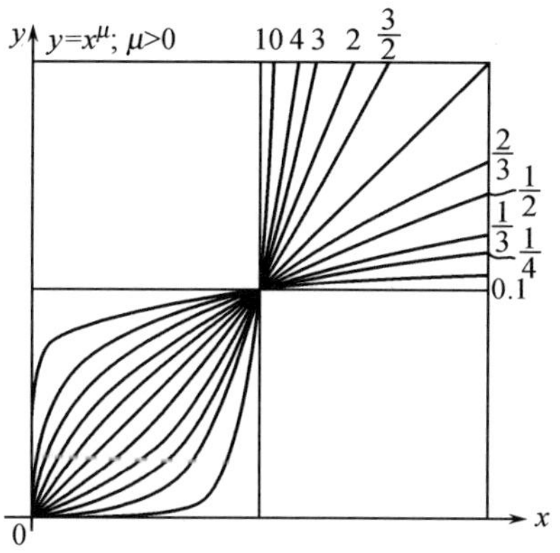

图 11

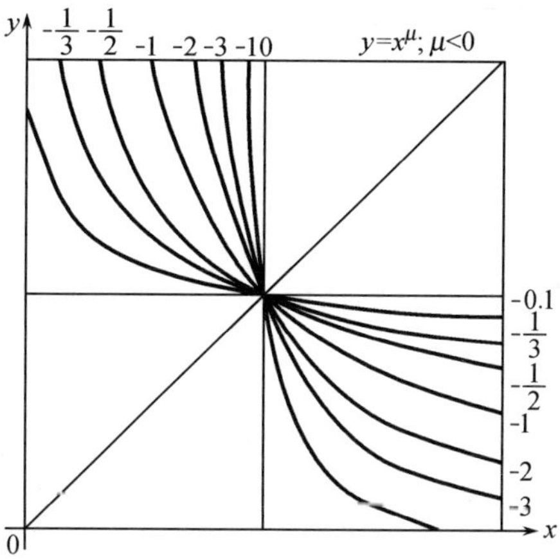

图 12

3° **指数函数**, 即形如

$$y = a^x$$

的函数, 式中 a 是正数 (异于 1); x 可取任何实数值.

在图 13 内给出指数函数在 a 取各种不同数值时的图像.

4° **对数函数**, 即形如

$$y = \log_a x$$

的函数, 如前, 式中 a 是正数 (异于 1), x 只能取正的数值.

在图 14 内给出这函数在 a 取各种不同数值时的图像.

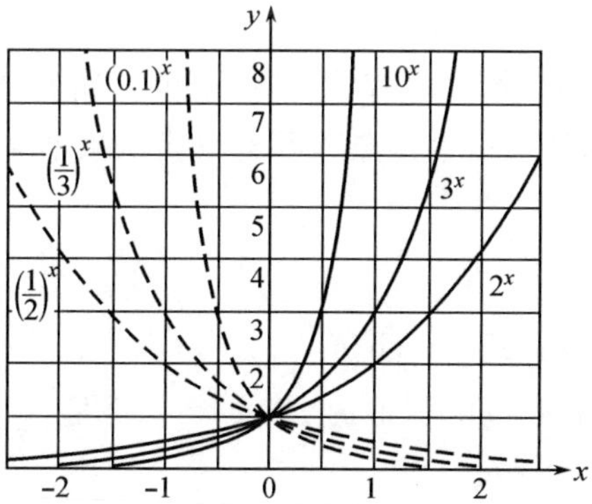

图 13

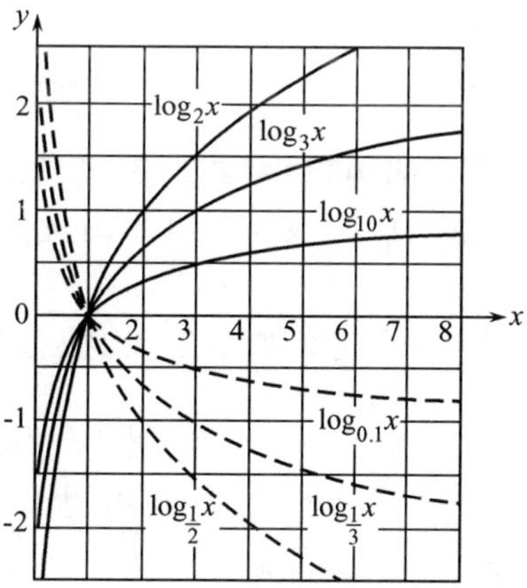

图 14

5° **三角函数**:

$$y = \sin x, \quad y = \cos x,$$
$$y = \operatorname{tg} x, \quad y = \operatorname{ctg} x,$$
$$y = \sec x, \quad y = \csc x,$$

最重要的是要牢牢记住当三角函数的变元作为角度来看时, 恒表示为弧度 (在没有预先声明相反的情形时). 对于 $\operatorname{tg} x$ 及 $\sec x$ 要除去形如

$$(2k+1)\frac{\pi}{2}$$

的数值, 而对于 $\operatorname{ctg} x$ 及 $\csc x$ 要除去形如

$$k\pi \quad (k\text{是整数})$$

的数值.

在图 15 及图 16 内给出函数 $y = \sin x$ $(\cos x)$ 及 $y = \operatorname{tg} x$ $(\operatorname{ctg} x)$ 的图像. 正弦的图像通常称为正弦曲线.

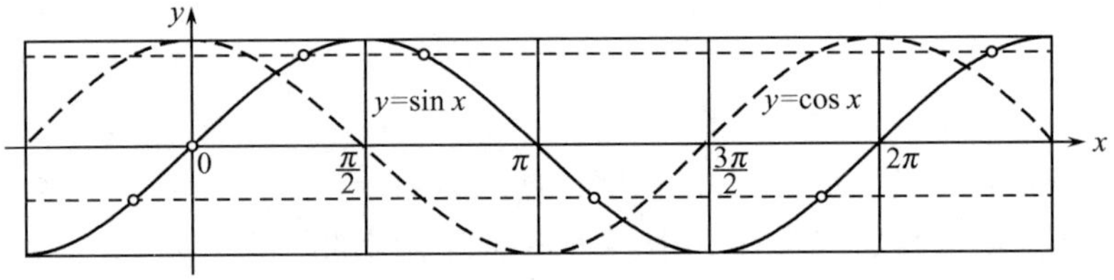

图 15

另外, 特别是在工程问题上, 很有用的函数为:

6° **双曲函数**, 函数

$$\operatorname{sh} x = \frac{e^x - e^{-x}}{2}, \quad \operatorname{ch} x = \frac{e^x + e^{-x}}{2},$$
$$\operatorname{th} x = \frac{\operatorname{sh} x}{\operatorname{ch} x} = \frac{e^x - e^{-x}}{e^x + e^{-x}}, \quad \operatorname{cth} x = \frac{\operatorname{ch} x}{\operatorname{sh} x} = \frac{e^x + e^{-x}}{e^x - e^{-x}}, \quad \cdots$$

就是所谓双曲函数 (双曲正弦, 余弦, 正切, 余切, ……); 它们对于 x 的一切数值都有意义, 但 $\operatorname{cth} x$ 在 $x = 0$ 时并无意义, 须除外. 这些函数显得与三角函数非常地相似.

例如, 对于它们成立公式 (注意符号!):

$$\operatorname{ch}(x \pm y) = \operatorname{ch} x \cdot \operatorname{ch} y \pm \operatorname{sh} x \cdot \operatorname{sh} y,$$
$$\operatorname{sh}(x \pm y) = \operatorname{sh} x \cdot \operatorname{ch} y \pm \operatorname{ch} x \cdot \operatorname{sh} y,$$

由此, 在 $y = x$ 时推得:

$$\operatorname{ch}^2 x - \operatorname{sh}^2 x = 1, \quad \operatorname{ch} 2x = \operatorname{ch}^2 x + \operatorname{sh}^2 x, \quad \operatorname{sh} 2x = 2 \operatorname{sh} x \cdot \operatorname{ch} x.$$

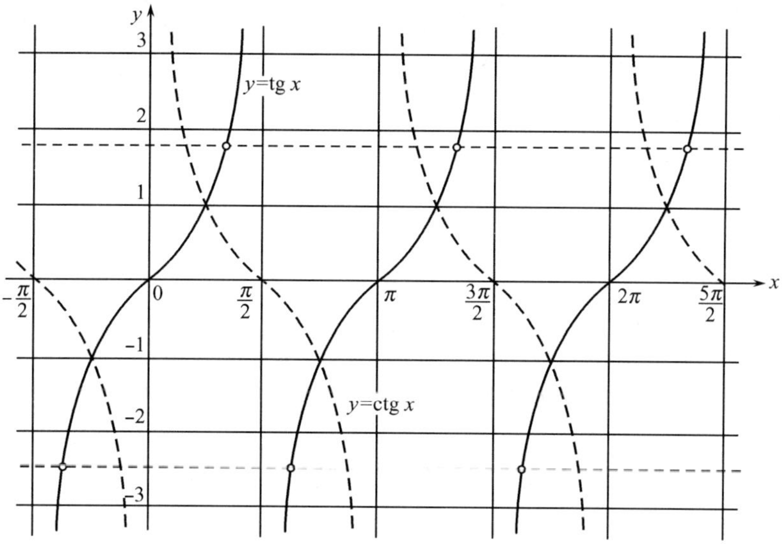

图 16

例如, 这些公式中的第一个实际上就是很易验证的恒等式

$$\frac{e^{x+y}+e^{-x-y}}{2}=\frac{e^x+e^{-x}}{2}\cdot\frac{e^y+e^{-y}}{2}+\frac{e^x-e^{-x}}{2}\cdot\frac{e^y-e^{-y}}{2}.$$

其余的也可以同样地验证.

在图 17 及图 18 内画着双曲函数的图像.

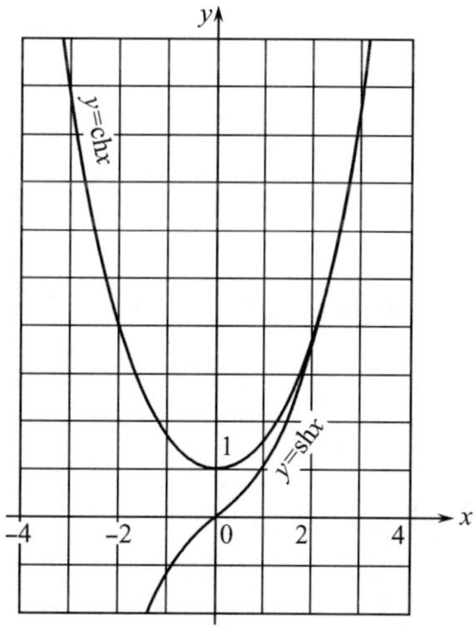

图 17

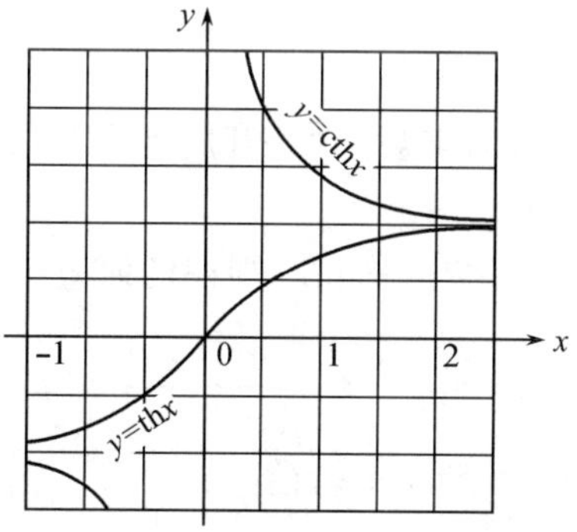

图 18

49. 反函数的概念 在论及反三角函数之前, 先对反函数作一总的说明.

假定在某一区域 $\mathcal{X}$ 内给定函数 $y=f(x)$, 并设当 x 在区域 $\mathcal{X}$ 内变动时, 一切函数值所成的集是 $\mathcal{Y}$ (在实用上 $\mathcal{X}$ 及 $\mathcal{Y}$ 通常都是区间).

由区域 $\mathcal{Y}$ 内选取任一数值 $y=y_0$; 则在区域 $\mathcal{X}$ 内必能求出数值 $x=x_0$, 使得函数在 x_0 所取的数值刚好就是 y_0, 即

$$f(x_0)=y_0;$$

像这样的数值 x_0 可能出现好多个. 因此, $\mathcal{Y}$ 内的任一数值 y 将与一个或几个 x 的数值相对应; 由此对应地确定在区域 $\mathcal{Y}$ 内的单值或多值函数 $x=g(y)$, 它就称为函数 $y=f(x)$ 的**反函数**[15].

考察例题:

1) 设 $y=a^x$ $(a>1)$, 式中 x 在区间 $\mathcal{X}=(-\infty,+\infty)$ 内变动着. y 的数值充满区间 $y=(0,+\infty)$, 并且与这区间内的每一 y 对应着的, 我们已知道 [20], 在 $\mathcal{X}$ 内只有一个确定的 $x=\log_a y$. 在这种场合, 反函数是单值的.

2) 反之, 对于函数 $y=x^2$, 若 x 在区间 $\mathcal{X}=(-\infty,+\infty)$ 内变动, 反函数就是双值的: 对应于区间 $\mathcal{Y}=[0,+\infty)$ 内的每一数值 y 有 $\mathcal{X}$ 内的两个数值 $x=\pm\sqrt{y}$. 代替这种双值函数通常分别地考察两个单值函数 $x=+\sqrt{y}$ 及 $x=-\sqrt{y}$ (双值函数的两 "支"). 仅需假设 x 的变动区域各限于区间 $[0,+\infty)$ 及 $(-\infty,0]$, 则它们都可以当作函数 $y=x^2$ 的反函数.

3) 仿此, 若取 $y=\operatorname{ch}x$, 其中 x 的变动区域仍是区间 $\mathcal{X}=(-\infty,+\infty)$, 则就 e^x 解方程

$$\frac{e^x+e^{-x}}{2}=y \quad 或 \quad e^{2x}-2y\cdot e^x+1=0$$

求出 (在 $y\geqslant 1$ 时) 两数值

$$e^x=y\pm\sqrt{y^2-1},$$

由此

$$x=\ln(y\pm\sqrt{y^2-1}).$$

这仍是双值函数, 它分开成两个单值的支, 各对应于 x 从 0 改变至 $+\infty$ 以及从 $-\infty$ 改变至 0.

4) 又若 $y=\operatorname{sh}x$, 则在任何 y 时, 由方程

$$\frac{e^x-e^{-x}}{2}=y \quad 或 \quad e^{2x}-2y\cdot e^x-1=0,$$

仅求出 e^x 的一个数值:

$$e^x=y+\sqrt{y^2+1},$$

[15] 如果函数 f 的反函数是单值的, 那么函数本身称为**可逆的**. 通常谈到反函数时, 无条件地假定它是单值的.

因为在根号前带有负号的第二数值将是负值, 这是不可能的, 因此应该弃去. 由此

$$x = \ln(y + \sqrt{y^2 + 1}),$$

即在这里反函数是单值的.

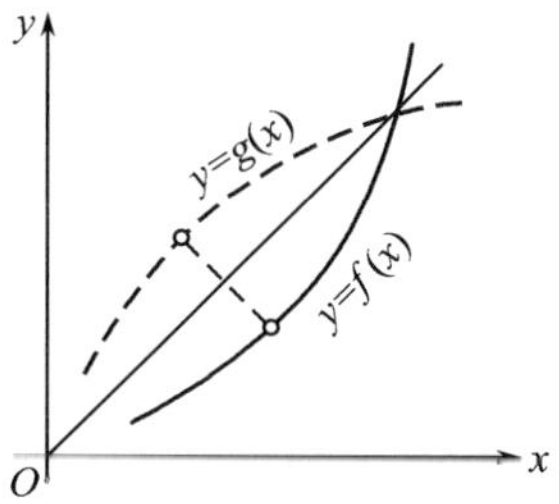

图 19

注意到, 按照函数 $y = f(x)$ 的图像很易判断它的反函数 $x = g(y)$ 是单值或不是单值. 若任何平行于 x 轴的直线与这图像最多相交于一个点, 就出现第一种情形. 反之, 若这种直线中的某几条可与图像相交于几个点, 则反函数就是多值的. 在这种情形也很易按照图像划分 x 的变动区间成为几部分, 使得每一部分都对应了这函数的一个单值 "支". 例如, 只要一瞥图 4 内的抛物线 (它是函数 $y = x^2$ 的图像), 就清楚地看出它的反函数是双值的, 如要得出单值 "支", 只要个别地考察这抛物线的右部及左部 (分别对应于 x 的正值及负值) 就够了 ①.

若函数 $x = g(y)$ 是函数 $y = f(x)$ 的反函数, 则显然, 两函数的图像重合着. 然而, 也可以仍旧用字母 x 表示反函数的变元, 即代替函数 $x = g(y)$ 而考察 $y = g(x)$. 若在这时 x 轴仍为水平, 而 y 轴仍为铅直, 则图形必须重作. 因为问题只在交换 x 轴和 y 轴所担任的角色, 所以最简单的办法是使图内的平面 Oxy 绕第一象限角的分角线旋转 180° (图 19).

这样, $y = g(x)$ 的图像就可作为 $y = f(x)$ 的图像关于分角线的镜面反射而得到. 例如, 根据图 13 及 14 立刻看出, 它们就是这样的一种由另一种经过反射而得出的图像. 同样, 由于上述的理由, 很易解释在图 11 及 12 内的任一种图像 (关于第一象限角的平分线) 的对称性.

50. 反三角函数 作为在 **48** 内已讲述的初等函数的种类的补充, 今再考察

7° **反三角函数**:

$$y = \arcsin x, \quad y = \arccos x, \quad y = \operatorname{arctg} x,$$
$$y = \operatorname{arcctg} x \quad (y = \operatorname{arcsec} x, \quad y = \operatorname{arccsc} x).$$

首先考察第一个函数. 函数 $y = \sin x$ 在区间 $\mathcal{X} = (-\infty, +\infty)$ 内定义着, 并且它的函数值充满区间 $\mathcal{Y} = [-1, 1]$ 的全部. 平行于 x 轴的直线若与正弦曲线, 即函数 $y = \sin x$ 的图像 (图 15) 相交, 交点必有无限多个; 换言之, 与区间 $[-1, 1]$ 内的 y 的任一数值对应着的有无限多个 x 的数值. 因此其反函数, 记为

$$x = \operatorname{Arcsin} y \text{ ②},$$

①下面 [**83**] 我们还要回到关于反函数的存在及单值性的问题.

②我们在当初 [**48**, 5°] 已着重指出, 三角函数的变元 x 表示角的弧度; 自然而然地, 在这里反三角函数的值 (若作为角或弧的度量来考察它) 也都表示为弧度.

是 (无穷) 多值的.

通常仅考察这函数对应于 x 在 $-\frac{\pi}{2}$ 及 $\frac{\pi}{2}$ 之间变动的一 "支", 与 $[-1,1]$ 内的任一 y 对应着的只有在这范围内的一个 x 值; 它记成

$$x = \arcsin y,$$

并称为反正弦函数的**主值**.

把正弦曲线绕第一象限角的分角线翻转 (图 20), 则得多值函数 $y = \text{Arcsin}\, x$ 的图像; 其主支 $y = \arcsin x$ 的图像用实线标出.在 x 的区间 $[-1,1]$ 内它是单值地被确定着的, 且满足不等式

$$-\frac{\pi}{2} \leqslant \arcsin x \leqslant \frac{\pi}{2},$$

这是主支在其他各支中间的特征.

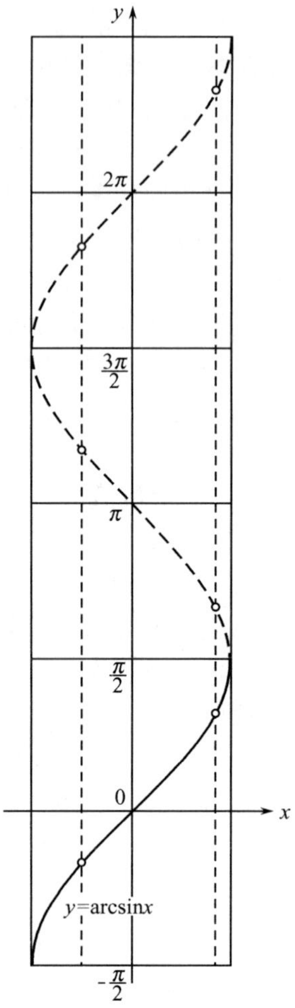

图 20

回想在初等三角学内, 当正弦的数值已知时, 怎样用角的一个数值表达出角的全部数值, 就很易写出给定反正弦函数的全部数值的公式:

$$\text{Arcsin}\, x = \arcsin x + 2k\pi \quad (k = 0, \pm 1, \pm 2 \cdots).$$

或

$$\text{Arcsin}\, x = (2k+1)\pi - \arcsin x.$$

由正弦的加法定理

$$\sin(\alpha + \beta) = \sin\alpha \cdot \cos\beta + \cos\alpha \cdot \sin\beta,$$

可得出反正弦函数的加法定理. 就是, 设 $\alpha = \arcsin x$, $\beta = \arcsin y$ (其中 x 及 y 都在 -1 及 $+1$ 之间); 则

$$\sin\alpha = x, \quad \sin\beta = y;$$
$$\cos\alpha = \sqrt{1-x^2}, \quad \cos\beta = \sqrt{1-y^2},$$

并且根号之前都取 $+$ 号, 因为根据反正弦函数的主值的特性, α 角及 β 角都在 $-\frac{\pi}{2}$ 及 $+\frac{\pi}{2}$ 之间, 故它们的余弦必为正值. 因此,

$$\sin(\alpha + \beta) = x\sqrt{1-y^2} + y\sqrt{1-x^2},$$

由此

$$\begin{aligned} \alpha + \beta &= \arcsin x + \arcsin y \\ &= \text{Arcsin}(x\sqrt{1-y^2} + y\sqrt{1-x^2}), \end{aligned}$$

这公式可以更简单地写成

$$\arcsin x + \arcsin y = \arcsin(x\sqrt{1-y^2} + y\sqrt{1-x^2}),$$

但只能在 $\alpha+\beta$ 不超出区间 $\left[-\dfrac{\pi}{2}, \dfrac{\pi}{2}\right]$ 的场合.

若变元 x 与 y (从而 α 与 β) 异号, 这条件将自动地满足. 又在同号的场合, 很易看出上述条件相当于

$$x^2 + y^2 \leqslant 1.$$

类似于此的讨论亦可应用于函数 $y = \cos x$ $(-\infty < x < +\infty)$. 在这里反函数

$$y = \operatorname{Arccos} x \quad (-1 \leqslant x \leqslant 1)$$

也是 (无穷) 多值的 (参阅图 15). 要分出它的单值支, 可附以条件

$$0 \leqslant \arccos x \leqslant \pi;$$

这是反余弦函数的主支.

函数 $\arccos x$ 与 $\arcsin x$ 由显明的关系式

$$\arccos x = \frac{\pi}{2} - \arcsin x$$

联系着; 实际上, 不仅角 $\left(\dfrac{\pi}{2} - \arcsin x\right)$ 的余弦等于 $\sin(\arcsin x) = x$, 且这角本身, 也包含在 0 与 π 之间. $\operatorname{Arccos} x$ 的其余的数值可以借其主值按照下面的公式表示出来:

$$\operatorname{Arccos} x = 2k\pi \pm \arccos x \quad (k = 0, \pm 1, \pm 2, \cdots).$$

函数 $y = \operatorname{tg} x$ 对于全部 x 值, 除去 $x = (2k+1)\dfrac{\pi}{2}$ $(k = 0, \pm 1, \pm 2, \cdots)$ 的数值以外都有意义. 在这里 y 的数值充满区间 $(-\infty, +\infty)$, 并且对应于任一 y 仍有无穷多个 x 值 (参阅图 16). 因此, 在区间 $(-\infty, +\infty)$ 内给定的反函数 $x = \operatorname{Arctg} y$ 是 (无穷) 多值的. 在图 21 内画着函数 $y = \operatorname{Arctg} x$ 的图像, 就是把函数 $y = \operatorname{tg} x$ 的图像绕第一象限角的分角线旋转 180° 而得出的. 反正切函数的主值 $\operatorname{arctg} x$ 采用这多值函数的能满足不等式

$$-\frac{\pi}{2} < \operatorname{arctg} x < \frac{\pi}{2}$$

的数值.

这样就确定了一个对于所有的 x 都有意义的单值函数, 即反正切函数的主支. 很易证明, 反正切函数的其余的数值, 可由下式求得:

$$\operatorname{Arctg} x = \operatorname{arctg} x + k\pi \quad (k = 0, \pm 1, \pm 2, \cdots).$$

正切的加法定理:

$$\operatorname{tg}(\alpha+\beta) = \frac{\operatorname{tg}\alpha + \operatorname{tg}\beta}{1 - \operatorname{tg}\alpha \cdot \operatorname{tg}\beta},$$

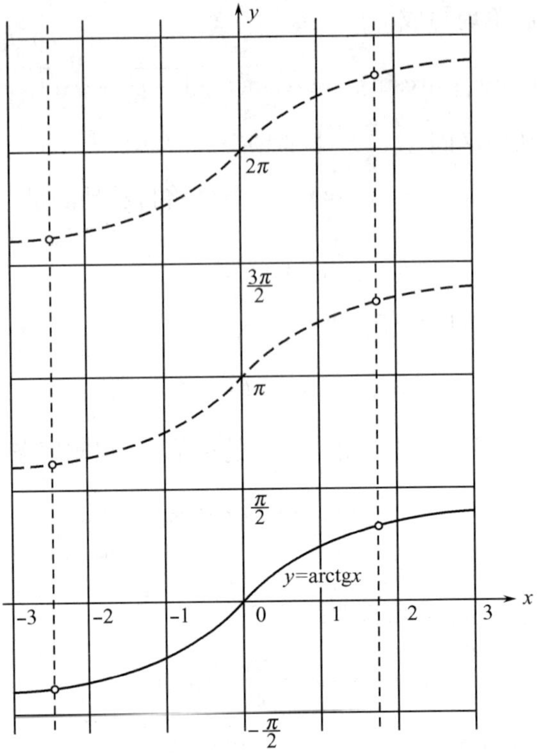

图 21

如果设 $\alpha = \operatorname{arctg} x, \beta = \operatorname{arctg} y$, 便得出 (在 $xy \neq 1$ 时)

$$\operatorname{tg}(\alpha + \beta) = \frac{x + y}{1 - xy},$$

因此

$$\alpha + \beta = \operatorname{arctg} x + \operatorname{arctg} y = \operatorname{Arctg} \frac{x + y}{1 - xy}.$$

此时等式可化成更简单的形状

$$\operatorname{arctg} x + \operatorname{arctg} y = \operatorname{arctg} \frac{x + y}{1 - xy},$$

仅需 $-\frac{\pi}{2} < \alpha + \beta < \frac{\pi}{2}$, 即 $xy < 1$.

在函数 $\operatorname{arctg} x$ 与 $\arcsin x$ 之间亦不难建立直接的关系

$$\underset{(-\infty<x<+\infty)}{\operatorname{arctg} x = \arcsin \frac{x}{\sqrt{1 + x^2}}} \quad \text{或} \quad \underset{(-1<x<+1)}{\arcsin x = \operatorname{arctg} \frac{x}{\sqrt{1 - x^2}}}.$$

例如, 若设 $\alpha = \operatorname{arctg} x$, 便有 $\operatorname{tg} \alpha = x$, 则 $\sin \alpha = \frac{\operatorname{tg} \alpha}{\sqrt{1 + \operatorname{tg}^2 \alpha}} = \frac{x}{\sqrt{1 + x^2}}$, 并且因

$-\dfrac{\pi}{2}<\alpha<\dfrac{\pi}{2}$, 根号前必带有正号; 由此, 自然地推得 $\alpha=\arcsin\dfrac{x}{\sqrt{1+x^2}}$.

再讲到函数 $\operatorname{Arcctg}x$ $(-\infty<x<+\infty)$; 它的主值, 由不等式

$$0<\operatorname{arcctg}x<\pi$$

所确定, 这主值与 $\operatorname{arctg}x$ 之间存在下面的关系:

$$\operatorname{arcctg}x=\frac{\pi}{2}-\operatorname{arctg}x$$

表示反余切函数的其余数值的公式, 形如

$$\operatorname{Arcctg}x=\operatorname{arcctg}x+k\pi\quad(k=0,\pm1,\pm2,\cdots).$$

我们不再讨论函数 $\operatorname{arcsec}x$ $(-\infty<x\leqslant-1$ 及 $1\leqslant x<+\infty)$ 及 $\operatorname{arccsc}x$ (同是那两个变动区间), 让读者自己去分析了解罢.

51. 函数的叠置. 总结 今将介绍函数**叠置**的概念. 以另一变元的函数作为已给函数的变元, 便形成函数叠置. 例如, 叠置函数 $\sin x$ 及 $\lg y$ 就得出函数 $\lg\sin x$; 仿此, 又能得出函数

$$\sqrt{1-x^2},\quad \operatorname{arctg}\frac{1}{x},\quad \text{等等}.$$

一般, 假设函数 $y=f(x)$ 对于在区域 $\mathcal{X}=\{x\}$ 内的 x 是有意义的, 并且它的数值全部包含在区域 $\mathcal{Y}=\{y\}$ 内. 再设函数 $z=\varphi(y)$ 刚好在区域 $\mathcal{Y}$ 内是有意义的. 则常说, 变量 z 借 y 做媒介而成为 x 的函数:

$$z=\varphi(f(x)).$$

依 $\mathcal{X}$ 内已给的 x, 先 (按照记号 f 所表示的规律) 求出对应于它的 $\mathcal{Y}$ 内的 y 值, 再 (按照记号 φ 所表示的规律) 求出对应于这 y 值的 z 值; 那么它就是对应于所选的 x 而求出的 z 的数值. 所得的*函数之函数或复合函数*, 就是叠置函数 $f(x)$ 及 $\varphi(y)$ 的结果.

函数 $f(x)$ 的数值不越出函数 $\varphi(y)$ 的定义域 $\mathcal{Y}$ 的范围之外这个假定是非常要紧的, 若忽略了它, 就会得出谬论. 例如, 假设 $z=\lg y$, 而 $y=\sin x$, 我们仅能考虑使 $\sin x>0$ 的那些值, 因为否则的话, 表达式没有意义.

我们认为是有益处的, 在这里再着重指出: 一种函数关系须借复合函数来表出的这一特性, 并不依赖于这函数关系的本身, 而只依赖于表示这关系的方法. 例如, 设 $z=\sqrt{1-y^2}$ 当 y 在 $[-1,1]$ 内, 而 $y=\sin x$ 当 x 在 $\left[-\frac{\pi}{2},\frac{\pi}{2}\right]$ 内. 则

$$z=\sqrt{1-\sin^2 x}=\cos x.$$

此处 $\cos x$ 是以复合函数的形式出现的.

当完全弄清楚函数叠置的概念以后, 我们现在可以准确地说明在分析学内所研究的那些函数中的最简单的种类: 首先, 是前所列举的初等函数 1°～7°, 其次, 便是由它们用算术四则运算及有限次数地应用叠置所得的函数. 它们可用初等函数的有限形式来表示; 有时它们也一起称为初等函数.

以后, 掌握了更复杂的分析工具 (无穷级数, 积分), 我们将介绍另一些函数, 它们在分析内同样担任着重要角色, 但是已越出了初等函数的范围.

§2. 函数的极限

52. 函数的极限的定义 考察数集 $\mathcal{X}=\{x\}$. *若在点 a 的任意近处包含有 $\mathcal{X}$ 中异于 a 的 x 值, 则点 a 称为这数集的聚点.*

为着要更准确地表达这定义, 我们引入点 a 的**邻域**的概念: 以点 a 为中心的开区间 $(a-\delta,a+\delta)$ 就称为点 a 的邻域. 现在就可以说, *若在点 a 的任一邻域内包含 $\mathcal{X}$ 中异于 a 的 x 值, 则点 a 是数集 $\mathcal{X}$ 的聚点.*

在这时, 聚点本身可以属于 $\mathcal{X}$ 或不属于 $\mathcal{X}$.

设在区域 $\mathcal{X}$ 内给定函数 $f(x)$, 且 a 是 $\mathcal{X}$ 的聚点. 这函数在 x 接近于 a 时的性态是值得注意的. *若对于任一数 $\varepsilon>0$ 能求出数 $\delta>0$, 只需 $|x-a|<\delta$, 能使*

$$|f(x)-A|<\varepsilon \tag{1}$$

(式中的 x 取自 $\mathcal{X}$ 内且异于 a)①, *则称当 x 趋向于 a 时 (或在 a 点处) 函数 $f(x)$ 以数 A 为极限.* 这一事实记成

$$\lim_{x\to a} f(x)=A. \tag{2}$$

设 $\mathcal{X}$ 是这样一种区域, 仅在 a 的右边任意近处, 能找出 $\mathcal{X}$ 内的异于 a 的 x 数值 (在这种场合点 a 称为 $\mathcal{X}$ 的*右聚点*), 则可以把刚才所给函数的极限的定义特殊化, 使仅限于 $x>a$ 的数值. 在这种场合, 若函数的极限存在, *就称为当 x 从右边趋向于 a 时函数 $f(x)$ 的极限, 或简称 (在点 a 处的)* **右极限**, *并记成*

$$\lim_{x\to a+0} f(x) \quad \text{或} \quad f(a+0)^{②}.$$

①就因为 a 是 $\mathcal{X}$ 的聚点, 所以可以确知, 在点 a 的邻域 $(a-\delta,a+\delta)$ 内这种 x 的数值一定是存在的.

②若 a 本身等于 0, 则代替 $0+0$ $(0-0)$ 而简单地写成 $+0$ (-0).

类似地可建立概念:左聚点,及当 x 从左边趋向于 a 时函数的极限或 (在点 a 处的) **左极限**:

$$\lim_{x\to a-0} f(x) \quad 或 \quad f(a-0).$$

若点 a 同时为 $\mathcal{X}$ 的右聚点及左聚点, 则很易证明, 极限 (2) 存在的必要而且充分的条件为右极限及左极限各自存在而且相等:

$$\lim_{x\to a+0} f(x) = \lim_{x\to a-0} f(x) = A.$$

当 x 趋向于有限极限 a 时, 函数亦可以有无穷极限 (不带符号或有确定符号). 就是, 若对于任一数 $E>0$, 能求出数 $\delta>0$, 只需 $|x-a|<\delta$, 便能使

$$f(x) > E \quad (f(x) < -E) \tag{3}$$

(式中的 x, 如经常一样, 是取自 $\mathcal{X}$ 内的异于 a 的数), 则称当 x 趋向于 a 时 (或在点 a 处) 函数 $f(x)$ 以 $+\infty$ $(-\infty)$ 为极限.

这些事实的记法, 类似于 (2):

$$\lim_{x\to a} f(x) = +\infty \ (-\infty).$$

对于现在这个情形亦可以仿照前面定义右边及左边的单侧极限时的做法.

若数集 $\mathcal{X}=\{x\}$ 包含 (绝对值) 任意大的正 (负) 值 x, 则称 $+\infty$ $(-\infty)$ 是 $\mathcal{X}$ 的聚点.

在此假定下, 若对于不论怎样的数 $\varepsilon>0$ 恒有数 $\Delta>0$ 存在, 只需 $x>\Delta$ $(x<-\Delta)$, 便能使

$$|f(x)-A|<\varepsilon \tag{4}$$

(式中的 x 取自 $\mathcal{X}$ 内),则称当 x 趋向于 $+\infty$ $(-\infty)$ 时函数 $f(x)$ 有极限 A. 并写成:

$$\lim_{\substack{x\to\infty \\ (x\to-\infty)}} f(x) = A. \tag{5}$$

最后, 易于改述上列定义, 使适用于 $A=+\infty$ 或 $-\infty$ 的场合.

所有这些定义的本质是同一件东西: 函数 $f(x)$ 可任意地 “接近” 于其极限 A, 只需自变量 x 充分地 “接近” 于它自己的极限 a. 但变量 “接近” 于有限极限的意思是指, 它们之间的差 (的绝对值) 很微小; 而它 “接近” 于无穷极限的意思是指, 它本身 (的绝对值) 是很巨大, 且当讲及确定符号的无穷时, 极限的符号仍保持着.

很明显地, 数 $\delta(\Delta)$ 在一切场合都依赖于 $\varepsilon(E)$.

最后注意, 当函数 $f(x)$ 趋向于 0 时, 它称为**无穷小**; 若 $f(x)$ 趋向于 ∞, 它就称为**无穷大**. 若后一情况发生于 $x\to a$ 时, 则亦称在点 a 处函数成为无穷大.

53. 变成整序变量的情形 若将整序变量视为在自然数序范围内变动着的自变量 n 的函数, 则当 $n \to \infty$ 时这函数的极限, 有如在 **52** 内所定义的, 显然与 **23** 及 **27** 内所定义的整序变量的极限 (Δ 的角色在那里由 N 担任) 相一致. 这样,整序变量的极限是函数的极限的特殊情形.

而且, 反之, 在某些意义上, 函数的极限可归结于整序变量的极限.

设数集 $\mathcal{X} = \{x\}$ 有聚点 a (a 可以是有限的数, 也可以是不同符号无穷). 则由 $\mathcal{X}$ 内可以 (用无数种方法) 取出以 a 为极限的 x 的 (异于 a 的) 序列

$$x_1, x_2, \cdots, x_n, \cdots. \tag{6}$$

事实上, 若 a 是有限的, 则在给定一趋于零的整序变量 δ_n 以后, 在点 a 的任一邻域 $(a-\delta_n, a+\delta_n)$ $(n = 1, 2, 3, \cdots)$ 内必能求出 $\mathcal{X}$ 中的异于 a 的点 $x = x_n$; 因 $|x_n - a| < \delta_n$, 故 $x_n \to a$. 当 a 为无穷时, 就给定一整序变量 $\Delta_n \to +\infty$, 且对于任一 Δ_n 求出 $\mathcal{X}$ 中的一数值 $x = x_n$, 使 $|x_n| > \Delta_n$; 显然, 有 $x_n \to \infty$, 等等.

与变元的序列 (6) 对应着的是函数的序列

$$f(x_1), f(x_2), \cdots, f(x_n), \cdots. \tag{7}$$

很易看出, 在等式 (2) 成立时这序列恒收敛于 A. 且以 a 及 A 均为有限的情形作为示例.

若给定任意数 $\varepsilon > 0$, 则首先根据极限定义 (2), 能取出与它对应的数 $\delta > 0$. 由于序列 (6) 收敛于 a, 所以根据数 δ, 必能求出 [**23**] 序号 N, 使 $n > N$ 时能成立不等式 $|x_n - a| < \delta$, 因此 [参阅 (1)], 又有 $|f(x_n) - A| < \varepsilon$. 由此亦就证明了序列 (7) 收敛于 A.

这定理的逆亦是真实的:

今假设自变量 x 依着以 a 为极限的任意序列 (6) (由 $\mathcal{X}$ 内取出的) 递变时, 与它对应的函数值的序列 (7) 恒有极限 A. 则这数 A 就是 **52** 所定义的函数 $f(x)$ 的极限.

我们在这里仍限于 a 及 A 均为有限数的情形. 试由反面推论, 假定 A 并非函数的极限. 那时对于某些数 $\varepsilon > 0$, 就没有对应的 δ 存在; 即不论取怎样小的 δ, 至少能求出变数 x 的一个数值 $x = x'$ (异于 a), 虽然

$$|x' - a| < \delta, \text{ 但仍有 } |f(x') - A| \geqslant \varepsilon.$$

取一趋于零的正数 $\{\delta_n\}$ 的序列. 根据刚才所说的, 对于任一数 $\delta = \delta_n$ 恒能找出数值 $x' = x'_n$, 虽然

$$|x'_n - a| < \delta_n, \text{ 但仍有 } |f(x'_n) - A| \geqslant \varepsilon.$$

于是这些数值便组成某一序列

$$x_1', x_2', \cdots, x_n', \cdots,$$

对于它们, 恒有

$$|x_n' - a| < \delta_n \quad (n = 1, 2, \cdots);$$

因 $\delta_n \to 0$, 故 $x_n' \to a$.

依定理的假定, 对应的函数的序列

$$f(x_1'), f(x_2'), \cdots, f(x_n'),$$

应趋于 A, 但这是不可能的, 因对于一切的 $n = 1, 2, \cdots$ 恒有 $|f(x_n') - A| \geqslant \varepsilon$. 所得的矛盾就证明了我们的命题.

这样, 我们在实质上已得出函数的极限概念的第二定义, 它在 **52** 内是用 "$\varepsilon - \delta$ 的语言" 表达着的. 现在我们又可以用 "序列的语言" 表达它, 即把等式 (2) 的意义理解为: 对于任何以 a 为极限的序列 (6), 对应的序列 (7) 常有极限 A.

末了, 我们注意到, 只需假定对应于任何收敛于 a 的序列 (6), 序列 (7) 的极限常存在, 就足以推得一切这些极限是重合的. 事实上, 假定对于趋于 a 的两个序列

$$x_1', x_2', \cdots, x_n', \cdots \quad 及 \quad x_1'', x_2'', \cdots, x_n'' \cdots,$$

有

$$f(x_n') \to A' \quad 及 \quad f(x_n'') \to A'',$$

此处 $A' \neq A''$. 则把两序列的各项相间着以组成新序列:

$$x_1', x_1'', x_2', x_2'', \cdots, x_n', x_n'', \cdots;$$

它显然是趋向于 a 的, 因为对于充分大的 n, x_n' 及 x_n'' 都与 a 相差任意小. 而同时对应的函数的序列:

$$f(x_1'), f(x_1''), f(x_2'), f(x_2''), \cdots, f(x_n'), f(x_n''), \cdots,$$

则违反假定, 根本没有极限, 因为它的奇数项或偶数项所组成的部分序列, 各趋向于不同的极限 [**40**]. 所得的矛盾, 就证明形式如 (7) 的序列, 事实上始终趋向于同一的极限.

54. 例题 1) 证明

$$\lim_{x \to +\infty} a^x = +\infty \quad (a > 1).$$

对于任何 $E > 0$, 只要取 $\Delta = \log_a E$, 就可由

$$x > \Delta \quad 导出 \quad a^x > E,$$

这就证明了我们的命题[①].

仿此可证明

$$\lim_{x\to-\infty} a^x = 0 \quad (a > 1).$$

即不论 $\varepsilon > 0$ $(\varepsilon < 1)$ 怎样小, 若取 $\Delta = \log_a \dfrac{1}{\varepsilon} = -\log_a \varepsilon$, 则

$$\text{在 } x < -\Delta \text{ 时必有 } a^x < \varepsilon.$$

又若 $0 < a < 1$, 则用变换式 $a^x = \left(\dfrac{1}{a}\right)^{-x}$ 很易建立结果

$$\lim_{x\to+\infty} a^x = 0, \qquad \lim_{x\to-\infty} a^x = +\infty \quad (0 < a < 1).$$

2) 证明　在 $a > 1$ 时

$$\lim_{x\to+\infty} \log_a x = +\infty, \qquad \lim_{x\to+0} \log_a x = -\infty.$$

对于任何给定的 $E > 0$, 只需 $x > a^E$, 就有 $\log_a x > E$, 因而仿此, 只需 $0 < x < a^{-E}$, 就成立不等式: $\log_a x < -E$. 由此就证明了那两个关系式.

3) 我们再证

$$\lim_{x\to+\infty} \operatorname{arctg} x = \frac{\pi}{2}, \qquad \lim_{x\to-\infty} \operatorname{arctg} x = -\frac{\pi}{2}.$$

且讨论第一个极限作为例子. 对于任何 $\varepsilon > 0$, 取 $x > \operatorname{tg}\left(\dfrac{\pi}{2} - \varepsilon\right)$, 就可使 $\operatorname{arctg} x > \dfrac{\pi}{2} - \varepsilon$, 于是

$$0 < \frac{\pi}{2} - \operatorname{arctg} x < \varepsilon.$$

4) 关系式:

$$\lim_{x\to+\infty} \frac{a^x}{x} = +\infty \quad (a > 1)$$

是更细致的例子.

回忆我们早已经遇见过它的特例:

$$\lim_{n\to+\infty} \frac{a^n}{n} = +\infty$$

[**32**, 9)]; 显然, 同时又有

$$\lim_{n\to+\infty} \frac{a^n}{n+1} = +\infty.$$

因此, 根据给定的 $E > 0$ 能求出自然数 N, 使在 $n > N$ 时, 成立不等式

$$\frac{a^n}{n+1} > E.$$

今设 $x > N + 1$; 若假定 $n = E(x)$, 则

$$n > N \quad \text{又} \quad n \leqslant x < n + 1,$$

①我们在 **27** 内已经得出较为特殊的结果

$$\lim a^n = +\infty \quad (a > 1).$$

于是

$$\frac{a^x}{x} > \frac{a^n}{n+1} > E,$$

这就证明了命题.

由此, 也如在 [**32**, 9)] 内那样, 很易求得

$$\lim_{x\to+\infty}\frac{a^x}{x^k} = +\infty \quad (a>1, k>0).$$

5) 类似地, 根据以前的结果 [**32**, 11]

$$\lim_{n\to+\infty}\frac{\log_a n}{n} = 0 \quad (a>1),$$

一般可以建立

$$\lim_{x\to+\infty}\frac{\log_a x}{x} = 0 \quad (a>1),$$

式中 x 是任何正的实数.

把这里的 x 换成 x^k $(k>0)$, 容易证明,

$$\lim_{x\to+\infty}\frac{\log_a x}{x^k} = 0 \quad (a>1, k>0).$$

事实上, 若对任意给定的 $\varepsilon>0$, 取这样的 Δ, 使当 $x>\Delta$ 时已能满足不等式

$$\frac{\log_a x}{x} < k\varepsilon,$$

则在 $x>\Delta_1=\Delta^{\frac{1}{k}}$ 时就有 $x^k>\Delta$, 因而

$$\frac{\log_a x}{x^k} < \varepsilon.$$

若把这里的 x 换成 $\dfrac{1}{x}$, 则已得的结果可以改写成

$$\lim_{x\to+0} x^k\log_a x = 0 \quad (a>1, k>0).$$

6) 由 **25**, 5) 内已证明的极限关系

$$\lim_{n\to+\infty} a^{\frac{1}{n}} = 1$$

可以得出更普遍的极限关系

$$\lim_{x\to 0} a^x = 1.$$

注意到, 显然有

$$\lim_{n\to+\infty} a^{-\frac{1}{n}} = \lim_{n\to+\infty}\frac{1}{a^{\frac{1}{n}}} = 1.$$

因此, 不论 $\varepsilon>0$ 怎样, 可以求出自然数 n_0, 使 (若 $a>1$)

$$1-\varepsilon < a^{-\frac{1}{n_0}} < a^{\frac{1}{n_0}} < 1+\varepsilon.$$

今若

$$|x| < \frac{1}{n_0} \quad 或 \quad -\frac{1}{n_0} < x < \frac{1}{n_0},$$

则

$$a^{-\frac{1}{n_0}} < a^x < a^{\frac{1}{n_0}},$$

由此

$$1 - \varepsilon < a^x < 1 + \varepsilon \quad \text{或} \quad |a^x - 1| < \varepsilon.$$

这就证明了前述的命题.

7) 现在我们将建立下面的 (对于以后也是很重要的) 结果:

$$\lim_{x \to 0} \frac{\sin x}{x} = 1. \tag{8}$$

但是首先我们必须证明下列有用的不等式:

$$\sin x < x < \operatorname{tg} x \quad \left(0 < x < \frac{\pi}{2}\right). \tag{9}$$

为这目的, 我们考察在半径为 R的圆内的锐角 $\angle AOB$, 弦 AB 及切圆于点 A 的切线 AC (图 22). 则有:

$\triangle AOB$的面积 $<$ 扇形 AOB的面积 $<$ $\triangle AOC$的面积①.

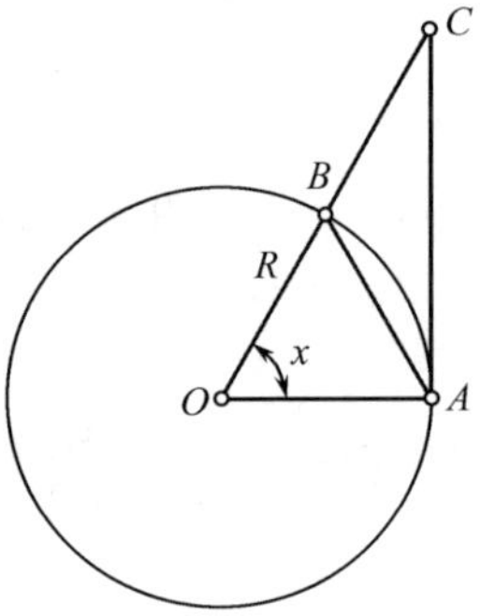

图 22

若用 x 表示角 $\angle AOB$ 的弧度, 于是弧 $\overset{\frown}{AB}$ 的长就可用 Rx 来表示, 而这些不等式就可以改写成:

$$\frac{1}{2}R^2 \cdot \sin x < \frac{1}{2}R^2 \cdot x < \frac{1}{2}R^2 \cdot \operatorname{tg} x.$$

由此约去 $\frac{1}{2}R^2$ 就得出不等式 (9).

在假定 $0 < x < \frac{\pi}{2}$ 之下, 用不等式 (9) 的各项去除 $\sin x$, 则得:

$$1 > \frac{\sin x}{x} > \cos x.$$

由此

$$0 < 1 - \frac{\sin x}{x} < 1 - \cos x.$$

但

$$1 - \cos x = 2\sin^2\frac{x}{2} < 2\sin\frac{x}{2} < x$$

[根据 (9)], 于是

$$0 < 1 - \frac{\sin x}{x} < x.$$

由此推得不等式

$$\left|\frac{\sin x}{x} - 1\right| < |x|,$$

①在这里我们应用中学教程内已知的关于初等几何图形的面积方面的知识.

显然, 在改变 x 的符号时, 上式仍旧是正确的, 就是说, 对于一切 $x \neq 0$, 只需 $|x| < \frac{\pi}{2}$, 这不等式总成立.

所得的不等式就证明了 (8) 式. 事实上, 对于任意给定的数 $\varepsilon > 0$, 只需选取数 ε 及 $\frac{\pi}{2}$ 中的最小者作为 δ 就已足够了: 在 $|x| < \delta$ 时, 首先, 这不等式是可用的 $\left(因\ \delta \leqslant \frac{\pi}{2}\right)$, 而用了它 (因 $\delta \leqslant \varepsilon$), 就得到

$$\left|\frac{\sin x}{x} - 1\right| < \varepsilon.$$

依函数极限的定义 [**52**], 这就表示, 函数 $\frac{\sin x}{x}$ 在 x 趋向于 0 时以 1 为极限. 于是关系式 (8) 就被证实了.

7a) 极限关系式 (8) 根据 **53** 可以理解为: 只需 x 依收敛于零的序列 $\{x_n\}$ 而递变, 整序变量 $\frac{\sin x_n}{x_n}$ 终是趋于 1.

今试应用这事实来求整序变量的极限

$$\lim_{n\to\infty} \cos\frac{\varphi}{2} \cdot \cos\frac{\varphi}{2^2} \cdot \cdots \cdot \cos\frac{\varphi}{2^n},$$

式中 φ 是任何异于 0 的数.

显然,

$$\begin{aligned} \sin\varphi &= 2\cos\frac{\varphi}{2} \cdot \sin\frac{\varphi}{2} = 2^2\cos\frac{\varphi}{2} \cdot \cos\frac{\varphi}{2^2} \cdot \sin\frac{\varphi}{2^2} = \cdots \\ &= 2^n\cos\frac{\varphi}{2} \cdot \cos\frac{\varphi}{2^2} \cdot \cdots \cdot \cos\frac{\varphi}{2^n} \cdot \sin\frac{\varphi}{2^n}, \end{aligned}$$

于是那个很有趣的式子的形状就表示为

$$\frac{\sin\varphi}{2^n \cdot \sin\frac{\varphi}{2^n}} = \frac{\sin\varphi}{\varphi} \cdot \frac{\frac{\varphi}{2^n}}{\sin\frac{\varphi}{2^n}}.$$

因为 $x_n = \frac{\varphi}{2^n} \to 0$, 故依上述的命题

$$\lim \frac{\sin\frac{\varphi}{2^n}}{\frac{\varphi}{2^n}} = 1,$$

于是本题内整序变量的极限就等于数 $\frac{\sin\varphi}{\varphi}$.

8) 现在我们再研究一个十分重要的极限. 就是, 在 **36** 内曾定义数 e 作为整序变量的极限:

$$e = \lim_{n\to+\infty}\left(1+\frac{1}{n}\right)^n. \tag{10}$$

今我们要建立更普遍的结果:

$$\lim_{x\to+\infty}\left(1+\frac{1}{x}\right)^x = e \tag{11}$$

及同样

$$\lim_{x\to-\infty}\left(1+\frac{1}{x}\right)^x=e. \tag{11a}$$

这次我们要应用借“序列的语言”来表达的极限的第二个定义了 [**53**].

首先, 要记起, 与 (10) 同时也成立下面的等式

$$\lim\left(1+\frac{1}{n_k}\right)^{n_k}=e, \tag{12}$$

只要 $\{n_k\}$ 是自然数的任意序列, 随标号 k 一起增大以至无穷 [**40**].

今设 x 依任何趋向于 $+\infty$ 的序列 $\{x_k\}$ 而递变; 并且可以当作一切 $x_k>1$. 令 $n_k=E(x_k)$, 于是

$$n_k\leqslant x_k<n_k+1 \quad \text{又} \quad n_k\to+\infty.$$

因为这时

$$\frac{1}{n_k+1}<\frac{1}{x_k}\leqslant\frac{1}{n_k},$$

所以

$$\left(1+\frac{1}{n_k+1}\right)^{n_k}<\left(1+\frac{1}{x_k}\right)^{x_k}<\left(1+\frac{1}{n_k}\right)^{n_k+1}.$$

两个靠边的式子可以改写成:

$$\left(1+\frac{1}{n_k+1}\right)^{n_k}=\frac{\left(1+\dfrac{1}{n_k+1}\right)^{n_k+1}}{1+\dfrac{1}{n_k+1}},$$

$$\left(1+\frac{1}{n_k}\right)^{n_k+1}=\left(1+\frac{1}{n_k}\right)^{n_k}\cdot\left(1+\frac{1}{n_k}\right),$$

并且根据 (12),

$$\left(1+\frac{1}{n_k}\right)^{n_k}\to e, \quad \text{同样地有} \quad \left(1+\frac{1}{n_k+1}\right)^{n_k+1}\to e,$$

同时, 显然地,

$$1+\frac{1}{n_k}\to 1, \quad 1+\frac{1}{n_k+1}\to 1;$$

这样, 上述的两式都趋于公共的极限 e, 所以夹在它们中间的式子也应趋于 e [依 **28**, 定理 3°]:

$$\lim\left(1+\frac{1}{x_k}\right)^{x_k}=e.$$

由此, 关系式 (11) 内的第一式已经在“序列的语言”下获得证明.

为了再要证明 (11a), 可以假定序列 $\{x_k\}$ 以 $-\infty$ 为极限 (并且可以当作一切 $x_k < -1$). 若令 $x_k = -y_k$, 则 $y_k \to +\infty$ (又一切 $y_k > 1$). 显然,

$$\left(1+\frac{1}{x_k}\right)^{x_k} = \left(1-\frac{1}{y_k}\right)^{-y_k} = \left(\frac{y_k}{y_k-1}\right)^{y_k}$$
$$= \left(1+\frac{1}{y_k-1}\right)^{y_k-1} \cdot \left(1+\frac{1}{y_k-1}\right).$$

因为, 依前面所证明的, 最后一式的第一因式趋向于 e, 第二因式显然以 1 为极限, 所以在左边的式子也应趋于 e. 故公式 (11a) 已完全证实.

今把表达式 $\left(1+\frac{1}{x}\right)^x$ 内的变量 x 换成 $\frac{1}{\alpha}$; 若 α 是趋向于 0 (但不等于 0) 的序列中的一值, 则 $x = \frac{1}{\alpha}$ 将趋向于 $\pm\infty$. 因此, 公式 (11) 和 (11a) 可以改写成

$$e = \lim_{\alpha\to 0}(1+\alpha)^{\frac{1}{\alpha}}. \tag{13}$$

这一值得注意的结果是数 e 的一切应用上的基础.

9) 最后, 举一个函数的极限并不存在的例题也是很有趣的. 函数 $\sin x$ 在 x 趋向于 $+\infty$ $(-\infty)$ 时就全然没有极限.

站在 "序列的观点" 上来说明极限的不存在最为简单. 只要注意 x 值的两个序列

$$\left\{\left(2n-\frac{1}{2}\right)\pi\right\} \quad 及 \quad \left\{\left(2n+\frac{1}{2}\right)\pi\right\} \quad (n=1,2,\cdots)$$

都以 $+\infty$ 为极限, 而与它们对应的函数值的序列却趋于两个相异的极限:

$$\sin\left(2n-\frac{1}{2}\right)\pi = -1 \to -1, \quad \sin\left(2n+\frac{1}{2}\right)\pi = 1 \to 1.$$

(又可以改用这样的说法: 若取以 $+\infty$ 为极限的 x 值的序列

$$\left\{\left(n+\frac{1}{2}\right)\pi\right\} \quad (n=1,2,\cdots),$$

则与它对应的函数值的序列:

$$\sin\left(n+\frac{1}{2}\right)\pi = (-1)^n \quad (n=1,2,\cdots)$$

就全然没有极限.)

若回想起正弦曲线的 "振动" 的特性, 则在所考察的情形极限并不存在是很明显的.

类似地, 函数 $\sin\frac{1}{\alpha}$ 在 α (从右或从左) 趋向于 0 时极限并不存在. 实际上, 这仅是前述例题的另一形式: 只需在函数 $\sin x$ 内把 x 换成 $\frac{1}{\alpha}$ 就是. 显然, 若 α 依从右 (从左) 接近于 0 的序列递变, 则 $x = \frac{1}{\alpha}$ 就趋向于 $+\infty(-\infty)$, 反之亦真.

在表达式 $\sin\frac{1}{\alpha}$ 内, 将字母 α 仍旧写成字母 x (使变成惯用的横标的记号), 并考察当 x 的数值在由 0 至 $\frac{2}{\pi}$ (及由 $-\frac{2}{\pi}$ 至 0) 的范围内时函数

$$y = \sin\frac{1}{x} \quad (x \neq 0)$$

的图像.

记下依次减小到 0 的 x 数值:

$$\frac{2}{\pi},\frac{1}{\pi},\frac{2}{3\pi},\frac{1}{2\pi},\frac{2}{5\pi},\frac{1}{3\pi},\frac{2}{7\pi},\cdots,\frac{2}{(2n-1)\pi},\frac{1}{n\pi},\frac{2}{(2n+1)\pi},\cdots,$$

与它们对应的是增大至无穷大的 $\frac{1}{x}$ 数值:

$$\frac{\pi}{2},\pi,\frac{3\pi}{2},2\pi,\frac{5\pi}{2},3\pi,\frac{7\pi}{2},\cdots,\frac{(2n-1)\pi}{2},n\pi,\frac{(2n+1)\pi}{2},\cdots,$$

在上述 (当 x 减小时) 各相邻数值之间的诸区间内, 函数 $\sin\frac{1}{x}$ 更迭地由 1 减小至 0, 再由 0 减小至 -1, 然后又由 -1 增大至 0, 再由 0 增大至 1, 等等.

这样, 函数 $\sin\frac{1}{x}$, 类似于函数 $\sin x$, 就有着无数次的振动, 但 $\sin x$ 的振动散布于无穷区间, 而此处 $\sin\frac{1}{x}$ 的振动却见于有限区间中, 且凝聚于 0.

在图 23 内画着它的图像 (自然是很不完全的, 要画出无数次的振动是不可能的!). 因为当 x 的符号改变时 $\sin\frac{1}{x}$ 的符号亦必改变, 所以图像的左半部与右半部关于原点是对称的.

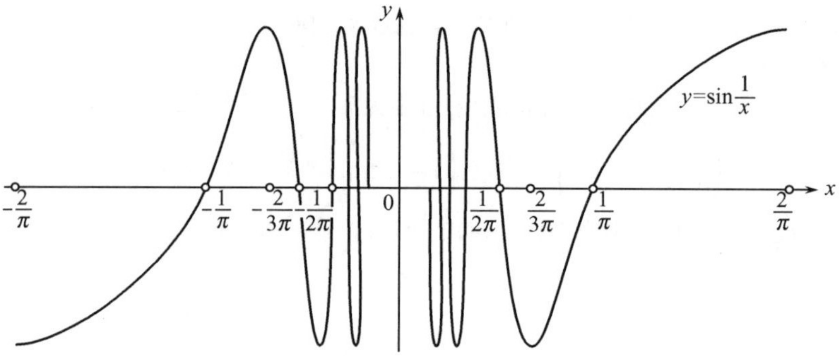

图 23

10) 若考察函数 $x\sin\frac{1}{x}$ (在 $x\neq 0$ 时), 它与刚才研究过的函数 $\sin\frac{1}{x}$ 仅相差一个乘数 x, 则这次在 $x\to 0$ 时就有极限存在了:

$$\lim_{x\to 0} x\cdot\sin\frac{1}{x}=0,$$

这事实由不等式

$$|x\cdot\sin\frac{1}{x}|\leqslant|x|,$$

就可以立刻明白.

在 x 接近于 0 时, 我们的函数仍旧发生无数次的振动, 但它们的振幅 (由于乘数 x) 渐渐减小而趋于 0, 由此就保证了极限的存在.

函数

$$y=x\cdot\sin\frac{1}{x}$$

的图像画在图 24 内; 它包藏在两条坐标角的分角线 $y=x$ 与 $y=-x$ 之间①.

①在图 23 及 24 内, 为着要比较明晰地表示出无数次振动这一事实, 不得不在 x 轴上取较大的尺度, 因此也就造成了函数的准确图像失真.

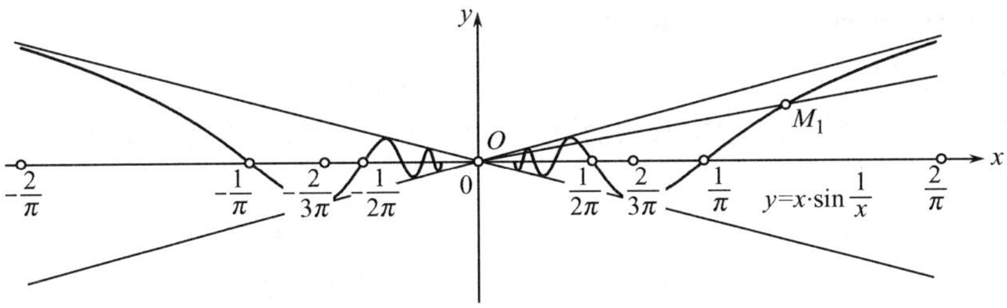

图 24

附注 我们已有一系列的极限

$$\lim_{x\to 0}\frac{\sin x}{x}=1,\quad \lim_{x\to 0}(1+x)^{\frac{1}{x}}=e,\quad \lim_{x\to 0}x\sin\frac{1}{x}=0,$$

具有一种共同的特性: 即此处所考察的诸函数中没有一个函数在 $x=0$ 时是有定义的. 但这并不影响我们说及当 $x\to 0$ 时它们的极限的存在, 因为, 依照 **52** 中所给定义的准确意义, 刚好数值 $x=0$ 是不被考察的.

类似地, 函数 $\sin\frac{1}{x}$ 在 $x=0$ 时并无意义的事实并不影响我们提出当 $x\to 0$ 时它的极限的存在问题; 但现在极限并不存在.

55. 极限理论的拓广 在第一章内 (§1 和 §2) 所阐明的适合于整序变量的极限理论, 应如何拓广之使适合于这里所考察的任意函数的一般场合, 这一问题是自然会提出来的.

这存在着两条路径:

I. 首先, 可以把以前所叙述过的论断改写一下. 我们现在就对 **26** 内的命题 1° 实际地试行一下作为例子.

考察在某一以 a① 为聚点的区域 $\mathcal{X}$ 内所定义的函数 $f(x)$.

1° *若当 x 趋于 a 时函数 $f(x)$ 有一有限的极限 A, 而 $A>p$ $(A<q)$, 则当 x 的值充分接近于 a (异于 a) 时函数本身也就满足不等式*

$$f(x)>p\quad (f(x)<q). \tag{14}$$

选取正数 $\varepsilon<A-p$ $(q-A)$, 就有

$$A-\varepsilon>p\quad (A+\varepsilon<q).$$

但依极限定义, 对于这 ε 必能求出 δ, 只需 $|x-a|<\delta$ (其中 x 取自 $\mathcal{X}$ 内且异于 a), 就有

$$A-\varepsilon<f(x)<A+\varepsilon.$$

①数 a 可以是无穷; 但我们为着确定起见, 且限于 a 为有限的场合.

对于这些 x 值, 当然 (14) 式也能成立.

读者当已看到, 在证明时并不需引入任何新的观念.

由此又可以直接证实 **26** 内的命题 2°, 3° 及 5°. 例如, 在 1° 内命 $p=0$ $(q=0)$, 就得

2° *若在 $x \to a$ 时函数 $f(x)$ 有一有限的正 (负) 极限, 则函数本身也必为正 (负), 至少, 对于充分接近于 a 但异于 a 的 x 的数值是如此.*

类似于 4° 的命题亦必真实, 但表示为更狭义的形式.

4° *若在 $x \to a$ 时函数 $f(x)$ 有一有限的极限, 则对于充分接近于 a 的 x 的数值函数是有界的:*

$$|f(x)| \leqslant M' \quad (M' = \text{常数}, \ |x-a|<\delta).$$

回想起有一有限极限的整序变量 x_n, 最初也仅在 $n>N$ 时才得出不等式 $|x_n| \leqslant M'$; 但因整序变量的数值仅只有限个数不能满足这不等式, 故在有需要的时候也不难增大 M', 使一切 x_n 都能满足这不等式. 但在函数的情形, 一般说这是办不到的, 因为使 $|f(x)|>M'$ 的 x 的数值可以是无穷集. 例如, 函数 $f(x)=\dfrac{1}{x}$ $(x>0)$ 在 $x \to 1$ 时趋于 1; 显然, 若 $|x-1|<\dfrac{1}{2}$, 则 $f(x)<2$, 然而对于 x 的一切被考察的数值, 函数 $f(x)$ 却不是有界的.

II. 在叙述别的定理以前, 我们首先应该约定, 若在那些定理内变量是用等式、不等式或算术运算等符号联系的, 则两个或几个 (在同一区域 $\mathcal{X}$ 内所定义的) 函数 $f(x), g(x), \cdots$ 用这种符号连接起来时, 我们总把它们的数值了解为对应于同一个 x 的数值.

所有这些定理都可以用类似的方法重新证明, 但需着重指出, 实际上没有必要去一一证明它们. 若站在 "序列的观点" 上来谈函数的极限, 则既然对于序列定理已被证明, 那么对于函数它们也是正确的.

姑且讨论 **30** 内的定理 1°, 2°, 3°, 作为例子:

设在区域 $\mathcal{X}$ (有聚点 a) 内给定两函数 $f(x)$ 及 $g(x)$, 在 x 趋于 a 时有有限极限

$$\lim f(x) = A, \quad \lim g(x) = B.$$

则函数

$$f(x) \pm g(x), \quad f(x) \cdot g(x), \quad \frac{f(x)}{g(x)}, \tag{15}$$

也有有限极限 (在商的情形须假定 $B \neq 0$), 就是

$$A \pm B, \quad A \cdot B, \quad \frac{A}{B}.$$

用 "序列的语言" 译述上述的两个关系式, 就成为: 若 $\{x_n\}$ 是 $\mathcal{X}$ 内的任意序列, 有极限为 a, 则

$$f(x_n) \to A, \quad g(x_n) \to B.$$

若把已经证明的定理应用于这两个整序变量, 则立即得出

$$\lim[f(x_n)\pm g(x_n)]=A\pm B,\quad \lim f(x_n)g(x_n)=A\cdot B,\quad \lim\frac{f(x_n)}{g(x_n)}=\frac{A}{B},$$

而这正就 (用 "序列的语言")表达着上面所要证明的东西[①].

在 **31** 内所讲的关于 "不定式" 也都同样地自动转移到我们现在所考察的一般情形来了. 它们用约定的记号

$$\frac{0}{0},\quad \frac{\infty}{\infty},\quad 0\cdot\infty,\quad \infty-\infty$$

来表示. 如同我们在自然数变量函数的简单情形一样, 这里为了要 "确定不定式", 仅只知道函数 $f(x)$ 及 $g(x)$ 的极限还是不够的, 必须计及这些函数的变动的规律.

读者很容易检查出, 在前一目的例 4), 5) 内我们已遇见过不定式, 其型如 $\dfrac{\infty}{\infty}$ 及 $0\cdot\infty$, 而在例 7) 内遇见过不定式其型如 $\dfrac{0}{0}$. 在下一目内我们将再引入一些例题, 并应用极限论的最简单的定理.

在第四章的 §4 我们还要回到这个问题来, 在那里, 我们应用微分学给出了确定不定式的一般方法.

56. 例题 1) 把 **32** 的例 1) 及 2) 普遍化, 我们研究多项式

$$p(x)=a_0x^k+a_1x^{k-1}+\cdots+a_{k-1}x+a_k$$

而后再研究两个多项式的商

$$\frac{p(x)}{q(x)}=\frac{a_0x^k+a_1x^{k-1}+\cdots+a_{k-1}x+a_k}{b_0x^l+b_1x^{l-1}+\cdots+b_{l-1}x+b_l}$$

在 $x\to\pm\infty$ 的性态.

经变形

$$p(x)=x^k\left(a_0+\frac{a_1}{x}+\cdots+\frac{a_k}{x^k}\right)$$

很易确定

$$\lim_{x\to\pm\infty}p(x)=\pm\infty\quad(\infty-\infty),$$

并且极限的符号可以这样确定: 当 k 为偶数时它仅由 a_0 的符号来决定, 当 k 为奇数时除 a_0 以外还要看 x 的符号.

2) 类似于此, 我们可求出

$$\lim_{x\to\pm\infty}\frac{p(x)}{q(x)}=\pm\infty,\quad \frac{a_0}{b_0},\quad 0\quad\left(\frac{\infty}{\infty}\right),$$

按照 $k>l, k=l$ 或 $k<l$. 极限的符号 (在第二种情形) 依 a_0 及 b_0 的符号而确定, 但在 $k-l$ 为奇数时还须依 x 的符号而确定.

---

① 在商的情形可以注意到 (类似于在论及整序变量时我们曾做过的那样), 在 x 充分接近于 a 时分母 $g(x)\neq0$, 于是分式 $\dfrac{f(x)}{g(x)}$ 就有了意义, 至少在 x 的这些数值时是如此.

3) 今将证明对于任意的正有理指数 r 有公式

$$\lim_{x\to0}\frac{(1+x)^r-1}{x}=r\,^{①}\qquad\left(\frac{0}{0}\right).$$

从指数为自然数: $r=n$ 这种最简单的情形开始. 依牛顿二项定理

$$\frac{(1+x)^n-1}{x}=\frac{nx+\dfrac{n(n-1)}{1\cdot2}x^2+\cdots+x^n}{x}=n+\frac{n(n-1)}{1\cdot2}x+\cdots+x^{n-1};$$

因为当 $x\to0$ 时最后一式的一切项, 除第一项外, 都趋于 0, 因此实际上就成为

$$\lim_{x\to0}\frac{(1+x)^n-1}{x}=n.$$

今令 $r=\dfrac{1}{m}$ (式中 m 是自然数), 并考察式子

$$\frac{\sqrt[m]{1+x}-1}{x}.$$

假定

$$\sqrt[m]{1+x}-1=y,\ \text{由此}\ x=(1+y)^m-1.$$

因为 (当作 $|x|<1$)

$$1-|x|<\sqrt[m]{1+x}<1+|x|,\ \text{所以}\ \lim_{x\to0}\sqrt[m]{1+x}=1,$$

于是, 随同着 $x\to0$ 亦有 $y\to0$. 则依前面的情形,

$$\lim_{x\to0}\frac{\sqrt[m]{1+x}-1}{x}=\lim_{y\to0}\frac{y}{(1+y)^m-1}=\frac{1}{m}.$$

最后, 要证明一般的情形 $r=\dfrac{n}{m}$, 仍引用辅助变数 y:

$$\frac{(1+x)^{\frac{n}{m}}-1}{x}=\frac{(1+y)^n-1}{(1+y)^m-1}=\frac{(1+y)^n-1}{y}\cdot\frac{y}{(1+y)^m-1}.$$

由此

$$\lim_{x\to0}\frac{(1+x)^{\frac{n}{m}}-1}{x}=\frac{n}{m}.$$

4) 求极限

$$\lim_{x\to0}\frac{\sqrt[m]{1+x}-1-\dfrac{x}{m}}{x^2}.$$

仍用同样的代换式 $\sqrt[m]{1+x}-1=y$, 则被考察的式子变为

$$\frac{y-\dfrac{1}{m}[(1+y)^m-1]}{[(1+y)^m-1]^2}=\frac{-\dfrac{m-1}{2}y^2+\cdots}{m^2y^2+\cdots}=\frac{-\dfrac{m-1}{2}+\cdots}{m^2+\cdots},$$

由此, 立刻明白, 所求的极限等于 $-\dfrac{m-1}{2m^2}$.

① 在下面 [**77**, 5) (в)] 它将被普遍地推广到任意的实指数的场合.

5) 极限 [**54**, 7)]

$$\lim_{x\to 0}\frac{\sin x}{x}=1$$

经常被应用着去求其他的极限.

(a)

$$\lim_{x\to 0}\frac{1-\cos x}{x^2}=\frac{1}{2}\quad\left(\frac{0}{0}\right).$$

显然

$$\frac{1-\cos x}{x^2}=\frac{2\sin^2\frac{x}{2}}{x^2}=\frac{1}{2}\left(\frac{\sin\frac{x}{2}}{\frac{x}{2}}\right)^2;$$

因为括弧内的式子趋于 1, 所以总的极限就是 $\frac{1}{2}$.

(б)

$$\lim_{x\to 0}\frac{\operatorname{tg}x-\sin x}{x^3}=\frac{1}{2}\quad\left(\frac{0}{0}\right).$$

在这里用变形法很容易导向上面讨论过的极限:

$$\frac{\operatorname{tg}x-\sin x}{x^3}=\frac{1}{\cos x}\cdot\frac{\sin x}{x}\cdot\frac{1-\cos x}{x^2}.$$

只需注意当 $x\to 0$ 时 $\cos x\to 1$, 则由上面 (a) 的结果便自然能推得本式的结果了.

(в)

$$\lim_{x\to\frac{\pi}{2}}(\sec x-\operatorname{tg}x)=0\quad(\infty-\infty).$$

在这里换成变量 $\alpha=\frac{\pi}{2}-x$ 将更为便利; 显然, 当 $x\to\frac{\pi}{2}$ 时 $\alpha\to 0$. 我们就有

$$\sec x-\operatorname{tg}x=\csc\alpha-\operatorname{ctg}\alpha=\frac{1-\cos\alpha}{\sin\alpha}=\frac{1-\cos\alpha}{\alpha^2}\cdot\frac{\alpha}{\sin\alpha}\cdot\alpha\to 0.$$

57. 单调函数的极限 关于函数极限

$$\lim_{x\to a}f(x)$$

的存在问题, 对于某种特殊类型的函数, 即由单调整序变量 [**34**] 这概念拓广而得到的函数, 其解决特别简单.

设函数 $f(x)$ 定义在某一区域 $\mathcal{X}=\{x\}$ 内. 若对于这区域内的任意一对数值 x 与 x', 由 $x'>x$ 能推得

$$f(x')>f(x)\quad[f(x')<f(x)],$$

则 $f(x)$ 称为在区域内的**增函数** (**减函数**). 又若由 $x'>x$ 只能推得

$$f(x')\geqslant f(x)\quad[f(x')\leqslant f(x)],$$

则 $f(x)$ 称为**不减函数** (**不增函数**). 在这种场合, 有时也称 $f(x)$ 是**广义增函数** (**减函数**), 这样比较便利些.

一切这种类型的函数总称为**单调函数**. 对于单调函数有一个重要的定理, 它完全类似于在 **34** 内曾经建立的关于单调整序变量的定理.

定理 设函数 $f(x)$ 在区域 $\mathcal{X}$ 内单调地增大, 即使是广义的也可以. 区域 $\mathcal{X}$ 以大于一切 x 值的数 a (它可以是有限的数, 或等于 $+\infty$) 作为聚点. 若在这时函数上有界:

$$f(x) \leqslant M \quad (\text{对于 } \mathcal{X} \text{ 内的一切 } x)$$

则当 $x \to a$ 时函数有一有限的极限; 在与此相反的场合, 它趋向于 $+\infty$.

证明 首先假定函数 $f(x)$ 上有界, 即当 x 在区域 $\mathcal{X}$ 内变动时函数值所成的集 $\{f(x)\}$ 是上有界的. 则这数集必有一有限的上确界 A 存在 [**11**]. 今将证明这数 A 就是所求的极限.

给定一任意数 $\varepsilon > 0$, 依上确界的性质, 必能求出数值 $x' < a$, 使 $f(x') > A - \varepsilon$. 由于函数的单调性, 则当 $x > x'$ 时当然更有: $f(x) > A - \varepsilon$. 另一方面, 因为永远有 $f(x) \leqslant A < A + \varepsilon$, 故对满足上述条件的 x 显然成立不等式

$$|f(x) - A| < \varepsilon.$$

这就证明了本命题, 只需在有限的 a 时假定 $x' = a - \delta$ (即 $\delta = a - x'$), 而在 $a = +\infty$ 时取 $\Delta = x'$.

若函数 $f(x)$ 不是上有界, 则不论 E 是怎样的数: 必能求出 x' 使 $f(x') > E$; 而当 $x > x'$ 时当然更有 $f(x) > E$ 了, 余类推.

建议读者重述这一定理, 使适用于当极限值 a 小于 x 的一切数值的场合, 以及对于单调减函数的场合.

很易看出, **34** 内关于单调整序变量的定理只是这一定理的特殊情形. 在那里标号 n 就是自变量, 而带有聚点 $+\infty$ 的自然数序列 $\mathcal{N} = \{n\}$ 就是它的变动区域.

以后经常遇到的函数 $f(x)$ 的定义域 $\mathcal{X}$ 是整个区间 $[a', a)$, 其中 $a' < a$ 而 a 可以是有限的数或 $+\infty$, 或是区间 $(a, a']$, 其中 $a' > a$ 而 a 可以是有限的数或 $-\infty$.

58. 布尔查诺–柯西的一般判定法 今转而考察一般的情形, 考察在以 a 为聚点的区域 $\mathcal{X} = \{x\}$ 内给定的函数 $f(x)$. 如同在整序变量的场合 [**39**] 一样, 现在可以建立当 x 趋于 a 时函数有一有限极限值存在的判定法了. 对于有限的 a 及对于 $a = +\infty$ 的场合, 我们平行地叙述这一定理.

定理 函数 $f(x)$ 当 x 趋向于 a 时有一有限极限的必要而且充分的条件是, 对于任一数 $\varepsilon > 0$ 必存在着 $\delta > 0$ $(\Delta > 0)$, 只需

$$|x - a| < \delta, \quad |x' - a| < \delta \quad (x > \Delta, x' > \Delta),$$

就能成立不等式

$$|f(x) - f(x')| < \varepsilon.$$

证明 我们在 a 是有限数的假定下进行证明.

必要性 设存在着有限极限

$$\lim_{x \to a} f(x) = A.$$

则依给定的 $\varepsilon > 0$ 必能求出 $\delta > 0$, 只需 $|x - a| < \delta$, 就有

$$|f(x) - A| < \frac{\varepsilon}{2}.$$

又设 $|x' - a| < \delta$, 于是又有

$$|A - f(x')| < \frac{\varepsilon}{2}.$$

由此, 假定同时有 $|x - a| < \delta$ 及 $|x' - a| < \delta$, 就得

$$|f(x) - f(x')| = |[f(x) - A] + [A - f(x')]| \leqslant |f(x) - A| + |A - f(x')| < \varepsilon.$$

充分性 可以应用完全类似于在整序变量的场合 **[39]** 所曾应用的那种论断. 然而更简单的方法是不去重复这些论断, 而直接把问题引向前已考察过的情形. 给我们打开这条道路的是用"序列的语言"表达的函数极限的第二定义 **[53]**.

因此, 设在定理内所叙述的条件已经满足, 又依任意取的 $\varepsilon > 0$ 能确定对应的 $\delta > 0$.

若 $\{x_n\}$ 是 $\mathcal{X}$ 中 x 的任意收敛于 a 的序列, 则依序列的极限的定义, 必能求出序号 N, 当 $n > N$ 时能使 $|x_n - a| < \delta$. 与 n 同时又取另一序号 $n' > N$, 于是同时有

$$|x_n - a| < \delta \quad 及 \quad |x_{n'} - a| < \delta.$$

根据 δ 的选法, 应有

$$|f(x_n) - f(x_{n'})| < \varepsilon.$$

因此, 只要序号 n 及 n' 同时 $> N$, 这不等式就能成立. 这就表示整序变量 $f(x_n)$ $(n = 1, 2, \cdots)$ 满足 **39** 中的条件, 因而序列

$$f(x_1), f(x_2), \cdots, f(x_n), \cdots$$

有一有限极限.

在 **53** 内 (参阅该目末尾的附注) 我们曾看到, 由此已足证明不论怎样选取收敛于 a 的序列 $\{x_n\}$, 序列 $f(x_n)$ 总趋于同一的极限; 这极限也就是函数的极限, 它的存在即是我们要证明的.

(上述条件的充分性亦很容易从布尔查诺–魏尔斯特拉斯定理内导出, 证法与在 **41** 末尾对于整序变量的证法相似.)

59. 函数的上极限及下极限 当 x 趋近于 a 时即使函数 $f(x)$ 并无确定的极限存在, 但是对于特定的序列 $x_n \to a$ 极限

$$\lim_{n\to+\infty} f(x_n)$$

仍可以存在; 把它称为函数的**部分极限**.

例如, 函数 $\sin x$ 在 $x \to \pm\infty$ 时 (或 $\sin\dfrac{1}{x}$ 在 $x \to 0$ 时) 其部分极限就充满于由 -1 至 $+1$ 的整个区间中.

在函数的部分极限中恒能求出最大的与最小的, 称为它的上极限与下极限, 并记成

$$\overline{\lim_{x\to a}} f(x) \quad 及 \quad \underline{\lim_{x\to a}} f(x).$$

函数有确定极限 (依通常的意义) 存在的必要而且充分的条件是: 上极限 与下极限相等.

我们仅限于叙述这定理, 不再进行证明. 若要证明它, 只需依 **42** 内的次序进行好了.

§3. 无穷小及无穷大的分阶

60. 无穷小的比较 假定在作某种研究时须同时考察一系列的无穷小量:

$$\alpha, \quad \beta, \quad \gamma.$$

一般地说来, 它们是同一变量 x (譬如说) 的函数, 而 x 是趋于有限极限或无穷极限 a 的变量.

在很多场合, 按照它们接近于零的方式而将这些都称为无穷小的量加以比较是很有趣的. 二无穷小 α 及 β 的比较以其比式的性态为基础 ①. 为此, 引进下列两个定义:

I. 若比式 $\dfrac{\beta}{\alpha}$ $\left(\dfrac{\alpha}{\beta}\ 亦一样\right)$ 有一异于零的有限极限, 则无穷小 α 与 β 称为是同阶的.

II. 若比式 $\dfrac{\beta}{\alpha}$ 趋于零 $\left(相反地, 比式\ \dfrac{\alpha}{\beta}\ 趋向于\ \infty\right)$, 则无穷小 β 称为是比 α 高阶的无穷小, 同时无穷小 α 就是比 β 低阶的无穷小.

例如, 若 $\alpha = x \to 0$, 则

$$\sin x, \quad \operatorname{tg} x, \quad \sqrt[m]{1+x}-1$$

与这一无穷小相比较都是与它同阶的无穷小, 因为, 我们已知道 [**54**, 7); **56**, 3)]

$$\lim_{x\to 0}\frac{\sin x}{x} = 1, \quad \lim_{x\to 0}\frac{\sqrt[m]{1+x}-1}{x} = \frac{1}{m}.$$

反之, 无穷小

$$\sqrt[m]{1+x}-1-\frac{x}{m}, \quad 1-\cos x, \quad \operatorname{tg} x - \sin x \tag{1}$$

显然是比 x 高阶的无穷小 [**56**, 4); 5 (a) 及 (б)].

①我们将假定用作除数的变量不等于零, 至少当 x 的数值充分接近于 a 时是如此.

当然也可能有二无穷小的比式并不趋向于任何极限的情形; 例如, 若取 [参阅 **54**, 9), 10)]

$$\alpha = x, \quad \beta = x\sin\frac{1}{x},$$

则它们的比式等于 $\sin\frac{1}{x}$, 当 $x\to 0$ 时并无极限; 在这种情形则说, 这二无穷小不能比较.

注意, 若无穷小 β 是比无穷小 α 更高阶的, 则这一事实就写成:

$$\beta = o(\alpha).$$

例如, 可以写

$$1-\cos x = o(x), \quad \operatorname{tg} x - \sin x = o(x), \quad 等等.$$

这样, $o(\alpha)$ 就可作为比 α 更高阶的无穷小的普遍记号. 我们以后就要应用这种方便的记法.

61. 无穷小的尺度 有时为了要更精确地比较无穷小的性态, 需要用数字来表达它们的阶. 在这种情形, 首先在所研究的无穷小内选出一个 (就说是 α) 作为一种"标准", 把它称为**基本无穷小**. 当然基本无穷小的选取在某种程度内是任意的, 但通常总取最简单的. 例如, 假定被考察的量都是 x 的函数, 而它们当 x 趋向于 a 时成为无穷小, 那么根据 a 是零, 是异于零的有限数或是无穷大, 自然地, 就依次选取

$$x, \quad x-a, \quad \frac{1}{x}$$

作为基本无穷小.

其次, 再由基本无穷小 α (我们认作 $\alpha>0$) 的各种正指数幂 α^k 来组成一尺度, 去评较性质上更为复杂的无穷小①.

III. *若 β 与 α^k $(k>0)$ 是同阶的无穷小量, 即若比式 $\frac{\beta}{\alpha^k}$ 有异于零的有限极限,则称无穷小 β 为关于基本无穷小 α 的 k 阶无穷小量.*

例如, 我们已知 (1) 中诸无穷小 (当 $x\to 0$ 时) 是比 $\alpha = x$ 更高阶的无穷小, 若对这说法仍觉不满意, 就可准确地说, (1) 中前面两个是关于 $\alpha = x$ 的**二阶**无穷小, 而最后一个是**三阶**无穷小, 因为 [**56**, 4); 5), (а) 及 (б)]

$$\lim_{x\to 0}\frac{\sqrt[m]{1+x}-1-\frac{1}{m}x}{x^2} = -\frac{m-1}{2m^2}, \quad \lim_{x\to 0}\frac{1-\cos x}{x^2} = \frac{1}{2},$$
$$\lim_{x\to 0}\frac{\operatorname{tg} x - \sin x}{x^3} = \frac{1}{2}.$$

为着要看更复杂的例子, 试考察表达式

$$\beta = \sqrt{x+1}+\sqrt{x-1}-2\sqrt{x};$$

①很易看出, 在 $k>0$ 时 α^k 将随着 α 同时成为无穷小.

在 $x \to +\infty$ 时它将是无穷小, 这是很明显的, 只需把它表示为下面的形状:

$$\beta = (\sqrt{x+1} - \sqrt{x}) - (\sqrt{x} - \sqrt{x-1}) = \frac{1}{\sqrt{x+1}+\sqrt{x}} - \frac{1}{\sqrt{x}+\sqrt{x-1}}.$$

继续这变形法, 求得:

$$\begin{aligned}\beta &= \frac{\sqrt{x-1}-\sqrt{x+1}}{(\sqrt{x+1}+\sqrt{x})(\sqrt{x}+\sqrt{x-1})} \\ &= \frac{-2}{(\sqrt{x+1}+\sqrt{x})(\sqrt{x}+\sqrt{x-1})(\sqrt{x-1}+\sqrt{x+1})}.\end{aligned}$$

令 $\alpha = \dfrac{1}{x}$, 现在已不难了解

$$\begin{aligned}&\lim_{x\to+\infty} \frac{\beta}{\alpha^{3/2}} \\ =&\lim_{x\to+\infty} \frac{-2(\sqrt{x})^3}{(\sqrt{x+1}+\sqrt{x})(\sqrt{x}+\sqrt{x-1})(\sqrt{x-1}+\sqrt{x+1})} \\ =&\lim_{x\to+\infty} \frac{-2}{\left(\sqrt{1+\frac{1}{x}}+1\right)\left(1+\sqrt{1-\frac{1}{x}}\right)} \cdot \lim_{x\to+\infty} \frac{1}{\left(\sqrt{1-\frac{1}{x}}+\sqrt{1+\frac{1}{x}}\right)} \\ =&-\frac{1}{4}.\end{aligned}$$ ①

这样, β 的阶就是 $\dfrac{3}{2}$.

当然, 不要以为任一无穷小 β (即使是与一切幂 α^k 都能比较的) 都有确定的阶数.

下列有趣例题可以从 [**54**, 4) 及 5)] 内已建立的公式得出 ($a > 1, k > 0$):

$$\lim_{x\to+\infty} \frac{a^x}{x^k} = +\infty, \quad \lim_{x\to+\infty} \frac{\log_a x}{x^k} = 0, \tag{2}$$

由此, 首先

$$\lim_{x\to+\infty} \frac{x^k}{a^x} = 0, \quad \lim_{x\to+\infty} \frac{x^k}{\log_a x} = \infty.$$

现在再把式中的 x 换成 $\dfrac{1}{x}$, 并在第一式内假定 $a = \dfrac{1}{c}, 0 < c < 1$, 则得:

$$\lim_{x\to+0} \frac{c^{\frac{1}{x}}}{x^k} = 0, \quad \lim_{x\to+0} \frac{\frac{1}{\log_a x}}{x^k} = \infty.$$

这样, $c^{\frac{1}{x}}$ $(0 < c < 1)$ 就成为比一切幂 x^k $(k > 0)$ 更高阶的无穷小, 而同时 $\dfrac{1}{\log_a x}$ $(a > 1)$ 成为比一切幂 x^k 更低阶的无穷小.

---

①在此处我们应用 $\lim\limits_{z\to0}\sqrt{1+z} = 1$; 这在 **56**, 3) 内 (对任意 m 次幂的根式) 已经证明了.

62. 等价无穷小 今讨论同阶无穷小的一种非常重要的特殊情形.

IV. 无穷小 α 与 β 称为等价无穷小 (记为 $\alpha\sim\beta$), 若它们的差 $\gamma=\beta-\alpha$ 是比 α 及 β 中的任何一个更高阶的无穷小:

$$\gamma=o(\alpha) \quad 及 \quad \gamma=o(\beta).$$

然而, 这只要 γ 是比这些无穷小之一更高阶就已够了, 因为, 例如, 若 γ 是比 α 更高阶, 则它亦必比 β 更高阶. 事实上, 由 $\lim\dfrac{\gamma}{\alpha}=0$, 就能推得

$$\lim\frac{\gamma}{\beta}=\lim\frac{\gamma}{\alpha+\gamma}=\lim\frac{\dfrac{\gamma}{\alpha}}{1+\dfrac{\gamma}{\alpha}}=0.$$

考察两个等价无穷小 α 及 β, 设 $\beta=\alpha+\gamma$, 其中 $\gamma=o(\alpha)$. 若近似地假定 $\beta\doteq\alpha$[①], 则当它们的值都在减小时, 不但由这代替所生的绝对误差 $|\gamma|$ 趋于零, 而且相对误差 $\left|\dfrac{\gamma}{\alpha}\right|$ 也趋于零. 换句话说, 近似等式 $\beta\doteq\alpha$ 在 α 及 β 的数值充分小时可以有任意大的准确度. 据此, 在近似计算内, 繁复的无穷小可以换成与它等价的简单的无穷小.

今建立一个有用的检定二无穷小的等价性的方法, 在本质上, 它就给出这概念的第二定义, 与前面所给的定义等价:

要使二无穷小 α 与 β 成为等价的, 其充要条件为

$$\lim\frac{\beta}{\alpha}=1.$$

先设这关系式成立, 于是

$$\delta=\frac{\beta}{\alpha}-1\to 0.$$

则

$$\gamma=\beta-\alpha=\delta\cdot\alpha$$

就是比 α 更高阶的无穷小, 因为

$$\lim\frac{\gamma}{\alpha}=\lim\delta=0.$$

反之, 设 α 与 β 是等价的, 即 $\gamma=\beta-\alpha$ 是比 α 更高阶的无穷小. 由此就有

$$\frac{\beta}{\alpha}-1=\frac{\gamma}{\alpha}\to 0, \quad 故 \quad \frac{\beta}{\alpha}\to 1.$$

这就是我们所要证明的.

用这检定法, 立即看出, 在 $x\to 0$ 时无穷小 $\sin x$ 及 $\operatorname{tg} x$ 是与 x 等价的, 而 $\sqrt[m]{1+x}-1$ 是与 $\dfrac{1}{m}x$ 等价的. 由此就得出近似公式:

$$\sin x\doteq x, \quad \operatorname{tg} x\doteq x,$$

$$\sqrt[m]{1+x}-1\doteq\frac{1}{m}x, \quad 特例, \quad \sqrt{1+x}-1\doteq\frac{1}{2}x.$$

---

①符号 $\doteq$ 表示近似等式.

等价无穷小的已证明的性质可以应用于确定形如 $\frac{0}{0}$ 的不定式, 即确定二无穷小的比式 $\frac{\beta}{\alpha}$ 的极限. 这时, 它们中的任一个可以换成任何与它等价的无穷小, 而对于极限的存在及数值并无影响.

事实上, 若 $\overline{\alpha} \sim \alpha$, 又 $\overline{\beta} \sim \beta$, 即

$$\lim \frac{\bar{\alpha}}{\alpha} = 1, \quad \text{又} \quad \lim \frac{\bar{\beta}}{\beta} = 1,$$

则比式

$$\frac{\beta}{\alpha} = \frac{\beta}{\bar{\beta}} \cdot \frac{\bar{\beta}}{\bar{\alpha}} \cdot \frac{\bar{\alpha}}{\alpha},$$

与比式 $\frac{\bar{\beta}}{\bar{\alpha}}$ 的区别仅是多了两个趋于 1 的因式, 因此与它同时趋于同一的极限.

若能把 α 及 β 选取得足够简单, 则立即可使问题大为简化; 例如,

$$\lim_{x \to 0} \frac{\sqrt{1+x+x^2}-1}{\sin 2x} = \lim_{x \to 0} \frac{\frac{1}{2}(x+x^2)}{2x} = \frac{1}{4}.$$

由已证明的定理推得: 都与第三者等价的二无穷小是等价的.

63. 主部的分出 若选定 α 为基本无穷小, 则形如 $c \cdot \alpha^k$ 的量自然就认为是**最简单**的无穷小, 此处 c 是常系数, 而 $k > 0$. 设 β 是关于 α 的 k 阶无穷小, 即

$$\lim \frac{\beta}{\alpha^k} = c,$$

式中 c 是异于零的有限数, 则

$$\lim \frac{\beta}{c\alpha^k} = 1,$$

而无穷小 β 与 $c\alpha^k$ 就是等价的无穷小: $\beta \sim c\alpha^k$.

与给定的无穷小 β 等价的这个最简单的无穷小 $c\alpha^k$ 就称为 β 的主部 (或主项).

应用上面所建立的结果, 除去已经指出的简单例题以外, 很易分出下列各式的主部:

$$1 - \cos x \sim \frac{1}{2}x^2, \quad \operatorname{tg} x - \sin x \sim \frac{1}{2}x^3.$$

此处 $x \to 0$, 而 $\alpha = x$ 本身就是基本无穷小.

最后, 若 $x \to +\infty$ 而采用 $\alpha = \frac{1}{x}$ 作为基本无穷小, 就有

$$\sqrt{x+1} + \sqrt{x-1} - 2\sqrt{x} \sim -\frac{1}{4}\left(\frac{1}{x}\right)^{\frac{3}{2}}.$$

一切这些结果再一次导向近似公式.

设 $\beta \sim c\alpha^k$, 即 $\beta = c\alpha^k + \gamma$, 式中 $\gamma = o(\alpha^k)$. 可以想象, 从无穷小 γ 内再可以分出主部: $\gamma = c'\alpha^{k'} + \delta$. 式中 $k' > k$, 而 $\delta = o(\alpha^{k'})$, 余类推.

例如, 若假定 (设 $x \to 0$):

$$\sqrt[m]{1+x} - 1 = \frac{1}{m}x + \gamma,$$

则我们已求得 [**56**, 4)]

$$\lim_{x\to 0}\frac{\gamma}{x^2}=-\frac{m-1}{2m^2},$$

于是 γ 的主部是 $-\dfrac{m-1}{2m^2}x^2$. 由此

$$\sqrt[m]{1+x}-1=\frac{1}{m}x-\frac{m-1}{2m^2}x^2+o(x^2).$$

特别是,

$$\sqrt{1+x}-1=\frac{1}{2}x-\frac{1}{8}x^2+o(x^2).$$

这种从无穷小内逐次分出阶数始终在增高的最简单的无穷小的步骤, 可以继续进行下去.

在本目内我们仅限于建立主部的普遍概念, 并且只用少数几个例题说明它们. 对刚才所讲如何做出已给无穷小的主部, 以及如何从无穷小内继续分出更高阶的最简单无穷小, 以后我们还要指出系统的方法 [参看 **104, 124**].

末了, 再讨论这样的问题: 若已知二无穷小 β 及 γ 的主部是 $c\alpha^k$ 及 $c'\alpha^{k'}$, 则关于其和 $\beta+\gamma$ 的主部能说些什么?

在 $k\neq k'$ 时, 它的主部显然就是 $c\alpha^k$ 及 $c'\alpha^{k'}$ 两项中指数较小的那一项. 今设 $k=k'$, 则 $\beta+\gamma$ 的主部就是 $(c+c')\alpha^k$ —— 唯需假定 $c+c'\neq 0$. 但当两个主部互相对消的情形, 则和 $\beta+\gamma$ 将是比任一加数更高阶的无穷小.

例如, 在 $x\to 0$ 时, 对于无穷小

$$\beta=\sqrt{1+x}-1\sim\frac{1}{2}x \quad 及 \quad \gamma=\sqrt{1-x}-1\sim-\frac{1}{2}x$$

就是如此. 若再分出它们以后的主部:

$$\beta=\frac{1}{2}x-\frac{1}{8}x^2+o(x^2),\quad \gamma=-\frac{1}{2}x-\frac{1}{8}x^2+o(x^2),$$

则很明显的, 有

$$\beta+\gamma=\sqrt{1+x}+\sqrt{1-x}-2=-\frac{1}{4}x^2+o(x^2),$$

于是 $\beta+\gamma$ 就是二阶无穷小, 而它的主部等于 $-\dfrac{1}{4}x^2$.

64. 应用题 现在举几个应用问题来说明以上讲过的这些.

1) 设用长 l 米的尺测量某一地方的直线距离. 因为实际上没有把尺准确地沿着测量的直线放置, 以致测量的结果显得比真实的长度大了一些. 试就最坏的情形而论, 假设在测量时把尺放成锯齿形, 就是说, 它的两端交迭地忽而偏在直线的一侧忽而偏在另一侧, 其离开直线的距离为 λ 米 (图 25). 今试估计其误差.

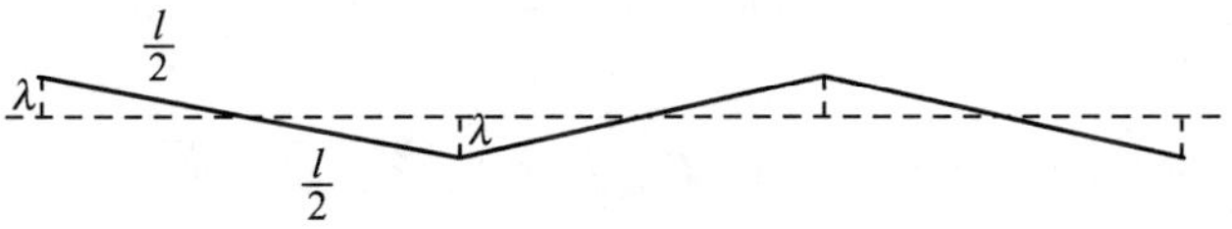

图 25

在尺每放下一次时所发生的绝对误差等于尺的长度 l 与它在所测量的直线上的投影的差; 其投影是:

$$2\sqrt{\left(\frac{l}{2}\right)^2-\lambda^2}=l\sqrt{1-\frac{4\lambda^2}{l^2}}.$$

应用近似公式

$$\sqrt{1+x}\doteq 1+\frac{1}{2}x.$$

于 $x=-\frac{4\lambda^2}{l^2}$ 的场合 (由于 λ 比 l 小得多, 所以这样做是可以的), 可以把投影的长度换成下式:

$$l\left(1-\frac{2\lambda^2}{l^2}\right)=l-\frac{2\lambda^2}{l}.$$

因此, 绝对误差是 $\frac{2\lambda^2}{l}$, 而相对误差显然是 $\frac{2\lambda^2}{l^2}$. 这相对误差并不随所量距离的长短而改变.

若限制相对误差不能大于 δ, 即应有 $\frac{2\lambda^2}{l^2}<\delta$, 则必须 $\lambda<l\sqrt{\frac{\delta}{2}}$.

例如, 在用 2 米的尺 ($l=2$) 测量时, 要达到 0.001 的相对准确度, 只要偏差 λ 不超过 $2\sqrt{0.0005}\doteq 0.045$ 米 $=4.5$ 厘米就够了.

2) 今求一开接皮带的长度 l 的公式. 它套在一对皮带轮上, 它们的半径各为 R 及 r, 两中心之间的距离为 d (图 26).

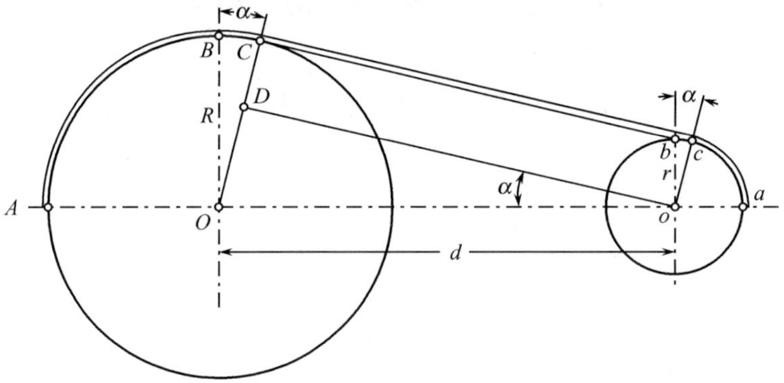

图 26

由图知

$$\frac{l}{2}=\widehat{AC}+Cc+\widehat{ca}.$$

但 $\widehat{AC}=R\left(\frac{\pi}{2}+\alpha\right)$, $\widehat{ca}=r\left(\frac{\pi}{2}-\alpha\right)$, 此处用 α 表示相等的角 $\angle BOC$ 及 $\angle boc$; 而从 $\triangle ODo$ 内

$$Cc=Do=\sqrt{d^2-(R-r)^2}.$$

这样

$$l=\pi(R+r)+2\alpha(R-r)+2\sqrt{d^2-(R-r)^2}.$$

要化简这公式, 回忆

$$\alpha\doteq\sin\alpha=\frac{OD}{Oo}=\frac{R-r}{d},$$

但须假定 $R-r$ 对于 d 来说是很微小的. 在同一假定下,

$$\sqrt{d^2-(R-r)^2}=d\sqrt{1-\left(\frac{R-r}{d}\right)^2}\doteq d\left[1-\frac{1}{2}\left(\frac{R-r}{d}\right)^2\right].$$

把这些数值代入并整理化简就得出最后的公式:

$$l\doteq\pi(R+r)+2d+\frac{(R-r)^2}{d}.$$

3) 在分割圆弧时, 下面的应用题是有价值的: 求圆弧 ABC 内的矢 $f=DB$ 与其半弧 AB_1B 内的矢 $f_1=D_1B_1$ 的比值 (图 27).

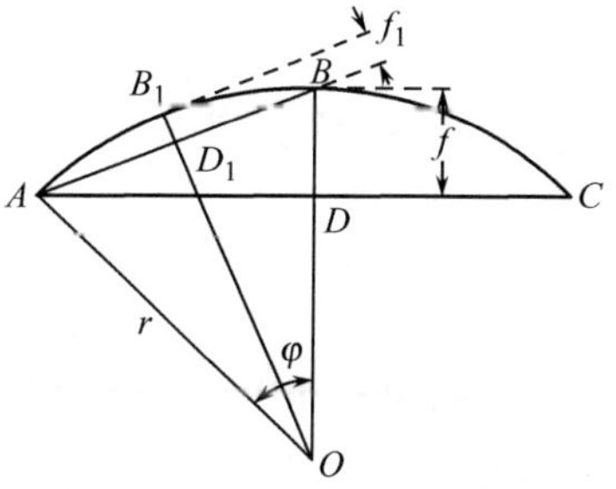

图 27

若令圆的半径等于 $r, \angle AOB=\varphi$, 则 $\angle AOB_1=\dfrac{\varphi}{2}$ 又

$$f=DB=r(1-\cos\varphi),$$
$$f_1=r(1-\cos\frac{\varphi}{2}).$$

这样, 所求的比值等于

$$\frac{f}{f_1}=\frac{1-\cos\varphi}{1-\cos\frac{\varphi}{2}}.$$

这式子太嫌繁复, 在实用上很不便. 我们将求出它在 $\varphi\to 0$ 时的极限 (因为对于充分小的 φ, 可以用这式子的极限作为它的近似值). 为此目的, 就将分子及分母分别用它们的主部代入, 立即求得:

$$\lim\frac{f}{f_1}=\lim\frac{\frac{1}{2}\varphi^2}{\frac{1}{2}\left(\frac{\varphi}{2}\right)^2}=4.$$

这样, 当弧对应于不大的中心角时, 可以近似地认为, *弧的矢是半弧的矢的四倍*. 这就使我们得以逐次地找出一弧的许多中间点, 只要弧的两端及其中点已知时.

65. 无穷大的分阶 注意, 对于无穷大量也可以进行相似的分阶如同在 **60** 内一样, 我们将所考察的诸无穷大量当作是同一变量 x 的函数, 当 x 趋于 a 时它们趋于 ∞.

I. *二无穷大 y 及 z 称为是同阶的无穷大, 若它们的比式 $\dfrac{z}{y}$ $\left(\dfrac{y}{z}\text{也如此}\right)$ 有异于零的有限极限.*

II. *但若比式 $\dfrac{z}{y}$ 趋于 ∞ $\left(\text{而比式 }\dfrac{y}{z}\text{ 趋于零}\right)$, 则称 z 为比 y 更高阶的无穷大, 而同时 y 称为比 z 更低阶的无穷大.*

当比式 $\dfrac{z}{y}$ 不趋于任何极限时, 无穷大 y 与 z 就是不能比较的.

在同时考察一系列的无穷大量时, 可选取其中之一 (就说是 y) 当作基本无穷大, 而其余的无穷大就与它的幂相比较. 例如, 若 (如我们上面曾假定的) 它们全部都是

x 的函数, 且当 $x \to a$ 时趋于 ∞, 那么, 通常若 $a = \pm\infty$ 就取 $|x|$ 本身, 因而 a 为有限数时就取 $\frac{1}{|x-a|}$ 作为基本无穷大.

III. 无穷大 z 称为 k 阶的无穷大 (关于基本无穷大 y), 如果 z 与 y^k 是同阶的话, 即若比式 $\frac{z}{y^k}$ 有异于零的有限极限.

我们在这里不再引入例题, 因为把前面所考察过的无穷小量换成它们的倒数, 就能很容易地得出这种例题. 我们要提到的仅是: 当 $x \to +\infty$ 时 a^x $(a > 1)$ 是比任何幂 x^k 更高阶的无穷大 (k 是正指数), 而 $\log_a x$ $(a > 1)$ 是比任何 x^k 更低阶的无穷大, 这是从 [**61** 公式 (2)] 推得的.

§4. 函数的连续性及间断

66. 函数在一点处的连续性的定义 与函数的极限概念密切联系着的是数学分析中另一重要概念 —— 函数的连续性的概念.

考察定义在以 x_0 为聚点的某个区域 $\mathcal{X} = \{x\}$ 内的函数 $f(x)$; 并设点 x_0 本身属于 $\mathcal{X}$, 于是在这点函数有确定的数值 $f(x_0)$.

当建立函数在 x 趋于 x_0 时的极限概念 [**52, 53**]

$$\lim_{x \to x_0} f(x)$$

时, 曾不止一次地着重指出, 变数 x 并不取数值 x_0; 这数值甚至可以不属于函数的定义域, 即使它属于这定义域, 但在研究上述极限时数值 $f(x_0)$ 也不考虑在内.

然而, 正是当

$$\lim_{x \to x_0} f(x) = f(x_0) \tag{1}$$

的情形才有着特殊的重要性. 常说, 函数 $f(x)$ 当 $x = x_0$ 时 (或在点 $x = x_0$ 处) 是连续的, 只要关系式 (1) 能成立; 又若它不成立, 就说当 x 取这数值时 (或在这点) 函数有间断①.

当函数 $f(x)$ 在点 x_0 处为连续的场合 (显然, 只限于这种场合) 若要计算 $f(x)$ 当 $x \to x_0$ 时的极限, 我们就可以不管 x 在本身趋向于 x_0 的过程中是否特殊地取过数值 x_0.

函数的连续性的定义也可以用其他的术语来叙述. 由数值 x_0 过渡到旁的数值 x, 可以想象为给数值 x_0 加上一个增量 $\Delta x_0 = x - x_0$②. 函数的新值 $y = f(x) = f(x_0 + \Delta x_0)$ 与原值 $y_0 = f(x_0)$ 相差一个增量

$$\Delta y_0 = f(x) - f(x_0) = f(x_0 + \Delta x_0) - f(x_0).$$

①这术语是与曲线的连续及间断的直观看法有关的; 若函数的图像是连续的, 函数就是连续的; 函数的间断点就对应于图像上的间断点. 然而事实上, 曲线的连续概念本身就需要有所根据, 而作为根据的最简单的方法, 刚好就是函数的连续性!

②在分析上照例把量 $x, y, t, \cdots$ 的增量各记成 $\Delta x, \Delta y, \Delta t, \cdots$. 这些记法必须看作是整个符号, 不要把 Δ 与 x 及 y 等拆开.

要使函数 $f(x)$ 在点 x_0 处是连续的, 其充要条件是: 在这点函数的增量 Δy_0 与自变数的增量 Δx_0 一同趋向于零. 换句话说: 连续函数的特性就是, 对应于变元的无穷小增量, 函数的增量也是无穷小.

回到基本定义 (1), 试用 "$\varepsilon-\delta$ 的语言" **[52]** 显示它的内容. 函数 $f(x)$ 在点 x_0 处的连续性的意义可归结如下: 对于不论怎样的数 $\varepsilon>0$ 必能求出数 $\delta>0$, 使由

$$|x-x_0|<\delta \quad \text{可以引出} \quad |f(x)-f(x_0)|<\varepsilon.$$

这样, 最后的不等式在点 x_0 的充分小的邻域 $(x_0-\delta, x_0+\delta)$ 内就应该成立.

最后, 用 "序列的语言" 表达连续性: 在 $\mathcal{X}$ 内任意取收敛于 x_0 的 x 的序列:

$$x_1, x_2, \cdots, x_n, \cdots$$

则对应的函数值的序列

$$f(x_1), f(x_2), \cdots, f(x_n), \cdots$$

必收敛于 $f(x_0)$.

附注 设点 $x=x_0$ 是函数 $f(x)$ 的定义区域 $\mathcal{X}$ 的聚点, 但本身不属于 $\mathcal{X}$, 于是函数在这点是没有定义的. 然若存在着有限极限

$$\lim_{x\to x_0} f(x),$$

那么只要补充函数的定义, 令 $f(x_0)$ 等于这极限, $f(x)$ 就在 $x=x_0$ 处是连续的了. 在类似于此的情形我们以后经常就是这样来理解的.

反之, 若所说的极限并不存在, 那么即使函数在这一点 $x=x_0$ 没有确定也好, 我们总是说, 函数在这一点遭受间断: 这时不论函数在 $x=x_0$ 补取什么数值, 它在此处还是有间断!

我们以后通常要考察在区间 $\mathcal{X}$ 内确定的函数; 区间中的一切点都是它的聚点, 于是对于其中的任何一点都可以提出有关连续性的问题. 为着讲述的简化, 我们约定, 若函数在区间 $\mathcal{X}$ 内的每一点都是连续的, 就说函数在区间 $\mathcal{X}$ 内是连续的.

67. 连续函数的算术运算 在列举连续函数的例题以前, 先建立下面的简单的命题, 它使我们极容易地扩大了连续函数的数目.

定理 若二函数 $f(x)$ 及 $g(x)$ 是在同一区间 $\mathcal{X}$ 内定义着的, 且都在点 x_0 处连续, 则函数

$$f(x)\pm g(x), \quad f(x)\cdot g(x), \quad \frac{f(x)}{g(x)}$$

也在那一点连续, 最后一式须附以条件 $g(x_0)\neq 0$.

这可以直接从各有极限的二函数的和、差、积及商的极限定理 **[55]** 推得.

且讨论二函数的商作为例子. 函数 $f(x)$ 及 $g(x)$ 在点 x_0 处为连续的假定等于说存在着等式

$$\lim_{x\to x_0} f(x)=f(x_0),\quad \lim_{x\to x_0} g(x)=g(x_0).$$

但由此依商的极限的定理 (因为分母的极限不是零), 就有:

$$\lim_{x\to x_0}\frac{f(x)}{g(x)}=\frac{f(x_0)}{g(x_0)},$$

而这等式亦就表示函数 $\dfrac{f(x)}{g(x)}$ 在点 x_0 处是连续的.

68. 连续函数的例题 1° 有理整函数及分式函数 函数 $f(x)=x$ 显然在全区间 $(-\infty,+\infty)$ 内是连续的: 若 $x_n\to x_0$, 则 $f(x_n)=x_n\to x_0=f(x_0)$. 完全与此相同, 恒等于常数的函数亦是连续的.

由此, 根据前段的定理, 已可推得任何单项式

$$ax^m=a\cdot\overbrace{x\cdot x\cdot\cdots\cdot x}^{m次}$$

的连续性, 因为它可视为连续函数的积. 再者多项式 (有理整函数)

$$a_0x^n+a_1x^{n-1}+\cdots+a_{n-1}x+a_n$$

可视为连续函数的和, 所以也是连续的. 在上面所讲的各场合连续的范围都是在全区间 $(-\infty,+\infty)$ 内.

最后, 两多项式的商 (有理分式函数):

$$\frac{a_0x^n+a_1x^{n-1}+\cdots+a_{n-1}x+a_n}{b_0x^m+b_1x^{m-1}+\cdots+b_{m-1}x+b_m}$$

显然亦是同样地在任一数值 x 时是连续的, 但须除去使分母等于零的那些数值.

2° 指数函数 我们将证明指数函数 a^x 对于任何数值 $x=x_0$ 都是连续的, 换句话说, 即证明

$$\lim_{x\to x_0} a^x=a^{x_0}.$$

(同时只需限于 $a>1$ 时就够了.)

我们在 **54**, 6) 内已看到

$$\lim_{x\to 0} a^x=1.$$

因为函数 a^0 的数值恰好是 1, 所以这等式就表示着指数函数在点 $x=0$ 处是连续的. 由此已很容易转而证明它在任何点都是连续的; 实际上,

$$a^x-a^{x_0}=a^{x_0}(a^{x-x_0}-1),$$

但当 $x \to x_0$ 时, 显然 $x - x_0 \to 0$, 于是, 依照已证明的,

$$a^{x-x_0} \to 1, \quad 因而 \quad a^x \to a^{x_0},$$

此即需证者.

3° 双曲函数　依已经讲过的定理, 它们的连续性可以直接从已证明的指数函数的连续性中推得, 因为它们全是函数 e^x 的有理表达式.

4° 三角函数　先讨论函数 $\sin x$. 它也是在任何数值 $x = x_0$ 时是连续的, 即有等式

$$\lim_{x \to x_0} \sin x = \sin x_0.$$

要证明它, 注意到在 **54**, (9) 内 $\left(对于 0 < x < \frac{\pi}{2}\right)$ 已建立的不等式

$$\sin x < x,$$

从它很易推得不等式

$$|\sin x| \leqslant |x|$$

对于一切数值 x 都是真实的 $\left(当\ |x| \geqslant \frac{\pi}{2} > 1\ 时, 立刻由\ |\sin x| \leqslant 1\ 推得\right)$. 其次有

$$\sin x - \sin x_0 = 2 \sin \frac{x - x_0}{2} \cdot \cos \frac{x + x_0}{2},$$

于是

$$\begin{aligned} |\sin x - \sin x_0| &= 2 \cdot \left|\sin \frac{x - x_0}{2}\right| \cdot \left|\cos \frac{x + x_0}{2}\right| \\ &\leqslant 2 \left|\sin \frac{x - x_0}{2}\right| \leqslant 2 \cdot \frac{|x - x_0|}{2}, \end{aligned}$$

即

$$|\sin x - \sin x_0| \leqslant |x - x_0|, \tag{2}$$

不论 x 及 x_0 是怎样的数值.

若给定任何 $\varepsilon > 0$, 则令 $\delta = \varepsilon$; 当 $|x - x_0| < \delta$ 时就有

$$|\sin x - \sin x_0| < \varepsilon,$$

这就证明了 $\sin x$ 的连续性. 类似于此, 可以确定函数 $\cos x$ 同样对于任何数值 x 也是连续的.

由此, 依前面一目的定理, 已可推出函数

$$\operatorname{tg} x = \frac{\sin x}{\cos x}, \quad \sec x = \frac{1}{\cos x}, \quad \operatorname{ctg} x = \frac{\cos x}{\sin x}, \quad \csc x = \frac{1}{\sin x}$$

的连续性. 但对于前面二函数要除去使 $\cos x$ 等于 0 的形如 $(2k+1)\frac{\pi}{2}$ 的数值; 对于后面二函数要除去使 $\sin x$ 等于 0 的形如 $k\pi$ 的数值.

69. 单侧连续 · 间断的分类 上面我们用等式 (1) 定义了函数 $f(x)$ 在点 x_0 处的连续性的概念. 在这时, 要计算极限 (1), 我们既可以使 x 从右方, 也可以使 x 从左方接近于 x_0. 今将建立函数在所给点为单侧连续或单侧间断的概念.

常说:*函数 $f(x)$ 在点 x_0 处是右 (左) 连续的*, 只需能满足极限关系式:

$$\left.\begin{array}{l} f(x_0+0)=\lim\limits_{x\to x_0+0} f(x)=f(x_0) \\ {[f(x_0-0)=\lim\limits_{x\to x_0-0} f(x)=f(x_0)].} \end{array}\right\} \tag{3}$$

若这关系式内的一式或另一式并不成立, 则*函数 $f(x)$ 在点 x_0 处有右间断或左间断*.

仅论及函数的定义区间 $\mathcal{X}$ 的左 (右) 端[①]时, 显然只能说右 (左) 连续或右 (左) 间断. 又若 x_0 是区间 $\mathcal{X}$ 的内点, 即并不重合于某一端点, 则若要使等式 (1), 即函数在点 x_0 为连续的常义表达式成立, 其充要条件为等式 (3) 的两式同时成立 [**52**]. 换言之,*说函数在点 x_0 处连续就等于说它在这一点同时是右连续及左连续*.

让我们来详细地讨论函数 $f(x)$ 在点 x_0 处之右连续或右间断的问题. 假定函数 $f(x)$ 在 x_0 的右方某区间 $[x_0, x_0+h]$ $(h>0)$ 内是有意义的, 我们看到, 连续之充要条件为: 首先, 当 x 从右趋向于 x_0 时函数 $f(x)$ 的极限 $f(x_0+0)$ 要存在, 且第二, 这极限应等于函数在点 x_0 处的数值 $f(x_0)$.

因此, 在怎样的情况下, 函数 $f(x)$ 在点 x_0 处出现右间断是很容易认清的. 可能碰到, 即使有限的极限 $f(x_0+0)$ 存在, 但它不等于数值 $f(x_0)$, 这种间断称为**普通间断或第一类间断**[②]. 但亦可能碰到, 极限 $f(x_0+0)$ 是无穷或根本不存在, 则称为**第二类间断**.

在下一目内我们将引入这些间断的例子.

附注 若函数 $f(x)$ 在点 $x=x_0$ 处没有意义 (参阅 **66** 内的附注), 则函数在这点要恢复连续性仅当有限极限 $f(x_0+0), f(x_0-0)$ 两者都存在并相等时才有可能.

若这两极限之一是无穷或根本不存在, 则说在对应的那一方有第二类间断存在.

70. 间断函数的例题 1) 考察函数 $y=E(x)$ (它的图像表示在图 8 中). 若 x_0 不是整数, 又 $E(x_0)=m$, 即 $m<x_0<m+1$, 则对于在区间 $(m, m+1)$ 内的一切 x 的数值都有 $E(x)=m$, 由此显然可知函数在 x_0 是连续的.

但若 x_0 等于整数 m, 情形就不同了. 函数在这点为右连续, 因为在 $x=m$ 的右方, 即对 $(m, m+1)$ 中的 x 值, 有 $E(x)=m$, 于是 $E(m+0)=m=E(m)$. 反之, 在 $x=m$ 的左方, 对于在 $(m-1, m)$ 内的 x 数值, 显然有 $E(x)=m-1$; 由此, 又有 $E(m-0)=m-1$, 它不等于数值 $E(m)$, 因此在点 $x=m$ 的左方函数有普通间断或跃度!

---

①假定这端点是有限的数.

②在这场合也说函数 $f(x)$ 在点 x_0 的右方有**跃度**, 它在数量上等于 $f(x_0+0)-f(x_0)$.

2) 取在 **46** 内已考察过的函数:

$$y = f(x) = \lim_{n\to\infty} \frac{x^{2n}-1}{x^{2n}+1}$$

(它的图像画在图 28 中). 它在点 $x=\pm 1$ 处有普通右间断和左间断, 因为:

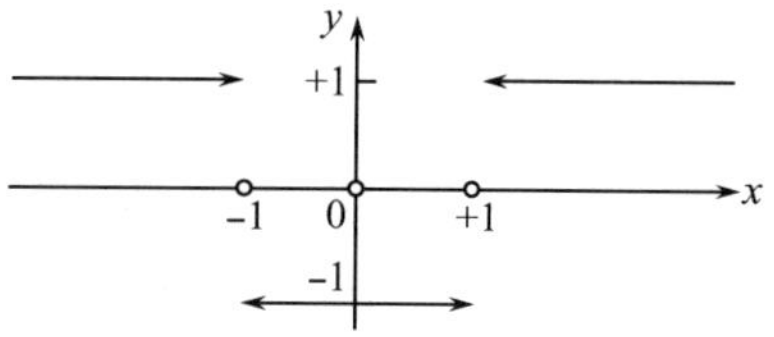

图 28

$$f(\pm 1) = 0, \quad f(-1-0) = f(1+0) = 1$$
$$f(-1+0) = f(1-0) = -1,$$

3) 对于函数

$$f(x) = \frac{1}{x^3} \quad (x \neq 0),$$

从左右两方看来点 $x=0$ 都是第二类间断点; 就是在这点函数从右方或左方都趋于 ∞:

$$f(+0) = \lim_{x\to+0} \frac{1}{x^3} = +\infty, \quad f(-0) = \lim_{x\to-0} \frac{1}{x^3} = -\infty.$$

4) **54**, 9) 内已考察过的函数

$$f(x) = \sin\frac{1}{x} \quad (x \neq 0),$$

在点 $x=0$ 处有第二类的两方间断点, 因为不论 x 从右或者从左趋向于 0, 这函数的极限都不存在.

5) 反之, 若取函数 [**54**, 10)]

$$f(x) = x\cdot\sin\frac{1}{x} \quad (x \neq 0),$$

我们已看到, 它的极限存在,

$$\lim_{x\to 0} f(x) = 0,$$

因此, 根据 **66** 的附注, 令 $f(0)=0$, 我们就恢复了函数在 $x=0$ 的连续性.

6) 当 $x \neq 0$ 时用等式:

$$f_1(x) = e^{\frac{1}{x}}, \quad f_2(x) = \operatorname{arctg}\frac{1}{x}$$

定义二函数, 此外, 又令 $f_1(0) = f_2(0) = 0$.

对于第一个函数有

$$f_1(+0) = \lim_{x\to+0} e^{\frac{1}{x}} = \lim_{z\to+\infty} e^z = +\infty,$$
$$f_1(-0) = \lim_{x\to-0} e^{\frac{1}{x}} = \lim_{z\to-\infty} e^z = 0.$$

于是在点 $x=0$ 有第二类右方间断, 但却是左方连续. 对于第二个函数则有

$$f_2(+0) = \lim_{x\to+0} \operatorname{arctg}\frac{1}{x} = \lim_{z\to+\infty} \operatorname{arctg} z = \frac{\pi}{2},$$
$$f_2(-0) = \lim_{x\to-0} \operatorname{arctg}\frac{1}{x} = \lim_{z\to-\infty} \operatorname{arctg} z = -\frac{\pi}{2},$$

因此在点 $x=0$ 的两方都有跃度. 这些函数的图像画在图 29 及 30 中.

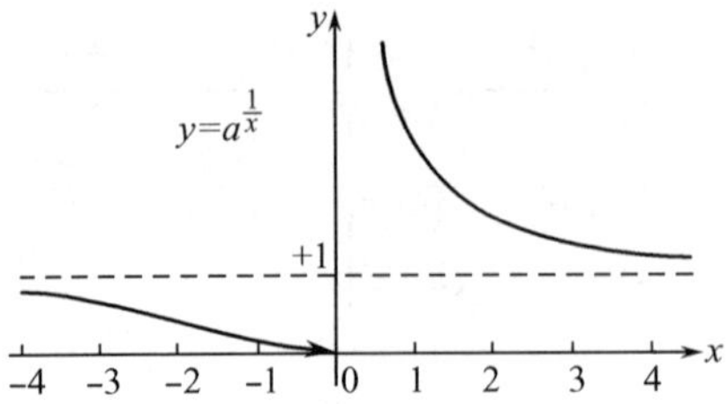

图 29

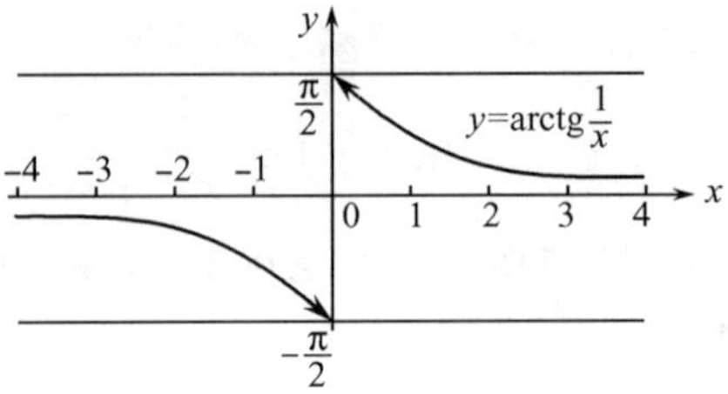

图 30

7) 再回想狄利克雷函数 [**46**]:

$$\chi(x)=1,\quad 若\ x\ 是有理数,$$
$$\chi(x)=0,\quad 若\ x\ 是无理数.$$

因为在有理点的任意近处总有无理点, 反过来也如此, 所以不论 x_0 是区间 $(-\infty,+\infty)$ 内怎样的点, 当 $x\to x_0$ 时 $\chi(x)$ 没有极限存在, 因此函数在任一点处有第二类的两方间断.

8) 最后, 在区间 $[0,1]$ 内定义函数 $f(x)$: 若 x 是有理数而表示为不可通约分数 $\dfrac{p}{q}$, 则 $f(x)=\dfrac{1}{q}$; 对于无理数 x 则令 $f(x)=0$ ①. 我们可以肯定, 函数在任一有理点有普通间断, 同时在任一无理点它是连续的.

事实上, 设 x_0 是所考察的区间内的任意一点. 若指定任意数 $\varepsilon>0$, 则不超过 $\dfrac{1}{\varepsilon}$ 的自然数 q 仅只有限个数存在, 意即在区间内只能找出有限个有理点 $\dfrac{p}{q}$ 使 $f\left(\dfrac{p}{q}\right)=\dfrac{1}{q}\geqslant\varepsilon$. 点 x_0 可以用不含任一个这种点在内 (或许要除去点 x_0 本身) 的邻域 $(x_0-\delta,x_0+\delta)$ 来包围住. 那么, 只要 $|x-x_0|<\delta$ $(x\neq x_0)$, 不论 x 是否有理数, 在任何情形常有 $|f(x)|<\varepsilon$. 意即, 对于任意点 x_0 存在着

$$f(x_0+0)=f(x_0-0)=0.$$

若 x_0 是无理点, 则又有 $f(x_0)=0$, 即函数在这点为连续; 又若 x_0 是有理点, 则 $f(x_0)$ 异于 0, 故有两方的普通间断.

71. 单调函数的连续性及间断 考察函数 $f(x)$, 当 x 在区间 $\mathcal{X}$ ② 内变动时它单调增大 (减小) 着, 可能是广义的 [**57**]. 关于这种函数有下面的定理:

1° *单调增 (减) 函数 $f(x)$ 在 $\mathcal{X}$ 内若有间断, 只能有第一种间断, 即跃度.*

取区间 $\mathcal{X}$ 内的任意点 x_0, 并设它不是这区间的左端. 考察在 x_0 左方的部分区间, 并应用 **57** 内关于单调函数的极限定理, 由于 $x<x_0$ 时, 显然 $f(x)\leqslant f(x_0)$, 因此存在着有限的极限

$$f(x_0-0)=\lim_{x\to x_0-0}f(x)\leqslant f(x_0).$$

若它重合于数值 $f(x_0)$, 则函数在点 x_0 为左方连续; 在相反的场合, 函数有跃度.

①这函数是黎曼 (B. Riemann) 考察过的.

②这区间可以是有限的, 也可以是无穷的, 闭的或开的 (一端开或两端都开).

同时类似地可证函数在区间 $\mathcal{X}$ 内的任一点 x_0 (不是区间的右端) 为右方连续或跃度.

用已证明的定理很容易建立在实用上极为方便的单调函数的连续性的检定法:

2° 若在区间 $\mathcal{X}$ 内为单调增大 (减小) 的函数 $f(x)$ 的数值都包含在区间 $\mathcal{Y}$ 内, 且把它全部填满 (使 $\mathcal{Y}$ 内的每一数值 y 至少有一次被取作函数数值), 则这函数在 $\mathcal{X}$ 内是连续的①.

试设函数 $f(x)$ 在 $\mathcal{X}$ 内的任何一点 x_0 处有间断, 例如在左方; 我们已看到, 这间断只能是跃度. 在这场合存在着极限 $f(x_0-0)$, 但它小于数值 $f(x_0)$. 因为当 $x<x_0$ 时必有 $f(x)\leqslant f(x_0-0)$, 而当 $x>x_0$ 时显然有 $f(x)\geqslant f(x_0)$, 所以函数不可能取属于区间 $\mathcal{Y}$ 而位于 $f(x_0-0)$ 与 $f(x_0)$ 之间的数值 y, 这就违反了定理的条件. 所以, 函数 $f(x)$ 事实上不会有间断.

在下一目内读者将遇到一系列的例题, 它们是这有用的定理的应用.

72. 初等函数的连续性 一系列初等函数的连续性已在 **68** 内用例题的形式证明了. 现再应用前一目的定理 2, 首先, 很容易重新建立函数 a^x 或 $\sin x$ 的连续性.

当 x 在区间 $\mathcal{X}=(-\infty,+\infty)$ 内变动时函数 $y=a^x$ $(a>1)$ 单调增大. 它的数值全是正的, 且充满全区间 $\mathcal{Y}=(0,+\infty)$, 这由对数 $x=\log_a y$ 对于任何 $y>0$ 都存在 **[20]** 的事实立刻可知. 因此, 指数函数在任何 x 的数值时是连续的.

类似于此, 当 x 在区间 $\mathcal{X}=\left[-\dfrac{\pi}{2},\dfrac{\pi}{2}\right]$ 内变动时函数 $y=\sin x$ 的连续性可由它在这区间内的单调性, 以及它取到 -1 与 $+1$ 之间每一数值的事实 (几何上确定的事实) 立刻推得. 论及任意形如

$$\left[k\pi-\frac{\pi}{2},k\pi+\frac{\pi}{2}\right]\quad(k=0,\pm1,\pm2,\cdots)$$

的区间时, 亦有同样的话可说.

但是使我们更感兴趣的是, 新的结果也可应用前一目的定理很容易地得出. 我们现在要继续列举在 **68** 已开始的基本初等函数.

5° 对数函数 $y=\log_a x$ $(a>0,a\neq1)$. 限于 $a>1$ 的场合, 我们就看到, 当 x 在区间 $\mathcal{X}=(0,+\infty)$ 内变动时这函数是增函数. 在这时它显然也取到区间 $\mathcal{Y}=(-\infty,+\infty)$ 内的任何数值 y, 就是适合 $x=a^y$ 的 y. 由此已看出它的连续性.

6° 幂函数 $y=x^\mu$ $(\mu\gtrless0)$. 当 x 由 0 增大至 $+\infty$ 时, 若 $\mu>0$, 则函数增大着, 若 $\mu<0$, 则函数减小着. 在这时它取到任何正的数值 $y\left(\text{适合 } x=y^{\frac{1}{\mu}}\right)$, 因此, 它也是连续的②.

① $f(x)$ 的数值完全填满区间 $\mathcal{Y}$ 在这里是单调函数连续的充分条件; 以后 [**82**] 我们将证明它也是必要条件.

②若 $\mu>0$, 则数值 0 既包括在 x 的变动区间内, 也包括在 y 的变动区间内; 当 $\mu<0$ 时数值 0 不包括在内. 再则, 若 μ 是整数 $\pm n$ 或带有奇数分母的分数 $\pm\dfrac{q}{p}$, 则也可以在 $x<0$ 时考察 x^μ, 这时它的连续性可以类似地证明.

7° 反三角函数

$$y=\arcsin x,\quad y=\arccos x,\quad y=\operatorname{arctg} x,\quad y=\operatorname{arcctg} x.$$

首二函数在区间 $[-1,+1]$ 内是连续的, 而末二函数在区间 $(-\infty,+\infty)$ 内是连续的. 证明留给读者.

这样, 可以总括起来说,基本初等函数在一切使它们有意义的点 (即在它们的自然定义域内) 都是连续的.

73. 连续函数的叠置 将已知的连续函数加以叠置 [51], 可以构成更多的连续函数.

这是以下面的定理为基础.

定理 设函数 $\varphi(y)$ 定义于区间 $\mathcal{Y}$ 之内, 而函数 $f(x)$ 定义于区间 $\mathcal{X}$ 之内, 并且当 x 在 $\mathcal{X}$ 内变动时后一函数的数值永不越出 $\mathcal{Y}$ 的范围. 若 $f(x)$ 在 $\mathcal{X}$ 内的一点 x_0 是连续的, 又 $\varphi(y)$ 在 $\mathcal{Y}$ 内与它对应的点 $y_0=f(x_0)$ 是连续的, 则复合函数 $\varphi(f(x))$ 在点 x_0 亦是连续的.

证明 指定任意数 $\varepsilon>0$. 因为 $\varphi(y)$ 在 $y=y_0$ 为连续, 故依 ε 必能求出 $\sigma>0$, 使

$$\text{由}\ |y-y_0|<\sigma\ \text{可以推得}\ |\varphi(y)-\varphi(y_0)|<\varepsilon.$$

另一方面, 由于 $f(x)$ 在 $x=x_0$ 为连续, 依 σ 必能求出 $\delta>0$, 使

$$\text{由}\ |x-x_0|<\delta\ \text{可以推得}\ |f(x)-f(x_0)|=|f(x)-y_0|<\sigma.$$

依原来选定 δ 的方法, 由此再推得

$$|\varphi(f(x))-\varphi(y_0)|=|\varphi(f(x))-\varphi(f(x_0))|<\varepsilon.$$

这样, 函数 $\varphi(f(x))$ 在点 x_0 处的连续性已用 "$\varepsilon-\delta$ 的语言" 证明了.

例如, 若将幂函数 x^μ $(x>0)$ 表示为复合函数的形式, 如:

$$x^\mu=e^{\mu\ln x}$$

它由叠置对数函数及指数函数而得, 则由后二函数的连续性已可推得幂函数的连续性.

74. 一个函数方程的解 为着要使下段的叙述简化起见, 今研究下面的问题 (它本身也很有趣).

求对区间 $(-\infty,+\infty)$ 内的任何 x 及 y 常能满足条件

$$f(x+y)=f(x)+f(y) \tag{A}$$

的一切连续函数 $f(x)$.

方程 (A) 就是所谓函数方程的最简单的例子, 它表述出所求函数的某一性质, 依着这性质应能求出那个未知函数. 我们的任务是要求出方程 (A) 的一切**连续解**.

很易看出, 线性齐次函数

$$f(x) = cx \quad (c = \text{常数}) \tag{a}$$

满足这方程:

$$c(x+y) = cx + cy.$$

但现在的问题却是: 它是否就是具有性质 (A) 的**唯一的**连续函数?

为着要证明确实是这样, 我们先假定某一连续函数 $f(x)$ 满足方程 (A), 然后指出那时它必须具有形式 (a).

首先, 用数学归纳法很易推广关系式 (A) 至任意个 $(=n)$ 加数的情形:

$$f(\overbrace{x+y+\cdots+z}^{n}) = f(x) + f(y) + \cdots + f(z). \tag{4}$$

实际上, 若假定它在任何 $n \geqslant 2$ 项相加时为真, 则它在 $n+1$ 项相加时亦为真:

$$f(\overbrace{x+y+\cdots+z}^{n}+u) = f(\overbrace{x+y+\cdots+z}^{n}) + f(u) = [f(x)+f(y)+\cdots+f(z)] + f(u).$$

假定在 (4) 内令 $x = y = \cdots = z$, 就得出:

$$f(nx) = n \cdot f(x). \tag{5}$$

在此处把 x 换成 $\frac{1}{n}x$, 则得

$$f\left(\frac{1}{n}x\right) = \frac{1}{n}f(x),$$

而后, 若把 x 换成 mx (m 是自然数) 并应用前面的等式, 就得出关系式

$$f\left(\frac{m}{n}x\right) = \frac{m}{n} \cdot f(x). \tag{6}$$

今在基本方程 (A) 中令 $x = y = 0$, 则得

$$f(0) = 2f(0), \quad \text{于是} \quad f(0) = 0. \tag{7}$$

若又取 $y = -x$, 则利用 (7), 就得出:

$$f(-x) = -f(x),$$

因此函数 $f(x)$ 在 x 变号时亦变号. 然后, 由 (5) 及 (6) 很易引出:

$$f(-nx) = -f(nx) = -n \cdot f(x). \tag{8}$$

而类似地可证成立更一般的式子:

$$f\left(-\frac{m}{n}x\right) = -\frac{m}{n}f(x). \tag{9}$$

所得的关系式 (5)~(9) 可以联合成为等式

$$f(rx) = r \cdot f(x),$$

在任何实数值 x 时, 不论 r 是怎样的有理数, 它总是真实的.

若在这里取 $x = 1$, 并用 c 表示 $f(1)$, 则得

$$f(r) = cr.$$

这样, 就本质上说来, 我们已确定函数的形式 f, 但迄今仅适用于变元的有理数值. 并且迄今为止, 我们仅应用函数满足条件 (A) 这一事实, 而并未考虑它的连续性.

今设 ρ 是变元的任意无理数值. 很易做一趋向于它的有理数序列

$$r_1, r_2, \cdots, r_n, \cdots$$

(例如, 可以取对应于 ρ 的无穷十进小数的诸段). 我们立即看到

$$f(r_n) = cr_n \quad (n = 1, 2, \cdots).$$

由上式求 $n \to +\infty$ 时的极限; 在右方我们得到 $c\rho$, 而在左方, 由于函数 f 的连续性的假定, 得

$$\lim f(r_n) = f(\rho),$$

于是, 最后

$$f(\rho) = c\rho.$$

这样, 实际上, 我们的函数对于变元的一切实数值都可借公式 (a) 来表示. 这公式就给出方程 (A) 的最普遍的连续函数解.

75. 指数函数、对数函数及幂函数的函数特性

1° 如果

$$f(x) = a^x \quad (a > 0), \tag{б}$$

则对于两个不论是怎样的实数 x 及 y, 恒有等式

$$f(x + y) = f(x) \cdot f(y) \tag{Б}$$

成立, 它们表示着大家都知道的乘幂法则:

$$a^{x+y} = a^x \cdot a^y.$$

事实上, 函数的性质 (Б) 再加上连续性就完全确定了指数函数. 再准确地说:

指数函数 (若除去恒等于 0 的函数以外) 是确定于全区间 $(-\infty, +\infty)$ 内, 并且满足条件 (Б) 的唯一连续函数.

换句话说, 公式 (б) —— 除去已指出的例外 —— 给出函数方程 (Б) 的最普遍的连续函数解.

为着证明, 我们考察任意确定于 $(-\infty, +\infty)$ 内并且满足条件 (Б) 的连续函数 $f(x)$, 除去 $f(x) \equiv 0$ 的那种平凡的情形.

因此, 在某一数值 $x = x_0$ 时函数必异于 0. 在 (Б) 内令 $y = x_0 - x$ 则得

$$f(x) \cdot f(x_0 - x) = f(x_0) \neq 0;$$

由此很清楚地, $f(x)$ 在任一 x 时异于 0. 再次, 在 (Б) 内把 x 及 y 都换成 $\frac{x}{2}$, 就求得:

$$f(x) = \left[f\left(\frac{x}{2}\right)\right]^2,$$

于是 $f(x)$ 永远严格地是正的.

再利用这些事实, 把等式 (Б) 取对数 (例如, 用数 e 做底) 得:

$$\ln f(x+y) = \ln f(x) + \ln f(y).$$

若令

$$\varphi(x) = \ln f(x),$$

我们就得出一个用 $\varphi(x)$ 表示的函数, 连续 (作为连续函数叠置的结果,**73**) 而且满足类似于 (A) 的条件:

$$\varphi(x+y) = \varphi(x) + \varphi(y).$$

我们已证过, 在这情形必须有

$$\varphi(x) = \ln f(x) = cx \quad (c = \text{常数}),$$

由此, 最后 (若令 $a = e^c$) 即得

$$f(x) = e^{cx} = a^x,$$

此即所要证的.

2° 若

$$f(x) = \log_a x \quad (a > 0, a \neq 1), \tag{в}$$

则在 x 及 y 为任意正值时, 必有

$$f(xy) = f(x) + f(y). \tag{B}$$

这就是积的对数法则,

$$\log_a xy = \log_a x + \log_a y.$$

而在这里, 这等式连同连续性恰好就是对数函数的全部特征性质:

对数函数 (除去前述的例外) *是确定于区间* $(0, +\infty)$ *内并且满足条件* (B) *的唯一连续函数,* 于是公式 (в) 就给出函数方程 (B) 的最普遍的连续函数解.

为着证明, 就取在 $x > 0$ 时满足这方程的任意连续函数 $f(x)$. 引入在区间 $(-\infty, +\infty)$ 内变动着的新变量 ξ, 并令

$$x = e^\xi, \quad \varphi(\xi) = f(e^\xi),$$

由此

$$\xi = \ln x, \quad f(x) = \varphi(\ln x).$$

连续函数 $\varphi(\xi)$ (根据 **73**) 满足 (A) 型的条件 [参阅 (в)]

$$\varphi(\xi+\eta)=f(e^{\xi+\eta})=f(e^{\xi}\cdot e^{\eta})=f(e^{\xi})+f(e^{\eta})=\varphi(\xi)+\varphi(\eta).$$

因此

$$\varphi(\xi)=c\xi \quad 而 \quad f(x)=c\cdot\ln x,$$

若除去 $c=0$ 的情形 (那时 $f(x)\equiv 0$), 则所得的结果又可以写成

$$f(x)=\log_a x,$$

式中 $a=e^{\frac{1}{c}}$. 由此一切都已证明.

3° 最后, 转而讨论函数

$$f(x)=x^{\mu}, \tag{г}$$

显然, 在 x 及 y 为任何正数值时它满足函数方程

$$f(xy)=f(x)\cdot f(y), \tag{Г}$$

因为

$$(xy)^{\mu}=x^{\mu}\cdot y^{\mu}.$$

这方程再加上连续性, 在本题的情形, 同样可以作为幂函数的全部特征性质. 就是说:

幂函数 (除去普通的例外) 是确定于区间 $(0,+\infty)$ 内, 并满足条件 (Г) 的唯一连续函数.

事实上, 若给定在 $x>0$ 时满足条件 (Г) 的连续函数 $f(x)$, 则可利用在 2° 内曾用过的同一代换式. 于是函数 $\varphi(\xi)$ 将满足条件 [参阅 (Г)]

$$\varphi(\xi+\eta)=f(e^{\xi+\eta})=f(e^{\xi}\cdot e^{\eta})=f(e^{\xi})\cdot f(e^{\eta})=\varphi(\xi)\cdot\varphi(\eta).$$

我们已经知道 (若除去恒等于零情形), 必有

$$\varphi(\xi)=a^{\xi} \quad (a>0).$$

由此, 若令 $\mu=\ln a$, 则

$$f(x)=a^{\ln x}=x^{\mu},$$

此即需证者.

76. 三角余弦及双曲余弦的函数特性

4° 若

$$f(x)=\cos ax \quad 或 \quad \operatorname{ch} ax \quad (a\geqslant 0), \tag{д}$$

则对于 x 及 y 的任何实数值满足关系式

$$f(y+x)+f(y-x)=2f(x)\cdot f(y). \tag{Д}$$

这可从两种余弦的加法定理推出来:

$$\cos(y\pm x)=\cos x\cos y\mp\sin x\sin y,$$
$$\operatorname{ch}(y\pm x)=\operatorname{ch} x\operatorname{ch} y\pm\operatorname{sh} x\operatorname{sh} y$$

[**48,** 6°]. 这里, 函数方程 (Д) 以及函数须为连续的条件, 便完全确定了两种余弦:

三角余弦及双曲余弦 (д) 是确定于区间 $(-\infty,+\infty)$ 上并在其上满足条件 (Д) 的唯一连续函数 (如果, 跟以前一样, 不把恒等于零的函数算在内的话).

所以, 设 $f(x)$ 是满足条件(Д) 且对所有 x 都连续的函数. 令 $x=0$, 并取使 $f(y)\neq 0$ 的任一值作为 y, 则可知

$$f(0)=1. \tag{10}$$

在这种情形下, 当 $y=0$ 时便得到

$$f(-x)=f(x) \tag{11}$$

故 $f(x)$ 是偶函数.

由于连续函数 $f(x)$ 在 $x=0$ 是正的, 故可找到这样的一个正数 c, 使 $f(x)$ 在全区间 $[0,c]$ 上是正的. 这以后, 要看是 (α) $f(c)\leqslant 1$ 还是 (β) $f(c)>1$, 而分两路来作研究. 先研究情形 (α).

因 $0<f(c)\leqslant 1$, 故可找到这样的 θ $\left(0\leqslant\theta<\dfrac{\pi}{2}\right)$, 使

$$f(c)=\cos\theta. \tag{12}$$

然后把基本关系式 (Д) 改写为

$$f(y+x)=2f(x)\cdot f(y)-f(y-x),$$

并在该式中依次设

$$x=c,\quad y=c;$$
$$x=c,\quad y=2c;$$
$$x=c,\quad y=3c;$$

等等. 我们便得到 [利用 (10) 及 (12)]

$$f(2c)=2\cos^2\theta-1=\cos 2\theta,$$
$$f(3c)=2\cos\theta\cos 2\theta-\cos\theta=\cos 3\theta,$$
$$f(4c)=2\cos\theta\cos 3\theta-\cos 2\theta=\cos 4\theta,$$

等等. 利用数学归纳法, 不难证明, 对任何自然数 m, 有公式

$$f(mc)=\cos m\theta. \tag{13}$$

若在 (Д) 中设 $x=y=\dfrac{1}{2}c$, 则得 [仍利用 (10) 及 (12)]:

$$\left[f\left(\frac{1}{2}c\right)\right]^2=\frac{f(0)+f(c)}{2}=\frac{1+\cos\theta}{2}=\left[\cos\frac{\theta}{2}\right]^2;$$

而由于 $f(x)$ 在 0 与 c 间为正, 函数 $\cos x$ 在 0 与 θ 间为正, 故在两边取正根, 便得等式

$$f\left(\frac{c}{2}\right)=\cos\frac{\theta}{2}.$$

完全一样地, 若在 (Д) 中设 $x=y=\dfrac{c}{2^2}$, 则得

$$f\left(\frac{c}{2^2}\right)=\cos\frac{\theta}{2^2}.$$

等等. 这样, 相继地 (用数学归纳法!), 便得到一般关系式

$$f\left(\frac{c}{2^n}\right)=\cos\frac{\theta}{2^n}\quad(n=1,2,\cdots).\tag{14}$$

最后, 把从 (12) 得出 (13) 的推理过程再重复一遍, 便可从 (14) 得出等式

$$f\left(\frac{m}{2^n}c\right)=\cos\frac{m}{2^n}\theta.$$

于是, 对 $\dfrac{m}{2^n}$ 型的正的 x 值, 有:

$$f(cx)=\cos\theta x.\tag{15}$$

但由于任何正数 x 可表示为 $\dfrac{m}{2^n}$ 型的极限, 因此利用极限过程 (根据函数 $f(x)$ 与 $\cos x$ 的连续性) 便可知公式 (15) 对所有 $x>0$ 都成立. 由于 (11), 这公式对 $x<0$ 也成立, 而由于 (10), 公式对 $x=0$ 也成立. 若在 (15) 中把 x 换为 $\dfrac{x}{c}$, 并令 $\dfrac{\theta}{c}=a$, 则最后便得:

$$f(x)=\cos ax.$$

在情形 (β), 我们有: $f(c)>1$; 于是可求得这样的 θ, 使

$$f(c)=\operatorname{ch}\theta.$$

把上述推理再逐字重复一遍, 并依据双曲余弦的关系式 (与三角余弦的关系式相似), 便在所论的情形下得出

$$f(x)=\operatorname{ch}ax\quad(a>0).$$

当 $a=0$ 时, 从两个公式都得出: $f(x)\equiv 1$.

函数方程 (А), (Б), (В), (Г) 与 (Д) 最先是柯西研究的, 他并且给出了这些方程的连续函数解.

77. 函数的连续性在计算极限时的应用 函数的连续性在极限计算中可以有各种各样的应用①. 我们在本目内就讲一些这类的例题.

1) 在 x 为任何实数值时我们有

$$\lim_{n\to+\infty}\left(1+\frac{x}{n}\right)^n=e^x.$$

事实上, 所考察的式子 (设想 $x\neq 0$) 可以改写为

$$\left[\left(1+\frac{x}{n}\right)^{\frac{n}{x}}\right]^x$$

的形式. 因为 $\dfrac{x}{n}\to 0$, 故在方括号内的整序变量趋于 e [**54** (13)], 然后利用幂函数的连续性 (此处 $x=$ 常数), 全式就以 e^x 为极限.

---

①事实上我们在别处早已这样做过了; 如, 在 **56** 例 3) 内我们顺便确定 $\sqrt[m]{x}$ 在 $x=1$ 的连续性并利用着它, 而在例 5) (б) 内又利用过 $\cos x$ 在 $x=0$ 的连续性.

2) 求极限

$$\lim_{x\to\infty}[\sqrt[k]{(x+a_1)(x+a_2)\cdots(x+a_k)}-x]\quad(\infty-\infty),$$

式中 $a_1, a_2, \cdots, a_k$ 是给定的常数.

应用恒等式

$$y-z=\frac{y^k-z^k}{y^{k-1}+y^{k-2}z+\cdots+z^{k-1}},$$

并用代换式

$$y=\sqrt[k]{(x+a_1)\cdots(x+a_k)}\quad 及\quad z=x.$$

则所考察的式子就可表示为

$$\frac{(x+a_1)\cdots(x+a_k)-x^k}{(\sqrt[k]{\cdots})^{k-1}+x(\sqrt[k]{\cdots})^{k-2}+\cdots+x^{k-1}}$$

$$=\frac{(a_1+\cdots+a_k)+\dfrac{a_1a_2+\cdots+a_{k-1}a_k}{x}+\cdots}{\left(\sqrt[k]{\left(1+\dfrac{a_1}{x}\right)\cdots\left(1+\dfrac{a_k}{x}\right)}\right)^{k-1}+\cdots+1}$$

的形式. 在 $x\to+\infty$ 时被开方式趋向于 1, 因此, 据根式的连续性(因为根式可作为幂函数的特例), 根式本身的极限为 $\sqrt[k]{1}=1$. 因为分母中的 (根式的) $(k-1)$ 次多项式也是连续函数, 所以分母趋于 k, 而整个分式的极限是

$$\frac{a_1+a_2+\cdots+a_k}{k}.$$

3) 回到 **33**, 13) 内的命题. 设 $a_n>0$ 且 $a_n\to a$; 暂设 $0<a<+\infty$. 应用该命题于序列 $\{\ln a_n\}$.

因为 $\ln a_n\to\ln a$ (根据对数函数的连续性), 所以

$$\lim\ln\sqrt[n]{a_1\cdots a_n}=\lim\frac{\ln a_1+\cdots+\ln a_n}{n}=\ln a.$$

此时, 依指数函数的连续性,

$$\sqrt[n]{a_1\cdots a_n}=e^{\ln\sqrt[n]{a_1\cdots a_n}}\to e^{\ln a}=a.$$

用 **54**, 极限 1) 及 2), 这结果也可以推广到 $a=0$ 及 $a=+\infty$ 的情形.

这样, 我们就得出该命题的下列变换:

若正的整序变量 a_n 有极限 (有限或否), 则整序变量

$$b_n=\sqrt[n]{a_1\cdot a_2\cdots a_n}$$

也必有同一极限.

4) 应用这命题于序列

$$a_1, \frac{a_2}{a_1}, \frac{a_3}{a_2}, \cdots, \frac{a_n}{a_{n-1}}, \frac{a_{n+1}}{a_n}, \cdots$$

引出有趣的推论:

$$\lim\sqrt[n]{a_n}=\lim\frac{a_{n+1}}{a_n},$$

只要假定其中的第二个极限存在便行.

为着示例, 试求极限.

$$\lim \frac{\sqrt[n]{n!}}{n}.$$

令 $a_n = \frac{n!}{n^n}$, 就有

$$\frac{a_{n+1}}{a_n} = \frac{(n+1)!}{(n+1)^{n+1}} : \frac{n!}{n^n} = \frac{1}{\left(1+\frac{1}{n}\right)^n} \to \frac{1}{e}.$$

故所求极限是 $\frac{1}{e}$.

5) 再来确定下面一系列重要的极限, 它们在下一章内是极有用的:

$$\text{(a)} \quad \lim_{\alpha\to 0} \frac{\log_a(1+\alpha)}{\alpha} = \log_a e \qquad \left(\frac{0}{0}\right),$$

$$\text{(б)} \quad \lim_{\alpha\to 0} \frac{a^\alpha - 1}{\alpha} = \ln a \qquad \left(\frac{0}{0}\right),$$

$$\text{(в)} \quad \lim_{\alpha\to 0} \frac{(1+\alpha)^\mu - 1}{\alpha} = \mu \qquad \left(\frac{0}{0}\right).$$

我们有

$$\frac{\log_a(1+\alpha)}{\alpha} = \log_a(1+\alpha)^{\frac{1}{\alpha}};$$

因为右端对数符号后面的式子当 $\alpha \to 0$ 时趋于 e [**54**, (13)], 故 (由对数函数的连续性) 它的对数必趋于 $\log_a e$, 此即所要证的.

注意已证明的公式的特例, 当论及自然对数 $(a = e)$ 时:

$$\lim_{\alpha\to 0} \frac{\ln(1+\alpha)}{\alpha} = 1.$$

这结果很简便, 而自然对数制所表出的优点在本质上即根源于此.

转向公式 (б), 令 $a^\alpha - 1 = \beta$; 则当 $\alpha \to 0$ 时 (由指数函数的连续性) 也有 $\beta \to 0$. 再则, 因 $\alpha = \log_a(1+\beta)$, 于是若应用刚才所证明的结果:

$$\lim_{\alpha\to 0} \frac{a^\alpha - 1}{\alpha} = \lim_{\beta\to 0} \frac{\beta}{\log_a(1+\beta)} = \frac{1}{\log_a e} = \ln a,$$

此即所要证的.

特别是, 若取 $\alpha = \frac{1}{n}$ $(n = 1, 2, \cdots)$, 则得有趣的公式:

$$\lim_{n\to+\infty} n(\sqrt[n]{a} - 1) = \ln a \quad (\infty \cdot 0).$$

最后, 要证明公式 (в), 可令 $(1+\alpha)^\mu - 1 = \beta$; 当 $\alpha \to 0$ 时 (由幂函数的连续性) 必有 $\beta \to 0$. 在等式 $(1+\alpha)^\mu = 1 + \beta$ 的两边取对数, 则得

$$\mu \cdot \ln(1+\alpha) = \ln(1+\beta).$$

利用这一关系式, 所给式就变形成为

$$\frac{(1+\alpha)^\mu-1}{\alpha}=\frac{\beta}{\alpha}=\frac{\beta}{\ln(1+\beta)}\cdot\mu\cdot\frac{\ln(1+\alpha)}{\alpha}.$$

前已证明关系式

$$\frac{\beta}{\ln(1+\beta)} \quad 及 \quad \frac{\ln(1+\alpha)}{\alpha}$$

两者都趋向于 1, 于是总的乘积就以 μ 为极限. 此即所要证的.

在 **56**, 3) 内考察过的极限可作为 $\mu=r$ 时的特例而由此得出.

78. 幂指数式 今考察幂指数式 u^v, 式中的 u 及 v 是同一变量 x 的函数, x 的变动区域 $\mathcal{X}$ 具有聚点 x_0; 在特殊情形, 它们可以是两个整序变量 u_n 及 v_n.

设存在着有限极限:

$$\lim_{x\to x_0} u=a \quad 及 \quad \lim_{x\to x_0} v=b$$

而且 $a>0$. 现在要求幂指数式 u^v 的极限.

把它表示为形式

$$u^v=e^{v\cdot\ln u}.$$

函数 v 及 $\ln u$ 各有极限

$$\lim_{x\to x_0} v=b,\quad \lim_{x\to x_0}\ln u=\ln a$$

(此处应用对数函数的连续性), 于是

$$\lim_{x\to x_0} v\ln u=b\ln a.$$

由此, 由指数函数的连续性, 最后即得:

$$\lim_{x\to x_0} u^v=e^{b\cdot\ln a}=a^b.$$

在别的情形, 当已知乘积 $v\ln u$ 的极限 c 时, 有限的或确定符号的无穷, 表达式 u^v 的极限亦可以确定. 对于有限数 c 时所求极限显然是 e^c; 若 $c=-\infty$ 或 $+\infty$, 则这极限各为 0 或 $+\infty$ [**54, 1)**].

该极限 $c=\lim\{v\ln u\}$ 的确定 —— 仅由给定的极限 a 及 b —— 总是可能的, 但须除去当这积 (在 $x\to x_0$ 时) 表示为 $\infty\cdot 0$ 型的不定式的那些情形. 很易判断, 例外的情形必对应于数值 a 及 b 的下列几种结合:

$$a=1,\qquad b=\infty;$$

$$a=0,\qquad b=0;$$

$$a=+\infty,\quad b=0.$$

在这些情形就说, 幂指数式 u^v 分别是 $1^\infty, 0^0, \infty^0$ 型不定式①. 这时, 关于幂指数式 u^v 的极限的问题, 若只知道函数 u 及 v 的极限, 就很少解决的办法, 要想求 u^v 的极限就必须直接研究它们趋于自己的极限时的规律.

整序变量 $\left(1+\frac{1}{n}\right)^n$ 在 $n\to\infty$ 时, 或更普遍地说幂指数式 $(1+\alpha)^{\frac{1}{\alpha}}$ 在 $\alpha\to 0$ 时, 以 e 为极限, 给出 1^∞ 型不定式的一个例子, 上面, 在 **77**, 4) 内我们曾考察整序变量 $\sqrt[n]{\frac{n!}{n^n}}=\left(\frac{n!}{n^n}\right)^{\frac{1}{n}}$, 它就表示 0^0 型不定式. 最后, 在 **32**, 10) 内的 $\sqrt[n]{n}$ 也是 ∞^0 型不定式.

再举几个新类型的不定式的定值法的例子.

79. 例题 1) 求 $\lim\limits_{x\to+\infty}(\ln x)^{\frac{1}{x}}\quad(\infty^0)$.

用 y 表示所给的幂指数式, 就有 [参阅 **54**, 2) 及 5)]

$$\ln y=\frac{\ln(\ln x)}{x}=\frac{\ln(\ln x)}{\ln x}\cdot\frac{\ln x}{x}\to 0\quad\left(\frac{\infty}{\infty}\right),$$

于是

$$y\to e^0=1.$$

2) 求 $\lim\limits_{x\to 0}x^{\sin x(0^0)}$.

此处 [**54**, 7) 及 5)]

$$\ln y=\sin x\cdot\ln x=\frac{\sin x}{x}\cdot x\ln x\to 0,$$

因此仍得 $y\to 1$.

3) 现在很容易用下列方法普遍地推广 **76** 的例 1): 若整序变量 $x_n\to x$ (此处 x 是有限数),则

$$\lim_{n\to+\infty}\left(1+\frac{x_n}{n}\right)^n=e^x\quad(1^\infty).$$

为要证明, 把所举的幂指数式表示为如下的形式

$$\left[\left(1+\frac{x_n}{n}\right)^{\frac{n}{x_n}}\right]^{x_n}$$

就够了; 幂的底趋于 e, 同时指数趋于 x.

4) 可以变成这结果的又有例题

$$\lim_{n\to+\infty}\left(\cos\frac{x}{n}+\lambda\sin\frac{x}{n}\right)^n=e^{\lambda x}\quad(1^\infty).$$

令括号内的式子等于 $1+\frac{x_n}{n}$, 就有

$$x_n=n\cdot\left[\cos\frac{x}{n}-1+\lambda\sin\frac{x}{n}\right]=\lambda x\cdot\frac{\sin\frac{x}{n}}{\frac{x}{n}}-x\cdot\frac{1-\cos\frac{x}{n}}{\frac{x}{n}}\to\lambda x,$$

余类推.

5) 类似地解决了例题 $(a,b>0)$

$$\lim_{n\to+\infty}\left(\frac{\sqrt[n]{a}+\sqrt[n]{b}}{2}\right)^n=\sqrt{ab}\quad(1^\infty).$$

①关于这些记号或许需复述在第 **31** 目脚注内所讲过的.

此处

$$x_n = n \cdot \left[\frac{\sqrt[n]{a}+\sqrt[n]{b}}{2}-1\right] = \frac{1}{2}[n(\sqrt[n]{a}-1)+n(\sqrt[n]{b}-1)],$$

于是, 根据 **77**, 5) (б) 的公式的一个特殊推论:

$$x_n \to \frac{1}{2}(\ln a + \ln b) = \ln\sqrt{ab},$$

而所求极限, 实际上, 就等于 $e^{\ln\sqrt{ab}} = \sqrt{ab}$.

6) 最后, 考察极限

$$\lim_{x\to 0}(\cos x)^{\frac{1}{\sin^2 x}} = \lim_{x\to 0}\left[(1-2\sin^2\frac{x}{2})^{-\frac{1}{2\sin^2\frac{x}{2}}}\right]^{-\frac{1}{2\cos^2\frac{x}{2}}} = e^{-\frac{1}{2}} = \frac{1}{\sqrt{e}} \quad (1^\infty).$$

读者可以看到在 1^∞ 型不定式的情形将问题直接引导到 e 是很便利的.

我们已经说过, 确定一切类型的不定式的普遍方法将在第四章 (§4) 内讲到.

§5. 连续函数的性质

80. 关于函数取零值的定理 今着手研究在某一区间内连续的函数的基本性质. 这些性质是很有趣的, 而且在以后的叙述中, 经常要用它们作为各种论断的根据

先从下面的布尔查诺 (B. Bolzano) 和柯西 (A. L. Cauchy) 的简单定理开始.

布尔查诺–柯西第一定理 *设函数 $f(x)$ 是在闭区间 $[a,b]$ 内定义着并且连续的, 又在这区间的两端点处取得异号的数值. 则在 a 与 b 之间必能求出一点 c, 在这点处函数等于零:*

$$f(c) = 0 \quad (a < c < b).$$

这定理有很简单的几何意义: 若连续的曲线从 x 轴的一方转移到另一方, 则它必与这轴相交 (图 31).

第一种证明 我们将依布尔查诺的方法进行 [**41**] —— 即用逐次等分区间的方法. 为着确定起见, 令 $f(a) < 0$, $f(b) > 0$. 我们用点 $\frac{a+b}{2}$ 把区间 $[a,b]$ 分成两半. 可能偶然地遇到函数 $f(x)$ 恰在这点处等于零, 那么令 $c = \frac{a+b}{2}$, 定理就已得到证明. 次设 $f\left(\frac{a+b}{2}\right) \neq 0$; 则两区间 $\left[a, \frac{a+b}{2}\right]$, $\left[\frac{a+b}{2}, b\right]$ 中必有一个, 在它的两端点处函数取得异号的数值 (且这时在左端为负值, 在右端为正值). 用 $[a_1, b_1]$ 表示这区间, 就有

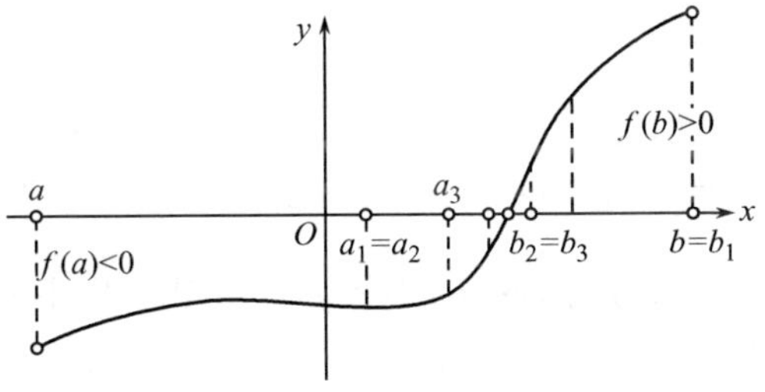

图 31

$$f(a_1) < 0, \quad f(b_1) > 0.$$

再把区间 $[a_1, b_1]$ 分成两半, 且仍丢开当 $f(x)$ 在这区间的中点 $\dfrac{a_1+b_1}{2}$ 处等于零的情形, 因为那时定理已得证明. 再用 $[a_2, b_2]$ 表示那半个区间, 它使

$$f(a_2) < 0, \quad f(b_2) > 0.$$

继续进行这种构成区间的步骤. 这时, 或则在有限次步骤以后, 我们碰到作为分点的某一点, 在该处函数等于零, 而定理的证明就完成了; 或则我们得出区间套 (依次地一个包含一个) 的无穷序列. 我们就来讨论这最后的情形. 对于第 n 个区间 $[a_n, b_n]$ $(n = 1, 2, \cdots)$ 必有

$$f(a_n) < 0, \quad f(b_n) > 0, \tag{1}$$

并且它的长度显然等于

$$b_n - a_n = \frac{b-a}{2^n}. \tag{2}$$

易见这些区间所构成的序列满足区间套的引理 **[38]** 中所列的条件, 因为, 由于 (2), $\lim(b_n - a_n) = 0$; 因此, 在区间 $[a, b]$ 内存在着一点 c, 满足

$$\lim a_n = \lim b_n = c.$$

兹证明这点恰好能满足定理的要求.

将不等式 (1) 取极限, 同时并应用函数的连续性 (特别是, 在点 $x = c$ 处), 就同时得出

$$f(c) = \lim f(a_n) \leqslant 0 \quad 及 \quad f(c) = \lim f(b_n) \geqslant 0,$$

因此, 实际上, 必有 $f(c) = 0$. 定理证明完毕.

以下我们将给出柯西定理的第二种证明, 它是依据另一种观念的. 预先叙述下面的明显的命题:

引理 *若函数 $f(x)$ 在点 $x = x_0$ 处为连续, 且 $f(x_0)$ 的数值异于 0, 则对于充分接近于 x_0 的一切 x 的数值, 函数 $f(x)$ 仍保持着在点 x_0 处的符号.*

这可由 **55**, 1 的论点 2° 推得, 不过在本题的情形, 函数的极限 A 这一角色 (由于连续性) 由 $f(x_0)$ 担任.

第二种证明 考察区间 $[a, b]$ 内使 $f(\overline{x}) < 0$ 的一切点 $x = \overline{x}$. 在这些点之中显然应有点 a 以及 (根据引理) 接近于 a 的许多点. 集 $\{\overline{x}\}$ 被数 b 上有界. 今令 $c = \sup\{\overline{x}\}$ **[11]**, 我们要证 $f(c) = 0$.

事实上, 假设情形与此相反, 那么或则 $f(c) < 0$, 或则 $f(c) > 0$. 若是 $f(c) < 0$ (则显知 $c < b$, 因为我们给定 $f(b) > 0$), 则依引理, 在 c 的稍右处将能找出数值 $\overline{x}$, 使 $f(\overline{x}) < 0$, 而这就违反了 c 是 $\{\overline{x}\}$ 的上界的定义. 又若是 $f(c) > 0$, 则 —— 仍根据引理 —— 在 c 的左方的近处, 就是在某一充分小的区间 $(c - \delta, c)$ 内, 全部成立

$f(x) > 0$, 于是在那里就根本不能有数值 $\overline{x}$. 但这同样是不可能的, 因为按照定义,c 是 $\{\overline{x}\}$ 的上确界.

定理证明完毕.

须注意, 函数 $f(x)$ 在闭区间 $[a, b]$ 内连续的要求很重要: 函数只要在一点处有间断, 就可以从负值转变为正值而并不等于零. 例如,$f(x) = E(x) - \dfrac{1}{2}$ 就是这样的函数, 虽然 $f(0) = -\dfrac{1}{2}$, 而 $f(1) = \dfrac{1}{2}$ (在 $x = 1$ 时有跃度), 但它并不在任何一点等于零.

81. 应用于解方程 已证明的定理在解方程时是有用处的.

首先, 用它来确定根的存在. 例如, 对于方程

$$2^x = 4x,$$

根 $x = 4$ 是很明显的, 但要指出再有一个根存在就较为困难了. 而其实, 函数 $f(x) = 2^x - 4x$ 在 $x = 0$ 时取值 $f(0) = 1 > 0$, 而在 $x = \dfrac{1}{2}$ 时取值 $f\left(\dfrac{1}{2}\right) = \sqrt{2} - 2 < 0$, 因此 (因为它是连续的) 它必在 0 与 $\dfrac{1}{2}$ 之间的某一点等于零.

另一例子: 考察一般奇次幂 (实系数) 的代数方程

$$f(x) \equiv a_0 x^{2n+1} + a_1 x^{2n} + \cdots + a_{2n} x + a_{2n+1} = 0.$$

当 x 的绝对值充分大时, 多项式的符号全视最高次幂的项的符号而定, 即当 x 为正时与 a_0 同号, 当 x 为负时与 a_0 异号. 因为多项式是连续函数, 既然要变号, 则它在区间内某一点处必然要等于 0. 由此: *一切奇次 (实系数) 代数方程至少必有一个实根.*

柯西定理不仅可以应用于确定实根的存在, 并且可以用来计算它的近似值. 用例题来说明. 设 $f(x) = x^4 - x - 1$. 因为 $f(1) = -1, f(2) = 13$, 所以多项式在 1 与 2 之间必有一根. 把这区间 $[1, 2]$ 分成 10 等分, 各分点为 $1.1; 1.2; 1.3; \cdots$ 并逐个计算:

$$f(1.1) = -0.63\cdots; \ f(1.2) = -0.12\cdots; \ f(1.3) = +0.55\cdots; \ \cdots$$

就看出在 1.2 与 1.3 之间包含着一个根. 再把这区间 10 等分, 求出:

$$f(1.21) = -0.06\cdots; \ f(1.22) = -0.004\cdots; \ f(1.23) = +0.058\cdots; \ \cdots$$

现在很清楚, 可知这根位于 1.22 与 1.23 之间; 这样, 我们已经知道根的数值准确度达 0.01, 余类推①.

有了这些事实以后, 现在再来把同一定理的上述两种证明比较一下该是很有趣味的. 第二种证明仅是方程 $f(x) = 0$ 的根的 "存在的证明", 并没有说及怎样求出这根. 而第一种证明却指出了实际求根的确定方法: 用两半两半地逐次等分区间的方法 (我们限于分成两半是为了简便), 在实际上可以把所求的根包含于长度为任意小的区间内, 即可以计算这根至任意的准确度.

---

①可是, 实际上这方法是不方便的. 在第四章 (§5) 内将指出远比它更为有效的方法.

82. 介值定理 在 80 内已证明的定理可以如下直接地加以普遍化:

布尔查诺–柯西第二定理 设函数 $f(x)$ 是在某一区间 $\mathcal{X}$ (闭的或不闭的, 有限的甚至无穷的都可以) 内定义着并且连续的. 若在这区间内的两点 $x=a$ 及 $x=b$ $(a<b)$ 处函数具有不相等的数值

$$f(a)=A \quad 及 \quad f(b)=B,$$

则对于 A 与 B 之间的任意数 C 必能求出 a 与 b 之间的点 $x=c$, 使

$$f(c)=C\,①.$$

证明 例如, 我们设

$$A<B, \quad 于是 \quad A<C<B.$$

在区间 $[a,b]$ 内考察辅助函数 $\varphi(x)=f(x)-C$. 这函数在区间 $[a,b]$ 内是连续的, 且在这区间的两端点处有异号:

$$\varphi(a)=f(a)-C=A-C<0, \quad \varphi(b)=f(b)-C=B-C>0.$$

依布尔查诺–柯西第一定理, 在 a 与 b 之间必能求出点 $x=c$, 使 $\varphi(c)=0$, 即

$$f(c)-C=0 \quad 或 \quad f(c)=C,$$

此即所要证的.

这样, 我们已建立了在区间内为连续的函数 $f(x)$ 的重要性质: 当函数从一个数值转变到另一个数值时, 它必经过每一中间值至少一次.

换句说说, 这性质又可以如此表达: 当 x 在任何区间 $\mathcal{X}$ 内变动时, 连续函数 $f(x)$ 所取得的数值完全充满某一区间 $\mathcal{Y}$.

事实上, 设

$$m=\inf\{f(x)\}, \quad M=\sup\{f(x)\}\,②,$$

又 y_0 是在 m 与 M 之间的任意数:

$$m<y_0<M.$$

则必能求出函数值 $y_1=f(x_1)$ 及 $y_2=f(x_2)$ (x_1 及 x_2 取自区间 $\mathcal{X}$), 使

$$m \leqslant y_1<y_0<y_2 \leqslant M;$$

① 显然, 布尔查诺–柯西第一定理是这定理的特殊情形: 若 A 与 B 异号, 则可取 0 当作 C.

② 提醒读者, 若集 $\{f(x)\}$ 不是上 (下) 有界, 则 (在 **11** 内) 我们约定令 $M=+\infty$ $(m=-\infty)$.

这是由数集的确界的定义推得的. 但依已证明的定理, 在 x_1 与 x_2 之间必存在着数值 $x = x_0$ (显然亦属于 $\mathcal{X}$), 使 $f(x_0)$ 恰巧等于 y_0; 因此, 这数 y_0 也属于集 $\mathcal{Y}$.

这样 $\mathcal{Y}$ 就是以 m 及 M 为两端点的区间 (两端点本身可否属于这区间要看情形而定; 参阅 **84**).

在 **71**, 2° 内我们已看到, 在单调函数的情形, 由上述的性质可以反转来推出函数的连续性. 然而不应认为在任何时候都可以这样倒推; 很容易做出一个具有这种的性质的间断函数. 例如, 函数 [**70**, 4)]:

$$f(x) = \sin\frac{1}{x} \quad (x \neq 0), \quad f(0) = 0,$$

当 x 在任何含有间断点 $x = 0$ 的区间内变动时, 其值还是完全充满了区间 $[-1, +1]$.

83. 反函数的存在 现在应用前面一目内所研究过的连续函数的性质来解决反函数在何种假定之下始为单值且连续的问题 (参阅 **49**).

定理 *设函数 $y = f(x)$ 是在某一区间 $\mathcal{X}$ 内定义的, 它连续而且单调增大 (减小)*[①]. *则在对应的函数值所成的区间 $\mathcal{Y}$ 内必存在单值的反函数 $x = g(y)$, 也是连续而且单调增大 (减小).*

证明 暂限于增函数的情形. 在上面我们看到, 连续函数 $f(x)$ 的函数值完全充满于某一区间 $\mathcal{Y}$, 于是对于这区间内的每一数值 y_0, 至少必能求出一个数值 x_0 ($\mathcal{X}$ 内的), 使

$$f(x_0) = y_0.$$

但由于这函数的单调性, 所以这种数值只能求出一个: 即若 $x_1 >$ 或 $< x_0$, 则对应地, 亦必有 $f(x_1) >$ 或 $< f(x_0)$.

就把这数值 x_0 与从 $\mathcal{Y}$ 内任意取的 y_0 一一对照起来, 我们便得出单值函数

$$x = g(y),$$

它是函数 $y = f(x)$ 的反函数.

很易看出, 这函数 $g(y)$ 与 $f(x)$ 相似, 也是单调增大的. 因若

$$y' < y'' \quad 又 \quad x' = g(y'), \quad x'' = g(y'');$$

则依函数 $g(y)$ 本身的定义, 必同时有

$$y' = f(x') \quad 及 \quad y'' = f(x'').$$

若是 $x' > x''$, 则根据函数 $f(x)$ 的增大性, 必 $y' > y''$, 违反上述假设. 其次, 亦不能有 $x' = x''$, 因为那时也必有 $y' = y''$, 也是违反上述假设的. 因此, 只有不等式 $x' < x''$ 是可能的. 于是知 $g(y)$ 确实是增大的.

①用狭义的说法 (这在此处是很重要的).

最后, 要证明函数 $x = g(y)$ 的连续性, 只要引用 **71**, 2° 的定理就够了, 该定理的条件是满足的: 函数 $g(y)$ 为单调, 并且它的数值显然完全充满于区间 $\mathcal{X}$ ①.

定理的一切论点在几何上是很明显的, 读者很容易照着图 32 去 "阅读" 它们.

用已证明的定理可以重新建立一系列我们已经知道的结果.

若把它应用于区间 $\mathcal{X} = [0, +\infty)$ 内所定义的函数 x^n (n 是自然数), 则当 y 在 $\mathcal{Y} = [0, +\infty)$ 内时得出 (算术的) 根 $x = \sqrt[n]{y}$ 的存在及连续性. 从区间 $\mathcal{X} = (-\infty, +\infty)$ 内所定义的函数 $y = a^x$ 出发, 就可证明对数函数 $x = \log_a y$ 在区间 $\mathcal{Y} = (0, +\infty)$ 内的存在及连续性. 最后, 考察函数 $y = \sin x$ 及 $y = \operatorname{tg} x$, 第一个在区间 $\mathcal{X}_1 = \left[-\dfrac{\pi}{2}, \dfrac{\pi}{2}\right]$ 内, 而第二个在开区间 $\mathcal{X}_2 = \left(-\dfrac{\pi}{2}, \dfrac{\pi}{2}\right)$ 内, 就可证明它们的反函数 $x = \arcsin y$ 及 $x = \operatorname{arctg} y$ 各在区间 $\mathcal{Y}_1 = [-1, +1]$ 及 $\mathcal{Y}_2 = (-\infty, +\infty)$ 内是存在而且连续的.

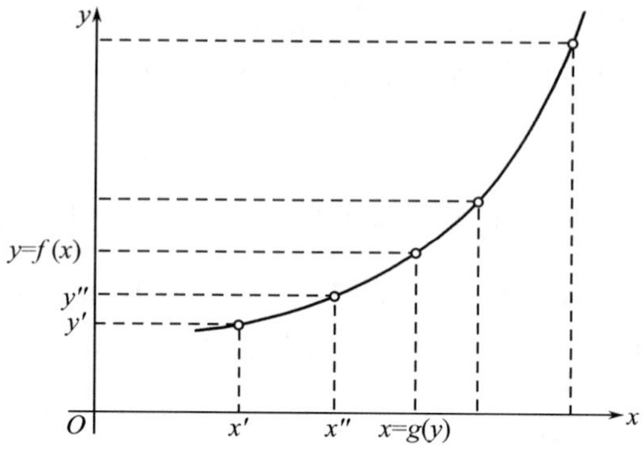

图 32

(在这时我们假定函数 $x^n, a^x, \sin x, \operatorname{tg} x$ 的连续性已经预先证明, 且并未引用它们的反函数的存在 —— 否则, 就将得出循环推理. 这种证明已在 **68** 内给出; 至于 **72** 内的那种考虑在此处显然是不适宜的.)

再考察这样的例题.

设 x 在 $\mathcal{X} = (-\infty, +\infty)$ 内时

$$y = x - \varepsilon \cdot \sin x, \quad \text{式中} \quad 0 < \varepsilon < 1. \tag{3}$$

很易指出这函数是单调增大的 (狭义的). 即若 $x'' > x'$, 而对应的 y 的数值各为 y'', y', 则

$$y'' - y' = (x'' - x') - \varepsilon(\sin x'' - \sin x').$$

但 [参阅 **68**, (2)]

$$|\sin x'' - \sin x'| \leqslant x'' - x',$$

由此就推得

$$y'' - y' > 0, \quad \text{即} \quad y'' > y'.$$

把定理应用于这种情形, 就可证明 x 亦是 y 的单值函数, 等等.

引入的例题值得注意的是已经接触到一个理论天文学上的问题. 方程

$$E = M + \varepsilon \cdot \sin E \tag{3a}$$

①不论怎样从 $\mathcal{X}$ 内取 x, 只要假定 $y = f(x)$, 则对于这 y, 函数 $g(y)$ 的数值就恰好是所取的 x.

就是著名的开普勒方程, 它表出行星的平均近点角 (mean anomaly) M 与其偏近点角 (excentric anomaly) E 间的关系 (ε 是行星轨道的离心率). 这样, 我们已证明, 不论平均近点角是怎样的数值, 实际上, 开普勒方程单值地确定了偏近点角的数值.

84. 关于函数的有界性的定理 如果函数 $f(x)$ 对于某一有限区间内一切 x 的数值都有定义 (因此, 函数必取有限的数值), 我们并不能立刻由此推出函数必须为有界, 即函数数值所成的集 $\{f(x)\}$ 的有界性. 例如, 设函数$f(x)$是这样定义的:

$$f(x) = \frac{1}{x}, \quad 若 \quad 0 < x \leqslant 1, \quad 又 \quad f(0) = 0.$$

这函数仅取有限数值, 但它却不是有界的, 因为当 x 接近于 0 时, 它可以取任意大的数值. 顺便指出, 在半开区间 $(0, 1]$ 内它是连续的, 但在点 $x = 0$ 处有间断.

但对于闭区间内连续的函数情形就不同了.

魏尔斯特拉斯第一定理 *若函数 $f(x)$ 是在闭区间 $[a, b]$ 内定义并且连续的, 则它必是有界的, 即必存在着有限的常数 m 及 M, 使当 $a \leqslant x \leqslant b$ 时*

$$m \leqslant f(x) \leqslant M.$$

证明 由反证法来证明: 设函数 $f(x)$ 当 x 在区间 $[a, b]$ 内变动时为无界的.

在这种情形, 对于每一个自然数 n, 在区间, $[a, b]$ 内必能求出数值 $x = x_n$, 使

$$|f(x_n)| \geqslant n. \tag{4}$$

依布尔查诺–魏尔斯特拉斯引理 **[41]**, 由序列 $\{x_n\}$ 中可以分出部分序列 $\{x_{n_k}\}$ 收敛于有限极限:

$$x_{n_k} \to x_0 \quad (k \to +\infty \text{ 时}),$$

并且显然 $a \leqslant x_0 \leqslant b$. 由于函数在点 x_0 处的连续性, 则亦应该有

$$f(x_{n_k}) \to f(x_0),$$

而这是不可能的, 因为由 (4) 推得

$$|f(x_{n_k})| \to \infty.$$

所得的矛盾就证明了本定理.

85. 函数的最大值及最小值 我们知道, 一个无穷数集, 即使是有界的, 其中也可能没有最大的 (最小的) 元素. 因此, 若函数 $f(x)$ 是在 x 的某一变动区间内定义着而且甚至是有界的, 但在函数数值所成的集 $\{f(x)\}$ 中仍可能不出现最大的 (最小的) 数值. 这时函数 $f(x)$ 的数值在该区间内不能达到它们的上 (下) 确界. 例如, 函数

$$f(x) = x - E(x)$$

就是这样 (它的图像画在图 33 中). 当 x 在任意区间 $[0, b]$ $(b \geqslant 1)$ 内变动时, 函数值的上确界是 1, 但它不能被达到, 因此函数无最大值.

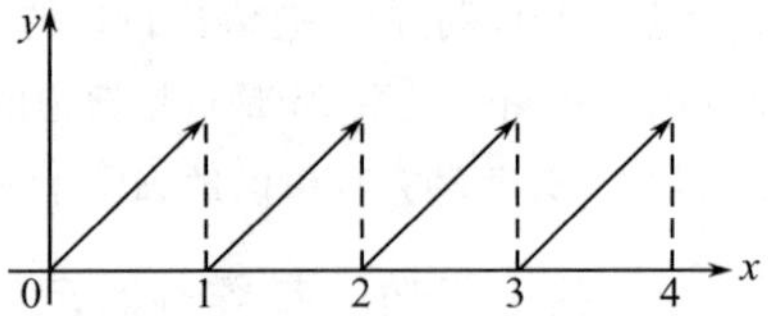

图 33

读者也许已明白, 与此有关的是所考察的函数在 x 取自然数值时有间断存在, 实际上, 对于在闭区间内连续的函数成立着:

魏尔斯特拉斯第二定理 若函数 $f(x)$ 是在闭区间 $[a, b]$ 内定义着而且连续的, 则它在这区间内必能达到自己的上确界及下确界.

换言之, 在区间 $[a, b]$ 内必能求出 $x = x_0$ 及 $x = x_1$, 使 $f(x_0)$ 及 $f(x_1)$ 依次为 $f(x)$ 的一切数值中的最大者及最小者.

第一种证明 令

$$M = \sup\{f(x)\};$$

依前一定理这数是有限数. 假定 (与需要证明的相反) 恒有 $f(x) < M$, 即限界 M 不能被达到. 在这种情形可以考察辅助函数

$$\varphi(x) = \frac{1}{M - f(x)}.$$

因为依假定, 此处分母不能等于零, 故函数是连续的, 因此 (依前一定理) 是有界的: $\varphi(x) \leqslant \mu$ $(\mu > 0)$. 但由此很易得出

$$f(x) \leqslant M - \frac{1}{\mu},$$

即有一小于 M 的 $M - \dfrac{1}{\mu}$ 成为 $f(x)$ 的函数值所成之集的上界, 这是不可能的, 因为 M 是这数集的上确界. 所得的矛盾就证明了定理: 在区间 $[a, b]$ 内必能求出数值 x_0, 使得 $f(x_0) = M$ 是 $f(x)$ 的一切数值中的最大者.

仿此又可以证明关于最小值的论点.

第二种证明 在这里亦可从布尔查诺–魏尔斯特拉斯引理 **[41]** 出发. 且限于最大值来证明. 同刚才一样, 若

$$M = \sup\{f(x)\},$$

则依上确界的性质 **[11]**, 对于任何 n 必能在 $[a, b]$ 内求出 $x = x_n$, 使

$$f(x_n) > M - \frac{1}{n}. \tag{5}$$

于是从序列 $\{x_n\}$ 内可以分出部分序列 $\{x_{n_k}\}$ 收敛于 $[a, b]$ 内某一数值 x_0 : $x_{n_k} \to x_0$, 由于函数的连续性亦有

$$f(x_{n_k}) \to f(x_0).$$

同时由 (5) 有

$$f(x_{n_k}) > M - \frac{1}{n_k},\ \text{取极限, 得}\ f(x_0) \geqslant M.$$

但 $f(x_0)$ 不能大于函数值集的上界 M, 因此

$$f(x_0) = M$$

此即所要证的.

须注意, 刚才所进行的两种证明都是纯粹的 "存在的证明", 并没有给出任何求数值 $x = x_0$ 的方法. 以后 [第四章 §1 内], 在关于函数作更多的假定下, 我们将学会实际求函数达到最大或最小值时的自变数的数值.

若函数 $f(x)$ 当 x 在任何区间 $\mathcal{X}$ 内变动时是有界的, 则差

$$\omega = M - m$$

称为函数在这区间内的**振幅**.

此外, 振幅 ω 也可以定义为一切可能的差 $f(x'') - f(x')$ 所成的集的上确界, 其中 x' 及 x'' 是在区间 $\mathcal{X}$ 内的互不相关的任意数值;

$$\omega = \sup_{x', x''\ \text{在}\ \mathcal{X}\ \text{内}} \{f(x'') - f(x')\}.$$

当论及在有限闭区间 $\mathcal{X} = [a, b]$ 内的连续函数 $f(x)$ 时, 则由已证明的定理可知. 振幅不过是函数在这区间内的最大值与最小值之差罢了.

在这种情形, 函数值的区间 $\mathcal{Y}$ 就是闭区间 $[m, M]$, 而振幅就是这区间的长.

86. 一致连续的概念 若函数 $f(x)$ 是在某一区间 $\mathcal{X}$ (闭的或不闭的, 有限的或无穷的) 内定义着而且在这区间内的一点 x_0 处是连续的, 则

$$\lim_{x \to x_0} f(x) = f(x_0),$$

或 [用 "$\varepsilon - \delta$ 的语言", **66**]: 对于任一数 $\varepsilon > 0$ 必能求出数 $\delta > 0$, 使由

$$|x - x_0| < \delta\ \text{能推出}\ |f(x) - f(x_0)| < \varepsilon.$$

今假定函数 $f(x)$ 在全区间 $\mathcal{X}$ 内是连续的, 即在这区间的每一点 x_0 处是连续的. 则s对于 $\mathcal{X}$ 内的任一点 x_0, 必能依给定的 ε 而各别地求出合于上述意义的对应的 δ. 当 x_0 在 $\mathcal{X}$ 的范围内变动时, 即使 ε 不变动, 数 δ 一般地说也是要变动的. 要相信这事, 只要一看图 34 就够了. 图中在函数变动得很慢的地区 (图像表示为平斜的曲线) 所适用的 δ 比在函数变动得很快的地区 (在那里图像峻峭地上升或下降) 所适用的 δ 要大得多, 换句话说,数 δ 一般地不仅依赖于 ε, 并且亦依赖于 x_0.

若只论及 x_0 的有限个数值 (当 ε 不变动时), 则由有限个与它对应的数 δ 内可以选出最小的一个, 而这 δ 显然同时可适用于一切被考察的点 x_0.

但关于包含在区间 $\mathcal{X}$ 内的无穷多个数值 x_0 却不能这样去推断: (当 ε 不变动时) 与它们对应的是无数个的 δ, 其中可能会有任意小的. 这样, 关于区间 $\mathcal{X}$ 内的连续函数 $f(x)$ 就发生一个问题: 对于已给的 ε 是否存在这样的 δ, 能适用于这区间内的一切点 x_0?

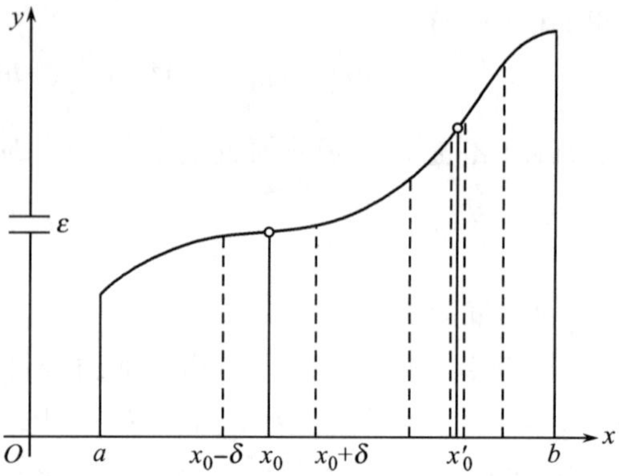

图 34

若对于任一数 $\varepsilon > 0$ 能求出数 $\delta > 0$, 使由

$$|x - x_0| < \delta \text{ 就能推出 } |f(x) - f(x_0)| < \varepsilon,$$

不论点 x_0 及 x 是在区间 $\mathcal{X}$ 内的什么地位, 则函数 $f(x)$ 称为在区间 $\mathcal{X}$ 内是一致连续的.

在这种情形, 数 δ 仅依赖于 ε, 而且可以在选定点 x_0 以前就指出来: δ 同时适用于一切 x_0.

一致连续表示: 在区间的任何部分只要变元的两个数值达到一定的接近程度, 就足以使对应的函数值达到所需的接近程度.

可以举例说明, 函数在区间内一切点处的连续性不能必然地推出它在这区间内的一致连续性. 例如, 设 $f(x) = \sin\dfrac{1}{x}$, x 包含于 0 及 $\dfrac{2}{\pi}$ 之间, 但 0 除外. 在这种情形, x 的变动区域是非闭区间 $\left(0, \dfrac{2}{\pi}\right]$, 且在它的每一点处函数是连续的. 今令 $x_0 = \dfrac{2}{(2n+1)\pi}$, $x = \dfrac{1}{n\pi}$ (式中 n 是任意的自然数); 则

$$f(x_0) = \sin(2n+1)\frac{\pi}{2} = \pm 1, \quad f(x) = \sin n\pi = 0,$$

于是

$$|f(x) - f(x_0)| = 1,$$

虽然 $|x - x_0| = \dfrac{1}{n(2n+1)\pi}$ 可以随 n 的增大而成为任意小. 在这里, 对于 $\varepsilon = 1$ 不能求出 δ 使同时适用于 $\left(0, \dfrac{2}{\pi}\right]$ 内的一切点 x_0, 虽然对于其中每一个别的数值 x_0, 由于函数的连续性, 这种 δ 是存在的!

非常值得注意的是在闭区间 $[a, b]$ 内已不再有与此类似的情况, 这由下面的康托 (G. Cantor) 的定理可以明白.

87. 康托定理 若函数 $f(x)$ 是在闭区间 $[a,b]$ 内定义着而且连续, 则它在这区间内也是一致连续的.

证明 我们用反证法来证明. 设对于某一确定的数 $\varepsilon>0$, 在一致连续性的定义内所论及的那种数 $\delta>0$ 并不存在. 在这种情形, 不论取怎样的数 $\delta>0$, 在区间 $[a,b]$ 内必可求出这样的两个数值 x_0' 及 x', 虽然

$$|x'-x_0'|<\delta,\quad \text{但仍然}\quad |f(x')-f(x_0')|\geqslant\varepsilon.$$

今取正数的序列 $\{\delta_n\}$, 且 $\delta_n\to 0$.

根据已讲过的, 对于每一 δ_n 可在 $[a,b]$ 内求出数值 $x_0^{(n)}$ 及 $x^{(n)}$ (它们担任着 x_0' 及 x' 的角色), 虽然 (对 $n=1,2,\cdots$)

$$|x^{(n)}-x_0^{(n)}|<\delta_n,\quad \text{但仍然}\quad |f(x^{(n)})-f(x_0^{(n)})|\geqslant\varepsilon.$$

依布尔查诺–魏尔斯特拉斯引理 [**41**], 由有界序列 $\{x^{(n)}\}$ 内可以取出部分序列, 收敛于区间 $[a,b]$ 内的某一点 x_0. 为着不使记法繁复, 就算序列 $\{x^{(n)}\}$ 本身已收敛于 x_0.

因为 $x^{(n)}-x_0^{(n)}\to 0$ (因 $|x^{(n)}-x_0^{(n)}|<\delta_n$, 而 $\delta_n\to 0$), 所以序列 $\{x_0^{(n)}\}$ 也同时收敛于 x_0. 由于函数在点 x_0 处的连续性, 应该有

$$f(x^{(n)})\to f(x_0)\quad \text{及}\quad f(x_0^{(n)})\to f(x_0),$$

于是

$$f(x^{(n)})-f(x_0^{(n)})\to 0,$$

但这违反了在一切数值 n 时

$$|f(x^{(n)})-f(x_0^{(n)})|\geqslant\varepsilon$$

的事实. 定理证明完毕.

由已证明的定理直接得出在以后对我们有用的推论:

推论 设函数 $f(x)$ 是在闭区间 $[a,b]$ 内定义着而且连续的. 则依给定的 $\varepsilon>0$ 能求出这样的 $\delta>0$, 若把区间任意分成长度小于 δ 的部分区间, 则在每一个部分区间内函数 $f(x)$ 的振幅将小于 ε.

事实上, 若依给定的 ε 而取在一致连续性的定义内所说及的那种数作为 δ, 则在长度小于 δ 的部分区间内, 任意两函数值之差的绝对值就小于 ε. 特别, 若取这两函数值为函数在部分区间内的最大值与最小值, 则它们的差就给出函数在该部分区间内的振幅 [**85**].

88. 博雷尔引理 现在我们将证明一个有趣的辅助命题, 它与布尔查诺–魏尔斯特拉斯引理相似, 在进行细致的讨论时常是有用处的, 它属于博雷尔 (E. Borel).

在考察区间 $[a,b]$ 时, 同时再考察诸开区间 σ 所成的系 Σ, 其中开区间的个数可以是有限的也可以是无穷的. 若对于区间 $[a,b]$ 内的每一点 x 必有 Σ 内的区间 σ 包含它, 就约定说系 Σ 覆盖区间 $[a,b]$ (或这区间被系 Σ 所覆盖, 等等) 这种说法将简化我们对于上述命题的叙述及证明.

博雷尔引理 *若闭区间 $[a,b]$ 被一个开区间的无穷系 $\Sigma=\{\sigma\}$ 所覆盖, 则恒能从 Σ 里面选出有限子系*

$$\Sigma^*=\{\sigma_1,\sigma_2,\cdots,\sigma_n\},$$

它同样能覆盖全区间 $[a,b]$.

第一种证明 应用布尔查诺的方法 [**41**] 从反面进行. 假设区间 $[a,b]$ 不能被 Σ 内的有限个区间 σ 所覆盖. 把区间等分为两半. 那时至少两半之一不能被有限个 σ 所覆盖; 事实上, 若某一半可以被 (Σ 内的) 区间 $\sigma_1,\sigma_2,\cdots,\sigma_m$ 所覆盖, 而另一半可以被 (Σ 内的) 区间 $\sigma_{m+1},\sigma_{m+2},\cdots,\sigma_n$ 所覆盖, 则由这些区间全体所组成的有限系 Σ^* 就已能覆盖全区间 $[a,b]$ 了, 这是违反假设的. 今用 $[a_1,b_1]$ 表示那不能被有限个 σ 所覆盖的半区间 (若两者都是如此, 则任取其中之一个). 再把这区间等分为两半, 并用 $[a_2,b_2]$ 表示那不能被有限个 σ 所覆盖的半区间, 余依此类推.

继续不断进行这种步骤, 我们将得出区间套 $[a_n,b_n]$ $(n=1,2,\cdots)$ 的无穷序列, 其中每一区间是前一区间的一半. 所有这些区间都是这样选取的, 它们之中没有一个可以被有限个区间 σ 所覆盖. 依区间套的引理 [38], 它们有一个公共点 c, 端点 a_n,b_n 都趋向于这点为极限.

这点 c, 像区间 $[a,b]$ 内的任一点一样, 必位于某一个区间 σ 内, 就说是在 $\sigma_0=(\alpha,\beta)$ 内, 于是 $\alpha<c<\beta$. 但趋向于 c 的整序变量 a_n 及 b_n 从某一序号开始它们本身就将包含在 α 与 β 之间 [**26**, 1°], 于是由它们决定的区间 $[a_n,b_n]$ 显然只要用一个区间 σ_0 就可全部被覆盖住, 违反了这些区间 $[a_n,b_n]$ 的选法, 所得的矛盾就证明这引理.

再引入一种证明, 它建立在新的观念上; 它属于勒贝格 (H. Lebesgue).

第二种证明 考察区间 $[a,b]$ 内具有那种性质的点 x^*, 使得区间 $[a,x^*]$ 能用有限个区间 σ 来覆盖. 这种点 x^*, 一般地说, 是存在的: 因为, 例如, 点 a 位于某一个 σ 内, 则一切接近于它的点就都含在这 σ 内, 因此, 就都成为点 x^*.

我们的任务是要证明点 b 亦属于点 x^* 之列.

因为一切 $x^*\leqslant b$, 故亦存在着 [**11**]

$$\sup\{x^*\}=c\leqslant b.$$

像区间 $[a,b]$ 内的任一点那样,c 必属于某一 $\sigma_0=(\alpha,\beta)$, $\alpha<c<\beta$. 但依上确界的性质, 就能求出 x_0^* 使 $\alpha<x_0^*\leqslant c$. 区间 $[a,x_0^*]$ 已能用有限个区间 σ 来覆盖 (依点

x^* 的定义) 现在只要再把 σ_0 加入这些区间去, 它们就能覆盖住全区间 $[a,c]$ 了, 因此 c 也属于点 x^* 之列.

而且很明显地, c 不能小于 b, 因为否则在 c 与 β 之间将能再求出点 x^*, 违反数 c 是一切 x^* 的上确界的定义. 这样, 必须 $b=c$; 意即 b 是 x^* 中的一点, 即区间 $[a,b]$ 能用有限个区间 σ 来覆盖, 这就是我们所要证明的.

必须注意, 基本区间 $[a,b]$ 是闭区间以及 Σ 中的区间 σ 是开区间这两个假定对于引理的结论的真实性是同等重要的. 例如, 开区间

$$\left(\frac{1}{2},\frac{3}{2}\right),\left(\frac{1}{4},\frac{3}{4}\right),\left(\frac{1}{8},\frac{3}{8}\right),\cdots,\left(\frac{1}{2^n},\frac{3}{2^n}\right),\cdots$$

的全体覆盖区间 $(0,1]$, 但从它们中间就不能选出具有同样性质的有限子系. 类似于此, 闭区间

$$\left[0,\frac{1}{2}\right],\left[\frac{1}{2},\frac{3}{4}\right],\left[\frac{3}{4},\frac{7}{8}\right],\cdots,\left[\frac{2^n-1}{2^n},\frac{2^{n+1}-1}{2^{n+1}}\right],\cdots \text{ 及 } [1,2]$$

覆盖住区间 $[0,2]$, 但也不能从它们中间选出具有同样性质的有限子系.

89. 基本定理的新证明 今将指出博雷尔引理怎样被应用着去证明连续函数的基本定理 —— 布尔查诺–柯西, 魏尔斯特拉斯及康托的定理.

1° **布尔查诺–柯西第一定理** [80] 这次的证明将要从反面着手. 设 —— 在遵守定理的假定之下 —— 函数 $f(x)$ 始终不在任何一点等于零. 则依 **[80]** 的引理, 区间 $[a,b]$ 内的每一点 x' 可以用这样的邻域 $\sigma'=(x'-\delta',x'+\delta')$ 盖住, 使 $f(x)$ 在这范围内保持确定的符号①.

这种邻域所成的无穷系 $\Sigma=\{\sigma\}$ 自然就覆盖住全部给定区间 $[a,b]$. 因此, 依博雷尔引理, 只要其中有限个区间所成的子系 Σ^* 也就够用了.

给定区间的左端点 a 属于系 Σ^* 中的某一个邻域内, 就说是邻域 $\sigma_1=(x_1-\delta_1,x_1+\delta_1)$. 这邻域的右端 $x_1+\delta_1$ 又属于 Σ^* 中的另一邻域 $\sigma_2=(x_2-\delta_2,x_2+\delta_2)$, 点 $x_2+\delta_2$ 又属于 Σ^* 中的邻域 $\sigma_3=(x_3-\delta_3,x_3+\delta_3)$, 等等 (图 35) .

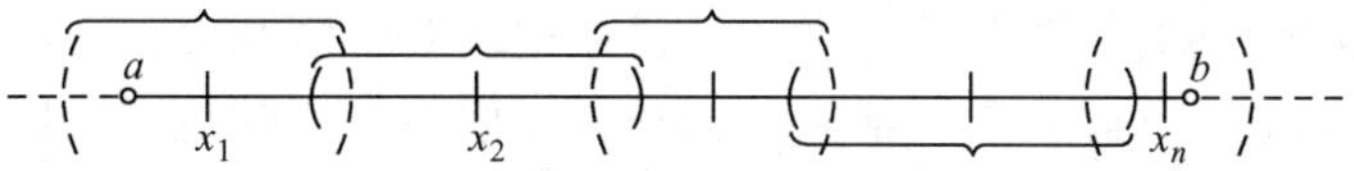

图 35

经过有限次向右移动的步骤以后, 我们将到达 Σ^* 中的邻域 $\sigma_n=(x_n-\delta_n,x_n+\delta_n)$, 在它里面已经含有给定区间的右端点 b. 若除去区间

$$\sigma_1,\sigma_2,\cdots,\sigma_n \tag{6}$$

①即在这邻域与区间 $[a,b]$ 的公共部分, 因 x 仅能在它里面变动.

以外 Σ^* 还包含任何旁的区间, 则显然可以把它们省略去了.

在邻域 σ_1 内函数 $f(x)$ 保持着确定的符号, 就是 $f(a)$ 的符号. 但在 σ_2 内函数亦有确定的符号, 它也应当和 $f(a)$ 的符号一致, 因为 σ_1 与 σ_2 有互相重叠的部分. 同样可知, 函数在次一邻域 σ_3 内也将保持与 $f(a)$ 同样的符号, 因为 σ_3 与 σ_2 也有互相重叠的部分, 等等. 最后达到结论, 在最后的邻域 σ_n 内函数亦有与 $f(a)$ 同样的符号, 于是 $f(b)$ 与 $f(a)$ 的符号一致, 这就违反了假定. 定理证明完毕.

2° **魏尔斯特拉斯第一定理** [**84**] 由于函数 $f(x)$ 的连续性, 不论在区间 $[a,b]$ 内取怎样的点 x', 当给定了 $\varepsilon>0$ 以后, 可以用适当小的邻域 $\sigma'=(x'-\delta',x'+\delta')$ 盖住这点, 使得对于一切属于这邻域的 x 成立不等式

$$|f(x)-f(x')|<\varepsilon$$

或

$$f(x')-\varepsilon<f(x)<f(x')+\varepsilon.$$

这样, 在每一个这种邻域的范围内, 函数 $f(x)$ 显然是有界的: 它以 $f(x')-\varepsilon$ 为下界, 以 $f(x')+\varepsilon$ 为上界.

读者一定明白, 在这里对于具有上述性质的邻域的无穷系 Σ 也必须应用博雷尔引理. 从这引理推得, 在 Σ 内存在有限个邻域 (6), 其全体亦同样能覆盖住全区间 $[a,b]$. 若

$$\begin{aligned}
&\text{在 } \sigma_1 \text{ 内} \qquad m_1\leqslant f(x)\leqslant M_1,\\
&\text{在 } \sigma_2 \text{ 内} \qquad m_2\leqslant f(x)\leqslant M_2,\\
&\cdots\cdots\cdots\cdots\cdots\cdots\cdots\cdots\cdots\cdots\\
&\text{在 } \sigma_n \text{ 内} \qquad m_n\leqslant f(x)\leqslant M_n,
\end{aligned}$$

则从数 $m_1,m_2,\cdots,m_n$ 内取出最小者当作 m, 从数 $M_1,M_2,\cdots,M_n$ 内取出最大者当作 M, 显然在全区间 $[a,b]$ 内将有

$$m\leqslant f(x)\leqslant M.$$

这就是我们所要证明的.

3° **康托定理** [**87**] 给定任意数 $\varepsilon>0$. 在这次对于区间 $[a,b]$ 内的每一点 x' 我们用这样的邻域 $\sigma'=(x'-\delta',x'+\delta')$ 来盖住它, 使得在它的范围内成立不等式

$$|f(x)-f(x')|<\frac{\varepsilon}{2}.$$

若 x_0 同样是这邻域中的点, 则同时也有

$$|f(x')-f(x_0)|<\frac{\varepsilon}{2}.$$

这样, 对于 σ' 内的任意两点 x 及 x_0 将有

$$|f(x)-f(x_0)|<\varepsilon.$$

把每一邻域 σ' 向中心缩短一半, 即不考察邻域 σ' 而考察邻域

$$\overline{\sigma'} = \left(x' - \frac{\delta'}{2}, x' + \frac{\delta'}{2}\right).$$

由这些邻域同样能组成覆盖全区间 $[a,b]$ 的系 $\overline{\Sigma}$, 而且我们正是要对 $\overline{\Sigma}$ 来应用博雷尔引理. 这样, 区间 $[a,b]$ 就能用 $\overline{\Sigma}$ 内的有限个区间

$$\overline{\sigma_i} = \left(x_i - \frac{\delta_i}{2}, x_i + \frac{\delta_i}{2}\right) \quad (i = 1, 2, \cdots, n)$$

来覆盖.

今设 δ 是一切数 $\dfrac{\delta_i}{2}$ 中的最小者, 而 x_0, x 是给定区间内满足条件,

$$|x - x_0| < \delta \tag{7}$$

的任意两点. 点 x_0 应当属于某一个被选出的邻域, 设为

$$\overline{\sigma}_{i_0} = \left(x_{i_0} - \frac{\delta_{i_0}}{2}, x_{i_0} + \frac{\delta_{i_0}}{2}\right),$$

于是 $|x_0 - x_{i_0}| < \dfrac{\delta_{i_0}}{2}$.

因为 $\delta \leqslant \dfrac{1}{2}\delta_{i_0}$, 故由 (7), $|x - x_0| < \dfrac{\delta_{i_0}}{2}$, 由此 $|x - x_{i_0}| < \delta_{i_0}$, 即点 x (点 x_0 当然也是) 属于那最初取出的邻域

$$(x_{i_0} - \delta_{i_0}, x_{i_0} + \delta_{i_0}),$$

该邻域收缩了以后就得出邻域 $\overline{\sigma}_{i_0}$, 这时, 依那些最初取出的邻域的性质, 有

$$|f(x) - f(x_0)| < \varepsilon.$$

由于选取 δ 并不依赖于点 x_0 的地位, 函数 $f(x)$ 的一致连续性就已证明.

由上述论证很易看出, 当个别点的邻域的 "局部" 性质必须扩充到全部所考察的区间时, 博雷尔引理就常能很成功地用来达到这目的.

第三章　导数及微分

§1. 导数及其求法

90. 求动点速度的问题　我们将从特殊的例题开始, 就是考察有重量的质点在真空中 (为着不计空气的阻力) 的自由降落.

若时间 t (秒) 是从开始降落的时候计算起的, 则在这段时间内所经过的路程 s (米), 依已知的公式可表示为

$$s = \frac{g}{2}t^2, \tag{1}$$

式中 $g = 9.81$ (米/秒^2). 由此出发, 需要确定质点在时刻 t [即当质点在位置 M 时 (图 36)] 的运动的速度 v.

图 36

给变量 t 加一增量 Δt, 并考察时刻 $t+\Delta t$, 其时质点在位置 M_1. 在时间 Δt 内的路程的增量 MM_1 记成 Δs.

在 (1) 内用 $t+\Delta t$ 代换 t, 则得路程的新值的表达式

$$s + \Delta s = \frac{g}{2}(t+\Delta t)^2,$$

由此

$$\Delta s = \frac{g}{2}(2t\cdot\Delta t + \Delta t^2).$$

用 Δt 除 Δs, 我们就得出质点在区间 MM_1 内降落的平均速度:

$$\bar{v} = \frac{\Delta s}{\Delta t} = gt + \frac{g}{2}\cdot\Delta t.$$

可见, 这速度随着 Δt 的变动而变动着, 故知在时刻 t 以后所经过的时间 Δt 愈少, 就愈能更好地表达出质点在时刻 t 的降落情况.

当 Δt 趋向于零时质点在时间 Δt 内的平均速度 $\bar{v}$ 的极限 v 称为质点在时刻 t 的速度.

在目前的情形, 显然

$$v = \lim_{\Delta t \to 0} \left(gt + \frac{g}{2} \cdot \Delta t \right) = gt.$$

类似地, 可以算出质点在一般直线运动中的速度 v, 质点的位置由它到某一始点 O 的距离 s 所确定; 这距离即称为它所经过的路程. 时间 t 由某一起始的时刻算起, 而且并不一定要从质点在位置 O 的时刻算起. 当已经知道运动方程: $s = f(t)$ 时, 运动就作为完全给定的了. 质点在任何时刻的位置即可由运动方程确定; 在刚才考察的例题内, 方程 (1) 就担任着这种角色.

要确定在所给时刻 t 的速度 v, 必须同上面那样给 t 以增量 Δt; 路程 s 就对应地增大 Δs. 比式

$$\frac{\Delta s}{\Delta t}$$

表示出在时间 Δt 内的平均速度 $\bar{v}$. 由此, 使趋向极限, 就得出在时刻 t 的真实速度 v:

$$v = \lim_{\Delta t \to 0} \bar{v} = \lim_{\Delta t \to 0} \frac{\Delta s}{\Delta t}.$$

以下我们将考察另一重要的问题, 也将导致相似的极限运算.

91. 在曲线上作切线的问题 设已给曲线 (K) 及其上一点 M (图 37); 今将建立曲线在点 M 处的切线的概念.

在中学教本内, 圆的切线即定义为 “与曲线只有一个公共点的直线”. 但这定义有特殊性, 不能说明相切的本质. 例如, 若企图应用这定义于抛物线 $y = ax^2$ (图 38, a), 则在原点 O 处两坐标轴都适合这定义; 但在这时大概读者也能立刻明白, 事实上仅 x 轴是抛物线在点 O 处的切线!

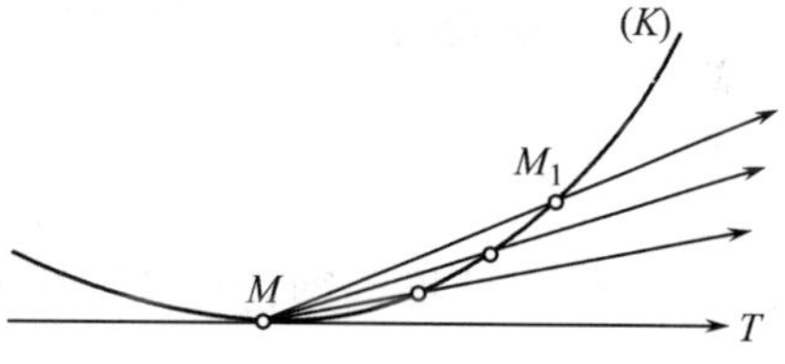

图 37

现在我们就将给出切线的普遍定义. 在曲线 (K) 上 (图 37), 除点 M 以外再取一点 M_1, 并引割线 MM_1. 当点 M_1 沿曲线移动时, 这割线将绕点 M 而转动.

当点 M_1 沿曲线 (K) 而趋于与 M 重合时, 割线 MM_1 的极限位置 MT 就称为曲线 (K) 在点 M 处的切线 (这定义的意义就是, 只要弦 MM_1 充分小, $\angle M_1MT$ 就可成为任意小).

例如, 应用这定义求抛物线 $y = ax^2$ 在任意点 $M(x, y)$ 处的切线. 因为切线经过这点, 那么, 要正确地表示它的位置, 只要再知道它的斜率就够了. 这样, 问题就归结于: 求在点 M 处切线的斜率 $\operatorname{tg} \alpha$.

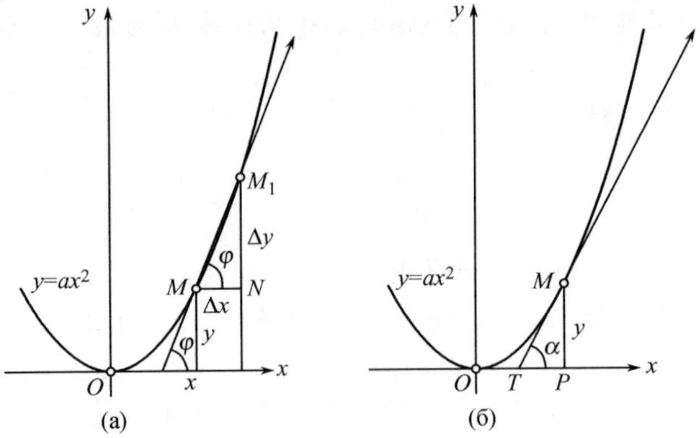

图 38

给横标 x 以增量 Δx, 即由曲线上的 M 点移至 M_1, 这点有横标 $x+\Delta x$ 及纵标

$$y+\Delta y=a\cdot(x+\Delta x)^2$$

(图 38, a). 割线 MM_1 的斜率 $\operatorname{tg}\varphi$ 由 $\triangle MNM_1$ 内确定. 在这三角形内直角边 MN 等于横标的增量 Δx, 而直角边 NM_1 显然是纵标的对应增量

$$\Delta y=a(2x\cdot\Delta x+\Delta x^2),$$

于是

$$\operatorname{tg}\varphi=\frac{\Delta y}{\Delta x}=2ax+a\cdot\Delta x.$$

要得出切线的斜率, 很易理解, 需要求上式当 $\Delta x\to 0$ 时的极限. 这样, 我们就得结果

$$\operatorname{tg}\alpha=\lim_{\Delta x\to 0}(2ax+a\cdot\Delta x)=2ax.$$

[顺便指出, 由此推得抛物线的切线的实际作图的简法. 就是, 由 $\triangle MPT$ (图 38, б), 线段

$$TP=\frac{y}{\operatorname{tg}\alpha}=\frac{ax^2}{2ax}=\frac{x}{2},$$

于是 T 是线段 OP 的中点. 因此, 要作出抛物线在点 M 处的切线, 只要平分线段 OP, 把它的中点同 M 连接起来就是.]

在任意曲线的情形, 设曲线有方程

$$y=f(x),$$

其切线的斜率可用相似的方法来确定. 与横标的增量 Δx 对应的纵标的增量是 Δy, 比式

$$\frac{\Delta y}{\Delta x}$$

表示割线的斜率 $\operatorname{tg}\varphi$. 求这比式当 $\Delta x \to 0$ 时的极限, 就得出切线的斜率

$$\operatorname{tg}\alpha = \lim_{\Delta x \to 0} \operatorname{tg}\varphi = \lim_{\Delta x \to 0} \frac{\Delta y}{\Delta x}.$$

92. 导数的定义 在解决上面所考察的两个基本问题时, 我们所施行的演算, 把它们对照起来, 就很容易看出, 在两种情形内 —— 若抽去变量的意义上的差别 —— 本质上是同一个做法: 函数的增量除以自变量的增量, 再算出这比式的极限. 用这种方法我们就达到微分学的基本概念 —— 导数的概念.

设函数 $y = f(x)$ 是在区间 $\mathcal{X}$ 内定义着的. 从自变量的某一数值 $x = x_0$ 出发, 给它加一增量 $\Delta x \leqslant 0$ 使不越出区间 $\mathcal{X}$, 于是新值 $x_0 + \Delta x$ 亦属于这区间. 那时函数值 $y = f(x_0)$ 将换成新值 $y + \Delta y = f(x_0 + \Delta x)$, 即获得增量

$$\Delta y = \Delta f(x_0) = f(x_0 + \Delta x) - f(x_0).$$

若函数的增量 Δy 与引起这增量的自变量的增量 Δx 的比式当 Δx 趋向于 0 时的极限存在, 即

$$\lim_{\Delta x \to 0} \frac{\Delta y}{\Delta x} = \lim_{\Delta x \to 0} \frac{f(x_0 + \Delta x) - f(x_0)}{\Delta x}$$

存在, 这极限就称为函数 $y = f(x)$ 当 $x = x_0$ 时 (或在所给点 $x = x_0$ 处) 关于自变量 x 的导数.

这样, 对于自变量的定值 $x = x_0$, 函数的导数 —— 如果存在的话 —— 是一个确定的数①; 若在全区间 $\mathcal{X}$ 内, 即对这区间内的每一 x 的数值, 导数总存在着, 则它仍是 x 的函数.

应用刚才引入的概念, 则在 **90** 内讲过的动点的速度就可以简括地说成:

速度 v 是动点所经过的路程 s 关于时间 t 的导数. 若在更普遍的意义上来理解 "速度" 这名词, 就可以永远把导数当作某一种 "速度" 来处理. 就是, 有了自变量 x 的函数 y, 就可以提出变量 y 关于变量 x (当已给 x 值时) 的变化率 (变动的速度) 的问题.

若加于 x 的增量 Δx 引起 y 的增量 Δy, 则仿照 **90**, 比式 $\dfrac{\Delta y}{\Delta x}$ 就可以作为当 x 变动一数量 Δx 时 y 关于 x 的平均变化率:

$$\overline{V} = \frac{\Delta y}{\Delta x}.$$

当 Δx 趋向于 0 时这比式的极限自然就称为 y 在所给 x 值时的变化率:

$$V = \lim_{\Delta x \to 0} \overline{V} = \lim_{\Delta x \to 0} \frac{\Delta y}{\Delta x},$$

即刚好是 y 关于 x 的导数.

①暂时限于上述极限为有限的情形 [参阅 **101**].

在 **91** 内我们曾考察由方程 $y = f(x)$ 所给定的曲线, 并已解决在给定点处引一切线的问题. 现在我们可以把所得的结果叙述为:

切线的斜率 $\operatorname{tg}\alpha$ *是纵标* y *关于横标* x *的导数.*

导数的这一几何说明经常是有用处的.

我们再补充几个类似于上面已考察过的例子以说明导数的概念.

若运动的速度 v 不是常量, 它本身亦随着时间 t 的过程而变动; $v = f(t)$, 则称“速度的变化率” 为**加速度**.

就是, 若对应于时间的增量 Δt 速度的增量为 Δv, 则比式

$$\bar{a} = \frac{\Delta v}{\Delta t}$$

表示出在时间 Δt 内的**平均加速度**, 而它的极限就给出在所给时刻的运动的加速度:

$$a = \lim_{\Delta t \to 0} \bar{a} = \lim_{\Delta t \to 0} \frac{\Delta v}{\Delta t}.$$

这样, *加速度是速度关于时间的导数.*

在热学方面, 我们将用导数以建立物体在所给温度时的热容量的概念.

用下面的记号表示这问题内引入的物理量: θ 是温度 (摄氏度), W 是使物体从 0℃ 加热至 θ℃ 所需要的热量 (卡). 显然 W 是 θ 的函数: $W = f(\theta)$. 给 θ 以一增量 $\Delta\theta$, 则 W 亦得一增量 ΔW. 物体从 θ℃ 加热至 $(\theta + \Delta\theta)$℃ 时的平均热容量就是

$$\bar{c} = \frac{\Delta W}{\Delta\theta}.$$

但一般地说, 因为当 $\Delta\theta$ 变动时这平均热容量亦变动着, 我们就不能用它作为在所给温度 θ 时的热容量. 要得出后者, 必须将上式取极限:

$$c = \lim_{\Delta\theta \to 0} \bar{c} = \lim_{\Delta\theta \to 0} \frac{\Delta W}{\Delta\theta}.$$

因此, 可以说, *物体的热容量是热量关于温度的导数.*

最后, 从电学内取出一个例子: 建立在所给时刻的电流强度的概念.

用 t 表示从某一时刻算起的时间 (秒), 用 Q 表示在这时间内流过导线的横截面的电量 (库仑). 显然 Q 是 t 的函数: $Q = f(t)$. 仿照以前的论断, 可得在时间 Δt 内的平均电流强度是

$$\bar{I} = \frac{\Delta Q}{\Delta t},$$

而在所给时刻的电流强度则可由极限

$$I = \lim_{\Delta t \to 0} \bar{I} = \lim_{\Delta t \to 0} \frac{\Delta Q}{\Delta t}$$

来表示. *即电流强度是流过的电量关于时间的导数.*

一切这些导数的应用 (很容易再多举一些) 十分鲜明地表明着一个事实, 即导数的概念与各种知识领域内的基本概念是很紧密地关联着的.

导数的求法, 其性质的研究及应用就是微分学的主要的研究对象.

导数的表示法常使用各种记号:

$\dfrac{dy}{dx}$ 或 $\dfrac{df(x_0)}{dx}$ ① 莱布尼茨 (G. W. Leibniz);

y' 或 $f'(x_0)$ 拉格朗日 (J. L. Lagrange);

Dy 或 $Df(x_0)$ 柯西 (A. L. Cauchy).

以后我们使用拉格朗日的简单的表示法为主. 若应用函数表示法 $f'(x_0)$, 则在括号内的字母 x_0 就指在取导数时的那个自变量的数值. 最后须指出, 有时, 当关于哪一个变量而取导数 (同它比较以确定"函数的变化率") 都可能发生怀疑时, 这变量就用下标的形式写出:

$$y'_x, \quad f'_x(x_0), \quad D_x y, \quad D_x f(x_0),$$

并且下标 x 与正在取导数的自变量的特殊数值 x_0 并无关系.

(在某种意义上, 可以说, 整个记号

$$\frac{df}{dx}, \quad f' \text{ 或 } f'_x, \quad Df \text{ 或 } D_x f$$

就担任着导函数的函数记号的角色.)

现在应用刚才引入的表示导数的记号, 记下前面得出的某些结果. 对于运动的速度就有:

$$v = \frac{ds}{dt} \quad \text{或} \quad v = s'_t,$$

对于加速度就有:

$$a = \frac{dv}{dt} \quad \text{或} \quad a = v'_t.$$

类似地, 曲线 $y = f(x)$ 的切线的斜率就写成:

$$\operatorname{tg}\alpha = \frac{dy}{dx} \quad \text{或} \quad \operatorname{tg}\alpha = y'_x,$$

以及其他等等.

93. 求导数的例题 现求一系列的初等函数的导数作为例题.

1° 首先注意到明显的结果: 若 $y = c =$ 常量, 则不论 Δx 是怎样的, 恒有 $\Delta y = 0$, 于是 $y' = 0$; 又若 $y = x$, 则 $\Delta y = \Delta x$, 而 $y' = 1$.

2° 今设 $y = x^n$, 此处 n 是自然数.

给 x 以增量 Δx ②; 则 y 的新的数值就是

$$y + \Delta y = (x + \Delta x)^n = x^n + nx^{n-1} \cdot \Delta x + \frac{n(n-1)}{1 \cdot 2} x^{n-2} \cdot \Delta x^2 + \cdots.$$

②若所求的是变元的任意值时的导数, 则通常就用那表示变元的字母来表示它, 而不加任何下标.

于是

$$\Delta y = nx^{n-1}\cdot\Delta x + \frac{n(n-1)}{1\cdot 2}x^{n-2}\cdot\Delta x^2 + \cdots,$$

而

$$\frac{\Delta y}{\Delta x} = nx^{n-1} + \frac{n(n-1)}{1\cdot 2}x^{n-2}\cdot\Delta x + \cdots.$$

因为当 $\Delta x \to 0$ 时除首项以外的一切项都趋向于零, 故

$$y' = \lim_{\Delta x\to 0}\frac{\Delta y}{\Delta x} = nx^{n-1}.$$

3° 若 $y = \frac{1}{x}$, 则 $y + \Delta y = \frac{1}{x+\Delta x}$, 于是

$$\Delta y = \frac{1}{x+\Delta x} - \frac{1}{x} = \frac{-\Delta x}{x(x+\Delta x)},$$

而

$$\frac{\Delta y}{\Delta x} = -\frac{1}{x(x+\Delta x)}.$$

由此

$$y' = \lim_{\Delta x\to 0}\frac{\Delta y}{\Delta x} = -\frac{1}{x^2}.$$

这时当然假定 $x \neq 0$.

4° 考察函数 $y = \sqrt{x}$ $(x > 0)$. 就有:

$$y + \Delta y = \sqrt{x+\Delta x},$$
$$\Delta y = \sqrt{x+\Delta x} - \sqrt{x} = \frac{\Delta x}{\sqrt{x+\Delta x}+\sqrt{x}},$$
$$\frac{\Delta y}{\Delta x} = \frac{1}{\sqrt{x+\Delta x}+\sqrt{x}};$$

最后, 利用根式的连续性, 就得

$$y' = \lim_{\Delta x\to 0}\frac{\Delta y}{\Delta x} = \frac{1}{2\sqrt{x}}.$$

一切这些结果, 都可包含在下面的情形内作为它的特殊情形.

5° 幂函数: $y = x^\mu$ (此处 μ 是任意实数). x的变动区域依赖于 μ; 它已在 **48**, 2° 内被指出. 我们有 ($x \neq 0$ 时)

$$\frac{\Delta y}{\Delta x} = \frac{(x+\Delta x)^\mu - x^\mu}{\Delta x} = x^{\mu-1}\cdot\frac{\left(1+\frac{\Delta x}{x}\right)^\mu - 1}{\frac{\Delta x}{x}}.$$

若利用 **77** [5) (в)] 内已算出的极限, 便有

$$y' = \lim_{\Delta x \to 0} \frac{\Delta y}{\Delta x} = \mu x^{\mu-1} \text{①}.$$

在特殊情形

若

$$y = \frac{1}{x} = x^{-1}, \quad \text{则} \quad y' = (-1) \cdot x^{-2} = -\frac{1}{x^2},$$

若

$$y = \sqrt{x} = x^{\frac{1}{2}}, \quad \text{则} \quad y' = \frac{1}{2} x^{-\frac{1}{2}} = \frac{1}{2\sqrt{x}}.$$

6° 指数函数: $y = a^x$ $(a > 0, -\infty < x < +\infty)$. 此处

$$\frac{\Delta y}{\Delta x} = \frac{a^{x+\Delta x} - a^x}{\Delta x} = a^x \cdot \frac{a^{\Delta x} - 1}{\Delta x},$$

利用 **77** [5) (б)] 内已算出的极限, 可得:

$$y' = \lim_{\Delta x \to 0} \frac{\Delta y}{\Delta x} = a^x \cdot \ln a.$$

特殊情形, 若 $y = e^x$, 则亦得 $y' = e^x$.

因此, 指数函数 (在 $a > 1$ 时) 的增大率与函数值成比例: 函数达到愈大的数值时, 它在该时刻就增大得愈快. 这就表出指数函数增大的准确性质, 我们在前面也已经讲到过它了 [参阅 **65**].

7° 对数函数: $y = \log_a x$ $(0 < a \neq 1, 0 < x < +\infty)$. 在这情形

$$\frac{\Delta y}{\Delta x} = \frac{\log_a(x + \Delta x) - \log_a x}{\Delta x} = \frac{1}{x} \cdot \frac{\log_a\left(1 + \dfrac{\Delta x}{x}\right)}{\dfrac{\Delta x}{x}}.$$

利用 **77** [5) (a)] 内已算出的极限:

$$y' = \lim_{\Delta x \to 0} \frac{\Delta y}{\Delta x} = \frac{\log_a e}{x}.$$

特殊情形, 对于自然对数就得出非常简单的结果:

在

$$y = \ln x \text{ 时}, \quad \text{有 } y' = \frac{1}{x}.$$

这是作理论研究时宁愿采用自然对数的一种 (虽然在本质上并非新的) 根据.

对数函数 (在 $a > 1$ 时) 的增大率与变元的数值成反比, 且在变元无限增大时它保持着正值而趋于零, 这情况与以前 [**65**] 所讲过的是符合的.

①若 $\mu > 1$, 则很易直接求得在 $x = 0$ 时的导数值: $y' = 0$.

8° 三角函数 设 $y = \sin x$, 则

$$\frac{\Delta y}{\Delta x} = \frac{\sin(x+\Delta x) - \sin x}{\Delta x} = \frac{\sin\dfrac{\Delta x}{2}}{\dfrac{\Delta x}{2}} \cdot \cos\left(x + \frac{\Delta x}{2}\right).$$

利用函数 $\cos x$ 的连续性及已知的极限 [**54**, 8)] $\lim\limits_{\alpha\to 0}\dfrac{\sin\alpha}{\alpha} = 1$, 就得

$$y' = \lim_{\Delta x\to 0}\frac{\Delta y}{\Delta x} = \cos x\text{①}.$$

类似地, 我们可以求:

若 $y = \cos x$, 则 $y' = -\sin x$.

在 $y = \operatorname{tg} x$ 时, 有

$$\begin{aligned}\frac{\Delta y}{\Delta x} = \frac{\operatorname{tg}(x+\Delta x) - \operatorname{tg} x}{\Delta x} &= \frac{\dfrac{\sin(x+\Delta x)}{\cos(x+\Delta x)} - \dfrac{\sin x}{\cos x}}{\Delta x} \\ &= \frac{\sin(x+\Delta x)\cdot\cos x - \cos(x+\Delta x)\cdot\sin x}{\Delta x\cdot\cos x\cdot\cos(x+\Delta x)} \\ &= \frac{\sin\Delta x}{\Delta x}\cdot\frac{1}{\cos x\cdot\cos(x+\Delta x)}.\end{aligned}$$

由此, 同上面一样,

$$y' = \lim_{\Delta x\to 0}\frac{\Delta y}{\Delta x} = \frac{1}{\cos^2 x} = \sec^2 x.$$

类似地,

$$\text{若}\quad y = \operatorname{ctg} x,\quad \text{则}\quad y' = -\frac{1}{\sin^2 x} = -\csc^2 x.$$

94. 反函数的导数 在求反三角函数的导数之前, 先证明下面的普遍的定理.

定理 设 1) 函数 $f(x)$ 满足 **83** 中关于反函数存在的定理的条件, 2) 在点 x_0 有异于零的有限导数 $f'(x_0)$. 于是在对应点 $y_0 = f(x_0)$ 反函数 $g(y)$ 的导数 $g'(y_0)$ 也存在, 且等于 $\dfrac{1}{f'(x_0)}$.

证明 给数值 $y = y_0$ 以任意的增量 Δy, 则函数 $x = g(y)$ 亦将获得对应的增量 Δx. 注意, 在 $\Delta y \neq 0$ 时, 由于函数 $y = f(x)$ 的单值性, 亦必有 $\Delta x \neq 0$. 就有

$$\frac{\Delta x}{\Delta y} = \frac{1}{\dfrac{\Delta y}{\Delta x}}.$$

①注意, 这公式的简洁性应归功于用弧度来做角度的单位, 假使我们用度数来做角度的单位, 则正弦与角的比值的极限将不等于 1, 而很易看出是 $\dfrac{\pi}{180}$, 那时我们将有

$$(\sin x)' = \frac{\pi}{180}\cos x.$$

今若 (依任意规律) 使 $\Delta y \to 0$, 则 —— 由于假定函数 $x = g(y)$ 是连续的 —— 增量 $\Delta x \to 0$. 但那时上式右端的分母趋于极限 $f'(x_0) \neq 0$, 因此, 左端的极限存在, 且等于其倒数 $\dfrac{1}{f'(x_0)}$; 它就是导数 $g'(y_0)$.

因此, 就有简单的公式:

$$x'_y = \frac{1}{y'_x}.$$

很易说明它的几何意义. 我们知道, 导数 y'_x 是函数 $y = f(x)$ 的图像上的切线与 x 轴间的角 α 的正切. 但反函数 $x = g(y)$ 有着同一的图像, 不过它的自变量是 y 罢了. 因此导数 x'_y 等于同一切线与 y 轴间的角 β 的正切 (图 39). 这样, 上面导出的公式就变成大家知道的关系式

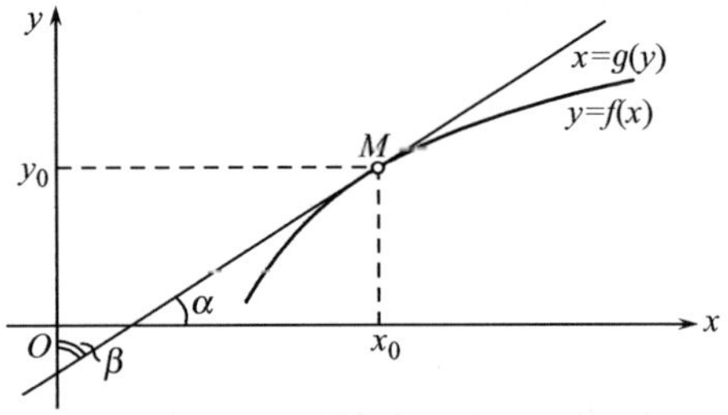

图 39

$$\operatorname{tg}\beta = \frac{1}{\operatorname{tg}\alpha},$$

其中 α 与 β 之和等于 $\dfrac{\pi}{2}$.

令 $y = a^x$ 作为例子. 它的反函数就是 $x = \log_a y$. 因为 (参阅 6°) $y'_x = a^x \cdot \ln a$, 故依目前的公式, 有

$$x'_y = \frac{1}{y'_x} = \frac{1}{a^x \cdot \ln a} = \frac{\log_a e}{y},$$

与 7° 相符合.

现在要转到求反三角函数的导数, 为了方便, 我们把变量 x 与 y 互相对调, 把已证明的公式改写成

$$y'_x = \frac{1}{x'_y}.$$

9° 反三角函数 考察函数 $y = \arcsin x$ $(-1 < x < 1)$, 其中 $-\dfrac{\pi}{2} < y < \dfrac{\pi}{2}$. 它是函数 $x = \sin y$ 的反函数. 函数 $x = \sin y$ 当 y 在刚才指定的范围内时有正值的导数 $x'_y = \cos y$, 在这种情形导数 y'_x 也存在, 且依我们的公式

$$y'_x = \frac{1}{x'_y} = \frac{1}{\cos y} = \frac{1}{\sqrt{1-\sin^2 y}} = \frac{1}{\sqrt{1-x^2}};$$

因 $\cos y > 0$, 根式前应取正号.

我们除去 $x = \pm 1$ 的数值, 因为与它对应的数值是 $y = \pm\dfrac{\pi}{2}$, 在这时导数 $x'_y = \cos y = 0$.

函数 $y = \operatorname{arctg} x$ $(-\infty < x < +\infty)$ 是函数 $x = \operatorname{tg} y$ 的反函数. 依我们的公式

$$y'_x = \frac{1}{x'_y} = \frac{1}{\sec^2 y} = \frac{1}{1+\operatorname{tg}^2 y} = \frac{1}{1+x^2}.$$

类似地可以得出

对于

$$y=\arccos x,\quad y'=-\frac{1}{\sqrt{1-x^2}}\quad(-1<x<1),$$

对于

$$y=\operatorname{arcctg} x,\quad y'=-\frac{1}{1+x^2}\quad(-\infty<x<\infty).$$

95. 导数公式一览表 现在把我们已求出的一切导数公式列成一览表如下:

1.	$y=c$	$y'=0$
2.	$y=x$	$y'=1$
3.	$y=x^\mu$	$y'=\mu x^{\mu-1}$
	$y=\frac{1}{x}$	$y'=-\frac{1}{x^2}$
	$y=\sqrt{x}$	$y'=\frac{1}{2\sqrt{x}}$
4.	$y=a^x$	$y'=a^x\cdot\ln a$
	$y=e^x$	$y'=e^x$
5.	$y=\log_a x$	$y'=\frac{\log_a e}{x}$
	$y=\ln x$	$y'=\frac{1}{x}$
6.	$y=\sin x$	$y'=\cos\ x$
7.	$y=\cos x$	$y'=-\sin\ x$
8.	$y=\operatorname{tg} x$	$y'=\sec^2 x=\frac{1}{\cos^2 x}$
9.	$y=\operatorname{ctg} x$	$y'=-\csc^2 x=-\frac{1}{\sin^2 x}$
10.	$y=\arcsin x$	$y'=\frac{1}{\sqrt{1-x^2}}$
11.	$y=\arccos x$	$y'=-\frac{1}{\sqrt{1-x^2}}$
12.	$y=\operatorname{arctg} x$	$y'=\frac{1}{1+x^2}$
13.	$y=\operatorname{arcctg} x$	$y'=-\frac{1}{1+x^2}$

96. 函数的增量的公式 先在这里证明两个简单的命题, 它们在以后是有用的.

设函数 $y=f(x)$ 是在区间 $\mathcal{X}$ 内定义着的. 从这区间内的一个固定值 $x=x_0$ 出发, 用 $\Delta x\gtrless 0$ 表示 x 的任意增量, 但须限制 $x_0+\Delta x$ 使不越出 $\mathcal{X}$ 的范围以外. 于

是对应的函数的增量就是

$$\Delta y = \Delta f(x_0) = f(x_0 + \Delta x) - f(x_0).$$

1° 若函数 $y = f(x)$ 在点 x_0 处有 (有限的) 导数 $y'_x = f'(x_0)$, 则函数的增量可以表示为如下的形式:

$$\Delta f(x_0) = f'(x_0) \cdot \Delta x + \alpha \cdot \Delta x \tag{2}$$

或更简短地

$$\Delta y = y'_x \cdot \Delta x + \alpha \cdot \Delta x, \tag{2a}$$

式中的 α 是依赖于 Δx 的量, 且随着 Δx 一同趋于零.

因为由导数的定义, 在 $\Delta x \to 0$ 时

$$\frac{\Delta y}{\Delta x} \to y'_x,$$

故令

$$\alpha = \frac{\Delta y}{\Delta x} - y'_x,$$

就看出也有 $\alpha \to 0$. 由此解出 Δy, 即得公式 (2a).

因为量 $\alpha \cdot \Delta x$ (在 $\Delta x \to 0$ 时) 是较 Δx 更高阶的无穷小, 故使用在 **60** 内引入的记法, 我们的公式就可以改写成

$$\Delta f(x_0) = f'(x_0) \cdot \Delta x + o(\Delta x) \tag{3}$$

或

$$\Delta y = y'_x \cdot \Delta x + o(\Delta x). \tag{3a}$$

附注 到现在为止, 我们算作 $\Delta x \gtrless 0$; 故量 α 在 $\Delta x = 0$ 时是不曾定义的. 当我们说在 $\Delta x \to 0$ 时 $\alpha \to 0$, 必已预先假设 (像通常那样) Δx 系依任意规律趋于零, 但并不取得零值. 现在就令在 $\Delta x = 0$ 时 $\alpha = 0$; 那时公式 (2) 在 $\Delta x = 0$ 时自然仍为有效. 然除此以外, $\Delta x \to 0$ 时 $\alpha \to 0$ 这一关系却可比以前得到更广义的理解, 就是在 Δx 趋于零的过程中, 它也可以取等于零的数值了.

由已证明的公式直接推得:

2° 若函数 $y = f(x)$ 在点 x_0 处有 (有限的) 导数, 则函数在这点必然是连续的.

实因, 由 (2a), 很清楚地, 由 $\Delta x \to 0$ 的关系就立即引出 $\Delta y \to 0$.

97. 求导数的几个简单法则 在前几目内我们已求出初等函数的导数. 在这一目及下面一目内, 我们将建立一系列的法则, 用了它们就可以求任何由初等函数经过有限次的算术运算及叠置 [**51**] 所得出的函数的导数.

I. 设函数 $u=\varphi(x)$ (在定点 x 处) 有导数 u'. 我们要证明, 函数 $y=cu$ ($c=$ 常数) (在同一点处) 也有导数, 并求出它.

若自变量 x 得一增量 Δx, 则函数 u 亦得一增量 Δu, 而由开始的数值 u 变为数值 $u+\Delta u$. 函数 y 的新值就是 $y+\Delta y=c(u+\Delta u)$.

由此 $\Delta y=c\cdot\Delta u$ 而

$$\lim_{\Delta x\to 0}\frac{\Delta y}{\Delta x}=c\cdot\lim_{\Delta x\to 0}\frac{\Delta u}{\Delta x}=c\cdot u'.$$

因此, 导数存在且等于

$$y'=(c\cdot u)'=c\cdot u'.$$

这公式表示这样一条法则: 常数因子可以从导数的符号内取出.

II. 设函数 $u=\varphi(x), v=\psi(x)$ (在定点 x 处) 有导数 u', v'. 今证明, 函数 $y=u\pm v$ (在同一点处) 也有导数, 并求出它.

给 x 以增量 Δx; 于是 u, v 及 y 就对应地各得增量 $\Delta u, \Delta v$ 及 Δy. 它们的新值 $u+\Delta u, v+\Delta v$ 及 $y+\Delta y$ 可用同样的关系式连接着:

$$y+\Delta y=(u+\Delta u)\pm(v+\Delta v),$$

由此

$$\Delta y=\Delta u\pm\Delta v,\quad \frac{\Delta y}{\Delta x}=\frac{\Delta u}{\Delta x}\pm\frac{\Delta v}{\Delta x}$$

而

$$\lim_{\Delta x\to 0}\frac{\Delta y}{\Delta x}=\lim_{\Delta x\to 0}\frac{\Delta u}{\Delta x}\pm\lim_{\Delta x\to 0}\frac{\Delta v}{\Delta x}=u'\pm v',$$

于是导数 y' 存在且等于

$$y'=(u\pm v)'=u'\pm v'.$$

这结果可以很容易地推广到任意有限个加数的情形 (用同样的方法).

III. 在关于函数 u, v 的同样的假定下, 我们证明, 函数 $y=u\cdot v$ 也有导数, 并求出它.

同上面一样, 对应于增量 Δx 有增量 $\Delta u, \Delta v$ 及 Δy; 这时 $y+\Delta y=(u+\Delta u)(v+\Delta v)$, 于是

$$\Delta y=\Delta u\cdot v+u\cdot\Delta v+\Delta u\cdot\Delta v$$

及

$$\frac{\Delta y}{\Delta x}=\frac{\Delta u}{\Delta x}\cdot v+u\cdot\frac{\Delta v}{\Delta x}+\frac{\Delta u}{\Delta x}\cdot\Delta v.$$

因为根据 **96**, 2°, 当 $\Delta x \to 0$ 也有 $\Delta v \to 0$, 故

$$\lim_{\Delta x \to 0} \frac{\Delta y}{\Delta x} = \lim_{\Delta x \to 0} \frac{\Delta u}{\Delta x} \cdot v + u \cdot \lim_{\Delta x \to 0} \frac{\Delta v}{\Delta x} = u' \cdot v + u \cdot v',$$

即导数 y' 存在并等于

$$y' = (u \cdot v)' = u' \cdot v + u \cdot v'.$$

若 $y = uvw$, 并且 u', v', w' 都存在, 则

$$y' = [(uv) \cdot w]' = (uv)' \cdot w + (uv) \cdot w' = u'vw + uv'w + uvw'.$$

很易判断, 在 n 个因子相乘时将类似地有:

$$[\overbrace{uvw \cdots s}^{n}]' = u'vw \cdots s + uv'w \cdots s + uvw' \cdots s + \cdots + uvw \cdots s'. \tag{4}$$

要证明这事, 我们利用数学归纳法. 假定公式 (4) 在 n 个因子相乘时是真实的, 再证明它在 $(n+1)$ 个因子相乘时也是真实的:

$$[\overbrace{uvw \cdots st}^{n+1}]' = [(\overbrace{uvw \cdots s}^{n}) \cdot t]' = (uvw \cdots s)' \cdot t + (uvw \cdots s) \cdot t';$$

将导数 $(uvw \cdots s)'$ 依公式 (4) 展开, 就得出公式

$$[uvw \cdots st]' = u'vw \cdots st + uv'w \cdots st + \cdots + uvw \cdots s't + uvw \cdots st',$$

完全类似于 (4). 因为公式 (4) 在 $n = 2$ 及 3 时的真实性我们已直接证明了, 所以这公式对于任意的 n 也是真实的.

IV. 最后, 若 u, v 满足于前面的假定, 此外, 又假定 v 异于零, 则我们将证明, 函数 $y = \frac{u}{v}$ 也有导数, 并求出它.

用同上面一样的表示法, 就有

$$y + \Delta y = \frac{u + \Delta u}{v + \Delta v},$$

于是

$$\Delta y = \frac{\Delta u \cdot v - u \cdot \Delta v}{v(v + \Delta v)},$$

而

$$\frac{\Delta y}{\Delta x} = \frac{\frac{\Delta u}{\Delta x} \cdot v - u \cdot \frac{\Delta v}{\Delta x}}{v \cdot (v + \Delta v)}.$$

在此处使 Δx 趋向于零 (则同时亦有 $\Delta v \to 0$), 就证明了导数的存在, 且

$$y' = \left(\frac{u}{v}\right)' = \frac{u' \cdot v - u \cdot v'}{v^2}.$$

98. 复合函数的导数 现在我们可以建立一条在实际求导数时十分重要的法则. 只要被组合的各个函数的导数已经知道时, 我们就能够按这法则来求复合函数的导数.

V. 设 1) 函数 $u=\varphi(x)$ 在某一点 x_0 处有导数 $u'_x=\varphi'(x_0)$, 2) 函数 $y=f(u)$ 在对应点 $u_0=\varphi(x_0)$ 也有导数 $y'_u=f'(u)$. 于是复合函数 $y=f(\varphi(x))$ 在上述的点 x_0 处亦将有导数, 它等于 $f(u)$ 的导数与 $\varphi(x)$ 的导数的乘积:

$$[f(\varphi(x_0))]'=f'_u(\varphi(x_0))\cdot\varphi'(x_0)\,^{①},$$

或更简短地

$$y'_x=y'_u\cdot u'_x.$$

为了证明, 给 x 以任意增量 Δx; 设 Δu 是函数 $u=\varphi(x)$ 的对应增量, 又最后, Δy 是由增量 Δu 所引起的函数 $y=f(u)$ 的增量. 利用关系式 (2a), 把 x 换成 u, 就改写成

$$\Delta y=y'_u\cdot\Delta u+\alpha\cdot\Delta u$$

(α 依赖于 Δu 并与它一同趋向于零). 用 Δx 除各项, 就得

$$\frac{\Delta y}{\Delta x}=y'_u\cdot\frac{\Delta u}{\Delta x}+\alpha\cdot\frac{\Delta u}{\Delta x}.$$

若 Δx 趋向于零, 则 Δu 亦趋向于零 [**96**, 2°], 于是, 我们知道, 依赖于 Δu 的量 α 亦将趋向于零. 因此, 有极限存在

$$\lim_{\Delta x\to 0}\frac{\Delta y}{\Delta x}=y'_u\cdot\lim_{\Delta x\to 0}\frac{\Delta u}{\Delta x}=y'_u\cdot u'_x,$$

它就是所求的导数 y'_x.

附注 在此处就表现出 **96** 中的附注的用处了: 当 Δx 是自变量的增量时, 我们可以假定它异于零, 但对于 x 的函数 $u=\varphi(x)$ 的增量 Δu 来说, 即使在 $\Delta x\neq 0$ 时我们也没有权利设想 $\Delta u\neq 0$ 了.

99. 例题② 先举几个应用法则 I ~ IV 的例题.

1) 考察多项式:

$$y=a_0x^n+a_1x^{n-1}+\cdots+a_{n-2}x^2+a_{n-1}x+a_n.$$

先依法则 II, 再依法则 I, 就有

$$\begin{aligned}y'&=(a_0x^n)'+(a_1x^{n-1})'+\cdots+(a_{n-2}x^2)'+(a_{n-1}x)'+(a_n)'\\&=a_0(x^n)'+a_1(x^{n-1})'+\cdots+a_{n-2}(x^2)'+a_{n-1}(x)'+(a_n)'.\end{aligned}$$

①须着重指出, 记号 $f'_u(\varphi(x_0))$ 表示函数 $f(u)$ 关于变元 u (并非关于 x) 的导数在这个变元取值 $u_0=\varphi(x_0)$ 时的值.

②以下用字母 x,y,u,v 表示变量, 而别的字母就表示常量.

利用 [**95**] 公式 1, 2, 3, 最后得

$$y' = na_0x^{n-1} + (n-1)a_1x^{n-2} + \cdots + 2a_{n-2}x + a_{n-1}.$$

2) $y = (2x^2 - 5x + 1) \cdot e^x$. 依法则 III

$$y' = (2x^2 - 5x + 1)' \cdot e^x + (2x^2 - 5x + 1) \cdot (e^x)'.$$

根据前一例题及 [**95**] 公式 4, 求出

$$y' = (4x - 5) \cdot e^x + (2x^2 - 5x + 1) \cdot e^x = (2x^2 - x - 4) \cdot e^x.$$

3) $y = \dfrac{ax + b}{x^2 + 1}$. 依法则 IV,

$$\begin{aligned} y' &= \frac{(ax+b)'(x^2+1) - (ax+b)(x^2+1)'}{(x^2+1)^2} \\ &= \frac{a(x^2+1) - (ax+b) \cdot 2x}{(x^2+1)^2} = \frac{-ax^2 - 2bx + a}{(x^2+1)^2}. \end{aligned}$$

4) 再求函数 $y = \operatorname{tg} x$ 的导数, 从公式 $y = \dfrac{\sin x}{\cos x}$ 出发. 应用法则 IV (及 **95** 的公式 6, 7) 得

$$\begin{aligned} y' &= \frac{(\sin x)' \cdot \cos x - \sin x \cdot (\cos x)'}{\cos^2 x} \\ &= \frac{\cos^2 x + \sin^2 x}{\cos^2 x} = \frac{1}{\cos^2 x} \qquad (\text{参阅}\mathbf{95}, 8). \end{aligned}$$

5) $y = \dfrac{x \sin x + \cos x}{x \cos x - \sin x}$. 在这里必须先应用法则 IV, 再应用法则 II 及 III (及 **95** 公式 6, 7):

$$\begin{aligned} y' &= \frac{(x \sin x + \cos x)'(x \cos x - \sin x) - (x \sin x + \cos x)(x \cos x - \sin x)'}{(x \cos x - \sin x)^2} \\ &= \frac{x \cos x \cdot (x \cos x - \sin x) - (x \sin x + \cos x) \cdot (-x \sin x)}{(x \cos x - \sin x)^2} \\ &= \frac{x^2}{(x \cos x - \sin x)^2}. \end{aligned}$$

这里分子与分母的导数是立刻算出的, 并未分开为两个步骤. 通过习题必须达到一般地能立刻写出导数的地步.

求复合函数的导数的例题:

6) 设 $y = \ln \sin x$, 换言之, $y = \ln u$, $u = \sin x$. 依法则 V, $y'_x = y'_u \cdot u'_x$. 导数 $y'_u = (\ln u)'_u = \dfrac{1}{u}$ (公式 5) 应当对 $u = \sin x$ 来取. 这样

$$y'_x = \frac{1}{\sin x} \cdot (\sin x)' = \frac{\cos x}{\sin x} = \operatorname{ctg} x. \qquad (\text{公式 } 6).$$

7) $y = \sqrt{1 + x^2}$, 即 $y = \sqrt{u}$, 式中 $u = 1 + x^2$; 依法则 V,

$$y'_x = \frac{1}{2\sqrt{1+x^2}} \cdot (1 + x^2)' = \frac{x}{\sqrt{1+x^2}}. \qquad (\text{公式 } 3, \text{例 } 1).$$

8) $y = e^{x^2}$, 即 $y = e^u$, 式中 $u = x^2$;

$$y'_x = e^{x^2} \cdot (x^2)' = 2x \cdot e^{x^2}. \qquad (\text{V}; 4 \text{ 及 } 3).$$

当然, 把被叠置的函数各别地写出来在事实上没有这种必要.

9) $y = \sin ax$;

$$y'_x = \cos ax \cdot (ax)' = a \cdot \cos ax. \qquad (\text{V}; 7, 1, 2).$$

10) $y = (x^2 + x + 1)^n$;

$$y'_x = n(x^2 + x + 1)^{n-1} \cdot (x^2 + x + 1)' = n(2x + 1)(x^2 + x + 1)^{n-1}. \qquad (\text{V}; 3, \text{例 } 1).$$

11) $y = 2^{\sin x}$;

$$y'_x = 2^{\sin x} \cdot \ln 2 \cdot (\sin x)' = \ln 2 \cdot \cos\ x \cdot 2^{\sin x}. \qquad (\text{V}; 4, 6)$$

12) $y = \operatorname{arctg} \dfrac{1}{x}$;

$$y'_x = \frac{1}{1 + \left(\dfrac{1}{x}\right)^2} \cdot \left(\frac{1}{x}\right)' = \frac{x^2}{1 + x^2} \cdot \left(-\frac{1}{x^2}\right) = -\frac{1}{1 + x^2}. \qquad (\text{V}; 12, 3).$$

碰到几层叠置的复合函数, 就要毫无遗漏地逐次应用法则 V:

13) $y = \sqrt{\operatorname{tg} \dfrac{1}{2}x}$; 于是

$$y'_x = \frac{1}{2\sqrt{\operatorname{tg} \dfrac{1}{2}x}} \cdot \left(\operatorname{tg} \frac{1}{2}x\right)'_x \qquad (\text{V}; 3)$$

$$= \frac{1}{2\sqrt{\operatorname{tg} \dfrac{1}{2}x}} \cdot \sec^2 \frac{1}{2}x \cdot \left(\frac{1}{2}x\right)'_x = \frac{\sec^2 \dfrac{1}{2}x}{4\sqrt{\operatorname{tg} \dfrac{1}{2}x}}. \qquad (\text{V}; 8)$$

14) $y = e^{\sin^2 \frac{1}{x}}$; 在这情形

$$y'_x = e^{\sin^2 \frac{1}{x}} \cdot \left(\sin^2 \frac{1}{x}\right)'_x \qquad (\text{V}; 4)$$

$$= e^{\sin^2 \frac{1}{x}} \cdot 2 \sin \frac{1}{x} \cdot \left(\sin \frac{1}{x}\right)'_x \qquad (\text{V}; 3)$$

$$= e^{\sin^2 \frac{1}{x}} \cdot 2 \sin \frac{1}{x} \cdot \cos \frac{1}{x} \cdot \left(\frac{1}{x}\right)'_x \qquad (\text{V}; 6)$$

$$= -\frac{1}{x^2} \cdot \sin \frac{2}{x} \cdot e^{\sin^2 \frac{1}{x}}. \qquad (\text{V}; 3)$$

再举几个例题来应用一切的法则:

15) $y = \operatorname{sh} x = \dfrac{e^x - e^{-x}}{2}$;

$$y' = \frac{1}{2}[(e^x)'_x - (e^{-x})'_x] = \frac{e^x + e^{-x}}{2} = \operatorname{ch} x.$$

反之, 若 $y = \operatorname{ch} x$, 则 $y' = \operatorname{sh} x$. 最后, 同 4) 那样, 很易得出:

若 $y = \operatorname{th} x = \dfrac{\operatorname{sh} x}{\operatorname{ch} x}$, 则 $y' = \dfrac{1}{\operatorname{ch}^2 x}$,

又若 $y = \operatorname{cth} x$, 则 $y' = -\dfrac{1}{\operatorname{sh}^2 x}$.

16) $y = \ln(x + \sqrt{x^2+1})$;

$$y'_x = \frac{1}{x+\sqrt{x^2+1}} \cdot (x + \sqrt{x^2+1})'_x$$
$$= \frac{1}{x+\sqrt{x^2+1}} \cdot \left(1 + \frac{x}{\sqrt{x^2+1}}\right) = \frac{1}{\sqrt{x^2+1}}.$$

这结果亦可以从别的想法得出. 我们已在 **49**, 4) 内看到, 函数 $y = \ln(x+\sqrt{x^2+1})$ 就是函数 $x = \operatorname{sh} y$ 的反函数; 因此 [**94**; 例 15; **48**, 6°]

$$y'_x = \frac{1}{x'_y} = \frac{1}{\operatorname{ch} y} = \frac{1}{\sqrt{\operatorname{sh}^2 y + 1}} = \frac{1}{\sqrt{x^2+1}}.$$

17) $y = \dfrac{x}{a^2\sqrt{x^2+a^2}}$;

$$y' = \frac{1}{a^2} \cdot \frac{1 \cdot \sqrt{x^2+a^2} - x \cdot \dfrac{x}{\sqrt{x^2+a^2}}}{(\sqrt{x^2+a^2})^2} = \frac{1}{(x^2+a^2)^{3/2}}.$$

18) $y = \dfrac{1}{2} \operatorname{arctg} \dfrac{2x}{1-x^2} \quad (-1 < x < 1)$;

$$y' = \frac{1}{2} \cdot \frac{1}{1 + \left(\dfrac{2x}{1-x^2}\right)^2} \cdot 2 \cdot \frac{1 \cdot (1-x^2) - x \cdot (-2x)}{(1-x^2)^2} = \frac{1}{1+x^2}.$$

19) $y = \dfrac{1}{\sqrt{b-ac}} \ln \dfrac{\sqrt{ax+b} - \sqrt{b-ac}}{\sqrt{ax+b} + \sqrt{b-ac}}$.

(我们假定: $b - ac > 0$);

$$y' = \frac{1}{\sqrt{b-ac}} \left[\frac{\dfrac{a}{2\sqrt{ax+b}}}{\sqrt{ax+b} - \sqrt{b-ac}} - \frac{\dfrac{a}{2\sqrt{ax+b}}}{\sqrt{ax+b} + \sqrt{b-ac}} \right] = \frac{1}{(x+c)\sqrt{ax+b}}.$$

20) $y = \dfrac{2}{\sqrt{ac-b}} \operatorname{arctg} \sqrt{\dfrac{ax+b}{ac-b}}$.

(此处假定: $ac - b > 0$);

$$y' = \frac{2}{\sqrt{ac-b}} \cdot \frac{1}{1 + \dfrac{ax+b}{ac-b}} \cdot \frac{1}{\sqrt{ac-b}} \cdot \frac{a}{2\sqrt{ax+b}} = \frac{1}{(x+c)\sqrt{ax+b}}.$$

21) $y = \dfrac{1}{\sqrt{a^2-b^2}} \arcsin \dfrac{a \sin x + b}{a + b \sin x} \quad \left(|b| < a; -\dfrac{\pi}{2} < x < \dfrac{\pi}{2}\right)$;

$$y' = \frac{1}{\sqrt{a^2-b^2}} \cdot \frac{1}{\sqrt{1 - \left(\dfrac{a\sin x + b}{a + b\sin x}\right)^2}}$$
$$\times \frac{a\cos x \cdot (a + b\sin x) - (a\sin x + b) \cdot b\cos x}{(a+b\sin x)^2} = \frac{1}{a + b\sin x}.$$

22) $y = \frac{1}{\sqrt{b^2-a^2}} \ln \frac{b+a\sin x-\sqrt{b^2-a^2}\cdot\cos x}{a+b\sin x} \quad (|a|<|b|);$

$$y' = \frac{1}{\sqrt{b^2-a^2}}\left[\frac{a\cos x+\sqrt{b^2-a^2}\sin x}{b+a\sin x-\sqrt{b^2-a^2}\cos x}-\frac{b\cos x}{a+b\sin x}\right]=\frac{1}{a+b\sin x}.$$

23) 作为一个习题, 我们再来研究关于幂指数式 $y=u^v$ $(u>0)$ 的导数的问题, 式中 u 及 v 是 x 的函数, 并在所给点有导数 u', v'.

把等式 $y=u^v$ 取对数, 就得

$$\ln y = v\cdot\ln u. \tag{5}$$

这样, y 的表达式可以改写成为 $y=e^{v\ln u}$, 由此已经很清楚, 导数 y' 存在. 它的求法还可以更简单地做出, 就是使等式 (5) 两边的关于 x 的导数相等. 这时我们利用法则 V 及 III (记住 u, v 及 y 是 x 的函数), 就得到

$$\frac{1}{y}y' = v'\cdot\ln u + v\cdot\frac{1}{u}\cdot u',$$

由此

$$y' = y\left(\frac{vu'}{u}+v'\ln u\right),$$

或用 y 的表达式代换它,

$$y' = u^v\left(\frac{vu'}{u}+v'\ln u\right). \tag{6}$$

这公式是莱布尼茨和 J. 伯努利 (Johann Bernoulli) 首先建立的.

例如, 若 $y=x^{\sin x}$, 则 $y'_x = x^{\sin x}\left(\frac{\sin x}{x}+\cos x\cdot\ln x\right)$.

24) 假定函数 $f(x)$ 有导数 $f'(x)$, 写出下列函数的关于 x 的导数式

$$(\text{а})\ \sin f(x),\quad (\text{б})\ e^{f(x)},\quad (\text{в})\ \ln f(x),$$

并写出下列函数的关于 t 的导数式

$$(\text{г})\ f(\sin t),\quad (\text{д})\ f(e^t),\quad (\text{е})\ f(\ln t).$$

答: $(\text{а})\ \cos f(x)\cdot f'(x);\quad (\text{б})\ e^{f(x)}\cdot f'(x);\quad (\text{в})\ \frac{f'(x)}{f(x)};$

$$(\text{г})\ f'(\sin t)\cdot\text{cost};\quad (\text{д})\ f'(e^t)\cdot e^t;\quad (\text{е})\ f'(\ln t)\cdot\frac{1}{t}.$$

关于最后的三个例题 (г), (д), (е), 请读者注意, 记号 $f'(\cdots)$ 表示函数 $f(x)$ 关于它所依赖的变元 x 的导数, 但在这变元的数值各为 $x=\sin t, e^t, \ln t$ 时, $f'(\cdots)$ 已经依赖于 t 了. 参阅 166 页的脚注 ①.

25) 函数 $f(x)$ 是在关于 0 为对称的区间内定义的, 若 $f(-x)=f(x)$, 它就称为偶函数; 若 $f(-x)=-f(x)$, 它就称为奇函数 (偶函数的例子, 如偶次幂函数 $x^2, x^4, \cdots$, 以及 $\cos x, \operatorname{ch} x$; 奇函数的例子, 如奇次幂函数 $x, x^3, \cdots, \sin x, \operatorname{sh} x$.)

试证明, 偶函数的导数 (假如存在) 为奇函数, 而奇函数的导数为偶函数.

26) 求出函数 $y=\ln|x|$ 在 $x\gtrless 0$ 时的导数.

在 $x>0$ 时, 显然 $y'=\frac{1}{x}$; 今将指出这公式在 $x<0$ 时仍为适用. 实际上, 把函数

$$y=\ln|x|=\ln(-x)$$

当作复合函数而求其导数, 那么, 在这种情形, 就亦有

$$y' = \frac{1}{-x} \cdot (-1) = \frac{1}{x}.$$

27) 考察曲线

$$y = ax^n \quad (n > 0).$$

在其上某一点 (x, y) 处的切线的斜率是 [**91~92**]:

$$\operatorname{tg} a = y' = nax^{n-1}.$$

由图 40 看出, 线段 TP (所谓 "次切距") 等于

$$TP = \frac{y}{\operatorname{tg} \alpha} = \frac{ax^n}{nax^{n-1}} = \frac{x}{n}.$$

利用这事实可得到切线的简易作图法 (**91** 的结果的推广).

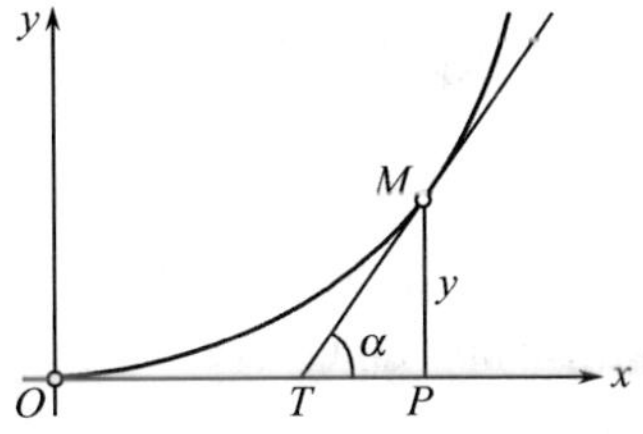

图 40

28) 对于曲线("悬链线")

$$y = a \cdot \operatorname{ch} \frac{x}{a} \quad (a > 0),$$

用相似的方法, 得

$$\operatorname{tg} \alpha = y' = \operatorname{sh} \frac{x}{a}.$$

在这次定义 (设想 $x > 0$)

$$\cos \alpha = \frac{1}{\sqrt{1 + \operatorname{tg}^2 \alpha}} = \frac{1}{\sqrt{1 + \operatorname{sh}^2 \dfrac{x}{a}}} = \frac{1}{\operatorname{ch} \dfrac{x}{a}} = \frac{a}{y},$$

于是 $y \cdot \cos \alpha = a$. 若从纵标 $y = DM$ 的足 D (图 41) 作切线 MT 的垂线 DS, 则线段 DS 就等于 a. 由此再推得在所考察的曲线上作切线的简易作图法; 把纵标 DM 当作直径作一半圆, 以点 D 为中心, a 为半径截取交点 S; 直线 MS 就是切线.

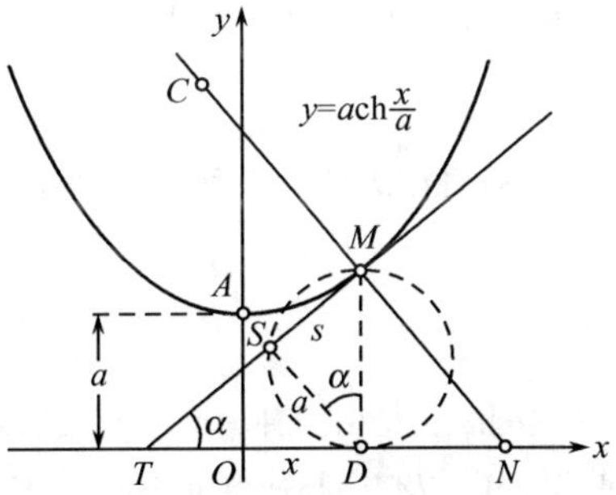

图 41

29) 设质点沿着一轴在某一中心点的附近依下列规律而振动:

$$S = A \cdot \sin(\omega t + \alpha) \qquad (A, \omega > 0).$$

这种振动称为简谐振动; A 是它的振幅, ω 是频率, α 是初相.

取路程 S 关于时间 t 的导数, 求得运动的速度:

$$v = A\omega \cdot \cos(\omega t + \alpha).$$

当 $S = 0$, 即点经过中心时, 速度达到最大的数值 $\pm A\omega$. 反之, 当点的位置离中心最远时 $(S = \pm A)$ 速度 $v = 0$.

求 v 关于 t 的导数:

$$a = -A\omega^2 \cdot \sin(\omega t + \alpha)$$

给出点的运动的加速度; 显然

$$a = -\omega^2 \cdot S.$$

由此, 引入动点的质量 m, 依牛顿定律, 若简谐振动是由于力 F 的作用而发生, 则这力 F 可表示为:

$$F = -m\omega^2 \cdot S.$$

由此看出, 它永远指向着中心 (因为有与 S 相反的符号), 并与点离中心的距离成比例.

30) 依规律

$$S = Ae^{-kt} \sin \omega t \quad (A, k, \omega > 0)$$

而发生的运动称为阻尼振动, 因为有因式 e^{-kt} 存在, 虽则质点也在中心点附近作振动, 但总是逐渐趋向于和中心点重合:

$$\lim_{t\to\infty} S = 0.$$

在这种情形

$$v = S'_t = Ae^{-kt}(\omega \cdot \cos \omega t - k \cdot \sin \omega t)$$

又

$$a = v'_t = -Ae^{-kt}(\omega^2 \sin \omega t + 2\omega k \cdot \cos \omega t - k^2 \cdot \sin \omega t).$$

再在括号内引入 $\pm k^2 \cdot \sin \omega t$, 在明显的变形以后, 就得

$$\begin{aligned} a &= -Ae^{-kt}[(\omega^2 + k^2) \sin \omega t + 2k(\omega \cdot \cos \omega t - k \cdot \sin \omega t)] \\ &= -(\omega^2 + k^2) \cdot S - 2k \cdot v. \end{aligned}$$

若这种振动是由于力 F 的作用而发生, 则 F 等于

$$F = -(\omega^2 + k^2)m \cdot S - 2km \cdot v.$$

我们看出, 它是由两种力: 1) 与质点离中心的距离成正比且指向着这中心的力 (同在调和振动的情形一样), 及 2) 与速度成正比且与速度方向相反的阻挠运动的力, 相加而成的.

100. 单侧导数 在结束这一节时, 我们来考察一些关于导数可能产生的特殊情形. 先从建立**单侧导数**的概念开始. 若所考察的数值 x 就是函数 $y = f(x)$ 的定义区间 $\mathcal{X}$ 的端点之一, 则在求比式 $\dfrac{\Delta y}{\Delta x}$ 的极限时, Δx 接近于零就仅限于从右 (当讲到区间的左端点时) 或从左 (右端点时). 在这种情形若极限存在, 就称为**右**导数或**左**导数. 函数的图像在对应点处就有**单侧**切线.

也可能碰到, 在内点 x 处比式 $\dfrac{\Delta y}{\Delta x}$ 仅各有单侧极限存在 (在 $\Delta x \to +0$ 或 $\Delta x \to -0$ 时), 且并不相等; 它们也称为单侧导数. 函数的图像在对应点处将仅有两单侧切线存在, 它们组成一角; 该点就是**角点** (图 42).

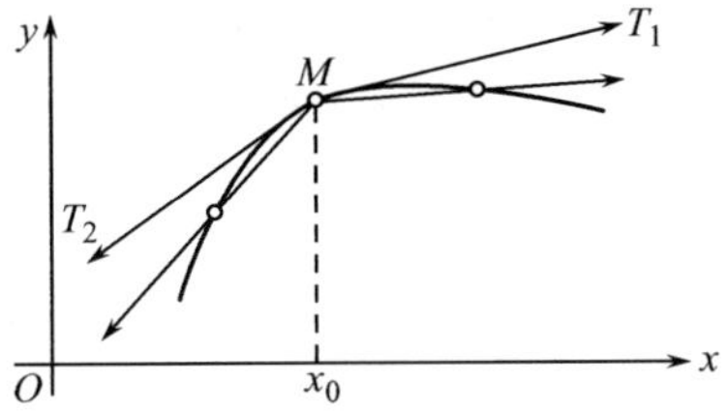

图 42

考察函数 $y = f(x) = |x|$ 作为一例. 从数值 $x = 0$ 出发, 将有

$$\Delta y = f(0 + \Delta x) - f(0) = f(\Delta x) = |\Delta x|.$$

若 $\Delta x > 0$. 则

$$\Delta y = \Delta x, \quad \lim_{\Delta x \to 0} \frac{\Delta y}{\Delta x} = 1.$$

又若 $\Delta x < 0$, 则

$$\Delta y = -\Delta x, \quad \lim_{\Delta x \to 0} \frac{\Delta y}{\Delta x} = -1.$$

这函数的图像由第一及第二象限角的分角线所组成, 原点就成为角点.

101. 无穷导数 若增量的比式 $\dfrac{\Delta y}{\Delta x}$ 在 $\Delta x \to 0$ 时趋于 $+\infty$ $(-\infty)$, 则这一广义的数也称为导数 (且像通常那样表示着). 单侧无穷导数的概念也可类似地建立起来. 导数的几何说明 (作为是切线的斜率) 也可推广到这一情形; 但在此处, 切线是平行于 y 轴的 (图 43, а, б, в, г).

在 (а) 及 (б) 的情形, 这导数各等于 $+\infty$ 及 $-\infty$ (两个单侧导数符号相同); 而在 (в) 及 (г) 的情形两个单侧导数符号相异.

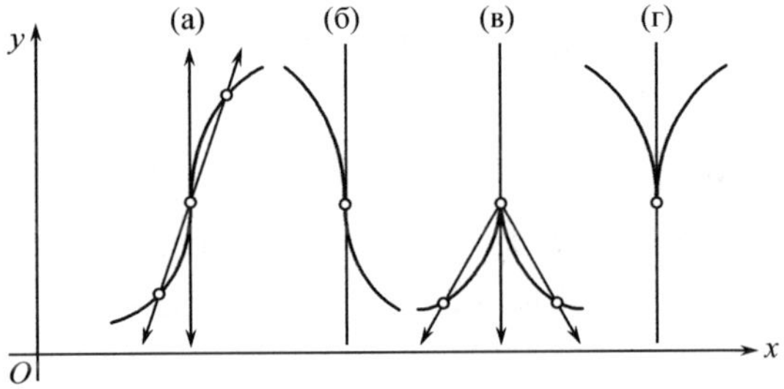

图 43

例如, 设 $f_1(x) = x^{\frac{1}{3}}$; 在 $x \neq 0$ 时, **95** 的公式 3 给出

$$f_1'(x) = \frac{1}{3} x^{-\frac{2}{3}} = \frac{1}{3x^{\frac{2}{3}}},$$

但它在 $x = 0$ 时是不能用的. 我们要求在这点处的导数, 就应直接从导数的定义出发; 作比式

$$\frac{f_1(0 + \Delta x) - f_1(0)}{\Delta x} = \frac{(\Delta x)^{\frac{1}{3}}}{\Delta x} = \frac{1}{\Delta x^{\frac{2}{3}}},$$

我们看出, 当 $\Delta x \to 0$ 时它的极限就是 $+\infty$. 同样可以相信, 对于函数 $f_2(x) = x^{\frac{2}{3}}$, 在 $x = 0$ 时, 左导数等于 $-\infty$, 而右导数等于 $+\infty$.

应用导数概念的推广, 可以补充 **94** 中关于反函数的导数的定理, 指出即使在那种情形, 即当 $f'(x_0)$ 等于 0 或 ∞ 时, 反函数的导数 $g'(y_0)$ 仍存在, 而且各等于 ∞ 或 0. 例如, 因为函数 $\sin x$ 在 $x = +\dfrac{\pi}{2}$ 时有导数 $\cos\left(\pm\dfrac{\pi}{2}\right) = 0$, 故反函数 $\arcsin y$ 在 $y = \pm 1$ 时有无穷导数 (就是 $+\infty$) 存在.

102. 特殊情形的例题 1° 导数不存在的例题 已经说过函数 $y=|x|$ 在点 $x=0$ 处 [参阅 100] 并无通常的双侧导数. 但更有趣的是这样的例题, 函数

$$f(x)=x\cdot\sin\frac{1}{x}\quad(x\neq 0\text{ 时}),\quad f(0)=0,$$

在 $x=0$ 时也是连续的 [**70**, 5)], 但在这点却连单侧导数都没有. 事实上, 比式

$$\frac{f(0+\Delta x)-f(0)}{\Delta x}=\frac{f(\Delta x)}{\Delta x}=\sin\frac{1}{\Delta x}$$

在 $\Delta x\to\pm 0$ 时不趋于任何极限.

由这函数的图像 (图 24) 很容易看出, 从原点 O 引出的割线 OM_1, 在 M_1 趋于 O 时并无极限位置, 因此曲线在原点处没有切线 (即使是单侧的也没有).

在以后 [第二卷] 我们将再举一个值得注意的例题, 一函数在变元的一切数值时是连续的, 但在其中任何数值时都没有导数.

2° 导数间断的例题 若所给函数 $y=f(x)$ 在某一区间 $\mathcal{X}$ 内的每一点处有有限导数 $y'=f'(x)$ 存在, 则这导数本身就也是 $\mathcal{X}$ 内的 x 的函数. 到现在为止, 我们所碰到的例子内, 函数 $f'(x)$ 都是连续的. 然而, 这也可能并不如此. 例如, 考察函数

$$f(x)=x^2\cdot\sin\frac{1}{x}\quad(x\neq 0\text{ 时}),\quad f(0)=0.$$

若 $x\neq 0$, 则用通常的方法就求出它导数

$$f'(x)=2x\cdot\sin\frac{1}{x}-\cos\frac{1}{x},$$

但所得的结果在 $x=0$ 是不能用的. 在这种情形, 直接用导数概念的定义来讨论, 就有

$$f'(0)=\lim_{\Delta x\to 0}\frac{f(0+\Delta x)-f(0)}{\Delta x}=\lim_{\Delta x\to 0}\Delta x\cdot\sin\frac{1}{\Delta x}=0.$$

同时, 清楚地, $f'(x)$ 在 $x\to 0$ 时并不趋于任何极限, 因此在 $x=0$ 时函数 $f'(x)$ 有间断.

这对于任意的函数

$$f(x)=x^{\alpha}\cdot\sin\frac{1}{x}\quad(x\neq 0\text{ 时}),\quad f(0)=0,$$

只要 $2>\alpha>1$, 也同样是真实的.

在这些例题内, 导数的间断都是属于第二类的. 这并非偶然的事件: 下面 [**113**] 我们将看到, 导数不能有第一类的间断, 即跃度.

§2. 微分

103. 微分的定义 设函数 $y=f(x)$ 是在某一区间 $\mathcal{X}$ 内定义, 并且在所考察的点 x_0 处是连续的. 于是对应于变元的增量 Δx, 函数的增量

$$\Delta y=\Delta f(x_0)=f(x_0+\Delta x)-f(x_0)$$

就随着 Δx 一同成为无穷小. 现在提出一个非常重要的问题: 对于 Δy 是否存在着一个关于 Δx 为线性的无穷小 $A \cdot \Delta x$ ($A =$ 常数), 使它与 Δy 的差是较 Δx 更高阶的无穷小:

$$\Delta y = A \cdot \Delta x + o(\Delta x). \tag{1}$$

等式 (1) 在 $A \neq 0$ 时成立就表明, 无穷小 $A \cdot \Delta x$ 等价于无穷小 Δy, 也就是说, 若取 Δx 作为基本无穷小时 [**62**, **63**], $A \cdot \Delta x$ 就可当作 Δy 的**主部**.

若等式 (1) 成立, 则函数 $y = f(x)$ 称为 (在所给数值 $x = x_0$ 时) 可微的, 表达式 $A \cdot \Delta x$ 就称为函数的微分, 用记号 dy 或 $df(x_0)$ 表示.

(在后一种记号中, 括号内的 x_0 表示 x 的初值①.)

再重复一遍, 函数的微分有两个特性: (a) *它是变元的增量 Δx 的线性 (齐次) 函数*, 并且 (б) *它与函数的增量相差一个数量, 这数量在 $\Delta x \to 0$ 时是较 Δx 更高阶的无穷小*[16].

考察几个例子.

1) 半径为 r 的圆的面积 Q 由公式 $Q = \pi r^2$ 所给定. 若半径 r 增大 Δr, 则数量 Q 的对应增量 ΔQ 就是在半径为 r 与 $r + \Delta r$ 的两个同心圆之间的圆环的面积. 由表达式

$$\Delta Q = \pi(r + \Delta r)^2 - \pi r^2 = 2\pi r \cdot \Delta r + \pi(\Delta r)^2$$

立刻看出, 在 $\Delta r \to 0$ 时 ΔQ 的主部是 $2\pi r \cdot \Delta r$; 而这就是微分 dQ. 在几何意义上它表示底等于圆周的长 $2\pi r$ 而高为 Δr 的矩形的面积 (好像是把圆环 "拉直" 所得出的矩形).

2) 类似地, 半径为 r 的球的体积 $V = \dfrac{4}{3}\pi r^3$ 在半径增大 Δr 时获得增量

$$\Delta V = \frac{4}{3}\pi(r + \Delta r)^3 - \frac{4}{3}\pi r^3 = 4\pi r^2 \cdot \Delta r + 4\pi r \cdot (\Delta r)^2 + \frac{4}{3}\pi(\Delta r)^3.$$

在 $\Delta r \to 0$ 时它的主部显然是 $dV = 4\pi r^2 \cdot \Delta r$. 这是底等于球的表面积 $4\pi r^2$ 而高为 Δr 的一块薄片的体积; 它好像是由半径为 r 与 $r + \Delta r$ 的两个同心球面之间的部分所展开的一般.

3) 最后, 考察质点依定律 $s = \dfrac{gt^2}{2}$ 的自由降落. 在由时刻 t 至 $t + \Delta t$ 的一段时间 Δt 内, 动点经过路程

$$\Delta s = \frac{g(t + \Delta t)^2}{2} - \frac{gt^2}{2} = gt \cdot \Delta t + \frac{g}{2}(\Delta t)^2.$$

①此处 df 是一整个的记号, 表示函数 $f(x)$ 的微分.

[16]用斜体字 (中译本是用楷体字) 印出的 (a) 与 (б) 两点一起构成了函数 f 在固定点 x_0 微分的定义的拆开形式. 我们要强调的是函数 $dy = df(x_0)$ 的定义域 (如同所有的线性函数一样) 是整个实直线 $\mathcal{R}$. 这意味着每一个实数 Δx 都对应着微分 dy 的确定的值; 这个值通过 Δx 用公式 $dy = A \cdot \Delta x$ 表示, 其中数 A 是线性函数 dy 的斜率.

当 $\Delta t \to 0$ 时它的主部是 $ds = gt \cdot \Delta t$. 回想在时刻 t 的速度是 $v = gt$ [**90**], 就看出, 路程的微分 (近似地代替着路程的增量) 好像是质点在全部时间 Δt 内就是用这速度 v 移动着所经过的路程.

104. 可微性与导数存在之间的关系 现在很易建立下列命题的正确性:

要使函数 $y = f(x)$ 在点 x_0 处是可微的, 其充要条件是它在这点处有有限的导数 $y' = f'(x_0)$ 存在. 当这条件获得满足时, 等式 (1) 就在常数 A 刚好等于这导数时成立:

$$\Delta y = y'_x \Delta x + o(\Delta x). \tag{1a}$$

必要性 若 (1) 成立, 则由此

$$\frac{\Delta y}{\Delta x} = A + \frac{o(\Delta x)}{\Delta x},$$

于是使 Δx 趋于 0, 实际上就得出

$$A = \lim \frac{\Delta y}{\Delta x} = y'_x.$$

充分性 立刻可从 **96**, 1° [参阅那里的 (3a)] 内推得.

因此, *函数 $y = f(x)$ 的微分永远等于*

$$dy = y'_x \cdot \Delta x ^{①}. \tag{2}$$

在这里还需着重指出, 表达式内的 Δx 被我们理解为自变量的任意增量, 就是一个任意数 (把它当作并不依赖于 x 常常更为方便). 在这时完全不必假定 Δx 是无穷小, 但假如 $\Delta x \to 0$, 则微分 dy 也是无穷小, 也 (在 $y'_x \neq 0$ 时) 就是函数的无穷小增量 Δy 的主部. 这就使近似等式

$$\Delta y \doteq dy \tag{3}$$

获得根据, Δx 愈小则近似的准确度愈大. 我们将在 [**107**] 内再回头考察近似等式 (3).

为着要用几何图形说明函数 $y = f(x)$ 的微分 dy 及它与增量 Δy 的关系, 试考察这函数的图像 (图 44). 变元的数值 x 及函数的数值 y 确定着曲线上的一点 M. 在曲线上的这一点处引切线 MT; 正如我们已看到过的 [**92**], 它的斜率 $\operatorname{tg}\alpha$ 等于导数 y'_x. 若给横标 x 以增量 Δx, 则曲线的纵标 y 就得增量 $\Delta y = NM_1$. 同时切线的纵标就得增量 NK. 把 NK 看作直角三角形 MNK 的一直角边而计算其长度, 就得出

$$NK = MN \cdot \operatorname{tg}\alpha = y'_x \cdot \Delta x = dy.$$

①很易验证, 在前段内所考察的一切情形就都是这样组成微分的. 例如, 在情形 1), 就有

$$Q = \pi r^2, \quad Q'_r = 2\pi r, \quad dQ = 2\pi r \cdot \Delta r.$$

因此, 当 Δy 是曲线的纵标的增量时, dy 就是切线的纵标的对应增量.

最后再讨论到自变量 x 本身: 称为它的微分的就是增量 Δx, 即约定

$$dx = \Delta x\ ^{17)}. \tag{4}$$

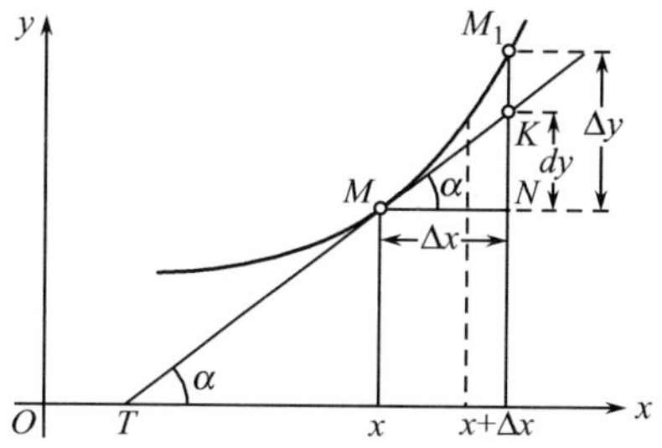

图 44

假如把自变量 x 的微分认为就是函数 $y = x$ 的微分 (这同样也是一种约定), 则公式 (4) 也可以证明, 根据 (2): $dx = x'_x \cdot \Delta x = 1 \cdot \Delta x = \Delta x$.

利用约定式 (4), 现在就可以把给出微分定义的公式 (2) 改写成为

$$dy = y'_x \cdot dx, \tag{5}$$

我们通常都把它写成这种形式 [18].

由此得

$$y'_x = \frac{dy}{dx}, \tag{6}$$

于是, 我们以前把它看作整个记号的那个表达式, 现在就可以当作分数来处理了. 读者不要因为在等式左边放着完全确定的数, 而同时在右边却有着两个不确定数 dy 及 dx (因为 $dx = \Delta x$ 是任意的) 的比式这一情况感到困惑: 要知道 dx 及 dy 本是比例地变动着的, 而导数 y'_x 刚好就是比例系数.

微分这一概念及 "微分" ① 这个术语源于莱布尼茨, 虽然他并不曾给出这概念的准确的定义. 莱布尼茨在考察微分时, 同时亦曾考察 "微商", 即两个微分的商, 那就相当于我们的导数; 然而对于莱布尼茨, 微分却是原始的概念. 从柯西用自己的极限理论创立一切分析的基础, 并且首先明确地定义导数是一极限以后, 分析的研究通常就从导数出发, 而微分的概念已经是从导数的基础上建立起来的了.

105. 微分法的基本公式及法则 函数的微分的求法称为**微分法** ②. 因为微分 dy 与导数 y'_x 只相差一个因子 dx, 故由初等函数的导数表 [**95**] 很易做出它们的微

①由拉丁文 differentia 得来, 表示"差".

②而且通常亦用这术语表示导数的求法, 这在俄语上并无特殊的术语. 在多数的外国语中, 对于这两种运算的表示法存在着两种不同的术语; 例如, 法文中就分别为 derivation 及 differentiation.

17) 公式 (4) 意味着 dx 是自变量 Δx 的函数, 更确切地说是 Δx 的线性函数, 其斜率为 1.

18) 这里请读者注意 dy 的表示法的某些特点. 这个 (传统的与方便的) 表示有某些缺陷: 它没有指出函数的微分是在哪一点取的. 与此相应, dy 的值实际上依赖于两个参数: 在其处考虑微分的点 x, 以及增量 Δx, 即 $dy = dy(x, \Delta x)$. 当这两个参数之一固定时, dy 变成另一参数的函数, 到目前为止, 仅仅利用了符号 dy 的一个解释 —— 作为 Δx 的函数, 然而同一符号的第二个解释 —— 当 Δx 固定时作为 x 的函数 —— 同样重要 (例如, 当定义高阶微分时, 它有重要的应用).

分表:

1.	$y = c$	$dy = 0$
2.	$y = x^\mu$	$dy = \mu x^{\mu-1} \cdot dx$
	$y = \dfrac{1}{x}$	$dy = -\dfrac{dx}{x^2}$
	$y = \sqrt{x}$	$dy = \dfrac{dx}{2\sqrt{x}}$
3.	$y = a^x$	$dy = a^x \cdot \ln a \cdot dx$
	$y = e^x$	$dy = e^x \cdot dx$
4.	$y = \log_a x$	$dy = \dfrac{\log_a e \cdot dx}{x}$
	$y = \ln x$	$dy = \dfrac{dx}{x}$
5.	$y = \sin x$	$dy = \cos x \cdot dx$
6.	$y = \cos x$	$dy = -\sin x \cdot dx$
7.	$y = \operatorname{tg} x$	$dy = \sec^2 x \cdot dx = \dfrac{dx}{\cos^2 x}$
8.	$y = \operatorname{ctg} x$	$dy = -\csc^2 x dx = -\dfrac{dx}{\sin^2 x}$
9.	$y = \arcsin x$	$dy = \dfrac{dx}{\sqrt{1-x^2}}$
10.	$y = \arccos x$	$dy = -\dfrac{dx}{\sqrt{1-x^2}}$
11.	$y = \operatorname{arctg} x$	$dy = \dfrac{dx}{1+x^2}$
12.	$y = \operatorname{arcctg} x$	$dy = -\dfrac{dx}{1+x^2}$

微分法则①就是:

I. $d(cu) = c \cdot du$,

II. $d(u \pm v) = du \pm dv$,

III. $d(uv) = u \cdot dv + v \cdot du$,

IV. $d\left(\dfrac{u}{v}\right) = \dfrac{v \cdot du - u \cdot dv}{v^2}$.

①若说及的正是微分的求法.

它们都能从对应的求导数法则容易地推出, 例如, 我们证明后面的两式:

$$\begin{aligned} d(u\cdot v) &= (u\cdot v)'\cdot dx = (u'\cdot v + u\cdot v')dx \\ &= v\cdot(u'\cdot dx) + u\cdot(v'\cdot dx) = v\cdot du + u\cdot dv. \\ d\left(\frac{u}{v}\right) &= \left(\frac{u}{v}\right)'\cdot dx = \frac{u'v - uv'}{v^2}\cdot dx \\ &= \frac{v\cdot(u'\cdot dx) - u\cdot(v'\cdot dx)}{v^2} = \frac{v\cdot du - u\cdot dv}{v^2}. \end{aligned}$$

106. 微分的形式不变性 复合函数的微分法则, 使我们得出微分的一个显著而重要的性质.

假设 $y = f(x)$ 及 $x = \varphi(t)$ 是这样的两个函数, 从它们能组成复合函数; $y = f(\varphi(t))$. 若导数 y'_x 及 x'_t 存在, 则依法则 V [**98**], 亦存在着导数

$$y'_t = y'_x \cdot x'_t. \tag{7}$$

若把 x 当作自变量, 则微分 dy 可由公式 (5) 表示. 现在改用 t 作自变量; 这样假定之后, 就有微分的另一表达式

$$dy = y'_t \cdot dt.$$

然而, 若用表达式 (7) 代换导数 y'_t, 并注意到 $x'_t \cdot dt$ 是 x 当作 t 的函数时的微分, 最后就得出:

$$dy = y'_x \cdot x'_t dt = y'_x \cdot dx,$$

即又回到微分的原来形式!

这样, 我们看出, *微分的形式即使在原来的自变量换成新的自变量以后仍然可以保持着*. 我们永远可以把 y 的微分写成 (5) 的形式, 不管 x 是否自变量; 其差别仅在于, 若选取 t 作为自变量, 则 dx 并不表示任意增量 Δx, 而是表示 x 作为 t 的函数时的微分. 这性质就称为**微分的形式不变性**.

因为由公式 (5) 直接得出用微分 dx 及 dy 表示导数 y'_x 的公式 (6), 所以不论那些微分是依着怎样的自变量而求出的 (当然, 在第一种情形都是依着同一的自变量), 后一公式亦仍有效.

例如, 设 $y = \sqrt{1-x^2}$ $(-1 < x < 1)$, 则

$$y'_x = -\frac{x}{\sqrt{1-x^2}}.$$

今假定 $x = \sin t \left(-\frac{\pi}{2} < t < \frac{\pi}{2}\right)$. 则 $y = \sqrt{1-\sin^2 t} = \cos t$ 而我们就有: $dx = \cos t\cdot dt, dy = -\sin t\cdot dt$. 很易检验, 公式

$$y'_x = \frac{-\sin t\cdot dt}{\cos t\cdot dt} = -\frac{\sin t}{\cos t}$$

不过给出上面已经求出的导数的另一个式子罢了.

当 y 对于 x 的关系不是直接给定, 而是由 x 及 y 两者对于第三辅助变量 (称为参变量) 的关系所给定时:

$$x = \varphi(t), \quad y = \psi(t). \tag{8}$$

应用上述论点以求 y'_x 最为便利, 今假定这两函数都有导数, 而且第一个又存在反函数 $t = \theta(x)$, 它也有导数 [**83**, **94**], 很易看出, 那时 y 亦成为 x 的函数:

$$y = \psi(\theta(x)) = f(x), \tag{9}$$

它也有导数存在. 这导数的计算可以由上述的法则完成:

$$y'_x = \frac{dy}{dx} = \frac{y'_t \cdot dt}{x'_t \cdot dt} = \frac{y'_t}{x'_t} = \frac{\psi'(t)}{\varphi'(t)}, \tag{10}$$

而不必重新建立 y 对于 x 的直接关系.

例如, 若 $x = \sin t, y = \cos t \left(-\dfrac{\pi}{2} < t < \dfrac{\pi}{2}\right)$, 则导数 y'_x 可以依前法确定, 完全不必应用关系式 $y = \sqrt{1 - x^2}$.

若把 x 及 y 看作平面上点的直角坐标, 则对于参变量 t 的每一数值, 方程 (8) 就对应地给放上一点, 这点随着 t 的变动在平面上画出一曲线. 方程 (8) 就称为这曲线的**参变量方程**.

当曲线由参变量方程给定时, 用公式 (10) 就可以直接依方程组 (8) 确定切线的斜率, 而不必把 (8) 先转换成方程 (9); 就是

$$\operatorname{tg} \alpha = \frac{y'_t}{x'_t}. \tag{11}$$

附注 依任意变量而取的微分可以表示导数, 这一可能性, 在特殊情形, 就引出下面的事实: 就是公式

$$\frac{dy}{dx} = \frac{1}{\dfrac{dx}{dy}}, \quad \frac{dy}{dx} = \frac{dy}{du} \cdot \frac{du}{dx},$$

原来依次表示在莱布尼茨记法下的反函数及复合函数的微分法则, 而现在却已成为简单的代数恒等式了 (由于在此处一切微分都可依同一变量取之). 可是不要以为这就给反函数及复合函数微分法公式的新的推导法. 首先, 在此处并没有证明等式左边的导数的存在, 而且主要的是: 我们基本上已应用了微分形式的不变性, 而它本身却是法则 V 的推论.

107. 微分是近似公式的来源 我们已看到, 在 $\Delta x \to 0$ 时函数 y 的微分 dy (只要 $y'_x \neq 0$) 是函数的无穷小增量 Δy 的主部. 这样 $\Delta y \sim dy$, 于是

$$\Delta y \doteq dy, \tag{3}$$

或更详细些

$$\Delta f(x_0) = f(x_0 + \Delta x) - f(x_0) \doteq f'(x_0) \cdot \Delta x. \tag{3a}$$

其不准确度是较 Δx 更高阶的无穷小. 就是说 [**62**], 这等式的**相对误差**可以小到任意程度, 只要 Δx 充分小.

考察一个简单的例子: 设 $y = x^3$. 则

$$\Delta y = (x_0 + \Delta x)^3 - x_0^3 = 3x_0^2 \cdot \Delta x + 3x_0 \cdot \Delta x^2 + \Delta x^3,$$

而成为 Δy 的线性部分的 (像我们在前面曾用普遍形式所确定的那样) 实际上就是微分 $dy = 3x_0^2 \cdot \Delta x = y'_x \cdot \Delta x$. 具体地假定 $x_0 = 2.3$; 若取 $\Delta x = 0.1$, 那么就有 $\Delta y = 2.4^3 - 2.3^3 = 1.657$ 及 $dy = 3 \cdot 2.3^2 \cdot 0.1 = 1.587$, 于是由第一数换成第二数时的误差是 0.070, 而相对误差超过 4%. 在 $\Delta x = 0.01$ 时得 $\Delta y = 0.159391$ 及 $dy = 0.1587$, 所得相对误差已小于 0.5%; 在 $\Delta x = 0.001$ 时, 相对误差小于 0.05%, 余依此类推.

类似的状况亦可从图 44 中微分的几何说明直接看出. 在图像上很明显地可以看出, 若我们把曲线的纵标的增量换成切线的纵标的增量, 则在 Δx 愈小时这种替换的相对准确度就愈大.

读者自能明了, 把函数的增量 Δy 换成它的微分 dy 时, 其好处在于 dy 对于 Δx 是线性关系, 而 Δy 通常却是 Δx 的很繁复的函数.

若假定 $\Delta x = x - x_0$, 而 $x_0 + \Delta x = x$, 则等式 (3a) 的形式就成为

$$f(x) - f(x_0) \doteq f'(x_0) \cdot (x - x_0)$$

或

$$f(x) \doteq f(x_0) + f'(x_0) \cdot (x - x_0).$$

依这公式, 在接近于 x_0 的 x 的数值, 函数 $f(x)$ 可以用一线性函数近似地来代换. 在几何上, 这对应于将邻接于点 $(x_0, f(x_0))$ 的曲线 $y = f(x)$ 的小段改以曲线在这点的切线的小段来代换, 这切线表示为

$$y = f(x_0) + f'(x_0) \cdot (x - x_0)^{①}$$

(参阅图 44). 为简单起见, 取 $x_0 = 0$, 并限于 x 的微小数值, 就有近似公式:

$$f(x) \doteq f(0) + f'(0) \cdot x.$$

①实际上, 经过点 (x_0, y_0) 而有斜率 k 的直线方程是

$$y = y_0 + k(x - x_0);$$

在切线的情形, 应置 $y_0 = f(x_0), k = f'(x_0)$.

由此, 用各种初等函数代换这里的 $f(x)$, 很易获得一系列的公式:

$$(1+x)^{\mu} \doteq 1+\mu x, \quad \text{特别情形 } \sqrt{1+x} \doteq 1+\frac{1}{2}x,$$
$$e^x \doteq 1+x, \quad \ln(1+x) \doteq x, \quad \sin x \doteq x, \quad \operatorname{tg} x \doteq x, \quad \text{余类推}$$

(它们之中有很多是我们已经知道的).

再引入一些其他类型的近似公式的例子, 它们也是根据等式 (3) 得来的.

1) 设有两端悬挂着的有重量的线 (电线、锚索、皮带), 用 $2s$ 表示其长度, 用 $2l$ 表示跨度, 用 f 表示垂度 (图 45), 则在求 s 时经常应用着 (近似的公式)

$$s = l\left(1+\frac{2}{3}\cdot\frac{f^2}{l^2}\right).$$

现在把数量 f 当作自变量, 而把 s 当作 f 的函数. 要求建立长度 s 的改变量 Δs 与垂度 f 的改变量 Δf 之间的关系.

把 Δs 换成 ds, 就得

$$\Delta s \doteq \frac{4}{3}\frac{f}{l}\cdot\Delta f, \text{由此}, \Delta f \doteq \frac{3}{4}\frac{l}{f}\cdot\Delta s.$$

例如, 若能估计到电线由于温度或负荷所引起的长度的变动, 就可以由此而预见到垂度的变动.

2) 已知圆形电路 (图 46) 作用于其轴上与中心 O 距离 x 的单位磁极的力是:

$$\frac{k}{(a^2+x^2)^{\frac{3}{2}}},$$

此处 k 是常系数, a 是半径. 试求此圆形电路作用于沿轴放置的长度为 Δx 的磁铁 NS 的力. 这时算作在 N 极集中着正磁量 m, 而在 S 极集中着与它相等的负磁量 $-m$.

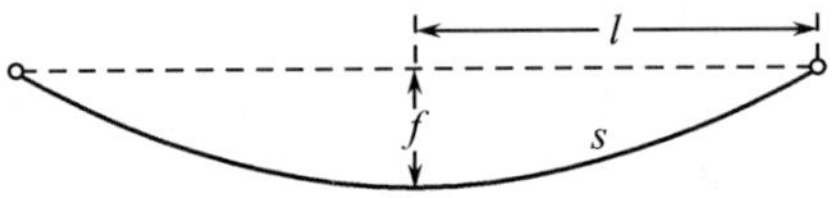

图 45

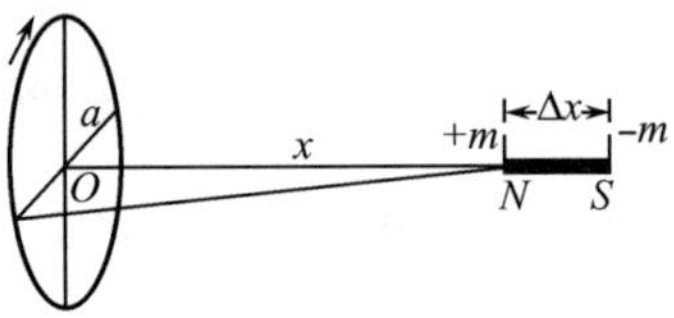

图 46

电流作用于磁铁的总力 F 可表示为:

$$F = \frac{km}{(a^2+x^2)^{\frac{3}{2}}} - \frac{km}{[a^2+(x+\Delta x)^2]^{\frac{3}{2}}} = -km\cdot\Delta\left[\frac{1}{(a^2+x^2)^{\frac{3}{2}}}\right].$$

用函数的微分代换它的增量 (假定 Δx 很微小), 就得

$$F \doteq -kmd\left[\frac{1}{(a^2+x^2)^{\frac{3}{2}}}\right] = 3k\cdot m\Delta x\cdot\frac{x}{(a^2+x^2)^{\frac{5}{2}}}.$$

108. 应用微分来估计误差 应用微分概念于近似算法中的估计误差，是特别方便而且自然的. 例如，设数量x可以直接地度量或计算，而依赖着它的数量 y 则依公式 $y=f(x)$ 来决定. 在度量数量 x 时通常发生误差 Δx，它就引起数量 y 的误差 Δy. 由于这些误差是微小数量，可以假定

$$\Delta y = y'_x \cdot \Delta x,$$

即用微分代替增量. 设 δx 是 x 的最大绝对误差; $|\Delta x| \leqslant \delta x$ (在通常的条件下，此类度量时的误差限度是可以知道的). 那时显然可以采用

$$\delta y = |y'_x| \cdot \delta x. \tag{12}$$

作为 y 的最大绝对误差 (误差的限度).

1) 例如，设要确定球的体积，首先 (用游标测径器，公差仪，螺旋测径器等) 直接来量球的直径 D，再依公式

$$V = \frac{\pi}{6}D^3$$

计算体积 V.

因为 $V'_D = \frac{\pi}{2}D^2$，所以在这情形，根据 (12)，

$$\delta V = \frac{\pi}{2}D^2 \cdot \delta D.$$

用前式除这等式，就得

$$\frac{\delta V}{V} = 3\frac{\delta D}{D},$$

因此由计算得来的体积的 (最大的) 相对误差比由量度得来的直径的 (最大的) 相对误差大了两倍.

2) 设得到 x 时有一误差，则由 x 而求它的以十为底的对数 $y=\lg x$ 时，亦就造成 y 的误差. 在此处 $y'_x = \frac{M}{x}$ ($M \doteq 0.4343$)，于是依公式 (12)，

$$\delta y = 0.4343 \cdot \frac{\delta x}{x}.$$

这样，x 的对数 y 的 (最大) 绝对误差就单纯地依数 x 本身的 (最大) 相对误差而确定. 反过来说亦正确.

这结果有各种各样的应用. 例如，借此可以获得关于常用的 25 厘米 = 250 毫米对数尺的准确度的概念. 在放置瞄准器或读数时可能发生错误，例如在这一方或另一方错误 0.1 毫米，则在对数上对应着误差

$$\delta y = \frac{0.1}{250} = 0.0004.$$

由此，依我们的公式

$$\frac{\delta x}{x} = \frac{0.0004}{0.4343} = 0.00092\cdots \doteq 0.001.$$

读数的相对准确度在算尺的任何部分是相同的!

3) 在依三角函数的对数表而求角 φ 时发生这样一个问题，用正弦表或正切表那一种更为有利，假定

$$y_1 = \lg\sin\varphi \quad 及 \quad y_2 = \lg\operatorname{tg}\varphi,$$

并且假定最大误差 δy_1 及 δy_2 是相等的 (就说是, 等于数标的末位数字的一半). 若用 $\delta_1\varphi$ 及 $\delta_2\varphi$ 表示角 φ 的对应的最大误差, 则同上面一样, 就得

$$\delta y_1 = \frac{M}{\sin\varphi}\cdot\cos\varphi\cdot\delta_1\varphi,\quad \delta y_2 = \frac{M}{\operatorname{tg}\varphi}\cdot\sec^2\varphi\cdot\delta_2\varphi.$$

于是

$$\delta_2\varphi = \delta_1\varphi\cdot\cos^2\varphi < \delta_1\varphi.$$

由此可见, 在对数值有同等的错误时, 正切对数表所给出的角比正弦对数表所给出的角有较小的误差, 因此用前者就是更有利的①.

4) 作为最后一个例题, 考察用惠司登电桥 (图 47) 量未知电阻 y 的准确度的问题. 在这时, 把接触器 D 沿着刻度尺 AC 移动, 直至电流计指出没有电流通过为止. 确定电阻 y 的公式是

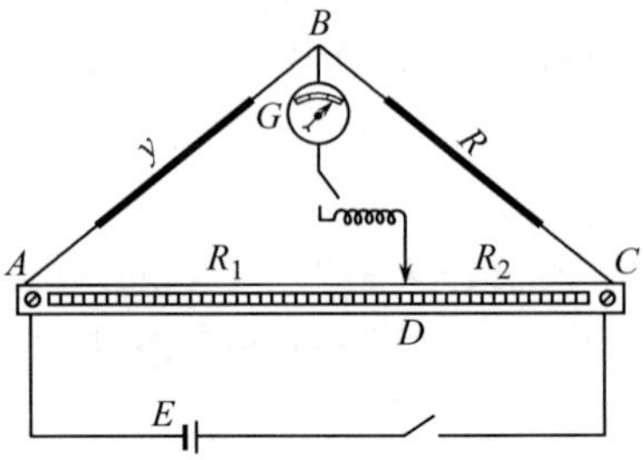

图 47

$$y = \frac{Rx}{a-x}. \tag{13}$$

此处 $a = AC, x = AD, R$ 是支线 BC 上的已知电阻.

依公式 (12), 就得出:

$$\delta y = \left(\frac{Rx}{a-x}\right)'_x\cdot\delta x = \frac{aR}{(a-x)^2}\cdot\delta x;$$

若在这等式两端各用等式 (13) 两端来除, 就得 y 的 (最大) 相对误差的表达式:

$$\frac{\delta y}{y} = \frac{a\cdot\delta x}{x(a-x)}.$$

因为分母 $x(a-x)$ 在 $x = \frac{a}{2}$ 时达到自己的最大数值②, 而在度量长度时误差 δx 可以当作是并不依赖于 x, 所以正是在 $x = \frac{a}{2}$ 时相对误差达到最小数值. 因此, 为着获得尽可能准确的结果, 设置电阻 R 时 (用电阻箱) 总要想法使得当电流消失时接触器 D 的位置尽可能地更接近于尺 AC 的中点.

---

①在这种算法时, 我们假定角是用弧度表示着的. 但是显然, 不论量角度时用哪一种单位, 结果总是正确的.

②由明显的不等式

$$x^2 - ax + \frac{a^2}{4} = \left(x-\frac{a}{2}\right)^2 \geqslant 0$$

直接可得

$$x(a-x) \leqslant \frac{a^2}{4}.$$

这就证明了我们的命题.

§3. 微分学的基本定理

109. 费马定理 知道了某一函数 $f(x)$ 的导数 $f'(x)$, 往往就能作出关于函数 $f(x)$ 本身的性态的结论. 这一目及下一目就将讲述这一类的问题.

先证明一个简单的引理:

引理 *设函数 $f(x)$ 在点 x_0 处有有限导数. 若这导数 $f'(x_0)>0$ $[f'(x_0)<0]$, 则当 x 取右方充分接近于 x_0 的数值时就有 $f(x)>f(x_0)$ $[f(x)<f(x_0)]$, 而当 x 取左方充分接近于 x_0 的数值时就有 $f(x)<f(x_0)$ $[f(x)>f(x_0)]$.*

换言之, 这事实表示: *函数 $f(x)$ 在点 x_0 处增大 (减小)*. 若所考虑的是单侧导数, 例如右导数, 则只有对于 x_0 右方的 x 的数值时, 命题方才有效.

证明 依导数的定义,

$$f'(x_0)=\lim_{x\to x_0}\frac{f(x)-f(x_0)}{x-x_0},$$

若 $f'(x_0)>0$ (限于这情形), 则根据 [**55**, 2°], 能求出点 x_0 的邻域 $(x_0-\delta, x_0+\delta)$, 使在其中 (当 $x\neq x_0$ 时) 成立

$$\frac{f(x)-f(x_0)}{x-x_0}>0.$$

首先设 $x_0<x<x_0+\delta$, 于是 $x-x_0>0$; 由上面的不等式推得 $f(x)-f(x_0)>0$, 即 $f(x)>f(x_0)$. 又若 $x_0-\delta<x<x_0$ 而 $x-x_0<0$, 则显然亦有 $f(x)-f(x_0)<0$, 即 $f(x)<f(x_0)$. 证明已完毕.

费马 (P. Férmat) **定理** *设函数 $f(x)$ 是在某一区间 $\mathcal{X}$ 内定义的, 并且在这区间的内点 c 取最大 (最小) 值. 若在这点处存在着有限导数 $f'(c)$, 则必须 $f'(c)=0$*①.

证明 为了明确起见, 设 $f(x)$ 在点 c 处有最大值. 假定 $f'(c)\neq 0$, 就可引出矛盾: 设 $f'(c)>0$, 则当 $x>c$ 而且充分接近于 c 时 (依引理) 就有 $f(x)>f(c)$, 又若是 $f'(c)<0$, 则当 $x<c$ 而且充分接近于 c 时亦有 $f(x)>f(c)$. 在这两种情形, $f(c)$ 都不能是函数 $f(x)$ 在区间 $\mathcal{X}$ 内的最大值. 所得的矛盾就证明了定理.

回想 [**91**, **92**] 导数 $y'=f'(x)$ 的几何说明是曲线 $y=f(x)$ 的切线的斜率. 导数 $f'(c)$ 等于零, 在几何上表示在这曲线上的对应点处切线平行于 x 轴. 图 48 使这情况显得十分清楚.

证明内所应用的假定: c 是区间的内点, 是很重要的, 因为它使我们不得不同时考察在 c 右方的点和在 c 左方的点. 没有这一假定, 定理就不成立: 若函数 $f(x)$ 是

①这命题当然仅是根据费马用来求函数的最大值及最小值的方法的要点而重新产生的 (费马并不曾有导数的概念).

在闭区间内定义的, 并且在这区间的一端, 达到它的最大 (最小) 值, 则在这端点的导数 $f'(x)$ (若存在着) 也可以不是零. 建议读者去找寻适当的例题, 这事实的几何说明见图 49.

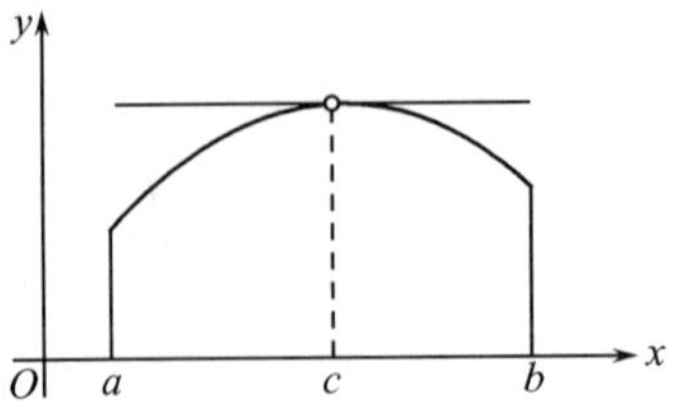

图 48

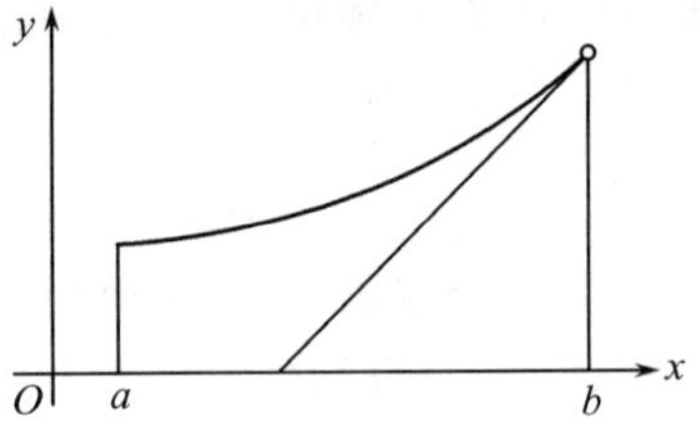

图 49

作为费马定理的应用, 我们将证明一个关于连续函数的导数的有趣的定理.

110. 达布 (G. Darboux) 定理 若函数 $f(x)$ 在区间 $[a,b]$ 内有有限导数 ①, 则函数 $f'(x)$ 必至少有一次取得介于 $f'(a)$ 及 $f'(b)$ 之间的每一个值.

证明 首先假定 $f'(a)$ 及 $f'(b)$ 有不同的符号, 例如 $f'(a)>0$ 而 $f'(b)<0$, 要证明在 a 与 b 之间存在着一点 c, 在这点处导数等于零. 实际上, 从有限导数 $f'(x)$ 的存在可以推得函数 $f(x)$ 的连续性 [**96**, 2°], 于是依魏尔斯特拉斯第二定理 [**85**], $f(x)$ 在某一点 c 处取得最大值. 这点 c 不能重合于 a, 也不能重合于 b, 因为根据引理, 在 a 点的近处 (右方) $f(x)$ 大于 $f(a)$, 而在 b 点的近处 (左方) $f(x)$ 也大于 $f(b)$. 因此 $a<c<b$, 然后依费马定理, 就得 $f'(c)=0$.

转到普遍的情形, 取位于 $f'(a)$ 及 $f'(b)$ 之间的任意数 C; 为了确定起见, 设 $f'(a)>C>f'(b)$. 考察辅助函数 $\varphi(x)=f(x)-Cx$, 它在区间 $[a,b]$ 内是连续的并且有导数 $\varphi'(x)=f'(x)-C$.

因为 $\varphi'(a)=f'(a)-C>0$, 而 $\varphi'(b)=f'(b)-C<0$, 故依已证明的定理, 有一点 c 存在 $(a<c<b)$, 在这点处

$$\varphi'(c)=f'(c)-C=0, \quad 即 \quad f'(c)=C.$$

所证明的定理与柯西第二定理 [**82**] 很相似, 根据柯西第二定理任一连续函数从一个数值变到另一数值时, 必须经过全部中间数值. 然而达布定理决不就是柯西定理的推论, 因为连续函数的导数 $f'(x)$ 也可以不是连续函数.

111. 罗尔定理 作为微分学的许多定理与公式及其应用之基石的, 有着下面的简单而重要的以罗尔 (M. Rolle) 命名的定理 ②.

---

①这时我们设想在点 a 处存在着右导数, 而在点 b 处有左导数. 它们在以后简单地表示为 $f'(a)$ 及 $f'(b)$.

②在实际上, 罗尔说出这命题时, 仅是对多项式而言.

罗尔定理 设 1) 函数 $f(x)$ 在闭区间 $[a,b]$ 内定义着而且是连续的; 2) 至少在开区间 (a,b) 内, 存在着有限导数 $f'(x)$; 3) 在区间的两端点处函数值相等: $f(a)=f(b)$. 那么在 a 与 b 之间必能求出一点 c $(a<c<b)$, 使 $f'(c)=0$①.

证明 $f(x)$ 在闭区间 $[a,b]$ 内是连续的, 因此, 依魏尔斯特拉斯第二定理 [**85**], $f(x)$ 在这区间内必有最大值 M 亦必有最小值 m.

考察两种情形:

1. $M=m$, 这时 $f(x)$ 在区间 $[a,b]$ 内保持为常数: 事实上, 这时不等式 $m\leqslant f(x)\leqslant M$ 对于一切 x 都变成 $f(x)=M$; 因此在全区间内 $f'(x)=0$, 于是可以取 (a,b) 内的任意一点作为 c.

2. $M>m$, 我们知道函数必能达到这两个数值的, 但因为 $f(a)=f(b)$, 所以至少会在 a 与 b 之间的某一点 c 处达到其中一个数值. 这时, 从费马定理就推得, 在这点的导数 $f'(c)=0$. 定理就已证明.

用几何的语言, 罗尔定理表示为: 若曲线 $y=f(x)$ 的两端纵标相等, 则在曲线上必能求出一点, 此处的切线平行于 x 轴 (图 50).

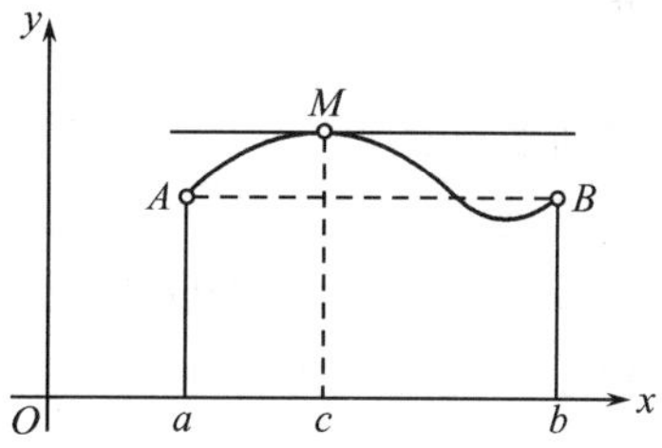

图 50

注意, 函数 $f(x)$ 须在闭区间 $[a,b]$ 内连续, 且在全部开区间 (a,b) 内须有导数存在, 这对于定理结论的成立是很要紧的. 函数 $f(x)=x-E(x)$ 在区间 $[0,1]$ 内除去在 $x=1$ 时有间断以外满足定理的一切条件, 但在 $(0,1)$ 内处处都是 $f'(x)=1$. 由等式 $f(x)=x\left(0\leqslant x\leqslant\dfrac{1}{2}\right)$ 及 $f(x)=1-x\left(\dfrac{1}{2}\leqslant x\leqslant 1\right)$ 所定义的函数, 在这区间内除去当 $x=\dfrac{1}{2}$ 时 (双侧的) 导数不存在以外它也满足定理的一切条件; 可是导数 $f'(x)$ 在左半区间内等于 $+1$ 而在右半区间内等于 -1.

定理的条件 3) 也是很要紧的: 函数 $f(x)=x$ 在区间 $[0,1]$ 内除去条件 3) 以外满足定理的一切条件, 而它的导数到处是 $f'(x)=1$.

这些函数的图留给读者自己去画.

112. 拉格朗日公式 转而讨论罗尔定理的直接的推论.

拉格朗日定理 设 1) $f(x)$ 是在闭区间 $[a,b]$ 内定义着的而且是连续的, 2) 至少在开区间 (a,b) 内有有限导数 $f'(x)$ 存在. 那么在 a 与 b 之间必能求得一点 c $(a<c<b)$, 它满足等式

$$\frac{f(b)-f(a)}{b-a}=f'(c). \tag{1}$$

① 当然, 在 1) 内所假定的函数 $f(x)$ 在 (a,b) 内的连续性, 已可从 2) 推得, 但我们不论在此处或以后都不拟把定理的条件分解成互不相关的假定.

证明 引入辅助函数, 它在区间 $[a,b]$ 内用等式

$$F(x)=f(x)-f(a)-\frac{f(b)-f(a)}{b-a}(x-a)$$

定义. 这函数满足罗尔定理的一切条件. 事实上, 它在 $[a,b]$ 内是连续的, 因为它是连续函数 $f(x)$ 与一线性函数的差. 在区间 (a,b) 内它有确定的有限导数, 等于

$$F'(x)=f'(x)-\frac{f(b)-f(a)}{b-a}.$$

最后, 用 a 和 b 直接代入, 证实 $F(a)=F(b)=0$, 即 $F(x)$ 在区间的两端点处具有相等的数值.

因此, 可以把罗尔定理应用于函数 $F(x)$, 并肯定在 (a,b) 内有点 c 存在, 使 $F'(c)=0$. 这样

$$f'(c)-\frac{f(b)-f(a)}{b-a}=0,$$

由此

$$f'(c)=\frac{f(b)-f(a)}{b-a},$$

此即所要证的.

已证明的定理也称为 (微分学中的) **中值定理** .

罗尔定理是拉格朗日定理的特别情形; 前面所作关于罗尔定理的条件 1) 及 2) 的附注在此处仍为有效.

转而讨论拉格朗日定理的几何说明 (图 51), 须指出, 比式

$$\frac{f(b)-f(a)}{b-a}=\frac{CB}{AC}$$

是割线 AB 的斜率, 而 $f'(c)$ 是曲线 $y=f(x)$ 上横标 $x=c$ 的点的切线的斜率. 这样, 拉格朗日定理的论断就相当于: 在弧 AB 上恒能求出至少一点 M, 在这点处切线平行于弦 AB.

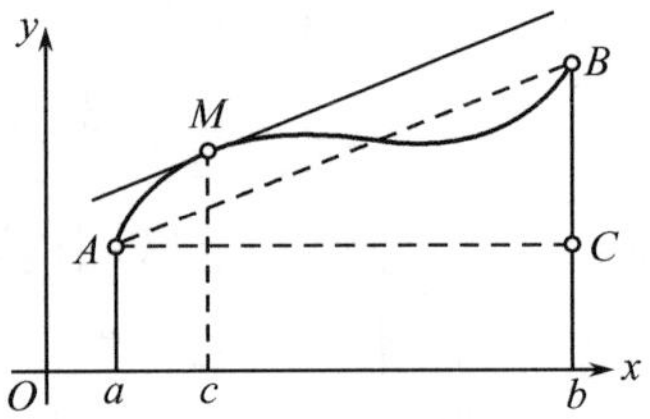

图 51

已证明的公式

$$\frac{f(b)-f(a)}{b-a}=f'(c) \quad 或 \quad f(b)-f(a)=f'(c)(b-a)$$

称为**拉格朗日公式**或**有限增量公式**. 它显然在 $a>b$ 时仍为有效.

取在区间 $[a,b]$ 内的任意数值 x_0, 并给以增量 $\Delta x \gtrless 0$, 以不致使它超出区间的范围者为限. 当 $\Delta x>0$ 时应用拉格朗日公式于区间 $[x_0,x_0+\Delta x]$, 当 $\Delta x<0$ 时应用这公式于区间 $[x_0+\Delta x,x_0]$. 这时介于 x_0 与 $x_0+\Delta x$ 之间的数 c 可以表示为

$$c=x_0+\theta\cdot\Delta x, \quad 此处\ 0<\theta<1^{①}.$$

①有时说, θ 是 "真分数"; 但不要以为它一定就是有理分数, 数 θ 亦可以为无理数.

从而拉格朗日公式就可写成:

$$\frac{f(x_0+\Delta x)-f(x_0)}{\Delta x}=f'(x_0+\theta\Delta x). \tag{1a}$$

或

$$\Delta f(x_0)=f(x_0+\Delta x)-f(x_0)=f'(x_0+\theta\Delta x)\cdot\Delta x \quad (0<\theta<1). \tag{2}$$

这等式给出在变元的任意有限增量 Δx 时的函数增量的准确表达式. 它自然是与近似等式 [**107**, (3a)]:

$$\Delta f(x_0)=f(x_0+\Delta x)-f(x_0)\doteq f'(x_0)\cdot\Delta x$$

相对立着的, 在近似等式里, 只有当 Δx 无限小时相对误差方才趋于零. 由此就产生"有限增量公式" 这名称.

拉格朗日公式的缺点是在公式内有我们所不知道的数 θ ① (或 c). 但这并不妨碍这公式在分析学内的各种各样的应用.

113. 导数的极限 下面的附注就给出这种应用的有用处的例子. 假定函数 $f(x)$ 在区间 $[x_0, x_0+H]$ $(H>0)$ 内是连续的, 并且当 $x>x_0$ 时有有限导数 $f'(x)$. *若存在着 (有限或无穷) 极限*

$$\lim_{x\to x_0+0} f'(x)=K,$$

则在点 x_0 处 $f(x)$ 的右导数也等于 K. 事实上, 在 $0<\Delta x\leqslant H$ 时 (1a) 成立. 若 $\Delta x\to 0$, 则由于数量 θ 的有界性, 导数的变元 $x_0+\theta\Delta x$ 趋于 x_0, 于是等式的右端, 随之而左端, 就趋于极限 K, 此即所要证的. 对于点 x_0 的左方邻域也可建立类似的论断.

作为例子, 考察在区间 $[-1,1]$ 内的函数

$$f(x)=x\arcsin x+\sqrt{1-x^2}.$$

若 $-1<x<1$, 则依微分学的普通法则, 很易求出:

$$f'(x)=\arcsin x+\frac{x}{\sqrt{1-x^2}}-\frac{x}{\sqrt{1-x^2}}=\arcsin x.$$

当 $x\to 1-0$ $(x\to -1+0)$ 时这导数显然趋于极限 $\frac{\pi}{2}\left(-\frac{\pi}{2}\right)$; 就是在 $x=\pm 1$ 时也存在着 (单侧的) 导数:

$$f'(\pm 1)=\pm\frac{\pi}{2}.$$

上述的附注最常应用于下面的情况: 由所求的导数式当 x 由这一方或另一方趋于 x_0 时而趋于 $+\infty$ $(-\infty)$ 这一事实, 就可作出结论, 在点 x_0 本身的对应的单侧导数等于 $+\infty$ $(-\infty)$.

①仅在少数的情形中我们可以确定它; 例如, 对于二次函数 $f(x)=ax^2+bx+c$, 很易验证 $\theta=\frac{1}{2}$.

例如, 若回顾 **101** 中考察过的函数 $f_1(x)=x^{\frac{1}{3}}$ 及 $f_2(x)=x^{\frac{2}{3}}$, 则得

$$f_1'(x)=\frac{1}{3x^{2/3}},\quad f_2'(x)=\frac{2}{3x^{1/3}}.$$

因为第一式在 $x\to\pm0$ 时趋于 $+\infty$, 而第二式在 $x\to+0$ 与 $x\to-0$ 时分别趋于 $+\infty$ 与 $-\infty$, 故知 $f_1(x)$ 在点 $x=0$ 处有双侧的导数: $+\infty$, 而 $f_2(x)$ 在该点处只有单侧的导数: 右导数 $+\infty$, 左导数 $-\infty$.

由上述的论断就可推得, 若有限导数 $f'(x)$ 在某一区间内存在, 则它本身也必为 x 的函数, 且这函数不能有通常的间断或跃度: 在每一点处, 它或是连续, 或是有第二类间断 [比较 **102**, 2°].

114. 柯西公式 有限增量的公式将依下列方式来推广:

柯西定理 *设 1) 函数 $f(x)$ 及 $g(x)$ 在闭区间 $[a,b]$ 内连续; 2) 至少在开区间 (a,b) 内有有限导数 $f'(x)$ 及 $g'(x)$; 3) 在区间 (a,b) 内 $g'(x)\neq0$.*

那么在 a 与 b 之间必能求出一点 c $(a<c<b)$, 使

$$\frac{f(b)-f(a)}{g(b)-g(a)}=\frac{f'(c)}{g'(c)}. \tag{3}$$

这公式称为**柯西公式**.

证明 首先将确定, 等式左端的分母不等于零, 因为否则, 这表达式就没有意义. 假若 $g(b)=g(a)$, 则依罗尔定理, 导数 $g'(x)$ 在区间内的某一点处就要等于零, 这是违反条件 3) 的; 因此 $g(b)\neq g(a)$.

现在考察辅助函数

$$F(x)=f(x)-f(a)-\frac{f(b)-f(a)}{g(b)-g(a)}[g(x)-g(a)].$$

这函数满足罗尔定理的一切条件. 实际上, $F(x)$ 在 $[a,b]$ 内是连续的, 因为 $f(x)$ 及 $g(x)$ 都是连续的; 导数 $F'(x)$ 在 (a,b) 内存在, 就是, 它等于

$$F'(x)=f'(x)-\frac{f(b)-f(a)}{g(b)-g(a)}\cdot g'(x).$$

最后, 用 a 和 b 直接代入, 得知 $F(a)=F(b)=0$. 由于这样, 在区间 (a,b) 内存在着一点 c, 使 $F'(c)=0$. 即

$$f'(c)-\frac{f(b)-f(a)}{g(b)-g(a)}\cdot g'(c)=0.$$

或

$$f'(c)=\frac{f(b)-f(a)}{g(b)-g(a)}\cdot g'(c).$$

用 $g'(c)$ 去除 (这是可以的, 因为 $g'(c) \neq 0$), 就得出所求的等式.

很明显地, 拉格朗日定理是柯西定理的特别情形. 要从柯西公式得出有限增量公式, 只需令 $g(x)=x$. 柯西定理常称为 (微分学中的) **广义中值定理**.

柯西定理的几何说明亦同拉格朗日定理的一样. 要使读者很容易地看出这点, 换成另一种表示法: 把 x 换成 t, 而函数改记为 $\varphi(t)$ 及 $\psi(t)$. 若 t 在区间 $[\alpha,\beta]$ 内变动, 则柯西公式就写成:

$$\frac{\psi(\beta)-\psi(\alpha)}{\varphi(\beta)-\varphi(\alpha)}=\frac{\psi'(\gamma)}{\varphi'(\gamma)} \quad (\alpha<\gamma<\beta). \tag{4}$$

今考察用参变量方程

$$x=\varphi(t), \quad y=\psi(t) \quad (\alpha \leqslant t \leqslant \beta) \tag{5}$$

所给定的曲线. 于是公式的左边在这里就表示着连接曲线两端的弦的斜率, 而右端则表示弧上对应于 $t=\gamma$ 的那一点处的切线的斜率 [**106**, (11)].

附注 这些想法暗示着由拉格朗日公式导出柯西公式的可能性. 推导的要点在于: 如果不用参变关系式 (5) 而改用直接关系式; $y=f(x)$, 则公式 (4) 显出是与 (1) 有同等意义的.

§4. 高阶导数及高阶微分

115. 高阶导数的定义 若函数 $y=f(x)$ 在某一区间 $\mathcal{X}$ 内有有限导数 $y'=f'(x)$, 则后者本身就代表 x 的另一函数, 于是可能遇到这函数在 $\mathcal{X}$ 内的某一点 x_0 处也有有限或无穷导数. 它就称为函数 $y=f(x)$ 在该点处的**二阶导数**, 并以下列记号之一来表示:

$$\frac{d^2y}{dx^2}, \quad y'', \quad D^2y; \quad \frac{d^2f(x_0)}{dx^2}, \quad f''(x_0), \quad D^2f(x_0).$$

例如, 我们已在 **92** 内看到过, 动点的速度 v 是它所经过的路程 s 关于时间 t 的导数: $v=\dfrac{ds}{dt}$, 加速度 a 是速度 v 关于时间 t 的导数: $a=\dfrac{dv}{dt}$. 这就是说, 加速度是路程关于时间的二阶导数: $a=\dfrac{d^2s}{dt^2}$.

类似地, 若函数 $y=f(x)$ 在整个区间 $\mathcal{X}$ 内 (即在这区间内的每一点) 有有限二阶导数, 则它在 $\mathcal{X}$ 内任意点 x_0 处的有限或无穷导数就称为函数 $y=f(x)$ 在这点处的**三阶导数**, 并记成:

$$\frac{d^3y}{dx^3}, \quad y''', \quad D^3y; \quad \frac{d^3f(x_0)}{dx^3}, \quad f'''(x_0), \quad D^3f(x_0).$$

用相似的方法由三阶导数可得出**四阶导数**, 等等. 若假定 $(n-1)$ 阶导数的概念已定义过, 且 $(n-1)$ 阶导数在区间 $\mathcal{X}$ 内存在而且是有限的, 则它在这区间内某一点 x_0 处的导数称为原来函数 $y=f(x)$ 的 n 阶导数; 它的表示法, 采用记号

$$\frac{d^n y}{dx^n},\quad y^{(n)},\quad D^n y;\qquad \frac{d^n f(x_0)}{dx^n},\quad f^{(n)}(x_0),\quad D^n f(x_0).$$

有时在应用拉格朗日或柯西的表示法时, 可能需要指出依那种变量而取导数; 那时它就写成下标的形式:

$$y''_{x^2},\quad D^3_{x^3}y,\quad f^{(n)}_{x^n}(x_0),\quad \text{余类推}.$$

其中 $x^2, x^3, \cdots$ 是代替 $xx, xxx, \cdots$ 的约定简写法. 例如, 可以写成 $a=s''_{t^2}$.

(读者明白, 此处的整个记号

$$\frac{d^n f}{dx^n},\quad f^{(n)}\ \text{或}\ f^{(n)}_{x^n},\quad D^n f\ \text{或}\ D^n_{x^n} f$$

可以看成是函数记号.)

用这种方法, 从一阶导数依次推到后一导数, 我们就 "归纳地" 定义了 n 阶导数的概念. 确定 n 阶导数的关系式:

$$y^{(n)}=[y^{(n-1)}]'$$

也称为递推关系式, 由于它可以使我们从 n 阶导数还原到 $(n-1)$ 阶导数.

n 阶导数的求法, 在已给定 n 时, 就依读者所已经知道的法则及公式去进行. 例如, 若

$$y=\frac{1}{2}x^4-\frac{1}{6}x^3+2x^2+\frac{4}{3}x-\frac{1}{2},$$

则

$$y'=2x^3-\frac{1}{2}x^2+4x+\frac{4}{3},\quad y''=6x^2-x+4,\quad y'''=12x-1,\quad y^{\mathrm{IV}}=12,$$

于是以后的各阶导数都恒等于 0.

或设

$$y=\ln(x+\sqrt{x^2+1});$$

则

$$y'=\frac{1}{\sqrt{x^2+1}},\quad y''=-\frac{x}{(x^2+1)^{\frac{3}{2}}},\quad y'''=\frac{2x^2-1}{(x^2+1)^{\frac{5}{2}}},\quad \text{等等}.$$

须指出, 关于高阶导数亦可以归纳地建立单侧导数的概念 [参阅 **100**]. 若函数 $y=f(x)$ 仅在某一区间 $\mathcal{X}$ 内定义着, 则当说及它在区间的端点的任意阶导数时, 总是指的单侧导数.

116. 任意阶导数的普遍公式 一般说来, 要计算任何函数的 n 阶导数, 必须预先求出前面一切阶的导数. 然而在有许多情形, 却能顺利地建立 n 阶导数的普遍式, 它直接依赖着 n, 而不再包含前面各阶导数的记号.

在推导这种普遍式时, 下列公式有时是有用处的:

$$(cu)^{(n)} = c \cdot u^{(n)}, \quad (u \pm v)^{(n)} = u^{(n)} \pm v^{(n)},$$

它们是读者所已经知道的 **97** 中法则 I 及 II 推广到高阶导数时的结果. 逐次地应用这些法则, 就很容易得出它们.

1) 首先考察幂函数 $y = x^\mu$, 其中 μ 是任何实数. 我们依次有

$$y' = \mu x^{\mu-1}, \quad y'' = \mu(\mu-1)x^{\mu-2},$$
$$y''' = \mu(\mu-1)(\mu-2)x^{\mu-3}, \quad \cdots$$

由此也很易看出普遍的规律:

$$y^{(n)} = \mu(\mu-1)\cdots(\mu-n+1)x^{\mu-n},$$

但严格说来, 它必须再加证明. 为此, 可利用数学归纳法. 假设在 n 的某一数值时这公式是对的, 再微分它一次, 我们就得到:

$$\begin{aligned}[y^{(n)}]' = y^{(n+1)} &= \mu(\mu-1)\cdots(\mu-n+1)[x^{\mu-n}]' \\ &= \mu(\mu-1)\cdots(\mu-n+1)(\mu-n)x^{\mu-(n+1)},\end{aligned}$$

因此, 如果我们的公式对于 n 阶导数时是对的, 则对于 $(n+1)$ 阶导数也是对的. 由此也就推得它对于一切自然数 n 的数值是正确的.

例如, 若取 $\mu = -1$, 则得

$$\left(\frac{1}{x}\right)^{(n)} = (-1)(-2)\cdots(-n)x^{-1-n} = \frac{(-1)^n \cdot n!}{x^{n+1}},$$

而在 $\mu = -\dfrac{1}{2}$ 时,

$$\left(\frac{1}{\sqrt{x}}\right)^{(n)} = \left(-\frac{1}{2}\right)\left(-\frac{3}{2}\right)\cdots\left(-\frac{2n-1}{2}\right)x^{-\frac{1}{2}-n} = \frac{(-1)^n(2n-1)!!}{(2x)^n\sqrt{x}} \text{ ①}$$

余依次类推.

①记号 $n!!$ 表示自然数的连乘积, 这些自然数不超过 n 并且每两数间的差都是 2, 例如

$$7!! = 1\cdot3\cdot5\cdot7, \ 10!! = 2\cdot4\cdot6\cdot8\cdot10.$$

当 μ 本身是自然数 m 时, 则 x^m 的 m 阶导数已经就是常数 $m!$, 而一切以后的导数就都是零. 由此, 明显可知, 对于 m 次整多项式亦有相似的情况.

2) 对于略为普遍的一些式子

$$y=(a+bx)^{\mu} \quad (a,b=\text{常量})$$

仍旧很容易求出:

$$y^{(n)}=\mu(\mu-1)\cdots(\mu-n+1)\cdot b^n\cdot(a+bx)^{\mu-n}.$$

特别情形, 同上面那样, 得出

$$\left(\frac{1}{a+bx}\right)^{(n)}=\frac{(-1)^n n!b^n}{(a+bx)^{n+1}}, \quad \left(\frac{1}{\sqrt{a+bx}}\right)^{(n)}=\frac{(-1)^n(2n-1)!!b^n}{2^n(a+bx)^n\sqrt{a+bx}}.$$

3) 今设 $y=\ln x$. 首先有

$$y'=(\ln x)'=\frac{1}{x}.$$

由此式依 1) 内的对应公式取 $(n-1)$ 阶导数, 在它里面把 n 换成 $n-1$; 那时我们亦就得出

$$y^{(n)}=(y')^{(n-1)}=\left(\frac{1}{x}\right)^{(n-1)}=\frac{(-1)^{n-1}(n-1)!}{x^n}.$$

4) 若 $y=a^x$, 则

$$y'=a^x\cdot\ln a, \quad y''=a^x\cdot(\ln a)^2, \quad \cdots$$

普遍公式

$$y^{(n)}=a^x\cdot(\ln a)^n$$

很容易用数学归纳法证明.

特别情形, 显然有

$$(e^x)^{(n)}=e^x.$$

5) 假定 $y=\sin x$; 则

$$\begin{aligned} y'&=\cos x, \quad y''=-\sin x, \quad y'''=-\cos x,\\ y^{\mathrm{IV}}&=\sin x, \quad y^{\mathrm{V}}=\cos x, \quad \cdots. \end{aligned}$$

由这一途径去求 n 阶导数的普遍式是比较困难的. 但若把一阶导数的公式改写成 $y'=\sin\left(x+\frac{\pi}{2}\right)$, 事情就立刻简单化了; 很清楚的, 每微分一次以后, 就只要在变元上加一个 $\frac{\pi}{2}$, 于是

$$(\sin x)^{(n)}=\sin\left(x+n\cdot\frac{\pi}{2}\right).$$

类似地又可得出公式

$$(\cos x)^{(n)} = \cos\left(x + n \cdot \frac{\pi}{2}\right).$$

6) 考察函数 $y = \dfrac{1}{x^2 - a^2}$. 把它表示成为

$$y = \frac{1}{2a}\left(\frac{1}{x-a} - \frac{1}{x+a}\right),$$

我们就有利用例 2) (以及在开始时已经就指出的一般法则) 的可能性. 最后,

$$\left(\frac{1}{x^2 - a^2}\right)^{(n)} = \frac{(-1)^n n!}{2a}\left[\frac{1}{(x-a)^{n+1}} - \frac{1}{(x+a)^{n+1}}\right].$$

7) 在函数 $y = e^{ax}\sin bx$ 的情形, 我们将利用更巧妙的方法. 就是, 有

$$y' = ae^{ax}\sin bx + be^{ax}\cos bx;$$

若引入由下列条件所定义的辅助角 φ

$$\sin\varphi = \frac{b}{\sqrt{a^2+b^2}}, \quad \cos\varphi = \frac{a}{\sqrt{a^2+b^2}},$$

则一阶导数的表达式就可以改写成

$$\begin{aligned} y' &= \sqrt{a^2+b^2} \cdot e^{ax} \cdot (\sin bx \cdot \cos\varphi + \cos bx \cdot \sin\varphi) \\ &= \sqrt{a^2+b^2} \cdot e^{ax} \cdot \sin(bx + \varphi). \end{aligned}$$

重复地微分, 很易根据数学归纳法而建立普遍的规律

$$y^{(n)} = (a^2+b^2)^{\frac{n}{2}} \cdot e^{ax} \cdot \sin(bx + n\varphi).$$

8) 再讨论函数 $y = \operatorname{arctg} x$. 首先让我们设法用 y 表示 $y^{(n)}$. 因为 $x = \operatorname{tg} y$, 故

$$y' = \frac{1}{1+x^2} = \cos^2 y = \cos y \cdot \sin\left(y + \frac{\pi}{2}\right).$$

再关于 x 而微分它 (并记住 y 是 x 的函数), 则得

$$\begin{aligned} y'' &= \left[-\sin y \cdot \sin\left(y + \frac{\pi}{2}\right) + \cos y \cdot \cos\left(y + \frac{\pi}{2}\right)\right] \cdot y' \\ &= \cos^2 y \cdot \cos\left(2y + \frac{\pi}{2}\right) = \cos^2 y \cdot \sin 2\left(y + \frac{\pi}{2}\right). \end{aligned}$$

又一次的微分给出

$$\begin{aligned} y''' &= \left[-2\sin y \cdot \cos y \cdot \sin 2\left(y + \frac{\pi}{2}\right) + 2\cos^2 y \cdot \cos 2\left(y + \frac{\pi}{2}\right)\right] \cdot y' \\ &= 2\cos^3 y \cdot \cos\left(3y + 2 \cdot \frac{\pi}{2}\right) = 2\cos^3 y \cdot \sin 3\left(y + \frac{\pi}{2}\right). \end{aligned}$$

普遍的公式

$$y^{(n)} = (n-1)!\cos^n y \cdot \sin n\left(y + \frac{\pi}{2}\right)$$

可由数学归纳法证明.

若 (在 $x>0$ 时) 引入角

$$z=\operatorname{arctg}\frac{1}{x}=\frac{\pi}{2}-y,$$

则这公式可以改写成

$$y^{(n)}=(n-1)!\frac{1}{(1+x^2)^{\frac{n}{2}}}\cdot\sin n(\pi-z),$$

或最后

$$y^{(n)}=(-1)^{n-1}(n-1)!\frac{1}{(1+x^2)^{\frac{n}{2}}}\cdot\sin n\operatorname{arctg}\frac{1}{x}.$$

9) 最后, 可作为一个练习题来建立公式

$$D^n(x^{n-1}e^{\frac{1}{x}})=(-1)^n\frac{e^{\frac{1}{x}}}{x^{n+1}}\quad(n=1,2,\cdots).$$

它在 $n=1$ 及 $n=2$ 时的正确性可以直接验证. 现在假设, 它对于 n 的一切数值, 直到 $n\geqslant 2$ 的某一数值为止都是对的, 要证明它当 n 换成 $n+1$ 时仍旧也对①. 为这目的, 考察表达式

$$\begin{aligned}D^{n+1}(x^ne^{\frac{1}{x}})&=D^n[D(x^ne^{\frac{1}{x}})]\\&=D^n[nx^{n-1}e^{\frac{1}{x}}-x^{n-2}e^{\frac{1}{x}}]\\&=n\cdot D^n(x^{n-1}e^{\frac{1}{x}})-D[D^{n-1}(x^{n-2}e^{\frac{1}{x}})].\end{aligned}$$

应用我们的假设, 可以改写这表达式为

$$D^{n+1}(x^ne^{\frac{1}{x}})=n\cdot(-1)^n\frac{e^{\frac{1}{x}}}{x^{n+1}}-D[(-1)^{n-1}\frac{e^{\frac{1}{x}}}{x^n}]=(-1)^{n+1}\frac{e^{\frac{1}{x}}}{x^{n+2}},$$

这就是我们所要证明的.

因此, 这公式对于一切自然数值 n 时都是对的.

117. 莱布尼茨公式 我们在前一目开始时曾指出 **97** 的法则 I 及 II 可以直接移用到任意阶导数的情形. 但处理关于乘积的导数的法则 III 却较为费事.

假定 u,v 是 x 的函数, 且各自有直到 n 阶为止的各阶导数; 我们将证明这时它们的乘积 $y=uv$ 亦有 n 阶导数, 并将求出它的表达式.

应用法则 III 逐次微分这乘积; 我们就求出:

$$y'=u'v+uv',\quad y''=u''v+2u'v'+uv'',\quad y'''=u'''v+3u''v'+3u'v''+uv''',\quad\cdots$$

很易看出导出一切这些公式的规律: 它们的右边使我们想起二项式的各次幂 $u+v,(u+v)^2,(u+v)^3,\cdots$ 的展开式, 只把 u,v 的各次幂换成对应阶的导数罢了. 若在所得的公式内把 u,v 写成 $u^{(0)},v^{(0)}$, 其间的相似性就更为完全. 推广这一规律到

①请读者注意数学归纳法在应用上的这一独特的形式; 实际上 (参阅下面的课文), 我们将利用这公式在 n 及 $n-1$ 时的正确性.

任意的 n 的情形, 即得普遍的公式[①]:

$$\begin{aligned}
y^{(n)}=(uv)^{(n)}&=\sum_{i=0}^{n}C_n^i u^{(n-i)}v^{(i)}\\
&=u^{(n)}v+nu^{(n-1)}v'+\frac{n(n-1)}{1\cdot 2}u^{(n-2)}v''+\cdots\\
&\quad+\frac{n(n-1)\cdots(n-i+1)}{1\cdot 2\cdot\cdots\cdot i}u^{(n-i)}v^{(i)}+\cdots+uv^{(n)}.
\end{aligned}\tag{1}$$

要证明它的正确性, 可再运用数学归纳法. 假设对于某一 n 值上式是对的. 若函数 u,v 的 $(n+1)$ 阶导数也存在, 则可以依 x 将上式再微分一次; 我们就得:

$$\begin{aligned}
y^{(n+1)}&=\sum_{i=0}^{n}C_n^i[u^{(n-i)}v^{(i)}]'\\
&=\sum_{i=0}^{n}C_n^i u^{(n-i+1)}v^{(i)}+\sum_{i=0}^{n}C_n^i u^{(n-i)}v^{(i+1)}.
\end{aligned}$$

今将合并在最后两个总和内含函数 u,v 的同阶导数的各个乘积 (很易看出, 在每一乘积内, 导数的阶的总和始终是等于 $n+1$). 乘积 $u^{(n+1)}v^{(0)}$ 仅包含在第一个总和内 (在 $i=0$ 时); 在这总和内, 它的系数是 $C_n^0=1$. 完全与此相同, $u^{(0)}v^{(n+1)}$ 仅包含在第二个总和内 (有序号 $i=n$ 的项), 它的系数是 $C_n^n=1$. 包含在这两个总和内的其他的一切乘积, 它们的形式是 $u^{(n+1-k)}v^{(k)}$, 并且 $1\leqslant k\leqslant n$. 每一个这种的乘积, 在第一个总和内能遇到 (有序号 $i=k$ 的项), 在第二个总和内亦能遇到 (有序号 $i=k-1$ 的项) . 对应的系数的和是 $C_n^k+C_n^{k-1}$. 大家都已经知道,

$$C_n^k+C_n^{k-1}=C_{n+1}^k.$$

这样, 最后求出:

$$\begin{aligned}
y^{(n+1)}&=u^{(n+1)}v^{(0)}+\sum_{k=1}^{n}C_{n+1}^k u^{[(n+1)-k]}v^{(k)}+u^{(0)}v^{(n+1)}\\
&=\sum_{k=1}^{n+1}C_{n+1}^k u^{[(n+1)-k]}v^{(k)},
\end{aligned}$$

因为 $C_{n+1}^0=C_{n+1}^{n+1}=1$.

[①]记号 Σ 表示同一类型的诸项的总和. 当这些项都依赖着一个标数, 而这个标数是在确定界限内变动着时, 这些界限就必须 (在下面及在上面) 指示出来. 例如

$$\sum_{i=0}^{n}a_i=a_0+a_1\cdots+a_n,$$

$$\sum_{k=1}^{m}\frac{1}{k}=1+\frac{1}{2}+\cdots+\frac{1}{m},\quad \text{等等.}$$

我们已得到 $y^{(n+1)}$ 的表达式, 它完全类似于表达式 (1) (仅 n 换成 $n+1$); 这样就证明了公式 (1) 对于一切自然数值 n 的正确性.

已建立的公式 (1), 称为**莱布尼茨公式**. 在推求 n 阶导数的普遍式时, 它经常是有用处的.

须指出对于许多因子的连乘积 $y=uv\cdots t$ 的 n 阶导数, 也可建立这样的公式; 它与多项式的幂 $(u+v+\cdots+t)^n$ 的展开式相类似.

118. 例题 1) 用莱布尼茨公式 (1) 求导数

$$(x^2\cdot\cos ax)^{(50)}.$$

令 $v=x^2, u=\cos ax$. 那时

$$u^{(k)}=a^k\cdot\cos\left(ax+k\frac{\pi}{2}\right),\quad v'=2x,\quad v''=2,\quad v'''=v^{\mathrm{IV}}=\cdots=0.$$

这样, 在公式 (1) 内除去首三项外, 其余各项都等于零, 于是我们就得到

$$\begin{aligned}(uv)^{(50)}=&x^2\cdot a^{50}\cdot\cos\left(ax+50\cdot\frac{\pi}{2}\right)+\frac{50}{1}\cdot 2x\cdot a^{49}\cdot\cos\left(ax+49\cdot\frac{\pi}{2}\right)\\&+\frac{50\cdot 49}{1\cdot 2}\cdot 2\cdot a^{48}\cdot\cos\left(ax+48\cdot\frac{\pi}{2}\right)\\=&a^{48}[(2450-a^2x^2)\cos ax-100ax\cdot\sin ax].\end{aligned}$$

2) 回到 **116**, 7), 现在我们就能够由莱布尼茨公式直接得出函数

$$y=e^{ax}\cdot\sin bx$$

的 n 阶导数的普遍式:

$$\begin{aligned}y^{(n)}=e^{ax}&\left[\sin bx\left(a^n-\frac{n(n-1)}{1\cdot 2}a^{n-2}b^2+\cdots\right)\right.\\&\left.+\cos bx\left(na^{n-1}b-\frac{n(n-1)(n-2)}{1\cdot 2\cdot 3}a^{n-3}b^3+\cdots\right)\right].\end{aligned}$$

3) 求函数 $y=\arcsin x$ 的 $(n+1)$ 阶导数的表达式.

首先, 我们有

$$y'=\frac{1}{\sqrt{1-x^2}}=\frac{1}{\sqrt{1+x}}\cdot\frac{1}{\sqrt{1-x}},$$

于是依莱布尼茨公式,

$$\begin{aligned}y^{(n+1)}=&\left(\frac{1}{\sqrt{1+x}}\cdot\frac{1}{\sqrt{1-x}}\right)^{(n)}=\left(\frac{1}{\sqrt{1+x}}\right)^{(n)}\frac{1}{\sqrt{1-x}}\\&+n\left(\frac{1}{\sqrt{1+x}}\right)^{(n-1)}\left(\frac{1}{\sqrt{1-x}}\right)'\\&+\frac{n(n-1)}{1\cdot 2}\left(\frac{1}{\sqrt{1+x}}\right)^{(n-2)}\left(\frac{1}{\sqrt{1-x}}\right)''\\&+\frac{n(n-1)(n-2)}{1\cdot 2\cdot 3}\left(\frac{1}{\sqrt{1+x}}\right)^{(n-3)}\left(\frac{1}{\sqrt{1-x}}\right)'''+\cdots\end{aligned}$$

今若应用在 **116**, 2) 内所得的公式去求 $\dfrac{1}{\sqrt{1+x}}$ 及 $\dfrac{1}{\sqrt{1-x}}$ 的各阶导数, 就得结果

$$y^{(n+1)}=\frac{1}{2^n\sqrt{1-x^2}}\left\{\frac{(2n-1)!!}{(1+x)^n}-n\frac{(2n-3)!!1!!}{(1+x)^{n-1}(1-x)}\right.$$
$$\left.+\frac{n(n-1)}{1\cdot 2}\cdot\frac{(2n-5)!!3!!}{(1+x)^{n-2}(1-x)^2}+\cdots\right\}.$$

4) 求函数 $y=\operatorname{arctg}x$ 在 $x=0$ 时的各阶导数的数值.

因为 $y'=\dfrac{1}{1+x^2}$, 故 $y'\cdot(1+x^2)=1$. 在这等式两端取 n 阶导数 (应用莱布尼茨公式):

$$(1+x^2)y^{(n+1)}+2nx\cdot y^{(n)}+n(n-1)\cdot y^{(n-1)}=0.$$

在此处令 $x=0$; 若以添加下标 0 来表示在 $x=0$ 时的导数值, 则得

$$y_0^{(n+1)}=-n(n-1)\cdot y_0^{(n-1)}.$$

在 $x=0$ 时, 导数 $y''=-\dfrac{2x}{(1+x^2)^2}$ 等于 0: $y_0''=0$. 由已求出的关系式易见恒有 $y_0^{(2m)}=0$. 至于奇阶导数, 就有递推公式:

$$y_0^{(2m+1)}=-(2m-1)\cdot 2m\cdot y_0^{(2m-1)}.$$

注意 $y_0'=1$, 由此就得:

$$y_0^{(2m+1)}=(-1)^m(2m)!.$$

这一结果也可以从 **116** 例 8) 的普遍公式内得出.

5) 对函数 $y=\arcsin x$ 也一样.

提示 应用莱布尼茨公式于关系式:

$$(1-x^2)\cdot y''-x\cdot y'=0.$$

答案:

$$y_0^{(2m)}=0,\quad y_0^{(2m-1)}=1^2\cdot 3^2\cdot\cdots\cdot(2m-1)^2=[(2m-1)!!]^2.$$

要从 3) 的普遍式内得出这一结果, 却没有这样简单.

6) **勒让德多项式** 最后, 我们来考察以勒让德 (A. M. Legendre) 命名的重要多项式, 它由下列等式

$$X_n(x)=c_n\frac{d^n(x^2-1)^n}{dx^n}\quad(n=1,2,\cdots)$$

来定义, 其中常系数 c_n 的值可看情形根据怎样能够方便的原则而给定.

首先要证明: (n 次) 多项式 $X_n(x)$ 有 n 个不同的实根, 这些根都在 -1 与 $+1$ 之间. 为简便起见, 暂设 $c_n=1$.

不难看出, 多项式 $(x^2-1)^n=(x-1)^n(x+1)^n$ 和它的 $n-1$ 个相继各阶导数在 $x=\pm1$ 时变为零. 于是根据罗尔定理 [**111**], 它的一阶导数也将有根在 -1 与 $+1$ 之间; 依同一定理, 二阶导数将有两个根在 -1 与 $+1$ 之间, 这样一直到 $n-1$ 阶导数, 它除了有根 -1 与 $+1$ 外, 还有 $n-1$ 个根介于其间. 再对这导数应用一次罗尔定理, 便得到所要证的结论.

仍令系数 $c_n=1$, 我们来确定多项式 $X_n(x)$ 在 $x=\pm1$ 时的数值.

把幂 $(x^2-1)^n$ 看成 $(x+1)^n$ 乘 $(x-1)^n$ 的积, 依莱布尼茨公式可以写成:

$$X_n(x)=(x+1)^n\cdot\frac{d^n(x-1)^n}{dx^n}+C_n^1\cdot\frac{d(x+1)^n}{dx}\cdot\frac{d^{n-1}(x-1)^n}{dx^{n-1}}+\cdots+\frac{d^n(x+1)^n}{dx^n}\cdot(x-1)^n.$$

因为从第二项起的各项都含因式 $x-1$, 它们在 $x=1$ 时都等于 0, 所以显然有:

$$X_n(1)=2^n\cdot n!.$$

类似地可得:

$$X_n(-1)=(-1)^n\cdot 2^n\cdot n!.$$

若在定义勒让德多项式 $X_n(x)$ 的一般公式中设 $c_n=\dfrac{1}{2^n\cdot n!}$, 则得到特别常见的多项式, 今后我们将把这多项式记为 $P_n(x)$, 其特征是在点 $x=1$ 和 $x=-1$ 处取值 $P_n(1)=1, P_n(-1)=(-1)^n$.

用莱布尼茨公式很易进一步证明勒让德多项式 $X_n(x)$ 满足下列关系式:

$$(x^2-1)X_n''+2x\cdot X_n'-n(n+1)X_n=0,$$

它在这类多项式的理论中担任着重要的角色.

实际上, 令 $y=(x^2-1)^n$, 就有

$$y'=2nx\cdot(x^2-1)^{n-1},\quad 于是\ (x^2-1)\cdot y'=2nx\cdot y.$$

今在最后的等式的两端各取 $(n+1)$ 阶导数; 依莱布尼茨公式,

$$(x^2-1)y^{(n+2)}+(n+1)\cdot 2x\cdot y^{(n+1)}+\frac{n(n+1)}{2}\cdot 2\cdot y^{(n)}=2nx\cdot y^{(n+1)}+(n+1)\cdot 2n\cdot y^{(n)},$$

由此

$$(x^2-1)y^{(n+2)}+2xy^{(n+1)}-n(n+1)y^{(n)}=0,$$

再以 c_n 乘之, 就得到所要证明的关系式.

119. 高阶微分 今转而讨论高阶微分; 它们也是归纳地来定义的. 函数 $y=f(x)$ 的 (一阶) 微分在某一点处的微分称为函数在这一点处的**二阶微分**; 记为:

$$d^2y=d(dy).$$

二阶微分的微分称为**三阶微分**:

$$d^3y=d(d^2y).$$

一般地说, 函数 $y=f(x)$ 的 $(n-1)$ 阶微分的微分称为函数 $y=f(x)$ 的 n **阶微分**:

$$d^n y = d(d^{n-1}y)\,^{19)}.$$

若应用函数记号, 则各阶微分可以表示为:

$$d^2 f(x_0), d^3 f(x_0), \cdots, d^n f(x_0), \cdots,$$

在这里我们还可以指出这些微分是在 x 的特别值 $x=x_0$ 处取值的.

在求高阶微分时很重要的一件事, 是要记住 dx 是不依赖于 x 的任意的数, 关于 x 而微分时必须把它看成常数因子. 在这种情形, 将有 (始终假定对应的导数是存在的):

$$d^2y = d(dy) = d(y'\cdot dx) = dy'\cdot dx = (y''\cdot dx)\cdot dx = y''\cdot dx^2,$$
$$d^3y = d(d^2y) = d(y''\cdot dx^2) = dy''\cdot dx^2 = (y'''\cdot dx)\cdot dx^2 = y'''\cdot dx^3,\ ①$$

等等. 很易猜出普遍规律是

$$d^n y = y^{(n)}\cdot dx^n, \tag{2}$$

这可以用数学归纳法来证明. 由它就推得

$$y^{(n)} = \frac{d^n y}{dx^n},$$

于是从今以后, 这记号就可以看成分数了.

利用等式 (2), 现在很容易改造莱布尼茨公式使适用于微分. 只要在它的两边各乘以 $d(x^n)$, 就可得出

$$d^n(uv) = \sum_{i=0}^{n} C_n^i d^{n-i}u d^i v \quad (d^0u = u, d^0v = v).$$

莱布尼茨当初所建立的公式, 原来就是关于微分的.

120. 高阶微分的形式不变性的破坏 回想起函数的 (一阶) 微分具有形式不变的性质, 自然就要问高阶微分是否也具有相似的性质. 今将指出, 即使二阶微分就已不具有这种性质了.

① $dx^2, dx^3, \cdots$, 等等恒理解为微分的幂: $(dx)^2, (dx)^3, \cdots$. 幂的微分则记成: $d(x^2), d(x^3), \cdots$.

19) 我们强调指出: 在公式 $d^2y = d(dy)$ 与 $d^ny = d(d^{n-1}y)$ 中, 当 Δx 固定时所有的微分都看成 x 的函数. 为了使微分能重复施行, 这是必要的. 我们发现 [参看 **104** 目的脚注 18)], 当 Δx 固定时, dy 是 x 的函数, 而 dx 是常数; 同时 $dy = y'_x dx$. 这样就可以谈函数 dy 作为 x 的函数的可微性, 并且利用最简单的微分法则 $(dy)' = (y'_x dx)' = y''_x dx; d(dy) = (dy)'_x\cdot dx = y''_x\cdot(dx)^2$, 等等, 由微分求导数与 (对应于值 Δx 的) 微分值.

因此, 设 $y=f(x)$ 而 $x=\varphi(t)$, 于是 y 可以看成 t 的复合函数: $y=f(\varphi(t))$. 它关于 t 的 (一阶) 微分可以写成: $dy=y'_x\cdot dx$, 此处 $dx=x'_t\cdot dt$ 是 t 的函数. 再求关于 t 的二阶微分 $d^2y=d(y'_x\cdot dx)=dy'_x\cdot dx+y'_x\cdot d(dx)$. 微分 dy'_x 可以再应用 (一阶) 微分形式的不变性, 化为 $dy'_x=y''_{x^2}\cdot dx$, 于是最后得

$$d^2y=y''_{x^2}\cdot dx^2+y'_x\cdot d^2x, \tag{3}$$

然而当 x 是自变量时, 二阶微分的形式却是 $d^2y=y''_{x^2}\cdot dx^2$. 当然, 表达式 (3) 是 d^2y 的更普遍的表达式: 若在特别情形, x 是自变量, 则 $d^2x=0$, 于是仅留下第一项了.

且举一例. 设 $y=x^2$, 于是当 x 是自变量时:

$$dy=2xdx,\quad d^2y=2dx^2.$$

今令 $x=t^2$, 则 $y=t^4$, 而

$$dy=4t^3dt,\quad d^2y=12t^2dt^2.$$

dy 的新表达式可以从原式得出, 只要把 $x=t^2$, $dx=2tdt$ 代入即得. 但对于 d^2y 却并不如此: 作同样的代换后, 我们得到的是 $8t^2dt^2$ 而不是 $12t^2dt^2$. 但若依 t 微分等式 $dy=2xdx$, 设想 x 是 t 的函数, 则与 (3) 相似, 得公式

$$d^2y=2dx^2+2xd^2x.$$

在此处代入 $x=t^2$, $dx=2tdt$, $d^2x=2dt^2$, 这才得出正确的结果: $12t^2dt^2$.

因此, 若 x 不再是自变量时, 二阶微分 d^2y 就要用 x 的微分的二项式 (3) 来表示. 对于三阶以后各阶微分 (在转变成新变量时) 附加的项数还要增加. 因此, 在用微分表示高阶导数 $y''_{x^2}, y'''_{x^3},\cdots$ 的表达式

$$y''_{x^2}=\frac{d^2y}{dx^2},\quad y'''_{x^3}=\frac{d^3y}{dx^3},\quad \cdots \tag{4}$$

内, 已不能依任意变量取微分, 而仅能依变量 x 了.

121. 参变量微分法 虽然如此, 我们仍可以把关于 x 的导数用依任意变量 t 而取的微分写出来, 只是它们将繁复得多. 就是, 设想一切下面所写的微分是依 t 而取的, 则依次地有

$$y'_x=\frac{dy}{dx},\quad y''_{x^2}=\left(\frac{dy}{dx}\right)'_x=\frac{d\left(\dfrac{dy}{dx}\right)}{dx}=\frac{\dfrac{dx\cdot d^2y-d^2x\cdot dy}{dx^2}}{dx},$$

即

$$y''_{x^2}=\frac{dx\cdot d^2y-d^2x\cdot dy}{dx^3}; \tag{5}$$

以后,

$$y'''_{x^3}=\left(\frac{dx\cdot d^2y-d^2x\cdot dy}{dx^3}\right)'_x=\frac{d\left(\dfrac{dx\cdot d^2y-d^2x\cdot dy}{dx^3}\right)}{dx}$$
$$=\frac{\dfrac{dx^3(dxd^3y-d^3xdy)-3dx^2d^2x(dxd^2y-d^2xdy)}{dx^6}}{dx},$$

而最后有:

$$y'''_{x^3}=\frac{dx(dxd^3y-d^3xdy)-3d^2x(dxd^2y-d^2xdy)}{dx^5},\tag{6}$$

等等. 公式 (5), (6), $\cdots$ 是最普遍的公式; 若在它里面设想 x 是自变量, 则 d^2x, d^3x, $\cdots$ 等于零, 而我们就回到公式 (4).

我们所得的 y 关于 x 的导数公式就实现了所谓**参变量微分法**. 若 x 及 y 给定为参变量 t 的函数:

$$x=\varphi(t),\quad y=\psi(t),$$

则如同我们在 **106** 内已看见过的, 在已知条件下, 由此定义 y 为 x 的函数: $y=f(x)$. 当 x 及 y 关于 t 的各阶导数存在时, y 关于 x 的对应的导数亦都存在, 而且可用前述诸公式来表示.

有时 y 关于 x 的导数式用 x 及 y 关于 t 的导数 (不是微分) 来表示更为方便. 它们可以很容易地从微分表达式内得出, 只需分子及分母各除以 $dt, dt^3, dt^5, \cdots$. 用这方法就得到公式:

$$y'_x=\frac{\dfrac{dy}{dt}}{\dfrac{dx}{dt}}=\frac{y'_t}{x'_t},$$

$$y''_{x^2}=\frac{\dfrac{dx}{dt}\cdot\dfrac{d^2y}{dt^2}-\dfrac{d^2x}{dt^2}\cdot\dfrac{dy}{dt}}{\left(\dfrac{dx}{dt}\right)^3}=\frac{x'_ty''_{t^2}-x''_{t^2}y'_t}{(x'_t)^3};$$

类似地有 $y'''_{x^3}=\dfrac{x'_t(x'_ty'''_{t^3}-x'''_{t^3}y'_t)-3x''_{t^2}(x'_ty''_{t^2}-x''_{t^2}y'_t)}{(x'_t)^5}$, 等等.

122. 有限差分 设函数 $f(x)$ 定义在某区间 $\mathcal{X}$ 上, 并设以后所讲的 x 值都是属于这区间的. 将自变量 x 的某增量 Δx 固定下来 (为确定起见可设 $\Delta x>0$, 但是设 $\Delta x<0$ 也毫无关系) 之后, 设

$$\Delta f(x)=f(x+\Delta x)-f(x),$$

并把此式称为函数 $f(x)$ 的**一阶差分**. 一阶差分的一阶差分称为**二阶差分**:

$$\Delta^2f(x)=\Delta[\Delta f(x)]=\Delta f(x+\Delta x)-\Delta f(x)=f(x+2\Delta x)-2f(x+\Delta x)+f(x).$$

高阶差分可归纳地定义如下:

$$\Delta^n f(x) = \Delta[\Delta^{n-1} f(x)].$$

且可对 n 阶差分建立以下公式

$$\begin{aligned}\Delta^n f(x) &= \sum_{i=0}^{n}(-1)^i C_n^i f(x+(n-i)\Delta x)\\ &= f(x+n\Delta x) - \frac{n}{1}f(x+(n-1)\Delta x) + \frac{n(n-1)}{1\cdot 2}f(x+(n-2)\Delta x) - \cdots + (-1)^n f(x),\end{aligned}$$

它直接用函数本身在等距分点

$$x, x+\Delta x, x+2\Delta x, \cdots, x+n\Delta x$$

表示出 n 阶差分. 这公式容易用数学归纳法来证明, 读者可以自己去证.

现在把这些有限差分跟导数和微分比较一下.

设函数 $f(x)$ 在闭区间 $[x_0', x_0+n\Delta x]$ 上有 $n-1$ 阶连续导数

$$f'(x), f''(x), \cdots, f^{(n-1)}(x),$$

且至少在开区间 $(x_0, x_0+n\Delta x)$ 上有有限的 n 阶导数 $f^{(n)}(x)$. 于是我们有公式

$$\Delta^n f(x_0) = f^{(n)}(\xi_n)\cdot \Delta x^n, \quad 其中\ x_0 < \xi_n < x_0 + n\Delta x. \tag{7}$$

当 $n=1$ 时, 这就是有限差分的公式, 故有限差分公式是公式 (7) 的最简单情形. 为了要用数学归纳法来证明我们的论断, 先假定公式 (7) 的变形, 即将 n 换为 $n-1$ 且对假设作相应改变后所得的公式成立, 然后证明在所作假定下, 公式 (7) 成立. 依这假定, 可知函数 $\Delta f(x) = f(x+\Delta x) - f(x)$ 在区间 $[x_0, x_0+(n-1)\Delta x]$ 上满足使 (7) 的变形公式得以成立的更多的条件, 因此可写出

$$\Delta^{n-1}[\Delta f(x_0)] = \Delta^n f(x_0) = [f^{(n-1)}(\xi_{n-1}+\Delta x) - f^{(n-1)}(\xi_{n-1})]\Delta x^{n-1}, \tag{8}$$

其中 $x_0 < \xi_{n-1} < x_0 + (n-1)\Delta x$. 对这公式的右边应用有限增量公式①, 便立即得到公式 (7), 而且

$$x_0 < \xi_{n-1} < \xi_n < \xi_{n-1} + \Delta x < x_0 + n\Delta x.$$

要注意的是, 若导数 $f^{(n)}(x)$ 在点 x_0 也存在而且在该点连续, 则自 (7) 式让 $\Delta x \to 0$ (其中 $\xi_n \to x_0$), 得

$$f^{(n)}(x_0) = \lim_{\Delta x\to 0}\frac{\Delta^n f(x_0)}{\Delta x^n}. \tag{9}$$

这个有趣的公式给出了用一次极限步骤求得 n 阶导数的可能性, 同时这公式是 n 阶导数在点 x_0 本身存在这个唯一的假定下成立的. 就是说, 在点 x_0 的某邻域内存在导数

$$f'(x), f''(x), \cdots, f^{(n-1)}(x),$$

①因函数 $f^{(n-1)}(x)$ 在区间 $[\xi_{n-1}, \xi_{n-1}+\Delta x]$ 上连续且在其内有有限导数 $f^{(n)}(x)$, 故可应用有限增量公式.

于是在 Δx 足够小时, 可应用公式 (8). 由于导数 $f^{(n)}(x_0)$ 存在, 应用 [**96** 目的公式 (2)], 可写出

$$f^{(n-1)}(\xi_{n-1})-f^{(n-1)}(x_0)=f^{(n)}(x_0)\cdot(\xi_{n-1}-x_0)+\alpha(\xi_{n-1}-x_0)$$

与

$$f^{(n-1)}(\xi_{n-1}+\Delta x)-f^{(n-1)}(x_0)=f^{(n)}(x_0)\cdot(\xi_{n-1}+\Delta x-x_0)+\beta(\xi_{n-1}+\Delta x-x_0),$$

其中 α 与 β 依赖于 Δx 且随 Δx 而趋于零. 由上式以及 (8) 可推出①:

$$\Delta^n f(x_0)=[f^{(n)}(x_0)+\gamma]\cdot\Delta x^n,$$

其中 γ 是新的无穷小. 最后, 用 Δx^n 除这等式的两边, 并取 $\Delta x\to 0$ 的极限, 便得公式 (9).

但必须指出 (9) 只有在导数 $f^{(n)}(x_0)$ 存在时才成立. 但在这导数不存在时, 右边的极限也可能存在②. 例如, 我们考察如下定义的函数:

$$f(x)=x^3\cdot\sin\frac{1}{x}\quad(x\neq 0),\quad f(0)=0,$$

而取 $x_0=0$. 这函数有一阶导数

$$f'(x)=3x^2\cdot\sin\frac{1}{x}-x\cos\frac{1}{x}\quad(x\neq 0),\quad f'(0)=0,$$

但在点 0 没有二阶导数, 因此式

$$\frac{f'(0+\Delta x)-f'(0)}{\Delta x}=\frac{3\Delta x^2\cdot\sin\dfrac{1}{\Delta x}-\Delta x\cos\dfrac{1}{\Delta x}}{\Delta x}=3\Delta x\cdot\sin\frac{1}{\Delta x}-\cos\frac{1}{\Delta x},$$

在 $\Delta x\to 0$ 时无极限. 但

$$\begin{aligned}\frac{\Delta^2 f(0)}{\Delta x^2}&=\frac{f(0+2\Delta x)-2f(0+\Delta x)+f(0)}{\Delta x^2}\\&=\frac{8\Delta x^3\sin\dfrac{1}{2\Delta x}-2\Delta x^3\cdot\sin\dfrac{1}{\Delta x}}{\Delta x^2}=8\Delta x\sin\frac{1}{2\Delta x}-2\Delta x\sin\frac{1}{\Delta x}\to 0.\end{aligned}$$

§5. 泰勒公式

123. 多项式的泰勒公式 若 $p(x)$ 是 n 次整多项式:

$$p(x)=a_0+a_1x+a_2x^2+a_3x^3+\cdots+a_nx^n,\tag{1}$$

①利用 $0<\xi_{n-1}-x_0<(n-1)\Delta x$, $\Delta x>0$.

②因而 (9) 式根本不是 n 阶导数这一概念的新的, 与老概念等价的定义.

则逐次将它微分 n 次:

$$\begin{aligned}
&p'(x) = a_1 + 2 \cdot a_2 x + 3 \cdot a_3 x^2 + \cdots + n \cdot a_n x^{n-1},\\
&p''(x) = 1 \cdot 2 \cdot a_2 + 2 \cdot 3 \cdot a_3 x + \cdots + (n-1)n \cdot a_n x^{n-2},\\
&p'''(x) = 1 \cdot 2 \cdot 3 \cdot a_3 + \cdots + (n-2)(n-1)n \cdot a_n x^{n-3},\\
&\cdots\cdots\cdots\cdots\cdots\cdots\cdots\cdots\cdots\cdots\\
&p^{(n)}(x) = 1 \cdot 2 \cdot 3 \cdots n \cdot a_n
\end{aligned}$$

并且在一切这些式子内令 $x=0$, 就得出用多项式本身及其导数在 $x=0$ 时的数值去表达这多项式的系数的式子:

$$a_0 = p(0), \quad a_1 = \frac{p'(0)}{1!}, \quad a_2 = \frac{p''(0)}{2!},$$
$$a_3 = \frac{p'''(0)}{3!}, \quad \cdots, \quad a_n = \frac{p^{(n)}(0)}{n!}.$$

把这些系数的数值代入 (1):

$$\begin{aligned}p(x) = p(0) &+ \frac{p'(0)}{1!}x + \frac{p''(0)}{2!}x^2\\
&+ \frac{p'''(0)}{3!}x^3 + \cdots + \frac{p^{(n)}(0)}{n!}x^n.\end{aligned} \tag{2}$$

这公式与 (1) 的区别只在于系数的写法不同.

可以用它依 $(x-x_0)$ 的幂展开

$$\begin{aligned}p(x) = A_0 &+ A_1(x-x_0) + A_2(x-x_0)^2\\
&+ A_3(x-x_0)^3 + \cdots + A_n(x-x_0)^n\end{aligned} \tag{3}$$

来代替它依 x 的幂展开的多项式, 这里的 x_0 是 x 的某一特殊常数值. 令 $x - x_0 = \xi, p(x) = p(x_0+\xi) = P(\xi)$, 对于多项式

$$P(\xi) = A_0 + A_1\xi + A_2\xi^2 + A_3\xi^3 + \cdots + A_n\xi^n$$

的系数, 依已证明的式子, 可得:

$$A_0 = P(0), \quad A_1 = \frac{P'(0)}{1!}, \quad A_2 = \frac{P''(0)}{2!},$$
$$A_3 = \frac{P'''(0)}{3!}, \quad \cdots, \quad A_n = \frac{P^{(n)}(0)}{n!}.$$

但

$$P(\xi) = p(x_0+\xi), \quad P'(\xi) = p'(x_0+\xi), \quad P''(\xi) = p''(x_0+\xi), \quad \cdots,$$

于是

$$P(0) = p(x_0), \quad P'(0) = p'(x_0), \quad P''(0) = p''(x_0), \quad \cdots$$

而

$$\left.\begin{aligned} A_0 = p(x_0), \quad A_1 = \frac{p'(x_0)}{1!}, \quad A_2 = \frac{p''(x_0)}{2!}, \\ A_3 = \frac{p'''(x_0)}{3!}, \quad \cdots, \quad A_n = \frac{p^{(n)}(x_0)}{n!}, \end{aligned}\right\} \tag{4}$$

就是说, 展开式 (3) 的系数可用多项式本身及其导数在 $x = x_0$ 时的数值来表达.

把表达式 (4) 代入 (3):

$$\begin{aligned} p(x) = p(x_0) &+ \frac{p'(x_0)}{1!}(x - x_0) + \frac{p''(x_0)}{2!}(x - x_0)^2 \\ &+ \frac{p'''(x_0)}{3!}(x - x_0)^3 + \cdots + \frac{p^{(n)}(x_0)}{n!}(x - x_0)^n. \end{aligned} \tag{5}$$

公式 (5) 以及它的特别情形 (在 $x_0 = 0$ 时) (2) 都称为**泰勒** (B. Taylor) **公式**①. 它在代数上有什么重要的用处, 这是大家都知道的.

我们作一条 (对以后有用处的) 明显的附注, 若多项式 $p(x)$ 可表示为下面的形式

$$\begin{aligned} p(x) = c_0 &+ \frac{c_1}{1!}(x - x_0) + \frac{c_2}{2!}(x - x_0)^2 \\ &+ \frac{c_3}{3!}(x - x_0)^3 + \cdots + \frac{c_n}{n!}(x - x_0)^n, \end{aligned}$$

则必有

$$p(x_0) = c_0, \quad p'(x_0) = c_1, \quad p''(x_0) = c_2, \quad \cdots, \quad p^{(n)}(x_0) = c_n.$$

124. 任意函数的展开式 · 余项的佩亚诺式 今转而考察一般并不是多项式的任意函数 $f(x)$. 假定它在某一点 x_0 处存在着直至 n 阶为止的各阶导数. 准确些说, 这意思就是, 函数在含有点 x_0 的某一区间 $[a, b]$ 内是有定义的, 并且有直至 $(n-1)$ 阶为止的各阶导数:

$$f'(x), \ f''(x), \ \cdots, \ f^{(n-1)}(x),$$

除此以外, 在这点 x_0 处还有 n 阶导数 $f^{(n)}(x_0)$②. 那么依 (5) 的形式, 对于函数 $f(x)$ 也可以作出多项式

$$\begin{aligned} p(x) = f(x_0) &+ \frac{f'(x_0)}{1!}(x - x_0) + \frac{f''(x_0)}{2!}(x - x_0)^2 + \cdots \\ &+ \frac{f^{(n)}(x_0)}{n!}(x - x_0)^n. \end{aligned} \tag{6}$$

①可是公式 (2) 常称为**麦克劳林** (C. Maclaurin) **公式**.

②若点 x_0 是区间 $[a, b]$ 的端点之一, 则说及在这点处的导数时, 我们就是指单侧导数而言.

根据前面一目的附注, 这多项式及其导数 (直至 n 阶为止) 在点 x_0 处与函数 $f(x)$ 及其导数各有相同的数值.

但在这次, 只要 $f(x)$ 不是 n 次多项式, 就已经不能肯定等式 $f(x)=p(x)$. 多项式 $p(x)$ 仅给出函数 $f(x)$ 的某一近似式. 因此, 研究差

$$r(x)=f(x)-p(x) \tag{7}$$

就成为特别有趣的事情.

首先要证明, 在 $x\to x_0$ 时这差是高于 n 阶的无穷小 (与 $x-x_0$ 比较):

$$r(x)=o((x-x_0)^n). \tag{8}$$

依多项式 $p(x)$ 的性质, 对于 $r(x)$ 显然将成立等式

$$r(x_0)=r'(x_0)=r''(x_0)=\cdots=r^{(n)}(x_0)=0. \tag{9}$$

现在确立以下的一般命题: 对任何函数 $r(x)$, 在点 x_0 有直到 n 阶导数的, 如果满足条件 (9), 则关系式 (8) 成立.

用数学归纳法来证明. 当 $n=1$ 时, 这一命题的形式是: 若在点 x_0 具有 (一阶) 导数的函数 $r(x)$ 满足条件

$$r(x_0)=r'(x_0)=0,$$

则

$$r(x)=o(x-x_0).$$

这个命题就可以直接证明

$$\lim_{x\to x_0}\frac{r(x)}{x-x_0}=\lim_{x\to x_0}\frac{r(x)-r(x_0)}{x-x_0}=r'(x_0)=0.$$

今假定上述命题对某一 $n\geqslant 1$ 成立, 而来证明当 n 换成 $(n+1)$ 时命题也成立, 即: 若在点 x_0 具有直到 $n+1$ 阶导数的函数 $r(x)$ 满足条件

$$r(x_0)=r'(x_0)=r''(x_0)=\cdots=r^{n}(x_0)=r^{(n+1)}(x_0)=0, \tag{9*}$$

则

$$r(x)=o((x-x_0)^{n+1}). \tag{8*}$$

自 (9*) 可看出函数 $r'(x)$ 满足 (9) 这种形式的条件, 故依假设对 $r'(x)$ 就有

$$r'(x)=o((x-x_0)^n).$$

但依有限增量公式 [**112**],

$$r(x)=r(x)-r(x_0)=r'(c)(x-x_0),$$

其中 c 在 x_0 与 x 之间; 故 $|c-x_0|<|x-x_0|$, 于是

$$r'(c)=o((c-x_0)^n)=o((x-x_0)^n),$$

我们就得到 (8*), 这就是要证明的.

于是我们的命题对任何自然数 n 是成立的, 而差式 (7) 确实满足关系式 (8). 注意 (6), 便得公式

$$\begin{aligned}f(x)=&f(x_0)+\frac{f'(x_0)}{1!}(x-x_0)+\frac{f''(x_0)}{2!}(x-x_0)^2+\cdots\\&+\frac{f^{(n)}(x_0)}{n!}(x-x_0)^n+o((x-x_0)^n),\end{aligned}\tag{10}$$

这与公式 (5) 只相差余项(8). 以上述形式来给出余项的是佩亚诺 (G. Peano). 公式 (10) 也称为**带有佩亚诺式余项的泰勒公式**.

已证明的公式是 **96** 公式 (3) 的自然的推广, 该式可以写成:

$$f(x)=f(x_0)+f'(x_0)(x-x_0)+o(x-x_0);$$

它对应于 $n=1$. 在那里除了高于一阶无穷小的误差以外, 函数 $f(x)$ 可以表示为线性函数的形式, 在这里除了高于 n 阶无穷小的误差以外, 我们同样可以把 $f(x)$ 表示为 n 次多项式的形式.

很易指出, 函数 $f(x)$ 的这种表示式是唯一的, 即若在 x_0 的近处同时有

$$\begin{aligned}f(x)=&A_0+A_1(x-x_0)+A_2(x-x_0)^2+\cdots\\&+A_n(x-x_0)^n+o((x-x_0)^n)\end{aligned}$$

及

$$\begin{aligned}f(x)=&A_0'+A_1'(x-x_0)+A_2'(x-x_0)^2+\cdots\\&+A_n'(x-x_0)^n+o((x-x_0)^n),\end{aligned}$$

则必有

$$A_0=A_0',\quad A_1=A_1',\quad \cdots,\quad A_n=A_n'.$$

事实上, 由恒等式

$$\begin{aligned}&A_0+A_1(x-x_0)+A_2(x-x_0)^2+\cdots+A_n(x-x_0)^n\\&\quad=A_0'+A_1'(x-x_0)+A_2'(x-x_0)^2+\cdots+A_n'(x-x_0)^n+o((x-x_0)^n)\end{aligned}$$

在 $x\to x_0$ 时立刻得出 $A_0=A_0'$. 约去这两项, 并用 $x-x_0$ 除它们, 得出:

$$\begin{aligned}&A_1+A_2(x-x_0)+\cdots+A_n(x-x_0)^{n-1}\\&\quad=A_1'+A_2'(x-x_0)+\cdots+A_n'(x-x_0)^{n-1}+o((x-x_0)^{n-1}),\end{aligned}$$

由此类似地可得 $A_1 = A'_1$, 余类推.

有时应用公式 (10) 的另一形式更为方便. 余项 $r(x)$ 可以表示为:

$$r(x) = \frac{\alpha}{n!}(x - x_0)^n,$$

其中 α 依赖于 x, 而且随着 $x - x_0$ 同时趋向于 0. 把这表达式代入 (10), 就得

$$f(x) = f(x_0) + \frac{f'(x_0)}{1!}(x - x_0) + \frac{f''(x_0)}{2!}(x - x_0)^2 + \cdots + \frac{f^{(n)}(x_0) + \alpha}{n!}(x - x_0)^n. \quad (10а)$$

更进一步, 在公式 (10) 内把 $f(x_0)$ 移到左边去, 并且令 $x - x_0 = \Delta x$, 就可以将它改写成

$$\Delta f(x_0) = f'(x_0) \cdot \Delta x + \frac{1}{2!}f''(x_0) \cdot \Delta x^2 + \cdots + \frac{1}{n!}f^{(n)}(x_0) \cdot \Delta x^n + o(\Delta x^n). \quad (10б)$$

在这种形式下, 它就更接近于 **96** 的公式 (3):

$$\Delta f(x_0) = f'(x_0) \cdot \Delta x + o(\Delta x).$$

上式在函数的无穷小增量 $\Delta f(x_0)$ 内仅分出一个主项 —— 这里, 照常以 Δx 作为基本无穷小 —— 可是在公式 (10б) 内直至含 Δx 的 n 次幂为止的各项却都写出来了, 并且它们都是在 **63** 的意义下最简单的无穷小.

这样, 除了余项所生的误差以外, 函数的增量就展开成为自变量的增量的幂了.

最后, 回想起

$$f'(x_0) \cdot \Delta x = df(x_0), \quad f''(x_0) \cdot \Delta x^2 = d^2 f(x_0), \quad \cdots, \quad f^{(n)}(x_0) \cdot \Delta x^n = d^n f(x_0),$$

我们可以把 (10б) 改写成这样的形式:

$$\Delta f(x_0) = df(x_0) + \frac{1}{2!}d^2 f(x_0) + \cdots + \frac{1}{n!}d^n f(x_0) + o(\Delta x^n).$$

由此可见 (当 $\Delta x \to 0$ 时) 在函数的无穷小增量的展开式中, 除去各项分母中的阶乘因子不论, 逐次的微分就表示对应阶的最简单的无穷小项.

125. 例题 若 $x_0 = 0$, 泰勒公式看来是最简单的①:

$$f(x) = f(0) + \frac{f'(0)}{1!}x + \frac{f''(0)}{2!}x^2 + \cdots + \frac{f^{(n)}(0)}{n!}x^n + o(x^n). \quad (11)$$

在取 $x - x_0$ 作为新的自变量之后, 一般的泰勒公式总归可以化为这个特别情形的.

现以例题的形式来考察某些初等函数依这公式的具体展开式.

①这公式也被冠以麦克劳林的名字 (参阅第 **123** 目的脚注).

1) 设 $f(x)=e^x$, 则 $f^{(k)}(x)=e^x$ $(k=1,2,\cdots)$. 因为在这时 $f(0)=1, f^{(k)}(0)=1$, 故依公式 (11),

$$e^x=1+\frac{x}{1!}+\frac{x^2}{2!}+\cdots+\frac{x^n}{n!}+o(x^n).$$

2) 若 $f(x)=\sin x$, 则 $f^{(k)}(x)=\sin\left(x+k\cdot\frac{\pi}{2}\right)$, 于是

$$f(0)=0,\quad f^{(2m)}(0)=\sin m\pi=0,$$
$$f^{(2m-1)}(0)=\sin\left(m\pi-\frac{\pi}{2}\right)=(-1)^{m-1}\quad(m=1,2,\cdots).$$

因此, 在公式 (11) 内令 $n=2m$, 就有

$$\sin x=x-\frac{x^3}{3!}+\frac{x^5}{5!}-\cdots+(-1)^{m-1}\frac{x^{2m-1}}{(2m-1)!}+o(x^{2m}).$$

3) 类似地, 在 $f(x)=\cos x$ 时:

$$f^{(k)}(x)=\cos\left(x+k\cdot\frac{\pi}{2}\right);$$
$$f(0)=1,\quad f^{(2m)}(0)=(-1)^m,\quad f^{(2m-1)}(0)=0\quad(m=1,2,\cdots).$$

这样 (若取 $n=2m+1$):

$$\cos x=1-\frac{x^2}{2!}+\frac{x^4}{4!}-\cdots+(-1)^m\frac{x^{2m}}{(2m)!}+o(x^{2m+1}).$$

4) 今考察幂函数 x^m, 此处 m 非自然数也非零. 在这情形, 当 $x\to 0$ 时, 或则函数本身 (若 $m<0$), 或则它的导数 (从某一个 $n>m$ 阶开始) 无限地增大. 因此, 在此处已不能取 $x_0=0$.

取 $x_0=1$, 即依 $(x-1)$ 的幂而展开 x^m. 如前所述, 我们可以把 $x-1$ 当作新的变量, 但若我们仍旧用 x 来记这新的变量, 则问题就成为依 x 的幂而展开函数 $(1+x)^m$ 了.

我们知道 [**116**, 2)]

$$f^{(k)}(x)=m(m-1)\cdots(m-k+1)(1+x)^{m-k},$$

因此

$$f(0)=1,\quad f^{(k)}(0)=m(m-1)\cdots(m-k+1).$$

展开式的形式就是

$$(1+x)^m=1+mx+\frac{m(m-1)}{1\cdot 2}x^2+\cdots+\frac{m(m-1)\cdots(m-n+1)}{1\cdot 2\cdot\cdots\cdot n}x^n+o(x^n).$$

特别情形, 例如在 $n=2$ 及 $m=-1,\dfrac{1}{2},-\dfrac{1}{2}$ 时, 就有

$$\frac{1}{1+x}=1-x+x^2+o(x^2),$$
$$\sqrt{1+x}=1+\frac{1}{2}x-\frac{1}{8}x^2+o(x^2),$$
$$\frac{1}{\sqrt{1+x}}=1-\frac{1}{2}x+\frac{3}{8}x^2+o(x^2).$$

在这些展开式中, 第一式很容易由初等方法得出; 此处的余项实即 $\dfrac{x^3}{1+x}$. 至于第二式及第三式就需要更长的计算 [比较 **63**].

5) 若转而讨论对数函数 $\ln x$, 它在 $x\to+0$ 时趋向于 $-\infty$, 所以仿照前例, 我们只能考察函数 $f(x)=\ln(1+x)$, 并且依 x 的幂展开它.

那时 [**116**, 3)]

$$f^{(k)}(x)=\frac{(-1)^{k-1}(k-1)!}{(1+x)^k};①$$
$$f(0)=0,\quad f^{(k)}(0)=(-1)^{k-1}(k-1)!.$$

由此

$$\ln(1+x)=x-\frac{x^2}{2}+\frac{x^3}{3}-\cdots+(-1)^{n-1}\frac{x^n}{n}+o(x^n).$$

6) 今设 $f(x)=\operatorname{arctg}x$. 我们在 **118**, 4) 内已得到它的导数在 $x=0$ 时的数值:

$$f^{(2m)}(0)=0,\quad f^{(2m-1)}(0)=(-1)^{m-1}(2m-2)!,$$

于是它的展开式可表示为

$$\operatorname{arctg}x=x-\frac{x^3}{3}+\frac{x^5}{5}-\cdots+(-1)^{m-1}\frac{x^{2m-1}}{2m-1}+o(x^{2m}).$$

7) 对于函数 $f(x)=\operatorname{tg}x$, 泰勒公式的系数构成的规律是较繁复的. 但要写出它的为首几项并不困难. 例如, 因为

$$f'(x)=\frac{1}{\cos^2 x},\quad f''(x)=\frac{2\sin x}{\cos^3 x},\quad f'''(x)=2\frac{1+2\sin^2 x}{\cos^4 x},$$
$$f^{\mathrm{IV}}(x)=8\sin x\frac{2+\sin^2 x}{\cos^5 x},$$

故

$$f(0)=0,\quad f'(0)=1,\quad f''(0)=0,\quad f'''(0)=2,\quad f^{\mathrm{IV}}(0)=0,$$

于是

$$\operatorname{tg}x=x+\frac{x^3}{3}+o(x^4).$$

---

①记号 0! 我们永远理解为 1.

利用已知的展开式, 就已经可以不用求导数而直接写出较繁复的函数的展开式. 例如, 前一公式就可以从 $\sin x$ 及 $\cos x$ 的展开式而求得. 举几个新的例子, 在这时一切 x 的幂直到指定的幂包括在内为止, 我们都要精确地计算出来, 而更高的幂 (没有写出来的) 自然是包括在余项内.

8) 写出函数 $e^{\sin x}$ 的展开式至 x^3. 根据 1),

$$e^{\sin x}=1+\sin x+\frac{1}{2}\sin^2 x+\frac{1}{6}\sin^3 x+o(x^3);\ ①$$

但依 2)

$$\sin x=x-\frac{1}{6}x^3+o(x^4),$$

于是

$$e^{\sin x}=1+\left(x-\frac{1}{6}x^3\right)+\frac{1}{2}x^2+\frac{1}{6}x^3+o(x^3).$$

含 x^3 的项互相消去, 故最后得

$$e^{\sin x}=1+x+\frac{1}{2}x^2+o(x^3).$$

类似地

$$e^{\operatorname{tg} x}=1+x+\frac{1}{2}x^2+\frac{1}{2}x^3+o(x^3).$$

9) 写出函数 $\ln\cos x$ 的展开式至 x^6 的项. 根据 5),

$$\ln\cos x=\ln[1+(\cos x-1)]=(\cos x-1)-\frac{1}{2}(\cos x-1)^2+\frac{1}{3}(\cos x-1)^3+o(x^6)\ ②.$$

在这时, 由于 3),

$$\cos x-1=-\frac{1}{2}x^2+\frac{1}{24}x^4-\frac{1}{720}x^6+o(x^7);$$

由此

$$\ln\cos x=\left(-\frac{1}{2}x^2+\frac{1}{24}x^4-\frac{1}{720}x^6\right)-\frac{1}{2}\left(\frac{1}{4}x^4-\frac{1}{24}x^6\right)+\frac{1}{3}\left(-\frac{1}{8}x^6\right)+o(x^6),$$

或在化简后,

$$\ln\cos x=-\frac{1}{2}x^2-\frac{1}{12}x^4-\frac{1}{45}x^6+o(x^6).$$

类似地

$$\ln(x+\sqrt{1+x^2})=x-\frac{1}{6}x^3+\frac{3}{40}x^5+o(x^5)$$

而

$$\ln\frac{\sin x}{x}=-\frac{1}{6}x^2-\frac{1}{180}x^4-\frac{1}{2835}x^6+o(x^6).$$

一切这些不直接利用泰勒公式而得出的展开式, 当然也可以由泰勒公式求得, 并且由于函数的这种展开式的唯一性, 也就恰好有着同样的系数.

附注 因为在这里所考察的函数在点 $x=0$ 的邻域内都有着任何阶的导数, 所以我们在公式 (11) 内对于 n 的选取不受拘束, 就是可以继续展开这些函数直至 x 的任意次幂.

---

①原来应该写成 $o(\sin^3 x)$, 但由于 x 与 $\sin x$ 是等价无穷小, 所以写成 $o(x^3)$ 是完全一样的.

②因为 $1-\cos x$ 与 x^2 同阶 [**61**], 故 $o((\cos x-1)^3)$ 同时就是 $o(x^6)$.

126. 余项的其他形式 带有佩亚诺式余项的泰勒公式有各种各样的应用 (参阅下一章); 但它们总是属于所谓 "局部" 性质的, 即关于该点 x_0 的性质的. 若另外也讲及其他数值 x, 则这些数值就必假定是 "十分接近" 于 x_0, 而不能预先任意选取的.

与此同时, 自然地企图利用多项式 $p(x)$ 作为函数 $f(x)$ 的近似式, 用了它就可以计算 $f(x)$ 的数值至所需的准确度.

要多项式 $p(x)$ 能胜任这一任务, 就必须有可能对已给的 x 值去估计 (7) 式中的差. 在这情形, 佩亚诺形式的余项仅表明当 $x \to 0$ 时 $r(x)$ 也趋于 0 的性质, 不能有什么用处. 我们不能由此确定, 对于怎样的 x 的数值多项式 $p(x)$ 可以表达函数 $f(x)$ 至预先指定的准确度; 它也没有说到对于已给的 x, 由于 n 的增大, 余项 $r(x) = r_n(x)$ 的数值受到什么样的影响①, 等等.

因此我们转而推导余项 $r_n(x)$ 的其他形式. 为着明确起见, 我们将考察在点 x_0 右方的区间 $[x_0, x_0 + H]$ $(H > 0)$, 并且设想函数 $f(x)$ 是在这区间内定义着的; 至于函数被给定在区间 $[x_0 - H, x_0]$ 内时的情形, 就可类似地加以说明了.

在这一次要作更多的假定, 就是假设在全区间 $[x_0, x_0 + H]$ 内前 n 个导数:

$$f'(x), f''(x), f'''(x), \cdots, f^{(n)}(x)$$

都存在着而且都是连续的, 此外, 至少在开区间 $(x_0, x_0 + H)$ 内 $(n + 1)$ 阶导数 $f^{(n+1)}(x)$ 存在着而且是有限的.

注意, 由于 (6) 及 (7),

$$\begin{aligned} r_n(x) = f(x) - f(x_0) - \frac{f'(x_0)}{1!}(x - x_0) \\ - \frac{f''(x_0)}{2!}(x - x_0)^2 - \cdots - \frac{f^{(n)}(x_0)}{n!}(x - x_0)^n. \end{aligned} \tag{12}$$

今将 x 固定于区间 $[x_0, x_0 + H]$ 内的任一数值, 并且依照公式 (12) 右端的式样, 把常数 x_0 换成变量 z, 做一个新的辅助函数:

$$\begin{aligned} \varphi(z) = f(x) - f(z) - \frac{f'(z)}{1!}(x - z) \\ - \frac{f''(z)}{2!}(x - z)^2 - \cdots - \frac{f^{(n)}(z)}{n!}(x - z)^n, \end{aligned}$$

其中自变量 z 算作是在区间 $[x_0, x]$ 内变动的. 在这区间内, 函数 $\varphi(z)$ 是连续的, 并且在它的端点处取得数值 [参阅 (12)]:

$$\varphi(x_0) = r_n(x), \quad \varphi(x) = 0.$$

①必须记住, 一般地说来, 余项 $r(x)$ 依赖于 n; 为了着重指出这一点, 我们以后将用 $r_n(x)$ 来表示它.

此外, 在区间 (x_0, x) 内存在着导数

$$\begin{aligned}\varphi'(z) = & -f'(z) - \left[\frac{f''(z)}{1!}(x-z) - f'(z)\right] \\ & - \left[\frac{f'''(z)}{2!}(x-z)^2 - \frac{f''(z)}{1!}(x-z)\right] \\ & - \left[\frac{f^{\mathrm{IV}}(z)}{3!}(x-z)^3 - \frac{f'''(z)}{2!}(x-z)^2\right] - \cdots \\ & - \left[\frac{f^{(n+1)}(z)}{n!}(x-z)^n - \frac{f^{(n)}(z)}{(n-1)!}(x-z)^{n-1}\right],\end{aligned}$$

或在化简以后,

$$\varphi'(z) = -\frac{f^{(n+1)}(z)}{n!}(x-z)^n.$$

今取任意函数 $\psi(z)$, 它在区间 $[x_0, x]$ 内是连续的, 并且至少在开区间 (x_0, x) 内有不等于零的导数 $\psi'(z)$.

对函数 $\varphi(z)$ 及 $\psi(z)$ 应用柯西公式 [**114**]:

$$\frac{\varphi(x) - \varphi(x_0)}{\psi(x) - \psi(x_0)} = \frac{\varphi'(c)}{\psi'(c)},$$

此处

$$x_0 < c < x \text{ 或 } c = x_0 + \theta(x - x_0) \quad (0 < \theta < 1).$$

因为

$$\varphi(x) = 0, \quad \varphi(x_0) = r_n(x), \quad \varphi'(c) = -\frac{f^{(n+1)}(c)}{n!}(x-c)^n,$$

故

$$r_n(x) = \frac{\psi(x) - \psi(x_0)}{\psi'(c)} \cdot \frac{f^{(n+1)}(c)}{n!}(x-c)^n.$$

今若把函数 $\psi(z)$ 换成满足所设条件的任意函数, 我们就可得出余项 $r_n(x)$ 的各种不同的形式. 设 $\psi(z) = (x-z)^p$, 此处 $p > 0$. 就有:

$$\psi'(z) = -p(x-z)^{p-1} \quad (x_0 < z < x).$$

显然, 这函数满足所设条件. 因此

$$\begin{aligned}r_n(x) &= \frac{-(x-x_0)^p}{-p(x-c)^{p-1}} \cdot \frac{f^{(n+1)}(c)}{n!}(x-c)^n \\ &= \frac{f^{(n+1)}(c)}{n!p}(x-c)^{n+1-p}(x-x_0)^p.\end{aligned}$$

因为 $c = x_0 + \theta(x - x_0)$, 所以 $x - c = x - x_0 - \theta(x - x_0) = (1-\theta)(x - x_0)$, 因而最后

$$r_n(x) = \frac{f^{(n+1)}(x_0 + \theta(x - x_0))}{n!p} \cdot (1-\theta)^{n+1-p}(x-x_0)^{n+1} \quad (0 < \theta < 1).$$

这表达式称为余项的**施勒米希–洛希** (O. Schlömilch–Roche) **式**.

由上式给 p 以具体的数值, 就可以得出余项的更特殊的形式. 令 $p = n+1$, 就得特别简单的拉格朗日余项:

$$r_n(x) = \frac{f^{(n+1)}(c)}{(n+1)!}(x-x_0)^{n+1} \quad (x_0 \leqslant c \leqslant x),$$

它使人想起泰勒公式的紧接着 n 阶导数下面的一项, 只是其中的 $(n+1)$ 阶导数不取在 x_0 处的数值, 而是取在某一中值 c (在 x_0 与 x 之间) 处的数值.

这样, 具拉格朗日余项式的泰勒公式就有如下的形式:

$$\left.\begin{aligned} f(x) = f(x_0) + \frac{f'(x_0)}{1!}(x-x_0) + \frac{f''(x_0)}{2!}(x-x_0)^2 + \cdots \\ + \frac{f^{(n)}(x_0)}{n!}(x-x_0)^n + \frac{f^{(n+1)}(c)}{(n+1)!}(x-x_0)^{n+1} \\ (x_0 \leqslant c \leqslant x). \end{aligned}\right\} \tag{13}$$

若在式内把 $f(x_0)$ 移至左端, 就很易看出, 它是有限增量公式 [**112**]

$$f(x) - f(x_0) = f'(c) \cdot (x - x_0)$$

的直接推广.

虽然由于简单方便大家最乐意应用拉格朗日余项式, 但在个别情形, 这形式对于估计余项是不适用的, 因而不得不改用其他略繁的形式. 我们将在这里讲及其中之一, 即**柯西余项式**, 它是在施勒米希–洛希的普遍式内令 $p = 1$ 而得到的:

$$r_n(x) = \frac{f^{(n+1)}(x_0 + \theta(x-x_0))}{n!}(1-\theta)^n (x-x_0)^{n+1}.$$

127. 近似公式 为简单起见, 在公式 (13) 内令 $x_0 = 0$, 而 c 就改写成 θx, 此处 $0 < \theta < 1$:

$$f(x) = f(0) + \frac{f'(0)}{1!}x + \frac{f''(0)}{2!}x^2 + \cdots + \frac{f^{(n)}(0)}{n!}x^n + \frac{f^{(n+1)}(\theta x)}{(n+1)!}x^{n+1}. \tag{14}$$

若弃去这里的余项, 则得近似公式:

$$f(x) \doteq f(0) + \frac{f'(0)}{1!}x + \frac{f''(0)}{2!}x^2 + \cdots + \frac{f^{(n)}(0)}{n!}x^n,$$

它用多项式来代替原来性质繁复的函数. 但在这一次我们已有可能估计这公式的误差, 因为它 (依绝对值) 刚好等于所弃去的那一项. 例如, 若 $(n+1)$ 阶导数 (至少当变元在 0 与 x 之间变动时) 的绝对值是以 M 为界限的, 则

$$|r_n(x)| \leqslant \frac{Mx^{n+1}}{(n+1)!}.$$

转而讨论初等函数作为例子. 我们不再重复 **125** 的计算, 只是把余项写成新的形式.

1) 令 $f(x)=e^x$. 近似公式为:

$$e^x \doteq 1+\frac{x}{1!}+\frac{x^2}{2!}+\cdots+\frac{x^n}{n!};$$

因为在这里的余项是

$$r_n(x)=\frac{e^{\theta x}}{(n+1)!}x^{n+1},$$

所以, 例如在 $x>0$ 时, 可估计误差如下:

$$|r_n(x)|<e^x\cdot\frac{x^{n+1}}{(n+1)!}.$$

特别情形, 若 $x=1$, 则

$$e\doteq 1+\frac{1}{1!}+\frac{1}{2!}+\cdots+\frac{1}{n!},\quad |r_n(1)|<\frac{3}{(n+1)!}.$$

我们在 **37** 内计算数 e 的近似值时已经应用过与此类似的公式, 但余项的估计系由另一方法得出, 那里的结果比较精确些.

2) 取 $f(x)=\sin x$, 则得

$$\sin x\doteq x-\frac{x^3}{3!}+\frac{x^5}{5!}-\cdots+(-1)^{m-1}\frac{x^{2m-1}}{(2m-1)!}.$$

在这情形余项为:

$$r_{2m}(x)=\frac{\sin\left(\theta x+(2m+1)\frac{\pi}{2}\right)}{(2m+1)!}x^{2m+1}=(-1)^m\cos\theta x\cdot\frac{x^{2m+1}}{(2m+1)!},$$

并且误差很容易估计为:

$$|r_{2m}(x)|\leqslant\frac{|x|^{2m+1}}{(2m+1)!}.$$

特别情形, 若我们只取一项而令

$$\sin x\doteq x,$$

则为着要使误差小于 0.001, 就只要取 (算作 $x>0$)

$$\frac{x^3}{6}<0.001$$

或

$$x<0.1817,$$

这大约等于 10°. 在应用二项的近似公式

$$\sin x \doteq x - \frac{x^3}{6}$$

时, 要达到同一的准确度, 就只要取

$$\frac{x^5}{120} < 0.001,$$

或

$$x < 0.6544 \quad (\doteq 37.5°);$$

若限制角 $x < 0.4129$ ($\doteq 23.5°$), 则误差甚至可 < 0.0001, 余类推.

我们看到, 泰勒多项式的项数愈多时, 它就以愈大的准确度及在更长的距离内表达原来的函数. 图 52, a明显地表明这事实, 在图中与函数 $y = \sin x$ 的图像并列的是各多项式的图像, 这些多项式是:

$$y = x, \quad y = x - \frac{x^3}{6}, \quad y = x - \frac{x^3}{6} + \frac{x^5}{120}, \quad 等等.$$

3) 类似地, 对于 $f(x) = \cos x$ 就有

$$\cos x \doteq 1 - \frac{x^2}{2!} + \frac{x^4}{4!} - \cdots + (-1)^m \frac{x^{2m}}{(2m)!},$$

并且

$$r_{2m+1}(x) = (-1)^{m+1} \cos \theta x \cdot \frac{x^{2m+2}}{(2m+2)!},$$

因此

$$|r_{2m+1}(x)| \leqslant \frac{|x|^{2m+2}}{(2m+2)!}.$$

例如, 对于公式

$$\cos x \doteq 1 - \frac{x^2}{2}$$

误差

$$|r_3(x)| \leqslant \frac{x^4}{24},$$

就说是, 在 $x < 0.2213$ ($\doteq 13°$) 时误差 < 0.0001, 余类推. 在图 52, б 中有着函数 $y = \cos x$ 的图像及下面诸多项式

$$y = 1, \quad y = 1 - \frac{x^2}{2}, \quad y = 1 - \frac{x^2}{2} + \frac{x^4}{24}, \quad 等等$$

的图像以便比较.

请读者注意, 这与 **62**, **63**, **107** 诸目的公式比较起来已有很重大的进步: 现在我们已能确定误差的界限, 并且能够得到具任何准确度的展开式.

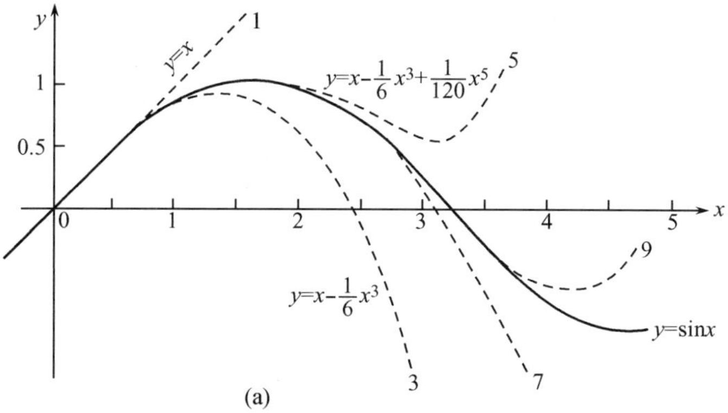

(a)

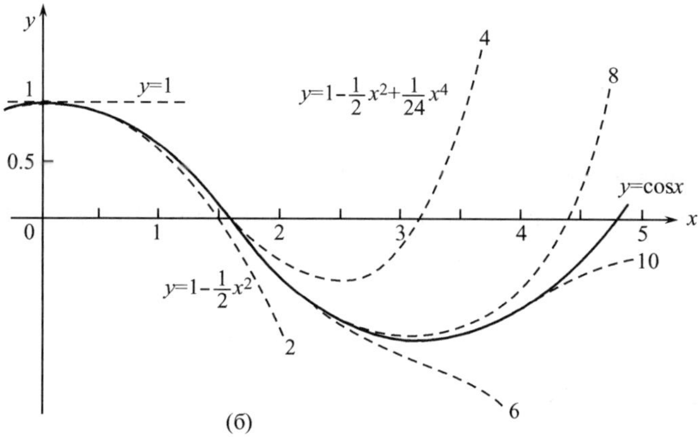

(б)

图 52

还将指出, 泰勒公式是构成完全另一种类型的近似公式的来源.

4) 作为例题, 讨论与半径相较是很微小的圆弧被近似地引直时的**惠更斯** (Ch. Huygens) **公式**.

设 s 是弧长, d 是对应于它的弦, 而 δ 是对应于半弧的弦 (图 53) . 问题是要尽可能准确地用近似公式

$$s \doteq Ad + B\delta$$

来表示弧长 s, 此处 A, B 是待定系数.

若 r 是圆的半径, 而 $2x$ 是对应于弧 s 的圆心角, 则有

$$d = 2r \cdot \sin x = 2r\left(x - \frac{1}{6}x^3 + \frac{\theta'}{120}x^5\right) \quad (0 < \theta' < 1).$$

类似地, 把 x 换成 $\frac{x}{2}$, 就又有

$$\delta = 2r \cdot \sin\frac{x}{2} = 2r\left(\frac{1}{2}x - \frac{1}{48}x^3 + \frac{\theta''}{3840}x^5\right) \quad (0 < \theta'' < 1).$$

由此

$$Ad + B\delta = 2r\left[\left(A + \frac{1}{2}B\right)\cdot x - \left(\frac{1}{6}A + \frac{1}{48}B\right)\cdot x^3 + \left(\frac{\theta'}{120}A + \frac{\theta''}{3840}B\right)\cdot x^5\right],$$

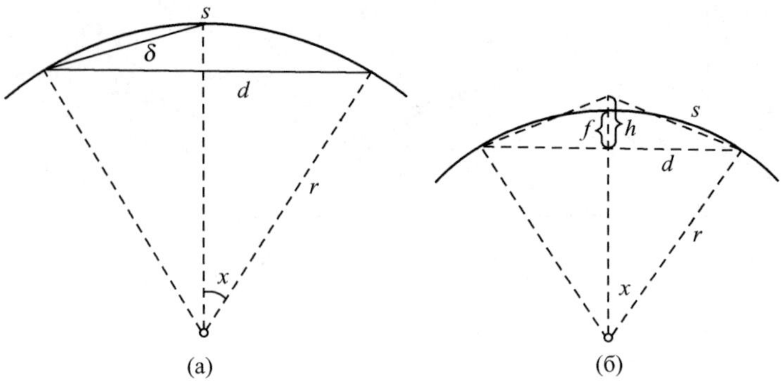

图 53

可是 $s=2rx$, 自然必须选取 A 及 B 使

$$A+\frac{1}{2}B=1,\quad \frac{1}{6}A+\frac{1}{48}B=0,$$

因为这样一来, 在所考察的公式中, 左端与右端的差将仅只有含有 x^5 的项了. 由上二式解得 A 及 B 的数值为 $A=-\frac{1}{3}, B=\frac{8}{3}$, 而公式成为

$$s=\frac{8\delta-d}{3}=2\delta+\frac{2\delta-d}{3}.$$

很易看出, 其误差 Δ 可估计为:

$$|\Delta|<r\cdot\frac{x^5}{180}.$$

例如, 在圆心角为 30°, 即 $x=\frac{\pi}{12}$ 时, 根据这一估计, 就有 $|\Delta|<r\cdot 0.000\,007$; 实际上 $s=r\cdot 0.523\,599\cdots$, 而依惠更斯公式得 $s=r\cdot 0.523\,593\cdots$, 所以误差并未超出规定的限度.

5) 为着同一目的, **切比雪夫** (Chebyshev) 曾给出下面的**法则**: 弧长近似地等于作在弦上而高为矢的 $\sqrt{\frac{4}{3}}$ 倍的等腰三角形两腰之和 (图 53, б).

暂设 $h=\gamma f$; 下面就要说明: 若设 $\gamma=\sqrt{\frac{4}{3}}$, 则确能得 (某种意义上的) 最佳近似.

以上我们知道

$$\frac{1}{2}d=r\cdot\sin x=r\left(x-\frac{1}{6}x^3+\frac{\theta_1}{120}x^5\right)\quad (0<\theta_1<1);$$

相仿地,

$$h=\gamma f=\gamma r(1-\cos x)=\gamma r\left(\frac{1}{2}x^2-\frac{\theta_2}{24}x^4\right)\quad (0<\theta_2<1).$$

用 s^* 记上述切比雪夫法则中等腰三角形的两腰之和, 即有

$$\begin{aligned}s^*&=2\sqrt{\left(\frac{1}{2}d\right)^2+h^2}=2rx\sqrt{\left(1-\frac{1}{6}x^2+\frac{\theta_1}{120}x^4\right)^2+\gamma^2\left(\frac{x}{2}-\frac{\theta_2}{24}x^3\right)^2}\\&=2rx\sqrt{1+\left(\frac{\gamma^2}{4}-\frac{1}{3}\right)x^2+ax^4+bx^6+cx^8}.\end{aligned}$$

现在, 为使根式中消去 x^2项, 设它的系数等于 0, 于是便得 $\gamma=\sqrt{\frac{4}{3}}$.

为估计误差, 把 s^* 式改写成

$$s^*=2rx\sqrt{1+Ax^4}, \tag{15}$$

而 A 的表达式中则含有 x 的二次项与四次项. 设 $x<\frac{\pi}{2}$, 则有 $x^2<2.5, x^4<6.5$, 而 A 的估计式为 $|A|<0.06$, 因而 $|A|x^4<0.4$.

为简便起见, 把 Ax^4 设为 y, 依有限增量公式 [**112**] 有

$$\sqrt{1+Ax^4}=\sqrt{1+y}=1+\frac{y}{2\sqrt{1+\theta y}} \quad (0<\theta<1).$$

最后的分式可估计如下:

$$\left|\frac{y}{2\sqrt{1+\theta y}}\right|<\frac{|y|}{2\sqrt{1-|y|}}=\frac{|A|x^4}{2\sqrt{1-|A|x^4}}<\frac{0.06x^4}{2\sqrt{0.6}}<\frac{1}{2}0.1x^4.$$

把表达 s^* 的 (15) 式与刚才所得结果比较一下, 则见

$$s^*=s+\rho, \quad 其中\ |\rho|<0.1rx^5.$$

误差的阶跟惠更斯公式的一样.

在第二卷十一章讲无穷级数的时候, 我们还要再讨论带余项的泰勒公式; 在那里这公式将有很大的作用.

§6. 插值法

128. 插值法的最简单问题 · 拉格朗日公式 设有定义在区间 $[a,b]$ 上的某函数 $f(x)$, 已算出它在区间内点 $x_0, x_1, \cdots, x_m$ 处的 $m+1$ 个值.

$$f(x_0), f(x_1), \cdots, f(x_m), \tag{1}$$

而要从这些值来算出 x 为任一新值处的函数值 $f(x)$.

这就是**插值法的最简单问题**. 这样来提问题, 有许多地方是不确定的. 平常, 我们这样来理解这一问题: 求一次数最小的多项式 $L(x)$, 使它在所给点 x_i $(i=0,1,\cdots,m)$ (所谓**插值法的结点**) 与 $f(x)$ 取相同的数值 $f(x_i)$ 而在 $[a,b]$ 的任何 x, 近似地设

$$f(x)=L(x). \tag{2}$$

这一类的近似等式叫做**插值公式**. 因此, 第一步是要找出近似公式, 然后在对函数 $f(x)$ 的一定假设下估计近似公式 (2) 的误差.

为求满足条件

$$L(x_i)=f(x_i) \quad (i=0,1,\cdots,m) \tag{3}$$

的多项式 $L(x)$, 可引用 m 次多项式

$$l_k(x)=\frac{(x-x_0)\cdots(x-x_{k-1})(x-x_{k+1})\cdots(x-x_m)}{(x_k-x_0)\cdots(x_k-x_{k-1})(x_k-x_{k+1})\cdots(x_k-x_m)}\quad(k=0,1,\cdots,m).$$

相应于下标为 k 的每一这种多项式, 在 $x=x_k$ 时取值 1, 而在 $x=x_i$ $(i\neq k)$ 时取值 0. 这样, 显然可知多项式

$$L(x)=\sum_{k=0}^{m}f(x_k)l_k(x)\tag{4}$$

满足 (3) 中的一切条件. 这多项式的次数不高于 m, 因此它可为条件 (3) 所唯一确定; 它叫做**拉格朗日插值多项式**, 而近似等式 (2) 叫做**拉格朗日插值公式**.

注意, 若引用如在插值结点 $x_0,x_1\cdots,x_m$ 处等于 0 的下面表达式

$$\omega(x)=(x-x_0)(x-x_1)\cdots(x-x_m),$$

则多项式 $l_k(x)$ 可以写得更加紧凑些. 即, 我们显然有

$$(x-x_0)\cdots(x-x_{k-1})(x-x_{k+1})\cdots(x-x_m)=\frac{\omega(x)}{x-x_k}\quad(x\neq x_k),$$

而

$$\begin{aligned}&(x_k-x_0)\cdots(x_k-x_{k-1})(x_k-x_{k+1})\cdots(x_k-x_m)\\&=\lim_{x\to x_k}\frac{\omega(x)}{x-x_k}=\lim_{x\to x_k}\frac{\omega(x)-\omega(x_k)}{x-x_k}=\omega'(x_k).\end{aligned}$$

于是

$$l_k(x)=\frac{\omega(x)}{\omega'(x_k)(x-x_k)},\quad L(x)=\sum_{k=0}^{m}\frac{\omega(x)}{\omega'(x_k)(x-x_k)}\cdot f(x_k).$$

129. 拉格朗日公式的余项 现在来估计差式 $f(x)-L(x)$, 其中 x 是区间 $[a,b]$ 上任何固定的值, 但异于插值结点. 设 $f(z)$ 在这区间上具有到 $(m+1)$ 阶的导数.

不管 K 是什么样的常数, 函数

$$\varphi(z)=f(z)-L(z)-K\cdot\omega(z)$$

也有 $m+1$ 阶导数而且也在结点 x_i $(i=0,1,\cdots,m)$ 等于 0. 现在我们这样选择常数 K, 使 $z=x$ 时还有 $\varphi(x)=0$, 即设

$$K=\frac{f(x)-L(x)}{\omega(x)}\tag{5}$$

(因 $x\neq x_i$, 故 $\omega(x)\neq 0$). 依罗尔定理 [**111**], 在函数 $\varphi(z)$ 的 $m+2$ 个根 $x,x_0,x_1,\cdots,x_m$ 之间的 $m+1$ 个区间上, 可有其导数 $\varphi'(z)$ 的 $m+1$ 个不同的根. 对函数 $\varphi'(z)$ 及

其 $m+1$ 个根之间的 m 个区间上再应用罗尔定理, 便可知二阶导数 $\varphi''(z)$ 有 m 个不同的根, 等等. 这样推下去, 到第 $m+1$ 步, 便推得第 $m+1$ 阶导数 $\varphi^{(m+1)}(z)$ 有根 ξ, 因而

$$\varphi^{(m+1)}(\xi)=0 \quad (a<\xi<b), \tag{6}$$

但 $L^{(m+1)}(z)\equiv 0$, 因为多项式 $L(z)$ 是不高于 m 次的, 而 $\omega^{(m+1)}(z)\equiv(m+1)!$ 依辅助函数 $\varphi(z)$ 的定义, 有

$$\varphi^{(m+1)}(z)=f^{(m+1)}(z)-K\cdot(m+1)!,$$

故自 (6) 可得

$$K=\frac{f^{(m+1)}(\xi)}{(m+1)!}.$$

最后, 自 (5) 求得

$$f(x)=L(x)+\frac{f^{(m+1)}(\xi)}{(m+1)!}\omega(x) \quad (a<\xi<b). \tag{7}$$

这便是**带余项的拉格朗日插值公式**. 它与 (2) 不同, 是准确等式!

附注 若在区间 $[a,b]$ 上

$$\max|f^{(m+1)}(z)|=M_{m+1}<\infty,$$

则由于在这区间上 $|\omega(z)|\leqslant(b-a)^{m+1}$, 便得公式 (2) 的误差的下列估计式

$$|f(x)-L(x)|\leqslant\frac{M_{m+1}}{(m+1)!}(b-a)^{m+1}.$$

右边只对很窄的一类函数 $f(x)$ 才在 $m\to\infty$ 时趋于 0; 例如, 对于在 $[a,b]$ 上可微分任意次的, 且所有导数都以同一个常数 M 为上界的那种函数, 便有这种情形. 这时, 随着插值结点个数的增多, 而不管这些结点是依什么规律取的, 公式 (2) 的误差将一致趋近于零. 据马尔钦凯维奇 (J. Marcinkiewicz) 证明, 对任取的连续函数, 可适当选择一序列结点组, 达到上述目标. 但根据法贝尔 (G. Faber) 定理, 并没有这样一种选取结点的规律, 使其能在上述意义下同时适用于所有的连续函数. 关于这一类问题以及有关问题的详情, 我们这里不可能细讲了.

130. 有重结点的插值法 · 埃尔米特公式 我们可以提出更**一般的插值法问题**, 即在结点 $x_0,x_1,\cdots,x_m$ 处不仅给定函数 $f(x)$ 本身的值, 而且还给定其各阶导数的值:

$$\left.\begin{array}{l}f(x_0),f'(x_0),\cdots,f^{(n_0)}(x_0),\\ f(x_1),f'(x_1),\cdots,f^{(n_1)}(x_1),\\ \cdots\cdots\cdots\cdots\cdots\cdots\cdots\cdots\\ f(x_m),f'(x_m),\cdots,f^{(n_m)}(x_m),\end{array}\right\} \tag{8}$$

其中 $n_0, n_1, \cdots, n_m$ 是非负的整数. 这些条件的总数是

$$(n_0+1)+(n_1+1)+\cdots+(n_m+1)=N.$$

利用 (8) 中所有条件, 来计算函数 $f(x)$ 在 $[a,b]$ 中异于任何结点的 x 处的值, 这一问题, 也像以前一样, 应这样来理解: 求次数最低的多项式 $H(x)$, 它以及它的直到 n_i 阶的导数, 在每一结点 x_i 处, 与函数 $f(x)$ 本身及其相应各阶导数, 取同样的一些数值, 然后近似地设

$$f(x)=H(x) \tag{9}$$

基点 x_i 分别叫做 n_i+1 **重的插值结点**.

可以证明, 不高于 $N-1$ 次的, 且满足一切所设条件的多项式 $H(x)$ 是存在的而且是唯一的. 这叫**埃尔米特插值多项式**, 而公式 (9) 叫做**埃尔米特** (Ch. Hermite) **插值公式**

若设所有的 n_i 等于零, 我们就又回到拉格朗日公式 (2), 但埃尔米特公式还有别的特殊情形: 只取一个结点 x_0, 然而是 $n+1$ 重的; 就是说, 要求不高于 n 次的多项式 $T(x)$, 使它以及它的 n 个导数在点 x_0 的值, 各与函数 $f(x)$ 及其各阶导数的值相同. 我们知道, 满足这些条件的是泰勒多项式 [**124** (6)].

$$T(x)=f(x_0)+\frac{f'(x)}{1!}(x-x_0)+\cdots+\frac{f^{(n)}(x)}{n!}(x-x_0)^n,$$

所以近似公式

$$f(x)=T(x)$$

[比较 **127**] 也是埃尔米特插值公式的特例.

使公式 (9) 成为准确等式的余项, 也可用相似于上段中的步骤推导出来. 试考察 N 次多项式

$$\Omega(z)=(z-x_0)^{n_0+1}(z-x_1)^{n_1+1}\cdots(z-x_m)^{n_m+1},$$

并在 $a \leqslant z \leqslant b$ 上设

$$\Phi(z)=f(z)-H(z)-K\cdot\Omega(z), \quad 而\ K=常数.$$

若设函数 $f(x)$ 在 $[a,b]$ 上有相继的 n 阶导数, 则 $\Phi(z)$ 也是这样的. 固定异于结点的值 $z=x$, 而取常数 K 为:

$$K=\frac{f(x)-H(x)}{\Omega(x)} \quad (\Omega(x)\neq 0!); \tag{10}$$

这样选取 K 之后, 函数 $\Phi(z)$ 在 $z=x$ 也等于 0. 如果每个几重根[①] 算几个, 那么 $\Phi(z)$ 总共就有 $N+1$ 个根. 像以前一样依次应用罗尔定理 (只不过函数 $\Phi(z)$ 的每一

①读者熟知的关于多项式的重根这一概念, 现在推广到任意函数 $\Phi(z)$ 上来: 若 α 使 $\Phi(z)$ 及其 $p-1$ 个导数等于零, 则说 α 是 $\Phi(z)$ 的 p 重根.

重根在做了几步之后就要固定下来而作为其相继各阶导数的根), 最后便可断定导数 $\Phi^{(N)}(z)$ 在某点 ξ 等于零. 由此得

$$K = \frac{f^{(N)}(\xi)}{N!},$$

依 (10)

$$f(x) = H(x) + \frac{f^{(N)}(\xi)}{N!}\Omega(x). \tag{11}$$

这就是**带余项的埃尔米特公式**.

带余项的拉格朗日公式 [(7)] 是上式的特殊情形. 同样, 若只取一个 $n+1$ 重的结点 x_0, 便得到公式 (11) 的一个特例, 即带拉格朗日式余项的泰勒公式 [**126** (13)].

第四章　利用导数研究函数

§1. 函数的动态的研究

131. 函数为常数的条件　在研究函数的动态时, 首先出现的问题是, 在哪些条件之下函数在所给区间内保持为常数或单调地变动着 [**57**].

定理 1　设函数 $f(x)$ 在区间 $\mathcal{X}$ 内[①]有定义而且连续, 并且在其内部有有限导数 $f'(x)$. 要使 $f(x)$ 在 $\mathcal{X}$ 内是常数, 必要而且充分的条件是:

$$\text{对于 } \mathcal{X} \text{ 内部的 } x, \quad f'(x) = 0.$$

条件的**必要性**是很明显的: 由 $f(x) =$ 常数, 推得 $f'(x) = 0$.

今将证明其逆.

充分性　假定在 $\mathcal{X}$ 内部 $f'(x) = 0$. 固定 $\mathcal{X}$ 内部的某点 x_0 并取另一任意的点 x, 而考察区间 $[x_0, x]$ 或 $[x, x_0]$; 在这里面, 拉格朗日定理的一切条件 [**112**] 对于 $f(x)$ 是满足的, 因此可以写成:

$$f(x) - f(x_0) = f'(c) \cdot (x - x_0),$$

其中 c 在 x_0 与 x 之间, 故必在 $\mathcal{X}$ 的内部. 但依假定, $f'(c) = 0$; 于是对于 $\mathcal{X}$ 内的一切 x 都有:

$$f(x) = f(x_0) = \text{常数},$$

我们的命题便已证明.

由此推得的简单推论, 将在积分学内有着极重要的应用.

[①] $\mathcal{X}$ 可以是闭区间或开区间, 有限的或无穷的.

推论 若二函数 $f(x)$ 与 $g(x)$ 在区间 $\mathcal{X}$ 内有定义而且连续, 又在其内部有有限导数 $f'(x)$ 与 $g'(x)$, 并且

$$f'(x) = g'(x) \quad (\text{在 } \mathcal{X} \text{ 内}),$$

则在全区间 $\mathcal{X}$ 内, 这二函数仅相差一个常数:

$$f(x) = g(x) + C \quad (C = \text{常数}).$$

要证明它, 只要把定理应用于差 $f(x)-g(x)$ 就已够了: 因为它的导数 $f'(x)-g'(x)$ 在 $\mathcal{X}$ 的内部处处为 0, 所以这差本身就是常数.

举例来说明这定理的特殊应用.

1) 考察二函数

$$\operatorname{arctg} x \quad \text{及} \quad \arcsin\frac{x}{\sqrt{1+x^2}} \quad (-\infty < x < +\infty).$$

因为第二函数的导数

$$D\ \arcsin\frac{x}{\sqrt{1+x^2}} = \frac{1}{\sqrt{1-\dfrac{x^2}{1+x^2}}} \cdot \frac{\sqrt{1+x^2}-\dfrac{x^2}{\sqrt{1+x^2}}}{1+x^2} = \frac{1}{1+x^2}$$

与第一函数的导数相等, 所以这两个函数, 在由 $-\infty$ 至 $+\infty$ 的全区间内, 相差一个常数:

$$\operatorname{arctg} x = \arcsin\frac{x}{\sqrt{1+x^2}} + C.$$

要确定这常数的数值, 可以令 $x = 0$; 因为在这时反正切及反正弦两者都等于 0, 故 C 亦应该是零. 如此, 我们就证明了恒等式

$$\operatorname{arctg} x = \arcsin\frac{x}{\sqrt{1+x^2}} \quad (-\infty < x < +\infty),$$

虽然, 在 [**50**] 内它已经由初等的方法导出过了.

2) 建议读者仿此证明

$$\arcsin x = \operatorname{arctg}\frac{x}{\sqrt{1-x^2}} \quad (-1 < x < 1).$$

3) 今考察函数

$$\operatorname{arctg} x \quad \text{及} \quad \frac{1}{2}\operatorname{arctg}\frac{2x}{1-x^2}.$$

很易验证, 它们的导数在除去 $x = \pm 1$ (在此处第二个函数失去意义) 以外的一切点 x 处都是相等的. 因此, 恒等式

$$\frac{1}{2}\operatorname{arctg}\frac{2x}{1-x^2} = \operatorname{arctg} x + C$$

仅个别地在区间

$$(-1, +1), (-\infty, -1), (+1, +\infty)$$

中之每一个内成立. 很奇怪的, 在各区间内的常数 C 也是互不相同的. 在第一个区间内 $C = 0$ (令 $x = 0$ 即能证实), 而在其他两个区间内, 各有 $C = \frac{\pi}{2}$ 或 $C = -\frac{\pi}{2}$ (若使 x 趋向于 $-\infty$ 或 $+\infty$, 就很容易看出).

所有这些关系, 也都能用初等方法来证明.

附注 在作理论的研究时, 以及一般地当所给函数不能从它的定义直接看出是常数时, 定理 1 的价值就显现出来了. 类似于此的情形, 在以后还会常常碰到.

132. 函数为单调的条件 今将阐明怎样能由函数的导数去判断这函数本身在所给区间内是增大 (减小) 着. 首先讨论函数是广义的单调增大, 即不减小 (或广义的单调减小, 即不增大) 的情形 [**57**].

定理 2 设函数 $f(x)$ 在区间 $\mathcal{X}$ 内有定义且连续, 并且在其内部有有限导数 $f'(x)$. 要使 $f(x)$ 在 $\mathcal{X}$ 内是广义的单调增大 (减小), 充分必要条件是:

$$\text{对于 } \mathcal{X} \text{ 内部的 } x, \quad f'(x) \geqslant 0 \ (\leqslant 0)\text{①}.$$

必要性 若 $f(x)$ 单调增大, 即使是广义的也可以, 则在 $\mathcal{X}$ 的内部取 x, 并给以增量 $\Delta x > 0$, 将有:

$$f(x + \Delta x) \geqslant f(x), \quad \frac{f(x + \Delta x) - f(x)}{\Delta x} \geqslant 0,$$

而在 $\Delta x \to 0$ 时取其极限, 就得 $f'(x) \geqslant 0$.

充分性 反之, 今设已知在 $\mathcal{X}$ 的内部 $f'(x) \geqslant 0$. 从区间 $\mathcal{X}$ 内取二值 x' 及 x'' $(x' < x'')$, 并应用拉格朗日公式于区间 $[x', x'']$ 内的函数 $f(x)$:

$$f(x'') - f(x') = f'(c)(x'' - x') \quad (x' < c < x'').$$

因为 $f'(c) \geqslant 0$, 故

$$f(x'') \geqslant f(x'),$$

从而函数 $f(x)$ 至少是广义的增大.

迄今为止并未除去函数 $f(x)$ 在某些区间内保持为常数而它的导数在这些区间内恒等于 0 的可能性. 若我们除去这可能性, 就变成狭义的增大 (减小) 的情形.

定理 3 保留那些关于函数 $f(x)$ 的连续性及其导数 $f'(x)$ 的存在性的同一假定, 要使 $f(x)$ 是狭义的单调增大 (减小), 必要而且充分的条件是:

1) 对于 $\mathcal{X}$ 的内部的 x, 有 $f'(x) \geqslant 0 \ (\leqslant 0)$,

2) $f'(x)$ 在 $\mathcal{X}$ 的任一部分区间内不恒等于 0.

---

①虽然我们平行地叙述增函数及减函数的定理, 但在证明时则限于增函数的情形.

必要性 若 $f(x)$ 在区间 $\mathcal{X}$ 内增大, 则依定理 2 就有 $f'(x) \geqslant 0$, 于是条件 1) 满足. 条件 2) 亦必满足, 因为假使导数在某一区间内到处为 0, 则依定理 1, $f(x)$ 在这区间内就是常数, 而这是违反假定的.

充分性 设定理的条件 1), 2) 都已满足. 那么, 根据定理 2, 函数 $f(x)$ 无论如何总不是减函数. 若在 $[a,b]$ 内取二数值 x' 及 x'' $(x' < x'')$, 则不仅有

$$f(x') \leqslant f(x''), \tag{1}$$

且又有对于 $[x', x'']$ 内的 x,

$$f(x') \leqslant f(x) \leqslant f(x''). \tag{2}$$

今将证明, 在 (1) 内的等号实际上是不可能实现的. 因为假使 $f(x') = f(x'')$, 则根据 (2), 就要得出对于 $[x', x'']$ 内的 x,

$$f(x') = f(x) = f(x''),$$

即函数 $f(x)$ 在区间 $[x', x'']$ 内是常数, 于是在这区间内就要处处成立 $f'(x) = 0$, 违反了条件 2). 因此,

$$在\ x' < x''\ 时, \quad f(x') < f(x''),$$

即函数 $f(x)$ 是狭义的增大. 定理由此得以证明.

上面所建立的导数的符号与函数变动的方向之间的关系, 在几何上是十分明显的, 只要记住 [**91**, **92**] 导数就是函数的图像上的切线的斜率就成了. 这斜率的符号, 指出切线是向上或向下倾斜的, 而曲线本身亦就随着它向上行或向下行 (图 54).

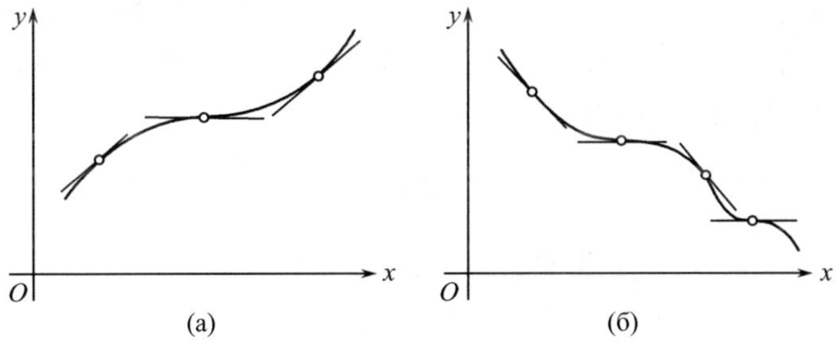

图 54

然而在个别的点处, 切线亦可能为水平的, 即增 (减) 函数 —— 甚至是狭义的 —— 的导数可以在个别的 x 值时等于 0.

例题 1) 函数 $f(x) = x^3$ 就是最后一种情况的最简单的例子. 它是增函数, 然而它的导数 $f'(x) = 3x^2$ 却在 $x = 0$ 这点等于 0.

2) 类似于此, 函数

$$f(x) = x - \sin x$$

亦是增函数, 因为它的导数

$$f'(x) = 1 - \cos x$$

不为负数, 虽然它在数值 $x = 2k\pi$ $(k = 0, \pm1, \pm2, \cdots)$ 时等于 0.

3) 最后, 为要证明增函数的导数甚至可以在有限区间内无穷多次等于 0, 试考察函数

$$\begin{cases} f(x) = e^{\sin\frac{1}{x} - \frac{1}{x}}, & x > 0 \text{ 时}, \\ f(0) = 0. \end{cases}$$

显然,

$$\lim_{x\to+0} f(x) = 0,$$

于是我们的函数在 $x = 0$ 时亦是连续的. $x > 0$ 时我们有:

$$f'(x) = e^{\sin\frac{1}{x} - \frac{1}{x}} \cdot \left(1 - \cos\frac{1}{x}\right) \cdot \frac{1}{x^2} \geqslant 0,$$

并且这导数在 $x = \dfrac{1}{2k\pi}$ $(k = 1, 2, \cdots)$ 时等于 0.

注意,

$$0 \leqslant f'(x) < 2e \cdot \frac{\frac{1}{x^2}}{e^{\frac{1}{x}}} \to 0, \quad \text{在 } x \to +0 \text{ 时},$$

由此 [**113**] 亦有 $f'(0) = 0$.

还可以做出一些增 (减) 函数的例子, 其导数等于 0 的点分布方式更为复杂. 然而特殊的情形究竟少见, 为着实用的目的, 通常使用这一**充分的判别法**: *若只要除去有限个 x 值, 就到处都有 $f'(x) > 0$ (< 0), 则函数 $f(x)$ 是增 (减) 函数.*

这个判别法是非常便于应用的.

例如, 考察 $x > 0$ 时的函数 $f(x) = \left(1 + \dfrac{1}{x}\right)^x$, 并证明它是增函数. 现只要证明它的对数

$$g(x) = \ln f(x) = x[\ln(x+1) - \ln x]$$

是增函数. 我们有

$$g'(x) = [\ln(x+1) - \ln x] - \frac{1}{x+1}.$$

因依有限增量公式 [**112**],

$$\ln(x+1) - \ln x = \frac{1}{\xi}, \quad \text{而 } x < \xi < x+1,$$

故 $g'(x) > 0, g(x)$ 是增函数, 即所欲证.

133. 不等式的证明 上述单调性的简便判别法可用来证明不等式.

1) 求证 $0 < x < \frac{\pi}{2}$ 时有

$$\sin x > \frac{2}{\pi}x.$$

设 $f(x) = \frac{\sin x}{x}\left(0 < x \leqslant \frac{\pi}{2}\right)$. 导数

$$f'(x) = \frac{\cos x(x - \operatorname{tg} x)}{x^2} \quad \left(0 < x < \frac{\pi}{2}\right)$$

是负的, 因 $x < \operatorname{tg} x$. 故 $f(x)$ 是减函数, 而 $0 < x < \frac{\pi}{2}$ 时 $f(x) > f\left(\frac{\pi}{2}\right) = \frac{2}{\pi}$.

2) 函数 $f(x) = \cos x - 1 + \frac{1}{2}x^2$ 在 $x = 0$ 处为零. 在 $x > 0$ 时它的导数

$$f'(x) = -\sin x + x > 0 \quad (\text{因 } \sin x < x).$$

故 $x \geqslant 0$ 时 $f(x)$ 是增函数, 而当 $x > 0$ 时有 $f(x) > f(0) = 0$, 即

$$\cos x > 1 - \frac{1}{2}x^2.$$

由此, 相仿地, 当 $x > 0$ 时得

$$\sin x > x - \frac{1}{6}x^3,$$

等等.

3) 求证 $0 < x < \frac{\pi}{2}$ 时有

$$\operatorname{tg} x > x + \frac{1}{3}x^3.$$

为此, 只要证明对所说的 x 值, 函数 $\operatorname{tg} x - x - \frac{1}{3}x^3$ 的导数 $\sec^2 x - 1 - x^2$ 是正的, 即证 $\operatorname{tg}^2 x - x^2 > 0$; 但这可归结为熟知的不等式 $\operatorname{tg} x > x$ [**54** (9)].

4) 因函数 $\ln x - x (x > 0)$ 有导数

$$f'(x) = \frac{1}{x} - 1 \begin{cases} > 0 & (0 < x < 1), \\ < 0 & (x > 1), \end{cases}$$

故当 x 在区间 $(0, 1]$ 上变动时它是增函数, 当 x 在 $[1, +\infty)$ 上变动时它是减函数. 由此显见 $f(1) = -1$ 是函数的最大值, 故当 $x > 0$ 时

$$\ln x \leqslant x - 1.$$

5) 再考察 $x \geqslant 0$ 时的函数 $f(x) = x^\alpha - \alpha x$ (设 $0 < \alpha < 1$). 我们有

$$f'(x) = \alpha(x^{\alpha - 1} - 1) \begin{cases} > 0 & (0 < x < 1), \\ < 0 & (x > 1), \end{cases}$$

于是像 4) 那样可知 $x > 0$ 时

$$x^\alpha - \alpha x \leqslant 1 - \alpha. \tag{3}$$

从这个不等式可以导出一些古典的不等式. 为此, 最好还把它写成别种形式.

设 $x=\dfrac{a}{b}$, 其中 a,b 是任意正数, 并把 $1-\alpha$ 记为 β, 便把 (3) 化为下式

$$a^{\alpha}b^{\beta}\leqslant \alpha a+\beta b \tag{3a}$$

$$(a,b,\alpha,\beta>0,\alpha+\beta=1).$$

有时引入数 $k=\dfrac{1}{\alpha}>1$ 及 $k'=\dfrac{1}{\beta}>1$, 而 $k'=\dfrac{k}{k-1}$. 把上一不等式中的 a 与 b 分别换为 a^k 与 $b^{k'}$, 得

$$ab\leqslant \frac{1}{k}a^k+\frac{1}{k'}b^{k'} \tag{3б}$$

$$(a,b>0;k,k'>1,\frac{1}{k}+\frac{1}{k'}=1).$$

6) 首先, 不等式 (3a) 可推广到任意个幂相乘的情形.从两个幂相乘可以这样推广到三个相乘的情形 (应用不等式 (3a) 两次):

$$\begin{aligned}a^{\alpha}b^{\beta}c^{\gamma}&=a^{\alpha}\left(b^{\frac{\beta}{\beta+\gamma}}c^{\frac{\gamma}{\beta+\gamma}}\right)^{\beta+\gamma}\leqslant \alpha a+(\beta+\gamma)b^{\frac{\beta}{\beta+\gamma}}c^{\frac{\gamma}{\beta+\gamma}}\\&\leqslant \alpha a+(\beta+\gamma)\left(\frac{\beta}{\beta+\gamma}b+\frac{\gamma}{\beta+\gamma}c\right)=\alpha a+\beta b+\gamma c,\end{aligned}$$

故最后得

$$a^{\alpha}b^{\beta}c^{\gamma}\leqslant\alpha a+\beta b+\gamma c$$

$$(a,b,c,\alpha,\beta,\gamma>0,\alpha+\beta+\gamma=1).$$

相仿地可从 n 推到 $n+1$ 并证明 (用数学归纳法) 如下的一般不等式 (记号略有改变):

$$a_1^{q_1}a_2^{q_2}\cdots a_n^{q_n}\leqslant q_1a_1+q_2a_2+\cdots+q_na_n.$$

$$(a_1,\cdots,a_n,q_1,\cdots,q_n>0;q_1+q_2+\cdots+q_n=1).$$

也可以引入任意数 $p_i>0$, 使 $q_i=\dfrac{p_i}{\sum_j p_j}$ 而 $\sum_i q_i=1$, 来代替 q_i. 这样不等式可写为

$$(a_1^{p_1}a_2^{p_2}\cdots a_n^{p_n})^{\frac{1}{\Sigma_j p_j}}\leqslant\frac{p_1a_1+p_2a_2+\cdots+p_na_n}{p_1+p_2+\cdots+p_n}. \tag{4}$$

当 $p_1=p_2=\cdots=p_n=1$ 时, 便得熟知的不等式

$$\sqrt[n]{a_1a_2\cdots a_n}\leqslant\frac{a_1+a_2+\cdots+a_n}{n}, \tag{4a}$$

这个不等式说明一些正数的几何平均数不会大于其算术平均数. 于是, 不等式 (4) 乃是这个古典命题的自然的推广.

7) 现在来证明所谓**柯西–赫尔德** (A. L. Cauchy–O. Hölder) **不等式**

$$\sum_{i=1}^{n}a_ib_i\leqslant\left\{\sum_{i=1}^{n}a_i^k\right\}^{\frac{1}{k}}\cdot\left\{\sum_{i=1}^{n}b_i^{k'}\right\}^{\frac{1}{k'}} \tag{5}$$

$$(a_i,b_i>0;k,k'>1,\frac{1}{k}+\frac{1}{k'}=1).$$

柯西证明了这个不等式在 $k=k'=2$ 时的特殊情形:

$$\sum_{i=1}^{n} a_i b_i \leqslant \sqrt{\sum_{i=1}^{n} a_i^2}\sqrt{\sum_{i=1}^{n} b_i^2}. \tag{5a}$$

先设

$$\sum_{i=1}^{n} a_i^k = \sum_{i=1}^{n} b_i^{k'} = 1, \tag{6}$$

故要证明的不等式取如下形式

$$\sum_{i=1}^{n} a_i b_i \leqslant 1.$$

在不等式 (3б) 中依次设 $a=a_i, b=b_i\ (i=1,2,\cdots,n)$, 并把所得不等式都加起来; 再利用 (6), 便得要证的不等式.

一般情形可化为上述的特殊情形, 只要引入以下的数来代替 a_i 与 b_i:

$$a_i' = \frac{a_i}{\left\{\sum\limits_{j=1}^{n} a_j^k\right\}^{\frac{1}{k}}}, \quad b_i' = \frac{b_i}{\left\{\sum\limits_{j=1}^{n} b_j^{k'}\right\}^{\frac{1}{k'}}},$$

对于这些数, (6) 这种条件已能满足. 根据刚才证明的,

$$\sum_{i=1}^{n} a_i' b_i' \leqslant 1,$$

而这是与 (5) 等价的.

8) 从柯西–赫尔德不等式, 还可立即得一个重要的不等式, 即**闵可夫斯基** (H. Minkowski) **不等式**

$$\left\{\sum_{i=1}^{n}(a_i+b_i)^k\right\}^{\frac{1}{k}} \leqslant \left\{\sum_{i=1}^{n} a_i^k\right\}^{\frac{1}{k}} + \left\{\sum_{i=1}^{n} b_i^k\right\}^{\frac{1}{k}} \quad (a_i, b_i > 0, k > 1) \tag{7}$$

显然,

$$\sum_{i=1}^{n}(a_i+b_i)^k = \sum_{i=1}^{n} a_i(a_i+b_i)^{k-1} + \sum_{i=1}^{n} b_i(a_i+b_i)^{k-1},$$

若对右边两个和分别应用不等式 (5), 则得[①]:

$$\begin{aligned}\sum_{i=1}^{n}(a_i+b_i)^k &\leqslant \left\{\sum_{i=1}^{n} a_i^k\right\}^{\frac{1}{k}} \cdot \left\{\sum_{i=1}^{n}(a_i+b_i)^{(k-1)k'}\right\}^{\frac{1}{k'}} \\ &\quad + \left\{\sum_{i=1}^{n} b_i^k\right\}^{\frac{1}{k}} \cdot \left\{\sum_{i=1}^{n}(a_i+b_i)^{(k-1)k'}\right\}^{\frac{1}{k'}} \\ &= \left\{\left\{\sum_{i=1}^{n} a_i^k\right\}^{\frac{1}{k}} + \left\{\sum_{i=1}^{n} b_i^k\right\}^{\frac{1}{k}}\right\} \cdot \left\{\sum_{i=1}^{n}(a_i+b_i)^k\right\}^{\frac{1}{k'}}.\end{aligned}$$

消去后面的因子, 便得 (7).

①要记得 $\dfrac{1}{k}+\dfrac{1}{k'}=1$!

134. 极大值及极小值 · 必要条件 若函数 $f(x)$ 在区间 $[a,b]$ 内是有定义的而且是连续的, 并且在这区间内不是单调函数, 则必能在区间 $[a,b]$ 内求出部分区间 $[\alpha,\beta]$, 在它的内点处, 即在 α 与 β 之间, 函数达到最大值或最小值. 在函数的图像上 (图 55) 的峰及谷, 就对应于这种区间.

常说函数 $f(x)$ 在点 x_0 处有极大值 (或极小值) ①, 若这点可以有一个邻域 $(x_0-\delta, x_0+\delta)$, 完全包含于函数 $f(x)$ 的定义域之内, 并且对这邻域中的一切 x, 成立不等式

$$f(x) \leqslant f(x_0) \quad (\text{或 } f(x) \geqslant f(x_0)).$$

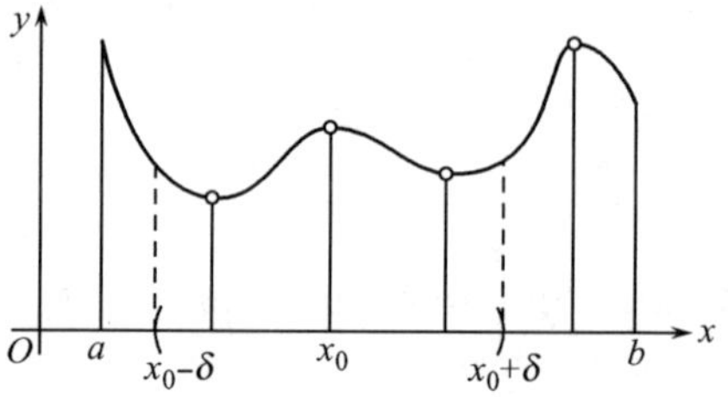

图 55

换句话说, 函数 $f(x)$ 在 x_0 达到极大值 (极小值), 如果 $f(x_0)$ 是点 x_0 的某一邻域 (即使是很小) 内的一切函数值中的最大值 (最小值). 注意, 在极大值 (极小值) 的定义中已预先假定函数在点 x_0 的两方都是有定义的.

若有这样的邻域存在, 在它的范围内 (当 $x \neq x_0$ 时) 成立着严格的不等式

$$f(x) < f(x_0) \quad (\text{或 } f(x) > f(x_0)),$$

就说函数在点 x_0 处有**真正的**极大值 (极小值), 在相反的情形, 有**广义的**极大值 (极小值).

若函数在点 x_0 及 x_1 处都有极大值, 则把魏尔斯特拉斯第二定理 [**85**] 应用于区间 $[x_0, x_1]$, 就看出, 函数必在 x_0 与 x_1 之间的某一点 x_2 处达到在这区间内的最小值, 而在那一点处就有极小值, 类似地, 在二极小值之间一定能求出极大值. 在那种最简单的 (而在实用上是最重要的) 情形, 当函数总共只有有限个极大值及极小值时, 它们总是交迭地出现的.

注意, 极大值或极小值总称为**极值** ②.

现在要问, 如何去求出使函数获得极值的一切变元的数值. 在解决这问题时, 导数起着主要的作用.

首先假定, 函数 $f(x)$ 在区间 (a,b) 内有有限导数. 若在点 x_0 处函数有极值, 应用以前讲过的费马定理 [**109**] 于区间 $(x_0-\delta, x_0+\delta)$, 就得结论 $f'(x_0)=0$: 这是极值的必要条件. 极值只能在使导数等于零的点 (这种点称为**静止点** ③) 中去找.

可是不要以为每一个静止点都能使函数获得极值: 刚才所指出的只是必要条件, 并不是充分条件. 例如在 [**132**, 1)] 内, 我们曾看到, 函数 x^3 的导数 $3x^2$ 在 $x=0$ 时等于零, 但在这点处函数并无极值: 它总是增大着.

①由拉丁文 maximum 及 minimum 而来, 表示 "最大的" 及 "最小的" (数值).
②拉丁文的 extremum 表示 "极端的" (数值).
③在这些点处函数的变动似乎 "暂停了": 这时变动的速度 [**92**] 等于零.

若扩大所考察的函数 $f(x)$ 的范围, 并假设在个别的点处导数可以等于无穷或全然不存在, 则 $f(x)$ 亦并非就不可能在某些这种点处取得极值 (本来费马定理只是在有限导数存在的假定下, 证明了 $f'(x)=0$). 例如, 函数 $x^{\frac{2}{3}}$ 在 $x=0$ 时显然有极小值, 可是它在这点处的左导数等于 $-\infty$ 而右导数等于 $+\infty$ [**101**]; 完全同样, 函数 $|x|$ 也是在点 $x=0$ 处有极小值, 可是它在这点处的导数却全然不存在 [**100**]. 因此, 即使在有限的双侧导数不存在的点处函数亦同样能获得极值. 但在这种情形, 自然亦同样不能保证在这种点处就有极值存在. 可以用函数 $y=x^{\frac{1}{3}}$ 及 $y=x\cdot\sin\dfrac{1}{x}$ (附有补充条件: 在 $x=0$ 时 $y=0$) 作为例子. 第一个函数在点 $x=0$ 处有无穷导数 [**101**], 第二个在这点处则根本没有导数 [**102**, 1°], 但在点 $x=0$ 处两个函数并没有获得极值 (因为在这点的任一邻域内, 两个函数都是既有正值又有负值).

135. 充分条件 · 第一法则 因此, 若点 x_0 是函数 $f(x)$ 的静止点或假如在这点处 $f(x)$ 没有有限导数, 则点 x_0 仅是所谓 "有极值嫌疑的" 点, 还应该对它再作进一步的考查.

这考查就在于检查下面就要说到的极值存在的充分条件是否满足.

假定在点 x_0 的某一邻域 $(x_0-\delta, x_0+\delta)$ 内 (至少对于 $x\neq x_0$) 存在有限导数 $f'(x)$, 而且它在 x_0 的左方及右方 (各别地) 保持着确定符号. 那么就可能有下列三种情形:

I. 在 $x<x_0$ 时 $f'(x)>0$, 而在 $x>x_0$ 时 $f'(x)<0$, 即导数 $f'(x)$ 在经过点 x_0 时由正的变成负的.在这情形, 函数 $f(x)$ 在区间 $[x_0-\delta, x_0]$ 内渐增, 而在区间 $[x_0, x_0+\delta]$ 内渐减 [**132**], 于是 $f(x_0)$ 就是 $f(x)$ 在区间 $[x_0-\delta, x_0+\delta]$ 内的最大值, 即在点 x_0 处函数有极大值.

II. 在 $x<x_0$ 时 $f'(x)<0$ 而在 $x>x_0$ 时 $f'(x)>0$, 即导数 $f'(x)$ 在经过点 x_0 时由负的变成正的.在这情形, 类似地可证, 在点 x_0 处函数有极小值.

III. 在 $x<x_0$ 及 $x>x_0$ 时都有 $f'(x)>0$ 或是在 x_0 的左方和右方都有 $f'(x)<0$, 即 $f'(x)$在经过 x_0 时并不变换符号. 那时函数或总是渐增, 或总是渐减; 在 x_0 的某一方的任意近处总能找到点 x, 使 $f(x)<f(x_0)$, 而在另一方又有点 x, 使 $f(x)>f(x_0)$, 于是在点 x_0 处无极值.

在图 56, а, б, в 中, 给出各种最简单的情形的图示.

因此, 我们得出考验 "有嫌疑的" 数值 x_0 的**第一法则**: 先用 $x<x_0$, 后用 $x>x_0$ 代入导数 $f'(x)$, 以确定导数在点 x_0 的左方及右方近处的符号; 若这时导数 $f'(x)$ 的符号由正变负, 则有极大值, 若由负变正, 则有极小值; 又若符号不变, 则无极值.

当在区间 (a,b) 内像通常那样只有有限个静止点或有限个导数不存在的点:

$$a<x_1<x_2<\cdots<x_k<x_{k+1}<\cdots<x_n<b, \tag{8}$$

在这种情形之下, 这法则完全可以解决问题. 就是, 首先在任一区间

$$(a,x_1), (x_1,x_2), \cdots, (x_k,x_{k+1}), \cdots, (x_n,b)$$

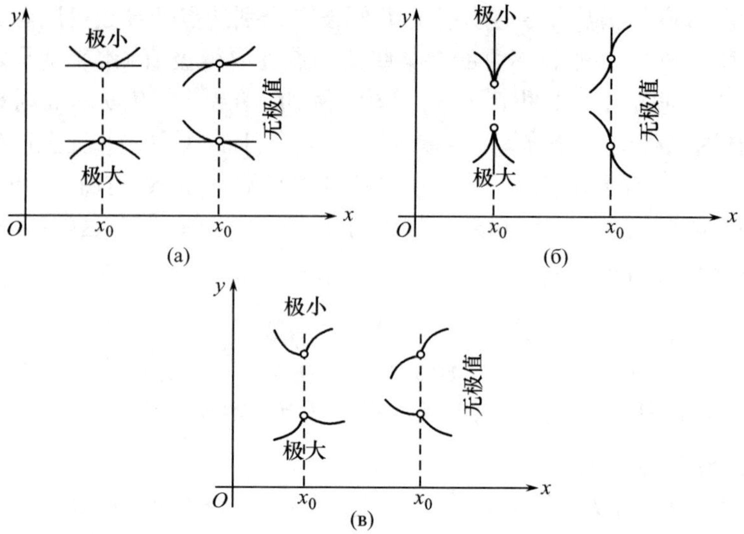

图 56

内存在着有限导数 $f'(x)$, 此外, 在每一个这种的区间内 $f'(x)$ 都保持不变号. 事实上, 假若 $f'(x)$ 例如在区间 (x_k, x_{k+1}) 内变号, 则依达布定理 [**110**], 它就要在 x_k 及 x_{k+1} 之间的某一点处等于零, 但这是不可能的, 因为导数的一切的零点都已包括在点列 (8) 之内了.

在实用上, 以下的附注在某些情形之下是有用处的: 要确定导数 $f'(x)$ 在全区间 (x_k, x_{k+1}) 内的符号, 只要算出它在其中任何一点处的数值 (或甚至只要确定其符号) 就行了.

136. 例题

1) 求函数 $f(x)=(x+2)^2(x-1)^3$ 的极值.

它的导数恒存在而且是有限的:

$$f'(x)=2(x+2)(x-1)^3+3(x+2)^2(x-1)^2=(x+2)(x-1)^2(5x+4).$$

导数的零点① (静止点) 是:

$$x_1=-2, \quad x_2=-\frac{4}{5}=-0.8, \quad x_3=1.$$

这些数值把全区间 $(-\infty,+\infty)$ 分成下列部分:

$$(-\infty,-2), \quad (-2,-0.8), \quad (-0.8,1), \quad (1,+\infty).$$

要确定导数在这些区间内的符号, 可以利用前段最后的附注, 确定在具体数值时的符号, 例如

①译者注: 就是使导数等于零的点, 亦即 $f'(x)=0$ 的实根.

在 $-3, -1, 0$ 及 2 时的符号. 先确定各个因式的符号, 然后就可得出整个导数的符号:

$$\begin{array}{ll} \text{在区间 } (-\infty,-2) \text{ 内} & (-)(+)(-)=+ \\ \text{在区间 } (-2,-0.8) \text{ 内} & (+)(+)(-)=- \\ \text{在区间 } (-0.8,1) \text{ 内} & (+)(+)(+)=+ \\ \text{在区间 } (1,+\infty) \text{ 内} & (+)(+)(+)=+ \end{array}$$

由此, 清楚地, 函数 $f(x)$ 在 $x=-2$ 时有极大值, 在 $x=-0.8$ 时有极小值, 而在 $x=1$ 时无极值.

然而通常都用另外的办法, 而不在导数内代入具体数值. 从 $x=-2$ 开始来讨论. 导数的最后两个因式 $(x-1)^2$ 及 $5x+4$ 的乘积在 $x=-2$ 时有负号, 因此 (由于连续性) 在这点 (左方及右方) 的近处保持同一的符号. 至于因式 $(x+2)$ 当 x 增大而经过数值 -2 时由负的变成正的, 于是导数的符号由正变负, 而函数有极大值. 在 $x=-\dfrac{4}{5}$ 时 (及接近这数值时) 导数的首二因式有正号; 至于最后的因式 $5x+4$ (随之而整个导数) 在经过这数值时则由负的变成正的, 故函数在此处有极小值. 最后, 在经过数值 $x=1$ 时, 不仅第一第三因式保持着原有符号, 而且第二因式亦是如此, 因为平方总是正的; 故在此处无极值.

已知使函数获得极值的点 x, 现在就很容易算出这些极值: 极大值 $f(-2)=0$ 而极小值 $f(-0.8)\doteq -8.40$.

在图 57 中给出说明这函数的变动的图像①.

2) 求函数 $f(x)=\sin^3 x+\cos^3 x$ 的极值.

由于函数有周期 2π, 我们只要讨论包含在区间 $[0,2\pi]$ 内的 x 值就已够了. 这函数的导数到处存在:

$$\begin{aligned} f'(x) &= 3\sin^2 x\cdot\cos x-3\cos^2 x\sin x \\ &= 3\sin x\cdot\cos x\cdot(\sin x-\cos x). \end{aligned}$$

在这情形导数的零点 (静止点) 是:

$$0, \frac{\pi}{4}, \frac{\pi}{2}, \pi, \frac{5\pi}{4}, \frac{3\pi}{2}, (2\pi).$$

在经过 $x=0$ 时, 因式 $\sin x$ 由负变正, 因为最后两个因式在 $x=0$ 的附近保持负号, 所以整个导数的符号由正变负, 故有极大值. 因式 $\sin x-\cos x$, 在 $x=\dfrac{\pi}{4}$ 时等于零, 在经过这点时符号由负变正. 导数的符号亦是如此, 因为前面两个因式是正的, 因此, 在该点有极小值. 仿此考察其余的静止点: 它们全部交迭地使函数获得极大值及极小值.

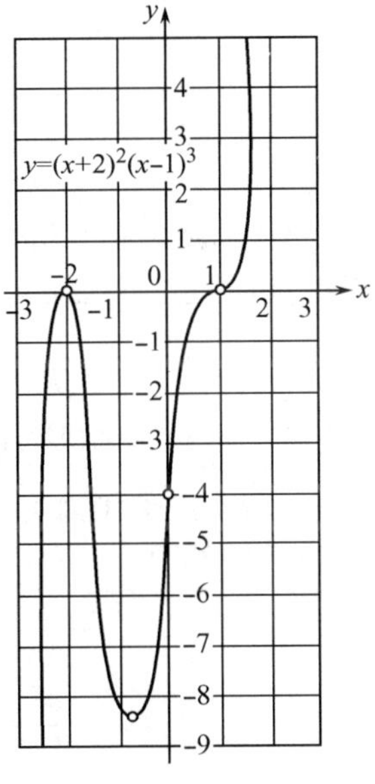

图 57

把它们代入函数内, 就得到极大及极小的数值:

极大值:

$$f(0)=f(2\pi)=1,\quad f\left(\frac{\pi}{2}\right)=1,\quad f\left(\frac{5\pi}{4}\right)=-\frac{\sqrt{2}}{2}\doteq -0.71,$$

①在此处及在下列各例题内, 我们用图像来说明函数的变动, 但关于作图问题本身, 只能在 §3 内再详细地考察. 特别是参阅 **149**, 3).

极小值:

$$f\left(\frac{\pi}{4}\right)=\frac{\sqrt{2}}{2}\doteq 0.71,\quad f(\pi)=-1,\quad f\left(\frac{3\pi}{2}\right)=-1.$$

函数的图像表示在图 58 中 [参阅 **147**, 1)].

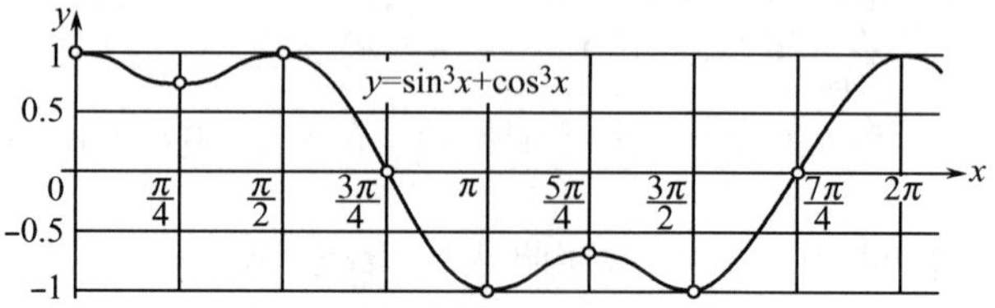

图 58

3) 求函数 $f(x)=x^{\frac{2}{3}}-(x^2-1)^{\frac{1}{3}}$ 的极值.

在这一次, 有限导数

$$f'(x)=\frac{2}{3}x^{-\frac{1}{3}}-\frac{1}{3}(x^2-1)^{-\frac{2}{3}}\cdot 2x=\frac{2}{3}\cdot\frac{(x^2-1)^{\frac{2}{3}}-x^{\frac{4}{3}}}{x^{\frac{1}{3}}\cdot(x^2-1)^{\frac{2}{3}}}$$

除去在点 $x=0$ 及 $x=\pm 1$ 以外到处存在.

当 x (从两边) 接近于这些数值时, 导数趋向于 $\pm\infty$.

要确定导数的零点, 可使它的分子等于零; 我们就求得: $x=\pm\frac{1}{\sqrt{2}}$. 因此, "有极值嫌疑的" 点就是:

$$-1,-\frac{1}{\sqrt{2}},0,\frac{1}{\sqrt{2}},+1.$$

在 $x=0$ 时 (及在这点的附近) 分母的第二因式及分子都是正的. 至于分母的另一因式 $x^{\frac{1}{3}}$ 的符号却由负变正, 导数亦是如此, 故有极小值. 在 $x=\frac{1}{\sqrt{2}}$ (及在其附近) 时分母保持着正号. 至于分子, 在考虑接近于 $\frac{1}{\sqrt{2}}$ 的 x 值时改写成 $(1-x^2)^{\frac{2}{3}}-x^{\frac{4}{3}}$; 它在 $x=\frac{1}{\sqrt{2}}$ 时等于零, 且随 x 的减少而增加, 随 x 的增加而减少, 于是符号由正变负, 故有极大值. 在 $x=-\frac{1}{\sqrt{2}}$ 时亦然. 在经过 $x=1$ 时, 分母内的因式 $(x^2-1)^{\frac{2}{3}}$ (它在这点处等于零) 不变号; 同样导数亦不变号, 于是在 $x=1$ 时无极值. 在 $x=-1$ 时亦然.

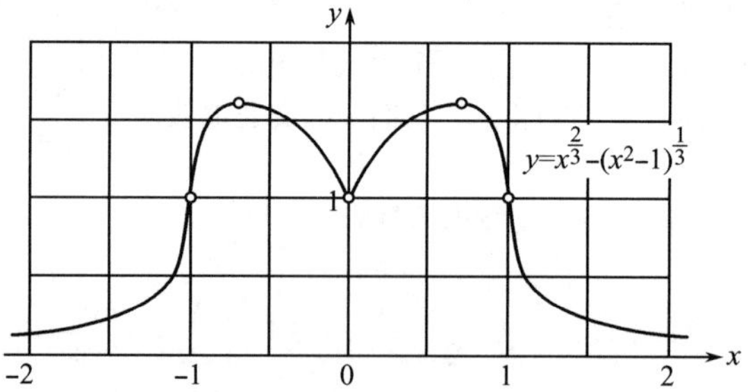

图 59

因此, 极大值是 $f\left(\pm\frac{1}{\sqrt{2}}\right)=\sqrt[3]{4}\doteq 1.59$, 而极小值是 $f(0)=1$.

图像画在图 59 中 [参阅 **149**, 4)].

4) 阻尼振动　设动点依定律:

$$s=Ae^{-kt}\sin\omega t$$

而运动, 式中 s 是经过的路程 (从开始的位置算起), 而 t 是时间 (从开始的时刻算起). 一切常量 A,k,ω 以及变量 t, 都算是正的. 现在来说明这一函数关系的图形; 把它同我们所已经熟悉的正弦曲线 $s=A\sin\omega t$ 相对照是很有趣的. 因为 $e^{-kt}>0$, 显然, 两条曲线都交 x 轴于相同的各点 $t=n\frac{\pi}{\omega}$ $(n=1,2,\cdots)$. 须注意, 函数 $s=A\sin\omega t$ 在诸点 $t=\left(n+\frac{1}{2}\right)\frac{\pi}{\omega}$ 处交迭地有极大值及极小值, 在此等点处它的导数 $s'=A\omega\cos\omega t$ 等于零. 现求给定函数的导数 [参阅 **99**, 30)]:

$$\begin{aligned}s'&=Ae^{-kt}(\omega\cdot\cos\omega t-k\cdot\sin\omega t)\\&=A\cdot\sqrt{\omega^2+k^2}e^{-kt}\left(\frac{\omega}{\sqrt{\omega^2+k^2}}\cos\omega t-\frac{k}{\sqrt{\omega^2+k^2}}\sin\omega t\right).\end{aligned}$$

依条件:

$$\frac{\omega}{\sqrt{\omega^2+k^2}}=\cos\varphi,\quad \frac{k}{\sqrt{\omega^2+k^2}}=\sin\varphi,$$

引入辅助角 φ, 便可改写导数式为

$$s'=A\cdot\sqrt{\omega^2+k^2}e^{-kt}\cos(\omega t+\varphi).$$

它在诸点

$$t=\left(n+\frac{1}{2}\right)\frac{\pi}{\omega}-\frac{\varphi}{\omega}$$

处等于零. 又因为余弦在经过零时要变号, 所以容易看出我们的函数在这些数值时有极值, 实际上在 n 为偶数时有极大值而在 n 为奇数时有极小值. 与正弦曲线相比较, 发现极值点向左移动 $\frac{\varphi}{\omega}$.

不难检验, 一切极大值都是正的而极小值都是负的. 若用 A_n 表示第 n 个极值的数量, 则

$$\left|\frac{A_n}{A_{n+1}}\right|=e^{\frac{k\pi}{\omega}},$$

于是振幅依几何序列而渐减.

它的图像 (取简单的特例) 表示在图 60 中. 这种类型的运动称为**阻尼振动**.

附注　在实际遇到的大多数情形之下, 前段所述的法则, 对于探究 "有嫌疑的" 数值是完全够用的. 然而必须注意, 可能在有些情形, 它是不适用的: 即当在被考查的点的任意近处包含着无穷个其他类似的点时, 于是在这点的这一方或那一方, 导数就不保持确定的符号了.

例如考察由等式

$$f(x)=x^2\cdot\sin\frac{1}{x}\quad(\text{在 } x\neq 0 \text{ 时})\quad 及\quad f(0)=0$$

所定义的函数. 我们已经知道, 它在 $x=0$ 时有导数 $f'(0)=0$ [**102**, 2°]. 可是在静止点 $x=0$ 的左方以及右方的任意近处, 导数

$$f'(x)=2x\cdot\sin\frac{1}{x}-\cos\frac{1}{x}$$

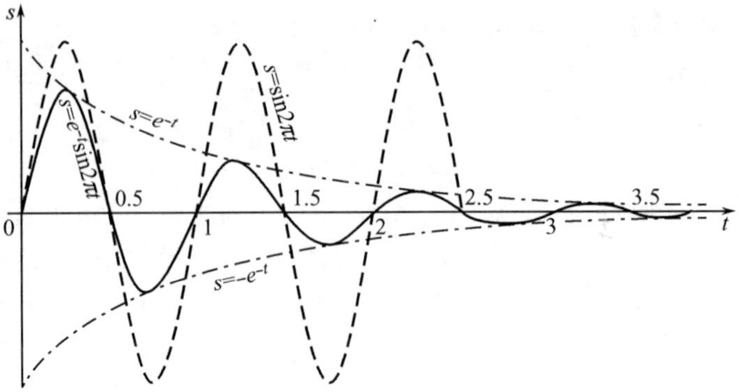

图 60

无穷多次地变号. 这函数在点 $x=0$ 处无极值. 但若把函数定义为:

$$f(x)=x^2\left(1+\sin\frac{1}{x}\right)\quad 在\ x\neq 0\ 时,\quad f(0)=0,$$

则它亦显示着同样的特性, 但在这次, $f(x)$ 在 $x=0$ 时显然有极小值. 前述的法则在两种情形都不能应用.

137. 第二法则 在探求函数的极值时, 研究在静止点附近的导数符号, 可以换成研究在这点处二阶导数的符号; 下面将说明这事.

为此, 设函数 $f(x)$ 不仅在点 x_0 的邻域内有导数 $f'(x)$, 并且在点 x_0 处有二阶导数 $f''(x_0)$. 点 x_0 是静止点, 即 $f'(x_0)=0$. 若 $f''(x_0)>0$, 则依 **109** 的引理, 函数 $f'(x)$ 在点 $x=x_0$ 处渐增, 即在点 x_0 的左方近处 $f'(x)<f'(x_0)=0$, 而在点 x_0 的右方近处 $f'(x)>f'(x_0)=0$. 这样, 导数 $f'(x)$ 在经过点 $x=x_0$ 时符号由负变正, 因此 $f(x)$ 在这点处有极小值. 若 $f''(x_0)<0$, 则 $f'(x)$ 在点 $x=x_0$ 处渐减, 它的符号由正变负, 于是 $f(x)$ 有极大值.

这样, 可以叙述考查 "有嫌疑的" 数值 x_0 的第二法则如下: 把 x_0 代入二阶导数 $f''(x)$ 内. 若 $f''(x_0)>0$, 则函数有极小值; 若 $f''(x_0)<0$, 则函数有极大值.

一般说来, 这法则的应用范围较为狭窄; 例如, 它显然不能应用于不存在有限一阶导数的点 (因为那里就谈不上二阶导数). 当二阶导数等于零的那些情形, 这法则亦没有给出什么结果. 那时, 问题的解决就得依赖于高阶导数的性态了 [参阅下一目].

若希望把这法则应用于例 2), 则须算出二阶导数:

$$f''(x)=6\sin x\cos x(\cos x+\sin x)-3(\sin^3 x+\cos^3 x).$$

在 $x=0\ (2\pi), \dfrac{\pi}{2}, \pi, \dfrac{3\pi}{2}$ 时, 第一项等于零而 $f''(x)$ 的符号与 $f(x)=\sin^3 x+\cos^3 x$ 的符号相反; 它在 $x=0\ (2\pi), \dfrac{\pi}{2}$ 时有负号 (在此处有极大值) 而在 $x=\pi$ 及 $\dfrac{3\pi}{2}$ 时有正号 (在此处有极小值). 在 $x=\dfrac{\pi}{4}$ 及 $\dfrac{5\pi}{4}$ 时, 由于等式 $\sin x=\cos x$, $f''(x)$ 就变成 $6\sin^3 x$, 于是在前一点处二阶导数为正 (有极小值), 而在后一点处为负 (有极大值).

再举一例子: 求函数 $f(x)=\dfrac{x^2-5x+6}{x^2+1}$ 的极值.

导数 $f'(x)=5\dfrac{x^2-2x-1}{(x^2+1)^2}$ 与其分子有相同的零点, 即 $x_1=1-\sqrt{2}\doteq-0.41$ 及 $x_2=1+\sqrt{2}\doteq 2.41$. 把导数当作乘积而再微分它:

$$f''(x)=\frac{5}{(x^2+1)^2}(2x-2)+\cdots$$

等式右边用省略号来代替的是包含着因式 x^2-2x-1 的项, 它是我们所不需要详细知道的, 因为对于我们准备代入的 x 值, 它早已明知是零.

很易看出 $f''(x_1)<0$, 而 $f''(x_2)>0$, 因此 $f(x_1)\doteq 7.04$ 是极大值, 而 $f(x_2)\doteq-0.03$ 是极小值.

函数的图像画在图 61 中 [参阅 **149**, 5)].

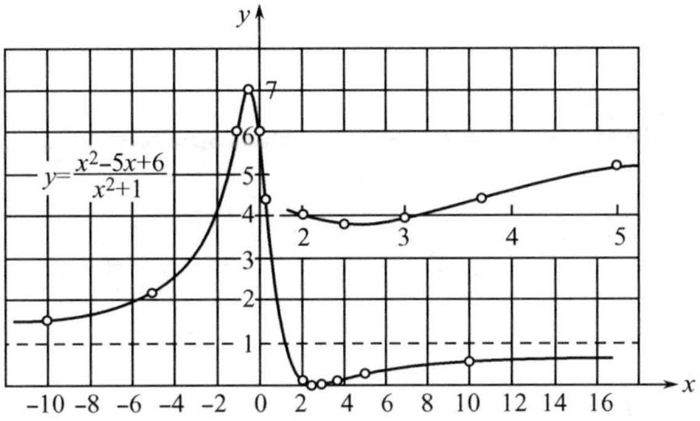

图 61

最后, 再考察这样一个有着几何内容的应用题: 求 (在平面上) 一已知点 $P(\xi,\eta)$ 至由方程 $y=f(x)$ 所给定的曲线 (K) 上一点 $M(x,y)$ 的距离 r 的极值 (图 62).

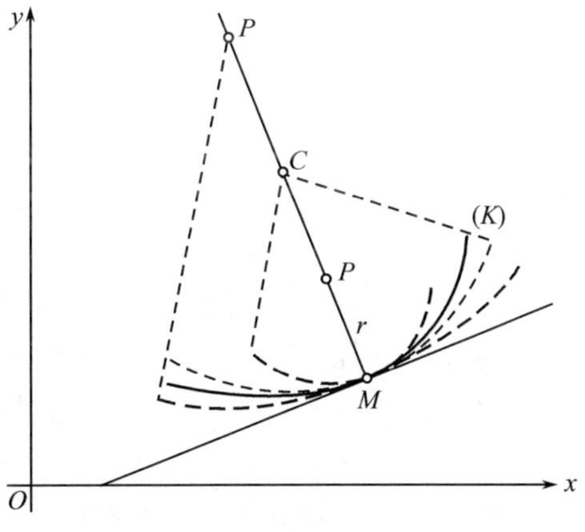

图 62

代替考察函数 r, 可以考察函数

$$u=\frac{1}{2}r^2=\frac{1}{2}[(x-\xi)^2+(y-\eta)^2],$$

式中 $y=f(x)$. 使导数

$$u'_x=x-\xi+(y-\eta)\cdot y'_x$$

等于零, 就看到, 要曲线 (K) 上的点 $M(x,y)$ 能使距离 r 获得极值, 必须满足条件:

$$\xi-x+y'_x(\eta-y)=0.$$

换句话说, 点 $P(\xi,\eta)$ 应当位于直线

$$X-x+y'_x(Y-y)=0$$

上. 这直线经过曲线上的点 $M(x,y)$ 而垂直于在这点的切线①, 它称为曲线的法线.

现在假定点 $P(\xi,\eta)$ 已经位于曲线 (K) 上点 $M(x,y)$ 处的法线上了, 则距离 PM 是否极值呢? 这问题的解决, 依赖于二阶导数

$$u''_{x^2}=1+y'^2_x+(y-\eta)\cdot y''_{x^2}$$

的符号. 这式子仅在坐标为

$$\xi=x-y'_x\cdot\frac{1+y'^2_x}{y''_{x^2}},\quad \eta=y+\frac{1+y'^2_x}{y''_{x^2}}$$

的点 C 处才等于零 (假定 $y''_{x^2}\neq 0$); 对于 C 点, 问题仍然没有解决. 点 C 把法线上的那些点 P 分成两部分, 当点 P 使 $u''<0$ 时, 距离 PM 就是极大值, 当点 P 使 $u''>0$ 时, 距离 PM 就是极小值.

以后 [**243**, **253**] 我们将看到, 这一法线上的界点, 在好多方面是值得注意的.

138. 高阶导数的应用 我们已经看到, 若 $f'(x_0)=0$ 且 $f''(x_0)>0$, 则函数 $f(x)$ 在点 x_0 处达到极小值; 若 $f'(x_0)=0$ 且 $f''(x_0)<0$ 则函数在这点处有极大值. 至于当 $f'(x_0)=0$ 且 $f''(x_0)=0$ 的情形, 我们还未加研究.

今假定函数 $f(x)$ 在点 $x=x_0$ 处有顺次至 n 阶的导数, 而且直至 $(n-1)$ 阶导数为止全都在这点处等于零:

$$f'(x_0)=f''(x_0)=\cdots=f^{(n-1)}(x_0)=0,$$

同时却有 $f^{(n)}(x_0)\neq 0$. 把函数 $f(x)$ 的增量 $f(x)-f(x_0)$ 依 $x-x_0$ 的幂用余项为佩亚诺式的泰勒公式展开 [**124**, (10a)]. 因为所有低于 n 阶的一切导数在点 x_0 处都等于零, 故

$$f(x)-f(x_0)=\frac{f^{(n)}(x_0)+\alpha}{n!}(x-x_0)^n.$$

由于当 $x\to x_0$ 时 $\alpha\to 0$, 所以当 x 十分接近于 x_0 时, 上式右边分数的分子与 $f^{(n)}(x_0)$ 就将有相同的符号, 在 $x<x_0$ 时如此, 在 $x>x_0$ 时亦如此. 且考察两种情形.

1° n 是奇数: $n=2k+1$. 当 x 的数值由小于 x_0 变成大于 x_0 时, 因式 $(x-x_0)^n$ 就变换符号, 但因为第一个因式这时不变号, 所以差 $f(x)-f(x_0)$ 就变号. 这样, 在点 x_0 处, 函数 $f(x)$ 就不能有极值, 因为在这点的近处, 函数值有小于 $f(x_0)$ 的, 也有大于 $f(x_0)$ 的.

2° n 是偶数: $n=2k$. 在这情形, 当 x 由小于 x_0 变成大于 x_0 时 $f(x)-f(x_0)$ 并不变号, 因为对一切 x, $(x-x_0)^n>0$. 显然, 在 x_0 的左方及右方近处, 差 $f(x)-f(x_0)$

①因它的斜率 $-\dfrac{1}{y'_x}$ 是切线的斜率 y'_x 的负倒数.

的符号都与数值 $f^{(n)}(x_0)$ 的符号相同. 这就是说, 若 $f^{(n)}(x_0)>0$, 则在点 x_0 的近处 $f(x)>f(x_0)$, 而在点 x_0 处函数 $f(x)$ 有极小值; 若 $f^{(n)}(x_0)<0$, 则函数有极大值.

由此即得这样的法则:

若在各阶导数中, 第一个在点 x_0 处不等于零的导数是奇数阶的, 则函数在点 x_0 处既无极大值亦无极小值. 若这种导数是偶数阶的, 则函数在点 x_0 处有极大值或极小值, 就看这导数是负的或是正的.

例如, 对于函数 $f(x)=e^x+e^{-x}+2\cos x$, $x=0$ 是静止点, 因为在这点处导数

$$f'(x)=e^x-e^{-x}-2\sin x$$

等于零.

其次:

$$\begin{aligned}
f''(x)&=e^x+e^{-x}-2\cos x, & f''(0)&=0;\\
f'''(x)&=e^x-e^{-x}+2\sin x, & f'''(0)&=0;\\
f^{\mathrm{IV}}(x)&=e^x+e^{-x}+2\cos x, & f^{\mathrm{IV}}(0)&=4.
\end{aligned}$$

因为第一个不等于零的导数是偶数阶的, 故有极值; 又因 $f^{\mathrm{IV}}(0)>0$, 故有极小值.

附注 虽然上面所说的检定法, 解决了在许多情形下的极值问题, 但在理论上说来, 它总还不是万能的: 一个并不恒等于常数的函数, 可以在所考查的点的邻域内具有一切阶的导数, 然而在这一点处, 各阶导数却都等于零.

举一例, 考察下面 (柯西的) 函数:

$$f(x)=e^{-\frac{1}{x^2}}\quad(\text{在 } x\neq 0 \text{ 时}),\quad f(0)=0.$$

在 $x\neq 0$ 时, 它有一切阶的导数:

$$f'(x)=\frac{2}{x^3}e^{-\frac{1}{x^2}},\quad f''(x)=\left(-\frac{6}{x^4}+\frac{4}{x^6}\right)e^{-\frac{1}{x^2}},\quad \cdots$$

而且一般地有

$$f^{(n)}(x)=P_n\left(\frac{1}{x}\right)\cdot e^{-\frac{1}{x^2}}\quad(n=1,2,\cdots),\tag{9}$$

式中的 $P_n(z)$ 是 ($3n$ 次) 整多项式. 这定律的一般性很容易由数学归纳法证明.

今再验证在点 $x=0$ 处我们的函数的各阶导数都存在, 而且都等于零. 实际上, 首先,

$$\text{在 } x\to 0 \text{ 时},\quad \frac{f(x)-f(0)}{x}=\frac{\frac{1}{x}}{e^{\frac{1}{x^2}}}\to 0\text{①},$$

---

①回忆当 $z\to+\infty$ 时 e^z 是较 z 的任何次幂 z^k 更高阶的无穷大, 即

$$\lim_{z\to+\infty}\frac{z^k}{e^z}=0$$

[**65**]. 在此处是 $\frac{1}{x^2}$ (在 $x\to 0$ 时) 担任着 z 的角色.

于是 $f'(0)=0$ 再假设, 所要证明的命题对于直至 n 阶为止的一切导数都是正确的. 则 [参阅 (9)]

$$\text{在}\quad x\to 0\quad\text{时},\frac{f^{(n)}(x)-f^{(n)}(0)}{x}=\frac{\frac{1}{x}P_n\left(\frac{1}{x}\right)}{e^{\frac{1}{x^2}}}\to 0,$$

因为分子总是形如 $\dfrac{c}{x^m}$ 的各项的和. 这就是说, 亦有 $f^{(n+1)}(0)=0$. 由数学归纳法, 命题已完全证毕.

虽然直接明了, 所给函数在 $x=0$ 时有极小值, 但要用考察它在这点处的各阶导数的方法来验证这事实却不成.

139. 最大值及最小值的求法 设函数 $f(x)$ 在有限闭区间 $[a,b]$ 内有定义而且连续. 迄今为止我们仅注意它的极大值及极小值, 现在再提出关于它在这区间内所取的一切数值中如何求其最大值及最小值的问题①, 依魏尔斯特拉斯第二定理 [**85**], 这种最大值及最小值必定存在. 为确定起见, 就讨论最大值.

若函数在 a 与 b 之间的某一点处达到最大值, 则它同时将是极大值之一 (显然, 是最大的极大值); 但最大值, 亦可以在区间的一端点 a 或 b 处达到 (参阅图 63). 这样, 就需要把函数的一切极大值互相比较, 并需与边界数值 $f(a)$ 及 $f(b)$ 相比较; 这些数中的最大者就是 $f(x)$ 在 $[a,b]$ 内的一切函数值中的最大值. 仿此可求出函数的最小值.

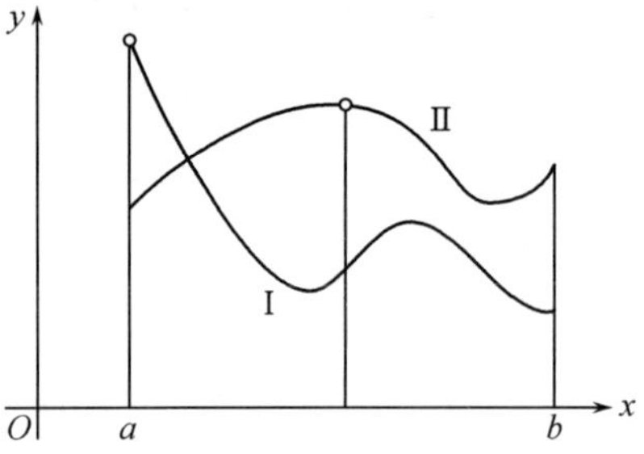

图 63

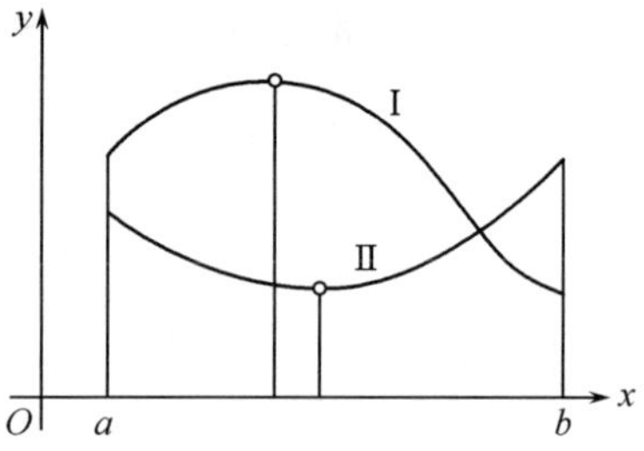

图 64

例如, 要判定函数 $f(x)=\sin^3 x+\cos^3 x$ 在区间 $\left[-\dfrac{\pi}{4},\dfrac{3\pi}{4}\right]$ 内的最大值及最小值; 两个极大值等于 1, 且大于边界数值 $f\left(-\dfrac{\pi}{4}\right)=f\left(\dfrac{3\pi}{4}\right)=0$, 因此, 1 是函数在所述区间内的最大值. 极小值等于 $0.7\cdots$, 大于边界数值, 于是最小值就是 0. 对于区间 $\left[\dfrac{\pi}{4},\dfrac{3\pi}{2}\right]$ 而言, 则须取在 $x=\dfrac{\pi}{2}$ 及 $\dfrac{5\pi}{4}$ 时所达到的两个极大值 1 及 $-0.7\cdots$ 之较大者作为最大值, 因为在端点处的函数值是 $f\left(\dfrac{\pi}{4}\right)=0.7\cdots$ 及 $f\left(\dfrac{3\pi}{2}\right)=-1$, 都小于 1. 函数在右端点处达到最小值, 同时, 在 $x=\pi$ 时, 极小值即最小值.

①这样, 我们给术语极大值保留着它的 "局部" 的意义 (在对应点的直接邻域内的最大值), 并把它和在所考察的全区间内函数的最大值区别开来.

关于函数的极小值及最小值亦是如此.

若希望避免探究极大值或极小值, 则用别的办法. 仅需计算在一切 “有极值嫌疑的” 点处的函数值, 并且使它们与边界数 $f(a)$ 及 $f(b)$ 相比较; 在这些数中的最大数及最小数, 显然就是一切函数值中的最大值及最小值.

例如, 对区间 $\left[-\frac{\pi}{4}, \frac{3\pi}{4}\right]$, 我们就把 $f(0) = 1, f\left(\frac{\pi}{4}\right) = 0.7\cdots, f\left(\frac{\pi}{2}\right) = 1$ 等数值与边界值 $f\left(-\frac{\pi}{4}\right) = f\left(\frac{3\pi}{4}\right) = 0$ 相比较, 而对于区间 $\left[\frac{\pi}{4}, \frac{3\pi}{2}\right]$, 我们就把 $f\left(\frac{\pi}{2}\right) = 1, f(\pi) = -1, f\left(\frac{5\pi}{4}\right) = -0.7\cdots$ 等数值与边界值 $f\left(\frac{\pi}{4}\right) = 0.7\cdots$ 及 $f\left(\frac{3\pi}{2}\right) = -1$ 相比较.

附注 在应用题内最常碰到 a 与 b 之间只出现一个 “有嫌疑的” 点 x_0 的简单情形. 若在这点处函数有极大值 (极小值), 则不用与边界值相比较, 就能明白这就是函数在所给区间内的最大值 (最小值) (参阅图 64). 在这类情形, 进行探究极大值及极小值, 经常显得比计算及比较函数的特别值更为简单 (特别是, 若在函数的表达式内有文字常数时).

着重声明, 上面所讲的完全可以应用于开区间 (a, b) 以及应用于无穷区间.

140. 应用题 今将用例题的形式叙述一系列各方面的问题. 这些问题的解答归结于求函数的最大值及最小值. 可是, 更值得注意的往往还不是这些数值的本身, 而是那些使函数获得极值的点 (变元的数值).

1) 从一块边长为 a 的正方形铁皮的各角上截去相等的方块, 把各边折转 (图 65) 作成无盖的匣子. 怎样才能得出有最大容量的匣子?

若用 x 表示截去的方块的边长, 则匣子的体积 y 可表示为: $y = x(a-2x)^2$, 而且 x 是在区间 $\left[0, \frac{a}{2}\right]$ 内变动着. 问题已变成求函数 y 在这区间内的最大值.

因为导数 $y' = (a-2x)(a-6x)$ 在 0 与 $\frac{a}{2}$ 之间只有唯一的零点 $x = \frac{a}{6}$, 所以立即可知这数值使函数获得极大值, 同时它也就是所求的最大值. 或用另一种说法: 在 $x = \frac{a}{6}$ 时有 $y = \frac{2a^3}{27}$, 同时 y 的边界值却等于 0. 因此, 在 $x = \frac{a}{6}$ 时实际上就得出 y 的最大值.

2) 已知一木料有直径为 d 的圆截面. 如何把它削成最坚牢的具有矩形截面的横梁.

提示 由材料力学证明, 有矩形截面的横梁的强度与积 bh^2 成比例, 此处的 b 是矩形截面的底, 而 h 是它的高.

因为 $h^2 = d^2 - b^2$, 所以要求的就是 $y = bh^2 = b(d^2 - b^2)$ 的最大值, 其中 “自变量” b 在区间 $(0, d)$ 内变动着.

导数 $y' = d^2 - 3b^2$ 在这区间内只有一次等于零, 即在点 $b = \frac{d}{\sqrt{3}}$ 处. 二阶导数 $y'' = -6b < 0$, 因此, 在所指出的点处达到极大值, 这也就是最大值.

在 $b = \frac{d}{\sqrt{3}}$ 时 $h = d\sqrt{\frac{2}{3}}$, 于是 $d : h : b = \sqrt{3} : \sqrt{2} : 1$. 从图 66 内可以看到怎样去作所求的矩形 (把直径分成三等分, 在各分点处立垂线即得). 我们的操作规程上规定比值 $h : b = 7 : 5$; 这就是 $\sqrt{2} \doteq 1.4\cdots$ 的近似值.

3) 试在半径为 r 的半球外面作一体积最小的外切正圆锥体; 但假定半球的底与圆锥体的底是在同一平面上的同心圆 (图 67).

在此处尚需合理地选择自变量; 设圆锥的顶角 φ 是自变量. 依附图的记法, 就有 $R =$

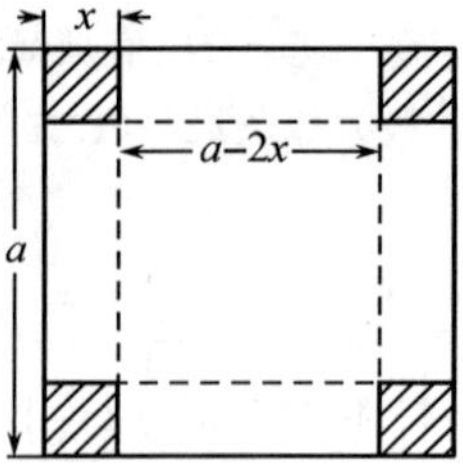

图 65

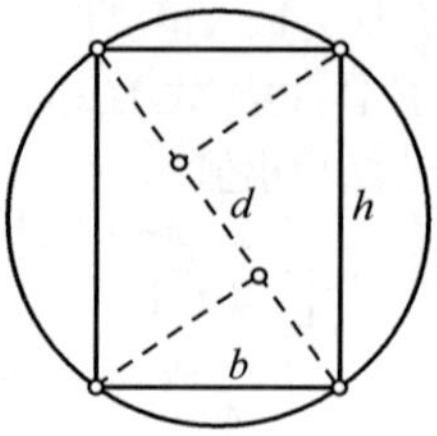

图 66

$\frac{r}{\cos\varphi}$, $h=\frac{r}{\sin\varphi}$, 于是体积

$$V=\frac{1}{3}\pi R^2 h=\frac{\frac{1}{3}\pi r^3}{\cos^2\varphi\cdot\sin\varphi}.$$

要使体积 V 有最小值, 显然需要使分母中的 $y=\cos^2\varphi\sin\varphi$ 当 φ 在区间 $\left(0,\frac{\pi}{2}\right)$ 内变动时获得其最大值. 今有

$$y'_\varphi=-2\cos\varphi\cdot\sin^2\varphi+\cos^3\varphi=2\cos^3\varphi\left(\frac{1}{2}-\operatorname{tg}^2\varphi\right);$$

在 0 与 $\frac{\pi}{2}$ 之间导数仅在 $\operatorname{tg}\varphi=\frac{1}{\sqrt{2}}$ 即 $\varphi=\operatorname{arctg}\frac{1}{\sqrt{2}}$ (约相当于 $35°15'52''$) 时等于零, 这时其符号由正变负, 这角使 y 获得最大值, 而使体积 V 获得最小值.

4) 重量为 G 的货物放在一水平面上, 要加上一力使它移动 (图 68). 当摩擦存在时, 要使这力的数量 F 是最小, 问它应该与水平面作成什么角度? 已知摩擦系数是 μ.

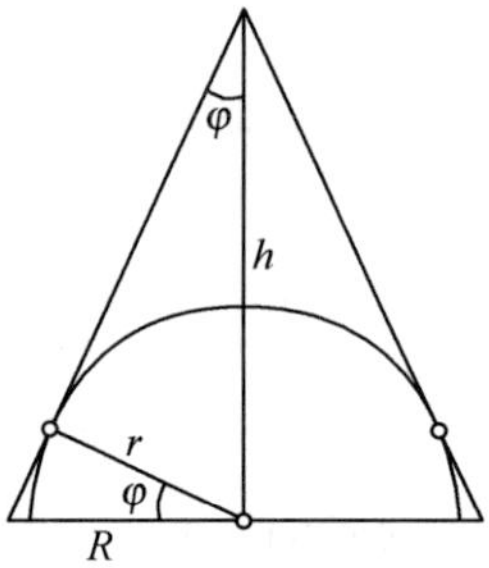

图 67

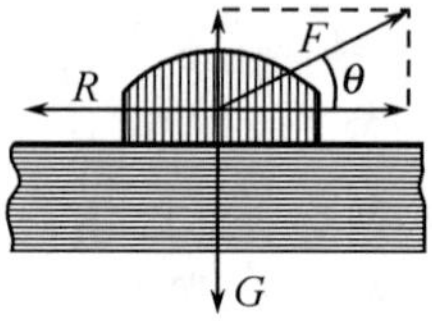

图 68

提示 摩擦力当作与物体对于平面的压力成正比例 (库伦定律), 其方向与运动的方向相反. 比例因子就是 “摩擦系数” μ.

设作用力 F 与水平面作成一角度 θ, 沿水平方向及垂直方向分解这力, 得出分力 $F\cdot\cos\theta$ 及 $F\cdot\sin\theta$. 物体对于平面的压力是 $G-F\cdot\sin\theta$, 于是, 依库伦定律, 摩擦力 $R=\mu(G-F\cdot\sin\theta)$; 曳引力 F 的水平分力 $F\cdot\cos\theta$ 应该刚好平衡于这摩擦力:

$$F\cdot\cos\theta=\mu\cdot(G-F\cdot\sin\theta),$$

由此

$$F = \frac{\mu G}{\cos\theta + \mu\sin\theta}.$$

现在要求的是当 θ 在区间 $\left[0, \frac{\pi}{2}\right]$ 内变动时这函数的最小值, 或函数 $y = \cos\theta + \mu\sin\theta$ 的最大值. 导数 $y'_\theta = \mu\cos\theta - \sin\theta$ 只当 $\mathrm{tg}\,\theta = \mu$ 或 $\theta = \mathrm{arctg}\,\mu$ 时等于零; 这角 θ 称为 "摩擦角". 因为 $y''_{\theta^2} = -\mu\sin\theta - \cos\theta < 0$, 所以当曳引力与水平面作成摩擦角时最为有利. 例如, 若要使石块在木板上移动, 即 $\mu = 0.4$ 而 $\theta \doteq 22°$.

5) 已知船舶每航行一小时的费用 (卢布) 表示为经验公式 $a + bv^3$, 此处 a 及 b 是常量, 它们应当对于每一船舶各别地确定, 而 v 是船舶的速度, 单位为浬/小时 (1 浬 = 1.85 公里) ①. 问在怎样的 ("经济的") 速度之下, 船舶以最小的费用驶行任何的距离?

驶行 1 公里需要 $\frac{1}{1.85v}$ 小时, 对应的费用表示为公式

$$\frac{1}{1.85v}(a + bv^3) = \frac{1}{1.85}\left(bv^2 + \frac{a}{v}\right).$$

使式子 $y = bv^2 + \frac{a}{v}$ 的导数等于零, 得 $y'_v = 2bv - \frac{a}{v^2} = 0$, 由此 $v = \sqrt[3]{\frac{a}{2b}}$. 因为 $y''_{v^2} = 2b + \frac{2a}{v^3} > 0$, 故在已求得的数值 v 时, 费用最省.

数字例子: $a = 40, b = 0.01, v = \sqrt[3]{2000} \doteq 12.6$ 浬/小时.

6) 设一电灯可以沿着铅垂线 OB (图 69) 移动 (例如, 装着滑车). 它与水平面 OA 必须有怎样的距离, 方才能使在水平面上的一点 A 处获得最大的照度?

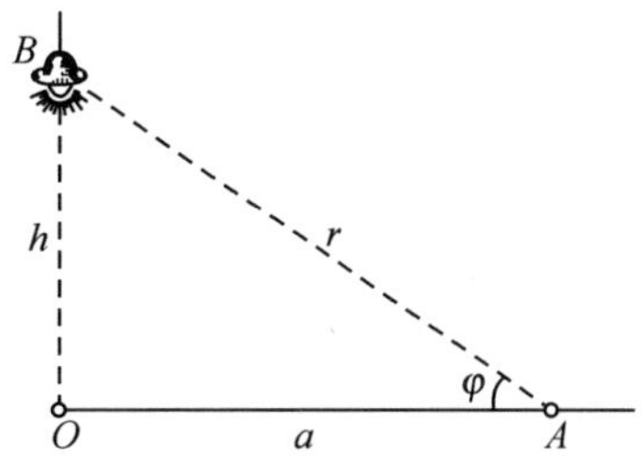

图 69

提示 照度 J 与 $\sin\varphi$ 成正比例, 与距离 $r = AB$ 的平方成反比例, 即

$$J = c \cdot \frac{\sin\varphi}{r^2},$$

式中的 c 依赖于灯光的强度.

若选 $h = OB$ 作为自变量, 则

$$\sin\varphi = \frac{h}{r}, \quad r = \sqrt{h^2 + a^2}$$

而

$$J = c \cdot \frac{h}{(h^2 + a^2)^{3/2}} \quad (0 < h < +\infty).$$

其次, 导数

$$J'_h = c \cdot \frac{a^2 - 2h^2}{(h^2 + a^2)^{5/2}}$$

在 $h = \frac{a}{\sqrt{2}} \doteq 0.7a$ 时等于零, 而且在 h 经过这数值时, 符号由正变负. 这 h 就是最适当的距离.

亦可以选取角 φ 作为自变量; 那时

$$f = \frac{a}{\cos\varphi}, \quad J = \frac{c}{a^2} \cdot \cos^2\varphi\sin\varphi,$$

①在这公式内, 费用的常量部分 a 代表折旧及船员的薪金, 而第二项 bv^3 代表燃料费.

而问题就变成求函数 $y=\cos^2\varphi\sin\varphi$ 在区间 $\left(0,\dfrac{\pi}{2}\right)$ 内的最大值. 但我们已经知道 [参阅应用题 3)], 它在有 $\operatorname{tg}\varphi_0=\dfrac{1}{\sqrt{2}}$ 的角度 φ_0 时达到最大值. 这时距离 h 仍得原值 $a\operatorname{tg}\varphi_0=\dfrac{a}{\sqrt{2}}$.

7) 由铁路干线 AB 上的一点 A 处 (图 70) 要把货物运往与铁路线相距为 $CB=l$ 的一点 C. 运送单位重量经过单位距离的运费在铁路线上为 α, 用马车时为 β. 问应该从铁路线上怎样的一点 M 起始修筑公路 MC, 使由 A 至 C (依路线 AMC) 的货运价格最为低廉?

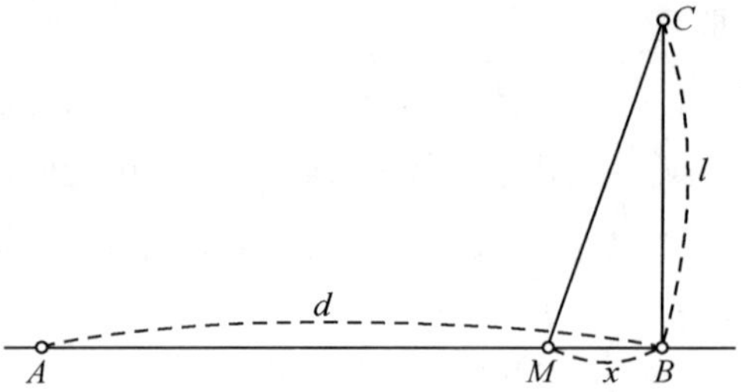

图 70

依附图的记法, 单位重量的货物的运费 —— 对于点 M 的任意位置 —— 为

$$y=\alpha(d-x)+\beta\sqrt{x^2+l^2}\quad(0\leqslant x\leqslant d).$$

故

$$y'_x=\frac{\beta x}{\sqrt{x^2+l^2}}-\alpha=\beta\left(\frac{x}{\sqrt{x^2+l^2}}-k\right)\quad\left(k=\frac{\alpha}{\beta}\right).$$

若 $k\geqslant 1$ $(\alpha\geqslant\beta)$, 则这式子永远是负的, 始终不等于零. 函数 y 随着 x 由 0 渐增至 d 而渐减, 显然, 在 $x=d$ 时达到函数的最小值. 在这种情形, 直接把点 A 作为公路的起点, 最为有利.

在 $k<1$ 时, 只要同时有

$$\frac{kl}{\sqrt{1-k^2}}\geqslant d,$$

则前述的一切仍是正确的. 这是因为, 在 $k<1$ 时式子

$$\frac{x}{\sqrt{x^2+l^2}}-k$$

有唯一的零点

$$\frac{kl}{\sqrt{1-k^2}}.$$

而在上述假定时, 这零点显然位于 x 的变动区间之外 (或在它的端点上), 于是在区间之内部导数 y'_x 仍是负的.

仅在所说的零点 $<d$ 时, 这 x 的数值方才确定着 A 与 B 之间使运费为最小的一点 M 的位置.

附注 利用这机会请读者注意下面的情况. 寻求函数在变元的确定变动区间内的最大值或最小值时, 可能很容易碰到, 在这区间内全然没有导数的零点 (或其他 “有嫌疑的” 数值). 这就说明在所考察的区间内函数是单调增加或单调减少, 因此, 必在区间的两端点上达到其最大值及最小值.

在最后的应用题中, 当题内引入的数量满足一定的关系时, 类似的情况便立刻出现了.

§2. 凸 (与凹) 函数

141. 凸 (与凹) 函数的定义 除了单调 (增或减) 函数类以外, 还可以提出一类所谓凸或凹函数.

在区间 $\mathcal{X}$ 上① 有定义而且连续的函数 $f(x)$ 叫做是凸函数 (向下凸), 如果对 $\mathcal{X}$ 中的任何两点 x_1 与 x_2 ($x_1 \leqslant x_2$) 有不等式

$$f(q_1x_1+q_2x_2) \leqslant q_1f(x_1)+q_2f(x_2), \tag{1}$$

而 q_1 与 q_2 为相加等于 1 的任何正数. 函数叫做凹函数, 如果成立的不是 (1) 而是

$$f(q_1x_1+q_2x_2) \geqslant q_1f(x_1)+q_2f(x_2).② \tag{1a}$$

显然, 若函数 $f(x)$ 是凸 (凹) 的, 则函数 $-f(x)$ 是凹 (凸) 的, 反过来说也对. 这一简单的说明, 可使以后在许多情形下只要讨论凸函数就够了.

凸函数的上述定义有简单的几何意义. 首先要指出, 在所作对 q_1 与 q_2 的假定下,

$$x = q_1x_1+q_2x_2 \quad (x_1 < x_2) \tag{2}$$

应在 x_1 与 x_2 之间; 反之, x_1 与 x_2 间的每一数 x, 都可用上述形式来唯一表出, 其系数为

$$q_1 = \frac{x_2-x}{x_2-x_1} \quad 与 \quad q_2 = \frac{x-x_1}{x_2-x_1}. \tag{2a}$$

若考察函数 $f(x)$ 的图形 (图 71) 及其在点

$$A_1(x_1,y_1) 与 A_2(x_2,y_2)$$

[其中 $y_1=f(x_1), y_2=f(x_2)$] 间的弧, 则不等式 (1) 左边 —— 以 (2a) 为系数 —— 便是弧 A_1A_2 上横标为 x 的点 A 的纵标, 而在该不等式的右边则是弦 A_1A_2 上 (具同一横标的) 点 B 的纵标

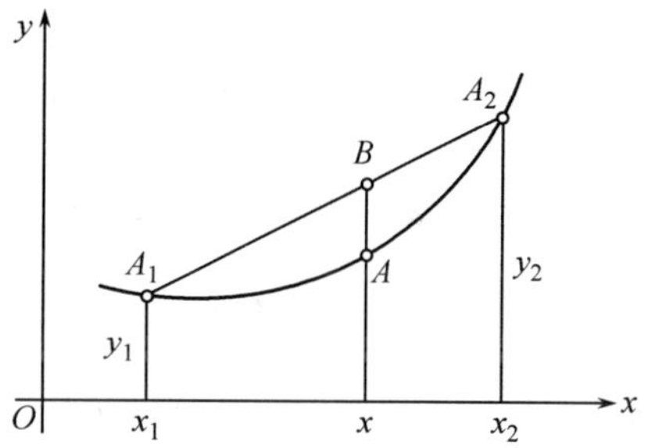

图 71

$$y = \frac{x_2-x}{x_2-x_1}y_1 + \frac{x-x_1}{x_2-x_1}y_2, \tag{3}$$

---

①这里 $\mathcal{X}$ 可以是开的或闭的, 有限的或无穷的.

②凸 (凹) 函数的概念是由詹森 (J. L. W. V. Jensen) 引入的, 但他是从比 (1) [或 (1a)] 还要特殊的关系式出发的, 即:

$$f\left(\frac{x_1+x_2}{2}\right) \underset{(\geqslant)}{\leqslant} \frac{f(x_1)+f(x_2)}{2};$$

这相当于 $q_1=q_2=\dfrac{1}{2}$ 的情形. 对于我们所限定的连续函数来讲, 这两个定义是一致的.

于是凸函数可描述为这样的函数, 其图形 (弧) 上所有的点都在相应弦的下面, 或位于弦本身上 (在凹函数的情形, "下面" 须改为 "上面"). 曲线 $y = f(x)$ 也随着函数 $f(x)$ 本身而称为**凸** (或**凹**) 的.

凸函数的明显例子 (同时也是凹函数) 是线性函数 $f(x) = ax + b$. 对它来说, 带等号的 (1) 式总成立. $f(x) = x^2$ 也是凸的, 这可直接据定义证明:

$$(q_1x_1 + q_2x_2)^2 = q_1x_1^2 + q_2x_2^2 - q_1q_2(x_1 - x_2)^2 < q_1x_1^2 + q_2x_2^2,$$

只要 $q_1, q_2 > 0$, $q_1 + q_2 = 1$. 底下还有凸函数的其他例子.

142. 关于凸函数的简单命题

1° 凸函数与正的常数相乘, 仍得凸函数.

2° 两个或几个凸函数之和是凸函数.

这两种情形的证明可自定义立即得出.

附注 两个凸函数的乘积可能不是凸函数. 后面要举出这样的例子 (**143** 的第二个脚注).

3° 若是 $\varphi(u)$ 是常增的凸函数, 而 $u = f(x)$ 也是凸函数, 则复合函数 $\varphi(f(x))$ 也是凸函数.

事实上, 由于 f 是凸函数 [见 (1)] 而 φ 是常增的, 故有

$$\varphi(f(q_1x_1 + q_2x_2)) \leqslant \varphi(q_1 \cdot f(x_1) + q_2 \cdot f(x_2)),$$

而由于 φ 是凸函数, 右式又不大于 $q_1\varphi(f(x_1)) + q_2\varphi(f(x_2))$, 故最后得不等式

$$\varphi(f(q_1x_1 + q_2x_2)) \leqslant q_1 \cdot \varphi(f(x_1)) + q_2 \cdot \varphi(f(x_2)),$$

而这是函数 $\varphi(f(x))$ 的 (1) 型的关系式.

读者可自己证明下表内所列的类似的命题:

$\varphi(u)$	$u = f(x)$	$\varphi(f(x))$
凸, 常减	凹	凸
凹, 常增	凹	凹
凹, 常减	凸	凹

4° 如果 $y = f(x)$ 和 $x = g(y)$ 是单值互反的函数 (在相对应的区间内), 那么下面表中表示的性质同时成立:

$f(x)$	$g(y)$
凸, 常增	凹, 常增
凸, 常减	凸, 常减
凹, 常减	凹, 常减

例如, 在第一行中, 假定我们要由关于 $f(x)$ 的假设推出关于 $g(y)$ 的判断. 令

$$f(x_1) = y_1, \quad f(x_2) = y_2, \quad 故 \quad x_1 = g(y_1), \quad x_2 = g(y_2).$$

根据不等式 (1), 我们有

$$f(q_1x_1 + q_2x_2) \leqslant q_1 \cdot f(x_1) + q_2 \cdot f(x_2) = q_1y_1 + q_2y_2.$$

因为依据反函数定理 [**83**], 函数 $g(y)$ 也是常增的, 所以

$$g(q_1y_1 + q_2y_2) \geqslant g(f(q_1x_1 + q_2x_2)) = q_1 \cdot g(y_1) + q_2 \cdot g(y_2),$$

这就证明了函数 g 的凹性 [参看 (1a)][①].

5° 在区间 $\mathcal{X}$ 内的凸函数 $f(x)$, 如果不是常数, 不可能在这区间内部达到最大值.

设若不然, 假定函数在区间某一内点 x_0 处达到最大值. 因为这个函数不是常数, 所以可把这点包括在这样一个区间 (x_1, x_2) 内:

$$x_1 < x_0 < x_2,$$

使得至少在一个端点处函数值的确小于在 x_0 处的函数值. 例如设

$$f(x_1) < f(x_0), \quad f(x_2) \leqslant f(x_0).$$

令 $x_0 = q_1x_1 + q_2x_2$, 用 q_1 乘第一个不等式的两边, 用 q_2 乘第二个并且相加. 我们得到

$$q_1 \cdot f(x_1) + q_2 \cdot f(x_2) < f(x_0) = f(q_1x_1 + q_2x_2),$$

这和函数 f 的凸性矛盾. 由此我们的论断得证.

6° 如果区间 $[x_1, x_2]$ (其中 $x_1 < x_2$) 包含在使函数 $f(x)$ 为凸的区间 $\mathcal{X}$ 内, 那么关系式 (1) 或者总是带等号成立, 或者总是带不等号成立.

仍旧用图 71 的记号, 这个命题可用几何方式表示成: 弧 A_1A_2 或者和弦 A_1A_2 重合, 或者 (除了端点以外) 整个落在弦的下面.

为了证明, 我们考察线性函数 (3), 它在 x_1, x_2 两点处和函数 $f(x)$ 取同样的值; 为简短计我们把这函数记成 $l(x)$. 由于函数 f 和 $-l$ 的凸性, 差

$$\varphi(x) = f(x) - l(x) = f(x) + [-l(x)]$$

也是凸的 [2°]. 这时在区间 $[x_1, x_2]$ 内或者是 $\varphi(x) \equiv 0$, 或者不是. 在第一种情形, 在这个区间内 $f(x) \equiv l(x)$ 就是说弧和弦粘合, 而关系式 (1) 永远带等号成立. 在第二

①表中列出的所有论断从图上来看都是显然的.

种情形, 在整个区间 (x_1, x_2) 内都应该有 $\varphi(x) < 0$, 因为, 设若函数 φ 在这个区间内也能取得非负值, 那么它势将在区间 $[x_1, x_2]$ 的内部取得在 $[x_1, x_2]$ 上的最大值, 而这对于不是常数的凸函数是不可能的 [5°]. 所以, 在这区间的内部 $f(x) < l(x)$, 曲线落在弦的下面, 而关系式永远带不等号成立.

如果对于包含在 $\mathcal{X}$ 内部的任何区间 $[x_1, x_2]$, $x_1 < x_2$, 关系式 (1) 带不等号成立, 我们就说函数 $f(x)$ 是狭义凸函数.类似地可确立狭义凹函数的概念. 这个名称同时也适用于曲线 $y = f(x)$.

143. 函数凸性的条件 利用 (2) 和 (2a), 可将基本不等式 (1) 改写成:

$$f(x) \leqslant \frac{x_2 - x}{x_2 - x_1} f(x_1) + \frac{x - x_1}{x_2 - x_1} f(x_2)$$

或者更加对称些,

$$(x_2 - x) f(x_1) + (x_1 - x_2) f(x) + (x - x_1) f(x_2) \geqslant 0. \tag{4}$$

最后, 这个条件可利用行列式写成:

$$\begin{vmatrix} 1 & x_1 & f(x_1) \\ 1 & x & f(x) \\ 1 & x_2 & f(x_2) \end{vmatrix} \geqslant 0. \tag{5}$$

在所有情形都假定 x 包含在 x_1 和 x_2 之间; 为确定起见以后并将假定 $x_1 < x_2$.

顺便指出, 把函数凸性条件写成 (5) 的形式, 它就获得一个直接的几何解释, 只要记得, 上面写出的行列式表示 $\Delta A_1 A A_2$ (图 72) 的面积的二倍, 它取得正值的必要而且充分的条件, 乃是三角形是正定向的, 就是说它的周界 A_1—A—A_2 依逆时针方向划过.

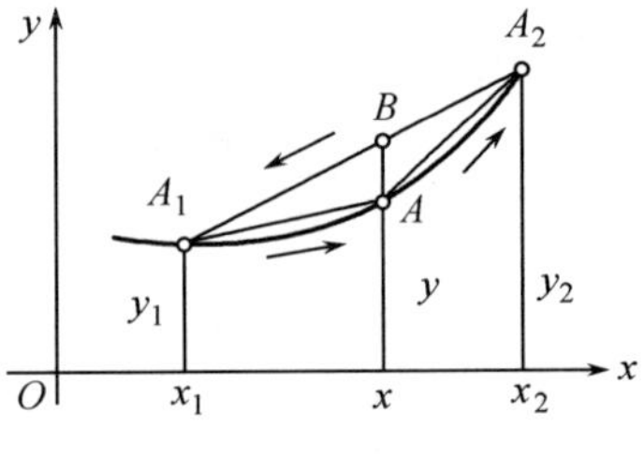

图 72

我们特别指出, 如果指的是狭义凸性, 那么在所有这些条件中都应该把等号除去.

如果引用函数 $f(x)$ 的导数, 就可以得出关于它的凸性的便于检验的条件.

定理 1 假定函数 $f(x)$ 在区间 $\mathcal{X}$ 内有定义而且连续, 并且在 $\mathcal{X}$ 内有有限导数 $f'(x)$. 要使 $f(x)$ 在 $\mathcal{X}$ 内是凸函数, 必要而且充分的条件是, 它的导数 $f'(x)$ 是常增的 (按照广义理解).

必要性 假定函数 $f(x)$ 是凸的. 设 $x_1 < x < x_2$, 将条件 (4) 改写成:

$$\frac{f(x) - f(x_1)}{x - x_1} \leqslant \frac{f(x_2) - f(x)}{x_2 - x}. \tag{6}$$

如果令 x 趋向 x_1 或 x_2 并且求极限, 我们将分别得到

$$f'(x_1) \leqslant \frac{f(x_2)-f(x_1)}{x_2-x_1} \tag{7a}$$

和

$$f'(x_2) \geqslant \frac{f(x_2)-f(x_1)}{x_2-x_1} ①, \tag{7б}$$

由此 $f'(x_1) \leqslant f'(x_2)$, 因而函数 $f'(x)$ 实际上是增长的 (按照广义理解).

充分性 现在假定后面的条件被满足即 $f'(x)$ 常增. 为了证明不等式 (6) 我们对它的两边应用有限增量公式 [**112**]

$$\frac{f(x)-f(x_1)}{x-x_1} = f'(\xi_1), \quad \frac{f(x_2)-f(x)}{x_2-x} = f'(\xi_2),$$

其中 $x_1 < \xi_1 < x < \xi_2 < x_2$. 因为依照假定 $f'(\xi_1) \leqslant f'(\xi_2)$, 所以关系式 (6) 真正成立, 而由它就可得出确定函数 $f(x)$ 的凸性的关系式 (4).

定理 2 假定函数 $f(x)$ 和它的导数 $f'(x)$ 在区间 $\mathcal{X}$ 内有定义并且连续, 而且 $f(x)$ 在 $\mathcal{X}$ 的内部有有限的二阶导数. 要使 $f(x)$ 是在 $\mathcal{X}$ 内的凸函数, 必要而且充分的条件是在 $\mathcal{X}$ 的内部

$$f''(x) \geqslant 0. \tag{8}$$

由于前一定理, 只需把 **132** 目的定理 2 应用到函数 $f'(x)$ 就够了.

同样可得函数的凹性的条件

$$f''(x) \leqslant 0, \tag{8*}$$

所以, 条件

$$f''(x) > 0 \quad (< 0) \tag{9}$$

的成立显然保证了狭义的凸性 (凹性), 因为它排除了函数 $f(x)$ 在任何区间成为线性的可能性 [**142**, 6°].

现在要作出任意多少凸函数或凹函数的例子就很容易了:

1) 函数 a^x $(a>0, a \neq 1)$ 在区间 $(-\infty, +\infty)$ 内是凸的, 因为 $(a^x)'' = a^x \cdot (\ln a)^2 > 0$;

2) 函数 $\ln x$ 在区间 $(0, +\infty)$ 内是凹的, 因为 $(\ln x)'' = -\dfrac{1}{x^2} < 0$ [比较 **142**,4°];

3) 对于函数 $x \cdot \ln x$ (仍在上述区间内), 二阶导数 $\dfrac{1}{x} > 0$, 因而函数是凸的;

4) 对于函数 x^r (仍在上述区间内), 二阶导数等于 $r(r-1)x^{r-2}$; 由此可知, 当 $r > 1$ 和 $r < 0$ 时函数是凸的, 而当 $0 < r < 1$ 时函数是凹的②, 等等.

在所有这些例子中狭义凸性或狭义凹性都实际发生了.

---

①由于后面有用, 我们着重指出, 在推导不等式 (7a) 和 (7б) 时, 我们仅仅相应地利用了导数在点 x_1 或 x_2 处的存在性.

②这个例子使我们可能顺便表明, 两个凸函数的乘积也可以不是凸函数; 例如, 函数 $-x^{\frac{1}{3}}$ 是凸的, 可是它的平方, 即函数 $x^{\frac{2}{3}}$ 是凹的.

作为结束, 我们再指出凸函数 $f(x)$ 的一个重要的几何特征. 这里, 我们不像 [**141**] 目一样考察函数 $f(x)$ 的图像的弦, 而考察图像上任意点处的切线 (图 73).

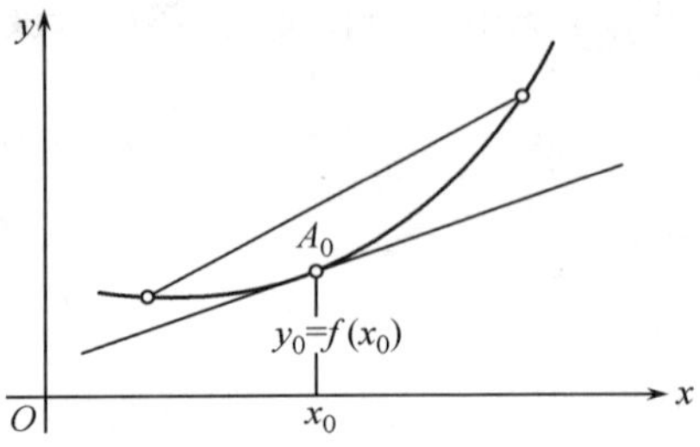

图 73

定理 3 假定函数 $f(x)$ 在区间 $\mathcal{X}$ 内有定义而且连续, 并有有限导数 $f'(x)$. 要使函数 $f(x)$ 是凸的, 必要而且充分的条件是, 它的图像上的一切点落在它的任意切线上面 (或落在切线上).

必要性 曲线 $y=f(x)$ 在点 $A_0(x_0, f(x_0))$ 处的切线有斜率 $f'(x_0)$. 切线的方程是:

$$y=f(x_0)+f'(x_0)(x-x_0).$$

需要证明, 由函数 $f(x)$ 的凸性可得出, 对于 $\mathcal{X}$ 中的任意二点 x_0 和 x, 成立不等式

$$f(x) \geqslant f(x_0)+f'(x_0)(x-x_0). \tag{10}$$

它等价于两个不等式:

$$f'(x_0) \leqslant \frac{f(x)-f(x_0)}{x-x_0} \quad 对于\ x>x_0 \tag{11a}$$

和

$$f'(x_0) \geqslant \frac{f(x)-f(x_0)}{x-x_0} \quad 对于\ x<x_0, \tag{11б}$$

但是这两个不等式分别和在定理 1 的证明中已得的 (恰恰在函数是凸的这一假定下) 不等式 (7a) 和 (7б) 符合, 只要在它们的第一个中令 $x_2=x, x_1=x_0$, 而在第二个中令 $x_2=x_0, x_1=x$.

充分性 反过来, 假定不等式 (10) 也就是不等式 (11a) 和 (11б) 成立. 那么, 由它们就可确立不等式 (7a) 和 (7б), 由此可得: $f'(x_1) \leqslant f'(x_2)$, 因而导数 $f'(x)$ 是一个增函数. 而我们知道, 这就表示了函数 $f(x)$ 是凸的 (定理 1).

附注 请读者注意, 不等式 (10) —— 对于给定的 x_0 和任意的 $x \neq x_0$ —— 的必要性的证明实际只需假定导数 $f'(x)$ 在点 x_0 本身处存在 (参看第 253 页的脚注).

144. 詹森不等式及其应用 依照凸函数的定义 [参看 (1)], 我们有

$$f(q_1x_1+q_2x_2) \leqslant q_1 \cdot f(x_1)+q_2 \cdot f(x_2)$$
$$(q_1, q_2>0; q_1+q_2=1).$$

可以证明, 对于凸函数还成立更一般的不等式 (它和詹森这个名字相关连):

$$f(q_1x_1+q_2x_2+\cdots+q_nx_n) \leqslant q_1 \cdot f(x_1)+q_2 \cdot f(x_2)+\cdots+q_n \cdot f(x_n) \tag{12}$$

$$(q_1, \cdots, q_n > 0, q_1 + \cdots + q_n = 1),$$

这里 $x_1, x_2, \cdots, x_n$ 是基本区间 $\mathcal{X}$ 内的任意数值. 当 $n = 2$ 时, 我们知道它是对的; 现在假定, 对于任意某个自然数 $n \geqslant 2$ 它能成立, 我们要证明对于 $n + 1$ 它也成立, 就是说, 由 $\mathcal{X}$ 内取 $n + 1$ 个值 $x_1, \cdots, x_n, x_{n+1}$, 并取总和等于 1 的 $n + 1$ 个正数 $q_1, \cdots, q_n, q_{n+1}$, 我们将有

$$\begin{aligned} & f(q_1 x_1 + \cdots + q_n x_n + q_{n+1} x_{n+1}) \\ \leqslant\ & q_1 \cdot f(x_1) + \cdots + q_n \cdot f(x_n) + q_{n+1} \cdot f(x_{n+1}). \end{aligned} \tag{13}$$

为此目的, 将左边最后二项之和 $q_n x_n + q_{n+1} x_{n+1}$ 用单独的一项

$$(q_n + q_{n+1}) \left(\frac{q_n}{q_n + q_{n+1}} x_n + \frac{q_{n+1}}{q_n + q_{n+1}} x_{n+1} \right)$$

来代替; 这使我们可能利用不等式 (12) 来肯定: (13) 中左边的表达式不超过下面的和数:

$$q_1 \cdot f(x_1) + \cdots + (q_n + q_{n+1}) \cdot f\left(\frac{q_n}{q_n + q_{n+1}} x_n + \frac{q_{n+1}}{q_n + q_{n+1}} x_{n+1} \right).$$

剩下只需把基本不等式 (1) 应用到最后一项的函数值上去, 就可得到 (13). 如此, 依照数学归纳法, 不等式 (12) 完全证明了.

常常不用总和为 1 的诸因子 q_i, 而引用一些任意的正数 p_i. 在不等式 (12) 中令

$$q_i = \frac{p_i}{p_1 + \cdots + p_n},$$

就把它化成如下形式:

$$f\left(\frac{\sum p_i x_i}{\sum p_i} \right) \leqslant \frac{\sum p_i \cdot f(x_i)}{\sum p_i}. \tag{12*}$$

显然, 在 f 是凹函数的情形, 不等号需要倒转过来.

选择不同的函数 f, 可以由上式得出一些具体的重要不等式 —— 而它们的来源却都是同样的, 举几个例子.

1) 设 $f(x) = x^k$, 这里 $x > 0$, $k > 1$ (凸函数). 我们有

$$\left(\frac{\sum p_i x_i}{\sum p_i} \right)^k \leqslant \frac{\sum p_i x_i^k}{\sum p_i}$$

即

$$\left(\sum p_i x_i \right)^k \leqslant \left(\sum p_i \right)^{k-1} \cdot \sum p_i x_i^k.$$

将这里的 p_i 换成 $b_i^{\frac{k}{k-1}}$, x_i 换成 $\dfrac{a_i}{b_i^{\frac{1}{k-1}}}$, 我们得到已知的柯西–赫尔德不等式:

$$\sum a_i b_i \leqslant \left\{ \sum a_i^k \right\}^{\frac{1}{k}} \cdot \left\{ \sum b_i^{\frac{k}{k-1}} \right\}^{\frac{k-1}{k}}$$

[比较 **133** (5)].

2) 令 $f(x)=\ln x$, 这里 $x>0$ (凹函数), 就有

$$\frac{\sum p_i\cdot\ln x_i}{\sum p_i}\leqslant\ln\frac{\sum p_i x_i}{\sum p_i}.$$

由此, 取指数函数, 也得到已经遇见过的不等式

$$\left\{\prod x_i^{p_i}\right\}^{\frac{1}{\Sigma p_i}}\leqslant\frac{\sum p_i x_i}{\sum p_i}\ ①$$

[比较 **133** (4)].

3) 最后, 取 $f(x)=x\cdot\ln x$, 这里 $x>0$ (凸函数). 这时

$$\frac{\sum p_i x_i}{\sum p_i}\ln\frac{\sum p_i x_i}{\sum p_i}\leqslant\frac{\sum p_i x_i\ln x_i}{\sum p_i}$$

用 $\sum p_i$ 乘并取指数函数, 得到不等式

$$\frac{\sum p_i x_i}{\sum p_i}\leqslant\left\{\prod x_i^{p_i x_i}\right\}^{\frac{1}{\Sigma p_i x_i}}.$$

特例, 在这里令 $p_i=\frac{1}{x_i}$, 就有

$$\frac{n}{\sum\frac{1}{x_i}}\leqslant\sqrt[n]{\prod x_i}.$$

如果将调和中项② 的概念推广到几个数的情形, 那么这个不等式可以表述成: *一列正数的调和中项不超过它们的几何中项.*

145. 拐点 在描绘函数的图形时 (这个将在下一节中讲), 所谓曲线 $y=f(x)$ 的拐点是值得注意的.

曲线上一点 $M(x_0,f(x_0))$ 叫做曲线的拐点, 如果它把使函数 $f(x)$ 为凸的那部分曲线 (向下凸) 和使这函数为凹的那部分 (向上凸) 分开的话 (图 74).

如果假定在所考察的区间内函数 $f(x)$ 有有限导数, 那么依照定理 2, 这个导数在 x_0 的左边某邻域 $[x_0-\delta,x_0]$ 内常增, 而在右边的邻域 $[x_0,x_0+\delta]$ 内常减, 或者相反, 在左边常减而在右边常增. 在第一种情形, $f'(x)$ 当 $x=x_0$ 时有极大值, 而在第二情形, 则有极小值. 如果再假定存在有限二阶导数 $f''(x)$, 即使只在 $x=x_0$ 一点处也好, 那么必定 $f''(x_0)=0$ [比较 **134**].

$f''(x_0)=0$ 这个条件对于求拐点的作用就像条件 $f'(x_0)=0$ 对于求函数 $f(x)$ 的极值的作用一样: 它是必要的, 但不是充分的. 后者容易用例子来证实. 设 $f(x)=x^4$,

①就像 $\sum$ 表示和数一样, 记号 $\prod$ 表示乘积.

②参看第 **35** 目 5) 的脚注.

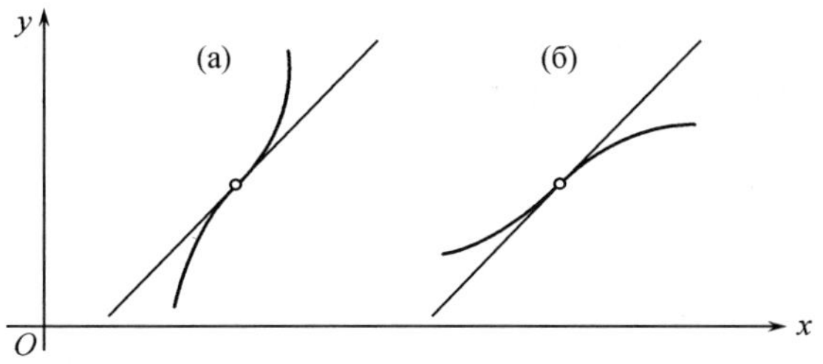

图 74

则在区间 $(-\infty,+\infty)$ 内 $f''(x)=12x^2\geqslant 0$, 所以, 依照定理 2, 函数 $f(x)$ 在这个整个区间内是凸的, 虽然 $f''(x)$ 在点 $x=0$ 成为零.

如果二阶导数 $f''(x)$ 在所研究的区间的内部处处存在, 那么拐点的横坐标应该在这个导数的根中去找. 不过每个根 x_0 都须加以考查. 假设在 x_0 的左右两边的某两个邻域 $[x_0-\delta,x_0)$ 和 $(x_0,x_0+\delta]$ 内, 导致 $f''(x)$ 保持确定符号. 这时为了辨认拐点可以给出这样的规则: *如果在通过数值 $x=x_0$ 时导数 $f''(x)$ 变号, 那么就有拐点, 如果不变号, 就没有拐点* [比较 **135**].

我们指出, 这时拐点 $(x_0,f(x_0))$ 将曲线分成两部分, 一部分是狭义凸曲线, 一部分是狭义凹曲线.

例如, 考察函数 $f(x)=\sin x$. 对于它, $f''(x)=-\sin x$ 在 $x=k\pi$ (k 是整数) 处成为零, 同时变更符号. 所以, 正弦曲线的落在 x 轴上的一切点都是拐点; 容易看出, 在 $((2m-1)\pi,2m\pi)$ 这样的区间内, 正弦曲线是凸的 (向下凸), 而在 $(2m\pi,(2m+1)\pi)$ 这样的区间内它是凹的 (向上凸).

像在 **138** 目中求函数极值时一样, 还可以引用在所考查的点 x_0 —— 它是 $f''(x)$ 的根 —— 处更高各阶的导数. 如此得出规则: *如果在点 x_0 处第一个不为零的 (高于二阶的) 导数是奇数阶导数, 那么有拐点, 如果是偶数阶导数, 那么没有拐点.*

作为结束, 我们指出曲线 $y=f(x)$ 的一个值得注意的性质, 这个性质和它在拐点处的切线有关 (假如这切线存在的话): *曲线在这点由切线的一侧进入另一侧, 就是说, 曲线和切线相交* (参看图 74).

如果切线是铅垂的,这个情况是显然的 (比较图 43, a 和 б). 再看斜切线和水平切线的情形, 也就是假定存在有限导数 $f'(x_0)$. 为了确定起见, 假定在拐点左边, 即对于 $x_0-\delta\leqslant x<x_0$, 曲线是凸的, 而在右边, 即对于 $x_0<x\leqslant x_0+\delta$, 曲线是凹的 (这相当于图 74, б). 在这种情形下, 我们将确立, 对于 $x<x_0$, 曲线落在切线以上 (或在切线上), 而对于 $x>x_0$. 曲线落在切线以下 (或在切线上), 即

$$f(x)\geqslant f(x_0)+f'(x_0)(x-x_0),\quad \text{如果 } x<x_0,$$

以及

$$f(x)\leqslant f(x_0)+f'(x_0)(x-x_0),\quad \text{如果 } x>x_0.$$

但第一个不等式就是 **143** 目的不等式 (10) (请注意该目的附注). 第二个不等式是不等式 (10) 在凹函数的情形的类推.

附注 这个性质常常被简单地取作拐点的定义. 这个定义和前面给出的绝不是等价的. 首先, 曲线在拐点处可能没有切线, 因而第二定义不能应用. 也可能发生相反的情形: 在某点处切线和曲线相交, 可是该点却不是曲线的凸部和凹部的分界点, 因而第一个定义不能应用. 图 43, в 和 г 的曲线就是如此; 但更有趣的是曲线

$$y=x^5\left(1+\sin^2\frac{1}{x}\right)\quad(\text{当 } x\neq 0),\quad y=0\quad(\text{当 } x=0),$$

这条曲线在原点处和 x 轴相切并和它相交; 这里甚至存在连续二阶导数, 但是曲线在点 $x=0$ 的附近, 左边也好, 右边也好, 都无限次变更符号.

§3. 函数的作图

146. 问题的提出 掌握了微分学的方法, 我们可以回到函数的作图的问题 [参阅 **47**]. 假设首先要作在有限区间 $[a,b]$ 内的连续函数 $y=f(x)$ 的图像. 现在我们的主要目的是*尽可能地准确描述函数的动态*; 至于个别纵标的准确度却还在其次.

通常所使用的 "按点" 作图法 [**47**], 所取的点或较密或较疏, 但都是偶然的, 而且与 (事先尚未知道的) 图像的特性无关, 因此是不适用的. 首先, 它要计算较多个数的坐标, 这在实用上是不方便的. 但主要的还是它在原则上就是不适用的, 因为所计算的纵标的任意性, 所以它完全不能保证达到所希望的目标.

今假定函数 $y=f(x)$ 一般都有有限导数 $y'=f'(x)$; 导数为无穷的例外情形仅可能在个别点处发生. 则微分学的方法使我们有可能决定一定个数的 "基点", 它们就是当前的图像的特性点, 按照这些点所作出的图像已经可以达到充分的准确度.

首先, 我们考虑图像的转向点, 即对应于函数极值的图像的峰顶及谷底 [**134** ~ **138**]. 此外, 还必须普遍地把一切有水平切线及铅直切线的点, 即使它们并不对应于函数的极值, 都一并予以考虑. 自然, 还应当注意到图像的端点.

当刚才所讲过的那些点已经记入图内时 (虽然它们的个数通常并不多), 其实要作图已经够条件了.

若能再研究图像各个部分的凸性 (向下凸) 或凹性 (向上凸) 以及将各个部分分开的拐点的位置, 则可以使图像进一步地精确化 [**143, 145**].

这时, 我们已可正确地指出函数的增大及减小的区间, 还可正确地指出函数的变率下降至零 ($y'=0$) 或增大至无穷 ($y'=\pm\infty$) 的那些点, 因此, 所作出的图也就已经可以相当完善地反映出函数的动态了.

147. 作图的步骤 · 例题 现在假设函数 $y=f(x)$ 在所考察的区间 $[a,b]$ 内, 除去在个别的点处导数 $y'=f'(x)$ 为无穷之外, 可以二次微分.

这时, 要作函数 $y=f(x)$ 的图像, 应该进行如下:

1) 确定使导数 $y'=f'(x)$ 等于零或无穷的 x 值, 并检查它们是否对应于函数的极值;

2) 确定使二阶导数 $y''=f''(x)$ 等于零的 x 值, 并检定它们是否对应于拐点;

3) 算出与所有这些 x 值对应的 $y=f(x)$ 的函数值. 再算出与所考察的区间的两端点 a 及 b 对应的函数值.

把所得结果列成一表, 并须注明所求出的图像上的点的特性: 如极大点, 极小点, $y'=0, y'=+\infty$ 或 $-\infty, y'=\pm\infty$, 拐点, 等等 [参阅下面的例题].

有时, 在上述那些点之外还须再加上一些其他的点, 例如图像与两轴的交点等.

在把所求出的一切点记入图内并且认清了它们的特性以后, 就可以经过它们而作出函数的图像了.

我们所考虑的, 当然是作图练习中的通常情形, 就是仅在有限个点处一阶导数等于 0 (或成为 $\pm\infty$) 或二阶导数等于 0. 这时在这些点之间的各区间内, 图像总是一直上升或一直下降并且也总是向一方凹曲.

若当 x 变号时函数值不变 (偶函数), 则图像是关于铅垂轴对称的, 曲线的作图法就可以简化. 当图像是关于原点对称时, 它的解析式的表示是: 当 x 变号时函数值仅变其号 (奇函数), 这时作图同样也可简化.

例题 1) 在 **136**, 2) 内, 我们已经考察过函数

$$y=\sin^3 x+\cos^3 x$$

的性态; 用它的导数我们曾确定使函数获得极值的 x 的数值, 并且亦曾算出过函数的极值. 由于函数的周期性, 我们曾限于考察 x 的变动区间 $[0,2\pi]$. 至于函数的图像也只要作出在这区间内的部分就够了.

现在我们需要求出二阶导数的零点. 若把它表示为

$$y''=\frac{9}{2}(\sin x+\cos x)\left(\sin 2x-\frac{2}{3}\right),$$

就很易看出, 第一个括号内的因式在 $x=\dfrac{3\pi}{4}\doteq 2.36$ 及 $\dfrac{7\pi}{4}\doteq 5.50$ 时等于 0, 而第二个因式在 $x\doteq 0.36\ (21^\circ)$, $1.21\ (69^\circ)$, $3.51\ (201^\circ)$, 及 $4.35\ (249^\circ)$ 时等于 0; 在一切这些点处, y'' 都要变号, 因此它们都对应于拐点.

列成表:

x	0	0.36	0.78	1.21	1.57	2.36	3.14
y	1	0.86	0.71	0.86	1	0	-1
	$(y'=0)$ 极大点	拐点	$(y'=0)$ 极小点	拐点	$(y'=0)$ 极大点	拐点	$(y'=0)$ 极小点

x	3.51	3.94	4.35	4.71	5.50	6.28
y	-0.86	-0.71	-0.86	-1	0	1
	拐点	$(y'=0)$ 极大点	拐点	$(y'=0)$ 极小点	拐点	$(y'=0)$ 极大点

依这表就作出了画在图 58 中的图像.

附注 读者应该已经注意到, 书中的附图由于尺度太小, 没有能够完善地利用这些由计算而求得的精确的数据. 建议读者用较大的尺度来重画这些附图.

2) 考察函数

$$y=\sin x+\sin 2x.$$

它不仅是周期函数, 而且还是奇函数. 这使我们还能缩短 x 的变动区间成为 $[0,\pi]$.

在这区间内, 导数

$$y'=\cos x+2\cos 2x=4\cos^2 x+\cos x-2$$

在 $\cos x=\dfrac{-1\pm\sqrt{33}}{8}$ 时等于零, 即在 $x\doteq 0.94\ (54^\circ)$ 及 $2.57\ (147^\circ)$ 时. 因为二阶导数

$$y''=-\sin x-4\sin 2x=-\sin x(1+8\cos x)$$

在上面的第一数值时, 显然是负的, 所以它使函数获得极大值; 仿此, 在第二数值时函数有极小值.

二阶导数本身随着 $\sin x$ 而在 $x=0$ 或 $x=\pi\doteq 3.14$ 时等于 0, 它又随着括号内的因式而在 $x\doteq 1.70\ (97^\circ)$ 时等于 0; —— 在一切这些点它都变号 (拐点).

列成表:

x	0	0.94	1.70	2.09	2.57	3.14
y	0	1.76	0.74	0	−0.37	0
	拐点	$(y'=0)$ 极大点	拐点		$(y'=0)$ 极小点	拐点

在上面指出的 x 值以外, 再加上 $x=\dfrac{2}{3}\pi\doteq 2.09\ (120^\circ)$, 这时 $y=0$ (图像与 x 轴相交) . 依这些点而作出的图像, 画在图 75 中; 它在区间 $[-\pi,0]$ 内的图像可以由 $[0,\pi]$ 中的图像经过二次旋转; 先绕 y 轴, 再绕 x 轴旋转而得出.

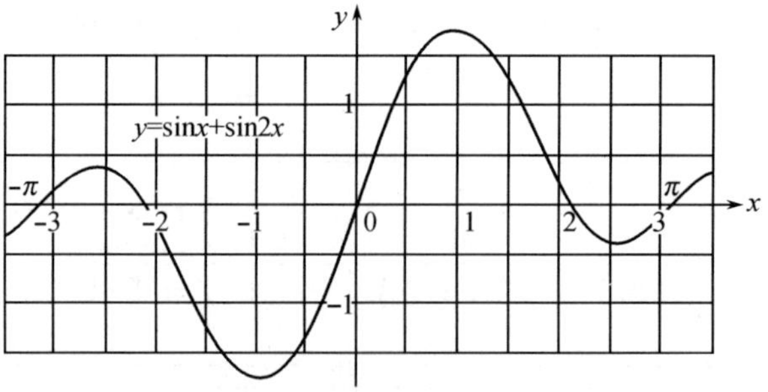

图 75

148. 无穷间断 · 无穷区间 · 渐近线 向两个方向来扩大前已考察过的那种函数的范围是有用处的. 第一, 我们现在将假设函数 $y = f(x)$ 在个别的 x 值时有成为无穷的可能. 这就是说, x_0 是这种数值之一, 当 x 趋于 x_0 时 $f(x)$ 趋于 $+\infty$ 或 $-\infty$. 第二, 我们可以研究在无穷区间内的函数的性态.

因为附图的大小自然是有限的, 所以在这两种情形我们都只能画出全图像的一部分. 但总尽量设法使得未画出那一部分图像的情况, 可以由已画出的部分很容易地想像出来.

今将讨论, 在点 $x = x_0$ 处, 函数有无穷间断的情形. 如果在区间的有限部分导数 $y' = f'(x)$ 最多只有限次变更符号, 那么当 x 由一方接近于 x_0 时, 函数必单调地趋向于无穷 (正的或负的). 这样图像在伸展至无穷时将无限制地接近于铅垂线 $x = x_0$, 至于接近它的上部或下部, 则要看无穷极限的符号而定. 这直线可以使我们清楚地想像出在附图范围以外的图像的形状 (图 76). 可以用我们已经很熟悉的函数的图像作为例子, 如 $y = \dfrac{a}{x}$ 在 $x = 0$ 时 (图 10), $y = \operatorname{tg} x$ 在 $x = (2k+1)\dfrac{2\pi}{2}$ 时 (图 16), $y = \log_a x$ 在 $x = 0$ 时 (图 14).

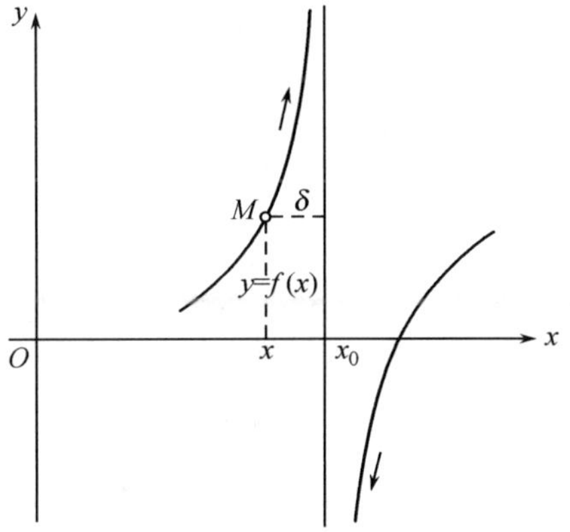

图 76

在无穷 (一侧或双侧都可) 区间的情形, 某些水平线或斜的直线有时也有相似的性质, 就是函数的图像总是无限制地接近于它们. 有鉴于此, 我们给出下列的普遍定义.

设有一曲线, 它的一支沿某一方向伸展至于无穷远处. 若由曲线上的点至某一固定直线的距离 δ, 当点逐渐趋向无穷远时, 能逐渐趋向于零, 则这直线称为曲线的渐近线.

刚才我们所说过的是铅垂渐近线; 现在要研究水平渐近线及斜渐近线, 但都是对于已知其方程 $y = f(x)$ 的曲线而言的.

水平渐近线的例子, 我们已经遇见过: 对于曲线 $y = \dfrac{a}{x}$, 在 $x \to \pm\infty$ 时渐近线是 $y = 0$ (图 10), 对于曲线 $y = \operatorname{arctg} x$, 在 $x \to +\infty$ 及 $x \to -\infty$ 时, 渐近线各为 $y = \dfrac{\pi}{2}$ 及 $y = -\dfrac{\pi}{2}$ (图 21), 对于曲线 $y = a^x$, 若 $a > 1$ 则在 $x \to -\infty$ 时, 若 $a < 1$ 则在 $x \to +\infty$ 时, 以直线 $y = 0$ 为渐近线 (图 13).

要使直接 $Y = b$, 例如在 $x \to +\infty$ 时, 能作为曲线 $y = f(x)$ 的渐近线, 显然 (图 77), 必要而且充分的条件是

$$\lim_{x\to+\infty} \delta = \lim_{x\to+\infty} |y - b| = 0 \quad 或 \quad \lim_{x\to+\infty} y = \lim_{x\to+\infty} f(x) = b.$$

这样, 水平渐近线的问题, 就简单地变成关于这一极限的问题了.

还需另外去求在 $x \to -\infty$ 时的类似的极限; 这时 (例如在曲线 $y = \operatorname{arctg} x$ 的场合) 可能会得出另一渐近线.

转而讨论斜渐近线, 可以用读者在解析几何内已熟悉的双曲线

$$\frac{x^2}{a^2} - \frac{y^2}{b^2} = 1 \quad 或 \quad y = \pm\frac{b}{a}\sqrt{x^2 - a^2} \tag{1}$$

的渐近线 $y = \pm\frac{b}{a}x$ 作为它们的例子 (同时参阅图 7).

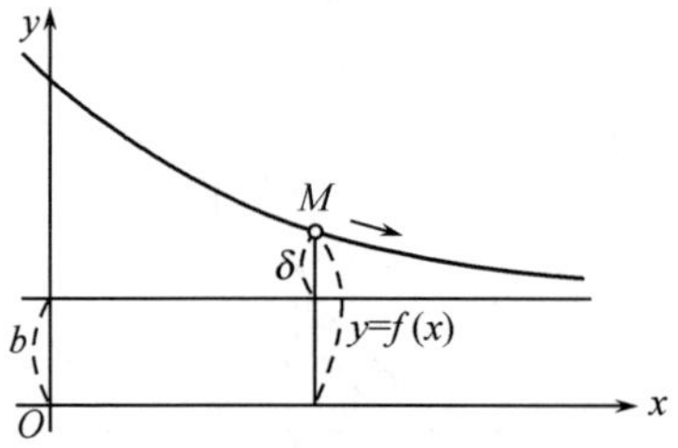

图 77

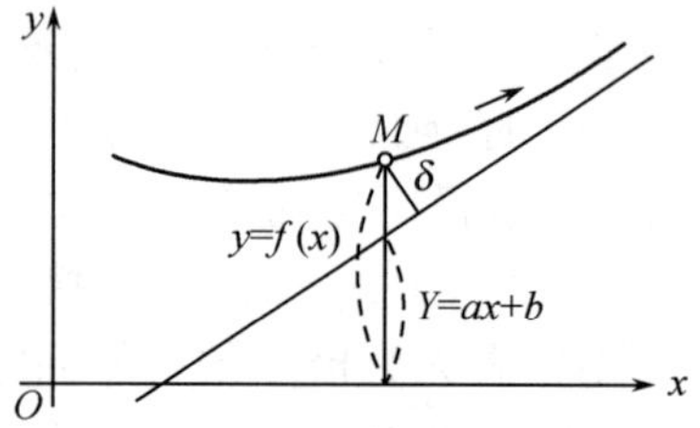

图 78

今假定曲线 $y = f(x)$, 在正 x 轴这一边有斜渐近线

$$Y = ax + b \tag{2}$$

(图 78). 因为纵标的差 $|y - Y|$ 与距离 δ 的区别仅是一个常因数 (等于渐近线与 x 轴之间的夹角的余弦), 故在 $x \to +\infty$ 时, 这差应随 δ 而趋向于零:

$$\lim_{x\to+\infty}(y - ax - b) = 0, \tag{3}$$

除以 x, 就由此得:

$$\lim_{x\to+\infty}\frac{y}{x} = a; \tag{4}$$

此外, 等式 (3) 立刻给出

$$\lim_{x\to+\infty}(y - ax) = b. \tag{5}$$

因此, 要使直线 (2) 是所给曲线的渐近线, 条件 (4) 及 (5) 的成立是必要的, 相反的论证亦很易指出它们的充分性. 问题在此处已变成求 (4) 及 (5) 的极限了, 得到这些极限值, 直线方程 (2) 的系数也就确定了.

自然, 在 $x \to -\infty$ 时, 需要另外再求其他的渐近线.

例如, 在双曲线 (1) 的场合, 设 $x \to +\infty$, 就有

$$\frac{y}{x} = \pm\frac{b}{a}\cdot\frac{\sqrt{x^2 - a^2}}{x} = \pm\frac{b}{a}\cdot\sqrt{1 - \frac{a^2}{x^2}} \to \pm\frac{b}{a};$$

其次有 $y \mp \frac{b}{a}x = \pm\frac{b}{a}(\sqrt{x^2-a^2}-x) = \mp\frac{ab}{x+\sqrt{x^2-a^2}} \to 0$, 而我们就得出大家知道的渐近线:

$$y = \pm\frac{b}{a}x.$$

回到函数的作图问题, 我们在前一目所曾讲过的 1)、2)、3) 点之后, 再加上下列两点:

4) 确定使函数 $y = f(x)$ 成为无穷 (附有符号) 的 x 值, 并作出对应的铅直渐近线;

5) 求出图像的水平渐近线及斜渐近线 (若区间的两方都趋于无穷, 就要各别地求在 $x \to +\infty$ 及 $x \to -\infty$ 时的渐近线).

再讨论一些例题.

149. 例题

3) 回到函数

$$y = (x+2)^2(x-1)^3,$$

在 **136**, 1) 内我们已求出它的极值. 这函数在 $-\infty < x < +\infty$ 时永远为连续. 在 $x \to \pm\infty$ 时, 不仅 y 趋向于 ∞, 就是 $\frac{y}{x}$ 亦趋向于 ∞, 故无渐近线.

再考察二阶导数

$$y'' = 2(x-1)(10x^2+16x+1).$$

它在 $x = 1, -0.07, -1.53$ 时等于零, 并且在这些点处变号 (有拐点).

列成表:

x	-2	-1.53	-0.8	-0.07	0	1
y	0	-3.58	-8.40	-4.56	-4	0
	$(y'=0)$ 极大点	拐点	$(y'=0)$ 极小点	拐点		$(y'=0)$ 拐点

图像已画在图 57 中.

4) 设

$$y = x^{\frac{2}{3}} - (x^2-1)^{\frac{1}{3}}$$

[参阅 **136**, 3)]. 函数在区间 $(-\infty, +\infty)$ 内永远为连续. 把它表示为

$$y = \frac{1}{x^{\frac{4}{3}} + x^{\frac{2}{3}}(x^2-1)^{\frac{1}{3}} + (x^2-1)^{\frac{2}{3}}},$$

易证在 $x \to \pm\infty$ 时 $y \to 0$, 因此这函数的图像以 x 轴为渐近线 (向右及向左都是). 二阶导数没有零点; 拐点只能在导数 $y' = \infty$ 的点处. 由于函数是偶函数, 故关于 y 轴为对称.

列成表:

x	$-\infty$	-1	-0.71	0	0.71	1	$+\infty$
y	0	1	1.59	1	1.59	1	0
		$y' = +\infty$	$(y'=0)$ 极大点	$(y'=\infty)$ 极小点	$(y'=0)$ 极大点	$y' = -\infty$	

图像画在图 59 中.

5) $y=\dfrac{x^2-5x+6}{x^2+1}$ [参阅 **137**].

它在 $(-\infty,+\infty)$ 内是连续的, 在 $x\to\pm\infty$ 时, 显然 $\lim y=1$. 故有水平渐近线. 二阶导数

$$y''=-10\frac{(x+1)(x^2-4x+1)}{(x^2+1)^3}$$

在 $x=-1, 2+\sqrt{3}\doteq 3.73, 2-\sqrt{3}\doteq 0.27$ 时等于零, 并在这些点处变号 (有拐点).

列成表

x	$-\infty$	-10	-5	-1	-0.41	0	0.27
y	1	1.55	2.15	6	7.04	6	4.40
				拐点	$(y'=0)$ 极大点		拐点

x	2	2.41	3	3.73	5	10	$+\infty$
y	0	-0.03	0	0.08	0.23	0.55	1
		$(y'=0)$ 极小点		拐点			

图像在图 61 中. 附图的尺度太小, 以致不很清晰, 特别是当 x 在由 2 至 5 的区间内变动时为尤甚; 故这部分的图像, 另用放大的尺度表示着.

现在再举一些新的例题.

6) $y=\dfrac{(x-1)^3}{(x+1)^2}$.

这函数在 $x=-1$ 时成为无穷 $(-\infty)$, 故有铅直渐近线 $x=-1$. 又因在 $x\to\pm\infty$ 时有

$$\frac{y}{x}\to 1,\quad y-x=\frac{-5x^2+2x-1}{(x+1)^2}\to -5,$$

故曲线有斜渐近线: $y=x-5$.

求出导数:

$$y'=\frac{(x-1)^2(x+5)}{(x+1)^3},\quad y''=\frac{24(x-1)}{(x+1)^4}.$$

前一式在 $x=1$ 时 (拐点) 及在 $x=-5$ 时 (极大点) 等于零; 没有其他拐点. 依下表:

x	-10	-5	-3	-1	0	1	5	10
y	-16.4	-13.5	-16	$-\infty$	-1	0	1.78	6.05
		$(y'=0)$ 极大点				$(y'=0)$ 拐点		

作图, 并作出渐近线 (图 79).

7) $y=\sqrt{\dfrac{x^3}{x-a}}$ $(a>0)$.

依这公式, 函数仅只在 $x\leqslant 0$ 或 $x>a$ 时有实值; 在 $x=a$ 时函数成为无穷.

设想 $x>a$ 在 $x\to+\infty$ 时有

$$\frac{y}{x}=\sqrt{\frac{x}{x-a}}\to 1,\quad y-x=\frac{x}{\sqrt{x-a}}\times\frac{a}{\sqrt{x}+\sqrt{x-a}}\to\frac{a}{2},$$

于是, 在正 x 轴的一方曲线接近于渐近线 $y=x+\dfrac{a}{2}$. 仿此, 在负 x 轴的一方得另一渐近线 $y=-x-\dfrac{a}{2}$.

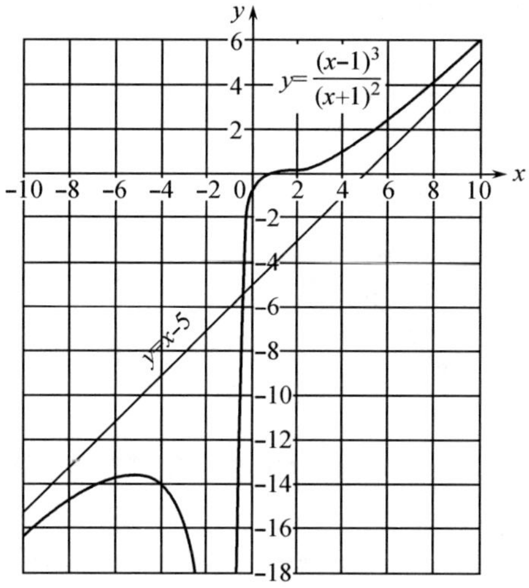

图 79

导数

$$y' = \frac{1}{y} \cdot \frac{x^2\left(x - \frac{3}{2}a\right)}{(x-a)^2} = \left(x - \frac{3}{2}a\right)\sqrt{\frac{x}{(x-a)^3}}$$

在 $x = \frac{3}{2}a$ 时等于零, 符号由负变正 (有极小值). 它在 $x = 0$ 时亦等于零, 但这点是函数的变动区间之一 $(-\infty, 0]$ 的端点, 在这里是谈不上极值的.

二阶导数

$$y'' = \frac{1}{y} \cdot \frac{\frac{3}{4}a^2x}{(x-a)^3};$$

在 $x < 0$ 时以及在 $x > a$ 时它都 > 0, 所以曲线永远是向上凹的. 再算出与 $x = \frac{3}{2}a$ 对应的纵标 $y = 2.60a$, 我们就已经有足够的数据来作图了 (图 80).

8) $y = \sqrt{\frac{a^3 - x^3}{3x}}$ $(a > 0)$.

变量 x 只能在区间 $(0, a)$ 内变动; 在 $x = 0$ 时函数成为无穷.

导数

$$y' = -\frac{a^3 + 2x^3}{6x^2y} = -\frac{1}{2}\left(\frac{x}{y} + \frac{y}{x}\right)$$

永远是负的, 因此函数总是减小着. 在 $x = a$ 时导数 $y' = -\infty$.

二阶导数

$$y'' = \frac{1}{2}(y - xy')\left(\frac{1}{x^2} - \frac{1}{y^2}\right)$$

只在 $y = x = \frac{a}{\sqrt[3]{4}} \doteq 0.63a$ 时等于零且变号 (有拐点); 这时, 显然 $y' = -1$. 图像表示在图 81 中.

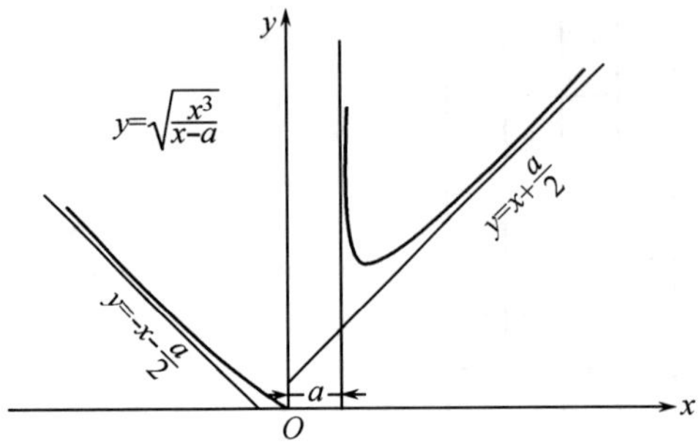

图 80

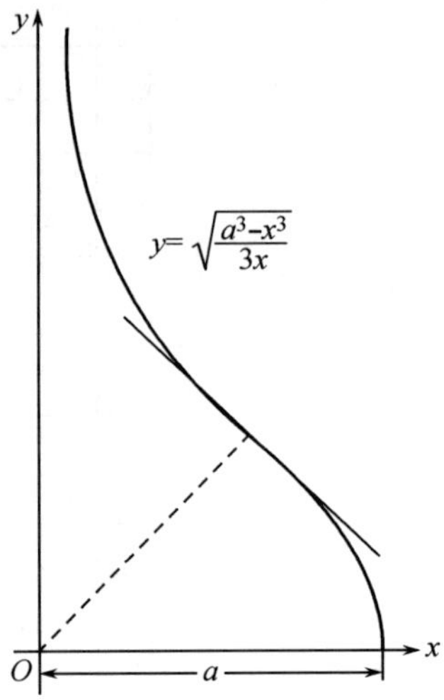

图 81

§4. 不定式的定值法

150. $\frac{0}{0}$ 型不定式 我们现在应用导数概念及前一章第三、五节中所已证明的定理来定不定式的值. 下面的定理 1 ~ 4 基本上应归功于洛必达 (G. F. de I'Hospitale) 及伯努利 (Joh. Bernoulli). 在定理内所说的法则, 通常称为**洛必达法则**. 我们先研究基本情形: $\frac{0}{0}$ 型不定式, 即研究两个趋向于零的函数 $f(x)$ 及 $g(x)$ 的比式的极限问题 (在一定的极限过程 $x \to a$ 之下).

从直接应用导数概念的简单定理开始.

定理 1 设: 1) 函数 $f(x)$ 及 $g(x)$ 在区间 $[a, b]$ 内有定义, 2) $\lim\limits_{x\to a} f(x) = 0$, $\lim\limits_{x\to a} g(x) = 0$, 3) 存在有限导数 $f'(a)$ 及 $g'(a)$ 而且 $g'(a) \neq 0$, 则

$$\lim_{x\to a} \frac{f(x)}{g(x)} = \frac{f'(a)}{g'(a)}.$$

证明 有限导数 $f'(a)$ 及 $g'(a)$ 的存在保证了函数 $f(x)$ 及 $g(x)$ 在点 a 处的连续性. 根据 2) 有: $f(a) = \lim\limits_{x\to a} f(x) = 0$ 及 $g(a) = \lim\limits_{x\to a} g(x) = 0$. 由于 $g'(a) \neq 0$, 依 **109** 的引理, 在充分接近于 a 的 x 值时 $g(x) \neq 0$; 我们若限于讨论这些 x 值时, 则比式 $\frac{f(x)}{g(x)}$ 是有意义的.

现在这比式可以改写成

$$\frac{f(x)}{g(x)}=\frac{f(x)-f(a)}{g(x)-g(a)}=\frac{\dfrac{f(x)-f(a)}{x-a}}{\dfrac{g(x)-g(a)}{x-a}}.$$

使 $x\to a$ 而求上式两边的极限, 就得到所需要的结果.

例题 1) 求极限

$$\lim_{x\to 0}\frac{e^x-e^{-x}}{\ln(e-x)+x-1}.$$

依定理, 它等于二函数的导数在 $x=0$ 时的比值

$$\left.\frac{e^x+e^{-x}}{1-\dfrac{1}{e-x}}\right|_{x=0}=\frac{2}{1-\dfrac{1}{e}}=\frac{2e}{e-1}.$$

2) 求极限

$$\lim_{x\to 1}\frac{\sqrt{2x-x^4}-\sqrt[3]{x}}{1-\sqrt[4]{x^3}}.$$

它等于

$$\left.\frac{\dfrac{1-2x^3}{\sqrt{2x-x^4}}-\dfrac{1}{3\sqrt[3]{x^2}}}{-\dfrac{3}{4\sqrt[4]{x}}}\right|_{x=1}=\frac{16}{9}.$$

当 $f'(a)=0, g'(a)=0$ 同时成立的情形, 可以应用下面的定理 1 的推广, 但需要考察高阶导数:

定理 2 设: 1) 函数 $f(x)$ 及 $g(x)$ 在区间 $[a,b]$ 内有定义, 2) $\lim\limits_{x\to a}f(x)=0$, $\lim\limits_{x\to a}g(x)=0$, 3) 在区间 $[a,b]$ 内存在直至 $(n-1)$ 阶为止的各阶有限导数 $f'(x)$, $f''(x),\cdots,f^{(n-1)}(x),g'(x),g''(x),\cdots,g^{(n-1)}(x)$, 4) 在 $x=a$ 时它们全部等于 0, 5) 存在有限导数 $f^{(n)}(a)$ 及 $g^{(n)}(a)$ 而且 $g^{(n)}(a)\neq 0$. 则

$$\lim_{x\to a}\frac{f(x)}{g(x)}=\frac{f^{(n)}(a)}{g^{(n)}(a)}.$$

证明 在区间 $[a,x]$ $(a<x\leqslant b)$ 内对于每一个函数 $f(x),g(x)$ 应用余项为佩亚诺式的泰勒公式 [参阅 **124**, (10a)]. 由于 2) 及 4), 得

$$f(x)=\frac{f^{(n)}(a)+\alpha}{n!}(x-a)^n,$$

$$g(x)=\frac{g^{(n)}(a)+\beta}{n!}(x-a)^n,$$

在 $x \to a$ 时, 式中的 α 及 $\beta \to 0$.

由于条件 $g^{(n)}(a) \neq 0$, 第二个等式首先指出 $g(x)$ 异于零, 至少对于充分接近于 a 的 x 值是如此. 若限于在这些 x 值的范围内, 则比式 $\dfrac{f(x)}{g(x)}$ 是有意义的.

由前两等式立刻得出所需要的结果:

$$\lim_{x\to 0} \frac{f(x)}{g(x)} = \lim_{x\to a} \frac{f^{(n)}(a)+\alpha}{g^{(n)}(a)+\beta} = \frac{f^{(n)}(a)}{g^{(n)}(a)}.$$

例题 3) 求极限

$$\lim_{x\to 0} \frac{e^x - e^{-x} - 2x}{x - \sin x}.$$

在此处有:

$$\begin{array}{llll}
f(x) = e^x - e^{-x} - 2x, & f(0) = 0; & g(x) = x - \sin x, & g(0) = 0; \\
f'(x) = e^x + e^{-x} - 2, & f'(0) = 0; & g'(x) = 1 - \cos x, & g'(0) = 0; \\
f''(x) = e^x - e^{-x}, & f''(0) = 0; & g''(x) = \sin x, & g''(0) = 0; \\
f'''(x) = e^x + e^{-x}, & f'''(0) = 2; & g'''(x) = \cos x, & g'''(0) = 1.
\end{array}$$

因此, 所求的极限等于 2.

虽然在大多数的场合, 对于 $\dfrac{0}{0}$ 型不定式的定值法, 用已证明的定理已经够了, 但在实用上, 下面的定理通常更为方便.

定理 3 设: 1) 函数 $f(x)$ 和 $g(x)$ 在区间 $(a, b]$ 内有定义, 2) $\lim\limits_{x\to a} f(x) = 0$, $\lim\limits_{x\to a} g(x) = 0$, 3) 在区间 $(a, b]$ 内存在有限导数 $f'(x)$ 及 $g'(x)$ 而且 $g'(x) \neq 0$, 最后, 4) 存在 (有穷或无穷) 极限

$$\lim_{x\to a} \frac{f'(x)}{g'(x)} = K.$$

则亦必有

$$\lim_{x\to a} \frac{f(x)}{g(x)} = K.$$

证明 补充函数 $f(x)$ 及 $g(x)$ 的定义, 令它们在 $x = a$ 时等于零: $f(a) = g(a) = 0$①. 那时这些函数就在整个闭区间 $[a, b]$ 内连续了; 因为它们在 a 点的数值与 $x \to a$ 时的极限相重合 [由于 2)], 而在其余点处的连续性可由有限导数的存在 [参阅 3)] 推得. 应用柯西定理 [**114**], 得

$$\frac{f(x)}{g(x)} = \frac{f(x) - f(a)}{g(x) - g(a)} = \frac{f'(c)}{g'(c)},$$

式中 $a < c < x$. $g(x) \neq 0$ (即 $g(x) \neq g(a)$) 可以由 $g'(x) \neq 0$ 推出, 这在柯西公式的证明中已经说过了.

① 当然, 可以简单地预先假定函数在 $x = a$ 时亦有定义而且连续; 但是照本定理这样来叙述已知条件, 在应用上有时是更为方便的 (例如参阅定理 3*).

当 $x \to a$ 时, 显然亦有 $c \to a$, 于是根据 4),

$$\lim_{x\to a}\frac{f(x)}{g(x)}=\lim_{c\to a}\frac{f'(c)}{g'(c)}=K,$$

这就是所要证明的.

这样, 所证明的定理就把函数之比的极限变成导数之比的极限, 假若后者存在的话. 求导数之比的极限往往比较简单些, 而且可以用初等的方法来实现.

例题 4) 求极限

$$\lim_{x\to 0}\frac{\operatorname{tg}x-x}{x-\sin x}.$$

把导数之比逐步化简:

$$\frac{\dfrac{1}{\cos^2 x}-1}{1-\cos x}=\frac{1}{\cos^2 x}\cdot\frac{1-\cos^2 x}{1-\cos x}=\frac{1+\cos x}{\cos^2 x};$$

在 $x \to 0$ 时它显然趋向于 2. 根据定理, 这就是所求的极限.

在这场合定理 1 是不能使用的, 因为在 $x=0$ 时分子分母的导数两者都等于 0. 至于定理 2 呢, 虽然用着它问题是能解决了, 但需求出所给二函数的三个逐次导数 (这点是很易证实的).

请读者注意, 虽然在此处导数之比仍为 $\dfrac{0}{0}$ 型不定式, 但这不定式显然可由初等变换而定其值. 在其他的场合, 可能需要重复地应用这定理. 有必要着重指出, 在这时可用各种方法把所得的式子化简, 如约去公因式, 利用已知的极限等等 (若应用定理 2, 就全都不能这样做). 在下面的例题内接连三次应用定理 3; 在第一次以后我们约去 e^x, 在第二次以后我们弃去分母中的因式 e^x (因为它趋向于 1). 计算就简化了.

例题 5)

$$\begin{aligned}&\lim_{x\to 0}\frac{xe^{2x}+xe^x-2e^{2x}+2e^x}{(e^x-1)^3}\\&=\lim_{x\to 0}\frac{2xe^{2x}+e^{2x}+xe^x+e^x-4e^{2x}+2e^x}{3(e^x-1)^2\cdot e^x}\\&=\lim_{x\to 0}\frac{2xe^x-3e^x+3+x}{3(e^x-1)^2}=\frac{1}{3}\lim_{x\to 0}\frac{2xe^x+2e^x-3e^x+1}{2(e^x-1)e^x}\\&=\frac{1}{6}\lim_{x\to 0}\frac{-e^x+2xe^x+1}{e^x-1}=\frac{1}{6}\lim_{x\to 0}\frac{2xe^x+e^x}{e^x}=\frac{1}{6}.\end{aligned}$$

6)

$$\lim_{x\to 0}\frac{(1+x)^{\frac{1}{x}}-e}{x}=\lim_{x\to 0}(1+x)^{\frac{1}{x}}\frac{x-(1+x)\ln(1+x)}{x^2(1+x)}.$$

因为右端的第一个式趋向于 e, 所以只要研究第二因式就够了. 接连二次应用定理 3, 求出它的极限等于 $-\dfrac{1}{2}$.

答案: $-\dfrac{e}{2}$.

很易把定理 3 推广到变元趋向于无穷极限: $a=\pm\infty$ 的情形 (这对于定理 1 及 2 自然是做不到的). 就是, 成立:

定理 3* 设: 1) 函数 $f(x)$ 及 $g(x)$ 在区间 $[c,+\infty)$ 内有定义, 2) $\lim\limits_{x\to+\infty} f(x)=0$, $\lim\limits_{x\to+\infty} g(x)=0$, 3) 在区间 $[c,+\infty)$ 内存在有限导数 $f'(x)$ 及 $g'(x)$, 而且 $g'(x)\neq 0$ 最后, 4) 存在 (有限或无穷) 极限

$$\lim_{x\to+\infty}\frac{f'(x)}{g'(x)}=K.$$

则亦必有

$$\lim_{x\to+\infty}\frac{f(x)}{g(x)}=K.$$

证明 依公式 $x=\dfrac{1}{t}, t=\dfrac{1}{x}$ 变换 x. 那么, 当 $x\to+\infty$ 时, $t\to 0$, 反之亦然. 由 2), 有

$$\lim_{t\to+0} f\left(\frac{1}{t}\right)=0,\quad \lim_{t\to+0} g\left(\frac{1}{t}\right)=0,$$

而根据 4),

$$\lim_{t\to+0}\frac{f'\left(\dfrac{1}{t}\right)}{g'\left(\dfrac{1}{t}\right)}=K.$$

把定理 3 应用于新变量 t 的函数 $f\left(\dfrac{1}{t}\right)$ 及 $g\left(\dfrac{1}{t}\right)$, 就得出

$$\lim_{t\to+0}\frac{f\left(\dfrac{1}{t}\right)}{g\left(\dfrac{1}{t}\right)}=\lim_{t\to+0}\frac{f'\left(\dfrac{1}{t}\right)\cdot\left(-\dfrac{1}{t^2}\right)}{g'\left(\dfrac{1}{t}\right)\cdot\left(-\dfrac{1}{t^2}\right)}=\lim_{t\to+0}\frac{f'\left(\dfrac{1}{t}\right)}{g'\left(\dfrac{1}{t}\right)}=K\text{①},$$

从而

$$\lim_{x\to+\infty}\frac{f(x)}{g(x)}=K,\quad \text{此即需证者.}$$

附注 有时在求上述类型的不定式的值时, 形式上可以不用上述的定理, 而利用函数依泰勒公式的展开式 [**124～125**]. 今设 $x\to 0$ (永远可以使问题变成这种情形). 若使用这个展开式后在分子及分母内能顺利地选出主项:

$$f(x)=ax^n+o(x^n),\quad g(x)=bx^m+o(x^m),$$

则分式 $\dfrac{f(x)}{g(x)}$ 的极限立刻就很清楚: 看 n 是大于、等于或小于 m, 便知道它是等于零、$\dfrac{a}{b}$ 或 $\pm\infty$ [参阅 **62, 63**]②.

①求函数 $f\left(\dfrac{1}{t}\right)$ 及 $g\left(\dfrac{1}{t}\right)$ 关于 t 的导数时, 把它们看做是 t 的复合函数.

②在后一情形, $\pm\infty$ 的符号不难由 a 和 b 的符号, 以及 x 的符号 (当差 $m-n$ 是奇数时) 来判断.

如, 在例题 1) 内, 把函数 e^x, e^{-x} 及 $\ln(e-x)-1=\ln\left(1-\frac{x}{e}\right)$ 换以它们的展开式的开首几项:

$$\lim_{x\to 0}\frac{(1+x+\cdots)-(1-x+\cdots)}{\left(-\frac{x}{e}+\cdots\right)+x}=\lim_{x\to 0}\frac{2x+\cdots}{\left(1-\frac{1}{e}\right)x+\cdots}=\frac{2e}{e-1}.$$

仿此, 在例题 4) 内, 有

$$\lim_{x\to 0}\frac{\left(x+\frac{x^3}{3}+\cdots\right)-x}{x-\left(x-\frac{x^3}{6}+\cdots\right)}=\lim_{x\to 0}\frac{\frac{x^3}{3}+\cdots}{\frac{x^3}{6}+\cdots}=2.$$

建议读者用这方法解例题 3) 及 5), 作为习题.

151. $\frac{\infty}{\infty}$ 型不定式 现在再来考察 $\frac{\infty}{\infty}$ 型不定式, 就是研究 (在 $x\to a$ 时) 趋向于无穷的二函数 $f(x)$ 及 $g(x)$ 的比式的极限.

今将证明, 在这情形仍可应用洛必达法则: 下面的定理是定理 3 的简单的类推.

定理 4 设: 1) 函数 $f(x)$ 及 $g(x)$ 在区间 $(a,b]$ 内有定义, 2) $\lim\limits_{x\to a}f(x)=+\infty$, $\lim\limits_{x\to a}g(x)=+\infty$, 3) 在区间 $(a,b]$ 内存在有限导数 $f'(x)$ 及 $g'(x)$, 而且 $g'(x)\neq 0$, 最后, 4) 存在 (有限或无穷) 极限

$$\lim_{x\to a}\frac{f'(x)}{g'(x)}=K.$$

则亦必有

$$\lim_{x\to a}\frac{f(x)}{g(x)}=K.$$

证明 首先考察 K 为有限的情形.

因为导数 $g'(x)$ 并不等于零, 故依达布定理 [**110**] 它的符号不变. 例如设 $g'(x)<0$, 于是函数 $g(x)$ 随着 x 的渐减而单调增大, 并且在 $x\to a$ 时趋向于 $+\infty$. 故可以当作恒有 $g(x)>0$.

给定任意数 $\varepsilon>0$, 根据条件 4), 必能求出这样的 $\eta>0$, 在 $a<x<a+\eta$ 时有

$$\left|\frac{f'(x)}{g'(x)}-K\right|<\frac{\varepsilon}{2}.$$

为了简便, 令 $a+\eta=x_0$ 而 x 在 a 与 x_0 之间. 把柯西公式应用于区间 $[x,x_0]$ ①:

$$\frac{f(x)-f(x_0)}{g(x)-g(x_0)}=\frac{f'(c)}{g'(c)},$$

① 与定理 3 的证明的重大区别就在于此: 在这里不能把柯西定理用于区间 $[a,x]$, 因为不管怎样在点 a 处来定义函数 $f(x)$ 及 $g(x)$, 由于 2) 总不能得出在该点为连续的函数.

此处 $x < c < x_0$, 因此,

$$\left|\frac{f(x)-f(x_0)}{g(x)-g(x_0)}-K\right|<\frac{\varepsilon}{2}. \tag{1}$$

现在写出恒等式 (它很易直接验证):

$$\frac{f(x)}{g(x)}-K=\frac{f(x_0)-K\cdot g(x_0)}{g(x)}+\left[1-\frac{g(x_0)}{g(x)}\right]\left[\frac{f(x)-f(x_0)}{g(x)-g(x_0)}-K\right],$$

由此

$$\left|\frac{f(x)}{g(x)}-K\right|\leqslant\left|\frac{f(x_0)-K\cdot g(x_0)}{g(x)}\right|+\left|\frac{f(x)-f(x_0)}{g(x)-g(x_0)}-K\right|.$$

根据 (1), 右端第二项在 $x < x_0 = a+\eta$ 时小于 $\frac{\varepsilon}{2}$. 又因在 $x \to a$ 时 $g(x) \to +\infty$ 故第一项在这时趋向于零, 且能找出这样的 $\delta > 0$ (可以当作 $\delta < \eta$), 使当 $a < x < a+\delta$ 时第一项亦变成小于 $\frac{\varepsilon}{2}$. 于是在上述的 x 值时就有

$$\left|\frac{f(x)}{g(x)}-K\right|<\varepsilon,$$

这就证明了所需要的命题①.

当 $K=+\infty$ 的情形 (当然 $f'(x)\neq 0$, 至少在 a 的近处是如此), 就有

$$\lim_{x\to a}\frac{g'(x)}{f'(x)}=0, \quad 于是亦有 \quad \lim_{x\to a}\frac{g(x)}{f(x)}=0,$$

由此, 最后有

$$\lim_{x\to a}\frac{f(x)}{g(x)}=+\infty.$$

因为 (至少在 a 的附近) 显然 $f(x)$ 和 $g(x)$ 都大于零②.

我们注意, 这个证明不需多大改变就能应用到 $a=-\infty$ 的情形. 完全同样, 定理也能对区间 $[b,a)$ $(b<a)$ 来证明, 而且 a 可以是有限的, 也可以是 $+\infty$. 所以, 定理 4 很容易推广到变元有无穷极限的情形.

作为例题, 很易得出我们所已经知道的极限:

7)

$$\lim_{x\to+\infty}\frac{\ln x}{x^\mu}=\lim_{x\to+\infty}\frac{\frac{1}{x}}{\mu x^{\mu-1}}=\lim_{x\to+\infty}\frac{1}{\mu x^\mu}=0 \quad (若\ \mu>0).$$

还有:

8)

$$\lim_{x\to+\infty}\frac{x^\mu}{a^x}=\lim_{x\to+\infty}\frac{\mu x^{\mu-1}}{a^x\cdot\ln a} \quad (a>1, \mu>0).$$

---

①要着重指出, 在我们的论证中, 实际上并未利用 $\lim f(x)=+\infty$ 这一假定 [参阅 **33** 内的斯托尔茨定理的证明].

②在定理的假设下, $K=-\infty$ 的情形是不可能的.

若 $\mu>1$, 则右端仍得 $\dfrac{\infty}{\infty}$ 型不定式; 但继续这一步骤并重复应用定理 4, 最后在分子上必可得出带有负 (或零) 指数的幂. 因此, 在任何情形

$$\lim_{x\to+\infty}\frac{x^\mu}{a^x}=0.$$

关于定理 3 (3*) 及 4 再作一个总的附注. 在这此定理内, 都是先假定导数之比的极限存在然后来求函数之比的极限. 但这些定理是不准倒过来用的, 当前一极限不存在时后一极限仍可能存在.

例如, 极限

$$\lim_{x\to+\infty}\frac{x+\sin x}{x}=\lim_{x\to+\infty}\left(1+\frac{\sin x}{x}\right)=1$$

存在, 可是导数之比等于 $1+\cos x$, 它在 $x\to+\infty$ 时却并无极限.

152. 其他型的不定式 前面的定理都是关于 $\dfrac{0}{0}$ 型及 $\dfrac{\infty}{\infty}$ 型不定式的.

若有 $0\cdot\infty$ 型的不定式, 则可以把它变成 $\dfrac{0}{0}$ 型或 $\dfrac{\infty}{\infty}$ 型, 而后再应用洛必达法则. 设

$$\lim_{x\to a}f(x)=0,\quad \lim_{x\to a}g(x)=+\infty.$$

就有

$$f(x)\cdot g(x)=\frac{f(x)}{\dfrac{1}{g(x)}}=\frac{g(x)}{\dfrac{1}{f(x)}},$$

其中的第二式在 $x\to a$ 时是 $\dfrac{0}{0}$ 型不定式, 第三式是 $\dfrac{\infty}{\infty}$ 型不定式.

例题 9)

$$\lim_{x\to+0}(x^\mu\cdot\ln x)=\lim_{x\to+0}\frac{\ln x}{x^{-\mu}}=\lim_{x\to+0}\frac{\dfrac{1}{x}}{-\mu x^{-\mu-1}}=\lim_{x\to+0}\frac{x^\mu}{-\mu}=0$$

(我们算作 $\mu>0$).

$\infty-\infty$ 型的不定式亦恒能变成 $\dfrac{0}{0}$ 型或 $\dfrac{\infty}{\infty}$ 型. 设有式子 $f(x)-g(x)$, 而且

$$\lim_{x\to a}f(x)=+\infty,\quad \lim_{x\to a}g(x)=+\infty.$$

则可以进行下面的变形, 把这式子变成 $\dfrac{0}{0}$ 型不定式:

$$f(x)-g(x)=\frac{1}{\dfrac{1}{f(x)}}-\frac{1}{\dfrac{1}{g(x)}}=\frac{\dfrac{1}{g(x)}-\dfrac{1}{f(x)}}{\dfrac{1}{f(x)}\cdot\dfrac{1}{g(x)}}.$$

而且为了达到这目的事实上往往还可以简单些.

例题 10)

$$\lim_{x\to0}\left(\frac{1}{x^2}-\operatorname{ctg}^2 x\right)=\lim_{x\to0}\frac{\sin^2 x-x^2\cdot\cos^2 x}{x^2\cdot\sin^2 x};$$

但

$$\frac{\sin^2 x-x^2\cdot\cos^2 x}{x^2\cdot\sin^2 x}=\frac{\sin x+x\cdot\cos x}{\sin x}\cdot\frac{\sin x-x\cdot\cos x}{x^2\cdot\sin x};$$

前一因式的极限可以用初等的方法求出:

$$\lim_{x\to0}\frac{\sin x+x\cdot\cos x}{\sin x}=\lim_{x\to0}\left(1+\frac{x}{\sin x}\cdot\cos x\right)=2,$$

对第二因式应用定理 3;

$$\begin{aligned}\lim_{x\to0}\frac{\sin x-x\cdot\cos x}{x^2\cdot\sin x}&=\lim_{x\to0}\frac{x\cdot\sin x}{2x\cdot\sin x+x^2\cdot\cos x}\\&=\lim_{x\to0}\frac{1}{2+\dfrac{x}{\sin x}\cdot\cos x}=\frac{1}{3}.\end{aligned}$$

这样, 所求的极限就等于 $\frac{2}{3}$.

对于型如 $1^\infty, 0^0, \infty^0$ 的不定式, 可以预先把这些表达式取对数.

设 $y=[f(x)]^{g(x)}$; 则 $\ln y=g(x)\cdot\ln f(x)$. $\ln y$ 的极限就是已研究过的 $0\cdot\infty$ 型的不定式. 假使用上述的任一方法能求出 $\lim\limits_{x\to a}\ln y$, 若它等于有限数 $k,+\infty$ 或 $-\infty$, 则 $\lim\limits_{x\to a}y$ 就各为 $e^k,+\infty$ 或 0.

例题 11) 设

$$y=\left(\frac{\sin x}{x}\right)^{\frac{1}{1-\cos x}},$$

需要在 $x\to0$ 时求 $\lim y$ (1^∞ 型不定式).

设若 $x>0$ (由于 y 是偶函数, 故可限于讨论这个情形), 则

$$\ln y=\frac{\ln\sin x-\ln x}{1-\cos x}.$$

应用定理 3 (并利用前一例题中已得的结果)

$$\lim_{x\to0}\ln y=\lim_{x\to0}\frac{\dfrac{\cos x}{\sin x}-\dfrac{1}{x}}{\sin x}=\lim_{x\to0}\frac{x\cos x-\sin x}{x\cdot\sin^2 x}=-\frac{1}{3},$$

由此,

$$\lim_{x\to0}y=e^{-\frac{1}{3}}=\frac{1}{\sqrt[3]{e}}.$$

例题 12)

$$y=\left(\frac{\pi}{2}-\operatorname{arctg}x\right)^{\frac{1}{\ln x}}.$$

在 $x\to+\infty$ 时这表达式表示 0^0 型不定式. 我们有

$$\ln y=\frac{\ln\left(\dfrac{\pi}{2}-\operatorname{arctg}x\right)}{\ln x}\left(\frac{\infty}{\infty}\right).$$

依洛必达法则:

$$\lim_{x\to+\infty}\ln y=\lim_{x\to+\infty}\frac{-\dfrac{1}{\dfrac{\pi}{2}-\operatorname{arctg}x}\cdot\dfrac{1}{1+x^2}}{\dfrac{1}{x}}$$

$$=\lim_{x\to+\infty}\frac{\dfrac{x}{1+x^2}}{\operatorname{arctg}x-\dfrac{\pi}{2}}=\lim_{x\to+\infty}\frac{\dfrac{1-x^2}{(1+x^2)^2}}{\dfrac{1}{1+x^2}}=\lim_{x\to+\infty}\frac{1-x^2}{1+x^2}=-1,$$

于是 $\lim\limits_{x\to+\infty}y=\dfrac{1}{e}$.

§5. 方程的近似解

153. 导言 现在将研究求已给函数 $f(x)$ 的零点或根, 即方程

$$f(x)=0 \tag{1}$$

的实根的问题. 而且在解决这问题时, 我们将先假定, 所求的根 ξ 是孤立的, 即必能求出含有这根的区间 $[a,b]$:

$$a<\xi<b,$$

在这区间内不再有其他的根.

再次, 若在区间的两端点处 $f(x)$ 有异号的函数值 $f(a)$ 及 $f(b)$, 则正如在 [**81**] 内谈到布尔查诺–柯西第一定理的应用时所已阐明的, 可以逐步分割含根区间使成许多部分, 并确定函数 $f(x)$ 在分点处的符号, 这样就可以任意地缩小含根区间而实现了根的近似计算. 然而这方法, 尽管它在原理上是简单的, 在实用上却往往是不合用的, 因为这需要太多的计算. 在本节内将使读者熟悉计算方程 (1) 的 (孤立) 根的近似值的最简方法, 它是更有系统而且能更快地达到目的. 在这里我们仍将利用微分学的基本概念与方法.

我们永远要假定下列条件成立:

1) 函数 $f(x)$ 连同它的导数 $f'(x)$ 及 $f''(x)$ 在区间 $[a,b]$ 内都是连续的;

2) 在区间的两端点处的函数值 $f(a)$ 及 $f(b)$ 有异号: $f(a)\cdot f(b)<0$;

3) 两种导数 $f'(x)$ 及 $f''(x)$ 在区间 $[a,b]$ 内都各自保持着一定的符号.

由函数 $f(x)$ 的连续性及条件 2), 推得在 a 与 b 之间含有方程 (1) 的根 ξ [**80**]. 因为导数 $f'(x)$ 保持着一定的符号 [3)], 所以 $f(x)$ 在区间 $[a,b]$ 内渐增或渐减, 因此, 只有一次等于 0; 故根 ξ 是孤立的.

条件 3) 在几何上指出, 曲线 $y=f(x)$ 不仅朝一个方向伸展 —— 总是向上或总是向下, 看 $f'(x)$ 的符号而定 [**132**] —— 而且还永远向下凸或向上凸 (狭义的), 看 $f''(x)$ 的符号而定 [**143**]. 在图 82 上画着四种可能的情形, 对应于 $f'(x)$ 及 $f''(x)$ 的两种符号的不同结合.

代数学内已证明, 在计算代数方程的 (实) 根时, 总可以设法使条件 1), 2), 3) 成立, 因此这些条件在原则上并不会限制下述方法的效用. 至于超越 (非代数的) 方程就不能这样说, 然而在实用上, 我们所设立的限制很少有妨碍, 因为在绝大多数的场合, 这些条件总是满足的.

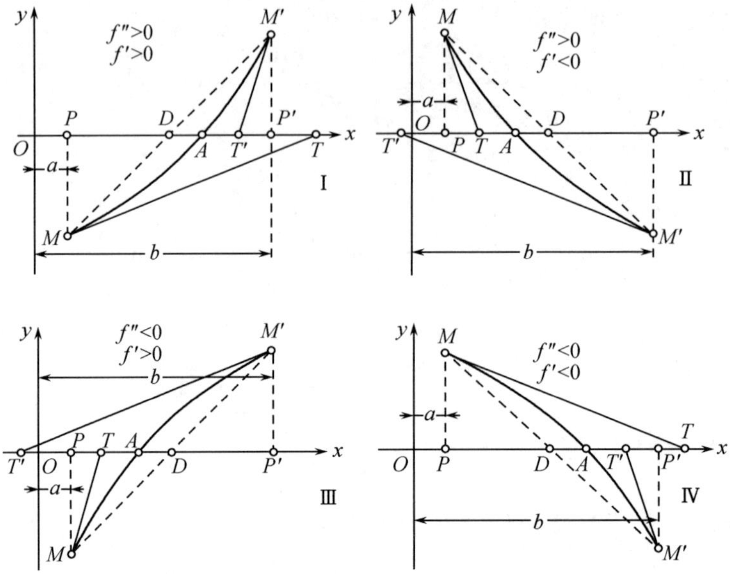

图 82

154. 比例法则 (弦线法) 若区间 $[a,b]$ 充分小, 则在某种近似程度之下, 可以当作 ——当 x 在它的范围内变动时 —— 函数 $f(x)$ 的增量与变元的增量成比例, 用 ξ 表示函数的根, 就有

$$\frac{f(\xi)-f(a)}{f(b)-f(a)} \doteq \frac{\xi-a}{b-a},$$

由此, 因 $f(\xi)=0$ 即得

$$\xi \doteq a-\frac{(b-a)\cdot f(a)}{f(b)-f(a)}.$$

这样, 在此处可用数 x_1 作为根的近似值,

$$x_1 = a-\frac{(b-a)\cdot f(a)}{f(b)-f(a)}. \tag{2}$$

这式子显然又可以表示为这样的形式:

$$x_1 = b-\frac{(b-a)\cdot f(b)}{f(b)-f(a)}. \tag{2*}$$

上述的求根的近似值的法则也称为**比例法则**①. 它可以有简单的几何说明. 用弦 MM' 代换曲线弧 MM' (图 82). 弦的方程可以写成

$$y-f(a)=\frac{f(b)-f(a)}{b-a}(x-a). \tag{3}$$

我们的法则本质上就变成不去确定曲线与 x 轴的交点 A, 而去确定弦与 x 轴的交点 D. 事实上, 令 (3) 内的 $y=0$, 则解出点 D 的横标 x_1, 刚好符合于式子 (2).

①在从前, 它被称为 “错位法则”, 因为它所根据的假定, 严格说来, 是并不符合于实际的.

因这缘故, 比例法则亦称为**弦线法**.

今转而探究点 x_1 与根 ξ 的相互位置. 显然, 点 x_1 位于 a 和 b 之间, 但是在 ξ 的哪一边呢? 因为在情形 I 和 II (III 和 IV) 我们遇到的是向下 (向上) 凸的函数, 所以曲线 MM' 落在弦 MM' 的下面 (上面), 即

$$f(x) < (>)\, f(a) + \frac{f(b)-f(a)}{b-a}(x-a) \quad (a < x < b). \tag{4}$$

令这里的 $x = x_1$, 直接得出

$$f(x_1) < (>)\, 0,$$

所以 $f(x_1)$ 的符号总是和 $f''(x)$ 的符号相反. 由此, 我们终于断定, 在情形 I 和 IV, 数值 x_1 落在 a 和 ξ 之间, 而在情形 II 和 III, 则在 ξ 和 b 之间.

以后讨论以情形 I 及 IV 为限, 再把我们的法则应用于区间 $[x_1, b]$; 把 (2) 内的 a 换成 x_1, 则得根 ξ 的新的近似值:

$$x_2 = x_1 - \frac{(b-x_1)\cdot f(x_1)}{f(b)-f(x_1)},$$

按照已证明的论点, 它含在 x_1 与 ξ 之间. 这一步骤, 可以不断地继续下去, 于是得到总在渐增的近似值的序列

$$a < x_1 < x_2 < \cdots < x_n < x_{n+1} < \cdots < \xi.$$

这时, 任何两个相继的数值 x_n 与 x_{n+1}, 用类似于 (2) 的公式联结着:

$$x_{n+1} = x_n - \frac{(b-x_n)\cdot f(x_n)}{f(b)-f(x_n)}. \tag{5}$$

现证明, 随着 n 的渐增, $x_n \to \xi$. 事实上, 单调渐增的但是有界的 (例如, 以数 ξ 为上界) 变量 x_n 应当趋向于某一有限极限 $\alpha \leqslant \xi$. 若对等式 (5) 取极限, 并利用函数 $f(x)$ 的连续性, 则得

$$\frac{(b-\alpha)\cdot f(\alpha)}{f(b)-f(\alpha)} = 0,$$

由此, $f(\alpha) = 0$. 因为方程 (1) 在区间 $[a, b]$ 内除去 ξ 以外再没有旁的根, 故必 $\alpha = \xi$ ①.

图 83 说明依次作出的各弦与 x 轴的交点 $D_1, D_2, \cdots$ 向所求点 A 逐渐地接近.

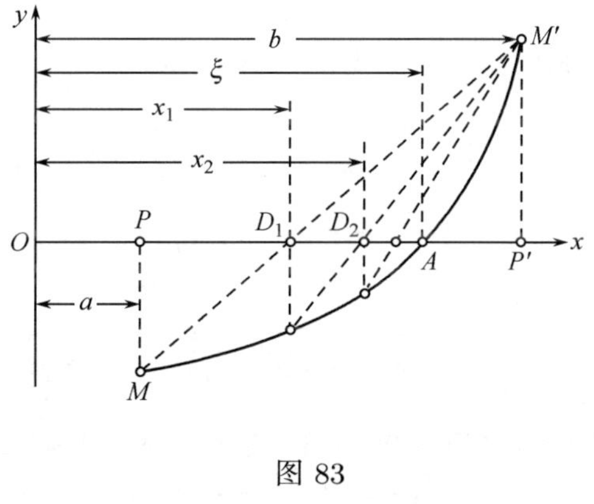

图 83

很易理解, 在情形 II 及 III 时重复应用这法则, 会导出渐减的近似值的序列

$$b > x_1 > x_2 > \cdots > x_n > x_{n+1} > \cdots > \xi,$$

这些近似值从右方趋向于根 ξ.

①不要关于二阶导数的假定, 亦可以证明 $x_n \to \xi$, 但那时点 x_n 就可能会从根的一方跳到另一方去.

这样, 在一切情形之下, 把上述的法则应用了足够的次数以后, 可以计算根 ξ 达到任意的准确度. 可是现在还有一个未解决的问题, 怎样估计已算出的近似值 x_n 的准确度.

要解决这问题, 可把有限增量公式 [**112**] 应用于差 $f(x_n)-f(\xi)$:

$$f(x_n)=f(x_n)-f(\xi)=(x_n-\xi)\cdot f'(c)\quad(\xi\gtrless c\gtrless x_n).$$

由此

$$x_n-\xi=\frac{f(x_n)}{f'(c)};$$

若用 m 表示 $|f'(x)|$ 在所考察的区间内的最小值 (它可以预先算出而且以后不必再算了) , 则得估计:

$$|x_n-\xi|\leqslant\frac{|f(x_n)|}{m}.\tag{6}$$

这样, 由 $f(x_n)$ 的大小, 就可以判断 x_n 与根的接近程度了!

例题 方程

$$x^3-2x^2-4x-7=0$$

有一根在 3 与 4 之间, 因为若用 $f(x)$ 表示式子的左端, 就有

$$f(3)=-10<0,\quad f(4)=9>0.$$

兹规定要算出这根使准确度达到 0.01. 在区间 [3, 4] 内, 两种导数

$$f'(x)=3x^2-4x-4\quad 及\quad f''(x)=6x-4$$

都保持着正号 (情形 I); 一阶导数在这区间内的最小值是 $m=11$. 就有:

$$x_1=3-\frac{f(3)}{f(4)-f(3)}=3+\frac{10}{19}=3+0.52\cdots;$$

四舍五入, 令 $x_1=3.52$. 因为 $f(3.52)=-2.246\ 592$, 故依不等式 (6) , 还没有达到要求的准确度. 继续计算:

$$x_2=3.52-\frac{0.48\cdot f(3.52)}{f(4)-f(3.52)}=3.52+\frac{1.078\ 364\ 16}{11.246\ 592}=3.52+0.09\cdots$$

或四舍五入, $x_2=3.61$. 算出 $f(3.61)=-0.458\ 319$ 并使用不等式 (6) , 仍旧看出还没有达到目的. 最后,

$$x_3=3.61-\frac{0.39\cdot f(3.61)}{f(4)-f(3.61)}=3.61+\frac{0.178\ 744\ 41}{9.458\ 319}=3.61+0.018\ 8\cdots.$$

用四舍五入法凑足小数第二位令 $x_3=3.63$. 因为我们是在 "向根的一侧" 凑足小数第二位, 所以 x_3 可能会跳到这根的右边去; 但现在并未发生这种情形, 这可由符号上看到, 因为 $f(3.63)=-0.041\ 653$. 在这一次, 依不等式 (6),

$$|x_3-\xi|=\xi-x_3<\frac{0.041\cdots}{11}<0.004.$$

这样,

$$3.630<\xi<3.634,$$

即 $\xi = 3.63_{+0.004}$.

我们仅以这一例题为限, 因为像上述形式的弦线法, 效用还是很小的; 通常它总是与切线法联合着使用, 我们现在就要讲到.

155. 牛顿法则 (切线法) 回到原来的关于函数 $f(x)$ 的假定 [**153**]; 所求的函数的根在区间 $[a,b]$ 内是孤立的; $a<\xi<b$. 从这区间的任一端点例如 b 出发, 写出余项为拉格朗日式的泰勒公式:

$$0=f(\xi)=f(b)+f'(b)\cdot(\xi-b)+\frac{1}{2}f''(c)\cdot(\xi-b)^2 \quad (\xi<c<b). \tag{7}$$

弃去余项, 可以近似地令

$$f(b)+f'(b)\cdot(\xi-b)\doteq 0,$$

由此

$$\xi\doteq b-\frac{f(b)}{f'(b)}.$$

由这种方法, 我们求得根 ξ 的近似值

$$x_1'=b-\frac{f(b)}{f'(b)}. \tag{8}$$

这数值的求法, 亦可以用几何方法直觉地来说明. 考察曲线 $y=f(x)$ 上横标为 b 的点 M' 处的切线. 它的方程是

$$y-f(b)=f'(b)\cdot(x-b).$$

在此处令 $y=0$, 求得切线与 x 轴的交点 T' 的横标 x; 恰好符合于 (8). 这就是说, 上法实质是用曲线弧 MM' 的一端点处的切线来作为弧的近似代换 (参阅图 82).

这法则定名为**牛顿法则**. 亦称为**切线法**.

可是发生这样一个问题, 由公式 (8) 所求得的数值 x_1' 位于何处. 事实上, 就在图 82 中亦可以看出, 切线与 x 轴的交点甚至可以位于所考察的区间之外! 我们将证明, *若数值 $f(b)$ 与 $f''(x)$ 同号 (即在情形 I 及 IV), 则 x_1' 位于 ξ 与 b 之间.*

实际上, 因为 $f(b)$ 与 $f'(b)$ 同号, 故由 (8) 立即知道 $x_1'<b$. 另一方面, 由 (7) 及 (8) 推得:

$$\xi-x_1'=\xi-b+\frac{f(b)}{f'(b)}=-\frac{1}{2}\cdot\frac{f''(c)}{f'(b)}(\xi-b)^2. \tag{9}$$

但我们已假定 $f''(x)$ 与 $f'(x)$ 同号, 因此 $\xi<x_1'$. 结果: $\xi<x_1'<b$.

类似地, 若从点 a 出发而在端点 M (横标为 a) 处引曲线的切线, 则代替 (8) 可得近似值

$$x_1'=a-\frac{f(a)}{f'(a)}. \tag{8*}$$

关于依这一公式所算出的数值, 可以像上面一样地证明: *若数值 $f(a)$ 与 $f''(x)$ 同号 (即在情形 II 及 III), 则 x_1' 位于 a 与 ξ 之间.*

这样对四种可能情形内的每一种, 都已指出, 应该从哪一端开始才可依牛顿法则得到根的近似值. 重复应用这法则, 在情形 I 及 IV 就得出渐减数值的序列:

$$b>x_1'>x_2'>\cdots>x_n'>x_{n+1}'>\cdots>\xi,$$

而在情形 II 及 III, 就得出渐增数值的序列:

$$a < x_1' < x_2' < \cdots < x_n' < x_{n+1}' < \cdots < \xi,$$

而且根据前一数值来计算后一数值时总是依照公式

$$x_{n+1}' = x_n' - \frac{f(x_n')}{f'(x_n')}. \tag{10}$$

在此处也很易证明 $x_n' \to \xi$. 单调而且有界的变量 x_n', 必有有限极限 β; 在 (10) 内取极限, 并应用函数 $f(x)$ 及 $f'(x)$ 两者的连续性, 就求出

$$\frac{f(\beta)}{f'(\beta)} = 0, \quad 由此 \quad f(\beta) = 0 \quad 而 \quad \beta = \xi.$$

图 84 表明历次的切线与 x 轴的交点 $T_1, T_2, \cdots$ 从一侧接近于点 A.

这样, 重复应用牛顿法则, 亦可以计算根 ξ 达到任意的准确度. 这时, 已经算出的近似值的准确度仍可像上面那样由公式 (6) 来估计.

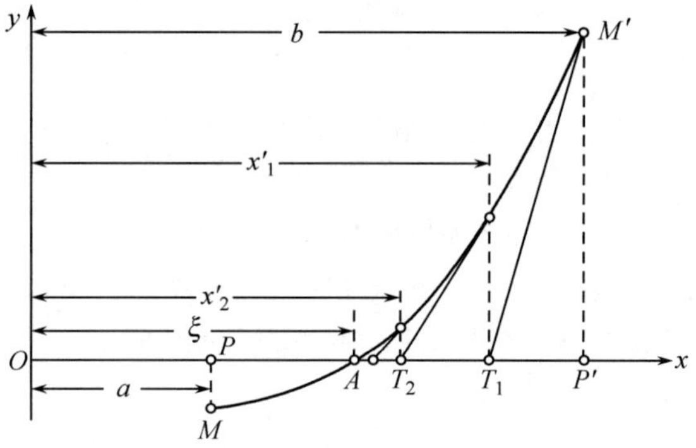

图 84

为了要表达出差 $x_n - \xi$ 减小的速度, 我们再来导出另一估计式. 回到公式 (9): 把里面的 b 换成 x_n' 而 x_1' 换成 x_{n+1}':

$$x_{n+1}' - \xi = \frac{1}{2} \cdot \frac{f''(c)}{f'(x_n')}(x_n' - \xi)^2.$$

用 M 表示 $|f''(x)|$ 在给定区间 $[a, b]$ 内的最大值 (并保持 m 的原来意义) , 由此, 现在很易得出:

$$|x_{n+1}' - \xi| \leqslant \frac{M}{2m} \cdot |x_n' - \xi|^2. \tag{11}$$

因为右端有一个平方的因子, 这就保证着 x_n' 很快地接近于 ξ (至少从某一项开始是如此), 这就使切线法成为根的近似算法中的一种最有效的方法.

不等式 (11) 还有一个作用. 若已算出的数值 x_n' 的准确度已经用例如不等式 (6) 估定, 那么不等式 (11) 就使我们可以预先估计出尚未算出的数值 x_{n+1}' 的准确度. 这对于解决应该取 x_{n+1}' 至小数点后第几位的问题时是有用处的.

现在举一些例题. 在解题时, 自然要利用手头一切代替笔算的辅助工具, 如: 乘方及开方表, 乘法表, 计算器, 对数表及三角函数对数表, 三角函数真数表, 角度及弧度换算表, 等等.

156. 例题及习题 在这一段内我们将专门使用切线法.

1) 计算方程

$$x^3-2x^2-4x-7=0$$

的根, 使准确度达到 0.01, 已知这根在区间 (3, 4) 内 [参阅 **154**].

我们有

$$f(x)=x^3-2x^2-4x-7,\quad f(3)=-10<0,\quad f(4)=+9>0,$$

在 $3\leqslant x\leqslant 4$ 时

$$f'(x)=3x^2-4x-4>0,\quad f''(x)=6x-4>0\quad (\text{情形 I});$$

$|f'(x)|$ 的最小值是 $m=11$.

现在由给定区间的右端 $b=4$ 出发, 因为在这端点处函数 $f(x)$ 与 $f''(x)$ 有相同的符号. 依公式 (8)

$$x_1'=4-\frac{f(4)}{f'(4)}=4-\frac{9}{28}=4-0.32\cdots;$$

四舍五入, 令 $x_1'=4-0.3=3.7$. 因为 $f(x_1')=f(3.7)=1.473$, 故依不等式 (6), $x_1'-\xi<\dfrac{1.473}{11}<0.14$, 即还不够达到所需的准确度. 再求

$$x_2'=3.7-\frac{f(3.7)}{f'(3.7)}=3.7-\frac{1.473}{22.27}=3.7-0.066\cdots;$$

令 $x_2'=3.7-0.066=3.634$. 在这一次 $f(x_2')=f(3.634)=0.042\cdots$, 于是根据 (6), $x_2'-\xi<\dfrac{0.042}{11}<0.004$. 因此 $3.630<\xi<3.634$ 而 $\xi=3.63$ 已达到所求的准确度.

(同是得出这一结果, 在 **154** 内用弦线法却需要做三次.)

2) 第二个例题是解方程

$$x\cdot\lg x=1.$$

利用这机会, 给读者说明, 怎样可以用函数的**图示法**来预测方程的根的位置. 满足于方程

$$\lg x=\frac{1}{x}$$

的 x 值, 显然表示两曲线

$$y=\lg x\quad 及\quad y=\frac{1}{x}$$

的交点的横标. 即使由它们的草图 (图 85) 也可立刻看出, 所求的根位于 2 与 3 之间. 这是容易用计算来检验的, 因为令 $f(x)=x\cdot\lg x-1$, 就有

$$f(2)=-0.397\ 93\cdots<0,$$

$$f(3)=0.431\ 36\cdots>0.$$

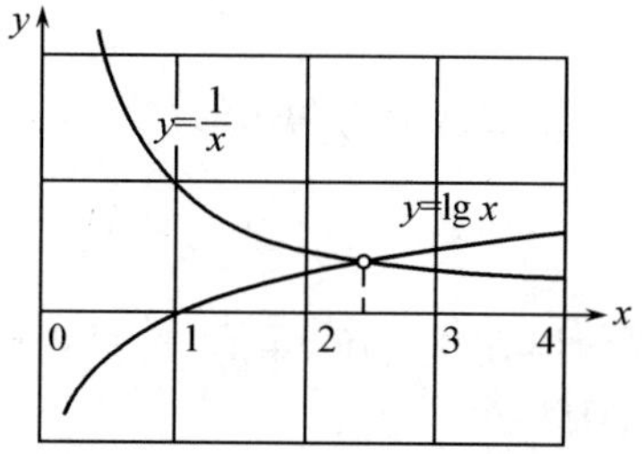

图 85

现在要计算这根使准确度达到 0.000 1.

显然, 在 $2\leqslant x\leqslant 3$ 时,

$$f'(x)=\lg x+\lg e>0,$$

$$f''(x)=\frac{\lg e}{x}>0\quad (\text{情形 I});$$

可以令 $m = 0.7$.

因为 $f(3)$ 刚好与 $f''(x)$ 同号, 故依公式 (8)

$$x_1' = 3 - \frac{f(3)}{f'(3)} = 3 - \frac{0.431\ 36\cdots}{0.911\ 41\cdots} = 3 - 0.473\cdots;$$

令 $x_1' = 3 - 0.47 = 2.53$. 就有 $f(x_1') = f(2.53) = 0.019\ 894\cdots$, 于是 $x_1' - \xi \leqslant \frac{0.019\ 9}{0.7} < 0.03$. 再求

$$x_2' = 2.53 - \frac{f(2.53)}{f'(2.53)} = 2.53 - \frac{0.019\ 894\cdots}{0.837\ 41\cdots} = 2.53 - 0.023\ 75\cdots;$$

取 $x_2' = 2.53 - 0.023\ 7 = 2.506\ 3$. 依不等式 (6) 估计误差:

$$f(2.506\ 3) = 0.000\ 096\cdots$$
$$x_2' - \xi < \frac{0.000\ 096\cdots}{0.7} < 0.000\ 2,$$

即 $2.506\ 1 < \xi < 2.506\ 3$. 在这种情形, 就有已经达到所求准确度的根

$$\xi = 2.506\ 2_{\pm 0.000\ 1}.$$

(实际上 2.506 2 是 ξ 的盈近似值, 因为 $f(2.506\ 2) > 0$.)

3) 回到方程

$$2^x = 4x,$$

在 **81** 内已经讲到过它. 我们在那里曾看出, 这方程的根位于 0 与 0.5 之间. 这种情况, 借助于函数 $y = 2^x$ 及 $y = 4x$ 的图像, 亦很容易看得出来. 在图 86 中很清楚地看到, 这些曲线除去有横标为 4 的交点以外, 还相交于有横标 ξ 在 0 与 0.5 之间的某一点. 要算出这根使准确度达到 0.000 01.

对于 $0 \leqslant x \leqslant 0.5$, 有

$$f(x) = 2^x - 4x, \quad f'(x) = 2^x \cdot \ln 2 - 4 < 0, \quad f''(x) = 2^x \cdot \ln^2 2 > 0$$

(情形 II). 在此处 $m = 4 - \sqrt{2} \cdot \ln 2 > 3, M = \sqrt{2} \ln^2 2 < 0.7, \frac{M}{2m} < 0.12$. 因为 $f(0) = 1$ 与 $f''(x)$ 同号, 故应从 $a = 0$ 开始. 根据 (6), 这近似值的误差 $< \frac{1}{3}$, 然后根据 (11), 可以预先估计出误差:

$$\xi - x_1' < 0.12 \cdot \frac{1}{9} < 0.014.$$

因此依公式 (8*) 算出的数值

$$x_1' = -\frac{1}{\ln 2 - 4} = \frac{1}{3.306\ 852\cdots} = 0.30\cdots$$

应取至小数点后第二位: $x_1' = 0.30$. 利用数值 $f(0.30) = 0.031\ 144\cdots$ 再依不等式 (6) 更精确地估计误差:

$$\xi - x_1' < \frac{0.031\ 144\cdots}{3} < 0.011,$$

然后, 再依 (11),

$$\xi - x_2' < 0.12 \cdot 0.000\ 121 < 0.000\ 015,$$

于是我们就接近于所需要的准确度. 下面一个近似值:

$$x_2' = 0.30 - \frac{0.031\ 144\cdots}{0.853\ 364\ 3\cdots - 4} = 0.30 + \frac{0.031\ 144\cdots}{3.146\ 635\ 6\cdots} = 0.309\ 897\cdots$$

在 "向根的一侧" 凑足小数点后第五位 $x_2' = 0.309\ 90$. 因为 $f(0.309\ 90) = 0.000\ 021\cdots > 0$, 所以这数值还是比根小一些. 至于它的误差, 根据 (6) 是

$$\xi - x_2' < \frac{0.000\ 022}{3} < 0.000\ 01,$$

于是, 最后有

$$\xi = 0.309\ 90_{\pm 0.000\ 01}.$$

4) 方程

$$\operatorname{tg} x = x$$

有无穷多个根. 这可以从图 87 中立刻看出, 由于正切 $y = \operatorname{tg} x$ 的图像与直线 $y = x$ 的交点有无穷多个. 要算出这方程的最小正根, 它位于 $\frac{5\pi}{4}$ 与 $\frac{3\pi}{2}$ 之间.

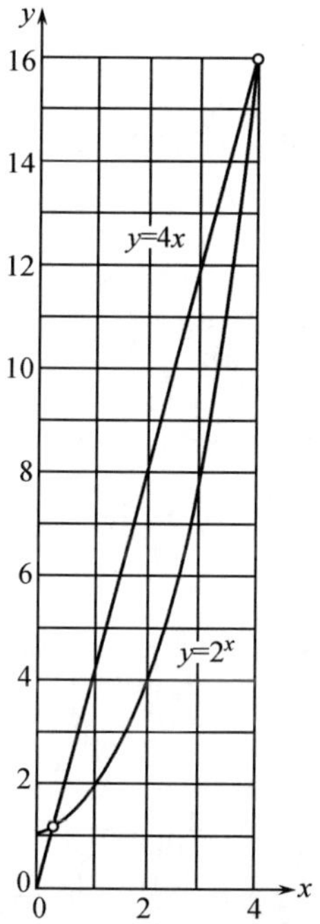

图 86

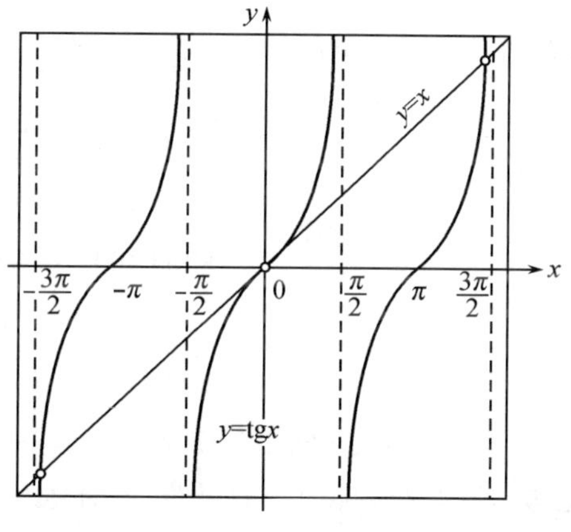

图 87

因为在 $x = \frac{3\pi}{2}$ 时正切成为无穷, 将方程表示为

$$f(x) = \sin x - x\cos x = 0$$

更为方便.

我们有

$$f\left(\frac{5\pi}{4}\right) = -\frac{\sqrt{2}}{2}\left(1 - \frac{5\pi}{4}\right) > 0,$$
$$f\left(\frac{3\pi}{2}\right) = -1 < 0;$$

$f'(x) = x \cdot \sin x < 0, m > 2.7; f''(x) = \sin x + x\cos x < 0$ (情形 IV). 从 $b = \frac{3\pi}{2} = 4.712\ 388\ 9\cdots$ 开始, 得

$$x_1' = \frac{3\pi}{2} - \frac{2}{3\pi} = 4.712\ 388\ 9\cdots - 0.212\ 206\ 6\cdots$$

在此处我们碰到下面的情况: 在三角函数 (及其对数) 表上角度表示为度、分、秒, 因此在这种单位之下来取舍校正数 $0.212\ 206\ 6\cdots$ 的尾数对我们要更方便些. 我们就取 $12°10'$, 它对应于略大一些的数 $0.212\ 234\ 84\cdots$ (在 "向根的一侧" 凑成分), 于是 $x_1' = 4.500\ 040\ 6\cdots$ $(257°50')$.

再次, $f(x_1') = -\cos 12°10' + 4.500\ 040\ 6\cdots \cdot \sin 12°10' = -0.029\ 127\ 4\cdots$,

$$f'(x_1') = -4.398\ 962\cdots; \quad x_1' - \xi < \frac{0.03}{2.7} < 0.012.$$

继续求得:

$$x_2' = 4.500\ 040\ 6\cdots - \frac{0.029\ 127\ 4\cdots}{4.398\ 962\cdots} = 4.500\ 040\ 6\cdots - 0.006\ 621\ 4\cdots,$$

弃去校正数的尾数使成为 $0.006\ 617\ 7\cdots$ $(22'45'')$ 并取

$$x_2' = 4.493\ 422\ 9\cdots \ (257°27'15'').$$

因为 $f(x_2') = -0.000\ 059\cdots$, 故

$$x_2' - \xi < \frac{0.000\ 06}{2.7} < 0.000\ 022\ 3.$$

这样,

$$4.493\ 400\ 6\cdots < \xi < 4.493\ 422\ 9\cdots,$$

故可令

$$\xi = 4.493\ 4_{+0.000\ 03}.$$

5) 当含有根的区间充分缩小时, 牛顿法则的效力特别显著. 今要算出方程 $x^3 - 2x - 5 = 0$ 的根, 从含有它的区间 $(2,\ 2.1)$ 出发, 最后要达到高度的准确度, 就说是 $\frac{1}{10^{10}}$.

在此处:

$$f(x) = x^3 - 2x - 5, \quad f(2) = -1 < 0, \quad f(2.1) = 0.061 > 0,$$
$$f'(x) = 3x^2 - 2 > 0, \quad f''(x) = 6x > 0 \quad (\text{当 } 2 \leqslant x \leqslant 2.1)\ (\text{情形 I}).$$

很易算出, $m = 10, M < 12.6$, 于是

$$\frac{M}{2m} < 0.63.$$

从 $b=2.1$ 开始. 依公式 (6): $b-\xi<\dfrac{0.061}{10}=0.006\ 1$. 现在利用不等式 (11), 来预先算出可以期望 x_1' 达到怎样的准确度:

$$x_1'-\xi<0.63\cdot 0.006\ 1^2<0.000\ 024.$$

因此, 我们将

$$x_1'=2.1-\frac{f(2.1)}{f'(2.1)}=2.1-\frac{0.061}{11.23}=2.1-0.005\ 43\cdots$$

在 "向根的一侧"凑足小数点后第五位: $x_1'=2.1-0.005\ 44=2.094\ 56$. 因为 $f(x_1')=f(2.094\ 56)=0.000\ 095\ 078\ 690\ 816$, 所以现在依公式 (6) 可以更精确地估计误差:

$$x_1'-\xi<\frac{0.000\ 095\cdots}{10}<0.000\ 01.$$

转向 x_2', 再应用公式 (11), 预先算出:

$$x_2'-\xi<0.63\cdot 0.000\ 01^2=0.000\ 000\ 000\ 063.$$

因此, 取

$$x_2'=2.094\ 56-\frac{0.000\ 095\ 078\ 690\ 816}{11.161\ 544\ 780\ 8}=2.094\ 56-0.000\ 008\ 518\ 416\cdots$$

至小数点后第十一位: $x_2'=2.094\ 56-0.000\ 008\ 518\ 41=2.094\ 551\ 481\ 59$, 它与所求根相差仍是小于 0.000 000 000 07. 因此,

$$2.094\ 551\ 481\ 52<\xi<2.094\ 551\ 481\ 59,$$

即 $\xi=2.094\ 551\ 481\ 5+\dfrac{1}{10^{10}}$.

157. 联合法 这方法是同时利用切线法及弦线法.

为着明确起见, 假定我们碰到的是情形 I. 如前, 利用公式 (2) 及 (8) 可算出近似值 x_1 及 x_1':

$$x_1=a-\frac{(b-a)\cdot f(a)}{f(b)-f(a)},\quad x_1'=b-\frac{f(b)}{f'(b)};$$

依照已证明的论点,

$$a<x_1<\xi<x_1'<b.$$

在下一步内, 我们干脆用 x_1 及 x_1' 代换公式内的 a 及 b:

$$x_2=x_1-\frac{(x_1'-x_1)\cdot f(x_1)}{f(x_1')-f(x_1)},\quad x_2'=x_1'-\frac{f(x_1')}{f'(x_1')}.$$

这步骤可以无限地继续下去; 只要有两个近似值 x_n 及 x_n', 在它们之间含有根 ξ, 我们就能依下列公式得出再下面的一对近似值:

$$x_{n+1}=x_n-\frac{(x_n'-x_n)\cdot f(x_n)}{f(x_n')-f(x_n)},\quad x_{n+1}'=x_n'-\frac{f(x_n')}{f'(x_n')}.$$

第二公式和 (10) 相同; 第一公式却和 (5) 大有区别, 因为, 这里点 x_n' 代替了点 b, 而 x_n' 是越来越接近于 ξ 的.如果将不等式 (4) —— 对应于所考察的情形 —— 改写成

$$\frac{x-a}{f(x)-f(a)}>\frac{b-a}{f(b)-f(a)}$$

并令其中 $a=x_n, x=x_n'$, 那么容易看出, 上面说的把 b 换成 x_n' 的结果只能是使 x_n 更快地逼近所求的根 (几何上这是显然的!).

这样, 在用联合法时, 我们可以同时求得根的亏近似值及盈近似值, 它们从根的两侧趋近于它. 在情形 I 及 IV, x_n 从左而 x_n' 从右趋近于 ξ; 至于在 II 及 III, 显然情形刚刚相反. 数量 $|x_n'-x_n|$ 使我们能直接判断所达到的近似程度, 用联合法的好处就在于此.

用例题来说明它的应用.

158. 例题及习题 在这里假定只应用联合法.

1) 求方程

$$f(x)=2x^3-x^2-7x+5=0$$

的三实根使准确度达到 0.001.

函数 $y=f(x)$ 的草图帮助我们求得含有这些根的区间:

$$-2<\xi_1<-1,\quad 0<\xi_2<1,\quad 1<\xi_3<2;$$

由函数的符号的变化, 很易验证这事的正确性.

a) 在区间 $[-2,-1]$ 内

$$f'(x)=6x^2-2x-7>0,\quad f''(x)=12x-2<0$$

(情形 III). 因为 $f(-2)=-1<0, f(-1)=9>0$, 故牛顿法则必须应用于区间的左端. 今有: $f'(-2)=21$ 及

$$x_1'=-2-\frac{-1}{21}=-1.952\cdots,$$
$$x_1=-1-\frac{9}{9-(-1)}=-1.9.$$

把数值 x_1' 在减小的一侧凑足小数第二位, 得数字 $-1.96<\xi_1$. 若把它在增大的一侧, 即向根的一侧舍去尾数, 则得数字 -1.95; 但 $f(-1.95)=0.017\ 75>0$, 即这时已跳到根的另一边去. 这情况对我们是有利的, 因为它给出了缩小含根区间的可能性. 弃去以前的数值 x_1, 令

$$x_1'=-1.96,\quad x_1=-1.95.$$

再次, 就有

$$f(-1.96)=-0.180\ 672,\quad f'(-1.96)=19.969\ 6,$$
$$x_2'=-1.96+\frac{0.180\ 672}{19.969\ 6}=-1.96+0.009\ 04\cdots=-1.950\ 95\cdots,$$
$$x_2=-1.95-\frac{0.01\cdot 0.017\ 75}{0.017\ 75+0.180\ 672}=-1.95-0.000\ 89\cdots=-1.950\ 89\cdots.$$

因为 ξ_1 应当包含在这两限界之间, 显然有:

$$\xi_1=-1.950\ 9_{\pm 0.000\ 1}$$

(已超过所需要的准确度).

б) 在区间 [0, 1] 内, 一阶导数保持着负号, 但二阶导数变号, 在点 $x = \dfrac{1}{6}$ 处等于零. 这情况迫使我们还要预先将区间缩小. 试验数值 $x = 0.5$, 求得: $f(0.5) = 1.5 > 0$; 因为 $f(1) = -1 < 0$, 故 ξ_2 包含在区间 [0.5, 1] 内, 在它里面 $f''(x)$ 保持着正号 (情形 II). 此处仍需把牛顿法则应用于左端点. 就有

$$x_1' = 0.5 + \frac{1.5}{6.5} = 0.730\ 7 \doteq 0.74, \quad x_1 = 1 - \frac{0.5}{2.5} = 0.80.$$

把 x_1' 在向根的一侧凑足小数第二位, 并不至于越过这根, 因为 $f(0.74) = 0.082\ 848 > 0$. 最后,

$$x_1' = 0.74 + \frac{0.082\ 848}{5.194\ 4} = 0.755\cdots,$$
$$x_2 = 0.80 - \frac{0.012\ 96}{0.298\ 848} = 0.756\cdots,$$

于是 $0.755\cdots < \xi_2 < 0.756\cdots$, 而可以令

$$\xi_2 = 0.756_{\pm 0.001}.$$

в) 在区间 [1, 2] 内二阶导数保持着正号, 但一阶导数变号, 在

$$x = \frac{1+\sqrt{43}}{6} \doteq 1.26$$

时等于 0.

试验 1.5 : $f(1.5) = -1$, 同时却有 $f(2) = 3$, 于是 $1.5 < \xi_3 < 2$; $f'(x)$ 在这区间内有正号 (情形 I). 就有:

$$x_1 = 1.5 + \frac{1}{8} \doteq 1.6, \quad x_1' = 2 - \frac{3}{13} \doteq 1.7;$$

在此处取 $x_1' = 1.7$ 并没有跳到根的左边去, 因为 $f(1.7) = 0.036$. 最后,

$$x_2 = 1.6 + \frac{0.056\ 8}{0.604} = 1.6 + 0.094\cdots = 1.694\cdots,$$
$$x_2' = 1.7 - \frac{0.036}{6.94} = 1.7 - 0.005\cdots = 1.694\cdots,$$

于是有

$$\xi_3 = 1.694_{+0.001}.$$

附注 因为依代数学上已知道的定理, 根的总和当等于 0.5, 故可利用这定理来验算答案.

2) 方程

$$f(x) = x^4 - 3x^2 + 75x - 10\ 000 = 0$$

有二实根: 一根在 -11 与 -10 之间, 另一根在 9 与 10 之间. 计算这些根使准确度达到 0.000 01.

a) 在区间 $[-11, -10]$ 内

$$f'(x) = 4x^3 - 6x + 75 < 0, \quad f''(x) = 12x^2 - 6 > 0$$

(情形 II). 求得

$$x_1' = -11 + \frac{3\ 453}{5\ 183} = -10.33\cdots \doteq -10.3,$$

$$x_1 = -10 - \frac{1\ 050}{4\ 503} = -10.23\cdots \doteq -10.2;$$

在前一式内我们在向根的一侧舍去尾数, 但并未越过这根. 再求得

$$x_2' = -10.3 + \frac{164.318\ 1}{4234.108} = -10.262\cdots \doteq -10.262,$$

$$x_2 = -10.2 - \frac{25.279\ 84}{417.116\ 5} = -10.260\cdots \doteq -10.260$$

(附注同上). 最后,

$$x_3' = -10.262 + \frac{4.334\ 569\ 118\ 736}{4186.137\ 218\ 912} = -10.262 + 0.001\ 035\ 4\cdots = -10.260\ 964\ 5\cdots,$$

$$x_3 = -10.260 - \frac{0.008\ 070\ 380\ 48}{8.369\ 759\ 358\ 736} = -10.260 - 0.000\ 964\ 2\cdots = -10.260\ 964\ 2\cdots,$$

于是

$$\xi_1 = -10.260\ 964_{-0.000\ 001}$$

(具有比所要求的更大的准确度).

б) 在区间 [9, 10] 内 $f'(x) > 0, f''(x) > 0$ (情形 I). 在此处:

$$x_1 = 9 + \frac{3007}{3457} = 9 + 0.869\cdots \doteq 9.87 \quad (\text{在向根的一侧!}).$$

$$x_1' = 10 - \frac{450}{4015} = 10 - 0.112\cdots \doteq 9.89,$$

$$x_2 = 9.87 + \frac{1.238\ 965\ 887\ 8}{77.468\ 900\ 8} = 9.87 + 0.015\ 99\cdots = 9.885\ 99\cdots,$$

$$x_2' = 9.89 - \frac{15.520\ 606\ 41}{3885.106\ 676} = 9.89 - 0.003\ 993\cdots = 9.886\ 006\cdots.$$

于是, 显然,

$$\xi_2 = 9.886\ 00_{\pm 0.000\ 01}.$$

3) 考察方程

$$f(x) = x \cdot \sin x - 0.5 = 0.$$

作出函数 $y = \sin x$ 及 $y = \dfrac{0.5}{x}$ 的图像 (图 88), 就看出它们相交于无穷多个点, 于是我们的方程有无穷多个根. 由图像又看出, 最小的正根 ξ 靠近着 0.7; 现在要计算这根使准确度达到 0.000 001 (根据在 **156** 例题 4) 内曾作出的附注, 在此处必须先改用度分秒的单位, 然后再来取舍尾数).

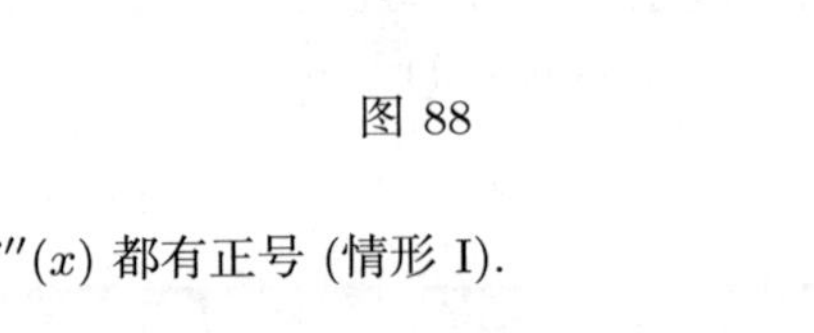

图 88

把数值

$a = 0.698\ 131\ 7\cdots\ (40^\circ)$ 及 $b = 0.785\ 398\ 2\cdots\ (45^\circ)$

代入函数 $f(x)$, 在第一情形结果得负值, 在第二情形结果得正值, 这就是说 $a < \xi < b$. 在这区间内导数 $f'(x), f''(x)$ 都有正号 (情形 I).

计算的概要:

$$x_1 = 0.698\ 131\ 7\cdots + 0.041\ 951\ 2\cdots,$$
$$x_1' = 0.785\ 398\ 2\cdots - 0.043\ 851\ 0\cdots;$$

取舍尾数后得第一校正数为 0.041 887 9··· (2°24′), 第二校正数为 0.043 923 1··· (2°31′), 于是最后得

$$x_1 = 0.740\ 019\ 6\cdots\ (42°24'), \quad x_1' = 0.741\ 474\ 1\cdots\ (42°29').$$

再有

$$x_2 = 0.740\ 019\ 6\cdots + 0.000\ 821\ 1\cdots = 0.740\ 840\ 7\cdots,$$
$$x_2' = 0.741\ 474\ 1\cdots - 0.000\ 632\ 9\cdots = 0.740\ 841\ 2\cdots,$$

由此就得到具有所要求的准确度的根

$$\xi = 0.740\ 841_{\pm 0.000\ 000\ 5}.$$

4) 最后, 再回到方程

$$f(x) = x^4 - x - 1 = 0.$$

我们已在 **81** 内看到, 它有根 ξ 在 $a = 1.22$ 与 $b = 1.23$ 之间. 现在要看只把联合法应用两次, 所得的近似值能达到怎样的准确度.

计算的概要 (情形 I):

$$x_1 = 1.22 + \frac{0.000\ 046\ 654\ 4}{0.063\ 531\ 15} = 1.220\ 73\cdots \doteq 1.220\ 7,$$
$$x_1' = 1.23 - \frac{0.058\ 866\ 41}{6.443\ 468} = 1.220\ 86\cdots \doteq 1.220\ 9,$$
$$x_2 = 1.220\ 7 + \frac{0.000\ 000\ 055\ 337\ 605\ 983\ 98}{0.001\ 255\ 538\ 012\ 096} = 1.220\ 744\ 07\cdots,$$
$$x_2' = 1.220\ 9 - \frac{0.000\ 978\ 849\ 982\ 176\ 1}{6.279\ 478\ 581\ 316} = 1.220\ 744\ 1\cdots,$$

这样,

$$\xi = 1.220\ 744\ 1_{\pm 0.000\ 000\ 1}.$$

第五章 多元函数

§1. 基本概念

159. 变量之间的函数关系 · 例题 到现在为止, 我们只研究过两个变量的共同变动, 而它们之中的一个依赖着另一个: 由自变量的数值已能完全决定因变量或函数的数值. 然而在科学上及生活上常会遇见出现有几个自变量的情形, 于是要想确定函数的数值, 就必须先确定所有这些自变量在同一个时候各自所取的数值.

1) 例如, 圆柱体的体积 V 是它的底半径 R 及高 H 的函数; 这些变量之间的关系用公式

$$V = \pi R^2 H$$

来表示, 由这公式, 若已知自变量 R 及 H 的数值, 就可以决定对应的 V 的数值.

圆锥台的体积 V 显然是三个自变量 —— 两底的半径 R 及 r 以及高 H 的函数, 表示这函数的公式是:

$$V = \frac{\pi H}{3}(R^2 + Rr + r^2).$$

2) 按照欧姆定律, 电路中的电压 V 与线路的电阻 R 及电流 I 具有关系 $V = RI$. 或 V 及 R 当作是已给的, 则由此可确定 I 为 V 及 R 的函数:

$$I = \frac{V}{R}.$$

3) 设有放在汽缸的活塞下面的一定质量的气体, 其温度不是固定不变的; 则这气体的体积 V 及压力 p 都与它的 (绝对) 温度 T 有关系, 其关系式称为克拉披隆 (Clapeyron) 公式:

$$pV = RT \quad (R = \text{常量}).$$

由此, 例如认为 V 及 T 是自变量, 则它们的函数 p 就可写成:

$$p = \frac{RT}{V}.$$

4) 研究任何物体的物理状态时往往需要观察它的各种性质随着点的变化. 如: 密度、温度、电位等. 所有这些量都是 "点的函数", 换言之, 就是点的坐标 x, y, z 的函数. 若物体的物理状态随时间而变化, 则在这些自变量内还要加上时间 t. 在这情形我们就得到四个自变量的函数.

类似的例子读者自己还可以任意举出许多来.

要想对于几个自变量的函数的概念给予准确的定义, 我们先从最简单的情形, 当自变量有两个时开始.

160. 二元函数及其定义域 凡说及二自变量 x 及 y 的变动, 我们每一次都应当指出, 它们可以同时取值的数对 (x, y) 是哪些; 这些数对所成的集 $\mathcal{M}$ 就是变量 x, y 的变动区域.

函数概念的定义与一元函数时所给出的定义有同样的说法:

若对于集 $\mathcal{M}$ 中的每一对数值 (x, y) —— 依某一法则或规律 —— 有一确定的 z 的数值 (在 $\mathcal{Z}$ 内) 与它们对应, 则变量 z (其变动区域为 $\mathcal{Z}$) 称为自变量 x, y 在集 $\mathcal{M}$ 中的函数[20].

在此处说及的是单值函数; 很易推广这一定义使适用于多值函数.

上面说及的集 $\mathcal{M}$ 就是函数的**定义域**. 变量 x, y 对于它们的函数 z 而言, 称为它的**变元**. 与一元函数时相类似, z 与 x, y 之间的函数关系表示为:

$$z = f(x, y), \quad z = \varphi(x, y), \quad z = z(x, y), \quad \text{等等.}$$

若 (x_0, y_0) 是从 $\mathcal{M}$ 中取出的一个数对, 则 $f(x_0, y_0)$ 就表示当 $x = x_0$, $y = y_0$ 时函数 $f(x, y)$ 所取的一个特别 (数字) 值.

兹举出几个解析地 (即用公式) 给定的函数的例题, 并指出它们的定义域. 公式:

$$1)\ z = xy \quad \text{及} \quad 2)\ z = x^2 + y^2$$

确定对于一切数对 (x, y) 都满足的函数. 公式:

$$3)\ z = \sqrt{1 - x^2 - y^2}, \quad 4)\ z = \frac{1}{\sqrt{1 - x^2 - y^2}}$$

只被分别满足不等式

$$x^2 + y^2 \leqslant 1 \quad \text{或} \quad x^2 + y^2 < 1$$

的那些数对 (x, y) 所适合 (若我们只想得到有限实数 z 的话).

---

[20] 同时应用词组 "变量值" 和术语 "点集" 就可以套用这个定义, 我们对 n 元函数立刻就这样做 [参看 **164** 目的脚注 21)].

由公式:

$$5)\ z=\arcsin\frac{x}{a}+\arcsin\frac{y}{b}$$

所确定的, 是其数值分别满足不等式

$$-a\leqslant x\leqslant a,\quad -b\leqslant y\leqslant b$$

的 x 及 y 的函数.

在一切这些情形中我们都指出了公式适用的最广阔的 —— 自然的 [**46**, 2°] —— 范围.

今再考察这样的例题.

6) 设三角形的各边在周长保持为常量 $2p$ 的条件下任意变化着. 若用 x 及 y 表示它的二边, 则第三边就是 $2p-x-y$, 于是三角形可以由边 x 及 y 完全确定. 问三角形的面积 z 与它们的关系怎样?

依海伦公式, 这面积表示为:

$$z=\sqrt{p(p-x)(p-y)(x+y-p)}.$$

至于这函数的定义域 $\mathcal{M}$, 在这一次, 就应受到引入这函数的具体问题的限制. 因为三角形的每一边是一个正数而且小于半周, 所以应当满足不等式

$$0<x<p,\quad 0<y<p,\quad x+y>p;$$

它们就表现了区域 $\mathcal{M}$[①] 的特征.

这样, 虽然在一元函数的情形, 作为变元的标准变动区域的只是 (有限的或无穷的) 区间, 而在二元函数的情形, 我们已碰到变元的各种各样极其复杂的可能 (和自然的) 变动区域.

利用这些区域的几何说明来考察它们, 常使事情变成非常简易. 若在平面上取互相垂直的二轴, 再用通常的办法使它们上面的点各自和 x 或 y 的值相对应, 那么大家知道, 由每一对 (x,y) 可以单值地确定平面上的一点, 它以这些数值作为自己的坐标, 反之亦然.

于是, 要表现出那些使函数有定义的数对 (x,y), 就只需简单地指出它们所对应的点在 xy 平面上填满了怎样的图形.

如此就说, 函数 1) 及 2) 定义于全平面内, 函数 3) 及 4) 依次定义于闭的 (即包括圆周在内) 或开的 (除去圆周) 圆内 (图 89); 函数 5) 定义于矩形内 (图 90); 最后, 我们仅在开的三角形 (图 91) 内考察函数 6).

这种几何说明是如此的方便, 以致通常就称数对 (x,y) 为 "点", 而这种 "点" 所成的集合也就依照其所对应的图形的名称来称呼它. 例如, 满足不等式

$$a\leqslant x\leqslant b,\quad c\leqslant y\leqslant d$$

①虽然所得出的公式本身在更广的范围内, 例如对于 $x>p$ 及 $y>p$, 仍保持有意义.

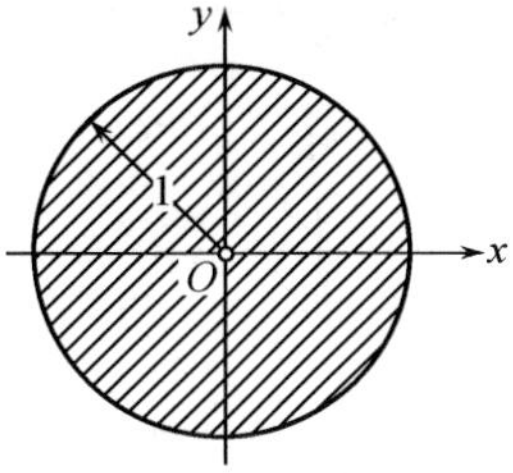

图 89

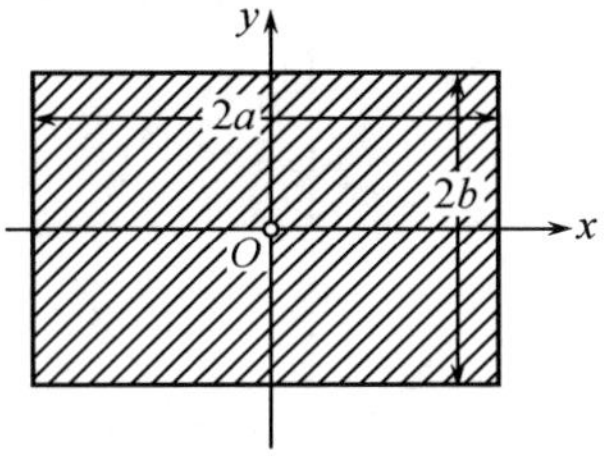

图 90

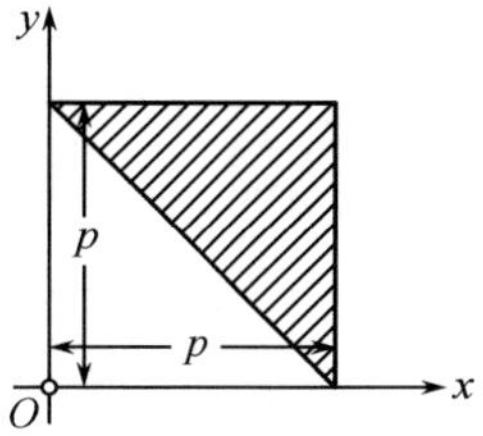

图 91

的“点”集或数对 (x,y) 的集是“矩形”, 其度量等于 $b-a$ 及 $d-c$; 将用记号 $[a,b;c,d]$ 来表示它, 与区间的表示法相类似. 满足不等式

$$(x-\alpha)^2+(y-\beta)^2 \leqslant r^2$$

的“点”集或数对 (x,y) 的集是中心在“点” (α,β) 而半径为 r 的“圆”, 等等.

恰像函数 $y=f(x)$ 可用其图像来几何地说明一样 [**47**], 方程 $z=f(x,y)$ 也可以得到几何上的说明. 在空间取以 x 轴、y 轴、z 轴组成的直角坐标系; 再在 xy 平面上画出变量 x 及 y 的变动区域 $\mathcal{M}$, 最后, 在这区域中的每一点 $M(x,y)$ 作 xy 平面的垂线, 并在垂线上按数值 $z=f(x,y)$ 来取点. 这样所得的点的轨迹就是我们的函数的**空间图形**. 一般地说来, 这是一个曲面; 同时等式 $z=f(x,y)$ 就称为**曲面方程**.

为了举例, 在图 92、93 及 94 中画着函数:

$$z=xy, \quad z=x^2+y^2,$$
$$z=\sqrt{1-x^2-y^2}$$

的几何图形. 其中第一个图形是**双曲抛物面**, 第二个是**回转抛物面**, 第三个是**半球面**.

最后要讲到, 有时不得不考察变量 $x_{m,n}$, 它的数值是用二自然数标 m 及 n 来编号的 (m 与 n 各自独立地依自然数列而递变). 在某种意义上来说, 这种变量是整序变量x_n 的推广.

例如, 可以令

$$x_{m,n}=\frac{(m+n)!}{m!n!}, \quad x_{m,n}=\frac{1}{m^2+n^2}, \quad x_{m,n}=\frac{(m+1)\cdot n}{m\cdot(n+1)}, \quad \text{等等.}$$

事实上, 标号 m 及 n 应该看作自变量, 而变量 $x_{m,n}$ 看成是它们的函数. 在当前的情形, 自变量的变动区域可用第一象限内的全部方格子点作为其几何说明.

161. n 维算术空间 转移到 n 个自变量 $(n \geqslant 3)$ 的函数, 我们首先来考虑这些变量的协同数值组.

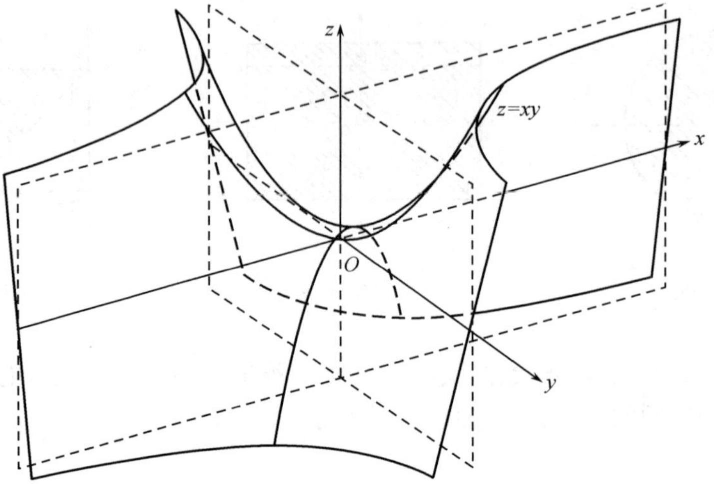

图 92

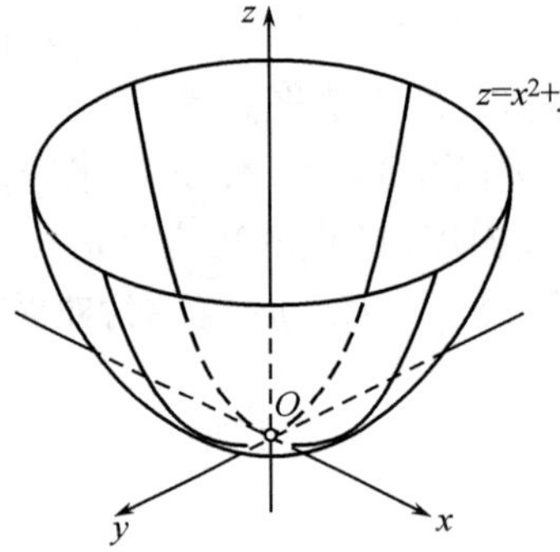

图 93

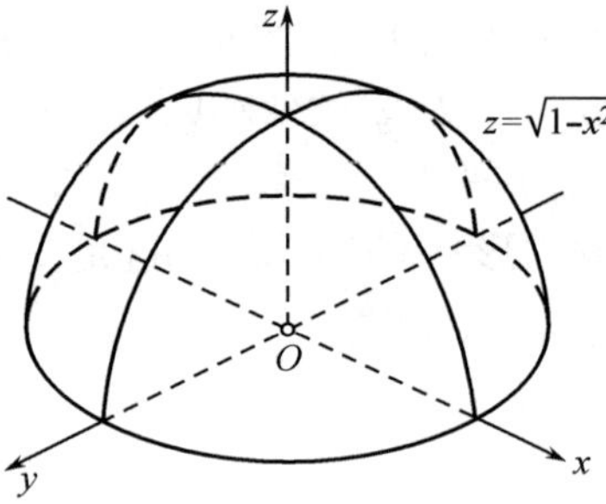

图 94

在 $n=3$ 时, 读者都明白, 三数 (x,y,z) 所成的数值组还可以几何地解释为空间的点, 而这种数值的集则可以解释为空间的一部分或几何学中的体. 但在 $n>3$ 时已不可能再有直接的几何说明, 因为我们并没有维数大于 3 的空间的直觉.

虽然如此, 由于仍然希望把 (对于二元及三元函数显得是有效的) 那些几何方法扩充到更多个变元的函数的理论上去, 在分析学内就引入了 n 维 "空间" 的概念 (n 可以大于 3).

n 个实数所成的组 $M(x_1,x_2,\cdots,x_n)$ ① 称为 (n 维的) "点"; 数 $x_1,x_2,\cdots,x_n$ 就是这 "点" M 的**坐标**. 所有可以想象的 n 维的 "点" 就组成一个 n **维 "空间"** (它有时

①由于所论变量的个数没有一定, 所以不用不同的字母, 而只用带有不同序号的同一字母来表示它们, 显得更是方便. 这样, x_i (与以前的用法相反) 并不表示某一变量的第 i 个值, 而是表示可以具有许多不同数值的第 i 个变量本身.

称为**算术空间**).

引入两个 (n 维) "点"

$$M(x_1, x_2, \cdots, x_n) \quad 与 \quad M'(x'_x, x'_2, \cdots, x'_n)$$

之间的 "距离" $\overline{MM'}$ 的概念是有需要的. 仿照大家知道的解析几何学中的公式, 令

$$\begin{aligned}\overline{MM'} = \overline{M'M} &= \sqrt{\sum_{i=1}^{n}(x'_i - x_i)^2} \\ &= \sqrt{(x'_1 - x_1)^2 + (x'_2 - x_2)^2 + \cdots + (x'_n - x_n)^2};\end{aligned} \tag{1}$$

在 $n = 2$ 或 3 时这 "距离" 与对应的两几何点之间的通常距离相同.

若再取一 "点"

$$M''(x''_1, x''_2, \cdots, x''_n),$$

则可以证明, "距离" $\overline{MM'}, \overline{M'M''}$ 及 $\overline{MM''}$ 满足不等式

$$\overline{MM''} \leqslant \overline{MM'} + \overline{M'M''}, \tag{2}$$

这便是大家知道的几何定理: "三角形的一边不大于其他二边之和."

实际上, 对于任何两组实数 $a_1, a_2, \cdots, a_n$ 及 $b_1, b_2, \cdots, b_n$ 常成立不等式①

$$\sqrt{\sum_{i=1}^{n}(a_i + b_i)^2} \leqslant \sqrt{\sum_{i=1}^{n} a_i^2} + \sqrt{\sum_{i=1}^{n} b_i^2}.$$

若在此处令

$$a_i = x'_i - x_i, \quad b_i = x''_i - x'_i, \ 于是 \ a_i + b_i = x''_i - x_i \quad (i = 1, 2, \cdots, n),$$

则得

$$\sqrt{\sum_{i=1}^{n}(x''_i - x_i)^2} \leqslant \sqrt{\sum_{i=1}^{n}(x'_i - x_i)^2} + \sqrt{\sum_{i=1}^{n}(x''_i - x'_i)^2},$$

①这个不等式不是别的, 而是我们曾经遇到的闵可夫斯基不等式 [**133** (7)] 在 $k = 2$ 时的特殊情形. 如果将它两边各自平方并消去相等的项, 则它就变成大家熟知的柯西不等式 [**133** (5a)]. 对柯西不等式 —— 同时, 也对书中的不等式我们举一个十分初等的证明.

二次三项式

$$\sum_{i=1}^{n}(a_i x + b_i)^2 = \sum_{i=1}^{n} a_i^2 \cdot x^2 + 2\sum_{i=1}^{n} a_i b_i \cdot x + \sum_{i=1}^{n} b_i^2$$

显然不能取负值. 在这个情形它不能有两个不同的实根, 因而表达式

$$\sum_{i=1}^{n} a_i^2 \cdot \sum_{i=1}^{n} b_i^2 - \left\{\sum_{i=1}^{n} a_i b_i\right\}^2$$

应当是非负的, 这就相当于柯西不等式.

这就相当于 (2). 这样, 距离的这一重要性质在我们的 "空间" 中也同样成立.

在 n 维 "空间" 内也可以考察连续 "曲线".

大家知道 [**106**], 方程

$$x=\varphi(t), \quad y=\psi(t)$$

(此处的 $\varphi(t)$ 及 $\psi(t)$ 是参变量 t 的函数, 在某一区间 $[t',t'']$ 是连续的) 表示平面上的连续曲线. 类似于此, 用三个连续函数:

$$x=\varphi(t), \quad y=\psi(t), \quad z=\chi(t) \quad (t'\leqslant t\leqslant t''),$$

就可表示 (通常) 空间中的连续曲线. 仿此, 今考察 t 的 n 个连续函数:

$$x_1=\varphi_1(t), \quad x_2=\varphi_2(t), \quad \cdots, \quad x_n=\varphi_n(t) \quad (t'\leqslant t\leqslant t''),$$

则当参变量 t 取不同数值时所得的 "点" 集

$$(\varphi_1(t),\varphi_2(t),\cdots,\varphi_n(t)),$$

就组成 n 维 "空间" 内的连续 "曲线". 令

$$x_1'=\varphi_1(t'),\cdots,x_n'=\varphi_n(t'); \quad x_1''=\varphi_1(t''),\cdots,x_n''=\varphi_n(t''),$$

就可以说, 这 "曲线" 连接着两 "点"

$$M'(x_1',x_2',\cdots,x_n') \quad 与 \quad M''(x_1'',x_2'',\cdots,x_n'').$$

当所有的 $\varphi_1,\cdots,\varphi_n$ 都是线性函数时, "曲线" 就变成 "直线":

$$x_1=\alpha_1 t+\beta_1, \quad \cdots, \quad x_n=\alpha_n t+\beta_n;$$

其中系数 $\alpha_1,\cdots,\alpha_n$ 假定不全等于零, 而 t 从 $-\infty$ 变至 $+\infty$. 我们将算作这直线上的 "点" 是依着参变量渐增的次序一个跟着一个的; 若 $t'<t<t''$, 则在对应的 "点" M',M,M'' 内, "点" M 就位于其他两点之间, 因为它在 M' 之后而又在 M'' 之前. 在这些条件之下, 容易证明, 它们之间的距离满足于关系式:

$$\overline{M'M''}=\overline{M'M}+\overline{MM''},$$

这正是通常空间内的直线的特性.

经过二给定 "点"

$$M'(x_1',\cdots,x_n') \quad 及 \quad M''(x_1'',\cdots,x_n'')$$

的 "直线" 的方程显然可以写成:

$$x_1=x_1'+t(x_1''-x_1'), \quad \cdots, \quad x_n=x_n'+t(x_n''-x_n') \quad (-\infty<t<+\infty),$$

于此令 $t=0$ 及 1, 就得到 "点" M' 及 M''. 又若使 t 从 0 变至 1, 就得到连接这两 "点" 的 "直线段".

由有限数的 "直线段" 所组成的 "曲线" 称为 "折线".

162. n 维空间内的区域举例 令转而考察一些 n 维 "空间" 内的 "体" 或 "区域" 的例子.

1) 坐标各自互相独立地满足于不等式

$$a_1 \leqslant x_1 \leqslant b_1, a_2 \leqslant x_2 \leqslant b_2, \cdots, \ a_n \leqslant x_n \leqslant b_n$$

的一切 "点" $M(x_1, x_2, \cdots, x_n)$ 所成的集, 称为 (n 维) "长方体", 并记成:

$$[a_1, b_1; a_2, b_2; \cdots; a_n, b_n].$$

在 $n = 2$ 时, 就由此得出 [**160**] 内曾经讲及的 "长方形"; 通常空间中的长方体则对应于三维 "长方体".

若在前面写着的关系式内去掉等号, 得到

$$a_1 < x_1 < b_1, a_2 < x_2 < b_2, \cdots, a_n < x_n < b_n,$$

就可用它们来定义**开的** "长方体":

$$(a_1, b_1; a_2, b_2; \cdots; a_n, b_n),$$

因为要与它区别, 前一个就称为**闭的** "长方体"①. 差 $b_1 - a_1, b_2 - a_2, \cdots, b_n - a_n$ 称为两种长方体的度量, 而点

$$\left(\frac{a_1 + b_1}{2}, \frac{a_2 + b_2}{2}, \cdots, \frac{a_n + b_n}{2}\right)$$

称为它们的**中心**.

任一中心在 M^0 的开的 "长方体"

$$(x_1^0 - \delta_1, x_1^0 + \delta_1; x_2^0 - \delta_2, x_2^0 + \delta_2; \cdots; x_n^0 - \delta_n, x_n^0 + \delta_n) \quad (\delta_1, \delta_2, \cdots, \delta_n > 0) \qquad (3)$$

称为 "点" $M^0(x_1^0, x_2^0, \cdots, x_n^0)$ 的**邻域**, 最常遇见的邻域是 "立方体":

$$(x_1^0 - \delta, x_1^0 + \delta; x_2^0 - \delta, x_2^0 + \delta; \cdots; x_n^0 - \delta, x_n^0 + \delta) \quad (\delta > 0)$$

其一切度量都相等 ($= 2\delta$).

2) 考察坐标满足不等式

$$x_1 \geqslant 0, x_2 \geqslant 0, \cdots, x_n \geqslant 0, x_1 + x_2 + \cdots + x_n \leqslant h \quad (h > 0) \qquad (3^*)$$

①也可以考察**无穷** "长方体", 如果确定它的各区间 (或其中的某几个) 是无穷区间时. 在说及 n 维 "长方体" 时, 若没有特别声明, 我们总是指**有限** "长方体".

的一切 “点” $M(x_1,x_2,\cdots,x_n)$ 所成的集. 在 $n=2$ 时对应于这集的几何图形是等腰直角三角形, 在 $n=3$ 时是四面体 (图 95). 在一般情形称它为**单纯形**① (这里是闭的单纯形, 以区别于在上列不等式内去掉等号而得出的开的单纯形).

3) 最后, 若 $M_0(x_1^0,x_2^0,\cdots,x_n^0)$ 是定 “点”, 而 r 是正常数, 则由不等式

$$(x_1-x_1^0)^2+(x_2-x_2^0)^2+\cdots+(x_n-x_n^0)^2\leqslant r^2 \quad (\text{或} < r^2)$$

所确定的一切 “点” $M(x_1,x_2,\cdots,x_n)$ 所成的集, 称为闭的 (或开的) n 维 “球”, 其半径 r, 而中心在 “点” M_0 处. 换句话说, “球” 是所有与某一定 “点” M_0 的 “距离” 不超过 (或小于) r 的点所成的集. 这是很清楚的, $n=2$ 时的 “球” 就是圆 [参阅 **160**], $n=3$ 时就是通常的球.

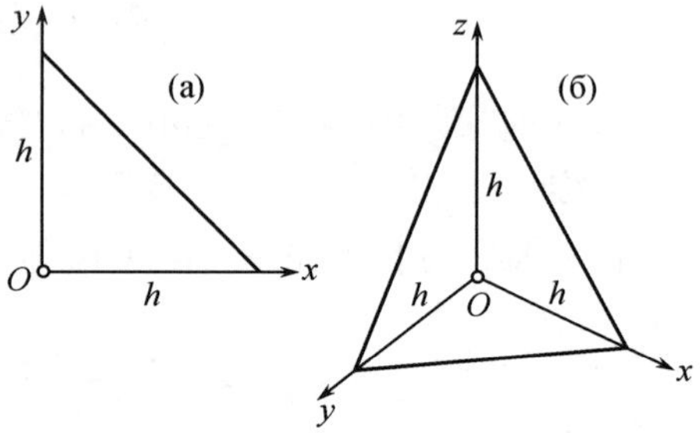

图 95

中心在点 $M_0(x_1^0,x_2^0,\cdots,x_n^0)$ 处而有任意半径 $r>0$ 的开 “球” 也可以看作这点的邻域; 要使它区别于我们先前引入的那种 “长方体形” 的邻域, 就称它为 “球形” 的邻域.

兹证明下一经常要用到的事实: 已给一个 “点” M_0 的上述任一类型的邻域时, 一定可以找到 M_0 的一个另一类型的邻域, 使得后者包含于前者之中.

设首先给定中心在 “点” M_0 处的 “长方体” (3). 那么, 要取有同一中心的开 “球”, 使它包含在所给 “长方体” 之内, 只要取开 “球” 的半径 r 小于一切 δ_i $(i=1,2,\cdots,n)$ 就够了. 实际上, 对于这球内的任一 “点” $M(x_1,x_2,\cdots,x_n)$ (对每一 $i=1,2,\cdots,n$) 将有:

$$|x_i-x_i^0|\leqslant\sqrt{\sum_{k=1}^{n}(x_k-x_k^0)^2}=\overline{MM_0}<r<\delta_i$$

或

$$x_i^0-\delta_i<x_i<x_i^0+\delta_i,$$

于是这点必属于给定的 “长方体”.

反之, 若给定中心在 M_0 而半径为 r 的 “球”, 那么 “长方体” (3), 例如, 在 $\delta_1=\delta_2=\cdots=\delta_n=\dfrac{r}{\sqrt{n}}$ 时就包含在它里面. 因为这 “长方体” 中任一 “点” $M(x_1,x_2,\cdots,x_n)$ 距 “点” M_0 的 “距离” 是

①按拉丁文 simplex 的意思是 “简单的”; 实际上, 单纯形就是最简单的多面 “体”, 对于所给定空间而言, 它具有最少数目的面.

$$\overline{MM_0} = \sqrt{\sum_{k=1}^{n}(x_k - x_k^0)^2} < \sqrt{\sum_{k=1}^{n}\delta_k^2} = r,$$

所以, 它也属于给定的 "球".

163. 开域及闭域的一般定义 若 "点" $M'(x_1', x_2', \cdots, x_n')$ 连同它的充分小的邻域都属于 (n 维 "空间" 内的) 集 $\mathcal{M}$, 则称 "点" M' 是集 $\mathcal{M}$ 的**内 "点"**.

由前一段末所证明的论点很明显地推得, 此处所论及的邻域的类型, 不论是 "长方体形的" 或是 "球形的", 并不影响内点的定义.

开的 "长方体"

$$(a_1, b_1; \cdots; a_n, b_n) \tag{4}$$

的每一 "点" 都是内 "点". 实际上, 若

$$a_1 < x_1' < b_1, \cdots, a_n < x_n' < b_n,$$

则容易找出这种 $\delta > 0$, 使得

$$a_1 < x_1' - \delta < x_1' + \delta < b_1, \cdots, a_n < x_n' - \delta < x_n' + \delta < b_n.$$

仿此, 对于中心在 "点" M_0 处而半径为 r 的开 "球", 属于它的每一 "点" M' 也都是它的内 "点". 若取 ρ 使合于

$$0 < \rho < r - \overline{M'M_0},$$

并以 M' 为中心作出半径为 ρ 的 "球", 则它必全部包含在原来的 "球" 内: 因为只要 $\overline{MM'} < \rho$, 就有 [**160**, (2)]

$$\overline{MM_0} \leqslant \overline{MM'} + \overline{M'M_0} < \rho + \overline{M'M_0} < r,$$

于是 "点" M 亦属于原来的 "球".

关于开的单纯形:

$$x_1 > 0, \cdots, x_n > 0, x_1 + \cdots + x_n < h \quad (h > 0),$$

也可以作出同样的结论.

这种完全由内 "点" 所组成的集就称为开 "域".

这样, 开 "长方体"、开 "球"、开的单纯形都是开 "域" 的例子.

现在再把聚点的概念 [**52**] 推广到 n 维 "空间" 内的集 $\mathcal{M}$ 的情形去. 若在 "点" M_0 的任一邻域 (不论什么类型) 内总包含着集 $\mathcal{M}$ 中的至少一个异于 M_0 的 "点", 则 "点" M_0 称为集 $\mathcal{M}$ 的**聚点**.

开"域"的"聚点"而不属于这域的称为它的界"点". 界"点"的全体组成"域界". 开"域"连同着它的"界"就称为**闭域**.

不难看出, 只有满足诸式:

$$a_1 \leqslant x_1 \leqslant b_1, \ \cdots, \ a_n \leqslant x_n \leqslant b_n,$$

并使其中至少一处成立等式的"点" $M(x_1, x_2, \cdots, x_n)$ 方才能成为开的"长方体" (4) 的界"点".

完全与此相同, 只有确实满足 $\overline{MM_0} = r$ 的"点" M 方才成为上面说过的开"球"的界"点".

最后, 只有满足诸关系式:

$$x_1 \geqslant 0, \cdots, x_n \geqslant 0, \quad x_1 + \cdots + x_n \leqslant h,$$

并使其中至少一处成立等式的"点" $M(x_1, x_2, \cdots, x_n)$ 方才能成开的单纯形 (3*) 的界"点".

这样, 闭的"长方体"、闭"球"、闭的单纯形就给出了闭"域"的例子.

以后凡说及 (开的或闭的) "域"时, 我们总是指着此处所述的有着特殊意义的"域".

现在要证明, 闭"域"的一切聚"点"都属于这"域".

设给定闭"域" $\overline{\mathcal{D}}$ 及在它外部的"点" M_0. 将证明 M_0 不是 $\overline{\mathcal{D}}$ 的聚"点".

闭"域" $\overline{\mathcal{D}}$ 是由某一开"域" $\mathcal{D}$ 加上它的"界" $\mathcal{E}$ 而得到的. 显然 M_0 不能是 $\mathcal{D}$ 的聚"点"; 因此, M_0 可以被这样的开"球"所围住, 使它里面不包含 $\mathcal{D}$ 的"点". 可是, 在它里面也就不能有 $\mathcal{E}$ 的"点"; 因为若有 $\mathcal{E}$ 的任何"点" M' 落在它里面, 则在它里面将整个地包含着"点" M' 的某一邻域, 而在这邻域内却一个都不能有 $\mathcal{D}$ 的点, 这是违反"界"点的定义的. 因此前述的开"球"内确乎没有 $\overline{\mathcal{D}}$ 的"点", 这就证明了我们的论点.

一般, 包含自己的一切聚"点"的"点"集 $\mathcal{M}$ 称为**闭集**. 这样, 闭"域"是闭集的特别情形.

再引入一列的术语. 若"点"集 $\mathcal{M}$ 全部包含在某一"长方体"内, 它就称为**有界"点"集**.

若"域"的任意两"点"常可以用一"折线"来连接, 该"折线"的一切"点"都位于这"域"中, 这"域"就称为**连通"域"**. 图 96 中是几个平面上的连通域的例子.

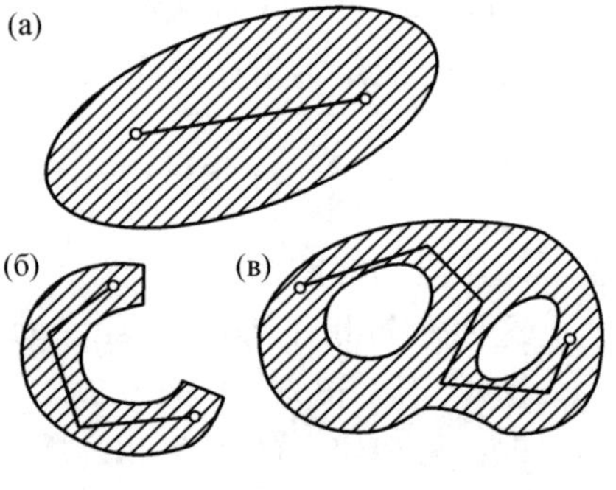

图 96

n 维"空间"中的有界连通"域" (开的或闭的), 在某种意义上, 类似于 (开的或闭的) 有限区间. 然而读者看到, 在维数转变成 n $(n \geqslant 2)$

时图形是如何地复杂化了. 对应于简单的具唯一形式的区间 (作为它的界的总共只是二点), 在此处却是带有复杂的 “界” 的各种各样的 “域” 了.

在以上几目内所讲的一切, 可以看成仅是某种几何语言的设立; 在 $n > 3$ 时并未联系到任何实际的几何表示. 然而必须郑重指出, 事实上, n 维 (算术) 空间仅只是走向空间概念在多种高阶中拓广的第一步, 而这些空间概念正是现代分析的许多更高深部门的基础①.

164. *n* 元函数 设有 n 个变量 $x_1, x_2, \cdots, x_n$, 它们的协同值可以从 n 维空间中的某一点集 $\mathcal{M}$ 内任意选取: 这些变量称为**自变量**. 对于二自变量所作的函数的定义以及一切由它而得的推论 [**160**] 都可以直接搬来用于现在所要考察的情形, 因此就不必再来讨论它.

若用 M 表示点 $(x_1, x_2, \cdots, x_n)$, 则这些变量的函数 $u = f(x_1, x_2, \cdots, x_n)$ 有时也称为**点 M 的函数**, 并记成: $u = f(M)$ [21)].

现在假定在 m 维空间的某一点集 $\mathcal{P}$ 内给定 m 个变量 $t_1, t_2, \cdots, t_m$ 的 n 个函数 (这里的 m 并不与 n 有联系):

$$x_1 = \varphi_1(t_1, t_2, \cdots, t_m), \cdots, x_n = \varphi_n(t_1, t_2, \cdots, t_m) \tag{5}$$

或更简单地记成

$$x_1 = \varphi_1(P), \cdots, x_n = \varphi_n(P), \tag{5a}$$

此处的 P 表示 m 维空间的点 $(t_1, t_2, \cdots, t_m)$. 此外, 再假定当点 $P(t_1, t_2, \cdots, t_m)$ 在集 $\mathcal{P}$ 的范围内变动时, 与它对应的, 坐标为 (5) [或 (5a)] 的 n 维点 M 总不越出函数 $u = f(x_1, x_2, \cdots, x_n) = f(M)$ 的定义域, n 维集 $\mathcal{M}$ 的范围.

于是变量 u 就可以看成是借变量 $x_1, \cdots, x_n$ 为媒介的自变量 $t_1, t_2, \cdots, t_m$ (在集 $\mathcal{P}$内) 的**复合函数**:

$$u = f(\varphi_1(t_1, t_2, \cdots, t_m), \cdots, \varphi_n(t_1, t_2, \cdots, t_m));$$

①一切几何术语, 在使用时其意义与通常不同的, 我们曾都把它们放在引号内, 如: “点”、“距离”、“域”, 等等. 以后, 我们就不再这样做了.

21) 这里适时指出, (**45** 目的脚注 13) 引入的) 函数定义的更为宽泛的形式由于下述而显得方便, 即当过渡到 n 元函数时仍保持不变: *对于集 $\mathcal{X}$ 的每一个点 x, 有且仅有集 $\mathcal{Y}$ 的一个严格确定的点和它对应的任何一个规则, 称为在集 $\mathcal{X}$ 上定义, 且在 (数) 集 $\mathcal{Y}$ 内取值的函数*. 函数的定义域 $\mathcal{X}$ 可以是直线上的一个区间, 或者是 n 维空间中的一个区域 —— 我们分别把这些函数称为一元实变函数或 n 元实变函数.

u 是诸函数 $\varphi_1,\cdots,\varphi_n$ 的函数 [参阅 **51**] [22].

这种依函数 $\varphi_1,\cdots,\varphi_n$ 以及函数 f 来确定复合函数的过程 (如同在最简单的一元函数的情形一样) 称为**叠置**.

多元函数的类别首先需要直接处理的是很少的. 经常, 它总是借着叠置一元初等函数 [**48**, **50**] 及下列二元函数:

$$z = x \pm y, \quad z = xy, \quad z = \frac{x}{y}, \quad z = x^y$$

(即四则运算及所谓幂指函数) 所组成.

由自变量 $x_1, x_2, \cdots, x_n$ 及常量出发, 重复使用四则运算, 首先导出整多项式 (有理整函数):

$$P(x_1, x_2, \cdots, x_n) = \sum_{\nu_1,\nu_2,\cdots,\nu_n} C_{\nu_1,\nu_2,\cdots,\nu_n} x_1^{\nu_1} x_2^{\nu_2} \cdots x_n^{\nu_n} \text{①}$$

及二整多项式的商 (**有理分式函数**):

$$Q(x_1, x_2, \cdots, x_n) = \frac{\sum C_{\nu_1,\nu_2,\cdots,\nu_n} x_1^{\nu_1} x_2^{\nu_2} \cdots x_n^{\nu_n}}{\sum C'_{\mu_1,\mu_2,\cdots,\mu_n} x_1^{\mu_1} x_2^{\mu_2} \cdots x_n^{\mu_n}}.$$

借助于一元初等函数更可导出其他的函数, 例如:

$$f(x, y, z) = \frac{\ln(x + y + z)}{\sqrt{x^2 + y^2 + z^2}},$$

$$\varphi(x, y, z, t) = \sin xy + \sin yz + \sin zt + \sin tx, \quad \text{等等}.$$

46 内所作关于一元函数的解析表示法的那个附注在此处也可以重述一次.

165. 多元函数的极限 假定函数 $f(x_1, \cdots, x_n)$ 是在具有聚点 $M_0(a_1, a_2, \cdots, a_n)$ 的某一点集 $\mathcal{M}$ 内定义的.

仿照一元函数的极限的定义, 常说函数 $f(x_1, \cdots, x_n)$ 当变量 $x_1, \cdots, x_n$ 依次各趋于 $a_1, \cdots, a_n$ 时以数 A 为极限, 如果对于任一数 $\varepsilon > 0$ 能找出这种 $\delta > 0$, 只要

$$|x_1 - a_1| < \delta, \quad \cdots, \quad |x_n - a_n| < \delta,$$

---

①我们知道, 记号 $\sum$ 表示着同一类型的项的和. 在此处我们有加数依赖于几个标号的更复杂的情形.

[22] 词组 "函数的函数" 作为说法 "复合函数" 的同义词完全可以推广到日常的数学语言, 然而这个词组毕竟是模棱两可的. 事实上叠置的定义域与函数 $\varphi_1, \cdots, \varphi_n$ 的定义域重合, 即是变量值 $t_1, \cdots, t_m$ 的某个集合. 与说法 "x 的函数" 相似的说法 "函数的函数" 导致这样的意义: 研究定义在一些函数的集合上定义的函数. 实际上是在泛函分析和变分法中研究这样的对象, 它被称为**泛函**. 特别地, 上述说明了为什么术语 "函数的函数" 在现今的教科书中仅仅是提到, 实际上并不使用.

就能使

$$|f(x_1, \cdots, x_n) - A| < \varepsilon.$$

在这时, 假定点 $(x_1, \cdots, x_n)$ 是取自 $\mathcal{M}$ 而且异于 $(a_1, \cdots, a_n)$. 因此, 对于集 $\mathcal{M}$ 中位于点 M_0 的充分小邻域

$$(a_1 - \delta, a_1 + \delta; \cdots; a_n - \delta, a_n + \delta)$$

之内但除去这点本身 (若它属于 $\mathcal{M}$) 的一切点, 这个关于函数 f 的不等式应当成立.

函数的极限记成:

$$A = \lim_{\substack{x_1 \to a_1 \\ \cdots\cdots \\ x_n \to a_n}} f(x_1, \cdots, x_n). \tag{6}$$

把点 $(x_1, \cdots, x_n)$ 及 $(a_1, \cdots, a_n)$ 记成 M 及 M_0, 则刚才引入的定义可以用几何的言语重述成: 数 A 称为函数 $f(M)$ 当点 M 趋于 M_0 时 (或在点 M_0 处) 的极限, 如果对于任一数 $\varepsilon > 0$ 有这种数 $r > 0$ 存在, 只要距离 $\overline{M_0M} < r$ 就能使

$$|f(M) - A| < \varepsilon.$$

和上面一样, 须假定 M 取自 $\mathcal{M}$ 但异于 M_0. 这样, 对于集 $\mathcal{M}$ 中位于 M_0 的充分小的球形邻域内但除去这点本身的一切点, 这个关于函数 f 的不等式应当成立.

函数的极限的记法, 也可使适应于这定义:

$$A = \lim_{M \to M_0} f(M). \tag{6*}$$

由 [**162**] 关于两种类型的邻域的讨论可以立刻明白, 上述两种定义有着同等效力.

仿此可建立函数的无穷极限的概念. 在 $A = +\infty$ 或 $-\infty$ 的场合, 不等式

$$|f(x_1, \cdots, x_n) - A| < \varepsilon$$

只要各换成不等式

$$f(x_1, \cdots, x_n) > E$$

或

$$f(x_1, \cdots, x_n) < -E$$

就是了, 式中的 E 是预先任意取定的正数.

末了将讲到当自变量 $x_1, \cdots, x_n$ 中的某几个趋于无穷极限的情形.

可以把域 $\mathcal{M}$ 的聚点 $M_0(a_1, \cdots, a_n)$ 的概念拓广至这点的一切坐标 (或其中的几个) 是无穷的场合 ①.

①在这场合, 点 M_0 称为**非正常点**.

例如, 若在域 $\mathcal{M}$ 中能找出一切坐标都可任意大 (正) 的点, 则点 $(+\infty, \cdots, +\infty)$ 就成为 $\mathcal{M}$ 的聚点.

在这一假定下就说, 函数 $f(x_1, \cdots, x_n)$ 对于一切变量 $x_1, x_2, \cdots, x_n$ 都趋于 $+\infty$ 以数 A 为极限, 如果对于任一数 $\varepsilon > 0$ 有这种数 $\Delta > 0$ 存在, 只要

$$x_1 > \Delta, x_2 > \Delta, \cdots, x_n > \Delta$$

就能使

$$|f(x_1, x_2, \cdots, x_n) - A| < \varepsilon.$$

它记成:

$$A = \lim_{\substack{x_1 \to +\infty \\ \cdots\cdots \\ x_n \to +\infty}} f(x_1, \cdots, x_n).$$

特别情形, 回到在 [**160**] 末讲过的变量 $x_{m,n}$ 常说, 这变量当序号 m 及 n 都无限增大时以 A 为极限, 如果对于任一 $\varepsilon > 0$ 能找出这种序号 N, 使当 $m > N, n > N$ 时有

$$|x_{m,n} - A| < \varepsilon.$$

这记成:

$$A = \lim_{\substack{m \to +\infty \\ n \to +\infty}} x_{m,n} \quad \text{或简单地} \quad A = \lim x_{m,n}.$$

容易理解, 当 $A = +\infty$ 或 $-\infty$ 时应该怎样处理.

166. 变成整序变量的情形 考察 n 维空间中的点列

$$\{M_k(x_1^{(k)}, \cdots x_n^{(k)})\} \quad (k = 1, 2, \cdots).$$

若当 $k \to +\infty$ 时距离

$$\overline{M_0 M_k} \to 0, \tag{7}$$

我们就说, 这点列收敛于**极限点** $M_0(a_1, \cdots, a_n)$.

代替条件 (7), 也可以要求点 M_k 的坐标各别地趋于点 M_0 的对应的坐标, 即要求

$$x_1^{(k)} \to a_1, \cdots, x_n^{(k)} \to a_n. \tag{8}$$

严格些说, 由 [**161**] 内所证关于两种类型的邻域的论点就可推得这两种定义是相当的. 实际上, 条件 (7) 表示着, 不论数 $r > 0$ 怎样, 点 M_k 在 k 充分大时须满足不等式

$$\overline{M_0 M_k} < r,$$

即落在中心在点 M_0 而半径为 r 的 (开) 球内; 而条件 (8) 则要求, 不论数 $\delta>0$ 怎样, 所说的点 —— 仍在 k 为充分大时 —— 须满足不等式

$$|x_1^{(k)}-a_1|<\delta,\cdots,|x_n^{(k)}-a_n|<\delta,$$

即包含在以 M_0 为中心的 (开) 长方体

$$(a_1-\delta,a_1+\delta;\cdots;a_n-\delta,a_n+\delta) \text{ 内.}$$

今设点 $M_0(a_1,\cdots,a_n)$ 是 n 维空间内某一集 $\mathcal{M}$ 的聚点. 则从 $\mathcal{M}$ 内常可以选出异于 M_0 的点列: $\{M_k\}$, 它们收敛于极限点 M_0.

为着证明, 我们给定正整序变量 $r_k\to 0$. 依聚点的定义 [**163**], 在点 M_0 的每一个半径为 r_k 的球形邻域内必能找出集 $\mathcal{M}$ 的 (异于 M_0 的) 点 M_k. $\{M_k\}$ 显然就是所求的点列.

今可以写出使极限等式 (6) [或 (6*)] 存在的必要且充分的条件如下: 若在 $\mathcal{M}$ 内选出异于 M_0 而收敛于 M_0 的点列 $\{M_k\}$, 则由对应的函数值所组成的数列 $\{f(M_k)\}$ 恒收敛于 A.

必要性 设 (6*) 成立, 且依给定的 $\varepsilon>0$ 已找出对应于它的 $r>0$, 使符合于前一目的定义. 若点列 $\{M_k\}$ 收敛于 M_0, 则当 k 充分大时, 将有

$$\overline{M_0M_k}<r,$$

而这就导致不等式

$$|f(M_k)-A|<\varepsilon,$$

这就证明了 $f(M_k)\to A$.

充分性 今假定上述的条件已满足. 要证明有符合于前一目的定义的等式 (6*) 存在, 可先假设其反面. 那时, 对于某一数 $\varepsilon>0$ 将不存在对应的 r, 即不论取怎样的数 $r>0$, 在 $\mathcal{M}$ 内恒能找出这种 (异于 M_0) 的点 M', 使同时有

$$\overline{M_0M'}<r \quad \text{但} \quad |f(M')-A|\geqslant\varepsilon.$$

取正的整序变量 $r_k\to 0$, 依次取数 r_k 作为 r; 则对每一 r_k 必能找出对应的 (异于 M_0 的) 点 M_k, 使

$$\overline{M_0M_k}<r_k \quad \text{但} \quad |f(M_k)-A|\geqslant\varepsilon.$$

这样构成的点列 $\{M_k\}$ 收敛于 M_0, 而同时数列 $\{f(M_k)\}$ 却不以 A 为极限, 违反了条件. 这矛盾就证明了我们的命题.

读者该已明了, 上述条件给出了函数的极限定义的 (用 "序列的语言" 的) 另一形式.

这样, 即使对于多元函数, 也能把函数的极限的问题变成整序变量的极限问题, 参阅 [**53**]. 这结果容易拓广到当数 $A, a_1, \cdots, a_n$ 或其中几个是无穷的情形.

已证明的事实使我们可以把第一章极限论内的一切基本概念及所有导出的命题拓广到新型的极限上去 —— 正好像在 **55** 内对于一元函数所曾作过的那样.

167. 例题 1) 首先利用积的极限的定理, 容易证明

$$\lim_{\substack{x_1 \to a_1 \\ \cdots\cdots \\ x_n \to a_n}} C x_1^{\nu_1} \cdots x_n^{\nu_n} = C a_1^{\nu_1} \cdots a_n^{\nu_n},$$

式中的 $C, a_1, \cdots, a_n$ 是任意的实数, 而 $\nu_1, \cdots, \nu_n$ 是非负整数. 由此, 若用 $P(x_1, \cdots, x_n)$ 表示有理整函数 [**164**]

$$P(x_1, \cdots, x_n) = \sum_{\nu_1, \cdots, \nu_n} C_{\nu_1, \cdots, \nu_n} x_1^{\nu_1} \cdots x_n^{\nu_n},$$

依和的极限定理, 也就得出

$$\lim_{\substack{x_1 \to a_1 \\ \cdots\cdots \\ x_n \to a_n}} P(x_1, \cdots, x_n) = P(a_1, \cdots, a_n).$$

仿此, 对于有理分式函数 [**164**]

$$Q(x_1, \cdots, x_n) = \frac{\sum C_{\nu_1, \cdots, \nu_n} x_1^{\nu_1} \cdots x_n^{\nu_n}}{\sum C'_{\mu_1, \cdots, \mu_n} x_1^{\mu_1} \cdots x_n^{\mu_n}},$$

依商的极限的定理, 有

$$\lim_{\substack{x_1 \to a_1 \\ \cdots\cdots \\ x_n \to a_n}} Q(x_1, \cdots, x_n) = Q(a_1, \cdots, a_n),$$

当然, 要附一条件, 只有分母在点 $(a_1, \cdots, a_n)$ 处不为 0 时才能成立.

2) 考察当 $x > 0$ 及任意 y 时的幂指函数 x^y. 若 $a > 0$ 而 b 是任一实数, 就有

$$\lim_{\substack{x \to a \\ y \to b}} x^y = a^b.$$

实际上, 若取任意的整序变量 $x_n \to a$ 及 $y_n \to b$, 则 [比较 **78**]

$$x_n^{y_n} = e^{y_n \cdot \ln x_n} \to e^{b \cdot \ln a} = a^b,$$

而这 —— 用 "序列的语言"—— 就证实了所要求的结果.

3) 设已知整序变量 x_n 及 y_n 依次有极限 a 及 b, 今要讨论由它们所组成的式子

$$x_n \pm y_n, \quad x_n \cdot y_n, \quad \frac{x_n}{y_n} \text{ 或 } x_n^{y_n}$$

的极限问题. 对于约定由记号:

$$\infty-\infty, 0\cdot\infty, \frac{0}{0}, \frac{\infty}{\infty}, 1^{\infty}, 0^0, \infty^0$$

表示的所谓不定式的情形, 我们知道 [**31**, **78**], 极限可以全然不存在, 即使存在的话, 则 —— 对于同样的 a 及 b—— 极限值仍可视整序变量 x_n 及 y_n 变动时的特别规律而有不同的数值.

若回想起二元函数的用 "序列的语言" 的极限定义, 则可知上述各型的 "不定性" 是与下列极限:

$$\lim_{\substack{x\to+\infty\\y\to+\infty}}(x-y),\quad \lim_{\substack{x\to0\\y\to\pm\infty}}x\cdot y,\quad \lim_{\substack{x\to0\\y\to0}}\frac{x}{y},\quad \lim_{\substack{x\to\pm\infty\\y\to\pm\infty}}\frac{x}{y},\quad \lim_{\substack{x\to1\\y\to\pm\infty}}x^y,\quad \lim_{\substack{x\to0\\y\to0}}x^y,\quad \lim_{\substack{x\to+\infty\\y\to0}}x^y,$$

不存在的事实关联着的.

4) 讨论极限:

$$\lim_{\substack{x\to0\\y\to0}}\frac{xy}{x^2+y^2}$$

(这函数是定义于全平面内, 仅点 $x=0, y=0$ 除外).

若取二部分点列

$$\left\{M_k\left(\frac{1}{k},\frac{1}{k}\right)\right\} \quad 及 \quad \left\{M'_k\left(\frac{2}{k},\frac{1}{k}\right)\right\},$$

它们显然都收敛于点 $(0,0)$, 则对于一切的 k 都有

$$f(M_k)=f\left(\frac{1}{k},\frac{1}{k}\right)=\frac{1}{2} \quad 而 \quad f(M'_k)=f\left(\frac{2}{k},\frac{1}{k}\right)=\frac{2}{5}.$$

由此已可推得, 上述极限并不存在.

仿此可证极限

$$\lim_{\substack{x\to0\\y\to0}}\frac{x^2-y^2}{x^2+y^2}$$

也不存在.

5) 反之, 极限

$$\lim_{\substack{x\to0\\y\to0}}\frac{x^2y}{x^2+y^2}=0$$

存在着. 这由不等式

$$\left|\frac{x^2y}{x^2+y^2}\right|\leqslant\frac{1}{2}|x|$$

就立刻推得.

完全同样地可证

$$\lim_{\substack{x\to0\\y\to0}}\frac{x^3+y^3}{x^2+y^2}=0.$$

168. 累次极限 上面所考察的函数 $f(x_1, x_2, \cdots, x_n)$ 的极限, 是当函数的一切变元同时趋于各自的极限时所得出的, 除此以外, 尚需论及另一种极限, 它是由诸变元依某种次序**相继地**各别趋于极限而得出的. 前者称为 n **重极限** (在 $n = 2, 3, \cdots$ 时称为**二重极限**、**三重极限**, 等等). 后者称为**累次极限**.

为简单起见, 以讨论二元函数 $f(x, y)$ 为限. 假设变量 x, y 的变动区域 $\mathcal{M}$ 是这样: x 可以 (与 y 无关地) 取集 $\mathcal{X}$ 内的任一数值, $\mathcal{X}$ 以不属于它的点 a 作为聚点, 同样, y 可以 (与 x 无关地) 在集 $\mathcal{Y}$ 内变动着, $\mathcal{Y}$ 以不属于它的点 b 作为聚点. 这样区域 $\mathcal{M}$ 可以记成 $\mathcal{X} \times \mathcal{Y}$. 例如

$$(a, a+H; b, b+K) = (a, a+H) \times (b, b+K).$$

若对 $\mathcal{Y}$ 内的任一固定的 y, 函数 $f(x, y)$ (它将只是 x 的函数) 在 $x \to a$ 时有极限存在, 则这极限, 一般地说, 将与预先固定的 y 值有关:

$$\lim_{x \to a} f(x, y) = \varphi(y).$$

然后可以讨论函数 $\varphi(y)$ 在 $y \to b$ 时的极限:

$$\lim_{y \to b} \varphi(y) = \lim_{y \to b} \lim_{x \to a} f(x, y),$$

这就是两个累次极限之一. 若趋于极限的过程由相反的次序进行, 就得出另一累次极限:

$$\lim_{x \to a} \lim_{y \to b} f(x, y).$$

不要以为这些累次极限必定是相等的. 例如, 若在域 $\mathcal{M}(0, +\infty; 0, +\infty)$ 内令

1) $f(x, y) = \dfrac{x - y + x^2 + y^2}{x + y}$, 并取 $a = b = 0$, 则得:

$$\varphi(y) = \lim_{x \to 0} f(x, y) = y - 1, \quad \lim_{y \to 0} \varphi(y) = \lim_{y \to 0} \lim_{x \to 0} f(x, y) = -1,$$

但同时却有

$$\psi(x) = \lim_{y \to 0} f(x, y) = x + 1, \quad \lim_{x \to 0} \psi(x) = \lim_{x \to 0} \lim_{y \to 0} f(x, y) = 1.$$

还可以碰到累次极限之一存在着, 而另一个却不存在的情形. 例如, 对于函数:

2) $f(x, y) = \dfrac{x \sin \dfrac{1}{x} + y}{x + y}$, 或

3) $f(x, y) = x \cdot \sin \dfrac{1}{y}$

都是累次极限 $\lim\limits_{y \to 0} \lim\limits_{x \to 0} f$ 存在, 而累次极限 $\lim\limits_{x \to 0} \lim\limits_{y \to 0} f$ 不存在 (在后一例内甚至单重极限 $\lim\limits_{y \to 0} f$ 已不存在).

这些简单的例子说明, 在交换关于两不同变量的极限过程时应该多么谨慎小心: 错误的推断就是常常发生于这种不合法的互换. 同时, 分析上的许多重要问题却正好与极限过程的互换有关, 但是自然, 每一次互换的合法性是应当特为证明的.

下面的定理打开了建立这种手续的一条路, 它同时又建立了二重极限与累次极限之间的关系.

定理 若 1) (有限或无穷) 二重极限

$$A = \lim_{\substack{x \to a \\ y \to b}} f(x, y)$$

存在, 2) 对 $\mathcal{Y}$ 内的任一 y 有依 x 的 (有限的) 单重极限

$$\varphi(y) = \lim_{x \to a} f(x, y)$$

存在, 则累次极限

$$\lim_{y \to b} \varphi(y) = \lim_{y \to b} \lim_{x \to a} f(x, y)$$

必存在, 且就等于二重极限.

当 A, a 及 b 为有限数时来证明这定理. 根据 **165** 的定义, 依给定的 $\varepsilon > 0$, 必能找出那种 $\delta > 0$, 只要 $|x - a| < \delta$ 及 $|y - b| < \delta$ (且这时 x 取自 $\mathcal{X}$ 而 y 取自 $\mathcal{Y}$), 就能使

$$|f(x, y) - A| < \varepsilon. \tag{9}$$

现在固定 y, 使满足不等式 $|y - b| < \delta$, 而后在不等式 (9) 内使 $x \to a$ 以求极限. 因为根据 2), 此时 $f(x, y)$ 趋于极限 $\varphi(y)$, 故得

$$|\varphi(y) - A| \leqslant \varepsilon.$$

回忆此处的 y 是 $\mathcal{Y}$ 内的任意数, 仅受条件 $|y - b| < \delta$ 的限制, 就得结论

$$A = \lim_{y \to b} \varphi(y) = \lim_{y \to b} \lim_{x \to a} f(x, y),$$

此即所要证的.

若与条件 1) 及 2) 同时又有: 对 $\mathcal{X}$ 内的任一 x 有依 y 的 (有限的) 单重极限

$$\psi(x) = \lim_{y \to b} f(x, y)$$

存在, 则由刚才所证明的, 但将 x 与 y 互相调换, 即可推得另一累次极限

$$\lim_{x \to a} \psi(x) = \lim_{x \to a} \lim_{y \to b} f(x, y)$$

也存在, 而且也等于那同一数 A: 在这情形二累次极限相等.

由已证明的定理立刻就知道, 在例题 1) 及 2) 内二重极限并不存在 (何故?). 但这事实也容易直接证明.

反之, 在例题 3) 内, 二重极限却存在着: 由不等式

$$\left|x \cdot \sin \frac{1}{y}\right| \leqslant |x|$$

看出它等于 0. 这例题指出, 由定理的条件 1) 并不能导出条件 2).

然而, 不要以为二重极限的存在是二累次极限相等的必要条件: 在前一段的例题 4) 内, 虽然没有二重极限, 但累次极限却都存在而且都等于 0.

§2. 连续函数

169. 多元函数的连续性及间断 设函数 $f(x_1, \cdots, x_n)$ 定义于 n 维空间的某一点集 $\mathcal{M}$, 又设 $M'(x_1', \cdots, x_n')$ 是这集的聚点并且属于这集.

若等式

$$\lim_{\substack{x_1 \to x_1' \\ \cdots\cdots \\ x_n \to x_n'}} f(x_1, \cdots, x_n) = f(x_1', \cdots, x_n') \tag{1}$$

成立, 就说函数 $f(x_1, \cdots, x_n)$ 在点 $M'(x_1', \cdots, x_n')$ 处是连续的; 否则, 就说函数在点 M' 处有间断.

函数在点 M' 处的连续性可用 "ε-δ 的语言" 表示如下 [**165**]; 对任一给定的 $\varepsilon > 0$, 应能找出这样的 $\delta > 0$, 只要

$$|x_1 - x_1'| < \delta, \cdots, |x_n - x_n'| < \delta, \tag{2}$$

就能使

$$|f(x_1, \cdots, x_n) - f(x_1', \cdots, x_n')| < \varepsilon; \tag{3}$$

或另一种说法: 对 $\varepsilon > 0$ 应能找出这样的 $r > 0$, 只要距离

$$\overline{MM'} < r,$$

就能使

$$|f(M) - f(M')| < \varepsilon.$$

在这时点 $M(x_1, \cdots, x_n)$ 假定是属于集 $\mathcal{M}$ 的, 特别地还可以重合于 M'. 正因为函数在点 M' 处的极限恰等于在这点处的函数值, 所以通常 M 必须异于 M' 的要求在此处就不需要了.

把差 $x_1 - x_1', \cdots, x_n - x_n'$ 看成自变量的增量 $\Delta x_1', \cdots, \Delta x_n'$ 而把差

$$f(x_1, \cdots, x_n) - f(x_1', \cdots, x_n')$$

看成是函数的增量, 就可以 (像在一元函数的情形那样) 说: 若诸自变量的增量是无穷小时, 对应的函数的增量也是无穷小, 则函数是连续的.

上面所确定的函数在点 M' 处的连续性可以说是**对变量 $x_1, \cdots, x_n$ 全体的连续性**. 若它成立, 那么同时就有

$$\lim_{x_1 \to x_1'} f(x_1, x_2', \cdots, x_n') = f(x_1', x_2', \cdots, x_n'),$$
$$\lim_{\substack{x_1 \to x_1' \\ x_2 \to x_2'}} f(x_1, x_2, x_3', \cdots, x_n') = f(x_1', x_2', x_3', \cdots, x_n'),$$

等等, 因为此处我们只是按照一些特殊规律将 M 趋于 M'. 换言之, 这函数对每一变量 x_i, 对每一对变量 x_i, x_j 等等也都是连续的.

我们已经遇见过连续函数的例题. 如, 在 **166**, 1) 内已证明 n 元有理整函数及有理分式函数在 n 维空间的一切点处的连续性 (对于分式函数要除去使分母等于 0 的那些点). 又在该目的 2) 内, 已证明了幂指函数 x^y 在右半平面的一切点 $(x > 0)$ 处的连续性.

若再考察由分式

$$f(x, y) = \frac{xy}{x^2 + y^2} \quad (x^2 + y^2 > 0),$$

在除去原点以外的全平面内所确定的函数, 且再令 $f(0, 0) = 0$, 就得间断的例子. 这间断就在原点, 因为 [**167**, 4)] 当 $x \to 0, y \to 0$ 时函数的极限并不存在.

在此处我们碰到一种有趣的情况. 所考察的函数 $f(x, y)$ 虽然同时对二变量而论, 在点 $(0, 0)$ 处是不连续的, 但若分别地当作 x 或 y 的函数而考察它, 则由于 $f(x, 0) = f(0, y) = 0$, 它在这点处仍是连续的. 可是这也并不值得惊异, 只要注意到, 当说及个别地关于 x 或 y 的连续性时, 我们就只考虑沿着 x 轴或 y 轴趋于点 $(0, 0)$, 而不考虑无限多种其他趋于 $(0, 0)$ 的规律了.

若函数 $f(M)$ 当 M 趋于 M' 时根本没有确定的有限极限

$$\lim_{M \to M'} f(M)$$

存在, 则说在点 M' 处函数有间断, 甚至当函数在点 M' 处没有定义时也这样说 [参阅在 **66** 内的附注].

函数的间断点不仅可以是孤立点, 像前面例题内所举出的, 而且也可以充满于一线、一面等等. 如二元函数

$$\frac{x^2 + y^2}{x^2 - y^2}, \quad \frac{1}{x^2 + y^2 - 1}$$

都有间断: 前者是沿着直线 $y = \pm x$, 而后者是沿着圆周 $x^2 + y^2 = 1$. 对于三元函数

$$\frac{x + y + z}{xy - z}, \quad \frac{1}{x^2 + y^2 - z^2}$$

而论, 前者的间断点充满于双曲抛物面 $z = xy$ 上, 而后者的间断点则充满于锥面 $z^2 = x^2 + y^2$ 上.

170. 连续函数的运算 很容易叙述并证明关于二连续函数的和、差、积、商的连续性的定理 [参阅 **67**]; 这留给读者去做.

我们只讨论关于连续函数叠置的定理. 如同在 [**164**] 那样, 我们假定, 除去在 n 维点 $M(x_1,\cdots,x_n)$ 所成的集 $\mathcal{M}$ 内已经给定的函数 $u=f=f(x_1,\cdots,x_n)$ 以外, 我们再在 m 维点 $P(t_1,\cdots,t_m)$ 所成的某一集 $\mathcal{P}$ 内给出 n 个函数

$$x_1=\varphi_1(t_1,\cdots,t_m),\quad \cdots,\quad x_n=\varphi_n(t_1,\cdots,t_m),\tag{4}$$

而且假设坐标为 (4) 的点 M 不越出集 $\mathcal{M}$ 的范围之外.

定理 *若一切函数 $\varphi_i(P)$ $(i=1,\cdots,n)$ 在 $\mathcal{P}$ 内的一点 $P'(t'_1,\cdots,t'_m)$ 处都是连续的, 而函数 $f(M)$ 在坐标为*

$$x'_1=\varphi_1(t'_1,\cdots,t'_m),\quad \cdots,\quad x'_n=\varphi_n(t'_1,\cdots,t'_m)$$

的对应点 $M'(x'_1,\cdots,x'_n)$ 处也是连续的, 则复合函数

$$u=f(\varphi_1(t_1,\cdots,t_m),\cdots,\varphi_n(t_1,\cdots,t_m))=f(\varphi_1(P),\cdots,\varphi_n(P))$$

在点 P' 处也是连续的.

实际上, 首先对 $\varepsilon>0$ 确定那样的数 $\delta>0$, 使由 (2) 即可推得 (3) (由于函数 f 的连续性). 然后再对数 δ (由于函数 $\varphi_1,\cdots,\varphi_n$ 的连续性) 找出这样的数 $\eta>0$, 使当

$$|t_1-t'_1|<\eta,\quad \cdots,\quad |t_m-t'_m|<\eta\tag{5}$$

时成立不等式

$$\begin{aligned}&|x_1-x'_1|=|\varphi_1(t_1,\cdots,t_m)-\varphi_1(t'_1,\cdots,t'_m)|<\delta,\cdots\\&|x_n-x'_n|=|\varphi_n(t_1,\cdots,t_m)-\varphi_n(t'_1,\cdots,t'_m)|<\delta.\end{aligned}$$

于是当 (5) 成立时就也有

$$\begin{aligned}&|f(x_1,\cdots,x_n)-f(x'_1,\cdots,x'_n)|\\=&|f(\varphi_1(t_1,\cdots,t_m),\cdots,\varphi_n(t_1,\cdots,t_m))\\&-f(\varphi_1(t'_1,\cdots,t'_m),\cdots,\varphi_n(t'_1,\cdots,t'_m))|<\varepsilon,\end{aligned}$$

这就证明了我们的命题.

171. 在域内连续的函数 · 布尔查诺–柯西定理 *若函数 $f(x_1,\cdots,x_n)$ 定义于 n 维空间的某一点集 $\mathcal{M}$ 且在 $\mathcal{M}$ 的每一聚点都是连续的, 我们就说, 函数 f 在 $\mathcal{M}$ 中是连续的.* 以后我们的讨论经常总是限于集 $\mathcal{M}$ 是开域或闭域 [**163**] 的情形, 好像以前我们只在区间内考察一元连续函数那样.

今转而研究在 n 维空间的某一域中为连续的多元函数的性质. 它们完全类似于在区间内为连续的一元函数的性质 (第二章 §5).

为了简明起见, 我们只限于叙述二自变量的情形. 这可以毫无困难地立刻推广至一般情形. 但是我们仍要随时指出在推广时若干应注意之点.

现在叙述一定理, 它与一元函数的布尔查诺–柯西第一定理 [**39**] 类似.

定理 *设函数 $f(x,y)$ 在某一连通域 $\mathcal{D}$ 中有定义而且连续. 若在这域中二点 $M_0(x_0,y_0)$ 及 $M_1(x_1,y_1)$ 的函数值异号:*

$$f(x_0,y_0)<0,\quad f(x_1,y_1)>0,$$

那么在这域中就能找出一点 $M'(x',y')$, 在该处函数等于 0: $f(x',y')=0$.

证明 我们把它变成一元函数的情形来完成定理的证明.

由于域 $\mathcal{D}$ 的连通性, 点 M_0 与 M_1 可用全部在 $\mathcal{D}$ 中的连续曲线 (就是用折线) 连接起来 (图 97). 如果依次选取折线的顶点, 则我们得到两种可能, 或者在某个顶点处函数化为0 —— 这就证明了定理, 或者不是这样. 在后一种情形, 我们可以找到这样一段折线, 函数在它的两个端点取异号的值. 改变点的记号, 就认为 M_0 和 M_1 恰恰是这段折线的两个端点. 这段折线的方程为如下形状 [**161**]:

$$x=x_0+t(x_1-x_0),\quad y=y_0+t(y_1-y_0)\quad (0\leqslant t\leqslant 1).$$

如果点 $M(x,y)$ 沿着这段折线移动, 则我们原来的函数 $f(x,y)$ 就变成一个变量 t 的复合函数:

$$F(t)=f(x_0+t(x_1-x_0),y_0+t(y_1-y_0))\quad (0\leqslant t\leqslant 1),$$

它显然是连续函数 (根据前一段的定理) 这是因为函数 $f(x,y)$ 及线性函数 $x=x_0+t(x_1-x_0), y=y_0+t(y_1-y_0)$ 都是连续的. 而对于函数 $F(t)$ 我们有:

$$F(0)=f(x_0,y_0)<0,\quad F(1)=f(x_1,y_1)>0;$$

将 **80** 中证明的定理应用于一元函数 $F(t)$, 我们得出, 0 与 1 之间必有某一数值 t' 使 $F(t')=0$. 回忆函数 $F(t)$ 的定义, 于是我们就有

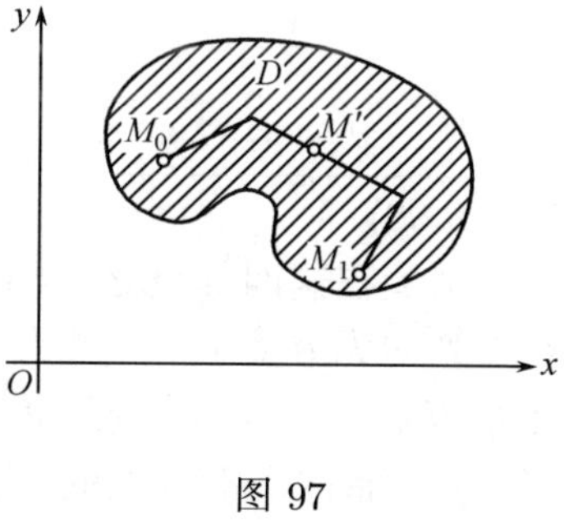

图 97

$$f(x_0+t'(x_1-x_0),y_0+t'(y_1-y_0))=0.$$

点 $M'(x',y')$ [其中 $x'=x_0+t'(x_1-x_0), y'=y_0+t'(y_1-y_0)$] 也就是所要求的点.

由此如同 **82** 一样, 得出布尔查诺–柯西第二定理, 但它也可以立刻证明的.

读者可以看出, 要推广到 n $(n > 2)$ 维空间并无任何困难, 因为 n 维空间的连通域中的两点也可以用 "连续曲线" 连接, 沿着这曲线, 函数就只依赖于一个参变量, 余类推.

172. 布尔查诺–魏尔斯特拉斯引理 为着以后叙述上的需要, 我们必须把布尔查诺–魏尔斯特拉斯引理 [41] 推广到任意维空间的点列去; 像通常那样, 我们限于讨论 "平面的" 情形.

引理 3 由任一有界点列

$$M_1(x_1, y_1), M_2(x_2, y_2), \cdots, M_n(x_n, y_n), \cdots$$

中恒能选出收敛于极限点的部分点列

$$M_{n_1}(x_{n_1}, y_{n_1}), M_{n_2}(x_{n_2}, y_{n_2}), \cdots, M_{n_k}(x_{n_k}, y_{n_k}), \cdots$$
$$(n_1 < n_2 < \cdots < n_k < \cdots, n_k \to +\infty).$$

第一个证明 我们仿照在 "线性的" 情形 [**41**] 中曾用过的办法来进行.

由于所给的点列是有界的, 就能找出把它完全包含在内的 (有限) 矩形 $[a, b; c, d]$. 同时平分 x 的区间 $[a, b]$ 与 y 的区间 $[c, d]$:

$$\left[a, \frac{a+b}{2}\right], \left[\frac{a+b}{2}, b\right] \quad 及 \quad \left[c, \frac{c+d}{2}\right], \left[\frac{c+d}{2}, d\right].$$

把任一第一类半区间与任一第二类半区间相配合, 就得到四个矩形:

$$(\text{I}) \quad \left[a, \frac{a+b}{2}; c, \frac{c+d}{2}\right], \quad (\text{II}) \quad \left[\frac{a+b}{2}, b; c, \frac{c+d}{2}\right],$$

$$(\text{III}) \quad \left[a, \frac{a+b}{2}; \frac{c+d}{2}, d\right], \quad (\text{IV}) \quad \left[\frac{a+b}{2}, b; \frac{c+d}{2}, d\right],$$

它们是由基本矩形 $[a, b; c, d]$ 分解而成的 (图 98).

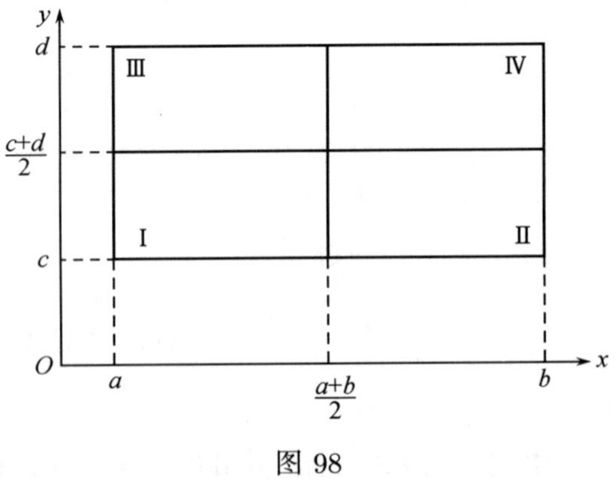

图 98

至少在这四部分之一内要含有所给点列的无穷多个点, 因为不然的话, 在全矩形 $[a, b; c, d]$ 内就将只含有有限个点, 而这是不可能的. 设 $[a_1, b_1; c_1, d_1]$ 就是 (I)、(II)、(III)、(IV) 之中含有所给点列的无穷多个点的那一个矩形 (若这种矩形有几个, 就取其中之一个).

把这矩形再分解成四个更小的矩形, 并在其中取出含有所给点列的无穷多个点的那一个; 用 $[a_2, b_2; c_2, d_2]$ 表示它.

我们想象着把这种逐步分解矩形的手续无限地继续下去. 在第 k 次分解时选取矩形 $[a_k, b_k; c_k, d_k]$ 的条件仍是: 在它之内含有无穷多个点 M_n. 在 $k \to +\infty$ 时, 这矩形的度量

$$b_k - a_k = \frac{b-a}{2^k}, \quad d_k - c_k = \frac{d-c}{2^k}$$

趋于 0.

现在把区间套的引理 [**38**] 分别应用于 x 的区间的序列 $\{[a_k, b_k]\}$ 及 y 的区间的序列 $\{[c_k, d_k]\}$. 由是推得区间的两端 a_k 及 b_k, 以及 c_k 及 d_k, 趋于公共的极限:

$$\lim a_k = \lim b_k = \bar{x} \quad 及 \quad \lim c_k = \lim d_k = \bar{y}. \tag{6}$$

可以说, 矩形的序列 $\{[a_k, b_k; c_k, d_k]\}$ "凝聚" 于点 $\overline{M}(\bar{x}, \bar{y})$.

现在, 取落在矩形 $[a_1, b_1; c_1, d_1]$ 内的点列中的任一点作为 M_{n_1}, 再依次地选出点 $M_{n_2}, M_{n_3}, \cdots$—— 一般, 我们照这样做法选取点列中序号在以前选出者的后面, 而同时又含在第 k 个矩形 $[a_k, b_k; c_k, d_k]$ 之内的任一点作为 $M_{n_k}(x_{n_k}, y_{n_k})$. 这是办得到的, 因为其中的每一矩形都含有无穷多个点 M_n.

因为

$$a_k \leqslant x_{n_k} \leqslant b_k \quad 及 \quad c_k \leqslant y_{n_k} \leqslant d_k,$$

故由于 (6), 有

$$\lim_{k\to+\infty} x_{n_k} = \bar{x}, \quad \lim_{k\to+\infty} y_{n_k} = \bar{y},$$

于是所选出的部分点列 $\{M_{n_k}\}$ 就收敛于极限点 $\overline{M}(\bar{x}, \bar{y})$ [**166**].

第二个证明 然而, 改用 **41** 内已证明的关于线性序列的定理来处理还可以更为简单. 若所给序列中的点包含在有限矩形 $[a, b; c, d]$ 内, 则

$$a \leqslant x_n \leqslant b, \quad c \leqslant y_n \leqslant d \quad (n = 1, 2, \cdots).$$

首先把 **41** 的定理应用于序列 $\{x_n\}$, 选出收敛于某一极限 $\bar{x}$ 的部分序列 $\{x_{n_k}\}$. 这样, 对于部分点列

$$(x_{n_1}, y_{n_1}), (x_{n_2}, y_{n_2}), \cdots, (x_{n_k}, y_{n_k}), \cdots$$

来说, 它的第一坐标已有极限. 再把上述定理应用于第二坐标的序列 $\{y_{n_k}\}$, 并选出趋于某一极限 $\bar{y}$ 的部分序列 $\{y_{n_{k_m}}\}$. 那么, 部分点列

$$(x_{n_{k_1}}, y_{n_{k_1}}), (x_{n_{k_2}}, y_{n_{k_2}}), \cdots, (x_{n_{k_m}}, y_{n_{k_m}}), \cdots$$

显然将趋于极限点 $(\bar{x}, \bar{y})$.

在这里须注意到, 两种论证都容易推广到 n $(n>2)$ 维空间. 例如, 在第一个证明中, 仅所给的长方域分解成部分长方域的数目有变动, 如果每一确定它的区间都被二等分的话; 在一般情形, 这种区间有 n 个, 而分成的部分域总共有 2^n 个.

173. 魏尔斯特拉斯定理 用已证明的定理首先可以证明二元函数的魏尔斯特拉斯第一定理:

定理 *若函数 $f(x,y)$ 是在有界闭域 $\mathcal{D}$①中定义着而且连续的, 则它必是有界的, 即它的一切数值都包含在二个有限界限数值之间:*

$$m \leqslant f(x,y) \leqslant M.$$

证明 (用反证法) 与 **84** 的推理完全类似. 设函数 $f(x,y)$ 当 (x,y) 在 $\mathcal{D}$ 中变动时是无界的. 那么, 对于任何 n, 在 $\mathcal{D}$ 中就能找出这样的点 $M_n(x_n, y_n)$, 使

$$|f(x_n, y_n)| > n. \tag{7}$$

由 **172** 的定理, 在有界的点列 $\{M_n\}$ 内就可以选出收敛于极限点 $\overline{M}(\bar{x}, \bar{y})$ 的部分点列 $\{M_{n_k}\}$.

注意, 这点 $\overline{M}$ 必须属于域 $\mathcal{D}$. 否则, 所有的点 M_{n_k} 就必都与 $\overline{M}$ 不同, 而点 $\overline{M}$ 实际上就将成为不属于域 $\mathcal{D}$ 的聚点, 但由于 $\mathcal{D}$ 是闭域, 这是不可能的 [参阅 **163**].

因为函数的点 $\overline{M}$ 是连续的, 故应有

$$f(M_{n_k}) = f(x_{n_k}, y_{n_k}) \to f(\overline{M}) = f(\bar{x}, \bar{y}),$$

而这是与 (7) 矛盾的.

魏尔斯特拉斯第二定理的叙述及证明 (引用前一定理) 完全同 **85** 里的一样.

须注意到 —— 在论证上没有变动 —— 魏尔斯特拉斯的两定理都能适用于当函数在任一有界闭集 $\mathcal{M}$ 内为连续的情形 (虽然 $\mathcal{M}$ 并不一定是域.)

像在一元函数的情形那样, 对于集 $\mathcal{M}$ 内有定义而且有界的函数 $f(x,y)$, 函数值在 $\mathcal{M}$ 内的上确界与下确界之差称为它在这集内的**振幅**. 若 $\mathcal{M}$ 是有界闭集 (特别情形, 若 $\mathcal{M}$ 是有界闭域), 并且函数 f 在其内是连续的, 则振幅就是它的最大值与最小值之差.

174. 一致连续性 我们知道, 函数 $f(x)$ 在其定义集 $\mathcal{M}$ 内一定点 (x_0, y_0) 处的连续性可用 "ε-δ 的语言" 表达为: 对任一 $\varepsilon > 0$, 应能找出这样的 $\delta > 0$, 对于 $\mathcal{M}$ 内的任一点 (x,y), 仅需

$$|x - x_0| < \delta, \quad |y - y_0| < \delta,$$

①这里 $\mathcal{D}$ 也可以是非连通域.

就能使不等式

$$|f(x,y)-f(x_0,y_0)|<\varepsilon$$

成立.

今设函数 $f(x,y)$ 在整个集 $\mathcal{M}$ 内是连续的; 就发生这样一个问题, 能否对所给的 $\varepsilon>0$ 找出同时适用于 $\mathcal{M}$ 内一切点 (x_0,y_0) 的 (合于上述意义的) $\delta>0$. 若这是可能的 (对任何 ε), 便说, 函数在 $\mathcal{M}$ 内为**一致连续**.

康托定理 *若函数 $f(x,y)$ 在有界闭域 $\mathcal{D}$ 中为连续, 则它在 $\mathcal{D}$ 中也是必为一致连续的.*

证明 (用反证法) 假设对某一数 $\varepsilon>0$, 不存在同时适用于区域 $\mathcal{D}$ 中一切点 (x_0,y_0) 的 $\delta>0$.

试取趋于 0 的正数序列

$$\delta_1>\delta_2>\cdots>\delta_n>\cdots>0,\quad \delta_n\to 0.$$

因为诸 δ_n 中没有一个能 (在上述意义下) 同时适用于区域 $\mathcal{D}$ 中的一切点 (x_0,y_0), 故对于每一 δ_n, 必能在 $\mathcal{D}$ 中找出 δ_n 对于它不能适用的一个具体的点 (x_n,y_n). 这就是说, 在 $\mathcal{D}$ 中有点 (x'_n,y'_n) 存在, 它使得

$$|x'_n-x_n|<\delta_n,\quad |y'_n-y_n|<\delta_n,$$

而

$$|f(x'_n,y'_n)-f(x_n,y_n)|\geqslant\varepsilon. \tag{8}$$

依据布尔查诺–魏尔斯特拉斯定理, 从有界点列 $\{(x_n,y_n)\}$ 中将能选出部分点列 $\{(x_{n_k},y_{n_k})\}$, 使 $x_{n_k}\to\bar{x}$, $y_{n_k}\to\bar{y}$, 并且极限点 $(\bar{x},\bar{y})$ 必属于 $\mathcal{D}$ (由于它是闭集).

其次, 因为

$$|x'_{n_k}-x_{n_k}|<\delta_{n_k},\quad |y'_{n_k}-y_{n_k}|<\delta_{n_k},$$

且当 k 渐增时, 有 $n_k\to+\infty$ 及 $\delta_{n_k}\to 0$, 故有

$$x'_{n_k}-x_{n_k}\to 0,\quad y'_{n_k}-y_{n_k}\to 0,$$

因此又有

$$x'_{n_k}\to\bar{x},\quad y'_{n_k}\to\bar{y}.$$

由于函数 $f(x,y)$ 在属于 $\mathcal{D}$ 的点 $(\bar{x},\bar{y})$ 处的连续性, 我们应该既有

$$f(x_{n_k},y_{n_k})\to f(\bar{x},\bar{y}),$$

又有

$$f(x'_{n_k},y'_{n_k})\to f(\bar{x},\bar{y}),$$

由此即有

$$f(x_{n_k}, y_{n_k}) - f(x'_{n_k}, y'_{n_k}) \to 0,$$

这显出与不等式 (8) 相矛盾. 定理即得证明.

为了要叙述由此推得的推论, 我们需要点集的**直径**的概念: 这就是集内任意二点间的距离的上确界.

推论 若函数 $f(x, y)$ 在有界闭域 $\mathcal{D}$ 中为连续, 则对给定的 $\varepsilon > 0$ 将能找出这样的 $\delta > 0$, 不论把这区域分割成怎么样的许多直径小于 δ 的部分闭域①$\mathcal{D}_1, \cdots, \mathcal{D}_n$时, 函数在每一部分域内的振幅都必小于 ε.

只要取在一致连续的定义内所说及的那种数作为 δ 就够了. 若部分区域 $\mathcal{D}_i$ 的直径小于 δ, 则它的任意二点 (x, y) 与 (x_0, y_0) 之间的距离必小于 δ, 即:

$$\sqrt{(x - x_0)^2 + (y - y_0)^2} < \delta.$$

由此当然有 $|x - x_0| < \delta$ 及 $|y - y_0| < \delta$, 于是 $|f(x, y) - f(x_0, y_0)| < \varepsilon$. 若如此地选取二点, 使 $f(x, y)$ 及 $f(x_0, y_0)$ 分别是函数在 $\mathcal{D}_i$ 中的最大值及最小值, 便得到所需要的命题.

容易看到, 已证明的命题可以毫无更动地 (如同魏尔斯特拉斯定理那样) 移用于在任何有界闭集 $\mathcal{M}$ 内为连续的函数.

175. 博雷尔引理 在 **88** 内已证明的有用的命题可以推广至多维空间的情形.

设平面上有若干开域 σ 所成的系 Σ; 若集 $\mathcal{M}$ 内的每一点至少被其中一个 σ 所包含着, 则说系 Σ **覆盖集** $\mathcal{M}$.

博雷尔引理 若平面上点的有界闭集 $\mathcal{M}$ 能被开域 σ 的无穷系 $\Sigma = \{\sigma\}$ 所覆盖, 则恒能从它里面选出有限子系

$$\Sigma^* = \{\sigma_1, \sigma_2, \cdots, \sigma_n\},$$

它也能覆盖全部集 $\mathcal{M}$.

证明 (用反证法) 我们假设集 $\mathcal{M}$ 不能用 Σ 内的有限个 σ 来覆盖.

由于集 $\mathcal{M}$ 是有界的, 它必包含在某一矩形 $[a, b; c, d]$ 内. 如在证明布尔查诺–魏尔斯特拉斯定理 [**172**] 时一样, 平分 $[a, b]$ 及 $[c, d]$ 的每一个区间, 我们把这矩形分解成四个矩形. 同时, 集 $\mathcal{M}$ 也分解成几个部分, 各包含在这些部分矩形内; $\mathcal{M}$ 的部分的数目可能少于四, 倘使在某一个小矩形内完全不含有集 $\mathcal{M}$ 的点. 但是至少这些部分之一 (就说是 $\mathcal{M}_1$) 仍不能用有限个 σ 来覆盖 (因为, 否则, 全部集 $\mathcal{M}$ 将违反假定而可被有限个 σ 所覆盖了). 把含有集 $\mathcal{M}_1$ 的那一个部分矩形记成 $[a_1, b_1; c_1, d_1]$.

①这些部分区域仅可能有公共界点.

把这矩形再分解成四个矩形. 至少其中之一 —— 把它记成 $[a_2, b_2; c_2, d_2]$—— 含有集 $\mathcal{M}$ 内不能用有限个 σ 来覆盖的那一部分 $\mathcal{M}_2$.

无限地继续进行这种分解, 在第 k 次时, 我们得出矩形 $[a_k, b_k; c_k, d_k]$, 它含有集 $\mathcal{M}$ 内不能用有限个 σ 来覆盖的一部分 $\mathcal{M}_k$.

如在 **172** 里那样, 我们由此可以肯定矩形 $[a_k, b_k; c_k, d_k]$ "凝聚" 于点 $(\bar{x}, \bar{y})$, 于是

$$\lim a_k = \lim b_k = \bar{x}, \quad \lim c_k = \lim d_k = \bar{y}.$$

点 $\overline{M}(\bar{x}, \bar{y})$ 必属于集 $\mathcal{M}$. 实际上, 不论取点 $\overline{M}$ 的怎样的邻域 $(\bar{x}-\delta, \bar{x}+\delta; \bar{y}-\delta, \bar{y}+\delta)$ 只要 k 足够大, 终有

$$\bar{x}-\delta < a_k < b_k < \bar{x}+\delta, \quad \bar{y}-\delta < c_k < d_k < \bar{y}+\delta,$$

于是集 $\mathcal{M}$ 的一部分 $\mathcal{M}_k$ (由于它的选法, 必定含有 $\mathcal{M}$ 的无穷多个点) 就落在上述邻域之内. 因此, 点 $\overline{M}$ 是集 $\mathcal{M}$ 的聚点, 由于 $\mathcal{M}$ 是闭集, $\overline{M}$ 就应该属于 $\mathcal{M}$.

在这种情形下点 $\overline{M}$ 必包含在诸 σ 之一内, 就说包含在 σ_0 内.

因为 σ_0 是开域, 所以在它里面也能含有这点的某一邻域

$$(\bar{x}-\delta, \bar{x}+\delta; \bar{y}-\delta, \bar{y}+\delta).$$

于是立刻可知, 当 k 足够大时, 矩形 $[a_k, b_k; c_k, d_k]$ 以及包含在它里面的集 $\mathcal{M}_k$ 将全部落在这邻域内. 这样, 集 $\mathcal{M}_k$ 就能用一个σ_0来完全覆盖它,然而我们当初选取集M_k时却是因为它不能用任何有限个 σ 来覆盖的. 得到了矛盾, 就证明了这引理.

读者将在下目及本教程的其他章节内遇见博雷尔定理的应用, 在那些应用内, 集 $\mathcal{M}$ 通常都是闭域. 但有时也须把它应用于其他的闭集, 例如应用于连续曲线.

176. 基本定理的新证明

1° 魏尔斯特拉斯第一定理 函数 $f(x, y)$ 假定是在有界闭域 $\mathcal{D}$ 中为连续. 因此, 这域中每一点 (x', y') 必有一个这样的邻域 σ', 使在它的范围内有 (若用 ε 表示预先取定的数)

$$|f(x, y) - f(x', y')| < \varepsilon$$

或

$$f(x', y') - \varepsilon < f(x, y) < f(x', y') + \varepsilon.$$

这样, 在 σ' 内函数自然是有界的.

应用博雷尔引理于这些邻域的系 $\Sigma = \{\sigma'\}$, 可以从 Σ 内选出有限个邻域 $\sigma_1, \sigma_2, \cdots, \sigma_n$ 它们联合覆盖全部区域 $\mathcal{D}$. 若在 σ_i 内

$$m_i \leqslant f(x, y) \leqslant M_i \quad (i = 1, 2, \cdots, n),$$

则取诸 m_i 中的最小者作为 m, 诸 M_i 中的最大者作为 M, 在 $\mathcal{D}$ 内就有

$$m \leqslant f(x, y) \leqslant M,$$

这便是所要证明的.

2° 康托定理 给定任意数 $\varepsilon > 0$, 每一点 (x', y') 必有一个这样的邻域

$$\sigma' = (x' - \delta', x' + \delta'; y' - \delta', y' + \delta'),$$

使得对于 $\mathcal{D}$ 中任一属于它的点 (x, y) 有

$$|f(x, y) - f(x', y')| < \frac{\varepsilon}{2}.$$

若 (x_0, y_0) 是类似于此的另一点, 则又有

$$|f(x', y') - f(x_0, y_0)| < \frac{\varepsilon}{2},$$

最后便成立

$$|f(x, y) - f(x_0, y_0)| < \varepsilon. \tag{9}$$

把每一矩形 σ' 换成有同一中心而面积缩小到原来的 $\frac{1}{4}$ 的矩形

$$\overline{\sigma}' = \left(x' - \frac{\delta'}{2}, x' + \frac{\delta'}{2}; y' - \frac{\delta'}{2}, y' + \frac{\delta'}{2}\right).$$

这些开矩形的系 $\overline{\Sigma} = \{\overline{\sigma'}\}$ 能覆盖 $\mathcal{D}$. 依据博雷尔引理, 可在它里面选出具有同样性质的矩形

$$\overline{\sigma}_i = \left(x_i - \frac{\delta_i}{2}, x_i + \frac{\delta_i}{2}; y_i - \frac{\delta_i}{2}, y_i + \frac{\delta_i}{2}\right)$$

的有限系. 最后, 用 δ 表示一切 $\frac{\delta_i}{2}$ 中的最小数.

设有 $\mathcal{D}$ 中的任意二点 (x, y) 及 (x_0, y_0), 满足

$$|x - x_0| < \delta, \quad |y - y_0| < \delta. \tag{10}$$

点 (x_0, y_0) 必属于诸邻域 $\overline{\sigma}_i$ 之一, 例如, 邻域

$$\overline{\sigma}_{i_0} = \left(x_{i_0} - \frac{\delta_{i_0}}{2}, x_{i_0} + \frac{\delta_{i_0}}{2}; y_{i_0} - \frac{\delta_{i_0}}{2}, y_{i_0} + \frac{\delta_{i_0}}{2}\right),$$

于是有

$$|x_0 - x_{i_0}| < \frac{\delta_{i_0}}{2}, \quad |y_0 - y_{i_0}| < \frac{\delta_{i_0}}{2}.$$

因为 $\delta \leqslant \frac{\delta_{i_0}}{2}$, 由 (10) 就推得 $|x - x_0| < \frac{\delta_{i_0}}{2}$ 及 $|y - y_0| < \frac{\delta_{i_0}}{2}$. 由此

$$|x - x_{i_0}| < \delta_{i_0}, \quad |y - y_{i_0}| < \delta_{i_0},$$

因此两点 (x,y), (x_0,y_0) 遂都位于最初确定的同一邻域

$$(x_{i_0}-\delta_{i_0}, x_{i_0}+\delta_{i_0}; y_{i_0}-\delta_{i_0}, y_{i_0}+\delta_{i_0})$$

内, 于是, 依据已证明的结果, (9) 式得满足.

因为, 对 $\varepsilon>0$ 而选取与点 (x_0,y_0) 的位置无关的 $\delta>0$ 是可能的, 由此得证函数 $f(x,y)$ 为一致连续.

§3. 多元函数的导数及微分

177. 偏导数及偏微分 为了书写及叙述的简明起见, 我们以讨论三元函数为限; 然而以后所说的一切对于任意个变元的函数都是真实的.

因此, 设在某一 (开) 区域 $\mathcal{D}$ 中有函数 $u=f(x,y,z)$; 在这区域中取一点 $M_0(x_0, y_0, z_0)$. 若我们给 y 及 z 以常数值 y_0 及 z_0 而让 x 变动, 则 u 就成为一个变元 x 的函数 (在 x_0 的邻域内); 于是就发生如何计算它在 $x=x_0$ 处的导数的问题. 给数值 x_0 以一增量 Δx, 则函数就得到增量

$$\Delta_x u=\Delta_x f(x_0,y_0,z_0)=f(x_0+\Delta x,y_0,z_0)-f(x_0,y_0,z_0),$$

因为 $\Delta_x u$ 是仅由于一个变元的数值的变动而产生的, 故它可以称为函数 (关于 x) 的**偏增量**. 导数按其定义即为极限

$$\lim_{\Delta x\to 0}\frac{\Delta_x u}{\Delta x}=\lim_{\Delta x\to 0}\frac{f(x_0+\Delta x,y_0,z_0)-f(x_0,y_0,z_0)}{\Delta x}.$$

这导数就称为函数 $f(x,y,z)$ 在点 (x_0,y_0,z_0) 处关于 x 的偏导数.

我们看到, 在这定义内, 诸坐标并不是被平等看待的, 因为 y_0 及 z_0 是固定的, 而 x 则趋于 x_0 而变动着.

偏导数可以用下列记号之一来表示:

$$\frac{\partial u}{\partial x},\quad \frac{\partial f(x_0,y_0,z_0)}{\partial x}\ ①;\quad u'_x, f'_x(x_0,y_0,z_0);\quad D_x u, D_x f(x_0,y_0,z_0).$$

须注意, 在这些记号之内, 下角的字母 x 仅指出要取关于哪一个变元的偏导数, 而与我们要在哪一点 (x_0,y_0,z_0) 计算导数值并无关系 ②.

仿此, 把 x 及 z 当作常数, 而把 y 当作变元, 就可以考察极限

$$\lim_{\Delta y\to 0}\frac{\Delta_y u}{\Delta y}=\lim_{\Delta y\to 0}\frac{f(x_0,y_0+\Delta y,z_0)-f(x_0,y_0,z_0)}{\Delta y}.$$

---

①雅可比 (C. G. J. Jacobi) 首倡使用 ∂ (代替 d) 来表示**偏**导数.

②在这里要把整个记号

$$\frac{\partial f}{\partial x},\quad f'_x,\quad D_x f$$

看成是关于 x 的偏导数的**函数记号**, 以后我们将不再复述类似于此的附注.

这极限就称为函数 $f(x,y,z)$ 在点 (x_0,y_0,z_0) 处关于 y 的偏导数, 并用类似于前面的记号来表示它:

$$\frac{\partial u}{\partial y},\quad \frac{\partial f(x_0,y_0,z_0)}{\partial y};\quad u'_y, f'_y(x_0,y_0,z_0);\quad D_y u, D_y f(x_0,y_0,z_0).$$

函数 $f(x,y,z)$ 在点 (x_0,y_0,z_0) 处关于 z 的偏导数亦可完全同样地定义.
偏导数的求法与普通导数的求法比较起来, 本质上并无两样.

例题 1) 设 $u=x^y\ (x>0)$; 这函数的偏导数是:

$$\frac{\partial u}{\partial x}=y\cdot x^{y-1},\quad \frac{\partial u}{\partial y}=x^y\cdot \ln x.$$

第一式是按照 x 的幂函数 (当 $y=$常数时) 的导数来计算, 而第二式则按照 y 的指数函数 (当 $x=$常数时) 的导数来计算.

2) 若 $u=\operatorname{arctg}\dfrac{x}{y}$, 则

$$\frac{\partial u}{\partial x}=\frac{y}{x^2+y^2},\quad \frac{\partial u}{\partial y}=-\frac{x}{x^2+y^2}.$$

3) 对于 $u=\dfrac{x}{x^2+y^2+z^2}$ 则有

$$\frac{\partial u}{\partial x}=\frac{y^2+z^2-x^2}{(x^2+y^2+z^2)^2},\quad \frac{\partial u}{\partial y}=\frac{-2xy}{(x^2+y^2+z^2)^2},\quad \frac{\partial u}{\partial z}=\frac{-2xz}{(x^2+y^2+z^2)^2}.$$

4) 设 $z=y\cdot f(x^2-y^2)$, 其中的 $f(u)$ 是 (有导数的) 任意函数. 兹证明不论 f 是怎样的函数, z 恒能满足关系式:

$$\frac{1}{x}\cdot\frac{\partial z}{\partial x}+\frac{1}{y}\cdot\frac{\partial z}{\partial y}=\frac{z}{y^2}.$$

依复合函数的微分法则 (关于 u 的导数用小撇来表示) 就有

$$\frac{\partial z}{\partial x}=y\cdot f'(x^2-y^2)\cdot 2x=2xy\cdot f'(x^2-y^2),$$
$$\frac{\partial z}{\partial y}=f(x^2-y^2)-2y^2\cdot f'(x^2-y^2),$$

而由此

$$\frac{1}{x}\cdot\frac{\partial z}{\partial x}+\frac{1}{y}\cdot\frac{\partial z}{\partial y}=2y\cdot f'(x^2-y^2)+\frac{1}{y}\cdot f(x^2-y^2)-2y\cdot f'(x^2-y^2)=\frac{z}{y^2}.$$

5) 三角形的一边 a 可由其他二边 b,c 及其间之夹角 α 来确定, 其公式为

$$a=\sqrt{b^2+c^2-2bc\cdot\cos\alpha}.$$

因此

$$\frac{\partial a}{\partial b}=\frac{b-c\cdot\cos\alpha}{\sqrt{b^2+c^2-2bc\cdot\cos\alpha}}=\frac{b-c\cdot\cos\alpha}{a},\quad \frac{\partial a}{\partial \alpha}=\frac{bc\cdot\sin\alpha}{a}.$$

6) 物理学上的克拉珀龙 (Clapeyron) 方程 $pV = RT$ (式中的 R 为常数) 表示着一定质量的理想气体的体积 V、压力 p 及热力学温度 T 之间的关系, 并确定量 p, V, T 中之一为其他二者的函数. 若把 p, V 当作自变量, 而把 T 当作是它们的函数: $T = \frac{pV}{R}$, 则有

$$\frac{\partial T}{\partial p} = \frac{V}{R}, \quad \frac{\partial T}{\partial V} = \frac{p}{R}.$$

若 p, T 为自变量, 而 V 是它们的函数: $V = \frac{RT}{p}$, 则有

$$\frac{\partial V}{\partial p} = -\frac{RT}{p^2}, \quad \frac{\partial V}{\partial T} = \frac{R}{p}.$$

最后, 设 V 及 T 为自变量, p 是它们的函数: $p = \frac{RT}{V}$; 则有

$$\frac{\partial p}{\partial V} = -\frac{RT}{V^2}, \quad \frac{\partial p}{\partial T} = \frac{R}{V}.$$

由此, 顺便得出热力学上的重要关系式

$$\frac{\partial p}{\partial V} \cdot \frac{\partial V}{\partial T} \cdot \frac{\partial T}{\partial p} = -\frac{RT}{V^2} \cdot \frac{R}{p} \cdot \frac{V}{R} = -\frac{RT}{pV} = -1.$$

注意, 偏导数的雅可比记法 (带有 ∂ 的) 只能看成整个记号, 而不能看成商或分数. 刚才所得的关系式就特别鲜明地表示出普通导数的记法与偏导数的记法的重要区别: 若在左端写着的导数是普通导数, 则可以把它们之中的每一个看成是三个微分 dp, dV, dT 中某两个的商, 约分以后将得 1, 而非 -1; 但在此处显然是不能这样做的.

偏导数 $\frac{\partial u}{\partial x}$ 乘以任意增量 Δx 的积称为函数 u 关于 x 的**偏微分**; 用记号

$$d_x u = \frac{\partial u}{\partial x} \cdot \Delta x$$

表示它[23]. 若在此处把自变量 x 的微分 dx 理解为增量 Δx[24], 则前面的公式可以写成:

$$d_x u = \frac{\partial u}{\partial x} \cdot dx.$$

仿此,

$$d_y u = \frac{\partial u}{\partial y} \cdot dy, \quad d_z u = \frac{\partial u}{\partial z} \cdot dz.$$

---

[23] 如同在一元情形, 在固定点 (x_0, y_0, z_0) 取值的函数 u 的偏微分 $d_x u$ 显然是自变量 Δx 的线性函数, 数值 $u'_x \cdot \Delta x$ 是这个微分相应于 Δx 的值 $d_x u(\Delta x)$. 如果 (x_0, y_0, z_0) 不固定, 那么值 (在现在的情形下) 依赖四个自变量: $x, y, z, \Delta x$. 这个依赖关系可类似地记作

$$d_x u = d_x u(x, y, z, \Delta x) = u'_x(x, y, z) \cdot \Delta x.$$

[24] 于是自变量 x 的微分 dx 的定义是等式 $dx = \Delta x$. 这个等式首先表明 dx 是自变量 Δx 的线性函数 (斜率为 1), 其次, dx 的值不依赖于自变量 x, y, z. 特别地, 如果 Δx 固定, 那么 dx 是 "常数". 此时, 当 Δx 固定时 $d_x u$ 是 x, y, z 的函数; 遇到这种情况, 有时说自变量的微分是常值而函数的微分在变动.

这样, 我们看到, 偏导数亦可以表示为分数的形式

$$\frac{d_x u}{dx}, \quad \frac{d_y u}{dy}, \quad \frac{d_z u}{dz},$$

但须在不可或缺的条件之下: 要指出对哪一个变元而取微分.

178. 函数的全增量 若由自变量的值 $x = x_0, y = y_0, z = z_0$ 出发, 依次给三者以增量 $\Delta x, \Delta y, \Delta z$, 则函数 $u = f(x, y, z)$ 得增量

$$\Delta u = \Delta f(x_0, y_0, z_0) = f(x_0 + \Delta x, y_0 + \Delta y, z_0 + \Delta z) - f(x_0, y_0, z_0),$$

它就称为函数的**全增量**.

在一元函数 $y = f(x)$ 的情形, 假定在点 x_0 处存在着 (有限的) 导数 $f'(x_0)$, 则对于函数的增量有公式 [**96** (2)]

$$\Delta y = \Delta f(x_0) = f'(x_0) \cdot \Delta x + \alpha \cdot \Delta x,$$

式中的 α 随 Δx 而变, 且当 $\Delta x \to 0$ 时 $\alpha \to 0$.

我们现在考虑关于函数 $u = f(x, y, z)$ 的增量建立类似的公式:

$$\begin{aligned}\Delta u = \Delta f(x_0, y_0, z_0) &= f'_x(x_0, y_0, z_0) \cdot \Delta x + f'_y(x_0, y_0, z_0) \cdot \Delta y \\ &\quad + f'_z(x_0, y_0, z_0) \cdot \Delta z + \alpha \cdot \Delta x + \beta \cdot \Delta y + \gamma \cdot \Delta z, \end{aligned} \tag{1}$$

式中的 α, β, γ 随 $\Delta x, \Delta y, \Delta z$ 而变, 且与它们同时趋于零. 然而, 在这一次, 需要对函数加上更多的限制.

定理 *若偏导数 $f'_x(x, y, z), f'_y(x, y, z), f'_z(x, y, z)$ 不仅在点 (x_0, y_0, z_0) 处存在, 并在它的某一邻域内也存在, 此外, 它们 (作为 x, y, z 的函数) 在这点为连续, 则公式 (1) 成立.*

证明 把函数的全增量 Δu 改写成

$$\begin{aligned}\Delta u = &[f(x_0 + \Delta x, y_0 + \Delta y, z_0 + \Delta z) - f(x_0, y_0 + \Delta y, z_0 + \Delta z)] \\ &+ [f(x_0, y_0 + \Delta y, z_0 + \Delta z) - f(x_0, y_0, z_0 + \Delta z)] \\ &+ [f(x_0, y_0, z_0 + \Delta z) - f(x_0, y_0, z_0)].\end{aligned}$$

其中每一方括弧内的差表示函数仅关于一个变元的偏增量. 因为我们曾假定在点 (x_0, y_0, z_0) 的邻域内偏导数存在, 所以, 当 $\Delta x, \Delta y, \Delta z$ 充分小时, 可以把有限增量公

式 [**112**] ① 分别地应用于每一个差; 就得到

$$\Delta u = f'_x(x_0+\theta\Delta x, y_0+\Delta y, z_0+\Delta z)\cdot\Delta x$$
$$+ f'_y(x_0, y_0+\theta_1\Delta y, z_0+\Delta z)\cdot\Delta y + f'_z(x_0, y_0, z_0+\theta_2\Delta z)\cdot\Delta z.$$

若在此处令:

$$f'_x(x_0+\theta\Delta x, y_0+\Delta y, z_0+\Delta z) = f'_x(x_0, y_0, z_0)+\alpha,$$
$$f'_y(x_0, y_0+\theta_1\Delta y, z_0+\Delta z) = f'_y(x_0, y_0, z_0)+\beta,$$
$$f'_z(x_0, y_0, z_0+\theta_2\Delta z) = f'_z(x_0, y_0, z_0)+\gamma,$$

就得出 Δu 的表达式 (1). 当 $\Delta x\to 0, \Delta y\to 0, \Delta z\to 0$ 时, 诸等式左端的导数的变元趋于 x_0, y_0, z_0 (因为 $\theta, \theta_1, \theta_2$ 是真分数), 因此, 这些导数本身, 由于假定它们在 (x_0, y_0, z_0) 为连续, 就趋于右端的诸导数, 而 α, β, γ 则都趋于零. 证明由此完成.

顺便提及, 由已证明的定理可得: *由于偏导数在已给点存在且连续可以推得函数本身在这点为连续*; 实际上, 若 $\Delta x\to 0, \Delta y\to 0, \Delta z\to 0$, 则显然 $\Delta u\to 0$.

为了要把公式 (1) 写成更紧凑的形式, 可引入两点

$$(x_0, y_0, z_0) \quad 与 \quad (x_0+\Delta x, y_0+\Delta y, z_0+\Delta z)$$

之间的**距离**的表达式:

$$\rho = \sqrt{\Delta x^2+\Delta y^2+\Delta z^2}.$$

利用 ρ 以后, 就可以记:

$$\alpha\cdot\Delta x+\beta\cdot\Delta y+\gamma\cdot\Delta z = \left(\alpha\cdot\frac{\Delta x}{\rho}+\beta\cdot\frac{\Delta y}{\rho}+\gamma\cdot\frac{\Delta z}{\rho}\right)\cdot\rho.$$

用 ε 表示括号内的式子, 就有

$$\alpha\cdot\Delta x+\beta\cdot\Delta y+\gamma\cdot\Delta z = \varepsilon\cdot\rho,$$

式中的 ε 依赖于 $\Delta x, \Delta y, \Delta z$, 且当 $\Delta x\to 0, \Delta y\to 0, \Delta z\to 0$ 时也趋于零, 或更简捷地说, 当 $\rho\to 0$ 时 ε 趋于零. 因此, 现在可以把公式 (1) 改写成:

$$\Delta u = \Delta f(x_0, y_0, z_0) = f'_x(x_0, y_0, z_0)\cdot\Delta x + f'_y(x_0, y_0, z_0)\cdot\Delta y$$
$$+ f'_z(x_0, y_0, z_0)\cdot\Delta z+\varepsilon\cdot\rho, \tag{2}$$

当 $\rho\to 0$ 时式中的 $\varepsilon\to 0$. 数量 $\varepsilon\cdot\rho$ 显然可以写成 $o(\rho)$ (若把在 **60** 内引入的记法推广至多元函数的情形).

① 例如, 若取第一个差, 则它可以看成是函数 $f(x, y_0+\Delta y, z_0+\Delta z)$ 关于一个变元 x 的增量, 它对应于由 $x = x_0$ 变到 $x = x_0+\Delta x$ 时函数的增量. 依假定关于在区间 $[x_0, x_0+\Delta x]$ 的一切 x 值, 这函数关于 x 的导数 $f'_x(x, y_0+\Delta y, z_0+\Delta z)$ 都存在, 于是有限增量公式是可以应用的, 余仿此.

注意, 在我们的讨论中并没有把增量 $\Delta x, \Delta y, \Delta z$ 各别地等于 0 或甚至全部同时等于 0 的情形除外. 因此, 说及当 $\Delta x \to 0, \Delta y \to 0, \Delta z \to 0$ 时有

$$\alpha \to 0, \quad \beta \to 0, \quad \gamma \to 0, \quad \varepsilon \to 0,$$

我们是把它们了解为广义的极限关系式, 而并未除去这些增量在其变动过程中转变为零的可能性 (参阅 **96** 内类似于此的附注).

在前一定理的证明中, 我们对于多元函数的要求比对一元函数的要求多一些. 为了要指出: 若不遵守这些要求, 这里的公式 (1) 或 (2) 可能是不适用的, 最后我们来研究下面的例子 (为了简单起见, 我们在这例子中仅涉及两个变元).

函数 $f(x, y)$ 由下列等式确定:

$$f(x, y) = \frac{x^2 y}{x^2 + y^2} \quad (\text{假如 } x^2 + y^2 > 0), \quad f(0, 0) = 0.$$

这函数在全平面上为连续; 它在点 $(0, 0)$ 的连续性已于 **167**, 5) 内推得. 其次, 在全平面上关于 x 及 y 的偏导数也存在. 当 $x^2 + y^2 > 0$ 时, 显然的

$$f'_x(x, y) = \frac{2xy^3}{(x^2 + y^2)^2}, \quad f'_y(x, y) = \frac{x^2(x^2 - y^2)}{(x^2 + y^2)^2}.$$

在原点则有 $f'_x(0, 0) = f'_y(0, 0) = 0$; 这是由 $f(x, 0) = f(0, y) = 0$ 出发, 依照偏导数的定义直接推得的. 容易看出, 在点 $(0, 0)$ 处两偏导数的连续性遭受破坏 (例如, 对于第一个只需令 $y = x = \dfrac{1}{n} \to 0$ 就足以证明).

对于我们的函数而言, 在点 $(0, 0)$ 处公式 (1) 或 (2) 并不成立. 事实上, 若假设这些公式成立, 那么就要有

$$\Delta f(0, 0) = \frac{\Delta x^2 \cdot \Delta y}{\Delta x^2 + \Delta y^2} = \varepsilon \cdot \sqrt{\Delta x^2 + \Delta y^2},$$

当 $\Delta x \to 0, \Delta y \to 0$ 时, 式中的 ε 应趋于零. 今特别于上式中令 $\Delta y = \Delta x > 0$, 则得

$$\frac{1}{2}\Delta x = \varepsilon \cdot \sqrt{2} \cdot \Delta x, \quad \text{由此有 } \varepsilon = \frac{1}{2\sqrt{2}},$$

而当 $\Delta x \to 0$ 时 ε 却并不趋于零, 这就违反了假设.

函数

$$f(x, y) = \sqrt{|xy|}$$

在点 $(0, 0)$ 处也有类似的特性. 这让读者去分析.

179. 全微分 在一元函数 $y = f(x)$ 的场合, 我们在 **103** 内曾论及它的增量 $\Delta y = \Delta f(x_0) = f(x_0 + \Delta x) - f(x_0)$ 能否表示为

$$\Delta f(x_0) = A \cdot \Delta x + o(\Delta x) \quad (A = \text{常数}) \tag{3}$$

的形式的问题. 由此看出 [**104**], 要这种表示法成为可能, 其充要条件为: 函数在点 $x = x_0$ 处存在有限导数 $f'(x_0)$, 而且恰好当 $A = f'(x_0)$ 时上述等式成立. 函数的增量的线性部分

$$A \cdot \Delta x = f'(x_0) \cdot \Delta x = y'_x \cdot \Delta x$$

就称为函数的微分 dy.

转而讨论到多元函数, 例如, 定义于某一 (就说是开的) 区域 $\mathcal{D}$ 中的三元函数 $f(x,y,z)$, 自然要提出类似的问题: 能否把增量

$$\begin{aligned}\Delta u &= \Delta f(x_0,y_0,z_0)\\ &= f(x_0+\Delta x, y_0+\Delta y, z_0+\Delta z) - f(x_0,y_0,z_0)\end{aligned}$$

表示为

$$\Delta f(x_0,y_0,z_0) = A\cdot\Delta x + B\cdot\Delta y + C\cdot\Delta z + o(\rho), \tag{4}$$

式中的 A,B,C 是常数, 而 $\rho = \sqrt{\Delta x^2+\Delta y^2+\Delta z^2}$.

如同在 **103** 内那样, 容易证明, 若展开式 (4) 成立, 则在点 (x_0,y_0,z_0) 处存在关于每一变元的偏导数, 而且

$$f'_x(x_0,y_0,z_0) = A,\quad f'_y(x_0,y_0,z_0) = B,\quad f'_z(x_0,y_0,z_0) = C.$$

实际上, 例如, 在 (4) 内令 $\Delta y = \Delta z = 0$ 而 $\Delta x \neq 0$, 则得

$$\frac{f(x_0+\Delta x,y_0,z_0)-f(x_0,y_0,z_0)}{\Delta x} = A + \frac{o(|\Delta x|)}{\Delta x},$$

由此推得, 必存在

$$f'_x(x_0,y_0,z_0) = \lim_{\Delta x\to 0}\frac{f(x_0+\Delta x,y_0,z_0)-f(x_0,y_0,z_0)}{\Delta x} = A.$$

这样, 关系式 (4) 永远仅以

$$\begin{aligned}\Delta f(x_0,y_0,z_0) &= f'_x(x_0,y_0,z_0)\cdot\Delta x\\ &\quad + f'_y(x_0,y_0,z_0)\cdot\Delta y + f'_z(x_0,y_0,z_0)\cdot\Delta z + o(\rho)\end{aligned} \tag{5}$$

或 (用更简捷的记法)

$$\Delta u = u'_x\cdot\Delta x + u'_y\cdot\Delta y + u'_z\cdot\Delta z + o(\rho) \tag{5*}$$

的形式出现.

虽然, 在一元函数的场合, 导数 $y'_x = f'(x_0)$ 在所考察的点存在就已足够保证关系 (3) 成立, 而在现在的场合, 偏导数

$$u'_x = f'_x(x_0,y_0,z_0),\quad u'_y = f'_y(x_0,y_0,z_0),\quad u'_z = f'_z(x_0,y_0,z_0)$$

的存在却还不足以保证展开式 (4) 的成立. 对于二元函数, 这种事实已在前目例题内看到过. 在该目的定理内曾指出关系式 (4) 成立的充分条件是: 各偏导数在点 (x_0,y_0,z_0) 的邻域内存在, 并且它们在这点为连续. 可是, 容易证明, 对于公式 (5) 或

(5*), 这些条件决非必要的. 实际上, 由于类似的条件对于一元函数 (假如愿意的话, 它也可以看成是任意个变元的函数) 并非必要, 已可推知此事.

当公式 (5) 成立时, 函数 $f(x,y,z)$ 称为在点 (x_0,y_0,z_0) 处可微的, 而 (仅在这情形!) 式子

$$\begin{aligned}&u'_x\cdot\Delta x+u'_y\cdot\Delta y+u'_z\cdot\Delta z\\=&f'_x(x_0,y_0,z_0)\cdot\Delta x+f'_y(x_0,y_0,z_0)\cdot\Delta y+f'_z(x_0,y_0,z_0)\cdot\Delta z,\end{aligned}$$

即函数的增量的线性部分, 称为它的 (全) 微分, 且用记号 du 或 $df(x_0,y_0,z_0)$ 来表示.

在多元函数的场合, 我们已看到在已给点处 "函数是可微的" 一事并不就相当于在这点处 "函数有关于一切变元的偏导数" 而是比它所指的更多一些. 可是, 我们通常将假定偏导数的存在及连续性, 而这却又超过可微性了.

若约定把自变量的任意增量 $\Delta x,\Delta y,\Delta z$ 理解为自变量的微分 dx,dy,dz ①, 则可以写成:

$$\begin{aligned}&df(x_0,y_0,z_0)\\=&f'_x(x_0,y_0,z_0)\cdot dx+f'_y(x_0,y_0,z_0)\cdot dy+f'_z(x_0,y_0,z_0)\cdot dz,\end{aligned}$$

或

$$du=u'_x\cdot dx+u'_y\cdot dy+u'_z\cdot dz.$$

即全微分等于偏微分 [**177**] 的总和[25].

180. 二元函数的几何说明 要想给上述的种种以几何说明, 好像一元函数的导数及微分的几何说明一样 [**91**, **104**], 我们得回过来研究曲线 $\mathcal{K}$ 在其上一已给点 M_0 处的切线的概念.

我们曾定义切线 M_0T (图 99) 为割线 M_0M 当 $\overline{M_0M}$ 趋于零时的极限位置 [**91**].

显然, 还可以给它一个与此等价的定义:

若曲线 $\mathcal{K}$ 上的动点 M 至直线 M_0T 的距离 $\overline{MP}$ 与 $\overline{M_0M}$ 趋于零时成为比 $\overline{M_0M}$ 较高阶的无穷小 (即若比值 $\overline{MP}/\overline{M_0M}$ 在这时趋向于零) ②, 则直线 M_0T 就称为曲线 $\mathcal{K}$ 在其上一点 M_0 处的**切线**.

①若视自变量 x 的微分与作为自变量 x,y,z 的函数的 x 的微分为恒等, 则依一般公式, 可以写成

$$dx=x'_x\cdot\Delta x+x'_y\cdot\Delta y+x'_z\cdot\Delta z=1\cdot\Delta x+0\cdot\Delta y+0\cdot\Delta z=\Delta x;$$

那时等式 $dx=\Delta x$ 就是可证明的了.

②就是说 $\sin\varphi$ 趋于零, 从而割线 M_0M 与直线 M_0T 的夹角 φ 亦随之趋于零 (参阅图 99).

[25] 这样一来, 函数在固定点 (x_0,y_0,z_0) 的全微分 du 是三个自变量 $\Delta x,\Delta y,\Delta z$ 的 (线性) 函数; 总体上, du 的值依赖于 6 个自变量: $du=du(x,y,z,\Delta x,\Delta y,\Delta z)$. 固定增量 $\Delta x,\Delta y,\Delta z$ (从而 dx,dy,dz 变为常数), 我们可以把函数 u 的全微分 du 看作 (仅仅) 是自变量 x,y,z 的函数. 当定义函数 u 的二阶微分 d^2u 时, 就是这样做的, 在一系列其他情形也一样.

现在考察某一曲面 $\mathcal{S}$ 及其上的一点 M_0 (图 100).

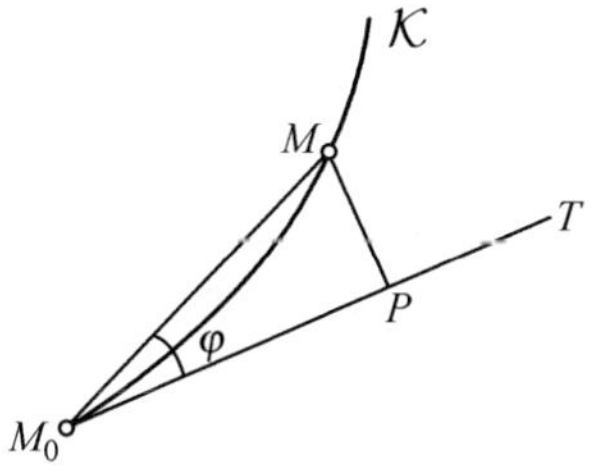

图 99

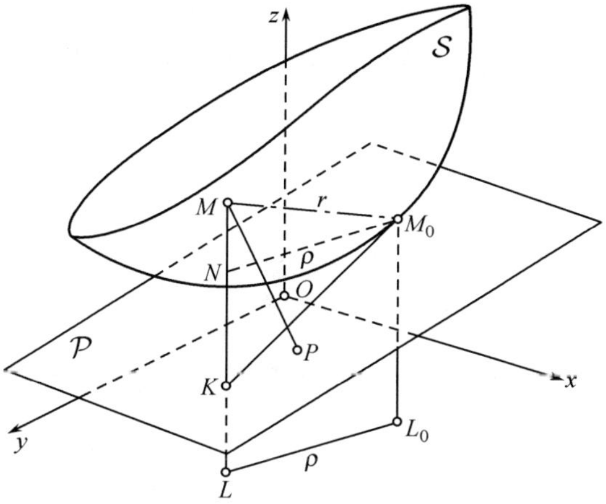

图 100

类似于切线的定义, 我们给出切平面的定义:

*若曲面上的动点 M 至平面 M_0K 的距离 $\overline{MP}$ 当 $\overline{M_0M}$ 趋于零时成为比 $\overline{M_0M}$ 较高阶的无穷小 (即比值 $\overline{MP}/\overline{M_0M}$ 在这时趋于零), 则平面 M_0K 就称为曲面 $\mathcal{S}$ 在其上一点 M_0 处的***切平面**.

设 [**159**] 曲面是由直角坐标方程 $z = f(x, y)$ 给定的.

取曲面上的一点 $M_0(x_0, y_0, z_0)$ (其中 $z_0 = f(x_0, y_0)$), 并研究在什么条件之下经过点 M_0 而有方程

$$Z - z_0 = A(X - x_0) + B(Y - y_0) \tag{6}$$

的平面 $\mathcal{P}$ 能满足切平面的定义.

作 ML 平行于 z 轴 (参阅图 100), 并从 M_0 作 ML 的垂线 M_0N. 因为线段 $\overline{MK}$ 与 $\overline{MP}$ 只相差一个 (不等于零的) 常数因子, 故可考察比值 $\overline{MK}/\overline{MM_0}$ 以代比值 $\overline{MP}/\overline{MM_0}$. 今将证明, 本质上并不改变切平面的定义, 但最后可以用线段 $\rho = \overline{M_0N}$ 来代替这里的距离 $r = \overline{MM_0}$.

若当 $M \to M_0$ 时比值 $\overline{MK}/\rho$ 趋于零, 则当然有 $\overline{MK}/r$ 趋于零, 因为 $r > \rho$. 今先假定 $\overline{MK}/r$ 趋于零, 再证明 $\overline{MK}/\rho$ 也必趋于零. 为此只要证明当 $M \to M_0$ 时比值 $\dfrac{r}{\rho}$ 常为有界就够了.

线段 $\overline{MK}$, 除符号可能不同外, 其值可用式子

$$z - Z = z - z_0 - A(x - x_0) - B(y - y_0)$$

来表示, 若引入记号

$$x - x_0 = \Delta x, \quad y - y_0 = \Delta y, \quad z - z_0 = \Delta z = \Delta f(x_0, y_0),$$

则 $\overline{MK}$ 可用式子

$$\Delta z - (A\Delta x + B\Delta y)$$

来表示. 由于上面所作的假定, 至少对于充分接近于 M_0 的点 M 将有

$$|\Delta z - (A\Delta x + B\Delta y)| < \frac{1}{2}r = \frac{1}{2}\sqrt{\Delta x^2 + \Delta y^2 + \Delta z^2},$$

于是

$$\frac{|\Delta z|}{\rho} < |A| \cdot \frac{|\Delta x|}{\rho} + |B| \cdot \frac{|\Delta y|}{\rho} + \frac{1}{2}\sqrt{1 + \left(\frac{|\Delta z|}{\rho}\right)^2},$$

或 (加强不等式)

$$\frac{|\Delta z|}{\rho} < |A| + |B| + \frac{1}{2}\left(1 + \frac{|\Delta z|}{\rho}\right).$$

由此,

$$\frac{|\Delta z|}{\rho} < 2(|A| + |B|) + 1,$$

因此,

$$\frac{r}{\rho} = \sqrt{1 + \left(\frac{|\Delta z|}{\rho}\right)^2} < 2(|A| + |B| + 1),$$

此即需要证明的.

这样, 当且仅当比式

$$\frac{\Delta z - (A\Delta x + B\Delta y)}{\rho}$$

随 ρ 而趋向于零时, 即当展开式

$$\Delta z = \Delta f(x_0, y_0) = A \cdot \Delta x + B \cdot \Delta y + o(\rho)$$

成立时 (比较 (4)), 平面 (6) 才是曲面 $\mathcal{S}$ 的切平面.

我们得出最后的结论: 要使曲面 $z = f(x, y)$ 在点 $M_0(x_0, y_0, z_0)$ (式中的 $z_0 = f(x_0, y_0)$) 处有切平面①, 必要而且充分的条件是: 函数 $f(x, y)$ 在 $x = x_0, y = y_0$ 时是可微的.

因为在满足这条件时, 系数 A 及 B 必须等于偏导数 $f'_x(x_0, y_0)$ 及 $f'_y(x_0, y_0)$, 故切平面可用方程

$$Z - z_0 = f'_x(x_0, y_0) \cdot (X - x_0) + f'_y(x_0, y_0) \cdot (Y - y_0)$$

来表示.

通常 x, y, z 的下标并不写出, 那时, 切平面的方程就成为

$$Z - z = f'_x(x, y) \cdot (X - x) + f'_y(x, y) \cdot (Y - y). \tag{7}$$

①此处所指是不平行于 z 轴的切平面.

不难看出, 若用经过点 M_0 而平行于 z 轴的任一平面来截此曲面及其在 M_0 处的切平面, 则前一截线为一曲线, 而后一截线恰为此曲线之切线①.

特别, 用平面 $Y=y_0$ 及 $X=x_0$ 截曲面而得出的两曲线, 其斜率②各等于:

$$f'_x(x_0,y_0) \quad 及 \quad f'_y(x_0,y_0).$$

在图 101 中, 线段 K_1M_1, K_2M_2 及 KM 各表示函数的偏增量及全增量,而线段 K_1N_1, K_2N_2 及 KN 各表示函数的偏微分及全微分 [比较 **104** 及图 44].

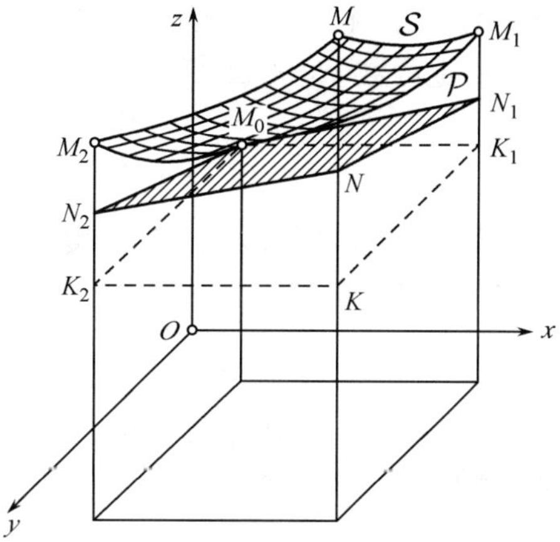

图 101

181. 复合函数的导数 设函数

$$u=f(x,y,z)$$

定义于区域 $\mathcal{D}$ 内, 而且每一变元 x,y,z 又各为变动于某一区间内的变量 t 的函数:

$$x=\varphi(t), \quad y=\psi(t), \quad z=\chi(t).$$

此外, 再设当 t 变动时点 (x,y,z) 不越出 $\mathcal{D}$ 的范围.

把 x,y,z 的数值代入函数 f, 则得复合函数:

$$u=f(\varphi(t),\psi(t),\chi(t)).$$

假定 u 有关于 x,y,z 的连续偏导数 u'_x,u'_y,u'_z③, 且 x'_t,y'_t,z'_t 都存在. 那时就可以证明复合函数的导数必存在, 同时还可以把它算出.

实际上, 给变量 t 以一增量 Δt, 则 x,y,z 各得对应的增量 $\Delta x,\Delta y,\Delta z$, 函数 u 也得增量 Δu.

把函数 u 的增量写成式 (1) 的形式 (我们可以做到这样, 因为曾假定有连续偏导数 u'_x,u'_y,u'_z 存在), 就得

$$\Delta u=u'_x\cdot\Delta x+u'_y\cdot\Delta y+u'_z\cdot\Delta z+\alpha\cdot\Delta x+\beta\cdot\Delta y+\gamma\cdot\Delta z,$$

当 $\Delta x,\Delta y,\Delta z$ 都趋于零时式中的 α,β,γ 也都趋于零. 用 Δt 除等式两边, 将有

$$\frac{\Delta u}{\Delta t}=u'_x\cdot\frac{\Delta x}{\Delta t}+u'_y\cdot\frac{\Delta y}{\Delta t}+u'_z\cdot\frac{\Delta z}{\Delta t}+\alpha\cdot\frac{\Delta x}{\Delta t}+\beta\cdot\frac{\Delta y}{\Delta t}+\gamma\cdot\frac{\Delta z}{\Delta t}.$$

①以后 [**234**] 还要讨论曲面上经过已给点的任意曲线在此点的切线这一更普遍的问题.
②容易判断, 这些斜率是关于那些坐标系而算出的.
③严格些说, 只要假定函数 $u=f(x,y,z)$ 可微就够了.

今使增量 Δt 趋于零, 于是 $\Delta x, \Delta y, \Delta z$ 就都趋于零, 因为 x, y, z 是 t 的连续函数 (我们曾假定导数 x'_t, y'_t, z'_t 都存在), 因而 α, β, γ 也都趋向于零. 取极限就得:

$$u'_t = u'_x \cdot x'_t + u'_y \cdot y'_t + u'_z \cdot z'_t. \tag{8}$$

我们看到, 在前述假定下, 复合函数的导数确实存在着. 若利用微分的记号, 则公式 (8) 可以写成:

$$\frac{du}{dt} = \frac{\partial u}{\partial x} \cdot \frac{dx}{dt} + \frac{\partial u}{\partial y} \cdot \frac{dy}{dt} + \frac{\partial u}{\partial z} \cdot \frac{dz}{dt}. \tag{9}$$

今将考察另一种情形, 那时 x, y, z 不只是一个变量 t 的函数, 而是几个变量的函数, 例如

$$x = \varphi(t, v), \quad y = \psi(t, v), \quad z = \chi(t, v).$$

除假定函数 $f(x, y, z)$ 的偏导数存在且连续以外①, 我们再假定函数 x, y, z 关于 t 及 v 的偏导数也存在.

把函数 φ, ψ, χ 代入函数 f 以后, 我们就得出某一个二变元 t 及 v 的函数, 并且发生关于偏导数 u'_t 及 u'_v 的存在及求法的问题. 但这一情形与刚才研究过的情形并无本质上的差别, 因为在求二元函数的偏导数时, 我们总是固定其中一个变元, 故所需要处理的仍为一元函数. 因此, 对于这种情形, 公式 (8) 仍然并无改变, 而公式 (9) 需要改写成为:

$$\frac{\partial u}{\partial t} = \frac{\partial u}{\partial x} \cdot \frac{\partial x}{\partial t} + \frac{\partial u}{\partial y} \cdot \frac{\partial y}{\partial t} + \frac{\partial u}{\partial z} \cdot \frac{\partial z}{\partial t}. \tag{9*}$$

182. 例题 1) 考察幂指函数

$$u = x^y.$$

令 $x = \varphi(t), y = \psi(t)$, 按照刚才导出的复合函数的微分法则而微分它, 就得到我们已经知道的莱布尼茨和贝努利的公式:

$$u'_t = y \cdot x^{y-1} \cdot x'_t + x^y \cdot \ln x \cdot y'_t.$$

从前, 我们曾用技巧的方法 [**99**, 23)] 证明过它 (写成别的形式).

2) 设 $u = f(x, y, z)$ 有连续的偏导数, 并用

$$x = \eta - \zeta, \quad y = \zeta - \xi, \quad z = \xi - \eta$$

代替 x, y, z, 则有

$$\frac{\partial u}{\partial \xi} = -\frac{\partial u}{\partial y} + \frac{\partial u}{\partial z}, \quad \frac{\partial u}{\partial \eta} = \frac{\partial u}{\partial x} - \frac{\partial u}{\partial z}, \quad \frac{\partial u}{\partial \zeta} = -\frac{\partial u}{\partial x} + \frac{\partial u}{\partial y}.$$

3) 若 (在那些关于函数 f 的同样假定之下) 保留 x 为自变量, 而令

$$y = y(x), \quad z = z(x),$$

①参阅前页的脚注 ②.

其中 $y(x), z(x)$ 是对 x 可微的函数, 则 u, 作为 x 的复合函数, 将有导数:

$$\frac{du}{dx}=\frac{\partial u}{\partial x}+\frac{\partial u}{\partial y}\cdot\frac{dy}{dx}+\frac{\partial u}{\partial z}\cdot\frac{dz}{dx}$$

或

$$\frac{du}{dx}=f'_x(x,y(x),z(x))+f'_y(x,y(x),z(x))\cdot y'(x)+f'_z(x,y(x),z(x))\cdot z'(x).$$

在这里 x 本身如同公式 (8) 内的变量 t 一样.

4) 若把 x,y 二者仍作为自变量, 把 z 换成函数

$$z=z(x,y),$$

假定它有关于 x 及关于 y 的导数, 则对于复合函数 $u=f(x,y,z(x,y))$ 将有:

$$\frac{\partial u}{\partial x}=f'_x(x,y,z(x,y))+f'_z(x,y,z(x,y))\cdot z'_x(x,y),$$

$$\frac{\partial u}{\partial y}=f'_y(x,y,z(x,y))+f'_z(x,y,z(x,y))\cdot z'_y(x,y).$$

5) 作为应用公式 (9) 的另一个例题, 讨论关于行列式

$$\Delta=\begin{vmatrix} a_{11} & a_{12} & \cdots & a_{1n}\\ a_{21} & a_{22} & \cdots & a_{2n}\\ \cdots & \cdots & \cdots & \cdots\\ a_{n1} & a_{n2} & \cdots & a_{nn}\end{vmatrix}$$

的微分法的问题. 但假定其元素 a_{ik} $(i,k=1,2,\cdots,n)$ 都是某一参变数 t 的函数, 它们关于 t 的导数 $\dfrac{da_{ik}}{dt}$ 都存在.

回忆行列式关于其第 k 行的元素的展开式

$$\Delta=A_{1k}\cdot a_{1k}+A_{2k}\cdot a_{2k}+\cdots+A_{ik}\cdot a_{ik}+\cdots+A_{nk}\cdot a_{nk},$$

其中诸代数余因子 $A_{1k},\cdots,A_{nk}$ 并不含有元素 a_{ik}, 就容易知道

$$\frac{\partial\Delta}{\partial a_{ik}}=A_{ik}.$$

在这种情形, 按照公式 (9),

$$\frac{d\Delta}{dt}=\sum_{k=1}^{n}\sum_{i=1}^{n}\frac{\partial\Delta}{\partial a_{ik}}\cdot\frac{da_{ik}}{dt}=\sum_{k=1}^{n}\sum_{i=1}^{n}A_{ik}\cdot\frac{da_{ik}}{dt}.$$

注意: $\sum_{i=1}^{n}A_{ik}\cdot\dfrac{da_{ik}}{dt}$ 也表示一个行列式的展开式, 它同已给行列式的差别仅在于把已给行列式中第 k 行的元素换成它们关于 t 的导数罢了. 由此得法则: *行列式 Δ 的导数等于把 Δ 内的第 1, 第 2, $\cdots$, 第 n 行元素依次换成它们的导数而得出的 n 个行列式的总和.*

公式 (8) 与关于一个变元 x 的函数 u 的公式: $u'_t=u'_x\cdot x'_t$ 相似. 然而, 须郑重声明, 在导出这些公式的条件上仍有不同. 若 u 是一个变元的函数, 则假定导数 u'_x 存在已经够了; 而在多元函数的场合, 我们还不得不假定导数 $u'_x,u'_y,\cdots$ 的连续性. 下面的例题指出: 为了公式 (8) 的实现仅知这些导数存在, 一般是不足够的.

6) 定义函数 $u=f(x,y)$, 令:

$$f(x,y)=\frac{x^2y}{x^2+y^2}\quad (\text{当 } x^2+y^2>0 \text{ 时}),\quad f(0,0)=0.$$

我们已看到过, 这函数在所有点都有偏导数, 原点 $(0,0)$ 也不例外, 而且

$$f'_x(0,0)=0,\quad f'_y(0,0)=0;$$

注意, 恰好在这点, 导数有间断.

若令 $x=t$ 及 $y=t$ 以引入新变量 t, 则得 t 的复合函数. 按照公式 (8) 这函数在 $t=0$ 时的导数应该等于

$$u'_t=u'_x\cdot x'_t+u'_y\cdot y'_t=0.$$

但另一方面, 若把 x 及 y 的值直接代入已给函数 $u=f(x,y)$, 就得

$$u=\frac{t^2\cdot t}{t^2+t^2}=\frac{1}{2}t.$$

今直接关于 t 求微分, 则在 t 的任何数值时都有 $u'_t=\dfrac{1}{2}$, 故当 $t=0$ 时亦如是. 因此公式 (8) 在这种场合是不能使用的.

7) 函数 $u=f(x,y)$ 由两等式

$$f(x,y)=\frac{x^{\frac{5}{3}}\cdot y}{x^2+y^2}\quad (\text{当 } x^2+y^2>0 \text{ 时}),\quad f(0,0)=0$$

确定, 它在点 $(0,0)$ 的性质完全与 6) 中的函数类似. 今若取 $x=y=t$, 则得复合函数 $u=\dfrac{1}{2}t^{\frac{2}{3}}$, 它在 $t=0$ 有为无穷的导数. 若令 $x=t$, 而

$$\text{当 } t\neq 0 \text{ 时 } y=t^{\frac{4}{3}}\sin\frac{1}{t},\quad \text{当 } t=0 \text{ 时 } y=0,$$

则由两等式:

$$\text{当 } t\neq 0 \text{ 时 } u=\frac{t\cdot\sin\dfrac{1}{t}}{1+t^{\frac{2}{3}}\cdot\sin^2\dfrac{1}{t}},\quad \text{当 } t=0 \text{ 时 } u=0,$$

确定的复合函数在 $t=0$ 时根本没有导数.

183. 有限增量公式 设函数 $f(x,y,z)$ 在闭域 $\mathcal{D}$ 中有定义而且连续, 并在这区域内部 (即在它的所有内点) 有连续偏导数 f'_x,f'_y,f'_z. 今考察 $\mathcal{D}$ 中的两点

$$M_0(x_0,y_0,z_0)\quad \text{及}\quad M_1(x_0+\Delta x,y_0+\Delta y,z_0+\Delta z),$$

假设这两点能用全部位于 $\mathcal{D}$ 域内的直线段 M_0M_1 来连接①. 则成立下面的公式:

$$\begin{aligned}\Delta f(x_0,y_0,z_0)&=f(x_0+\Delta x,y_0+\Delta y,z_0+\Delta z)-f(x_0,y_0,z_0)\\&=f'_x(x_0+\theta\Delta x,y_0+\theta\Delta y,z_0+\theta\Delta z)\cdot\Delta x\\&\quad+f'_y(\cdots)\cdot\Delta y+f'_z(\cdots)\cdot\Delta z\quad(0<\theta<1),\end{aligned}\tag{10}$$

①译者注: 这里著者的意思是指直线段 M_0M_1 上一切点都是 $\mathcal{D}$ 域的内点, 仅两端点 M_0 与 M_1 可能是例外.

它完全类似于熟知的一元函数的有限增量公式 [**112** (2)].

为了证明公式 (10), 在函数 $f(x, y, z)$ 内令

$$x = x_0 + t \cdot \Delta x, \quad y = y_0 + t \cdot \Delta y, \quad z = z_0 + t \cdot \Delta z \tag{11}$$

(其中 $0 \leqslant t \leqslant 1$), 就是只在直线段 M_0M_1 上的各点来考察我们的函数. t 的复合函数

$$F(t) = f(x_0 + t \cdot \Delta x, y_0 + t \cdot \Delta y, z_0 + t \cdot \Delta z)$$

在全区间 [0, 1] 中是连续的 [**170**], 且在这区间内部有导数, 按照公式 (8) 求得这导数等于

$$\begin{aligned}F'(t) = {} & f'_x(x_0 + t \cdot \Delta x, y_0 + t \cdot \Delta y, z_0 + t \cdot \Delta z) \cdot \Delta x \\ & + f'_y(\cdots) \cdot \Delta y + f'_z(\cdots) \cdot \Delta z,\end{aligned}$$

因为由 (11),

$$\frac{dx}{dt} = \Delta x, \quad \frac{dy}{dt} = \Delta y, \quad \frac{dz}{dt} = \Delta z.$$

把 **112** 的公式 (2) 应用于区间 [0, 1] 中的函数 $F(t)$, 得:

$$F(1) - F(0) = F'(\theta) \quad (0 < \theta < 1).$$

若注意到, 按照函数 $F(t)$ 的定义, 有

$$F(1) - F(0) = f(x_0 + \Delta x, y_0 + \Delta y, z_0 + \Delta z) - f(x_0, y_0, z_0),$$

并用刚才求出的式子 (当 $t = \theta$ 时) 代替导数 $F'(\theta)$, 就得出公式 (10).

作为应用刚才所证明的公式的简单例题, 可证下面的命题:

若连续于闭连通域 $\mathcal{D}$ 中的函数 $f(x, y, z)$ 在此域内部有都等于 0 的偏导数:

$$f'_x = f'_y = f'_z = 0,$$

则这函数在全域 $\mathcal{D}$ 中必为常数:

$$f = 常数.$$

设 $M_0(x_0, y_0, z_0)$ 及 $M(x, y, z)$ 是 $\mathcal{D}$ 域中的任意两点. 由于假定 $\mathcal{D}$ 是连通域, 故可以用全部在 $\mathcal{D}$ 内的折线连接它们. 若 $M_1(x_1, y_1, z_1)$ 是折线上 M_0 后面的一个顶点, 则在 (10) 内令 $x_0 + \Delta x = x_1, y_0 + \Delta y = y_1, z_0 + \Delta z = z_1$, 立即得出

$$f(x_1, y_1, z_1) = f(x_0, y_0, z_0);$$

如此逐步推算, 由一顶点至另一顶点, 最后可得

$$f(x, y, z) = f(x_0, y_0, z_0),$$

这便是所要证明的.

184. 沿给定方向的导数 函数 $f(M) = f(x, y, z)$ 关于 x, 关于 y, 关于 z 的偏导数分别表示函数沿着三坐标轴方向的"变化率". 例如, f'_x 是函数关于 x 的变化率: 因为预设动点仅沿平行于 x 轴的方向而移动. 然而, 在许多物理问题上还需要知道函数 $f(M)$ 沿着其他方向的"变化率". 例如, 若所给为温度场, 即若给定在所考察物体内每点 M 的温度 $f(M)$, 则热的分布及转移的规律自然地依赖于温度沿着一切方向下降 (或上升) 的速度. 现在要使函数沿任一给定方向的变化率或导数的概念格外准确. 在这里我们也有机会应用公式 (9).

设函数 $f(M)$ 定义于某一 (开) 域内. 考察这区域中任一点 $M_0(x_0, y_0, z_0)$ 及经过这点的任一有向直线 (轴) l (图 102).

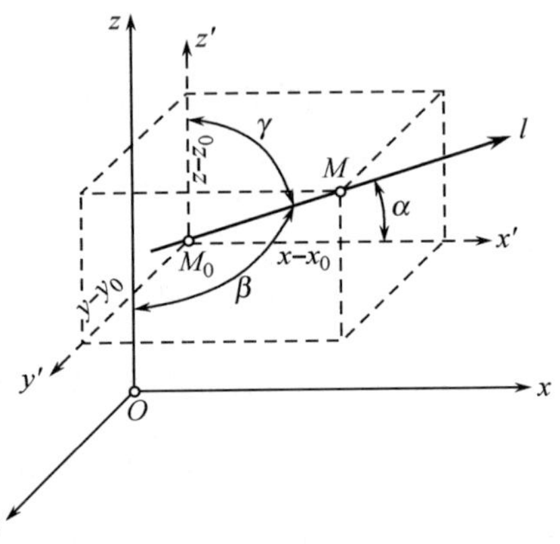

图 102

设 $M(x, y, z)$ 是在这轴上的另一任意点, M_0M 是 M_0 与 M 之间的线段的长, 带有适当的符号, 就是, 若 M_0M 的方向与轴 l 的方向一致, 就带有正号, 在相反的情形就带有负号.

设 M 无限地趋近于 M_0. 极限

$$\lim_{M \to M_0} \frac{f(M) - f(M_0)}{M_0M}$$

就称为函数 $f(M)$ 沿方向 l (或沿轴 l) 的导数, 并用下式表示:

$$\frac{\partial f(M_0)}{\partial l} = \frac{\partial f(x_0, y_0, z_0)}{\partial l}.$$

这导数就表征着函数在点 M_0 沿方向 l 的"变化率".

特别, 前面已说过, 通常的偏导数 $\dfrac{\partial f}{\partial x}, \dfrac{\partial f}{\partial y}, \dfrac{\partial f}{\partial z}$ 亦可以看成"方向"导数.

现在假定, 函数 $f(x, y, z)$ 在被考察的区域中有连续的偏导数①. 设轴 l 与三坐标轴分别所成之角为 α, β, γ. 兹证明, 在上述的假定之下, 沿方向 l 的导数必存在且可用下列公式来表示:

$$\frac{\partial f(x_0, y_0, z_0)}{\partial l} = \frac{\partial f}{\partial x} \cdot \cos\alpha + \frac{\partial f}{\partial y} \cdot \cos\beta + \frac{\partial f}{\partial z} \cdot \cos\gamma. \tag{12}$$

为要证明, 注意若令 $M_0M = t$, 则将有

$$x - x_0 = t \cdot \cos\alpha, \quad y - y_0 = t \cdot \cos\beta, \quad z - z_0 = t \cdot \cos\gamma.$$

这样, 沿着轴 l, 坐标 x, y, z 可以看作 t 的函数:

$$x = x_0 + t \cdot \cos\alpha, \quad y = y_0 + t \cdot \cos\beta, \quad z = z_0 + t \cdot \cos\gamma, \tag{13}$$

①参阅第 **181** 目脚注 ②.

而函数 $f(M) = f(x, y, z)$ 就可以看作 t 的复合函数 $\varphi(t)$. 这时点 M_0 对应着 $t = 0$.

这样, 就有

$$\frac{\partial f(M_0)}{\partial l} = \lim_{M \to M_0} \frac{f(M) - f(M_0)}{M_0 M} = \lim_{t \to 0} \frac{\varphi(t) - \varphi(0)}{t} = \varphi'(0),$$

仅需导数 $\varphi'(0)$ 存在. 但导数 $\varphi'(t)$ 在上述假定之下确存在, 并且按照公式 (9) 可以表示为下面的形式:

$$\varphi'(t) = \frac{\partial f}{\partial x} \cdot \frac{dx}{dt} + \frac{\partial f}{\partial y} \cdot \frac{dy}{dt} + \frac{\partial f}{\partial z} \cdot \frac{dz}{dt}.$$

利用公式 (13), 就得

$$\varphi'(t) = \frac{\partial f}{\partial x} \cdot \cos\alpha + \frac{\partial f}{\partial y} \cdot \cos\beta + \frac{\partial f}{\partial z} \cdot \cos\gamma,$$

由此即可推得我们的命题.

现在提出这样一个问题: *函数在一给定点沿什么方向增大得最快?* 当然, 这问题仅当导数

$$a = \frac{\partial f(x_0, y_0, z_0)}{\partial x}, \quad b = \frac{\partial f(x_0, y_0, z_0)}{\partial y}, \quad c = \frac{\partial f(x_0, y_0, z_0)}{\partial z} \tag{14}$$

不同时等于零的场合始有意义 (因为, 否则沿任何方向的导数就要都等于零).

在这一假定下, 把 (12) 式的右方改写为:

$$\begin{aligned} & a \cdot \cos\alpha + b \cdot \cos\beta + c \cdot \cos\gamma \\ = & \sqrt{a^2 + b^2 + c^2} \left(\frac{a}{\sqrt{\cdots}} \cos\alpha + \frac{b}{\sqrt{\cdots}} \cos\beta + \frac{c}{\sqrt{\cdots}} \cos\gamma \right). \end{aligned}$$

把括号内的各分数看作某一方向 g 的方向余弦:

$$\frac{a}{\sqrt{\cdots}} = \cos\lambda, \quad \frac{b}{\sqrt{\cdots}} = \cos\mu, \quad \frac{c}{\sqrt{\cdots}} = \cos\nu,$$

于是我们就得出

$$\sqrt{a^2 + b^2 + c^2} \cdot (\cos\lambda \cdot \cos\alpha + \cos\mu \cdot \cos\beta + \cos\nu \cdot \cos\gamma).$$

最后, 若用 (g, l) 表示方向 g 及 l 之间的夹角, 则按照解析几何学上的已知公式, 得

$$\frac{\partial f}{\partial l} = \sqrt{a^2 + b^2 + c^2} \cdot \cos(g, l). \tag{15}$$

现在很易明了, 若使 l 重合于 g, 这导数将达到其最大值:

$$\frac{\partial f}{\partial g} = \sqrt{a^2 + b^2 + c^2} = \sqrt{\left(\frac{\partial f}{\partial x}\right)^2 + \left(\frac{\partial f}{\partial y}\right)^2 + \left(\frac{\partial f}{\partial z}\right)^2}.$$

在坐标轴上的投影为 (14) 的向量 $\vec{g}$, 就指出函数增大得最快的方向, 而它的长 $|\vec{g}|$ 就给出对应的导数的数值. 这向量称为函数 $f(M)=f(x,y,z)$ 的**梯度**.

改写公式 (15) 为

$$\frac{\partial f}{\partial l}=|\vec{g}|\cdot\cos(\vec{g},l),$$

容易看出, 若在方向线 l 上放置长度为 $\frac{\partial f}{\partial l}$ 的线段, 所得的向量恰巧就是梯度在这方向线上的投影.

185. (一阶) 微分的形式不变性 设函数 $u=f(x,y,z)$ 有连续的偏导数 u'_x,u'_y,u'_z, 而且 x,y,z 本身又都是新变元 t 及 v 的函数:

$$x=\varphi(t,v),\quad y=\psi(t,v),\quad z=\chi(t,v),$$

它们也有连续偏导数 $x'_t,x'_v,y'_t,y'_v,z'_t,z'_v$. 于是 [**181**] 不仅复合函数 u 关于 t 及 v 的导数存在, 而且这些导数关于 t 及 v 都为连续, 这很容易由 (8) 看出.

假如 x,y,z 是自变量, 则我们知道, 函数 u 的 (全) 微分等于

$$du=u'_x\cdot dx+u'_y\cdot dy+u'_z\cdot dz.$$

在当前的情形, u 已通过 x,y,z 的媒介而成为变元 t 及 v 的函数. 因此, 关于这些变元, u 的微分可写成:

$$du=u'_t\cdot dt+u'_v\cdot dv.$$

但根据 (8),

$$u'_t=u'_x\cdot x'_t+u'_y\cdot y'_t+u'_z\cdot z'_t;$$

同样

$$u'_v=u'_x\cdot x'_v+u'_y\cdot y'_v+u'_z\cdot z'_v.$$

把这些数值代入 du 的表达式中, 就有:

$$\begin{aligned}du=&(u'_x\cdot x'_t+u'_y\cdot y'_t+u'_z\cdot z'_t)\cdot dt\\&+(u'_x\cdot x'_v+u'_y\cdot y'_v+u'_z\cdot z'_v)\cdot dv.\end{aligned}$$

重新组合各项如下:

$$\begin{aligned}du=&u'_x\cdot(x'_t\cdot dt+x'_v\cdot dv)\\&+u'_y\cdot(y'_t\cdot dt+y'_v\cdot dv)+u'_z\cdot(z'_t\cdot dt+z'_v\cdot dv).\end{aligned}$$

不难看出, 在括号内的式子不是别的, 正是函数 x,y,z 的微分 (关于 t 及 v), 于是我们可以写成:

$$du=u'_x\cdot dx+u'_y\cdot dy+u'_z\cdot dz.$$

我们得出的微分与取 x, y, z 为自变量时的微分有同一形式 (但此处的记号 dx, dy, dz 当然已有别的意义).

于是, 对于多元函数 (一阶) 微分的形式不变性亦能成立, 如同对于一元函数时一样[①].

可能碰到, x, y, z 是一些不同的变元的函数, 例如

$$x = \varphi(t), \quad y = \psi(t, w), \quad z = \chi(v, w).$$

在这种场合, 我们恒可以当作

$$x = \varphi_1(t, v, w), \quad y = \psi_1(t, v, w), \quad z = \chi_1(t, v, w),$$

于是所有上述的讨论就都能适用于这情形了.

推论 当 x 及 y 都是一元函数时, 我们曾有下面的公式:

$$d(cx) = c \cdot dx, \quad d(x \pm y) = dx \pm dy, \quad d(xy) = y \cdot dx + x \cdot dy,$$
$$d\left(\frac{x}{y}\right) = \frac{y \cdot dx - x \cdot dy}{y^2}.$$

这些公式当 x 及 y 是任意个变元的函数时, 即当

$$x = \varphi(t, v, \cdots), \quad y = \psi(t, v, \cdots)$$

时仍是正确的.

证明最后的公式作为例子.

为此, 首先把 x, y 当作自变量; 于是

$$d\left(\frac{x}{y}\right) = \frac{1}{y} \cdot dx - \frac{x}{y^2} \cdot dy = \frac{y \cdot dx - x \cdot dy}{y^2}.$$

我们看到, 在这一假定之下, 微分的形式与一元函数 x 及 y 的微分形式相同. 根据微分的形式不变性, 可以断定这公式当 x 及 y 是任意个变元的函数时也正确.

全微分的上述性质及由此得出的推论可以使我们简化求导数的手续, 例如:

1) $$d \operatorname{arctg} \frac{x}{y} = \frac{1}{1 + \left(\frac{x}{y}\right)^2} \cdot d\left(\frac{x}{y}\right) = \frac{y \cdot dx - x \cdot dy}{x^2 + y^2},$$

2) $$d \frac{x}{x^2 + y^2 + z^2} = \frac{(x^2 + y^2 + z^2)dx - x \cdot d(x^2 + y^2 + z^2)}{(x^2 + y^2 + z^2)^2}$$
$$= \frac{(y^2 + z^2 - x^2)dx - 2xy \cdot dy - 2xz \cdot dz}{(x^2 + y^2 + z^2)^2}.$$

---

①注意, 若只假定一切所考察的函数都是可微的, 则结论亦真实. 要证实这点, 只需证明可微函数的叠置仍为可微函数就够了.

因为各自变量的微分前面的系数就是对应的偏导数, 故由此就能立刻得出这些偏导数的数值. 例如, 对于 $u = \operatorname{arctg}\dfrac{x}{y}$ 直接地有

$$\frac{\partial u}{\partial x} = \frac{y}{x^2+y^2}, \quad \frac{\partial u}{\partial y} = -\frac{x}{x^2+y^2},$$

而对于 $u = \dfrac{x}{x^2+y^2+z^2}$ 就立刻得到

$$\frac{\partial u}{\partial x} = \frac{y^2+z^2-x^2}{(x^2+y^2+z^2)^2}, \quad \frac{\partial u}{\partial y} = -\frac{2xy}{(x^2+y^2+z^2)^2}, \quad \frac{du}{dz} = -\frac{2xz}{(x^2+y^2+z^2)^2}$$

[比较 **177** 的 2) 及 3)].

186. 应用全微分于近似算法 类似于一元函数的微分 [**108**] 那样, 多元函数的全微分也能成功地应用于近似算法中估计误差的工作. 例如, 设有函数 $u = f(x, y)$, 而且在确定 x 及 y 的数值时我们容许有误差, 即如 Δx 及 Δy. 那时, 用变元的不准确的数值而算出的 u 值也将得有误差 $\Delta u = f(x+\Delta x, y+\Delta y) - f(x, y)$. 现在要谈的是误差 Δu 的估计, 倘若已知误差 Δx 及 Δy 的估值.

用函数的微分 (近似地) 代换它的增量 (这只当 Δx 及 Δy 的值充分小时始认为可行), 就得

$$\Delta u = \frac{\partial u}{\partial x} \cdot \Delta x + \frac{\partial u}{\partial y} \cdot \Delta y. \tag{16}$$

这里的误差 Δx 及 Δy 以及在它们前面的系数可能是正, 也可能是负; 所以把每一项取绝对值, 就得出不等式

$$|\Delta u| \leqslant \left|\frac{\partial u}{\partial x}\right| \cdot |\Delta x| + \left|\frac{\partial u}{\partial y}\right| \cdot |\Delta y|.$$

若用 $\delta u, \delta x, \delta y$ 表示最大绝对误差 (或绝对误差的限度), 则显然可以采用

$$\delta u = \left|\frac{\partial u}{\partial x}\right| \cdot \delta x + \left|\frac{\partial u}{\partial y}\right| \cdot \delta y. \tag{17}$$

举例如下:

1) 首先, 借助于刚才引出的公式, 容易建立在实际应用近似算法时的几条普通法则. 设 $u = xy$ (式中 $x > 0, y > 0$), 于是 $du = ydx + xdy$; 用增量代换微分, 就得 $\Delta u = y \cdot \Delta x + x \cdot \Delta y$ [参阅 (16)], 或转而对误差的限度来说 [参阅 (17)]:

$$\delta u = y \cdot \delta x + x \cdot \delta y.$$

用等式 $u = xy$ 的两端分别除这等式的两端, 得出最后的公式:

$$\frac{\delta u}{u} = \frac{\delta x}{x} + \frac{\delta y}{y}, \tag{18}$$

它表达这样的**法则**: *乘积的 (最大) 相对误差等于各因子的 (最大) 相对误差的总和.*

也可以更简单地进行如下: 首先在公式 $u = x \cdot y$ 两端取对数, 而后再求微分:

$$\ln u = \ln x + \ln y, \quad \frac{du}{u} = \frac{dx}{x} + \frac{dy}{y}\text{①}, \quad \text{等等.}$$

①读者注意, 我们计算 $\ln u$ 的微分时, 似乎把 u 当作是自变量一样, 虽然事实上它是 x 及 y 的函数 [**175**]. 这附注以后仍须牢记.

若 $u=\dfrac{x}{y}$, 则依这方法求出

$$\ln u=\ln x-\ln y,\quad \frac{du}{u}=\frac{dx}{x}-\frac{dy}{y}.$$

取绝对值再改用最大误差, 我们仍得公式 (18). 这样, 商的 (最大) 相对误差等于被除数及除数的 (最大) 相对误差的和.

2) 误差的计算在地形学内经常应用, 主要是用三角形的已测得元素而计算其非直接测量的元素. 下面举出这方面的两个例子.

设在直角三角形 ABC 内 (图 103), 一直角边 $AB=b$ 及与它邻接的角 $\angle BAC=\alpha$ 已测得; 另一直角边 a 可按照公式: $a=b\cdot\operatorname{tg}\alpha$ 算出. 问在测量 b 及 α 时的误差对于 a 的数值的影响怎样?

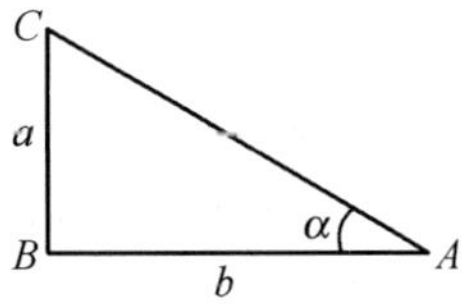

图 103

求微分, 得

$$da=\operatorname{tg}\alpha\cdot db+\frac{b}{\cos^2\alpha}\cdot d\alpha,$$

于是,

$$\delta a=\operatorname{tg}\alpha\cdot\delta b+\frac{b}{\cos^2\alpha}\cdot\delta\alpha.$$

例如, 设测量的结果得

$$b=121.56\,米\pm0.05\,米,\quad \angle\alpha=25^\circ21'40''\pm12'',$$

于是

$$a=57.62米.$$

按照上面的公式确定 δa, 在其中命 $\delta b=0.05$, 而 $\delta\alpha=\dfrac{12''}{206\ 265''}$ (因为 $\delta\alpha$ 须表示为弧度, 而一弧度等于 $\dfrac{60''\times60\times360}{2\pi}=206\ 265''$). 我们就得到

$$\operatorname{tg}\alpha\cdot\delta b=0.0237,\quad \frac{b}{\cos^2\alpha}\delta\alpha=0.0087,$$

于是凑足小数第二位后可以当作 $\delta a=0.04$. 由此, $a=57.62$ 米 ±0.04 米.

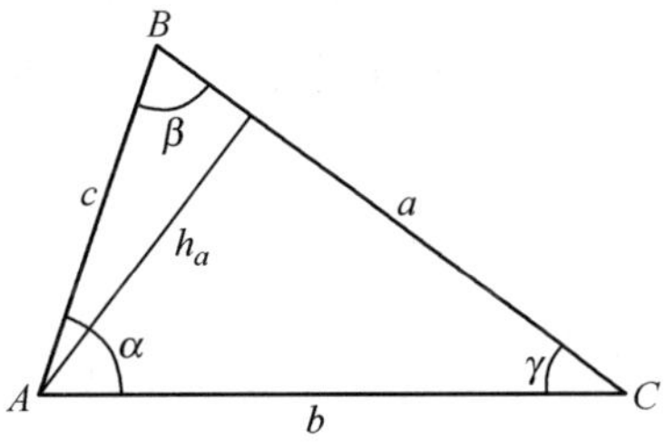

图 104

3) 在斜三角形 ABC (图 104) 内, 当按照公式

$$a=\sqrt{b^2+c^2-2bc\cdot\cos\alpha}$$

而确定一边 a 时, 求其误差. 利用 **177** 的例 5) 的结果, 可按照公式 (17) 立刻写出:

$$\delta a=\frac{b-c\cdot\cos\alpha}{a}\cdot\delta b+\frac{c-b\cdot\cos\alpha}{a}\cdot\delta c+\frac{bc\cdot\sin\alpha}{a}\cdot\delta\alpha$$

由图中直接看出有

$$b-c\cdot\cos\alpha=a\cdot\cos\gamma,\quad c-b\cdot\cos\alpha=a\cdot\cos\beta,\quad bc\cdot\sin\alpha=a\cdot h_a,$$

式中的 h_a 是三角形由顶点 A 至其对边的高. 这样, 就有

$$\delta a=\cos\gamma\cdot\delta b+\cos\beta\cdot\delta c+h_a\cdot\delta\alpha;$$

按照这公式, 很容易判断各个误差 $\delta b,\delta c,\delta\alpha$ 对于 δa 的影响.

187. 齐次函数 大家知道, 次数相同的诸项所组成的多项式称为齐次多项式. 例如,

$$3x^2-2xy+5y^2$$

是齐二次多项式. 若给这里的 x 及 y 各乘一因子 t, 则全多项式将获得因子 t^2. 对于任何齐次多项式, 类似的情况常能成立.

即使性质较复杂的函数也能具有这样性质; 例如, 若取式子

$$x\cdot\frac{\sqrt{x^4+y^4}}{x-y}\cdot\ln\frac{x}{y},$$

则当变元 x 及 y 都乘上 t 时, 它也获得因子 t^2, 就这点而论, 它与二次齐次多项式有类似之处. 这种函数自然也称为二次**齐次函数**.

兹给出一般的定义:

有定义于区域 $\mathcal{D}$ 中的 n 元函数 $f(x_1,\cdots,x_n)$, 若当它的所有变元各乘上因子 t 时, 能获得因子 t^m, 即若能恒等地成立等式

$$f(tx_1,\cdots,tx_n)=t^m\cdot f(x_1,\cdots,x_n), \tag{19}$$

则函数 $f(x_1,\cdots,x_n)$ 就称为 m 次**齐次函数**.

为了简单起见, 我们假定 $x_1,\cdots,x_n$ 及 t 在此处只取正值. 又假设函数 f 的定义域 $\mathcal{D}$ 如果含有任一点 $M(x_1,\cdots,x_n)$ 时也必含有当 $t>0$ 时的一切点 $M_t(tx_1,\cdots,tx_n)$, 即含有由原点发出而经过点 M 的射线.

齐次函数的次数 m 可以是任何实数; 例如, 函数

$$x^\pi\cdot\sin\frac{y}{x}+y^\pi\cdot\cos\frac{x}{y}$$

就是变元 x 及 y 的 π 次齐次函数.

现在企图得出 m 次齐次函数的一般表达式.

首先设 $f(x_1,\cdots,x_n)$ 为零次齐次函数; 则

$$f(tx_1,tx_2,\cdots,tx_n)=f(x_1,x_2,\cdots,x_n).$$

令 $t=\dfrac{1}{x_1}$, 得

$$f(x_1,x_2,\cdots,x_n)=f\left(1,\frac{x_2}{x_1},\cdots,\frac{x_n}{x_1}\right).$$

若引入 $(n-1)$ 元函数

$$\varphi(u_1,\cdots,u_{n-1})=f(1,u_1,\cdots,u_{n-1}),$$

则得

$$f(x_1,x_2,\cdots,x_n)=\varphi\left(\frac{x_2}{x_1},\cdots,\frac{x_n}{x_1}\right).$$

由此, 任一零次齐次函数可表示为它的所有变元对其中一变元的比的函数. 显然其逆也真. 于是上面的等式就给出零次齐次函数的一般表达式.

若 $f(x_1,x_2,\cdots,x_n)$ 是 m 次齐次函数 (且只在这一场合), 则它对 x_1^m 的比就是零次齐次函数, 于是

$$\frac{f(x_1,x_2,\cdots,x_n)}{x_1^m}=\varphi\left(\frac{x_2}{x_1},\cdots,\frac{x_n}{x_1}\right).$$

这样, 我们就得到 m 次齐次函数的一般表达式:

$$f(x_1,x_2,\cdots,x_n)=x_1^m\cdot\varphi\left(\frac{x_2}{x_1},\cdots,\frac{x_n}{x_1}\right).$$

例题

$$x\cdot\frac{\sqrt{x^4+y^4}}{x-y}\cdot\ln\frac{x}{y}=x^2\cdot\frac{\sqrt{1+\left(\frac{y}{x}\right)^4}}{\frac{y}{x}-1}\cdot\ln\frac{y}{x}.$$

188. 欧拉公式 今假定 (m 次) 齐次函数 $f(x,y,z)$① 在 (开) 域 $\mathcal{D}$ 中有关于所有变元的连续偏导数. 任意固定 $\mathcal{D}$ 中的一点 (x_0,y_0,z_0), 根据基本恒等式 (19), 对于任何 $t>0$ 就有:

$$f(tx_0,ty_0,tz_0)=t^m\cdot f(x_0,y_0,z_0).$$

今关于 t 微分这等式: 等式的左边按照复合函数的微分法则来微分②, 右边单纯地当作幂函数来微分. 则得

$$\begin{aligned}&f'_x(tx_0,ty_0,tz_0)\cdot x_0+f'_y(tx_0,ty_0,tz_0)\cdot y_0+f'_z(tx_0,ty_0,tz_0)\cdot z_0\\=&mt^{m-1}\cdot f(x_0,y_0,z_0).\end{aligned}$$

若在此处命 $t=1$, 则得出下面的公式:

$$\begin{aligned}&f'_x(x_0,y_0,z_0)\cdot x_0+f'_y(x_0,y_0,z_0)\cdot y_0+f'_z(x_0,y_0,z_0)\cdot z_0\\=&m\cdot f(x_0,y_0,z_0).\end{aligned}$$

这样, 对于任一点 (x,y,z), 成立等式

$$f'_x(x,y,z)\cdot x+f'_y(x,y,z)\cdot y+f'_z(x,y,z)\cdot z=m\cdot f(x,y,z).\tag{20}$$

这等式称为**欧拉** (L. Euler) **公式**.

我们看到了, 任一有连续偏导数的 m 次齐次函数必满足这等式. 今将证明其逆: 每一连续函数, 连同自己的偏导数均为连续, 且满足欧拉等式 (20), 必为 m 次齐次函数.

---

①只为了写起来简便, 我们才在此处限于讨论三个变元的情形.

②就为了要应用这法则, 我们才假定各偏导数均为连续 [**181**].

实际上, 设 $f(x,y,z)$ 是一个这样的函数. 任意固定 x_0,y_0,z_0 的数值而考察下面的 t 的函数 (当 $t>0$ 时):

$$\varphi(t)=\frac{f(tx_0,ty_0,tz_0)}{t^m}.$$

它当一切 $t>0$ 时是有定义而且连续的. 按照分式的微分法则求它的导数 $\varphi'(t)$, 就得一分式, 其分子等于

$$[f'_x(tx_0,ty_0,tz_0)\cdot x_0+f'_y(tx_0,ty_0,tz_0)\cdot y_0+f'_z(tx_0,ty_0,tz_0)\cdot z_0]\cdot t$$
$$-m\cdot f(tx_0,ty_0,tz_0).$$

把欧拉公式 (20) 内的 x,y,z 换成 tx_0,ty_0,tz_0, 就看到这分子是等于零的, 于是 $\varphi'(t)=0$, 而 $\varphi(t)=c=$ 常数 (当 $t>0$ 时). 为了要确定常数 c, 可在定义 $\varphi(t)$ 的等式内令 $t=1$. 则得

$$c=f(x_0,y_0,z_0).$$

因此,

$$\varphi(t)=\frac{f(tx_0,ty_0,tz_0)}{t^m}=f(x_0,y_0,z_0)$$

或

$$f(tx_0,ty_0,tz_0)=t^m\cdot f(x_0,y_0,z_0),$$

这便是所要证明的.

可以说, 欧拉公式与基本恒等式 (19) 同样可以作为 m 次齐次函数的特征式.

§4. 高阶导数及高阶微分

189. 高阶导数 若函数 $u=f(x,y,z)$ ① 在某一 (开) 区域 $\mathcal{D}$ 中有关于其中一个变元的偏导数, 则这偏导数本身仍是 x,y,z 的函数, 故仍能在某一点 (x_0,y_0,z_0) 有关于同一变元或另一变元的偏导数. 这些后来得到的导数, 对于起先的函数 $u=f(x,y,z)$ 而言, 就是二阶偏导数 (或第二次的偏导数).

例如, 若一阶导数是关于 x 取的, 则它 (一阶导数) 的关于 x,y,z 的导数便记成:

$$\frac{\partial^2 u}{\partial x^2}=\frac{\partial^2 f(x_0,y_0,z_0)}{\partial x^2},\quad \frac{\partial^2 u}{\partial x\partial y}=\frac{\partial^2 f(x_0,y_0,z_0)}{\partial x\partial y},\quad \frac{\partial^2 u}{\partial x\partial z}=\frac{\partial^2 f(x_0,y_0,z_0)}{\partial x\partial z}$$

或

$$u''_{x^2}=f''_{x^2}(x_0,y_0,z_0),\quad u''_{xy}=f''_{xy}(x_0,y_0,z_0),\quad u''_{xz}=f''_{xz}(x_0,y_0,z_0)\text{ ②}.$$

① 为了书写的简便, 我们在此处以讨论三元函数为限.

② 自然, 微分表示式必须看成整个的记号. 分母中的 ∂x^2 约定代替 $\partial x\partial x$, 表示关于 x 微分二次, 在 u 的右下角用标记 x^2 代替 xx, 意义亦与此完全一样. 下文都须照这样去理解.

三阶导数、四阶导数等可用类似的方法定义. n 阶偏导数的一般定义可以归纳地给出.

注意, 关于不同变元的高阶偏导数, 例如

$$\frac{\partial^2 u}{\partial x \partial y}, \quad \frac{\partial^2 u}{\partial y \partial x}, \quad \frac{\partial^4 u}{\partial x \partial y \partial z^2}, \cdots$$

称为**混合偏导数**.

例题 1) 设 $u = x^4y^3z^2$; 则:

$$\begin{aligned}
u'_x &= 4x^3y^3z^2, & u''_{xy} &= 12x^3y^2z^2,\\
u'_y &= 3x^4y^2z^2, & u''_{yx} &= 12x^3y^2z^2,\\
u'_z &= 2x^4y^3z, & u''_{zx} &= 8x^3y^3z,\\
u'''_{xyz} &= 24x^3y^2z, & u^{\mathrm{IV}}_{xyzx} &= 72x^2y^2z,\\
u'''_{yxx} &= 36x^2y^2z^2, & u^{\mathrm{IV}}_{yxxz} &= 72x^2y^2z,\\
u'''_{zxy} &= 24x^3y^2z, & u^{\mathrm{IV}}_{zxyx} &= 72x^2y^2z.
\end{aligned}$$

2) 我们已经求出函数 $u = \operatorname{arctg}\dfrac{x}{y}$ 的偏导数 [**177**]:

$$\frac{\partial u}{\partial x} = \frac{y}{x^2+y^2}, \quad \frac{\partial u}{\partial y} = -\frac{x}{x^2+y^2},$$

今计算以后的导数; 有:

$$\begin{aligned}
\frac{\partial^2 u}{\partial x^2} &= \frac{\partial}{\partial x}\left(\frac{y}{x^2+y^2}\right) = -\frac{2xy}{(x^2+y^2)^2},\\
\frac{\partial^2 u}{\partial x \partial y} &= \frac{\partial}{\partial y}\left(\frac{y}{x^2+y^2}\right) = \frac{x^2-y^2}{(x^2+y^2)^2},\\
\frac{\partial^2 u}{\partial y \partial x} &= \frac{\partial}{\partial x}\left(-\frac{x}{x^2+y^2}\right) = \frac{x^2-y^2}{(x^2+y^2)^2},\\
\frac{\partial^2 u}{\partial y^2} &= \frac{\partial}{\partial y}\left(-\frac{x}{x^2+y^2}\right) = \frac{2xy}{(x^2+y^2)^2},\\
\frac{\partial^3 u}{\partial x^2 \partial y} &= \frac{\partial}{\partial y}\left(-\frac{2xy}{(x^2+y^2)^2}\right) = \frac{6xy^2-2x^3}{(x^2+y^2)^3},\\
\frac{\partial^3 u}{\partial y \partial x^2} &= \frac{\partial}{\partial x}\left(\frac{x^2-y^2}{(x^2+y^2)^2}\right) = \frac{6xy^2-2x^3}{(x^2+y^2)^3},
\end{aligned}$$

等等.

3) 对于函数 $u = \dfrac{1}{\sqrt{x^2+y^2+z^2}} = (x^2+y^2+z^2)^{-\frac{1}{2}}$ 依次有:

$$\begin{aligned}
\frac{\partial u}{\partial x} &= -x \cdot (x^2+y^2+z^2)^{-\frac{3}{2}},\\
\frac{\partial^2 u}{\partial x^2} &= 3x^2 \cdot (x^2+y^2+z^2)^{-\frac{5}{2}} - (x^2+y^2+z^2)^{-\frac{3}{2}};
\end{aligned}$$

$\dfrac{\partial^2 u}{\partial y^2}, \dfrac{\partial^2 u}{\partial z^2}$ 也可用类似的式子表达. 把它们相加, 可证函数 u 满足方程

$$\frac{\partial^2 u}{\partial x^2} + \frac{\partial^2 u}{\partial y^2} + \frac{\partial^2 u}{\partial z^2} = 0.$$

4) 设 $y = f(x + at) + \varphi(x - at)$, 式中 $a =$ 常数, 而 $f(u), \varphi(u)$ 是有着一阶及二阶导数的两个任意函数. 兹证不论 f 及 φ 是怎样的函数, y 总满足方程 $\dfrac{\partial^2 y}{\partial t^2} = a^2 \dfrac{\partial^2 y}{\partial x^2}$.

利用复合函数的微分法则, 求得①:

$$\frac{\partial y}{\partial x} = f'(x+at) + \varphi'(x-at), \quad \frac{\partial^2 y}{\partial x^2} = f''(x+at) + \varphi''(x-at),$$
$$\frac{\partial y}{\partial t} = f'(x+at)\cdot a + \varphi'(x-at)\cdot(-a),$$
$$\frac{\partial^2 y}{\partial t^2} = f''(x+at)\cdot a^2 + \varphi''(x-at)\cdot(-a)^2 = a^2 \cdot \frac{\partial^2 y}{\partial x^2},$$

这便是所要证明的.

5) 试证

$$z = x\cdot\varphi\left(\frac{y}{x}\right) + \psi\left(\frac{y}{x}\right)$$

满足方程

$$x^2\cdot\frac{\partial^2 z}{\partial x^2} + 2xy\cdot\frac{\partial^2 z}{\partial x\partial y} + y^2\cdot\frac{\partial^2 z}{\partial y^2} = 0,$$

其中的 φ 及 ψ 表示任意函数 (有着一阶及二阶导数).

我们有

$$\frac{\partial z}{\partial x} = \varphi\left(\frac{y}{x}\right) - \frac{y}{x}\cdot\varphi'\left(\frac{y}{x}\right) - \frac{y}{x^2}\cdot\psi'\left(\frac{y}{x}\right),$$
$$\frac{\partial z}{\partial y} = \varphi'\left(\frac{y}{x}\right) + \frac{1}{x}\cdot\psi'\left(\frac{y}{x}\right),$$
$$\frac{\partial^2 z}{\partial x^2} = \frac{y^2}{x^3}\cdot\varphi''\left(\frac{y}{x}\right) + \frac{2y}{x^3}\cdot\psi'\left(\frac{y}{x}\right) + \frac{y^2}{x^4}\cdot\psi''\left(\frac{y}{x}\right),$$
$$\frac{\partial^2 z}{\partial x\partial y} = -\frac{y}{x^2}\cdot\varphi''\left(\frac{y}{x}\right) - \frac{1}{x^2}\cdot\psi'\left(\frac{y}{x}\right) - \frac{y}{x^3}\cdot\psi''\left(\frac{y}{x}\right),$$
$$\frac{\partial^2 z}{\partial y^2} = \frac{1}{x}\cdot\varphi''\left(\frac{y}{x}\right) + \frac{1}{x^2}\cdot\psi''\left(\frac{y}{x}\right);$$

最后三个导数依次乘以 $x^2, 2xy, y^2$ 然后相加, 就得出 0.

190. 关于混合导数的定理 在考察例题 1) 及 2) 时, 可令人注意的是, 关于同样的诸变元但依不同的次序取混合导数, 结果相等.

但须立刻注意, 这从混合导数的定义内并不能必然导出, 因为存在着这样的情形: 当取混合导数的次序不同时, 所得的结果也不相等.

例如, 考察函数

$$f(x,y) = xy\frac{x^2 - y^2}{x^2 + y^2} \quad (\text{当 } x^2 + y^2 > 0 \text{ 时}), \quad f(0,0) = 0.$$

①在记号 $f', \varphi', \cdots$ 内的一撇表示函数 $f(u)$ 和 $\varphi(u)$ 关于变元 u 的导数.

就有:

$$f'_x(x,y)=y\cdot\left[\frac{x^2-y^2}{x^2+y^2}+\frac{4x^2y^2}{(x^2+y^2)^2}\right]\quad(\text{当 } x^2+y^2>0 \text{ 时 }),$$
$$f'_x(0,0)=0.$$

令 x 取特殊值 "零" 则在 y 取任何值 ($y=0$ 亦算在内) 时有: $f'_x(0,y)=-y$. 关于 y 微分这函数, 得 $f''_{xy}(0,y)=-1$. 由此推得, 特别, 在点 $(0,0)$ 处也有

$$f''_{xy}(0,0)=-1.$$

用同样方法求出在点 $(0,0)$ 处的 f''_{yx} 得到

$$f''_{yx}(0,0)=1.$$

因此, 对于所考察的函数而言, $f''_{xy}(0,0)\neq f''_{yx}(0,0)$.

然而, 在例题内所看到的, 仅微分次序不同的诸混合导数相等的事实决非偶然: 它对于广大函数类在遵守一定条件时都能成立. 我们从下一简单定理讨论起.

定理 假定 1) 函数 $f(x,y)$ 定义于 (开) 区域 $\mathcal{D}$ 中, 2) 在这区域中存在着一阶导数 f'_x, f'_y 及二阶混合导数 f''_{xy} 及 f''_{yx}, 且最后 3) 这些二阶导数 f''_{xy} 及 f''_{yx}, 作为 x, y 的函数, 它们在 $\mathcal{D}$ 中某一点 (x_0,y_0) 为连续. 那么, 在这点

$$f''_{xy}(x_0,y_0)=f''_{yx}(x_0,y_0). \tag{1}$$

证明 考察表达式:

$$W=\frac{f(x_0+h,y_0+k)-f(x_0+h,y_0)-f(x_0,y_0+k)+f(x_0,y_0)}{hk},$$

式中的 h,k 异于零, 例如是正的, 而且是如此之小, 使得矩形 $[x_0,x_0+h;y_0,y_0+k]$ 全部包含在 $\mathcal{D}$ 中; 我们就这样坚持直至讨论结束.

今引入 x 的辅助函数:

$$\varphi(x)=\frac{f(x,y_0+k)-f(x,y_0)}{k},$$

根据 2), 它在区间 $[x_0,x_0+h]$ 中有导数

$$\varphi'(x)=\frac{f'_x(x,y_0+k)-f'_x(x,y_0)}{k},$$

故必为连续. 借助于这函数, 就可以把 W 的表达式

$$W=\frac{1}{h}\left[\frac{f(x_0+h,y_0+k)-f(x_0+h,y_0)}{k}-\frac{f(x_0,y_0+k)-f(x_0,y_0)}{k}\right], \tag{2}$$

改写成

$$W=\frac{\varphi(x_0+h)-\varphi(x_0)}{h}.$$

因为函数 $\varphi(x)$ 在区间 $[x_0, x_0+h]$ 中满足拉格朗日定理 [**112**] 的一切条件, 我们可以按照有限增量公式改写 W 成为:

$$W=\varphi'(x_0+\theta h)=\frac{f_x'(x_0+\theta h, y_0+k)-f_x'(x_0+\theta h, y_0)}{k}\quad(0<\theta<1).$$

利用二阶导数 $f''_{xy}(x,y)$ 的存在性, 就可在区间 $[y_0, y_0+k]$ 中对于 y 的函数 $f'_x(x_0+\theta h, y)$ 再用一次有限增量公式. 最后, 得

$$W=f''_{xy}(x_0+\theta h, y_0+\theta_1 k)\quad(0<\theta,\theta_1<1).\tag{3}$$

但 W 的表达式一方面含有 x 及 h, 另一方面以同样方式含有 y 及 k. 因此, 它们可以互换, 引入辅助函数

$$\psi(y)=\frac{f(x_0+h,y)-f(x_0,y)}{h},$$

由类似的推断方法, 可推得结果:

$$W=f''_{yx}(x_0+\theta_2 h, y_0+\theta_3 k)\quad(0<\theta_2,\theta_3<1).\tag{4}$$

比较 (3) 及 (4), 即得

$$f''_{xy}(x_0+\theta h, y_0+\theta_1 k)=f''_{yx}(x_0+\theta_2 h, y_0+\theta_3 k).$$

今使 h 及 k 趋于零, 而在这等式两边取极限. 由于因子 $\theta,\theta_1,\theta_2,\theta_3$ 都是有界的, 上式左右两方的变元就都各趋于 x_0, y_0. 于是, 根据 3), 最后得:

$$f''_{xy}(x_0,y_0)=f''_{yx}(x_0,y_0),$$

这便是所要证明的.

这样, 连续的混合导数 f''_{xy} 与 f''_{yx} 常相等.

在前面举出的例子中, 这些导数

$$f''_{xy}=f''_{yx}=\frac{x^2-y^2}{x^2+y^2}\cdot\left(1+\frac{8x^2y^2}{(x^2+y^2)^2}\right)\quad(x^2+y^2>0)$$

当 $x\to0, y\to0$ 时根本没有极限, 因此在点 $(0,0)$ 有间断: 我们的定理自然不能应用于这种情形.

把关于等式 (1) 的问题与 **168** 内所考察过的累次极限的问题相对照是很有趣的. 若假定一阶导数存在, 则把 W 的表达式写成 (2) 后, 容易看到, 有

$$\lim_{k\to0}W=\frac{f'_y(x_0+h,y_0)-f'_y(x_0,y_0)}{h}\quad(h=\text{常数}),\tag{5}$$

同样有

$$\lim_{h\to0}W=\frac{f'_x(x_0,y_0+k)-f'_x(x_0,y_0)}{k}\quad(k=\text{常数}).\tag{5*}$$

于是, 按照导数的定义有

$$f''_{yx}(x_0,y_0)=\lim_{h\to 0}\frac{f'_y(x_0+h,y_0)-f'_y(x_0,y_0)}{h}=\lim_{h\to 0}\lim_{k\to 0}W, \tag{6}$$

$$f''_{xy}(x_0,y_0)=\lim_{k\to 0}\frac{f'_x(x_0,y_0+k)-f'_x(x_0,y_0)}{k}=\lim_{k\to 0}\lim_{h\to 0}W. \tag{6*}$$

这样, 混合导数的存在及相等的问题与 W (作为 h 及 k 的函数) 的累次极限的存在及相等的问题是完全相同的.

这段附注使我们可以用下面的方式加强已证明的定理.

假定, 除一阶导数存在以外, 在 (x_0,y_0) 的邻域内 (即使除去这点本身) 仅知混合导数之一例如 $f''_{xy}(x,y)$ 存在. 其次, 再设存在着有限极限

$$\lim_{\substack{x\to x_0\\ y\to y_0}} f''_{xy}(x,y)=A.$$

由此即可推得在点 (x_0,y_0) 的两个混合导数存在且相等①.

事实上, 由上述假定出发, 可以像前面那样得出等式 (3), 然后利用函数 $f''_{xy}(x,y)$ 在点 (x_0,y_0) 的极限存在, 可以证明当 h 及 k 同时趋于零时二重极限存在:

$$\lim_{\substack{h\to 0\\ k\to 0}} W=A.$$

但由假定, 单重极限 (5) 及 (5*) 都存在; 于是, 按照 **168** 的定理, 累次极限 (6) 及 (6*) 也存在且相等. 而这就是说导数 $f''_{xy}(x_0,y_0)$ 及 $f''_{yx}(x_0,y_0)$ 都存在且相等.

191. 推广到一般情形 最后, 转向关于混合导数的一般定理的证明.

定理 设 n 元函数 $u=f(x_1,x_2,\cdots,x_n)$ 定义于 n 维 (开) 域 $\mathcal{D}$ 中, 且在这区域中有至 $(k-1)$ 阶为止的一切可能的偏导数以及一切 k 阶混合导数, 而且所有这些导数在 $\mathcal{D}$ 中都为连续.

在这些条件之下, 任一 k 阶混合导数的数值就与进行逐次微分的次序无关.

证明 当 $k=2$ 时定理已证明, 于是, 例如

$$\frac{\partial^2 u}{\partial x_j\partial x_i}=\frac{\partial^2 u}{\partial x_i\partial x_j}.$$

实际上, 要使这情形变成前一定理的情形, 只要注意到, 在求这些导数时, 可以把一切其余的变元 (除 x_i 及 x_j 以外) 编入常数值, 因为所说的导数关于全体变元是连续的, 那么当固定其余变元时, 它关于变元 x_i 及 x_j 亦必为连续. 今再设 $k>2$.

①这命题属于施瓦兹 (H. A. Schwarz).

首先对下面的情形证明我们的定理: 当计算 k 阶导数时可以把其中两个相继的微分手续互相对调, 即证明等式

$$\frac{\partial^k u}{\partial x_{i_1}\partial x_{i_2}\cdots\partial x_{i_h}\partial x_{i_{h+1}}\cdots\partial x_{i_k}}=\frac{\partial^k u}{\partial x_{i_1}\partial x_{i_2}\cdots\partial x_{i_{h+1}}\partial x_{i_h}\cdots\partial x_{i_k}}. \tag{7}$$

(此处的 $i_i, i_2, \cdots, i_h, i_{h+1}, \cdots i_k$ 是 n 个数 $1, 2, \cdots, n$ 中可能有重复的 k 个数的某一种排列法.)

逐次进行求这些导数所必需的微分手续时, 我们看到, 对于前 $(h-1)$ 阶导数在两种情形内是相同的. 把对于 $k=2$ 时已经证明的定理应用于它们, 则得 $(h+1)$ 阶导数也相等. 此后, 在两边又都进行着相同的运算, 当然导出相同的结果.

因此, 等式 (7) 成立, 于是对于这种情形定理已经证明. 但因为一切元素的互换可经由一系列的两个相继元素的互换而获得, 故对于一般情形定理也已证明了: 在需要用到的各导数都为连续的条件之下, 关于不同变元的微分手续的次序恒可以互换.

我们以后常假定一切导数都为连续, 于是微分的次序对我们是不关紧要的. 这使我们在以后表示混合导数时可以把关于同一变元的微分手续集合在一起. 若 u 是 $x_1, x_2, \cdots, x_n$ 的函数, 则我们就把那种导数写成

$$\frac{\partial^k u}{\partial x_1^{\alpha_1}\partial x_2^{\alpha_2}\cdots\partial x_n^{\alpha_n}},$$

式中的 $\alpha_1+\alpha_2+\cdots+\alpha_n=k$; 至若 u 是 $x, y, \cdots, z$ 的函数, 则可写成

$$\frac{\partial^k u}{\partial x^{\alpha}\partial y^{\beta}\cdots\partial z^{\gamma}},$$

式中的 $\alpha+\beta+\cdots+\gamma=k$. 个别的 "指数" $\alpha_1, \alpha_2, \cdots, \alpha_n$ 或 $\alpha, \beta, \cdots, \gamma$ 也可以是零: 带有 "指数" 0 的微分的出现, 实际上, 表示着没有对该变元施行微分.

192. 复合函数的高阶导数 设有函数

$$u=f(x_1, x_2, \cdots, x_n),$$

式中的 $x_1, x_2, \cdots, x_n$ 又各是变元 $t_1, t_2, \cdots, t_m$ 的函数:

$$x_i=\varphi_i(t_1, t_2, \cdots, t_m) \quad (i=1, 2, \cdots, n).$$

对于函数 f 及 φ_i, 假定它们都有关于一切变元的直到 k 阶为止的连续偏导数.把 u 看成变元 $t_1, t_2, \cdots, t_m$ 的复合函数:

$$u=F(t_1, t_2, \cdots, t_m)=f(\varphi_1, \varphi_2, \cdots, \varphi_n),$$

今将证明, 复合函数也有直至 k 阶为止的一切导数, 而且它们都是连续的.

更准确地说, 我们将证明下面的命题:函数 F 的每一 k 阶导数存在, 且可由函数 f(关于它的变元 $x_1, x_2, \cdots, x_n$) 的导数及函数φ_i(关于它的变元 $t_1, t_2, \cdots, t_m$) 的导数用乘法及加法来组成, 这些导数都不超过 k 阶.

证明将按照数学归纳法进行. 对于 $k=1$, 这命题真实; 它可由以前的复合函数的导数公式 [**181**] 推得.

假定这定理对于比 k 低的各阶导数为真; 将证明它对于 k 阶导数也为真. 每一 k 阶导数系由某一 $(k-1)$ 阶导数关于 t_j 中之一变元微分而得出. 设想某一 $(k-1)$ 阶导数. 按照假定, 它系由函数 f 及 φ_i 关于变元 x 及 t 的不超过 $k-1$ 阶的导数用乘法及加法而得出, 即它是上述导数的乘积之和. 关于 t_j 来微分其中一个乘积, 应当轮番地微分它的每一因子. 若这因子是其中一个函数 φ 的不超过 $(k-1)$ 阶的导数, 则微分它的结果, 我们得出同一函数的不超过 k 阶的导数. 又若它是函数 f 的不超过 $(k-1)$ 阶的导数, 那么, 把这导数看成变元 t 的复合函数, 并对 t_j 来微分它时, 我们就是用已知的若干乘积之和来代换它①.

结果, 对于所考察的 k 阶导数, 显然也得出刚才所指出的那种形式的表达式, 这就证明了我们的命题.

复合函数 F 的导数的连续性由其以 f 及 φ_i 的导数作成 F 的导数的方法而推得, 因为 f 及 φ_i 的导数假定都是连续的.

193. 高阶微分 设在区域 $\mathcal{D}$ 中给定某一函数 $u=f(x_1, x_2, \cdots, x_n)$, 它有着一阶连续偏导数. 那时, 如我们所知, 称为 (全) 微分 du 的, 就是下面的表达式:

$$du=\frac{\partial u}{\partial x_1}dx_1+\frac{\partial u}{\partial x_2}dx_2+\cdots+\frac{\partial u}{\partial x_n}dx_n,$$

式中的 $dx_1, \cdots, dx_n$ 是自变量 $x_1, \cdots, x_n$ 的任意增量.

我们看到, du 也是一个 $x_1, x_2, \cdots, x_n$ 的函数. 若假定 u 有二阶连续偏导数. 则 du 就有一阶连续偏导数, 于是就能说到微分 du 的 (全) 微分 $d(du)$, 它称为 u 的**二阶微分**, 用记号 d^2u 来表示.

必须着重指出,在这时增量 $dx_1, dx_2, \cdots, dx_n$ 被看成常数, 并且, 当由一个微分转移到下一微分时, 仍保持着同一数值[26].

这样, 若利用 **185** 的微分法则, 就有

$$\begin{aligned}d^2u=d(du)&=d\left(\frac{\partial u}{\partial x_1}dx_1+\frac{\partial u}{\partial x_2}dx_2+\cdots+\frac{\partial u}{\partial x_n}dx_n\right)\\&=d\left(\frac{\partial u}{\partial x_1}\right)\cdot dx_1+d\left(\frac{\partial u}{\partial x_2}\right)\cdot dx_2+\cdots+d\left(\frac{\partial u}{\partial x_n}\right)\cdot dx_n,\end{aligned}$$

①因为假定函数 f 的一切导数为连续, 这就保证我们利用计算复合函数的导数的已知法则 [**181**] 是对的.

26)在所有的微分中把增量固定在同一值是十分重要的. 这样可以认为所有的微分是自变量 $x_1, x_2, \cdots, x_n$ 的函数; 为了重复地对其施行微分, 这是必要的 [参看 **179** 目的脚注 25)].

或展开得

$$\begin{aligned}d^2u=&\left(\frac{\partial^2u}{\partial x_1^2}dx_1+\frac{\partial^2u}{\partial x_1\partial x_2}dx_2+\cdots+\frac{\partial^2u}{\partial x_1\partial x_n}dx_n\right)\cdot dx_1\\&+\left(\frac{\partial^2u}{\partial x_2\partial x_1}dx_1+\frac{\partial^2u}{\partial x_2^2}dx_2+\cdots+\frac{\partial^2u}{\partial x_2\partial x_n}dx_n\right)\cdot dx_2\\&\cdots\cdots\cdots\cdots\cdots\cdots\cdots\cdots\cdots\cdots\cdots\cdots\\&+\left(\frac{\partial^2u}{\partial x_n\partial x_1}dx_1+\frac{\partial^2u}{\partial x_n\partial x_2}dx_2+\cdots+\frac{\partial^2u}{\partial x_n^2}dx_n\right)\cdot dx_n\\=&\ \frac{\partial^2u}{\partial x_1^2}dx_1^2+\frac{\partial^2u}{\partial x_2^2}dx_2^2+\cdots+\frac{\partial^2u}{\partial x_n^2}dx_n^2\\&+2\frac{\partial^2u}{\partial x_1\partial x_2}dx_1dx_2+2\frac{\partial^2u}{\partial x_1\partial x_3}dx_1dx_3+\cdots\\&+2\frac{\partial^2u}{\partial x_2\partial x_3}dx_2dx_3+\cdots+2\frac{\partial^2u}{\partial x_{n-1}\partial x_n}dx_{n-1}dx_n.\end{aligned}$$

仿此, 可以定义**三阶微分** d^3u, 等等. 总之, 若 $(k-1)$ 阶微分 $d^{k-1}u$ 已确定, 则 k **阶微分** d^ku 就定义为 $(k-1)$ 阶微分的 (全) 微分:

$$d^ku=d(d^{k-1}u)\,①.$$

若函数 u 存在着直至 k 阶为止的所有各阶的连续偏导数, 则这 k 阶微分的存在就有了保证. 但各阶微分的展开式将愈来愈繁. 为了简化它的记法, 可用下面的方法.

首先, 在一阶微分的表达式内, 约定 “将字母 u 移到括弧外”; 于是它就可以记号化地写成下面的样式:

$$du=\left(\frac{\partial}{\partial x_1}dx_1+\frac{\partial}{\partial x_2}dx_2+\cdots+\frac{\partial}{\partial x_n}dx_n\right)\cdot u.$$

现在注意, 若在二阶微分的表达式内也 “将 u 移到括弧外”, 则剩在括号内的式子在形式上就表示着

$$\frac{\partial}{\partial x_1}dx_1+\frac{\partial}{\partial x_2}dx_2+\cdots+\frac{\partial}{\partial x_n}dx_n$$

的平方的展开式, 因此, 二阶微分可以记号化地写成:

$$d^2u=\left(\frac{\partial}{\partial x_1}dx_1+\frac{\partial}{\partial x_2}dx_2+\cdots+\frac{\partial}{\partial x_n}dx_n\right)^2\cdot u.$$

仿此, 可以记下三阶微分, 等等. 一般的法则是: 在 k 取任何值时, 有记号化的等式

$$d^ku=\left(\frac{\partial}{\partial x_1}dx_1+\frac{\partial}{\partial x_2}dx_2+\cdots+\frac{\partial}{\partial x_n}dx_n\right)^k\cdot u,\tag{8}$$

①关于任意阶的偏微分的概念也容易建立, 在此就不再讨论它了.

这公式必须这样来理解: 首先把括号内的多项式按照代数学的乘幂法则形式地展开, 以后所有各项 "乘" 以 u (它补写在分子 ∂^k 的后面), 仅只在这一步以后, 一切记号方才回复到导数及微分的意义.

我们曾看到, 这法则当 $k=1,2$ 时为真; 因此, 只需证明, 若它对于 $d^k u$ 为真, 则对于 $d^{k+1}u$ 也必为真就够了.

假设这法则对于 $d^k u$ 能成立, 就有展开式:

$$d^k u = \sum C_{\alpha_1,\alpha_2,\cdots,\alpha_n} \cdot \frac{\partial^k u}{\partial x_1^{\alpha_1}\partial x_2^{\alpha_2}\cdots\partial x_n^{\alpha_n}} \cdot dx_1^{\alpha_1}dx_2^{\alpha_2}\cdots dx_n^{\alpha_n},$$

其中的总和是关于满足条件 $\alpha_1+\alpha_2+\cdots+\alpha_n=k$ 的非负整数 $\alpha_1,\alpha_2,\cdots,\alpha_n$ 的一切可能组合而取的, 且

$$C_{\alpha_1,\alpha_2,\cdots,\alpha_n} = \frac{k!}{\alpha_1!\alpha_2!\cdots\alpha_n!}$$

是 "多项式公式中的" 系数.

由假定, 存在着 $(k+1)$ 阶连续导数, 我们微分前面的公式, 就得

$$\begin{aligned} d^{k+1}u = \sum C_{\alpha_1,\alpha_2,\cdots,\alpha_n} \cdot \Bigg\{ & \frac{\partial^{k+1}u}{\partial x_1^{\alpha_1+1}\partial x_2^{\alpha_2}\cdots\partial x_n^{\alpha_n}} dx_1^{\alpha_1+1}dx_2^{\alpha_2}\cdots dx_n^{\alpha_n} \\ & + \frac{\partial^{k+1}u}{\partial x_1^{\alpha_1}\partial x_2^{\alpha_2+1}\cdots\partial x_n^{\alpha_n}} dx_1^{\alpha_1}dx_2^{\alpha_2+1}\cdots dx_n^{\alpha_n} + \cdots \\ & + \frac{\partial^{k+1}u}{\partial x_1^{\alpha_1}\partial x_2^{\alpha_2}\cdots\partial x_n^{\alpha_n+1}} dx_1^{\alpha_1}dx_2^{\alpha_2}\cdots dx_n^{\alpha_n+1} \Bigg\}. \end{aligned}$$

显然, 这式子也可以先由记号化的式子

$$\begin{aligned} & \sum C_{\alpha_1,\alpha_2,\cdots,\alpha_n} \frac{\partial^k}{\partial x_1^{\alpha_1}\partial x_2^{\alpha_2}\cdots\partial x_n^{\alpha_n}} dx_1^{\alpha_1}dx_2^{\alpha_2}\cdots dx_n^{\alpha_n} \\ & \times \left(\frac{\partial}{\partial x_1}dx_1 + \frac{\partial}{\partial x_2}dx_2 + \cdots + \frac{\partial}{\partial x_n}dx_n\right) \end{aligned}$$

作形式上的逐项相乘, 再添写 u 而得出. 但这一 "乘积" 不是别的, 正是

$$\begin{aligned} & \left(\frac{\partial}{\partial x_1}dx_1 + \frac{\partial}{\partial x_2}dx_2 + \cdots + \frac{\partial}{\partial x_n}dx_n\right)^k \\ & \times \left(\frac{\partial}{\partial x_1}dx_1 + \frac{\partial}{\partial x_2}dx_2 + \cdots + \frac{\partial}{\partial x_n}dx_n\right) \\ & = \left(\frac{\partial}{\partial x_1}dx_1 + \frac{\partial}{\partial x_2}dx_2 + \cdots + \frac{\partial}{\partial x_n}dx_n\right)^{k+1}, \end{aligned}$$

于是

$$d^{k+1}u = \left(\frac{\partial}{\partial x_1}dx_1 + \frac{\partial}{\partial x_2}dx_2 + \cdots + \frac{\partial}{\partial x_n}dx_n\right)^{k+1} \cdot u,$$

这便是所要证明的.

由前面的讨论可见 k 阶微分是 k **次齐次整**[27] **多项式**, 或常说是关于自变量的微分的 k **次形式**, 它们的系数即为 k 阶偏导数乘一为整数的常数 ("多项式公式中的" 系数).

例如, 若 $u = f(x, y)$, 则

$$
\begin{aligned}
d^2u &= \frac{\partial^2 u}{\partial x^2}dx^2 + 2\frac{\partial^2 u}{\partial x \partial y}dxdy + \frac{\partial^2 u}{\partial y^2}dy^2, \\
d^3u &= \frac{\partial^3 u}{\partial x^3}dx^3 + 3\frac{\partial^3 u}{\partial x^2 \partial y}dx^2dy + 3\frac{\partial^3 u}{\partial x \partial y^2}dxdy^2 + \frac{\partial^3 u}{\partial y^3}dy^3, \\
d^4u &= \frac{\partial^4 u}{\partial x^4}dx^4 + 4\frac{\partial^4 u}{\partial x^3 \partial y}dx^3dy + 6\frac{\partial^4 u}{\partial x^2 \partial y^2}dx^2dy^2 \\
&\quad + 4\frac{\partial^4 u}{\partial x \partial y^3}dxdy^3 + \frac{\partial^4 u}{\partial y^4}dy^4,
\end{aligned}
$$

等等. 具体地令 $u = \operatorname{arctg}\dfrac{x}{y}$, 就有

$$
\begin{aligned}
du &= \frac{ydx - xdy}{x^2 + y^2}, \quad d^2u = \frac{2xy(dy^2 - dx^2) + 2(x^2 - y^2)dxdy}{(x^2 + y^2)^2}, \\
d^3u &= \frac{(6x^2y - 2y^3)dx^3 + (18xy^2 - 6x^3)dx^2dy}{(x^2 + y^2)^3} \\
&\quad + \frac{(6y^3 - 18x^2y)dxdy^2 + (2x^3 - 6xy^2)dy^3}{(x^2 + y^2)^3}, \quad \text{等等}.
\end{aligned}
$$

变元的个数增加时微分表达式的繁复也递增. 若 $u = f(x, y, z)$, 那么, 譬如, 三阶微分 d^3u 的展开式是

$$
\begin{aligned}
d^3u &= \left(\frac{\partial}{\partial x}dx + \frac{\partial}{\partial y}dy + \frac{\partial}{\partial z}dz\right)^3 u = \frac{\partial^3 u}{\partial x^3}dx^3 + \frac{\partial^3 u}{\partial y^3}dy^3 \\
&\quad + \frac{\partial^3 u}{\partial z^3}dz^3 + 3\frac{\partial^3 u}{\partial x^2 \partial y}dx^2dy + 3\frac{\partial^3 u}{\partial x \partial y^2}dxdy^2 \\
&\quad + 3\frac{\partial^3 u}{\partial x^2 \partial z}dx^2dz + 3\frac{\partial^3 u}{\partial x \partial z^2}dxdz^2 + 3\frac{\partial^3 u}{\partial y^2 \partial z}dy^2dz \\
&\quad + 3\frac{\partial^3 u}{\partial y \partial z^2}dydz^2 + 6\frac{\partial^3 u}{\partial x \partial y \partial z}dxdydz.
\end{aligned}
$$

194. 复合函数的微分 设有复合函数

$$
u = f(x_1, x_2, \cdots, x_n),
$$

式中

$$
x_i = \varphi_i(t_1, t_2, \cdots, t_m) \quad (i = 1, 2, \cdots, n).
$$

---

[27] 术语 "整" 对于多项式来说强调的是在其记法中仅取自变量的整数幂.

在这种情形, 一阶微分可以仍保持原来的形式:

$$du=\frac{\partial u}{\partial x_1}dx_1+\frac{\partial u}{\partial x_2}dx_2+\cdots+\frac{\partial u}{\partial x_n}dx_n$$

[根据一阶微分的形式不变性, **185**]. 但这里的 $dx_1, dx_2, \cdots, dx_n$ 已不是自变量的微分, 而是函数的微分, 因此, 本身就可能都是函数, 而不是像前面那样的常数了[28].

现在计算这函数的二阶微分 [若利用 **185** 的微分法则] 就有:

$$\begin{aligned}d^2u=&d\left(\frac{\partial u}{\partial x_1}\right)\cdot dx_1+d\left(\frac{\partial u}{\partial x_2}\right)\cdot dx_2+\cdots+d\left(\frac{\partial u}{\partial x_n}\right)\cdot dx_n\\&+\frac{\partial u}{\partial x_1}\cdot d(dx_1)+\frac{\partial u}{\partial x_2}\cdot d(dx_2)+\cdots+\frac{\partial u}{\partial x_n}\cdot d(dx_n)\\=&\left(\frac{\partial}{\partial x_1}dx_1+\frac{\partial}{\partial x_2}dx_2+\cdots+\frac{\partial}{\partial x_n}dx_n\right)^2\cdot u\\&+\frac{\partial u}{\partial x_1}\cdot d^2x_1+\frac{\partial u}{\partial x_2}\cdot d^2x_2+\cdots+\frac{\partial u}{\partial x_n}\cdot d^2x_n.\end{aligned}$$

由此可见, 对于高于一阶的微分, 其形式的不变性一般并不成立.

现在考察特殊情形, 当 $x_1, x_2, \cdots, x_n$ 是 $t_1, t_2, \cdots, t_m$ 的线性函数时, 即当

$$x_i=\alpha_i^{(1)}t_1+\alpha_i^{(2)}t_2+\cdots+\alpha_i^{(m)}t_m+\beta_i\quad(i=1,2,\cdots,n)$$

时, 式中的 $\alpha_i^{(j)}$ 及 β_i 是常数.

在这情形, 就有

$$dx_i=\alpha_i^{(1)}dt_1+\cdots+\alpha_i^{(m)}dt_m=\alpha_i^{(1)}\Delta t_1+\cdots+\alpha_i^{(m)}\Delta t_m=\Delta x_i.$$

我们看到, 在这种情形, 一切函数 $x_1, x_2, \cdots, x_n$ 的一阶微分都是常数, 都与 $t_1, t_2, \cdots, t_m$ 无关; 因此, **193** 证出的公式可以不加改变地取来应用. 由此推得, 将自变量 $x_1, x_2, \cdots, x_n$ 换成新变量 $t_1, t_2, \cdots, t_m$ 的线性函数以后, 即使是高阶微分也能保持原来的形式. 在其中微分 $dx_1, dx_2, \cdots, dx_n$ 符合于增量 $\Delta x_1, \Delta x_2, \cdots, \Delta x_n$, 但这些增量不是任意的, 而是由增量 $\Delta t_1, \Delta t_2, \cdots, \Delta t_m$ 来决定的.

这简单而重要的附注 (属于柯西) 我们在下一目内立刻就要用到它.

195. 泰勒公式 我们已经知道 [**126** (13)], 函数 $F(t)$ 在它的前 $n+1$ 阶导数存在的条件之下, 可以按照泰勒公式展开成下列形式:

$$\begin{aligned}F(t)=&F(t_0)+F'(t_0)\cdot(t-t_0)\\&+\frac{1}{2!}F''(t_0)\cdot(t-t_0)^2+\cdots+\frac{1}{n!}F^{(n)}(t_0)\cdot(t-t_0)^n\\&+\frac{1}{(n+1)!}F^{(n+1)}(t_0+\theta(t-t_0))\cdot(t-t_0)^{n+1}\quad(0<\theta<1)\end{aligned}$$

---

[28] 参看 **177** 目的脚注 24).

(余项取拉格朗日式). 令

$$t-t_0=\Delta t=dt,\quad F(t)-F(t_0)=\Delta F(t_0),$$

就可以把这公式改写成:

$$\begin{aligned}\Delta F(t_0)=&dF(t_0)+\frac{1}{2!}d^2F(t_0)+\cdots+\frac{1}{n!}d^nF(t_0)\\&+\frac{1}{(n+1)!}d^{n+1}F(t_0+\theta\cdot\Delta t)\quad(0<\theta<1).\end{aligned}$$

这时, 须着重指出, 等式右边各微分式内具有各种不同幂次的数量 dt, 确实等于参与于左边函数增量内的增量 Δt.

最后形式的泰勒公式便被推广到多元函数的情形.

为了简省书写的手续, 我们以讨论二元函数 $f(x,y)$ 为限.

假定在某一点 (x_0,y_0) 的邻域内这函数有直到 $(n+1)$ 阶为止的一切阶的连续导数. 分别给 x_0 及 y_0 以增量 Δx 及 Δy, 但连接点 (x_0,y_0) 及 $(x_0+\Delta x,y_0+\Delta y)$ 的直线段须不越出点 (x_0,y_0) 的前述邻域之外.

今将证明, 在关于函数 $f(x,y)$ 的上述假定之下, 下面的等式成立:

$$\begin{aligned}\Delta f(x_0,y_0)=&f(x_0+\Delta x,y_0+\Delta y)-f(x_0,y_0)\\=&df(x_0,y_0)+\frac{1}{2!}d^2f(x_0,y_0)+\cdots+\frac{1}{n!}d^nf(x_0,y_0)\\&+\frac{1}{(n+1)!}d^{n+1}f(x_0+\theta\Delta x,y_0+\theta\Delta y)\quad(0<\theta<1).\end{aligned}\tag{9}$$

而且参与在等式右边成为各种幂次的微分 dx 及 dy, 就等于产生左边函数增量的自变量的增量 Δx 及 Δy.

为了证明, [如同 **183** 内的那样] 可引入新自变量 t, 令

$$x=x_0+t\cdot\Delta x,\quad y=y_0+t\cdot\Delta y\quad(0\leqslant t\leqslant 1).\tag{10}$$

把这些 x 及 y 的值代入函数 $f(x,y)$, 则得一个变元 t 的复合函数:

$$F(t)=f(x_0+t\cdot\Delta x,y_0+t\cdot\Delta y).$$

我们已经知道, 这样引入的公式 (10) 在几何上表达着连接点 $M_0(x_0,y_0)$ 与 $M_1(x_0+\Delta x,y_0+\Delta y)$ 的直线段.

这样, 我们就可以代替增量

$$\Delta f(x_0,y_0)=f(x_0+\Delta x,y_0+\Delta y)-f(x_0,y_0),$$

而考察辅助函数的增量:

$$\Delta F(0)=F(1)-F(0),$$

因为二增量是相等的. 但 $F(t)$ 是一元函数, 且有 [**192**] 直到 $n+1$ 阶为止的连续导数; 因此, 应用前已导出的泰勒公式, 就得

$$\Delta F(0)=F(1)-F(0)=dF(0)+\frac{1}{2!}d^2F(0)+\cdots$$
$$+\frac{1}{n!}d^nF(0)+\frac{1}{(n+1)!}d^{n+1}F(\theta)\quad(0<\theta<1);\tag{11}$$

这时, 在右边出现的各种幂次的微分 dt 就等于 $\Delta t=1-0=1$.

现在, 利用下述性质: 在变元的线性代换之下, 高阶微分也保持其形式不变性, 就可以写成

$$dF(0)=f'_x(x_0,y_0)\cdot dx+f'_y(x_0,y_0)\cdot dy=df(x_0,y_0),$$
$$d^2F(0)=f''_{x^2}(x_0,y_0)\cdot dx^2+2f''_{xy}(x_0,y_0)\cdot dxdy$$
$$+f''_{y^2}(x_0,y_0)\cdot dy^2=d^2f(x_0,y_0)$$

等等. 最后, 对于 $(n+1)$ 阶微分, 就有

$$d^{n+1}F(\theta)=d^{n+1}f(x_0+\theta\Delta x,y_0+\theta\Delta y).$$

应特别注意的是, 此处的微分 dx 及 dy 与以前取的增量 Δx 及 Δy 毫无差别. 实际上,

$$dx=\Delta x\cdot dt=\Delta x,\quad dy=\Delta y\cdot dt=\Delta y.$$

把这一切代入展开式 (11), 就得出所需要的展开式 (9).

读者应当了解, 虽然取微分形式的泰勒公式关于多元函数的情况与关于一元函数的情况有同样简单的形式, 但在展开时它的形式就繁复得多. 请看, 即使对于二元函数, 它的前三项已显得是够繁复了:

$$f(x_0+\Delta x,y_0+\Delta y)-f(x_0,y_0)=[f'_x(x_0,y_0)\cdot\Delta x+f'_y(x_0,y_0)\cdot\Delta y]$$
$$+\frac{1}{2!}[f''_{x^2}(x_0,y_0)\cdot\Delta x^2+2f''_{xy}(x_0,y_0)\cdot\Delta x\Delta y+f''_{y^2}(x_0,y_0)\cdot\Delta y^2]$$
$$+\frac{1}{3!}[f'''_{x^3}(x_0,y_0)\cdot\Delta x^3+3f'''_{x^2y}(x_0,y_0)\cdot\Delta x^2\Delta y+3f'''_{xy^2}(x_0,y_0)\cdot\Delta x\Delta y^2$$
$$+f'''_{y^3}(x_0,y_0)\cdot\Delta y^3]+\cdots.$$

公式 (9) 当 $n=0$ 时也成立; 我们已在 **183** 内考察过这一特殊情形.

§5. 极值 · 最大值及最小值

196. 多元函数的极值 · 必要条件 设函数

$$u=f(x_1,x_2,\cdots,x_n)$$

定义于区域 $\mathcal{D}$ 中, 且 $(x_1^0, x_2^0, \cdots, x_n^0)$ 是这区域的内点.

若点 $(x_1^0, x_2^0, \cdots, x_n^0)$ 有一这样的邻域

$$(x_1^0 - \delta, x_1^0 + \delta; x_2^0 - \delta, x_2^0 + \delta; \cdots; x_n^0 - \delta, x_n^0 + \delta),$$

使对于其中一切点都能成立不等式

$$f(x_1, x_2, \cdots, x_n) \underset{(\geqslant)}{\leqslant} f(x_1^0, x_2^0, \cdots, x_n^0),$$

就说, 函数 $f(x_1, x_2, \cdots, x_n)$ 在点 $(x_1^0, x_2^0, \cdots, x_n^0)$ 处有极大值 (极小值).

若这邻域可以取得如此之小, 以致等号可以去掉, 即在除去点 $(x_1^0, x_2^0, \cdots, x_n^0)$ 本身以外邻域中的每一点都能成立严格不等式

$$f(x_1, x_2, \cdots, x_n) \underset{(>)}{<} f(x_1^0, x_2^0, \cdots, x_n^0),$$

就说, 函数在点 $(x_1^0, x_2^0, \cdots, x_n^0)$ 处有**真正的**极大值 (极小值); 否则, 极大值 (极小值) 就称为**广义的**.

极大值及极小值总称为**极值**.

假定我们的函数在某一点 $(x_1^0, x_2^0, \cdots, x_n^0)$ 处有极值. 今将证明, 若在这一点处存在着 (有限) 偏导数:

$$f'_{x_1}(x_1^0, x_2^0, \cdots, x_n^0), \cdots, f'_{x_n}(x_1^0, x_2^0, \cdots, x_n^0),$$

则一切这些偏导数必都等于零, 于是, 一阶偏导数等于零就是极值存在的必要条件.

为了证明这个论断, 令 $x_2 = x_2^0, \cdots, x_n = x_n^0$, 而 x_1 仍保持为变量; 那么, 我们就得到 x_1 的一元函数:

$$u = f(x_1, x_2^0, \cdots, x_n^0).$$

因为我们曾假定在点 $(x_1^0, x_2^0, \cdots, x_n^0)$ 有极值存在 (为了明确起见, 设这是极大值), 所以由此推得, 特别, 在点 $x_1 = x_1^0$ 的某一邻域 $(x_1^0 - \delta, x_1^0 + \delta)$ 内必成立不等式

$$f(x_1, x_2^0, \cdots, x_n^0) \leqslant f(x_1^0, x_2^0, \cdots, x_n^0),$$

于是上述的一元函数在点 $x_1 = x_1^0$ 将有极大值, 由此按照费马定理 [**109**] 就推得

$$f'_{x_1}(x_1^0, x_2^0, \cdots, x_n^0) = 0.$$

用同样方法可以证明在点 $(x_1^0, x_2^0, \cdots, x_n^0)$ 处其他偏导数也都等于零.

因此, 对极值的 "怀疑" 就是那些点, 在该点的一阶偏导数全等于零; 它们的坐标可由解联立方程组

$$\left.\begin{array}{l} f'_{x_1}(x_1, x_2, \cdots, x_n) = 0, \\ f'_{x_2}(x_1, x_2, \cdots, x_n) = 0, \\ \cdots\cdots\cdots\cdots\cdots\cdots\cdots \\ f'_{x_n}(x_1, x_2, \cdots, x_n) = 0 \end{array}\right\} \qquad (1)$$

求出①.

像在一元函数的情形那样, 这种点称为**静止点**.

附注 I. 在可微函数的情形, 极值存在的必要条件还可以简写成:

$$df(x_1,x_2,\cdots,x_n)=0,$$

因为, 若 $f'_{x_1}=f'_{x_2}=\cdots=f'_{x_n}=0$, 则对于不论怎样的 $dx_1,dx_2,\cdots,dx_n$, 恒有

$$df(x_1,x_2,\cdots,x_n)=f'_{x_1}\cdot dx_1+f'_{x_2}\cdot dx_2+\cdots+f'_{x_n}\cdot dx_n=0.$$

反之, 若在所给点恒等地成立这条件, 则由于 $dx_1,dx_2,\cdots,dx_n$ 是任意的, 导数 f'_{x_1}, $f'_{x_2},\cdots,f'_{x_n}$ 就应该各别地都等于零.

II. 通常, 被考察的函数 $f(x_1,x_2,\cdots,x_n)$ 在整个区域内部都有有限偏导数, 因此, 使函数达到极值的点必定只能在诸静止点之中去找. 然而, 也会碰到这种情形, 当在个别点处某些偏导数有无穷大值或全然不存在 (而同时, 其余的偏导数都等于零). 当然, 这种点也必须与静止点同样算作对极值 "怀疑" 的点 [参阅下文: **201**, 6)].

197. 充分条件 (二元函数的情形) 像在一元函数的情形那样, 在静止点完全不能保证有极值存在. 例如, 若取简单的函数 $z=xy$ 来看, 就有 $z'_x=y, z'_y=x$, 它们在唯一的点 —— 原点 $(0,0)$ —— 同时等于零, 在该点又有 $z=0$. 但同时显见在这点的任一邻域内, 函数既具有正值也具有负值, 故并无极值. 在图 92 上画着方程 $z=xy$ 的图像 (双曲抛物面); 在原点的近处它具有**鞍状**, 在一铅直坐标平面内向上凹曲, 在另一铅直坐标平面内向下凹曲.

这样, 就引起关于在静止点极值存在 (或不存在) 的充分条件的问题. 就是说, 如何更进一步来研究这一点的问题.

我们首先考察二元函数 $f(x,y)$ 的情形. 假定在某一点 (x_0,y_0) 的邻域内这函数有定义, 连续, 且有一阶及二阶连续偏导数, 而且这点 (x_0,y_0) 就是静止点, 即它满足条件

$$f'_x(x_0,y_0)=0,\quad f'_y(x_0,y_0)=0. \tag{1a}$$

要确定我们的函数在点 (x_0,y_0) 究竟有无极值, 自然须转而考察

$$\Delta=f(x,y)-f(x_0,y_0).$$

---

①对于二元函数 $z=f(x,y)$ —— 假定它是可微分的 —— 的情形, 条件

$$f'_x(x,y)=0,\quad f'_y(x,y)=0$$

有着简单的几何说明: 与曲面 $z=f(x,y)$ 相切于对应于极值的点的切平面 [参阅 **180** (6)] 应当平行于 xy 平面.

按照泰勒公式 [**195**] 展开它到第二项为止. 可是, 因为假定 (x_0, y_0) 是静止点, 故第一项已消失, 我们就得到

$$\Delta = \frac{1}{2!}\{f''_{x^2}\cdot\Delta x^2 + 2f''_{xy}\cdot\Delta x\Delta y + f''_{y^2}\cdot\Delta y^2\}. \tag{2}$$

这时, 增量 $\Delta x, \Delta y$ 即由 $x - x_0, y - y_0$ 充任, 而一切导数都在某一点

$$(x_0 + \theta\Delta x, y_0 + \theta\Delta y) \quad (0 < \theta < 1)$$

计算它们的数值.

引入这些导数在受检点 (x_0, y_0) 的数值:

$$a_{11} = f''_{x^2}(x_0, y_0), \quad a_{12} = f''_{xy}(x_0, y_0), \quad a_{22} = f''_{y^2}(x_0, y_0), \tag{3}$$

并令

$$f''_{x^2}(x_0 + \theta\Delta x, y_0 + \theta\Delta y) = a_{11} + \alpha_{11},$$
$$f''_{xy}(\cdots) = a_{12} + \alpha_{12}, \quad f''_{y^2}(\cdots) = a_{22} + \alpha_{22},$$

于是, 由于二阶导数的连续性,

$$\text{当 } \Delta x \to 0, \Delta y \to 0 \text{ 时}, \quad \text{一切 } \alpha \to 0. \tag{4}$$

把差 Δ 写成

$$\Delta = \frac{1}{2}\{a_{11}\Delta x^2 + 2a_{12}\Delta x\Delta y + a_{22}\Delta y^2 + \alpha_{11}\Delta x^2 + 2\alpha_{12}\Delta x\Delta y + \alpha_{22}\Delta y^2\}.$$

我们即将证明, Δ 的性态基本上由表达式 $a_{11}a_{22} - a_{12}^2$ 的符号决定.

为了使论证容易起见, 我们引用极坐标, 取 (x_0, y_0) 作为极点, 取通过它而且平行于 x 轴的半直线作为极轴 (图 105). 设 $\rho = \sqrt{\Delta x^2 + \Delta y^2}$ 是点 (x_0, y_0) 与 (x, y) 之间的距离, 而 φ 表示连接它们的线段与极轴间的夹角, 于是 $\Delta x = \rho\cos\varphi, \Delta y = \rho\sin\varphi$.

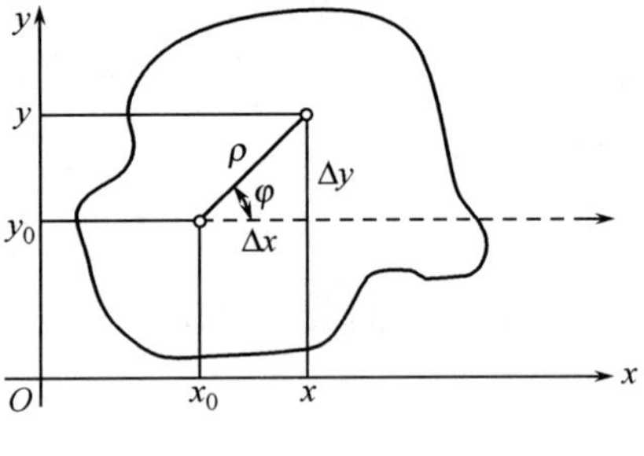

图 105

这时我们关心的是将差 Δ 写成:

$$\Delta = \frac{\rho^2}{2}\{a_{11}\cos^2\varphi + 2a_{12}\cos\varphi\sin\varphi + a_{22}\sin^2\varphi$$
$$+\alpha_{11}\cos^2\varphi + 2\alpha_{12}\cos\varphi\sin\varphi + \alpha_{22}\sin^2\varphi\}.$$

1° 首先设 $a_{11}a_{22}-a_{12}^2>0$.

在这情形必有 $a_{11}a_{22}>0$, 于是 $a_{11}\neq 0$, 而在括号 $\{\cdots\}$ 内的前三项可以表示为:

$$\frac{1}{a_{11}}\cdot[(a_{11}\cos\varphi+a_{12}\sin\varphi)^2+(a_{11}a_{22}-a_{12}^2)\cdot\sin^2\varphi]. \tag{5}$$

由此很明显地, 在括号 $[\cdots]$ 内的表达式总是正的, 于是上述的三项式对于一切 φ 的值都不等于零, 且保持着与系数 a_{11} 相同的符号.它的绝对值, 是区间 $[0,2\pi]$ 内的 φ 的连续函数, 它有 (显然是正的) 最小值 m [**85**]:

$$|a_{11}\cos^2\varphi+2a_{12}\cos\varphi\sin\varphi+a_{22}\sin^2\varphi|\geqslant m>0.$$

另一方面, 若转而考察括号 $\{\cdots\}$ 内的后三项, 则由于 (4), 对于一切 φ 都有

$$|\alpha_{11}\cos^2\varphi+2\alpha_{12}\cos\varphi\sin\varphi+\alpha_{22}\sin^2\varphi|\leqslant|\alpha_{11}|+2|\alpha_{12}|+|\alpha_{22}|<m,$$

只要 ρ (随之而 $\Delta x,\Delta y$) 充分小就行. 但那时, 在括号 $\{\cdots\}$ 内的整个表达式, 这也就是说, 差 Δ 将保持着与三项式中第一项相同的符号, 也就是与 a_{11} 相同的符号.

因此, 若 $a_{11}>0$ 时, 则也有 $\Delta>0$, 即函数在被考察的点 (x_0,y_0) 有极小值, 而当 $a_{11}<0$ 时, 就有 $\Delta<0$, 即有极大值.

2° 现在假定 $a_{11}a_{22}-a_{12}^2<0$.

先讨论 $a_{11}\neq 0$ 的情形, 这时仍可以利用 (5) 的变换. 当 $\varphi=\varphi_1=0$ 时, 括号 $[\cdots]$ 内的表达式因为已变成 a_{11}^2, 所以是正的. 反之, 若由条件

$$a_{11}\cos\varphi_2+a_{12}\sin\varphi_2=0\quad(\sin\varphi_2\neq 0)$$

确定 $\varphi=\varphi_2$, 则 (5) 式的括号 $[\cdots]$ 内将变成 $(a_{11}a_{22}-a_{12}^2)\sin^2\varphi_2$, 因而是负的. 当 ρ 充分小时, 括号 $\{\cdots\}$ 内的后三项, 不论在 $\varphi=\varphi_1$ 或 $\varphi=\varphi_2$ 时都可成为任意小, 故 Δ 的符号即由前三项的符号来确定. 这样, 在被考察的点 (x_0,y_0) 的任意近处, 在由角度 $\varphi=\varphi_1$ 及 $\varphi=\varphi_2$ 所确定的射线上, 差 Δ 将有异号的值. 因此, 在这点, 函数不能有极值.

若 $a_{11}=0$, 括号 $\{\cdots\}$ 内的前三项就变成

$$2a_{12}\cos\varphi\sin\varphi+a_{22}\sin^2\varphi=\sin\varphi\cdot(2a_{12}\cos\varphi+a_{22}\sin\varphi),$$

因为此时必有 $a_{12}\neq 0$, 故可这样来确定角 $\varphi_1\neq 0$, 使

$$|a_{22}||\sin\varphi_1|<2|a_{12}|\cdot|\cos\varphi_1|,$$

于是, 当 $\varphi=\varphi_1$ 及 $\varphi=\varphi_2=-\varphi_1$ 时, 上述的三项式就有相反的符号, 而讨论可同上面一样来完成.

因此, 若 $a_{11}a_{22}-a_{12}^2>0$, 则在受检的静止点 (x_0,y_0) 函数 $f(x,y)$ 有极值, 就是, 当 $a_{11}<0$ 时有极大值, 当 $a_{11}>0$ 时有极小值. 若 $a_{11}a_{22}-a_{12}^2<0$, 则函数没有极值.

至于在 $a_{11}a_{22}-a_{12}^2=0$ 的情形, 要解决这问题, 必须再研究其较高阶的导数; 这个 "怀疑" 的情形我们将搁置不论.

例题 1) 研究函数

$$z=\frac{x^2}{2p}+\frac{y^2}{2q}\quad(p>0,q>0)$$

的极大值及极小值.

计算偏导数:

$$z'_x=\frac{x}{p},\quad z'_y=\frac{y}{q}.$$

由此立刻看到, 原点 $(0,0)$ 是唯一的静止点.

算出 a_{11},a_{12} 及 a_{22}, 得

$$a_{11}=\frac{1}{p},\quad a_{12}=0,\quad a_{22}=\frac{1}{q};$$

由此, $a_{11}a_{22}-a_{12}^2>0$. 因此在点 $(0,0)$ 函数 z 有极小值; 但这是明显而可直接证明的.

在几何图形上我们的函数表示着顶点在原点的椭圆抛物面 (比较图 93).

2) $z=\dfrac{x^2}{2p}-\dfrac{y^2}{2q}\quad(p>0,q>0)$;

$$z'_x=\frac{x}{p},\quad z'_y=-\frac{y}{q}.$$

在这里亦看出 $(0,0)$ 是静止点.

算出

$$a_{11}=\frac{1}{p},\quad a_{12}=0,\quad a_{22}=-\frac{1}{q};$$

由此 $a_{11}a_{22}-a_{12}^2<0$. 因此, 函数没有极值.

在几何上, 我们这里遇见的是顶点在原点的双曲抛物面.

3) $z=y^2+x^4$ 或 $z=y^2+x^3$;
在这两种情形静止点都是 $(0,0)$, 且在该点 $a_{11}a_{22}-a_{12}^2=0$.

我们的判别法并未给出答案: 这时, 显而易见, 在前一情形有极小值, 而在后一情形根本没有极值.

附注 以后 [**236**] 可以看出, 本目的结果与关于曲线在奇异点近处的性态的几何问题紧密地关联着.

198. 充分条件 (一般情形) 现在转而考察一般情形. 设函数 $f(x_1, x_2, \cdots, x_n)$ 是在某一静止点 $(x_1^0, x_2^0, \cdots, x_n^0)$ 的邻域内定义着, 连续, 并有一阶及二阶连续导数.

如同上面那样, 按照泰勒公式展开

$$\Delta = f(x_1, x_2, \cdots, x_n) - f(x_1^0, x_2^0, \cdots, x_n^0),$$

得

$$\begin{aligned}\Delta = &\frac{1}{2}\left\{f''_{x_1^2} \cdot \Delta x_1^2 + f''_{x_2^2} \cdot \Delta x_2^2 + \cdots + f''_{x_n^2} \cdot \Delta x_n^2 + 2f''_{x_1x_2} \cdot \Delta x_1 \Delta x_2\right.\\ &\left. + 2f''_{x_1x_3} \cdot \Delta x_1 \Delta x_3 + \cdots + 2f''_{x_{n-1}x_n} \cdot \Delta x_{n-1} \Delta x_n\right\}\\ = &\frac{1}{2}\sum_{i,k=1}^{n} f''_{x_ix_k} \cdot \Delta x_i \Delta x_k,\end{aligned}$$

式中的 $\Delta x_i = x_i - x_i^0$; 一切导数都在某一点

$$(x_1^0 + \theta\Delta x_1, x_2^0 + \theta\Delta x_2, \cdots, x_n^0 + \theta\Delta x_n) \quad (0 < \theta < 1)$$

计算它们的数值.

在此处引入数值

$$f''_{x_ix_k}(x_1^0, x_2^0, \cdots, x_n^0) = a_{ik} \quad (i, k = 1, 2, \cdots, n), \tag{6}$$

于是

$$f''_{x_ix_k}(x_1^0 + \theta\Delta x_1, \cdots, x_n^0 + \theta\Delta x_n) = a_{ik} + \alpha_{ik} \text{①}$$

且

$$\text{当 } \Delta x_1 \to 0, \cdots, \Delta x_n \to 0 \text{ 时 } \alpha_{ik} \to 0. \tag{7}$$

现在, 我们所关心的式子 Δ 可以写成

$$\Delta = \frac{1}{2}\left\{\sum_{i,k=1}^{n} a_{ik}\Delta x_i \Delta x_k + \sum_{i,k=1}^{n} \alpha_{ik}\Delta x_i \Delta x_k\right\}. \tag{8}$$

括号内的前一部分是函数 f 在所考察的点的二阶微分; 它表示为变元 $\Delta x_1, \cdots, \Delta x_n$ 的二次齐次多项式, 或即所谓**二次型**②. 下面将看到, 我们所关心的问题的解答就与这二次型的性质有关.

在高等代数内, 变元 $y_1, \cdots, y_n$ 的二次型

$$\sum_{i,k=1}^{n} a_{ik}y_iy_k \quad (a_{ik} = a_{ki}), \tag{9}$$

①显然, $a_{ik} = a_{ki}$ (且 $\alpha_{ik} = \alpha_{ki}$).

②后一总和也有相似的形式, 但其中的系数也是这些变元的函数.

若在各变元不同时等于零而取任何数值时恒有正 (负) 值, 就称为**正 (负) 定的**. 例如

$$6y_1^2+5y_2^2+14y_3^2+4y_1y_2-8y_1y_3-2y_2y_3$$

就是正定二次型. 只要把它表示为

$$(2y_1-3y_3)^2+2(y_1+y_2+y_3)^2+3(y_2-y_3)^2,$$

这事实就很明显了.

在这种场合我们不能详述. 单只举出**西尔维斯特** (J. J. Sylvester) 所发现的 (9) 式为正定的必要且充分的条件. 它可以用一串不等式①

$$a_{11}>0,\quad \begin{vmatrix} a_{11} & a_{12}\\ a_{21} & a_{22}\end{vmatrix}>0,\quad \begin{vmatrix} a_{11} & a_{12} & a_{13}\\ a_{21} & a_{22} & a_{23}\\ a_{31} & a_{32} & a_{33}\end{vmatrix}>0,\quad \cdots,$$

$$\begin{vmatrix} a_{11} & a_{12} & \cdots & a_{1n}\\ a_{21} & a_{22} & \cdots & a_{2n}\\ \cdots & \cdots & \cdots & \cdots\\ a_{n1} & a_{n2} & \cdots & a_{nn}\end{vmatrix}>0$$

来表示.

因为将负定二次型的所有项变号就得到正定二次型, 反之也如此, 所以容易由此找出负定二次型的特征, 它可由一串不等式给出, 这串不等式是由前面那一串不等式 (从第一个开始) 间隔改变不等式的方向而得到:

$$a_{11}<0,\quad \begin{vmatrix} a_{11} & a_{12}\\ a_{21} & a_{22}\end{vmatrix}>0,\quad \begin{vmatrix} a_{11} & a_{12} & a_{13}\\ a_{21} & a_{22} & a_{23}\\ a_{31} & a_{32} & a_{33}\end{vmatrix}<0,\quad \cdots,$$

$$(-1)^n\begin{vmatrix} a_{11} & a_{12} & \cdots & a_{1n}\\ a_{21} & a_{22} & \cdots & a_{2n}\\ \cdots & \cdots & \cdots & \cdots\\ a_{n1} & a_{n2} & \cdots & a_{nn}\end{vmatrix}>0.$$

利用这些概念, 可叙述极值存在的充分条件:

---

①注意含有 y_iy_k $(i\neq k)$ 的项在 (9) 式内将遇见两次, 因此 $a_{ik}=a_{ki}$ 就是 y_iy_k 的系数的一半. 对于刚才举出的例子, 若算出

$$a_{11}=6, a_{22}=5, a_{33}=14, a_{12}=a_{21}=2, a_{13}=a_{31}=-4, a_{23}=a_{32}=-1,$$

检查条件的具备是很容易的.

若二阶微分, 即二次型

$$\sum_{i,k=1}^{n} a_{ik}\Delta x_i \Delta x_k \tag{10}$$

—— 其系数之值如 (6) —— 是正 (负) 定的, 则在受检点 $(x_1^0, \cdots, x_n^0)$ 函数有极小值 (极大值).

为了证明, 引入点 $(x_1^0, \cdots, x_n^0)$ 与 $(x_1, \cdots, x_n)$ 之间的距离

$$\rho = \sqrt{\Delta x_1^2 + \cdots + \Delta x_n^2}.$$

从 (8) 式的括号内提出 ρ^2, 并令

$$\frac{\Delta x_i}{\rho} = \xi_i \quad (i = 1, 2, \cdots, n),$$

改写 Δ 的表达式成为

$$\Delta = \frac{\rho^2}{2}\left\{\sum_{i,k=1}^{n} a_{ik}\xi_i\xi_k + \sum_{i,k=1}^{n} \alpha_{ik}\xi_i\xi_k\right\}. \tag{11}$$

一切 ξ_i 的数值并不同时等于零, 因此, 若二次型 (10) 是正定的, 则在公式 (11) 的括号内, 前一和式恒有正号. 进一步说, 因为

$$\sum_{i=1}^{n} \xi_i^2 = 1, \tag{12}$$

所以必能找出这种正的常数 m, 使对于 ξ_i 可能有的一切数值总有

$$\sum_{i,k=1}^{n} a_{ik}\xi_i\xi_k \geqslant m.$$

实际上, 这一和式是变元 ξ_i 在全空间的连续函数, 特别, 在满足关系式 (12) 的点 $(\xi_1, \cdots, \xi_n)$ 的集合 $\mathcal{M}$ ("球面") 中也是连续函数. 但不难看出这集是闭集, 即含有其本身的一切聚点; 于是按照魏尔斯特拉斯定理 [**173**, 参阅在它的证明后的附注] 所说的和式将在 $\mathcal{M}$ 中有最小值 m, 它必然是正的, 因为这一和式在 $\mathcal{M}$ 中的一切数值都是正的.

另一方面, 从 (7) 看来, (11) 式右边括号内的后一和式当 ρ 充分小时显然在绝对值上可小于 m, 于是全括号内的值是正的. 因此, 在中心为点 $(x_1^0, \cdots, x_n^0)$ 的充分小的球内, 差 Δ 必取正值, 由此可见在所说的点处函数 $f(x_1, \cdots, x_n)$ 有极小值.

同样, 可以详尽地说明当二次型 (10) 是负定形式时函数有极大值.

199. 极值不存在的条件 若二次型 (9) 能取具有相反符号的数值, 它就称为**不定的**. 这样的二次型如

$$6y_1^2+y_2^2+y_3^2+8y_1y_2-8y_1y_3-2y_2y_3.$$

实际上, 例如, 当 $y_1=1, y_2=y_3=0$ 时它的值等于 6, 而当 $y_1=1, y_2=-1, y_3=0$ 时它的值等于 -1.

现在我们可以给前目内已证明的命题以如下的补充:

若二次型 (10) 是不定的, 则在受检点 $(x_1^0, \cdots, x_n^0)$ 处必无极值.

设当 $\Delta x_i=h_i\ (i=1,2,\cdots,n)$ 时二次型 (10) 具有正值:

$$\sum_{i,k=1}^{n} a_{ik}h_ih_k>0, \tag{13}$$

而当 $\Delta x_i=\bar{h}_i\ (i=1,2,\cdots,n)$ 时具有负值:

$$\sum_{i,k=1}^{n} a_{ik}\bar{h}_i\bar{h}_k<0.$$

首先令

$$\Delta x_i=h_it, t\neq 0 \quad (i=1,2,\cdots,n),$$

它对应于沿着连接 $(x_1^0, \cdots, x_n^0)$ 与 $(x_1^0+h_1, \cdots, x_n^0+h_n)$ 的直线而移动. 于是从 (8) 式括号内提出 t^2, 在这场合就得到

$$\Delta=\frac{t^2}{2}\left\{\sum_{i,k=1}^{n} a_{ik}h_ih_k+\sum_{i,k=1}^{n} \alpha_{ik}h_ih_k\right\}.$$

由 (13) 知道括号内的第一个和式是确定的正数. 至于第二个和式, 则当 $t\to 0$ 时它的系数趋于零, 因为在这时显然一切 $\Delta x_i\to 0$. 这就是说, 在充分小的 t 时上述括号内的式子 (随之而差 Δ 的全部) 成为正的, 即在上述直线上充分接近于 $(x_1^0, \cdots, x_n^0)$ 的点, 将有

$$f(x_1, \cdots, x_n)>f(x_1^0, \cdots, x_n^0).$$

另一方面, 若取

$$\Delta x_i=\bar{h}_it, \quad \text{在} t\neq 0 \text{ 时} \quad (i=1,2,\cdots,n),$$

即沿着连接 $(x_1^0, \cdots, x_n^0)$ 与 $(x_1^0+\bar{h}_1, \cdots, x_n^0+\bar{h}_n)$ 的另一直线而移动, 则在其上充分接近于 $(x_1^0, \cdots, x_n^0)$ 的点 (即对应于充分小的 t) 有

$$f(x_1, \cdots, x_n)<f(x_1^0, \cdots, x_n^0).$$

由此得证在受检点处不能有极大值, 也不能有极小值.

可能碰到这种情形, 二次型 (9) 不取具异号的数值, 但却不是正定或负定的, 因为除变元的零值以外还有其他使它等于零的点: 在这种情形, 二次型称为**半定的**. 例如, 二次型

$$y_1^2+y_2^2+y_3^2+2y_1y_2+2y_1y_3+2y_2y_3=(y_1+y_2+y_3)^2;$$

虽不取负值, 但当每一次

$$y_1+y_2+y_3=0$$

时, 例如说, 当 $y_1=y_2=\dfrac{1}{2}$ 而 $y_3=-1$ 时, 它就等于零.

当二次型 (10) 是半定时, 也是 "可疑" 的情形. 在这种情形, 可能有极值, 也可能无极值, 须视高阶导数的性质而决定, 特别是当一切二阶导数在受检点都等于 0 时, 应当引用高阶导数.

对于 "可疑" 的情形我们不准备再研讨它.

附注 对于一元函数 $f(x)$, 二次型 (10) 变成一项

$$f''(x_0)\cdot\Delta x^2,$$

式中的 x_0 是受检点. 这 "二次型" 当 $f''(x_0)>0$ 时显然是正定的, 当 $f''(x_0)<0$ 时是负定的. 这样, **137** 内的判定法就成为 **198** 内所述情形的特例.

转到二元函数 $f(x,y)$ 的情形, 请注意, **197** 的结果也包含在 **198** 及 **199** 所证明的情形内. 容易看到, **197** 内也已证明了二次型

$$a_{11}\Delta x^2+2a_{12}\Delta x\Delta y+a_{22}\Delta y^2$$

当 $a_{11}a_{22}-a_{12}^2>0$ 时是定型 ($a_{11}>0$ 时为正定, $a_{11}<0$ 时为负定), 而当 $a_{11}a_{22}-a_{12}^2<0$ 时是不定的.

200. 函数的最大值及最小值 · 例题 设函数 $u=f(x_1,x_2,\cdots,x_n)$ 是在某一有界闭域 $\mathcal{D}$ 中有定义而且连续, 并且在这域中 (或许要除去某些个别的点) 有有限偏导数. 依魏尔斯特拉斯定理 [**173**], 在这区域中必能找出一点 $(x_1^0,x_2^0,\cdots,x_n^0)$, 在这点处函数取最大 (小) 值. 若点 $(x_1^0,x_2^0,\cdots,x_n^0)$ 位于区域 $\mathcal{D}$ 的内部, 则在这点处函数显然有极大值 (极小值), 于是, 在这种情形, 我们所关心的点必定包含在对极值 "怀疑" 的各点内. 然而函数 u 也可能在区域的周界上达到它的最大 (小) 值. 因此, 为了要找出函数 $u=f(x_1,\cdots,x_n)$ 在区域 $\mathcal{D}$ 中的最大 (小) 值, 必须找出一切对极值 "怀疑" 的内点, 算出在这些点的函数值, 然后再与区域周界上的函数值相比较; 这些数值中的最大 (小) 值就是函数在全区域中的最大 (小) 值.

用例题来说明上述的论点.

1) 设需要求出函数

$$u=\sin x+\sin y-\sin(x+y)$$

在由 x 轴、y 轴及直线 $x+y=2\pi$ 所围成的三角形 (图 106) 中的最大值. 首先有

$$u_x' = \cos x - \cos(x+y), \quad u_y' = \cos y - \cos(x+y).$$

两导数在区域内部唯一的点 $\left(\frac{2\pi}{3}, \frac{2\pi}{3}\right)$ 处同时等于零, 在这点 $u = \frac{3\sqrt{3}}{2}$. 因为在区域的周界上, 即在直线 $x=0, y=0, x+y=2\pi$ 上, 我们的函数等于 0, 故上面求出的点 $\left(\frac{2\pi}{3}, \frac{2\pi}{3}\right)$ 显然使函数达到最大值.

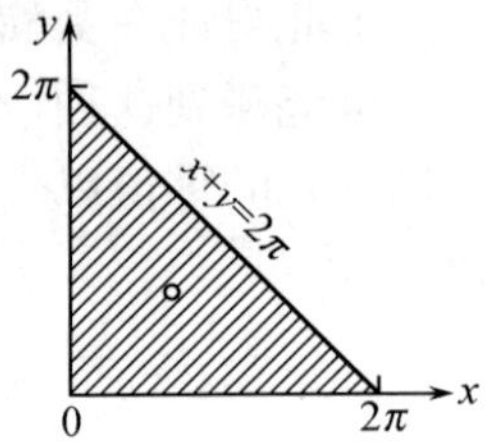

图 106

2) 求函数

$$u = a^2x^2 + b^2y^2 + c^2z^2 - (ax^2 + by^2 + cz^2)^2$$

的最大值及最小值, 其中变元 x, y, z 由关系式 $x^2+y^2+z^2=1$ 所关联着 (且 $a>b>c>0$).

由此关系式解出 z^2, 并把它代入 u 的表达式内, 就得出函数

$$u = (a^2-c^2)x^2 + (b^2-c^2)y^2 + c^2 - [(a-c)x^2 + (b-c)y^2 + c]^2,$$

它是二自变量 x 及 y 在圆 $x^2+y^2 \leqslant 1$ 内的函数.

导数

$$u_x' = 2x(a-c)\{(a+c) - 2[(a-c)x^2 + (b-c)y^2 + c]\},$$
$$u_y' = 2y(b-c)\{(b+c) - 2[(a-c)x^2 + (b-c)y^2 + c]\}$$

在下列各点同时等于零:

$$(1)\ x=y=0 \quad (u=0), \quad (2)\ x=0, y=\pm\frac{1}{\sqrt{2}} \quad \left(u=\frac{1}{4}(b-c)^2\right),$$
$$(3)\ x=\pm\frac{1}{\sqrt{2}}, y=0 \quad \left(u=\frac{1}{4}(a-c)^2\right).$$

现在必须转而考察区域的周界, 即圆周 $x^2+y^2=1$. 由此方程确定 y^2, 并把它代入 u 的表达式内, 就得到区间 $[-1,1]$ 内的一个变量 x 的函数:

$$u = (a^2-b^2)x^2 + b^2 - [(a-b)x^2 + b]^2.$$

在这区间内部, 导数

$$u_x' = 2(a-b)^2x(1-2x^2),$$

当 x 为下列各值时等于零:

$$(4)\ x=0 \quad (u=0), \qquad (5)\ x=\pm\frac{1}{\sqrt{2}} \quad \left(u=\frac{1}{4}(a-b)^2\right).$$

最后, 注意在所考察的区间的端点有

$$(6)\ x=\pm 1 \quad (u=0).$$

因此, 必须比较数值

$$u=0; \frac{1}{4}(b-c)^2; \frac{1}{4}(a-c)^2; \frac{1}{4}(a-b)^2;$$

其中最小值为 0, 而最大值为 $\frac{1}{4}(a-c)^2$. 这就是所求的函数的最小值及最大值, 它在下列诸点分别达到这些数值:

$$(0,0,\pm 1), \quad (0,\pm 1,0), \quad (\pm 1,0,0)$$

及

$$\left(\pm\frac{1}{\sqrt{2}},0,\pm\frac{1}{\sqrt{2}}\right).$$

一般说来, 在二元函数 $u=f(x,y)$ 的情形, 区域通常是用一条 (或几条) 曲线为边界的. 沿着这曲线 (若有几条曲线, 则沿着其中的每一条) 变元 x 与 y 或是彼此之间存在函数关系, 或是二者都是另一参变量的函数, 于是函数 $u=f(x,y)$ 在域界上就成为一个变元的函数, 它的最大 (小) 值可用 **139** 已讲过的方法试求. 例如, 若曲线由参变量方程

$$x=\varphi(t), \quad y=\psi(t)$$

给定, 式中的 t 在区间 $[t_0,T]$ 内变动着, 则在这曲线上我们的函数就是 t 的 (复合) 函数:

$$u=f(\varphi(t),\psi(t)),$$

对于它, 我们已能求其最大 (小) 值.

3) 求四个非负数 x,y,z,t 的乘积

$$u=xyzt$$

的最大值, 假定它们的和保持着常数值:

$$x+y+z+t=4c.$$

现在证明, 当 u 的各因子相等时: $x=y=z=t=c$①, 它将得最大值.

由所给条件确定 $t: t=4c-x-y-z$, 把它代入 u 的表达式内:

$$u=xyz(4c-x-y-z).$$

我们现在就有了一个三自变量 x,y,z 的函数, 而需要求出它在由条件

$$x\geqslant 0, \quad y\geqslant 0, \quad z\geqslant 0, \quad x+y+z\leqslant 4c$$

所确定的三维区域中的最大值. 这区域在几何的形式上是一个以平面 $x=0, y=0, z=0, x+y+z=4c$ 为界的四面体.

算出各偏导数并使它们等于零:

$$\frac{\partial u}{\partial x}=yz(4c-2x-y-z)=0, \quad \frac{\partial u}{\partial y}=zx(4c-x-2y-z)=0,$$
$$\frac{\partial u}{\partial z}=xy(4c-x-y-2z)=0.$$

在区域内部满足这些方程的仅有一点 $x=y=z=c$, 在这点 $u=c^4$. 因为在区域的界面上 $u=0$, 故在 $x=y=z=c$ 这点函数确是达到最大值.

①我们仅为了明确起见, 取因子的数目等于四; 其实对于任何个因子, 结果总是相同的.

我们的论点已得证明 (因为当 $x=y=z=c$ 时, 亦必 $t=c$)①.

一般说来, 在三元函数 $u=f(x,y,z)$ 的情形, 其区域通常是用曲面 (或一系列的曲面) 为界的. 沿着这种曲面, 变元 x,y,z 就都成为某两参变量的函数 (也可以就用这些变元之中的某两个作为参变量. 例如 $z=4c-x-y$). 那时函数 u 也成为这两参变量的函数, 于是怎样确定它在界面上的最大 (小) 值, 已成为上面讲过的比较简单的问题了. 其他由此类推.

若函数 $u=f(x_1,x_2,\cdots,x_n)$ 仅只给定在开的 (或无界的) 区域 $\mathcal{D}$ 中, 则已不得预先断言它在区域中达到自己的最大 (小) 值. 尽管如此, 在个别情形这种最大 (小) 值仍能存在; 我们将举例来说明如何证明这件事情.

4) 求正数 x,y,z,t 的和

$$u=x+y+z+t$$

的最小值, 假定它们的乘积保持着常数值:

$$xyzt=c^4.$$

将证明, 当一切加数相等时: $x=y=z=t=c$②, u 获得最小值.

确定 t : $t=\dfrac{c^4}{xyz}$, 把它代入 u 的表达式内:

$$u=x+y+z+\frac{c^4}{xyz}.$$

我们需要找出这 x,y,z 的三元函数在由不等式 $x>0,y>0,z>0$ 所确定的区域中 (即在无界的, 开的第一卦限内) 的最小值.

尝试应用以前的方法: 若在区域中有一点, 在该点我们的函数达到最小值, 则如同以前那样这点应当是静止点之一. 我们有

$$u'_x=1-\frac{c^4}{x^2yz}=0,\quad u'_y=1-\frac{c^4}{xy^2z}=0,$$
$$u'_z=1-\frac{c^4}{xyz^2}=0;$$

由此, $x=y=z=c$, 与此对应也有 $t=c$; 这时 $u=4c$.

现在怎样检验这数值是真正的最小值?

显然, 在接近界平面 $x=0,y=0,z=0$ 时, 或是 (x,y,z) 趋于无穷远时, 我们的函数 u 无限增大. 因此可以把已求出的点用立方体 $[\varepsilon,E;\varepsilon,E;\varepsilon,E]$ 围住, 而取 $E>0$ 如此之大, $\varepsilon>0$ 如此之小, 使得在这立方体之外以及它的境界上都有 $u>4c$. 但在立方体中, 如同在有界闭域中那样, 函数 u 应当有最小值; 现在已可明了, 正是在上面求出的点处函数达到这数值, 而且它也就是函数在全部原来区域中的最小值, 这便是所要证明的.

---

①由此结果推得, 总和等于 $4c$ 的四个正数的乘积 $xyzt$ 决不超过 c^4, 于是

$$\sqrt[4]{xyzt}\leqslant c=\frac{x+y+z+t}{4},$$

即几何中项不超过算术中项. 这对于任何个数的数字都是正确的.

②在此处可以重述前页的脚注.

附注 在例题 1), 3), 4) 所考察的区域中仅存在一个 "可疑的" 点. 在这种情形, 有时, 虽然可以证明在这点函数有极大值 (或极小值). 然而, 与一元函数的情形 [参阅 **139** 的附注] 不同, 在此处, 由这种只有一个极值的事实却不能作出结论, 说这个极大 (小) 值必定就是函数在区域中的最大 (小) 值.

下面的简单例子说明这种结论实际上可能得出不正确的结果. 考察定义于矩形 $[-5,5;-1,1]$ 中的函数

$$u = x^3 - 4x^2 + 2xy - y^2.$$

它的导数

$$u'_x = 3x^2 - 8x + 2y, \quad u'_y = 2x - 2y$$

在区域的限界内仅在点 $(0,0)$ 都变为零. 用 **197** 的判定法容易证明函数在这点有极大值 (等于 0). 然而这数值并不是函数在区域中的最大值, 因为, 例如在点 $(5,0)$, 函数 $u=25$.

因此, 探求多元函数在区域中的最大值或最小值时, 讨论极大值及极小值在实用上显然是不需要的.

201. 应用问题 数学领域或其他科学和工程技术领域内的许多问题, 常可归结于求某一函数的最大值或最小值的问题.

下面的应用题 1) 至 4) 的解答与前目内讨论过的例题有密切关系.

1) 在半径为 R 的已知圆的一切内接三角形中, 求出其面积最大者 (图 107).

若用 x, y, z 表示三角形各边所对的中心角, 则它们由关系式

$$x + y + z = 2\pi$$

互相联系着, 由此

$$z = 2\pi - x - y.$$

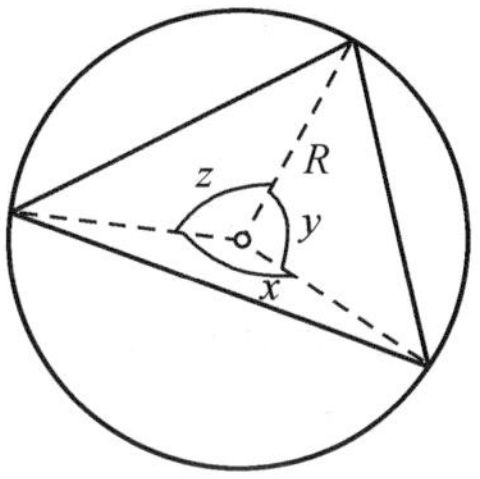

图 107

三角形的面积 P 可借 x, y, z, R 表示为:

$$\begin{aligned} P &= \frac{1}{2}R^2\sin x + \frac{1}{2}R^2\sin y + \frac{1}{2}R^2\sin z \\ &= \frac{1}{2}R^2[\sin x + \sin y - \sin(x+y)]. \end{aligned}$$

变元 x 及 y 的变动区域在此处由条件 $x \geqslant 0, y \geqslant 0, x+y \leqslant 2\pi$ 所确定. 现在就需要求出使括号内的式子有最大值的那些变元的值.

我们已知道 [**200**, 例题 1)] 这数值是 $x = y = \dfrac{2\pi}{3}$, 因而 $z = \dfrac{2\pi}{3}$: 得出的是等边三角形.

2) 在已知周长为 $2p$ 的一切三角形中, 求出面积 P 为最大的三角形.

设 x, y, z 表示三角形的边长; 按照海伦公式,

$$P = \sqrt{p(p-x)(p-y)(p-z)}.$$

自然, 我们可以把 $z = 2p - x - y$ 代入, 将 P 改写成为

$$P = \sqrt{p(p-x)(p-y)(x+y-p)},$$

再求这函数在某一三角形区域内的最大值, 关于这区域在 (**160**, 6) 内已讲过了.

我们现在用另外的方法: 把问题变成求几个正数的乘积

$$u = (p-x)(p-y)(p-z)$$

的最大值, 而设它们的和是常数:

$$(p-x)+(p-y)+(p-z) = 3p - 2p = p.$$

我们已经知道 [**200**, 例题 3)], 要达到极大值, 一切乘数都应相等, 于是 $x = y = z = \dfrac{2p}{3}$. 得出的仍是等边三角形.

3) 在已给椭球面

$$\frac{x^2}{a^2}+\frac{y^2}{b^2}+\frac{z^2}{c^2}=1$$

的一切内接长方体 (各边都平行于椭圆面的对称轴) 中, 求出有最大体积的长方体.

若用 x, y, z 表示长方体的一个顶点的坐标, 这顶点位于第一卦限内, 则其体积为 $v = 8xyz$. 先不考察 v, 而考察量

$$u = \frac{v^2}{64a^2b^2c^2} = \frac{x^2}{a^2}\cdot\frac{y^2}{b^2}\cdot\frac{z^2}{c^2},$$

因为它们显然如同 x, y, z 那样, 在有同一数值时达到自己的最大值. 关于 u 的最大值, 问题又归结于前日例题 3) 去了.

答案:

$$\frac{x^2}{a^2}=\frac{y^2}{b^2}=\frac{z^2}{c^2}=\frac{1}{3},\quad 于是\ x=\frac{a}{\sqrt{3}},\quad y=\frac{b}{\sqrt{3}},\quad z=\frac{c}{\sqrt{3}}.$$

4) 假定有某种气体 (例如, 空气) 被压缩于唧筒压缩器内, 从大气压力 p_0 增至压力 $p > p_0$. 这时压缩 1 千克气体所耗费的功, 表示为

$$A = RT_0\cdot\frac{\gamma}{\gamma-1}\left[\left(\frac{p}{p_0}\right)^{\frac{\gamma-1}{\gamma}}-1\right];$$

其中 R 是 "气体常数", T_0 是气体在压缩前的绝对温度, 而 γ 是与压缩器构造有关的某一常数 (> 1). 原始温度愈小时显然功 A 亦愈小. 要达到高度的压缩, 这时节省所费的功是很要紧的, 可以把全部压缩过程分成几个阶段, 而在每两个阶段之间使被压缩的 (同时亦在发热的) 气体冷却.

例如, 设我们有三阶段的压缩器, 附有两个中间冷却器, 在冷却器内温度仍还原至 T_0. 若用 p_1 及 p_2 表示在第一及第二阶段末的压力, 则压缩所耗费的总功就是

$$A = RT_0\cdot\frac{\gamma}{\gamma-1}\left\{\left[\left(\frac{p_1}{p_0}\right)^{\frac{\gamma-1}{\gamma}}-1\right]+\left[\left(\frac{p_2}{p_1}\right)^{\frac{\gamma-1}{\gamma}}-1\right]+\left[\left(\frac{p}{p_2}\right)^{\frac{\gamma-1}{\gamma}}-1\right]\right\}.$$

于是就引起这样的问题: 当给定 p_0, p, T_0 时, 若要使所耗费的功的数量为最小, 应该怎样选择中间压力 p_1 及 p_2.

若弃去并不影响所求数量 p_1 及 p_2 的常数因子及常数项, 则事情就变成去研究函数

$$u = \left(\frac{p_1}{p_0}\right)^{\frac{\gamma-1}{\gamma}}+\left(\frac{p_2}{p_1}\right)^{\frac{\gamma-1}{\gamma}}+\left(\frac{p}{p_2}\right)^{\frac{\gamma-1}{\gamma}}$$

的最小值. 因为乘积

$$\left(\frac{p_1}{p_0}\right)^{\frac{\gamma-1}{\gamma}} \cdot \left(\frac{p_2}{p_1}\right)^{\frac{\gamma-1}{\gamma}} \cdot \left(\frac{p}{p_2}\right)^{\frac{\gamma-1}{\gamma}} = \left(\frac{p}{p_0}\right)^{\frac{\gamma-1}{\gamma}}$$

保持着常数, 故利用 **200** 的例题 4), 立刻看到, 在一切被加数相等;

$$\left(\frac{p_1}{p_0}\right)^{\frac{\gamma-1}{\gamma}} = \left(\frac{p_2}{p_1}\right)^{\frac{\gamma-1}{\gamma}} = \left(\frac{p}{p_2}\right)^{\frac{\gamma-1}{\gamma}},$$

即

$$\frac{p_1}{p_0} = \frac{p_2}{p_1} = \frac{p}{p_2}$$

时 u 达到最小值. 由此知道相继的压力作成等比数列. 因而

$$p_1 - \sqrt[3]{p_0^2 \cdot p}, \quad p_2 = \sqrt[3]{p_0 \cdot p^2}.$$

5) 在平面上给定一个边长为 a, b, c 的三角形 (图 108); 在它上面可作无数个有已知高 h 的锥体. 要在其中求出有最小侧面积 S 的那一个.

问题变成要去求锥体顶点的投影 M, 它的位置由边 a, b, c 上的三条垂线 x, y, z 的数量所确定. 若这点与三角形本身位于边的同侧, 则垂线之前附以正号, 否则附以负号. 数量 x, y, z 由下列关系式联系着 (P 表示三角形的面积):

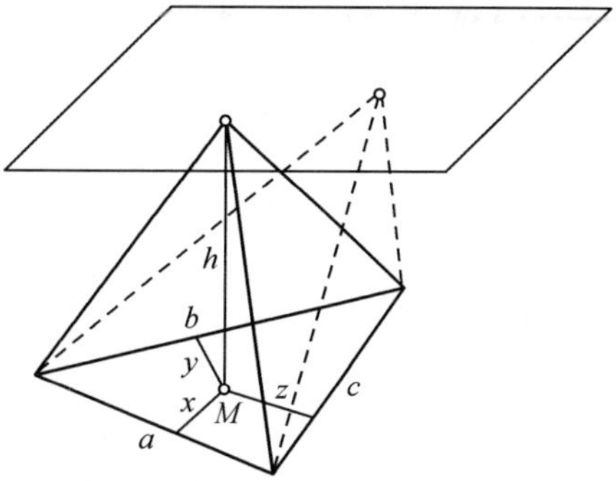

图 108

$$ax + by + cz = 2P,$$

由此

$$z = \frac{2P - ax - by}{c}.$$

我们所关心的侧面积 S, 现在就可表示为:

$$S = \frac{a}{2}\sqrt{x^2+h^2} + \frac{b}{2}\sqrt{y^2+h^2} + \frac{c}{2}\sqrt{z^2+h^2},$$

式中的 z 应当用求得的表达式代入; 自变量 x, y 的变动区域就是全部 xy 平面. 我们有

$$2S'_x = \frac{ax}{\sqrt{x^2+h^2}} - \frac{cz}{\sqrt{z^2+h^2}} \cdot \frac{a}{c} = 0,$$
$$2S'_y = \frac{by}{\sqrt{y^2+h^2}} - \frac{cz}{\sqrt{z^2+h^2}} \cdot \frac{b}{c} = 0,$$

或

$$\frac{x}{\sqrt{x^2+h^2}} = \frac{y}{\sqrt{y^2+h^2}} = \frac{z}{\sqrt{z^2+h^2}}, \quad 由此 \quad x = y = z.$$

对应于此的点 M 是三角形的内切圆的中心.

如同前目的例题 4), 容易证明, 与这样 x 及 y 的数值相对应的 S 是最小值, 由于当 x 或 y 无限增大时 S 也无限增大.

6) 设在平面上给定不在同一直线上的三点 $M_1(a_1,b_1), M_2(a_2,b_2), M_3(a_3,b_3)$. 要求出在这平面内的这样一点, 使它至此三定点的距离之和为最小.

取任意点 $M(x,y)$, 令

$$\rho_i=\sqrt{(x-a_i)^2+(y-b_i)^2}\quad(i=1,2,3).$$

于是, 应该研讨函数

$$u=\sum\rho_i=\sum\sqrt{(x-a_i)^2+(y-b_i)^2}.$$

除了在三个给定点以外, 它到处存在着偏导数

$$\frac{\partial u}{\partial x}=\sum\frac{x-a_i}{\rho_i}=\sum\cos\theta_i,\quad \frac{\partial u}{\partial y}=\sum\frac{y-b_i}{\rho_i}=\sum\sin\theta_i,$$

式中的 θ_i 表示直线 M_iM 与 x 轴间的交角.

这样, 对极值 "怀疑" 的点, 首先要算 M_1, M_2, M_3 在该处导数并不存在, 其次是导数同时等于零的点 M_0 (我们将看到, 它并不一定存在). 因为当 x 或 y 无限增大时函数 u 显然也无限增大, 故函数在上述各点中的某一点必能达到其最小值.

要找出静止点 M_0, 可令二偏导数同时等于零; 它给出条件

$$\cos\theta_1+\cos\theta_2+\cos\theta_3=0,\quad \sin\theta_1+\sin\theta_2+\sin\theta_3=0.$$

第一式乘以 $\sin\theta_2$, 第二式乘以 $\cos\theta_2$, 相减, 得

$$\sin(\theta_1-\theta_2)=\sin(\theta_2-\theta_3),\quad 由此\ \theta_1-\theta_2=\theta_2-\theta_3.$$

同样, 可得

$$\theta_2-\theta_3=\theta_3-\theta_1.$$

这样, 三直线 M_1M_0, M_2M_0, M_3M_0 中每二线之间的夹角应当等于 $\dfrac{2\pi}{3}$, 而点 M_0 可由下列方法求得: 在三角形 $M_1M_2M_3$ 的三边上各作一含弓形角 $\dfrac{2\pi}{3}$ 的弧, 三弧的公共点即点 M_0.

若这三角形没有大于或等于 $\dfrac{2\pi}{3}$ 的内角, 则此三弧确能在三角形之内相交而确定 M_0, 这时, 各边显然都对着顶点在 M_0 的等于 $\dfrac{2\pi}{3}$ 的角 (图 109). 在这种情形, 就必须比较 u 在这四点的四个数值. 我们将证明, 在静止点 M_0 处 u 的数值必小于其他三个数值 (这就是说, 总是最小值). 实际上, 依 "余弦定理"

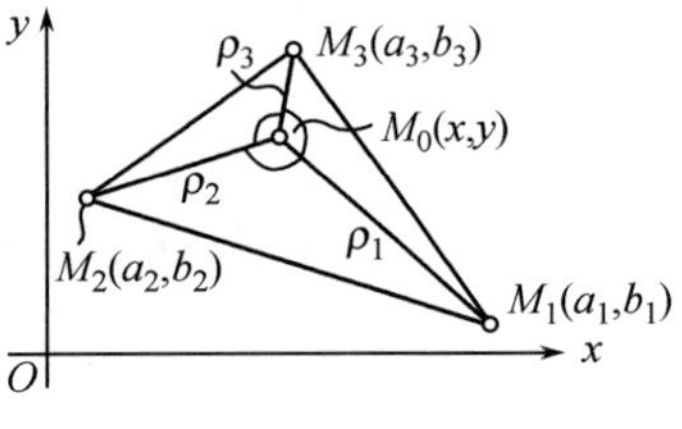

图 109

$$(\overline{M_1M_2})^2=(\overline{M_0M_1})^2+(\overline{M_0M_2})^2+\overline{M_0M_1}\cdot\overline{M_0M_2}$$
$$>\left(\overline{M_0M_2}+\frac{1}{2}\overline{M_0M_1}\right)^2,$$

于是

$$\overline{M_1M_2}>\overline{M_0M_2}+\frac{1}{2}\overline{M_0M_1}.$$

同样

$$\overline{M_1M_3}>\overline{M_0M_3}+\frac{1}{2}\overline{M_0M_1}.$$

相加, 得

$$\overline{M_1M_2}+\overline{M_1M_3}>\overline{M_0M_1}+\overline{M_0M_2}+\overline{M_0M_3},$$

即

$$u(M_1)>u(M_0).$$

显然, 此处的点 M_1 可能换成 M_2 或 M_3, 这样证明便已完成.

但当三角形 $M_1M_2M_3$ 有一内角等于或大于 $\dfrac{2\pi}{3}$ 时, 情形就不同了. 那时静止点根本不存在, 而函数 u 在所给点 M_1, M_2, M_3 之一处, 也就是在钝角的顶点处达到其最小值.

这一问题的奇特性说明, 在探求函数的最大 (小) 值时, 除了静止点以外, 导数不存在的点也须考虑在内 [参阅 **196**, 附注 II].

7) 推广应用题 1): 现在要求内接于所给圆 (半径为 R) 而有最大面积 P 的 $(n+1)$ 角形.

用 $x_1, x_2, \cdots, x_n, x_{n+1}$ 表示多角形各边所对的中心角; 则有

$$x_1+x_2+\cdots+x_n+x_{n+1}=2\pi,$$

由此

$$x_{n+1}=2\pi-(x_1+x_2+\cdots+x_n).$$

面积 P 等于

$$P=\frac{1}{2}R^2\cdot\sin x_1+\frac{1}{2}R^2\cdot\sin x_2+\cdots+\frac{1}{2}R^2\cdot\sin x_n+\frac{1}{2}R^2\cdot\sin x_{n+1};$$

若把 x_{n+1} 换成它的表达式, 则问题变成要探求函数

$$u=\sin x_1+\sin x_2+\cdots+\sin x_n+\sin[2\pi-(x_1+x_2+\cdots+x_n)]$$

的最大值, 其中自变量 $x_1, x_2, \cdots, x_n$, 的变动区域 $\mathcal{D}$ 由不等式

$$x_1\geqslant 0, x_2\geqslant 0, \cdots, x_n\geqslant 0, x_1+x_2+\cdots+x_n\leqslant 2\pi$$

确定, 即 $\mathcal{D}$ 为 n 维单纯形 [**162**].

按照一般法则求出导数并使它们等于零:

$$\cos x_1-\cos(x_1+x_2+\cdots+x_n)=0,$$
$$\cdots\cdots\cdots\cdots\cdots\cdots\cdots$$
$$\cos x_n-\cos(x_1+x_2+\cdots+x_n)=0;$$

区域内满足这些条件的唯一的内点是

$$x_1=x_2=\cdots=x_n=\frac{2\pi}{n+1}\quad\left(\text{因而也有 } x_{n+1}=\frac{2\pi}{n+1}\right);$$

与它对应的是 $u=(n+1)\sin\dfrac{2\pi}{n+1}$.

要证明它实在是 u 的最大值, 需利用数学归纳法. 当 $n=2$ 时我们的论断在前目的例题 1) 内已经证明. 现在假设它对于 n 项正弦之和的情形是正确的 (这样它们的和的最大值就是 $n\cdot\sin\dfrac{2\pi}{n}$), 要证明它对于 $(n+1)$ 项正弦之和也是正确的.

根据前面已作出的一般指示, 必须把数值 $(n+1)\cdot\sin\dfrac{2\pi}{n+1}$ 与函数在区域 $\mathcal{D}$ 的境界上的数值相比较. 例如, 取 "单纯形的边界" $x_n=0$; 在它上面, u 将只是 $n-1$ 个变元的函数:

$$u=\sin x_1+\sin x_2+\cdots+\sin x_{n-1}+\sin[2\pi-(x_1+x_2+\cdots+x_{n-1})],$$

而且按照假设, 在这里的最大值就是 $n\cdot\sin\dfrac{2\pi}{n}$. 对于其他的 "边界" 也可以证实同样的事情. 但因

$$n\cdot\sin\frac{2\pi}{n}<(n+1)\cdot\sin\frac{2\pi}{n+1}\ ①,$$

故我们的论点已证明, 正多角形有最大的面积.

8) 考察并联的电力输送网. 图 110 是电路的草图, 其中 A 及 B 是电源的两端, 而 $P_1,P_2,\cdots,P_n$ 是用电器, 各需要电流 $i_1,i_2,\cdots,i_n$. 预先假设在线路上容许总的电位降落是 $2e$, 现在需要确定导线各部分的截面积, 使在全线路上用铜的分量为最小.

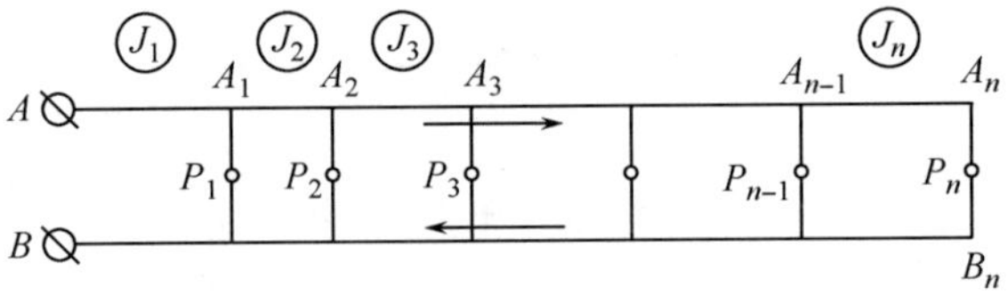

图 110

显然, 只要考察导线之一, 就说是 AA_n, 已经够了, 因为另一导线处于完全类似的条件下. 用 $l_1,l_2,\cdots,l_n$ 表示各部分 $AA_1,A_1A_2,\cdots,A_{n-1}A_n$ 的长 (用米计), 用 $q_1,q_2,\cdots,q_n$ 表示它们的截面积 (毫米^2), 那时表达式

$$u=l_1q_1+l_2q_2+\cdots+l_nq_n$$

即表示所用铜量的总体积 (厘米^3); 我们需要求出它的最小值, 并注意着在导线 AA_n 上电位的总降落应当等于 e.

容易计算在线路的各段 $AA_1,A_1A_2,\cdots,A_{n-1}A_n$ 将流过怎样的电流 $J_1,J_2,\cdots,J_n$:

$$J_1=i_1+i_2+\cdots+i_n,\quad J_2=i_2+\cdots+i_n,\quad \cdots,\quad J_n=i_n.$$

若用 ρ 表示长 1 米截面 1毫米^2 的铜导线的电阻, 则这些线段的电阻就是

$$r_1=\frac{\rho l_1}{q_1},\quad r_2=\frac{\rho l_2}{q_2},\quad \cdots,\quad r_n=\frac{\rho l_n}{q_n},$$

于是按照欧姆定律, 在这些线段上对应的电位降落依次为

$$e_1=r_1J_1=\frac{\rho l_1J_1}{q_1},\quad e_2=r_2J_2=\frac{\rho l_2J_2}{q_2},\quad \cdots,\quad e_n=r_nJ_n=\frac{\rho l_nJ_n}{q_n}.$$

为了要避免繁复的计算, 代替变量 $q_1,q_2,\cdots,q_n$, 我们就导入 $e_1,e_2,\cdots,e_n$ 它们是用如下简单的条件联系着:

$$e_1+e_2+\cdots+e_{n-1}+e_n=e,\quad 由此\ e_n=e-e_1-e_2-\cdots-e_{n-1}.$$

①因为当 z 从 0 增大至 π 时 $\dfrac{\sin z}{z}$ 是 z 的单调减函数 (这不难用微分学的方法证明).

于是就有

$$q_1=\frac{\rho l_1 J_1}{e_1},\quad q_2=\frac{\rho l_2 J_2}{e_2},\quad \cdots,\quad q_n=\frac{\rho l_n J_n}{e_n}=\frac{\rho l_n J_n}{e-e_1-e_2-\cdots-e_{n-1}},$$

因而

$$u=\rho\left[\frac{l_1^2 J_1}{e_1}+\cdots+\frac{l_{n-1}^2 J_{n-1}}{e_{n-1}}+\frac{l_n^2 J_n}{e-e_1-\cdots-e_{n-1}}\right],$$

其中自变量 $e_1,e_2,\cdots,e_{n-1}$ 的变动区域由不等式

$$e_1>0,\quad e_2>0,\quad \cdots,\quad e_{n-1}>0,\quad e_1+e_2+\cdots+e_{n-1}<e$$

(开的单纯形) 确定.

使 u 关于一切变元的导数等于零, 得方程组

$$-\frac{l_1^2 J_1}{e_1^2}+\frac{l_n^2 J_n}{(e-e_1-\cdots-e_{n-1})^2}=0,$$
$$-\frac{l_2^2 J_2}{e_2^2}+\frac{l_n^2 J_n}{(e-e_1-\cdots-e_{n-1})^2}=0,$$
$$\cdots\cdots\cdots\cdots$$
$$-\frac{l_{n-1}^2 J_{n-1}}{e_{n-1}^2}+\frac{l_n^2 J_n}{(e-e_1-\cdots-e_{n-1})^2}=0,$$

由此 (仍引入 e_n) 有

$$\frac{l_1^2 J_1}{e_1^2}=\frac{l_2^2 J_2}{e_2^2}=\cdots=\frac{l_n^2 J_n}{e_n^2}.$$

用 $\frac{1}{\lambda^2}$ $(\lambda>0)$ 表示这些比的公共数值. 则

$$e_1=\lambda l_1\sqrt{J_1},\quad e_2=\lambda l_2\sqrt{J_2},\quad \cdots,\quad e_n=\lambda l_n\sqrt{J_n},$$

而且很容易由条件 $e_1+e_2+\cdots+e_n=e$ 来确定 λ:

$$\lambda=\frac{e}{l_1\sqrt{J_1}+l_2\sqrt{J_2}+\cdots+l_n\sqrt{J_n}}.$$

因为当点 $(e_1,e_2,\cdots,e_{n-1})$ 接近于区域的边界时, u 就无限地增大, 所以上面得出的 $e_1,e_2,\cdots,e_{n-1}(e_n)$ 的数值确使函数 u 获得最小值.

最后, 回到原来的变量 $q_1,q_2,\cdots,q_n$, 我们求得

$$q_1=\frac{\rho}{\lambda}\sqrt{J_1},\quad q_2=\frac{\rho}{\lambda}\sqrt{J_2},\quad \cdots,\quad q_n=\frac{\rho}{\lambda}\sqrt{J_n},$$

因此知道导线的最适当的截面积显然与对应的电流强度的平方根成正比例.

9) **最小二乘法** 所谓最小二乘法就是广泛使用的修正观测的方法, 它的要素包括在下文内.

设要确定三个量① x,y,z 的数值, 若对于它们建立 $n>3$ 个线性方程

$$a_i x+b_i y+c_i z=d_i\quad (i=1,2,\cdots,n),$$

①我们以三个为限, 仅是为了写起来简便.

在 a_i, b_i, c_i, d_i 之中某些系数从经验方法得出, 只知其为近似值. 这时, 我们假定其中至少某三方程有异于零的行列式; 例如, 设

$$\begin{vmatrix} a_1 & b_1 & c_1 \\ a_2 & b_2 & c_2 \\ a_3 & b_3 & c_3 \end{vmatrix} \neq 0. \tag{14}$$

然而由前面三个方程算出的 x, y, z 的数值, 一般说来, 并不就精确地满足其余的方程 (或则由于方程的系数内有着不可避免的误差, 或则由于方程本身仅表示着近似等式). 我们没有任何根据可以偏重其中某些方程而看轻其他式. 而不论怎样选取 x, y, z 的值, 必须估计到有不可避免的误差

$$\delta_i = a_i x + b_i y + c_i z - d_i,$$

我们只望达到这样的目的, 使这些误差的平方之和:

$$W = \sum_{i=1}^{n} \delta_i^2 = \sum_{i=1}^{n} (a_i x + b_i y + c_i z - d_i)^2$$

为最小 (最小二乘法即由此得名). 换句话说, 使函数 $W = W(x, y, z)$ 获得最小值的 x, y, z 的值就认为是最符合于实验结果的数值.

按照一般法则, 要求出这些 x, y, z 的数值, 可使 W 关于 x, y, z 的导数等于零:

$$2\sum_{i=1}^{n} a_i(a_i x + b_i y + c_i z - d_i) = 0,$$

$$2\sum_{i=1}^{n} b_i(a_i x + b_i y + c_i z - d_i) = 0,$$

$$2\sum_{i=1}^{n} c_i(a_i x + b_i y + c_i z - d_i) = 0.$$

高斯 (C. F. Gauss) 引用其他记号来表示仅具相异下标的同类型项的总和, 如:

$$[aa] \text{ 代替 } \sum_{i=1}^{n} a_i^2, \quad [ab] \text{ 代替 } \sum_{i=1}^{n} a_i b_i, \quad \text{等等.}$$

上述确定 x, y, z 的数值的三个方程用高斯的记法就可改写成

$$[aa]x + [ab]y + [ac]z = [ad],$$

$$[ba]x + [bb]y + [bc]z = [bd],$$

$$[ca]x + [cb]y + [cc]z = [cd];$$

它们称为**标准**方程组.

为了要证实用这些方程可以单值地确定 x, y, z 的值, 需要先证明方程组的行列式异于零. 但按照已知的代数定理, 这行列式的平方可表示为

$$\begin{vmatrix} [aa] & [ab] & [ac] \\ [ba] & [bb] & [bc] \\ [ca] & [cb] & [cc] \end{vmatrix}^2 = \sum_{(i,j,k)} \begin{vmatrix} a_i & b_i & c_i \\ a_j & b_j & c_j \\ a_k & b_k & c_k \end{vmatrix}^2,$$

其中右边的和是关于从 n 个下标 $1, 2, \cdots, n$ 中每次取三个的一切可能的组合 (i, j, k) 而取的. 因为按照我们的假定, 右边诸行列式内至少有一个异于零, 故由此推得左边的行列式也不等于零.

尚需证明由标准方程组所确定的变元之值确能使函数 W 获得最小值. 为此, 例如, 只要证明, 在半径足够大的球体之外,W 可成为适当的大就够了.

为此目的, 考察在 W 的表达式中前面三个括号内的数值:

$$a_1x + b_1y + c_1z - d_1 = u_1, \quad a_2x + b_2y + c_2z - d_2 = u_2, \quad a_3x + b_3y + c_3z - d_3 = u_3.$$

由于 (14), x, y, z 也可用这些数值 u_1, u_2, u_3 线性地表示出来, 并且带有完全确定的常系数, 因此当 u_1, u_2, u_3 全部为有界数量时, x, y, z 本身也必定是有界数量. 由此已很明显, 当 $r^2 = x^2 + y^2 + z^2$ 无限增大时, $u_1^2 + u_2^2 + u_3^2$ (随之而 W) 也必无限增大.

第六章　函数行列式及其应用

§1. 函数行列式的性质

202. 函数行列式 (雅可比式) 的定义　在本章内 (在本书的其他部分也如此), 一种由偏导数所组成的特殊行列式是我们研究问题的重要工具. 我们先来研究它的基本性质.

设已给 n 个变元的 n 个函数

$$\left.\begin{array}{l} y_1 = f_1(x_1, x_2, \cdots, x_n), \\ y_2 = f_2(x_1, x_2, \cdots, x_n), \\ \cdots\cdots\cdots\cdots\cdots\cdots\cdots \\ y_n = f_n(x_1, x_2, \cdots, x_n), \end{array}\right\} \tag{1}$$

它定义于某一 n 维区域 $\mathcal{D}$ 中, 且在这区域中有关于一切变元的连续偏导数. 我们用这些导数组成行列式

$$\begin{vmatrix} \dfrac{\partial y_1}{\partial x_1} & \dfrac{\partial y_1}{\partial x_2} & \cdots & \dfrac{\partial y_1}{\partial x_n} \\ \dfrac{\partial y_2}{\partial x_1} & \dfrac{\partial y_2}{\partial x_2} & \cdots & \dfrac{\partial y_2}{\partial x_n} \\ \cdots & \cdots & \cdots & \cdots \\ \dfrac{\partial y_n}{\partial x_1} & \dfrac{\partial y_n}{\partial x_2} & \cdots & \dfrac{\partial y_n}{\partial x_n} \end{vmatrix}.$$

这行列式通常称为方程组 (1) 的雅可比函数行列式, 或**雅可比式**, 以纪念首先研究它的性质及应用① 的德国数学家雅可比 (C. G. J. Jacobi). 为了简明起见, 用类似

① 与雅可比同时奥斯特洛格拉得斯基 (M. V. Ostrogradskiǐ) 也引用过雅可比式.

于导数标记的记号

$$\frac{D(y_1, y_2, \cdots, y_n)}{D(x_1, x_2, \cdots, x_n)},$$

来表示它. 雅可比式有着与普通导数相似的一系列性质.

203. 雅可比式的乘法 在函数组 (1) 以外, 再取在区域 $\mathcal{P}$ 中有定义且有连续偏导数的函数组

$$\left.\begin{array}{l} x_1 = \varphi_1(t_1, t_2, \cdots, t_n), \\ x_2 = \varphi_2(t_1, t_2, \cdots, t_n), \\ \cdots\cdots\cdots\cdots\cdots\cdots\cdots \\ x_n = \varphi_n(t_1, t_2, \cdots, t_n), \end{array}\right\} \tag{2}$$

假设当点 $(t_1, t_2, \cdots, t_n)$ 在 $\mathcal{P}$ 中变动时, 对应点 $(x_1, x_2, \cdots, x_n)$ 不越出区域 $\mathcal{D}$, 于是就可以借 $x_1, x_2, \cdots, x_n$ 为媒介而把 $y_1, y_2, \cdots, y_n$ 看成是 $t_1, t_2, \cdots, t_n$ 的复合函数.

现在要把方程组 (1) 的雅可比式乘以方程组 (2) 的雅可比式:

$$\begin{vmatrix} \dfrac{\partial x_1}{\partial t_1} & \dfrac{\partial x_1}{\partial t_2} & \cdots & \dfrac{\partial x_1}{\partial t_n} \\ \dfrac{\partial x_2}{\partial t_1} & \dfrac{\partial x_2}{\partial t_2} & \cdots & \dfrac{\partial x_2}{\partial t_n} \\ \cdots & \cdots & \cdots & \cdots \\ \dfrac{\partial x_n}{\partial t_1} & \dfrac{\partial x_n}{\partial t_2} & \cdots & \dfrac{\partial x_n}{\partial t_n} \end{vmatrix}$$

由行列式理论中我们已经知道行列式乘法的定理, 它由公式

$$\begin{vmatrix} a_{11} & a_{12} & \cdots & a_{1n} \\ a_{21} & a_{22} & \cdots & a_{2n} \\ \cdots & \cdots & \cdots & \cdots \\ a_{n1} & a_{n2} & \cdots & a_{nn} \end{vmatrix} \cdot \begin{vmatrix} b_{11} & b_{12} & \cdots & b_{1n} \\ b_{21} & b_{22} & \cdots & b_{2n} \\ \cdots & \cdots & \cdots & \cdots \\ b_{n1} & b_{n2} & \cdots & b_{nn} \end{vmatrix} = \begin{vmatrix} c_{11} & c_{12} & \cdots & c_{1n} \\ c_{21} & c_{22} & \cdots & c_{2n} \\ \cdots & \cdots & \cdots & \cdots \\ c_{n1} & c_{n2} & \cdots & c_{nn} \end{vmatrix}$$

表达着, 其中最后一个行列式内的一般元素是

$$c_{ik} = a_{i1}b_{1k} + a_{i2}b_{2k} + \cdots + a_{in}b_{nk} \quad (i, k = 1, 2, \cdots, n)$$

(按照 "行乘以列" 的规则相乘). 应用这公式于函数行列式, 则得

$$\begin{vmatrix} \frac{\partial y_1}{\partial x_1} & \frac{\partial y_1}{\partial x_2} & \cdots & \frac{\partial y_1}{\partial x_n} \\ \frac{\partial y_2}{\partial x_1} & \frac{\partial y_2}{\partial x_2} & \cdots & \frac{\partial y_2}{\partial x_n} \\ \cdots & \cdots & \cdots & \cdots \\ \frac{\partial y_n}{\partial x_1} & \frac{\partial y_n}{\partial x_2} & \cdots & \frac{\partial y_n}{\partial x_n} \end{vmatrix} \cdot \begin{vmatrix} \frac{\partial x_1}{\partial t_1} & \frac{\partial x_1}{\partial t_2} & \cdots & \frac{\partial x_1}{\partial t_n} \\ \frac{\partial x_2}{\partial t_1} & \frac{\partial x_2}{\partial t_2} & \cdots & \frac{\partial x_2}{\partial t_n} \\ \cdots & \cdots & \cdots & \cdots \\ \frac{\partial x_n}{\partial t_1} & \frac{\partial x_n}{\partial t_2} & \cdots & \frac{\partial x_n}{\partial t_n} \end{vmatrix}$$

$$= \begin{vmatrix} \frac{\partial y_1}{\partial x_1}\frac{\partial x_1}{\partial t_1} + \cdots + \frac{\partial y_1}{\partial x_n}\frac{\partial x_n}{\partial t_1} \cdots \frac{\partial y_1}{\partial x_1}\frac{\partial x_1}{\partial t_n} + \cdots + \frac{\partial y_1}{\partial x_n}\frac{\partial x_n}{\partial t_n} \\ \frac{\partial y_2}{\partial x_1}\frac{\partial x_1}{\partial t_1} + \cdots + \frac{\partial y_2}{\partial x_n}\frac{\partial x_n}{\partial t_1} \cdots \frac{\partial y_2}{\partial x_1}\frac{\partial x_1}{\partial t_n} + \cdots + \frac{\partial y_2}{\partial x_n}\frac{\partial x_n}{\partial t_n} \\ \cdots\cdots\cdots\cdots\cdots\cdots\cdots\cdots\cdots\cdots\cdots\cdots \\ \frac{\partial y_n}{\partial x_1}\frac{\partial x_1}{\partial t_1} + \cdots + \frac{\partial y_n}{\partial x_n}\frac{\partial x_n}{\partial t_1} \cdots \frac{\partial y_n}{\partial x_1}\frac{\partial x_1}{\partial t_n} + \cdots + \frac{\partial y_n}{\partial x_n}\frac{\partial x_n}{\partial t_n} \end{vmatrix}.$$

注意到复合函数的导数公式后, 就知道这行列式的一般元素是

$$\frac{\partial y_i}{\partial x_1}\frac{\partial x_1}{\partial t_k} + \cdots + \frac{\partial y_i}{\partial x_n}\frac{\partial x_n}{\partial t_k} = \frac{\partial y_i}{\partial t_k} \quad (i, k = 1, 2, \cdots, n),$$

我们就可以把最后的行列式改写成

$$\begin{vmatrix} \frac{\partial y_1}{\partial t_1} & \frac{\partial y_1}{\partial t_2} & \cdots & \frac{\partial y_1}{\partial t_n} \\ \frac{\partial y_2}{\partial t_1} & \frac{\partial y_2}{\partial t_2} & \cdots & \frac{\partial y_2}{\partial t_n} \\ \cdots & \cdots & \cdots & \cdots \\ \frac{\partial y_n}{\partial t_1} & \frac{\partial y_n}{\partial t_2} & \cdots & \frac{\partial y_n}{\partial t_n} \end{vmatrix}.$$

刚才所证明的是雅可比式的**第一性质**, 可以简写成:

$$\frac{D(y_1, y_2, \cdots, y_n)}{D(x_1, x_2, \cdots, x_n)} \cdot \frac{D(x_1, x_2, \cdots, x_n)}{D(t_1, t_2, \cdots, t_n)} = \frac{D(y_1, y_2, \cdots, y_n)}{D(t_1, t_2, \cdots, t_n)}. \tag{3}$$

如果 y 是 x 的一个函数, 其中 x 又是 t 的函数, 则我们就可由此得到已知的复合函数的导数公式: $\frac{dy}{dx}\cdot\frac{dx}{dt} = \frac{dy}{dt}$; 这样, 刚才导出的雅可比式的性质就成为复合函数的导数公式的推广.

请注意当变元 $t_1, t_2, \cdots, t_n$ 恒等于 $y_1, y_2, \cdots, y_n$ 的特别情形, 这时函数组 (2) 就是函数组 (1) 的结果①. 于是刚才所得的关系式便是:

$$\frac{D(y_1, y_2, \cdots, y_n)}{D(x_1, x_2, \cdots, x_n)} \cdot \frac{D(x_1, x_2, \cdots, x_n)}{D(y_1, y_2, \cdots, y_n)} = 1$$

①我们在此处假设这种转变有可能, 参阅下节.

或

$$\frac{D(y_1,y_2,\cdots,y_n)}{D(x_1,x_2,\cdots,x_n)}=\frac{1}{\dfrac{D(x_1,x_2,\cdots,x_n)}{D(y_1,y_2,\cdots,y_n)}}. \tag{4}$$

在这种形式之下, 它类似于反函数的导数公式.

204. 函数矩阵 (雅可比矩阵) 的乘法 设有 n ($n>m$) 个变元 $x_1,x_2,\cdots,x_n$ 的 m 个函数 $y_1,y_2,\cdots,y_m$:

$$\begin{cases} y_1=f_1(x_1,x_2,\cdots,x_n),\\ y_2=f_2(x_1,x_2,\cdots,x_n),\\ \cdots\cdots\cdots\cdots\cdots\cdots\cdots\\ y_m=f_m(x_1,x_2,\cdots,x_n), \end{cases}$$

其中变元 $x_1,x_2,\cdots,x_n$ 又是 m 个变元 $t_1,t_2,\cdots,t_m$ 的函数:

$$\begin{cases} x_1=\varphi_1(t_1,t_2,\cdots,t_m),\\ x_2=\varphi_2(t_1,t_2,\cdots,t_m),\\ \cdots\cdots\cdots\cdots\cdots\cdots\cdots\\ x_n=\varphi_n(t_1,t_2,\cdots,t_m). \end{cases}$$

假定在两种情形下都存在连续偏导数, 今将求出 $y_1,y_2,\cdots,y_m$ 作为 $t_1,t_2,\cdots,t_m$ 的函数时的雅可比式的表达式.

在行列式的理论内曾证明关于矩阵乘法的一般定理 (上面所用行列式乘法的定理是它的特殊情形). 现在我们来考察两个矩阵

$$\begin{pmatrix} a_{11} & a_{12} & \cdots & a_{1n}\\ a_{21} & a_{22} & \cdots & a_{2n}\\ \cdots & \cdots & \cdots & \cdots\\ a_{m1} & a_{m2} & \cdots & a_{mn} \end{pmatrix} \quad 及 \quad \begin{pmatrix} b_{11} & b_{12} & \cdots & b_{1m}\\ b_{21} & b_{22} & \cdots & b_{2m}\\ \cdots & \cdots & \cdots & \cdots\\ b_{n1} & b_{n2} & \cdots & b_{nm} \end{pmatrix} \quad (n>m),$$

方阵

$$\begin{pmatrix} c_{11} & c_{12} & \cdots & c_{1m}\\ c_{21} & c_{22} & \cdots & c_{2m}\\ \cdots & \cdots & \cdots & \cdots\\ c_{m1} & c_{m2} & \cdots & c_{mm} \end{pmatrix}$$

叫做它们的**乘积**, 它的元素由公式

$$c_{ik}=a_{i1}b_{1k}+a_{i2}b_{2k}+\cdots+a_{in}b_{nk}\quad (i,k=1,2,\cdots,m)$$

来计算. 对应于这方阵的行列式等于和式:

$$\sum_{(i_1,i_2,\cdots,i_m)} \begin{vmatrix} a_{1i_1} & a_{1i_2} & \cdots & a_{1i_m} \\ a_{2i_1} & a_{2i_2} & \cdots & a_{2i_m} \\ \cdots & \cdots & \cdots & \cdots \\ a_{mi_1} & a_{mi_2} & \cdots & a_{mi_m} \end{vmatrix} \cdot \begin{vmatrix} b_{i_1 1} & b_{i_1 2} & \cdots & b_{i_1 m} \\ b_{i_2 1} & b_{i_2 2} & \cdots & b_{i_2 m} \\ \cdots & \cdots & \cdots & \cdots \\ b_{i_m 1} & b_{i_m 2} & \cdots & b_{i_m m} \end{vmatrix}$$

这和式是从 n 个标号 $1,2,\cdots,n$ 内每次取 m 个的一切可能组合 $(i_1,i_2,\cdots,i_m)$ 而遍取的.

应用这结果于"函数矩阵"(即"雅可比矩阵")

$$\begin{pmatrix} \frac{\partial y_1}{\partial x_1} & \frac{\partial y_1}{\partial x_2} & \cdots & \frac{\partial y_1}{\partial x_n} \\ \frac{\partial y_2}{\partial x_1} & \frac{\partial y_2}{\partial x_2} & \cdots & \frac{\partial y_2}{\partial x_n} \\ \cdots & \cdots & \cdots & \cdots \\ \frac{\partial y_m}{\partial x_1} & \frac{\partial y_m}{\partial x_2} & \cdots & \frac{\partial y_m}{\partial x_n} \end{pmatrix} \quad 及 \quad \begin{pmatrix} \frac{\partial x_1}{\partial t_1} & \frac{\partial x_1}{\partial t_2} & \cdots & \frac{\partial x_1}{\partial t_m} \\ \frac{\partial x_2}{\partial t_1} & \frac{\partial x_2}{\partial t_2} & \cdots & \frac{\partial x_2}{\partial t_m} \\ \cdots & \cdots & \cdots & \cdots \\ \frac{\partial x_n}{\partial t_1} & \frac{\partial x_n}{\partial t_2} & \cdots & \frac{\partial x_n}{\partial t_m} \end{pmatrix},$$

我们得到

$$\begin{vmatrix} \frac{\partial y_1}{\partial x_1}\frac{\partial x_1}{\partial t_1}+\cdots+\frac{\partial y_1}{\partial x_n}\frac{\partial x_n}{\partial t_1} & \cdots & \frac{\partial y_1}{\partial x_1}\frac{\partial x_1}{\partial t_m}+\cdots+\frac{\partial y_1}{\partial x_n}\frac{\partial x_n}{\partial t_m} \\ \frac{\partial y_2}{\partial x_1}\frac{\partial x_1}{\partial t_1}+\cdots+\frac{\partial y_2}{\partial x_n}\frac{\partial x_n}{\partial t_1} & \cdots & \frac{\partial y_2}{\partial x_1}\frac{\partial x_1}{\partial t_m}+\cdots+\frac{\partial y_2}{\partial x_n}\frac{\partial x_n}{\partial t_m} \\ \cdots\cdots & \cdots & \cdots\cdots \\ \frac{\partial y_m}{\partial x_1}\frac{\partial x_1}{\partial t_1}+\cdots+\frac{\partial y_m}{\partial x_n}\frac{\partial x_n}{\partial t_1} & \cdots & \frac{\partial y_m}{\partial x_1}\frac{\partial x_1}{\partial t_m}+\cdots+\frac{\partial y_m}{\partial x_n}\frac{\partial x_n}{\partial t_m} \end{vmatrix}$$

$$= \sum_{(i_1,i_2,\cdots,i_m)} \begin{vmatrix} \frac{\partial y_1}{\partial x_{i_1}} & \frac{\partial y_1}{\partial x_{i_2}} & \cdots & \frac{\partial y_1}{\partial x_{i_m}} \\ \frac{\partial y_2}{\partial x_{i_1}} & \frac{\partial y_2}{\partial x_{i_2}} & \cdots & \frac{\partial y_2}{\partial x_{i_m}} \\ \cdots & \cdots & \cdots & \cdots \\ \frac{\partial y_m}{\partial x_{i_1}} & \frac{\partial y_m}{\partial x_{i_2}} & \cdots & \frac{\partial y_m}{\partial x_{i_m}} \end{vmatrix} \cdot \begin{vmatrix} \frac{\partial x_{i_1}}{\partial t_1} & \frac{\partial x_{i_1}}{\partial t_2} & \cdots & \frac{\partial x_{i_1}}{\partial t_m} \\ \frac{\partial x_{i_2}}{\partial t_1} & \frac{\partial x_{i_2}}{\partial t_2} & \cdots & \frac{\partial x_{i_2}}{\partial t_m} \\ \cdots & \cdots & \cdots & \cdots \\ \frac{\partial x_{i_m}}{\partial t_1} & \frac{\partial x_{i_m}}{\partial t_2} & \cdots & \frac{\partial x_{i_m}}{\partial t_m} \end{vmatrix}.$$

若再回忆复合函数的导数公式, 则在这等式左边的行列式可以写成:

$$\begin{vmatrix} \frac{\partial y_1}{\partial t_1} & \frac{\partial y_1}{\partial t_2} & \cdots & \frac{\partial y_1}{\partial t_m} \\ \frac{\partial y_2}{\partial t_1} & \frac{\partial y_2}{\partial t_2} & \cdots & \frac{\partial y_2}{\partial t_m} \\ \cdots & \cdots & \cdots & \cdots \\ \frac{\partial y_m}{\partial t_1} & \frac{\partial y_m}{\partial t_2} & \cdots & \frac{\partial y_m}{\partial t_m} \end{vmatrix}.$$

所得的结果可以简写为:

$$\frac{D(y_1,y_2,\cdots,y_m)}{D(t_1,t_2,\cdots,t_m)}=\sum_{(i_1,i_2,\cdots,i_m)}\frac{D(y_1,y_2,\cdots,y_m)}{D(x_{i_1},x_{i_2},\cdots,x_{i_m})}\cdot\frac{D(x_{i_1},x_{i_2},\cdots,x_{i_m})}{D(t_1,t_2,\cdots,t_m)},\tag{5}$$

等式右边的和式是从 n 个标号 $1,2,\cdots,n$ 内每次取 m 个的一切可能组合而遍取的.

当 $m=1$ 时所证明的公式变成熟知的 (借若干中间变量的) 复合函数的微分公式

$$\frac{dy}{dt}=\sum_i\frac{\partial y}{\partial x_i}\cdot\frac{\partial x_i}{\partial t},$$

因此就成为它的推广.

还须注意当 $n=3$ 而 $m=2$ 时由我们的公式所得出的一种特殊情形:

$$\frac{D(y_1,y_2)}{D(t_1,t_2)}=\frac{D(y_1,y_2)}{D(x_1,x_2)}\cdot\frac{D(x_1,x_2)}{D(t_1,t_2)}+\frac{D(y_1,y_2)}{D(x_2,x_3)}\cdot\frac{D(x_2,x_3)}{D(t_1,t_2)}+\frac{D(y_1,y_2)}{D(x_3,x_1)}\cdot\frac{D(x_3,x_1)}{D(t_1,t_2)}.\tag{6}$$

这公式经常特别地有用.

我们已建立雅可比式的 (类似于普通导数的) 一系列的形式的性质; 再有将在 **210**, 8) 中导出的一个公式也属于此. 但在隐函数理论 (参看下面 §2) 中, 尤其是在二重、三重以及一般多重积分 (参看第三卷) 的变量变换的问题中, 导数与雅可比式之间表现出更深刻的相似性.

§2. 隐函数

205. 一元隐函数的概念 假定二变元 x 及 y 的值用方程互相联系着, 若把这方程的一切项都移至左边, 则在一般情形, 其形式为

$$F(x,y)=0.\tag{1}$$

此处的 $F(x,y)$ 是在某一区域中给定的二元函数. 若对于每一 x 值 —— 在某一区间内 —— 存在一个或几个 y 值, 它们与 x 同时满足方程 (1), 则函数 $y=f(x)$ 由此确定是单值的还是多值的, 于是, 方程

$$F(x,f(x))=0\tag{2}$$

便成为关于 x 的恒等式.

例如, 取方程

$$\frac{x^2}{a^2}+\frac{y^2}{b^2}-1=0;\tag{1a}$$

它显然确定 y 为 x 在区间 $[-a,a]$ 内的双值函数, 即

$$y=\pm\frac{b}{a}\sqrt{a^2-x^2}.$$

又若把这函数代换方程 (1a) 内的 y, 则得恒等式.

在这里我们可以用 x 的初等函数写出 y 的很简单的解析表达式. 然而事情并非常常如此顺利的. 若取我们曾经遇见的方程 [仅变元的表示法有不同, **83**]

$$y-x-\varepsilon\sin y=0 \quad (0<\varepsilon<1)$$

来看, 我们知道, 由这方程确定 y 为 x 的单值函数, 虽然用有限形式它却不能用初等函数表达出来.

若函数 $y=f(x)$ 是由未曾解出 (关于 y) 的方程 (1) 所给定, 它就称为**隐函数**; 若研究其中 y 对 x 的直接关系, 它就成为**显函数**. 读者当能明了, 这些术语仅叙述函数 $y=f(x)$ 的表示方法, 而并未涉及它的性质. [严格地说, 函数的隐示式与显示式的对立性仅当显示式被理解为显的解析表示式时始能显得十分明确; 不然, 若把按照任何规则 [**45**] 所给定的函数都看作显函数, 则借助于方程 (1) 以确定 y 为 x 的函数并不劣于其他任何方法.]

在最简单的情形, 当方程 (1) 是代数方程时, 即当函数 $F(x,y)$ 是 x 及 y 的整多项式时, 由此而确定的 x 的隐函数 y (一般是多值函数) 称为**代数函数**. 若方程 (关于 y) 的方次不超过四, 则代数函数总可以表示为含有根式的显函数, 在幂次高于四时这样的表达式仅在例外的情形始为可能.

目前我们仅关心于 "隐" 函数的存在及单值的问题 (以及它的其他性质), 不管它能否用解析公式表示为 "显" 式与否. 可是这样提出的并非新的问题; 当涉及反函数的存在及性质时我们已讨论过这问题的特殊情形, 那时曾用方程

$$y-f(x)=0$$

确定 x 为 y 的 "隐" 函数.

上述问题的几何解释是大有教益的. 方程 (1) 在某种场合下表示平面曲线 [例如大家知道方程 (1a) 表示着椭圆 (图 111)]; 在这种情形, 它称为曲线的**隐示方程**. 问题归结于: 曲线 (1) (或它的一部分) 能否用普通方程 $y=f(x)$ 右边的单值函数来表示? 几何意义是, 曲线 (或它的一部分) 与平行于 y 轴的直线仅相交于一点.

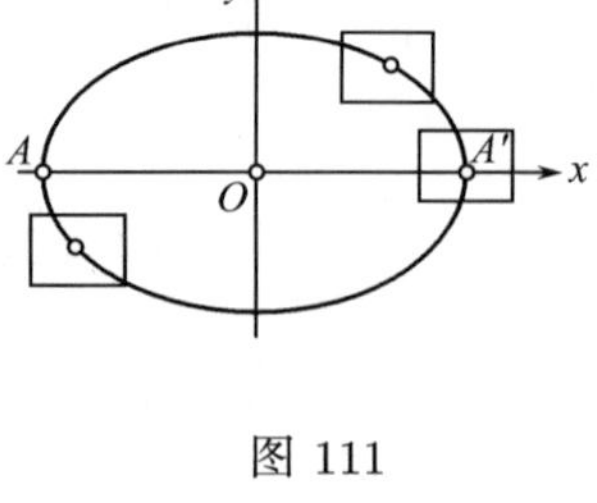

图 111

若我们希望得到单值函数, 则像在椭圆的例子内所看到的, 不仅需要限定 x 的变动区域, 还要限定 y 的变动区域.

为了简明起见, 我们就说, 在矩形 $(a, b; c, d)$ 内方程 (1) 确定 y 为 x 的单值函数, 如果对于区间 (a, b) 内的 x 的每一值, 在区间 (c, d) 内方程 (1) 有一个, 且仅有一个根 y.

通常我们将只关心于满足方程 (1) (位于曲线上) 的某一定点 (x_0, y_0), 并取这点的一个邻域作为上述的矩形. 这样, 例如在椭圆 (图 111) 的情形, 显然可以断定, 方程 (1a), 除椭圆长轴上的顶点 A, A' 以外, 在椭圆上任一点的充分小的邻域内确定纵标 y 为横标 x 的单值函数.

206. 隐函数的存在 现在将建立保证单值连续隐函数存在的条件.

定理 1 假定 1) 函数 $F(x, y)$ 在以点 (x_0, y_0) 为中心的某一邻域

$$\mathcal{D} = [x_0 - \Delta, x_0 + \Delta; y_0 - \Delta', y_0 + \Delta']$$

中有定义而且连续;

2) $F(x, y)$ 在这点等于零: $F(x_0, y_0) = 0$;

3) 当 x 为常数时, 函数 $F(x, y)$ 随着 y 的增大而单调增大 (或单调减小). 那么,

а) 在点 (x_0, y_0) 的某一邻域内, 方程 (1) 确定 y 为 x 的单值函数: $y = f(x)$;

б) 当 $x = x_0$ 时这函数具有数值 y_0 : $f(x_0) = y_0$; 最后,

в) $f(x)$ 是连续函数.

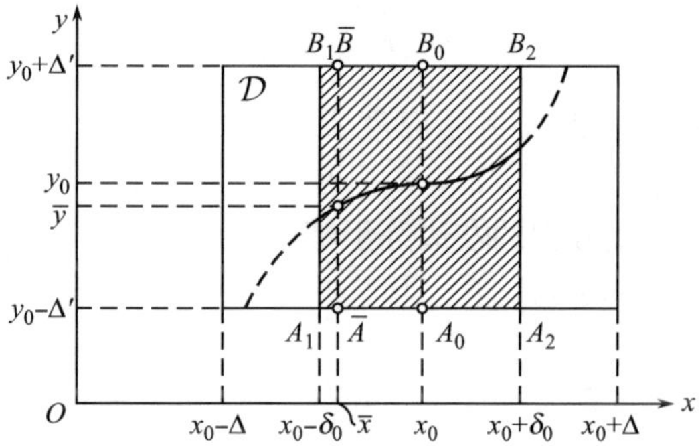

图 112

证明 先令 (x, y) 沿着通过点 $M_0(x_0, y_0)$ 的铅直线 (图 112) 而移动, 即固定 $x = x_0$; 于是函数 $F(x, y)$ 就变成一个变元 y 的函数 $F(x_0, y)$. 根据 2), 它当 $y = y_0$ 时等于 0. 同时按照条件 3), 函数 $F(x_0, y)$ 随着 y 一起增大, 于是当 $y < y_0$ 时函数值小于零, 当 $y > y_0$ 时函数值大于零. 因此, 特别, 它在点 $A_0(x_0, y_0 - \Delta')$ 及 $B_0(x_0, y_0 + \Delta')$ 将有异号的函数值, 就是

$$F(A_0) = F(x_0, y_0 - \Delta') < 0, \quad F(B_0) = F(x_0, y_0 + \Delta') > 0.$$

现在再看点 (x,y) 沿着通过 A_0 与 B_0 的两水平直线而移动的情形, 就是固定 $y=y_0-\Delta'$ 或 $y=y_0+\Delta'$. 于是得出两个 x 的函数: $F(x,y_0-\Delta')$ 及 $F(x,y_0+\Delta')$, 我们已看到当 $x=x_0$ 时第一个函数有负值, 第二个有正值. 但按照条件 1), 这些函数均为连续①, 因此必能找出点 x_0 的某一邻域 $(x_0-\delta_0,x_0+\delta_0)$ $(0<\delta_0\leqslant\Delta)$, 使在这邻域内, 二函数都保持着自己的符号 [**80**, 引理], 于是当 $x_0-\delta_0<x<x_0+\delta_0$ 时, 有

$$F(x,y_0-\Delta')<0,\quad F(x,y_0+\Delta')>0.$$

换句话说, 在原矩形的下底及上底上, 有以点 A_0 及 B_0 为中心而长为 $2\delta_0$ 的线段 A_1A_2 及 B_1B_2, 沿着这些线段, 给定的函数 $F(x,y)$ 在 A_1A_2 上有负值而在 B_1B_2 上有正值.

在区间 $(x_0-\delta_0,x_0+\delta_0)$ 内固定其任一值 $x=\bar{x}$, 考察连接点 $\overline{A}(\bar{x},y_0-\Delta')$ 与 $\overline{B}(\bar{x},y_0+\Delta')$ 的铅直线段. 沿着这线段, 我们的函数又变成一个变元 y 的函数 $F(\bar{x},y)$. 因为根据 1) 它是连续的②, 而且曾说过, 在区间 $[y_0-\Delta',y_0+\Delta']$ 的两端有异号的函数值:

$$F(\overline{A})=F(\bar{x},y_0-\Delta')<0,\quad F(\overline{B})=F(\bar{x},y_0+\Delta')>0,$$

所以依布尔查诺–柯西定理 [**80**], 这函数 $F(\bar{x},y)$ 必在介于 $y_0-\Delta'$ 及 $y_0+\Delta'$ 之间的某一值 $y=\overline{y}$ 处等于零:

$$F(\overline{x},\overline{y})=0.$$

由条件 3) 又推得, 在这里当 $y\gtrless\overline{y}$ 时就要各有 $F(\overline{x},y)\gtrless 0$, 于是 $\bar{y}$ 是区间 $(y_0-\Delta',y_0+\Delta')$ 内唯一的 y 值, 它同 $x=\bar{x}$ 一起满足方程 (1). 在每一铅直线段 $\overline{A}\,\overline{B}$ 上仅能找出一点 $\overline{M}(\bar{x},\bar{y})$, 使方程的左边等于零.

这样, 在点 (x_0,y_0) 的邻域

$$(x_0-\delta_0,x_0+\delta_0;y_0-\Delta',y_0+\Delta')$$

内, 方程 (1) 确实确定 y 为 x 的单值函数: $y=f(x)$.

同时, 由于 2), 前面的论断也表明 $f(x_0)=y_0$. 就是说, 由 $F(x_0,y_0)=0$ 可知 y_0 正是区间 $(y_0-\Delta',y_0+\Delta')$ 内那个唯一的 y 值, 它与 $x=x_0$ 共同满足方程 (1).

剩下来仅需证明函数 $y=f(x)$ 在区间 $(x_0-\delta_0,x_0+\delta_0)$ 内为连续. 对于点 $x=x_0$, 函数的连续性可由前面的论断直接得出, 这论断对于以点 $M_0(x_0,y_0)$ 为中心的任意小的矩形都能适用: 把 Δ' 换成任一数 $\varepsilon<\Delta'$, 和前面一样我们可以求出这种 $\delta\leqslant\delta_0$,

---

①我们假定了函数 $F(x,y)$ 对于变元 x,y 是连续的; 在这种情形, 它对于个别的每一变元也必为连续.

②参阅脚注①!

使对于区间 $(x_0-\delta, x_0+\delta)$ 内的任一 x, 有对应于它的唯一的 y 值, 它与 x 共同满足方程 (1), 而且它刚好落在 $y_0-\varepsilon$ 与 $y_0+\varepsilon$ 之间. 这样, 当 $|x-x_0|<\delta$ 时, 将有

$$|f(x)-y_0|=|f(x)-f(x_0)|<\varepsilon,$$

这就证明了函数 $f(x)$ 在点 $x=x_0$ 的连续性.

对于任意点 $x=\bar{x}$ 函数的连续性的证明与对于点 $x=x_0$ 的证明类似. 点 $\overline{M}(\bar{x},\bar{y})$ (其中的 $\bar{y}=f(\bar{x})$) 和 $M_0(x_0,y_0)$ 满足着同样的条件, 因为 $F(\bar{x},\bar{y})=0$. 因此, 同上面一样, 在点 $\overline{M}(\bar{x},\bar{y})$ 的邻域内, 变元 y 由方程 (1) 而确定为 x 的单值函数, 它在点 $x=\bar{x}$ 为连续. 但正由于它是单值函数, 它必重合于 $f(x)$, 由此得证 $f(x)$ 当 $x=\bar{x}$ 时为连续.

我们已证明隐函数的存在定理, 但并未提出关于计算它的数值或关于它的解析表示式等问题; 我们将在第十二章内再研究这些.

已证明的定理显然是 **83** 中定理的推广.

207. 隐函数的可微性 现在我们将加强关于函数 $F(x,y)$ 的假定, 那时就可证明函数 $y=f(x)$ 的导数也存在.

定理 2 *假定 1) 函数 $F(x,y)$ 在以点 (x_0,y_0) 为中心的矩形*

$$\mathcal{D}=[x_0-\Delta, x_0+\Delta; y_0-\Delta', y_0+\Delta']$$

中有定义且连续;

2) 在 $\mathcal{D}$ 中偏导数 F'_x 及 F'_y 存在且连续;

3) $F(x,y)$ 在点 (x_0,y_0) 等于零: $F(x_0,y_0)=0$; 最后,

4) 导数 $F'_y(x_0,y_0)$ 异于零.

那么, 除了定理 1 的结论 а), б), в) 成立以外, 还可以证明 г) 函数 $f(x)$ 有连续导数.

证明 (图 113) 例如, 设 $F'_y(x_0,y_0)>0$; 因为根据 2), 导数 $F'_y(x,y)$ 是连续的, 所以可以作出这样的正方形

$$[x_0-\delta', x_0+\delta'; y_0-\delta', y_0+\delta'] \quad (\delta'<\Delta \text{ 及 } \Delta'),$$

使对一切属于它的点有 $F'_y(x,y)>0$ ①. 于是对于这正方形而言, 定理 1 的一切条件都得满足: 由 $F'_y>0$ 就能推得当 $x=$ 常数时 $F(x,y)$ 是 y 的单调函数 [**132**]. 因此, 结论 а), б), в) 可以作为是已证明为真实的了.

转而证明论断 г), 现在把 y 理解为由方程 (1) 所确定的, 且恒等地满足它的隐函数 $y=f(x)$. 给 x 以一增量 Δx; 与自变量终值 $x+\Delta x$ 对应的函数的终值是

①因为与 **80** 中对于一元函数的引理相类似的论断对于多元函数也真实.

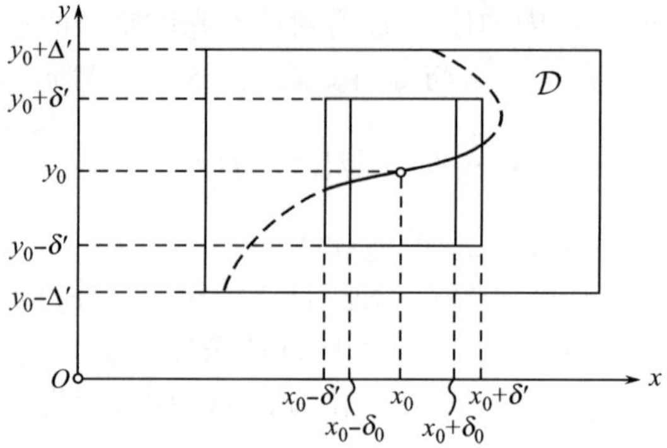

图 113

$y+\Delta y=f(x+\Delta x)$, 它们共同满足方程 (1): $F(x+\Delta x,y+\Delta y)=0$. 显然, 增量

$$\Delta F(x,y)=F(x+\Delta x,y+\Delta y)-F(x,y)=0.$$

用 **178** 的公式 (1) 表示 ΔF, 就得

$$0=\Delta F(x,y)=F'_x(x,y)\cdot\Delta x+F'_y(x,y)\cdot\Delta y+\alpha\Delta x+\beta\Delta y,$$

式中的 α 及 β 依赖于 $\Delta x,\Delta y$, 且当 Δx 及 Δy 同时趋于零时也趋于零. 由此

$$\frac{\Delta y}{\Delta x}=-\frac{F'_x(x,y)+\alpha}{F'_y(x,y)+\beta}.$$

使 Δx 趋于零; 根据已证明的函数 $y=f(x)$ 的连续性 [参阅 в)] 这时 Δy 也趋于零, 于是 $\alpha\to0,\beta\to0$. 因为 $F'_y\neq0$, 故右边的极限存在, 从而 y 关于 x 的导数也存在:

$$f'(x)=y'_x=\lim_{\Delta x\to0}\frac{\Delta y}{\Delta x}=-\frac{F'_x(x,y)}{F'_y(x,y)}. \tag{3}$$

用 $f(x)$ 代换 y, 就有

$$f'(x)=-\frac{F'_x(x,f(x))}{F'_y(x,f(x))};$$

因为等式右边分子及分母中都是连续函数的连续函数, 且分母不变为零, 故由此可知 $f'(x)$ 也是连续函数. 定理就已证明.

值得注意的是: 由直接给出的函数 $F(x,y)$ 的性质, 我们可以判断不能直接给出的函数 $y=f(x)$ 的性质.

208. 多元的隐函数 同研究方程 (1) 一样, 也可以研究更多个变元的方程

$$F(x_1, x_2, \cdots, x_n, y) = 0. \tag{4}$$

在已知的条件下, 由这方程确定 y 为 n 个变元 $x_1, x_2, \cdots, x_n$ 的"隐"函数:

$$y = f(x_1, x_2 \cdots, x_n),$$

一般地说来, 它是多值函数. 若用它代换 y, 就得到关于 $x_1, x_2, \cdots, x_n$ 的恒等式

$$F(x_1, x_2, \cdots, x_n, f(x_1, x_2, \cdots, x_n)) = 0.$$

我们说, 在 $(n+1)$ 维长方体

$$(a_1, b_1; a_2, b_2; \cdots; a_n, b_n; c, d)$$

中, 方程 (4) 确定 y 为 $x_1, x_2, \cdots, x_n$ 的单值函数, 如果对于 n 维长方体

$$(a_1, b_1; a_2, b_2; \cdots; a_n, b_n)$$

中任一点 $(x_1, x_2, \cdots, x_n)$, 方程 (4) 有一个且仅有一个根 y 位于区间 (c, d) 之内.

通常我们总取所论之点 $(x_1^0, x_2^0, \cdots, x_n^0)$ 的一个邻域作为这种长方体.

今将叙述关于方程 (4) 的一个定理.

定理 3 假定 1) 函数 $F(x_1, x_2, \cdots, x_n, y)$ 在以点 $(x_1^0, \cdots, x_n^0, y_0)$ 为中心的 $(n+1)$ 维长方体

$$\mathcal{D} = [x_1^0 - \Delta_1, x_1^0 + \Delta_1; \cdots; x_n^0 - \Delta_n, x_n^0 + \Delta_n; y_0 - \Delta', y_0 + \Delta']$$

中是有定义且连续;

2) 在 $\mathcal{D}$ 中偏导数 $F'_{x_1}, \cdots, F'_{x_n}, F'_y$ 存在而且连续;

3) 函数 F 在点 $(x_1^0, \cdots, x_n^0, y_0)$ 等于零; 最后,

4) 导数 F'_y 在这点不等于零.

则, a) 在点 $(x_1^0, \cdots, x_n^0, y_0)$ 在某一邻域内, 方程 (4) 确定 y 为 $x_1, \cdots, x_n$ 的单值函数: $y = f(x_1, \cdots, x_n)$;

б) 当 $x_1 = x_1^0, \cdots, x_n = x_n^0$ 时这函数具有数值 $y_0 : f(x_1^0, \cdots, x_n^0) = y_0$;

в) 函数 $f(x_1, \cdots, x_n)$ 关于其所有的变元为连续, 且

г) 有连续偏导数 $f'_{x_1}, \cdots, f'_{x_n}$.

我们不拟再加以证明, 因为它与定理 1 及 2 的证明完全类似.

最后, 在最一般的情形, 可以给出带有 $n+m$ 个变元的 m 个方程组

$$\left.\begin{aligned} F_1(x_1, \cdots, x_n; y_1, \cdots, y_m) = 0, \\ F_2(x_1, \cdots, x_n; y_1, \cdots, y_m) = 0, \\ \cdots\cdots\cdots\cdots\cdots\cdots\cdots\cdots \\ F_m(x_1, \cdots, x_n; y_1, \cdots, y_m) = 0. \end{aligned}\right\} \tag{5}$$

在这里要问的是: 用这方程组能否确定 m 个变元 $y_1,\cdots,y_m$ 为另 n 个变元 $x_1,x_2,\cdots,x_n$ 的 "隐" 函数:

$$y_1=\varphi_1(x_1,\cdots,x_n),\quad \cdots,\quad y_m=\varphi_m(x_1,\cdots,x_n),$$

使当上列各式代入 (5) 内时能得恒等式

$$\begin{aligned}
&F_1(x_1,\cdots,x_n;\varphi_1(x_1,\cdots,x_n),\cdots,\varphi_m(x_1,\cdots,x_n))=0,\\
&F_2(x_1,\cdots,x_n;\varphi_1(x_1,\cdots,x_n),\cdots,\varphi_m(x_1,\cdots,x_n))=0,\\
&\cdots\cdots\cdots\cdots\cdots\cdots\cdots\cdots\cdots\cdots\cdots\cdots\cdots\cdots\\
&F_m(x_1,\cdots,x_n;\varphi_1(x_1,\cdots,x_n),\cdots,\varphi_m(x_1,\cdots,x_n))=0.
\end{aligned}$$

常说, 在 $(n+m)$ 维长方体

$$(a_1,b_1;\cdots;a_n,b_n;c_1,d_1;\cdots;c_m,d_m)$$

中, 方程组 (5) 确定 $y_1,\cdots,y_m$ 为 $x_1,\cdots,x_n$ 的单值函数, 如果对于 n 维长方体

$$(a_1,b_1;\cdots;a_n,b_n)$$

中的每一点 $(x_1,\cdots,x_n)$, 方程组 (5) 有一组且仅有一组属于 m 维长方体

$$(c_1,d_1;\cdots;c_m,d_m)$$

的解 $y_1,\cdots,y_m$.

我们已看到, 在由方程 (1) 或 (4) 所确定的单值隐函数的存在问题中, 导数 F'_y 在满足方程 $F=0$ 的点不等于零的这一要求起了决定性的作用. 至于在我们即将讨论的, 在由方程组 (5) 所确定的单值隐函数 $y_1,\cdots,y_m$ 的存在问题中, 起同样作用的是左边各函数关于变元 $y_1,\cdots,y_m$ 的雅可比式:

$$J=\frac{D(F_1,\cdots,F_m)}{D(y_1,\cdots,y_m)}=\begin{vmatrix}
\dfrac{\partial F_1}{\partial y_1} & \dfrac{\partial F_1}{\partial y_2} & \cdots & \dfrac{\partial F_1}{\partial y_{m-1}} & \dfrac{\partial F_1}{\partial y_m}\\
\dfrac{\partial F_2}{\partial y_1} & \dfrac{\partial F_2}{\partial y_2} & \cdots & \dfrac{\partial F_2}{\partial y_{m-1}} & \dfrac{\partial F_2}{\partial y_m}\\
\cdots & \cdots & \cdots & \cdots & \cdots\\
\dfrac{\partial F_{m-1}}{\partial y_1} & \dfrac{\partial F_{m-1}}{\partial y_2} & \cdots & \dfrac{\partial F_{m-1}}{\partial y_{m-1}} & \dfrac{\partial F_{m-1}}{\partial y_m}\\
\dfrac{\partial F_m}{\partial y_1} & \dfrac{\partial F_m}{\partial y_2} & \cdots & \dfrac{\partial F_m}{\partial y_{m-1}} & \dfrac{\partial F_m}{\partial y_m}
\end{vmatrix}. \tag{6}$$

定理 4 假定 1) 一切函数 $F_1,\cdots,F_m$ 在以点 $(x_1^0,\cdots,x_n^0,y_1^0,\cdots,y_m^0)$ 为中心的 $(n+m)$ 维长方体

$$\begin{aligned}\mathcal{D}=[&x_1^0-\Delta_1,x_1^0+\Delta_1;\cdots;x_n^0-\Delta_n,x_n^0+\Delta_n;\\ &y_1^0-\Delta_1',y_1^0+\Delta_1';\cdots;y_m^0-\Delta_m',y_m^0+\Delta_m']\end{aligned}$$

中有定义而且连续;

2) 在 $\mathcal{D}$ 中这些函数关于一切变元的偏导数都存在且连续;

3) 点 $(x_1^0,\cdots,y_m^0)$ 满足方程组 (5);

4) 雅可比式 J [见 (6)] 在这点异于零.

则, a) 在点 $(x_1^0,\cdots,y_m^0)$ 的某一邻域内, 方程组 (5) 确定 $y_1,\cdots,y_m$ 为 $x_1,\cdots,x_n$ 的单值函数:

$$y_1=f_1(x_1,\cdots,x_n),\cdots,y_{m-1}=f_{m-1}(x_1,\cdots,x_n),y_m=f_m(x_1,\cdots,x_n);$$

б) 当 $x_1=x_1^0,\cdots,x_n=x_n^0$ 时, 这些函数各具有数值 $y_1^0,\cdots,y_{m-1}^0,y_m^0$:

$$f_1(x_1^0,\cdots,x_n^0)=y_1^0,\cdots,f_{m-1}(x_1^0,\cdots,x_n^0)=y_{m-1}^0,f_m(x_1^0,\cdots,x_n^0)=y_m^0;$$

в) 函数 $f_1,\cdots,f_m$ 都为连续, 且

г) 有关于一切变元的连续偏导数.

证明 (用数学归纳法) 当 $m=1$ 时方程组变成一个方程, 定理是正确的 (这就是定理 3). 现在假设, 由 $m-1$ 个方程所成的方程组来确定 $m-1$ 个隐函数时定理正确, 要证明它对于 m 个方程所成的方程组也正确.

由于雅可比式 J 在点 $(x_1^0,\cdots,y_m^0)$ 异于零, 那么, 在最后一行内至少有一个元素在这点不等于零; 例如, 设

$$\frac{\partial F_m(x_1^0,\cdots,y_m^0)}{\partial y_m}\neq 0.$$

这时, 按照定理 3, 方程组 (5) 的最后一个方程, 在点 $(x_1^0,\cdots,y_m^0)$ 的某一邻域 $\mathcal{D}^*$ 内, 确定 y_m 为其余变元的单值函数:

$$y_m=\varphi(x_1,\cdots,x_n;y_1,\cdots,y_{m-1}),\tag{7}$$

于是就有 (关于这些变元的) 恒等式

$$F_m(x_1,\cdots,x_n;y_1,\cdots,y_{m-1},\varphi(x_1,\cdots,y_{m-1}))=0.\tag{8}$$

这函数 φ 是连续的, 且有连续偏导数; 此外

$$\varphi(x_1^0,\cdots,x_n^0;y_1^0,\cdots,y_{m-1}^0)=y_m^0.\tag{9}$$

必须着重指出, 由于我们以后的讨论也以上述的邻域 $\mathcal{D}^*$ 为限, 方程

$$F_m(x_1,\cdots,x_n;y_1,\cdots,y_m)=0$$

与方程 (7) 是**等价的**: 因为在 $\mathcal{D}^*$ 的范围内, 变元 $x_1,\cdots,x_n,y_1,\cdots,y_m$ 的同一数值组也满足方程 (7).

用方程 (7) 代替方程组 (5) 中的最后一方程, 并把函数 φ 代入方程组 (5) 中其余方程内的 y_m, 我们得到具有 $n+m-1$ 个变元的 $m-1$ 个方程的新方程组

$$\left.\begin{array}{l}\Phi_1(x_1,\cdots,x_n;y_1,\cdots,y_{m-1})=0,\\ \Phi_2(x_1,\cdots,x_n;y_1,\cdots,y_{m-1})=0,\\ \cdots\cdots\cdots\cdots\cdots\cdots\cdots\cdots\cdots\cdots\\ \Phi_{m-1}(x_1,\cdots,x_n;y_1,\cdots,y_{m-1})=0,\end{array}\right\}\tag{10}$$

其中为了简便起见, 记 (当 $j=1,2,\cdots,m-1$ 时)

$$\begin{aligned}&\Phi_j(x_1,\cdots,x_n;y_1,\cdots,y_{m-1})\\=&F_j(x_1,\cdots,x_n;y_1,\cdots,y_{m-1},\varphi(x_1,\cdots,y_{m-1})).\end{aligned}\tag{11}$$

若不越出邻域 $\mathcal{D}^*$ 的范围, 则方程组 (5) 等价于方程组 (10) 连同附加的方程 (7). 因此, 假如我们能证明, 方程组 (10) 在点 $(x_1^0,\cdots,y_{m-1}^0)$ 的充分小的邻域 d^* 内确定 $m-1$ 个变元 $y_1,\cdots,y_{m-1}$ 为 $x_1,\cdots,x_n$ 的单值函数:

$$y_1=f_1(x_1,\cdots,x_n),\cdots,y_{m-1}=f_{m-1}(x_1,\cdots,x_n),\tag{12}$$

则根据 (7), 变元 y_m 也被确定为这样的单值函数:

$$\begin{aligned}y_m=&\ f_m(x_1,\cdots,x_n)\\=&\ \varphi(x_1,\cdots,x_n;f_1(x_1,\cdots,x_n),\cdots,f_{m-1}(x_1,\cdots,x_n)),\end{aligned}\tag{12a}$$

从而结论 a) 就是完全真实的了 ①.

转而讨论方程组 (10), 将证明在点 $(x_1^0,\cdots,y_{m-1}^0)$ 的邻域内它能满足类似于 1), 2), 3), 4) 的条件. 前二条件的正确性可以根据 (11) 由函数 F_j 及 φ 的性质直接推得. 条件 3) 也完全一样, 因为由 (11) 及 (9) 给出 (当 $j=1,\cdots,m-1$)

$$\begin{aligned}\Phi_j(x_1^0,\cdots,x_n^0;y_1^0,\cdots,y_{m-1}^0)&=F_j(x_1^0,\cdots,y_{m-1}^0,\varphi(x_1^0,\cdots,y_{m-1}^0))\\&=F_j(x_1^0,\cdots,y_{m-1}^0,y_m^0)=0.\end{aligned}$$

①要说明的是: $(n+m-1)$ 维 (开的) 长方体 d^* 应假定为如此之小, 使得确定它的诸区间各包含于确定 $(n+m)$ 维长方体 $\mathcal{D}^*$ 的对应区间内. 而在结论 a) 内所讲到的那个点 $(x_1^0,\cdots,y_m^0)$ 的邻域则由与 d^* 有联系的一切区间以及与 $\mathcal{D}^*$ 有联系的最后一个区间共同确定.

剩下来仅需考察雅可比式 (类似于 J)

$$J^* = \frac{D(\Phi_1, \cdots, \Phi_{m-1})}{D(y_1, \cdots, y_{m-1})} = \begin{vmatrix} \dfrac{\partial \Phi_1}{\partial y_1} & \dfrac{\partial \Phi_1}{\partial y_2} & \cdots & \dfrac{\partial \Phi_1}{\partial y_{m-1}} \\ \dfrac{\partial \Phi_2}{\partial y_1} & \dfrac{\partial \Phi_2}{\partial y_2} & \cdots & \dfrac{\partial \Phi_2}{\partial y_{m-1}} \\ \cdots & \cdots & \cdots & \cdots \\ \dfrac{\partial \Phi_{m-1}}{\partial y_1} & \dfrac{\partial \Phi_{m-1}}{\partial y_2} & \cdots & \dfrac{\partial \Phi_{m-1}}{\partial y_{m-1}} \end{vmatrix},$$

并证明它在点 $(x_1^0, \cdots, y_{m-1}^0)$ 异于零. 为此目的, 就须将行列式 J 变形, 依次用 $\dfrac{\partial \varphi}{\partial y_1}$, $\cdots$, $\dfrac{\partial \varphi}{\partial y_{m-1}}$ 乘第 m 列的各元素, 然后分别加到前 $m-1$ 列的每一行去:

$$J = \begin{vmatrix} \dfrac{\partial F_1}{\partial y_1} + \dfrac{\partial F_1}{\partial y_m}\dfrac{\partial \varphi}{\partial y_1} & \cdots & \dfrac{\partial F_1}{\partial y_{m-1}} + \dfrac{\partial F_1}{\partial y_m}\dfrac{\partial \varphi}{\partial y_{m-1}} & \dfrac{\partial F_1}{\partial y_m} \\ \dfrac{\partial F_2}{\partial y_1} + \dfrac{\partial F_2}{\partial y_m}\dfrac{\partial \varphi}{\partial y_1} & \cdots & \dfrac{\partial F_2}{\partial y_{m-1}} + \dfrac{\partial F_2}{\partial y_m}\dfrac{\partial \varphi}{\partial y_{m-1}} & \dfrac{\partial F_2}{\partial y_m} \\ \cdots & \cdots & \cdots & \cdots \\ \dfrac{\partial F_{m-1}}{\partial y_1} + \dfrac{\partial F_{m-1}}{\partial y_m}\dfrac{\partial \varphi}{\partial y_1} & \cdots & \dfrac{\partial F_{m-1}}{\partial y_{m-1}} + \dfrac{\partial F_{m-1}}{\partial y_m}\dfrac{\partial \varphi}{\partial y_{m-1}} & \dfrac{\partial F_{m-1}}{\partial y_m} \\ \dfrac{\partial F_m}{\partial y_1} + \dfrac{\partial F_m}{\partial y_m}\dfrac{\partial \varphi}{\partial y_1} & \cdots & \dfrac{\partial F_m}{\partial y_{m-1}} + \dfrac{\partial F_m}{\partial y_m}\dfrac{\partial \varphi}{\partial y_{m-1}} & \dfrac{\partial F_m}{\partial y_m} \end{vmatrix}.$$

在此处若视 $y_m = \varphi(x_1, \cdots, y_{m-1})$, 则除最后一行及最后一列以外的一切元素都是函数 Φ_j (关于 $y_1, \cdots, y_{m-1}$) 的偏导数. 就是说, 根据 (11), 把 Φ_j 当作复合函数, 分别对 $y_1, \cdots, y_{m-1}$ 而微分它 [应用 **181** 的法则], 可得 (当 $j = 1, \cdots, m-1$)

$$\frac{\partial \Phi_j}{\partial y_1} = \frac{\partial F_j}{\partial y_1} + \frac{\partial F_j}{\partial y_m}\frac{\partial \varphi}{\partial y_1}, \quad \cdots, \quad \frac{\partial \Phi_j}{\partial y_{m-1}} = \frac{\partial F_j}{\partial y_{m-1}} + \frac{\partial F_j}{\partial y_m}\frac{\partial \varphi}{\partial y_{m-1}}.$$

另一方面, 若分别对 $y_1, \cdots, y_{m-1}$ 而微分恒等式 (8)①, 则得

$$\frac{\partial F_m}{\partial y_1} + \frac{\partial F_m}{\partial y_m}\frac{\partial \varphi}{\partial y_1} = 0, \quad \cdots, \quad \frac{\partial F_m}{\partial y_{m-1}} + \frac{\partial F_m}{\partial y_m}\frac{\partial \varphi}{\partial y_{m-1}} = 0.$$

这样, 在最后一行内的元素 (除最后一个外) 全部等于零. 结果就得到

$$J = \begin{vmatrix} \dfrac{\partial \Phi_1}{\partial y_1} & \cdots & \dfrac{\partial \Phi_1}{\partial y_{m-1}} & \dfrac{\partial F_1}{\partial y_m} \\ \dfrac{\partial \Phi_2}{\partial y_1} & \cdots & \dfrac{\partial \Phi_2}{\partial y_{m-1}} & \dfrac{\partial F_2}{\partial y_m} \\ \cdots & \cdots & \cdots & \cdots \\ \dfrac{\partial \Phi_{m-1}}{\partial y_1} & \cdots & \dfrac{\partial \Phi_{m-1}}{\partial y_{m-1}} & \dfrac{\partial F_{m-1}}{\partial y_m} \\ 0 & \cdots & 0 & \dfrac{\partial F_m}{\partial y_m} \end{vmatrix}.$$

①需知, 若 (8) 式左边的 (复合) 函数恒等于零, 则它关于任何变元的导数也必为零.

按照最后一行展开这行列式, 就得出结果

$$J = J^* \cdot \frac{\partial F_m}{\partial y_m}.$$

最后, 在此处令 $x_1 = x_1^0, \cdots, y_{m-1} = y_{m-1}^0$; 则根据 (9), $y_m = \varphi(x_1, \cdots, y_{m-1})$ 变为 y_m^0. 但在这情形按照条件 4), J 异于零, 故 J^* 也不能为零, 这便是所要证明的.

对于包含 $m-1$ 个方程的方程组 (10), 我们的定理已假定为正确. 因此, 这方程组在点 $(x_1^0, \cdots, y_{m-1}^0)$ 的邻域内确定单值函数 (12), 它们是连续的且有连续导数;此外,这些函数又都满足条件 б):

$$f_1(x_1^0, \cdots, x_n^0) = y_1^0, \cdots, f_{m-1}(x_1^0, \cdots, x_n^0) = y_{m-1}^0. \tag{13}$$

由此推得, 第 m 个函数 (12a) 也是连续的且有连续导数, 而最后, 根据 (13) 及 (9), 推得:

$$\begin{aligned}&f_m(x_1^0, \cdots, x_n^0)\\ =&\varphi(x_1^0, \cdots, x_n^0; f_1(x_1^0, \cdots, x_n^0), \cdots, f_{m-1}(x_1^0, \cdots, x_n^0))\\ =&\varphi(x_1^0, \cdots, x_n^0; y_1^0, \cdots, y_{m-1}^0) = y_m^0.\end{aligned}$$

定理证明完毕.

附注 请读者注意一切隐函数存在定理的局部性: 我们始终仅涉及被考察点的某一邻域. 但即使在这种形式之下这些定理也已很有用; 例如, 读者在第七章内可以看到, 当研究几何图形在已给点的性质时, 只需以这点的直接邻域为限就够了.

209. 隐函数导数的求法 用以证明隐函数存在定理的推论过程, 在一般情形, 并未给出隐函数 (一阶) 导数的求法的启示. 关于高阶导数则根本完全未说及. 现在我们将专门讨论这些重要问题.

从最简单的情形如方程 (1) 开始. 假设定理 2 的条件在被考察点的邻域内都能获得满足; 在以后, 条件 $F_y' \neq 0$ 将起决定性的作用.

今将指出导数 y_x' (若预先已知它的存在) 的简单求法. 我们知道, 若把隐函数 $y = f(x)$ 代入方程 (1) 内, 它就化为恒等式 [参阅 **205**, (2)]. 因此, 若理解 y 就是这个 x 的函数, 则 (1) 式左边的 $F(x, y)$ 就成为恒等于零的 x 的复合函数. 那时, 它关于 x 的导数也必为零. 若按照 **181** 的法则而微分这函数, 就得

$$F_x'(x, y) + F_y'(x, y) \cdot y_x' = 0 \text{①}, \tag{14}$$

由此 (因为 $F_y' \neq 0$),

$$y_x' = -\frac{F_x'(x, y)}{F_y'(x, y)}; \tag{15}$$

①实际上, 我们在前面已经有过这种形式的推论了. 参阅前一个脚注.

我们就得出熟知的公式 [比较 **206**, (3)].

现在可以继续讨论下去. 若函数 $F(x,y)$ 有连续的二阶导数, 则公式 (15) 右边的式子可以对 x 而微分, 因此, y'_x 的导数也存在; 即隐函数 y 的二阶导数 y''_{x^2} 存在. 施行微分以后再把每一个 y'_x 代以它的表达式 (15), 求得:

$$y''_{x^2} = \frac{(F''_{xy} + F''_{y^2} \cdot y'_x) \cdot F'_x - (F''_{x^2} + F''_{xy} \cdot y'_x) \cdot F'_y}{F'^2_y} = \frac{2F'_x \cdot F'_y \cdot F''_{xy} - F'^2_y \cdot F''_{x^2} - F'^2_x \cdot F''_{y^2}}{F'^3_y};$$

由此可见, 二阶导数也是 x 的连续函数.

若函数 $F(x,y)$ 有连续的三阶导数; 则显然隐函数的三阶导数 y'''_{x^3} 也存在; 它的表达式仍可以由直接微分 y''_{x^2} 的表达式而得出, 其余由此类推. 用数学归纳法容易证明, 函数 $F(x,y)$ 有直至 k $(k>1)$ 阶为止的各阶连续导数, 就保证隐函数有连续的 k 阶导数存在.

这样, 当已证明了隐函数的逐次导数都存在的事实以后, 它们的求法就很简单, 只要把 y 看作 x 的函数, 而逐次地微分恒等式 (14) 就是了. 例如, 这恒等式的第一次微分, 给出

$$F''_{x^2} + F''_{xy} \cdot y'_x + (F''_{xy} + F''_{y^2} \cdot y'_x) \cdot y'_x + F'_y \cdot y''_{x^2} = 0, \tag{16}$$

由此 (需知 $F'_y \neq 0$),

$$y''_{x^2} = -\frac{F''_{x^2} + 2F''_{xy} \cdot y'_x + F''_{y^2} \cdot y'^2_x}{F'_y};$$

把 y'_x 代以它的表达式 (15), 仍得刚才求出的 y''_{x^2} 的表达式, 其余由此类推.

在有许多个变元的方程 (4) 的情形, 也可以类似地处理. 在此处假设定理 3 的条件都能获得满足. 若把 y 理解为由方程 (4) 所确定的隐函数, 则 (4) 化为恒等式. 固定 $x_2, \cdots, x_n$ 的数值, 把 y 看成仅是 x_1 的函数, 对 x_1 而微分这恒等式, 得

$$F'_{x_1} + F'_y \cdot y'_{x_1} = 0, \quad 由此\ y'_{x_1} = -\frac{F'_{x_1}}{F'_y},$$

同样可得

$$y'_{x_2} = -\frac{F'_{x_2}}{F'_y}, \quad \cdots, \quad y'_{x_n} = -\frac{F'_{x_n}}{F'_y}, \quad 等等.$$

若需要求一阶、二阶 …… 所有各阶导数, 则以直接计算 $dy, d^2y, \cdots$ 较为简便. 求恒等式的全微分, 即使它的左边的全微分等于零 [这时利用一阶微分的形式不变性, **185**]:

$$\frac{\partial F}{\partial x_1}dx_1 + \frac{\partial F}{\partial x_2}dx_2 + \cdots + \frac{\partial F}{\partial x_n}dx_n + \frac{\partial F}{\partial y}dy = 0,$$

于是

$$dy = -\frac{\dfrac{\partial F}{\partial x_1}}{\dfrac{\partial F}{\partial y}} dx_1 - \cdots - \frac{\dfrac{\partial F}{\partial x_n}}{\dfrac{\partial F}{\partial y}} dx_n.$$

同时

$$dy = \frac{\partial y}{\partial x_1} dx_1 + \cdots + \frac{\partial y}{\partial x_n} dx_n.$$

由于 $dx_1, \cdots, dx_n$ 是任意的, 由此很明显地,

$$\frac{\partial y}{\partial x_1} = -\frac{\dfrac{\partial F}{\partial x_1}}{\dfrac{\partial F}{\partial y}}, \cdots, \frac{\partial y}{\partial x_n} = -\frac{\dfrac{\partial F}{\partial x_n}}{\dfrac{\partial F}{\partial y}},$$

像我们上面所得出的一样.

再微分一次, 则得

$$\left[\frac{\partial^2 F}{\partial x_1^2} dx_1 + \cdots + \frac{\partial^2 F}{\partial x_1 \partial x_n} dx_n + \frac{\partial^2 F}{\partial x_1 \partial y} dy\right] dx_1 + \cdots + \frac{\partial F}{\partial y} d^2 y = 0,$$

由此确定 $d^2 y$, 即可得出

$$\frac{\partial^2 y}{\partial x_1^2}, \quad \frac{\partial^2 y}{\partial x_1 \partial x_2}, \quad \frac{\partial^2 y}{\partial x_2^2}, \quad \cdots$$

的表达式, 其余由此类推. 我们看到, 在这一切运算中, 条件

$$F'_y = \frac{\partial F}{\partial y} \neq 0$$

起了主要的作用.

今转而考察方程组 (5). 我们假定, 在所取点的邻域内定理 4 的条件都能获得满足. 请注意条件 $J \neq 0$ 在以下所要起的作用.

我们知道, 隐函数 $y_1, \cdots, y_m$ 有关于 $x_1, \cdots, x_n$ 的偏导数. 要计算它们, 只需把 (5) 式中的 $y_1, \cdots, y_m$, 理解为就是上述的隐函数, 然后微分所得的那些恒等式. 例如, 对 x_1 而微分它, 给出

$$\left\{\begin{array}{l} \dfrac{\partial F_1}{\partial x_1} + \dfrac{\partial F_1}{\partial y_1} \cdot \dfrac{\partial y_1}{\partial x_1} + \cdots + \dfrac{\partial F_1}{\partial y_m} \cdot \dfrac{\partial y_m}{\partial x_1} = 0, \\ \cdots\cdots\cdots\cdots\cdots\cdots\cdots\cdots\cdots\cdots \\ \dfrac{\partial F_m}{\partial x_1} + \dfrac{\partial F_m}{\partial y_1} \cdot \dfrac{\partial y_1}{\partial x_1} + \cdots + \dfrac{\partial F_m}{\partial y_m} \cdot \dfrac{\partial y_m}{\partial x_1} = 0. \end{array}\right.$$

这是关于未知数 $\dfrac{\partial y_1}{\partial x_1}, \cdots, \dfrac{\partial y_m}{\partial x_1}$ 的线性方程组, 它具有异于零的行列式

$$J = \frac{D(F_1, \cdots, F_m)}{D(y_1, \cdots, y_m)}.$$

由此, 有

$$\frac{\partial y_1}{\partial x_1}=-\frac{\dfrac{D(F_1,\cdots,F_m)}{D(x_1,\cdots,y_m)}}{\dfrac{D(F_1,\cdots,F_m)}{D(y_1,\cdots,y_m)}},\cdots,\frac{\partial y_m}{\partial x_1}=-\frac{\dfrac{D(F_1,\cdots,F_m)}{D(y_1,\cdots,x_1)}}{\dfrac{D(F_1,\cdots,F_m)}{D(y_1,\cdots,y_m)}}.$$

至于 $y_1,\cdots,y_m$ 关于 $x_2,\cdots,x_n$ 的导数, 也能得出同样的表达式.

若函数 $F_1,\cdots,F_m$ 有连续的二阶偏导数, 则以上所得诸公式的右边都能有关于一切变元的 (连续) 导数, 因此, 隐函数有 (连续的) 二阶导数存在. 一般地说 (这是容易用归纳法证明的), 若函数 $F_1,\cdots,F_m$ 有直到 k 阶为止的各阶连续导数, 则隐函数的一切 k 阶导数也存在且连续.

隐函数导数的求法, 在一般情形也相同: 或则对这些或那些变元而微分诸恒等式 (5), 或则求它们的全微分, 如此得到的用以求诸导数或微分的线性方程组的行列式常是异于零的雅可比式 J. 这些附注在例题内显得更为清楚.

210. 例题 1) 设 y 与 x 是由方程

$$\ln\sqrt{x^2+y^2}=\operatorname{arctg}\frac{y}{x}$$

联系着. 两边各对 x 微分 (其中的 y 看作是 x 的函数), 就得

$$\frac{x+yy'}{x^2+y^2}=\frac{xy'-y}{x^2+y^2}\text{ 或 }x+yy'=xy'-y;$$

再微分一次得

$$1+y'^2+yy''=xy'';$$

其余由此类推. 由前一方程求得

$$y'=\frac{x+y}{x-y},$$

由第二式 (若代入所求得的 y' 的数值) 得

$$y''=\frac{1+y'^2}{x-y}=2\frac{x^2+y^2}{(x-y)^3},$$

其余由此类推.

2) 已给方程

$$F(x,y)=x^3+y^3-3axy=0.$$

需要求出由它所确定的 x 的隐函数 y 的**极值**.

在此处有

$$F'_x=3(x^2-ay),\quad F'_y=3(y^2-ax).$$

由于 (15), 知道要使 $y'_x=0$ 必需 $F'_x=0$. 解联立方程组 $F=0$ 及 $F'_x=0$, 求得 x 及 y 的两对对应值:

$$x=0,y=0\quad\text{及}\quad x=a\sqrt[3]{2},y=a\sqrt[3]{4}.$$

但在第一点 F'_y 也变为零, 于是就不能断定, 我们的方程在该点的邻域内能否确定点 y 为 x 的单值函数; 因此把点 $(0,0)$ 搁在一边.

在第二点 $F'_y = 3a^2\sqrt[3]{2} > 0$, 对于它适用定理 2. 要证实有极值存在, 可算出当 $x = a\sqrt[3]{2}$ 时的 y''_{x^2}; 最简便的方法是从 (16) 着手, 令其中的 $y'_x = 0$, 就得

$$y''_{x^2} = -\frac{F''_{x^2}}{F'_y}\text{①}.$$

因为当 $x = a\sqrt[3]{2}$ 时 $F''_{x^2} = 6x > 0$, 故 $y''_{x^2} < 0$, 因而有极大值存在.

3) 设 z 为 x, y 的隐函数, 由方程

$$\frac{x^2}{a^2} + \frac{y^2}{b^2} + \frac{z^2}{c^2} = 1$$

确定.

随即我们有

$$\frac{xdx}{a^2} + \frac{ydy}{b^2} + \frac{zdz}{c^2} = 0, \quad dz = -\frac{c^2x}{a^2z}dx - \frac{c^2y}{b^2z}dy,$$

于是

$$\frac{\partial z}{\partial x} = -\frac{c^2x}{a^2z}, \quad \frac{\partial z}{\partial y} = -\frac{c^2y}{b^2z},$$

以后再有

$$\frac{dx^2}{a^2} + \frac{dy^2}{b^2} + \frac{dz^2}{c^2} + \frac{zd^2z}{c^2} = 0,$$

由此 (若利用已知的 dz 的表达式) 得

$$d^2z = -\frac{c^4}{z^3}\left[\left(\frac{x^2}{a^2} + \frac{z^2}{c^2}\right)\frac{dx^2}{a^2} + \frac{2xy}{a^2b^2}dxdy + \left(\frac{y^2}{b^2} + \frac{z^2}{c^2}\right)\frac{dy^2}{b^2}\right],$$

这就给出

$$\frac{\partial^2 z}{\partial x^2} = -\frac{c^4}{a^2z^3}\left(\frac{x^2}{a^2} + \frac{z^2}{c^2}\right), \quad \frac{\partial^2 z}{\partial x\partial y} = -\frac{c^4xy}{a^2b^2z^3},$$
$$\frac{\partial^2 z}{\partial y^2} = -\frac{c^4}{b^2z^3}\left(\frac{y^2}{b^2} + \frac{z^2}{c^2}\right), \quad \text{等等.}$$

4) 设由方程

$$z = x + y\cdot\varphi(z)$$

确定 z 为 x 及 y 的函数. 假定 $1 - y\cdot\varphi'(z) \neq 0$, 求证

$$\frac{\partial z}{\partial y} = \varphi(z)\cdot\frac{\partial z}{\partial x}.$$

我们有

$$\frac{\partial z}{\partial x} = \frac{1}{1 - y\cdot\varphi'(z)}, \quad \frac{\partial z}{\partial y} = \frac{\varphi(z)}{1 - y\cdot\varphi'(z)},$$

由此就推得所要求证的.

5) 设由方程

$$y = x\varphi(z) + \psi(z)$$

①这不是 y''_{x^2} 的一般表达式, 它只能适用于我们所关心的点 $(a\sqrt[3]{2}, a\sqrt[3]{4})$.

确定变元 z 为 x 及 y 的隐函数. 假定 $x\cdot\varphi'(z)+\psi'(z)\neq 0$, 求证这函数满足微分方程

$$\frac{\partial^2 z}{\partial x^2}\cdot\left(\frac{\partial z}{\partial y}\right)^2-2\frac{\partial z}{\partial x}\cdot\frac{\partial z}{\partial y}\cdot\frac{\partial^2 z}{\partial x\partial y}+\frac{\partial^2 z}{\partial y^2}\cdot\left(\frac{\partial z}{\partial x}\right)^2=0.$$

为简明起见, 约定

$$\frac{\partial z}{\partial x}=p,\quad \frac{\partial z}{\partial y}=q,\quad \frac{\partial^2 z}{\partial x^2}=r,\quad \frac{\partial^2 z}{\partial x\partial y}=s,\quad \frac{\partial^2 z}{\partial y^2}=t.$$

则上一微分方程可改写为

$$r\cdot q^2-2pq\cdot s+t\cdot p^2=0,$$

对 x 及对 y 而依次地微分所设方程, 则得

$$\varphi(z)+[x\cdot\varphi'(z)+\psi'(z)]\cdot p=0,\quad [x\cdot\varphi'(z)+\psi'(z)]\cdot q=1,$$

其次有

$$2\varphi'(z)\cdot p+[x\cdot\varphi''(z)+\psi''(z)]\cdot p^2+[x\cdot\varphi'(z)+\psi'(z)]\cdot r=0,$$
$$\varphi'(z)\cdot q+[x\cdot\varphi''(z)+\psi''(z)]\cdot pq+[x\cdot\varphi'(z)+\psi'(z)]\cdot s=0,$$
$$[x\cdot\varphi''(z)+\psi''(z)]\cdot q^2+[x\cdot\varphi'(z)+\psi'(z)]\cdot t=0.$$

最后三等式依次乘以 $q^2,-2pq,p^2$, 然后相加, 就得出所要求的关系式.

6) 设已给方程组

$$x+y+z+u=a,\quad x^2+y^2+z^2+u^2=b^2,\quad x^3+y^3+z^3+u^3=c^3,$$

它们确定 y,z,u 为 x 的函数. 我们就有

$$1+y'+z'+u'=0,\quad x+yy'+zz'+uu'=0,$$
$$x^2+y^2y'+z^2z'+u^2u'=0.$$

假定行列式

$$\begin{vmatrix}1&1&1\\ y&z&u\\ y^2&z^2&u^2\end{vmatrix}=(z-y)(u-y)(u-z)$$

不等于零, 由此就有

$$y'=-\frac{(z-x)(u-x)}{(z-y)(u-y)},\quad \text{等等.}$$

7) 设变元 x,y,z 与变元 r,θ,φ 间由关系式

$$x=r\cdot\cos\theta\cos\varphi,\quad y=r\cdot\sin\theta\cos\varphi,\quad z=r\cdot\sin\varphi$$

联系着, 式中 $0<r<+\infty,-\frac{\pi}{2}<\theta<\frac{\pi}{2},-\frac{\pi}{2}<\varphi<\frac{\pi}{2}$. 雅可比式

$$J=\frac{D(x,y,z)}{D(r,\theta,\varphi)}=\begin{vmatrix}\cos\theta\cos\varphi&-r\sin\theta\cos\varphi&-r\cos\theta\sin\varphi\\ \sin\theta\cos\varphi&r\cos\theta\cos\varphi&-r\sin\theta\sin\varphi\\ \sin\varphi&0&r\cos\varphi\end{vmatrix}$$
$$=r^2\cos\varphi>0.$$

前述诸关系式也确定 r, θ, φ 为 x, y, z 的函数. 要求出这些函数的导数, 可求这些关系式的全微分:

$$\cos\theta\cos\varphi dr - r\cdot\sin\theta\cos\varphi d\theta - r\cdot\cos\theta\sin\varphi d\varphi = dx,$$
$$\sin\theta\cos\varphi dr + r\cdot\cos\theta\cos\varphi d\theta - r\cdot\sin\theta\sin\varphi d\varphi = dy,$$
$$\sin\varphi dr + r\cdot\cos\varphi d\varphi = dz.$$

由此确定 $dr, d\theta, d\varphi$:

$$\begin{aligned}
dr &= \frac{r^2\cdot\cos\theta\cos^2\varphi}{J}dx + \frac{r^2\sin\theta\cos^2\varphi}{J}dy + \frac{r^2\cdot\sin\varphi\cos\varphi}{J}dz,\\
d\theta &= -\frac{r\sin\theta}{J}dx + \frac{r\cdot\cos\theta}{J}dy,\\
d\varphi &= -\frac{r\cdot\cos\theta\sin\varphi\cos\varphi}{J}dx - \frac{r\cdot\sin\theta\sin\varphi\cos\varphi}{J}dy + \frac{r\cdot\cos^2\varphi}{J}dz.
\end{aligned}$$

由这些式子已经能求得我们所关心的导数 (若把上面算出的 J 的值代入):

$$\begin{aligned}
&\frac{\partial r}{\partial x} = \cos\theta\cos\varphi, \quad \frac{\partial r}{\partial y} = \sin\theta\cos\varphi, \quad \frac{\partial r}{\partial z} = \sin\varphi,\\
&\frac{\partial\theta}{\partial x} = -\frac{\sin\theta}{r\cdot\cos\varphi}, \quad \frac{\partial\theta}{\partial y} = \frac{\cos\theta}{r\cdot\cos\varphi}, \quad \frac{\partial\theta}{\partial z} = 0,\\
&\frac{\partial\varphi}{\partial x} = -\frac{\cos\theta\sin\varphi}{r}, \quad \frac{\partial\varphi}{\partial y} = -\frac{\sin\theta\sin\varphi}{r}, \quad \frac{\partial\varphi}{\partial z} = \frac{\cos\varphi}{r}.
\end{aligned}$$

由原设三方程甚易解出 r, θ, φ:

$$r = \sqrt{x^2+y^2+z^2}, \quad \theta = \operatorname{arctg}\frac{y}{x}, \quad \varphi = \operatorname{arctg}\frac{z}{\sqrt{x^2+y^2}}.$$

可以由此算出一切导数, 用来核对已求出的结果.

8) 当作隐函数的微分法的最后一个例题, 我们再导出一个公式, 它将又一次着重说明函数组的雅可比式与单独一个函数的导数之间的相似性.

设已给具有 $2n$ 个变元的 n 个方程所成的方程组:

$$F_i(x_1, x_2, \cdots, x_n; y_1, y_2, \cdots, y_n) = 0 \quad (i = 1, 2, \cdots, n).$$

假定雅可比式:

$$\frac{D(F_1, F_2, \cdots, F_n)}{D(y_1, y_n, \cdots, y_n)}$$

异于零, 把 $y_1, y_2, \cdots, y_n$ 看成由这方程组所确定的 $x_1, x_2, \cdots, x_n$ 的函数, 因此它们也能使这方程组化成恒等式. 对每一 x_j 而微分这些恒等式, 结果可以表示为下列形式:

$$-\frac{\partial F_i}{\partial x_j} = \frac{\partial F_i}{\partial y_1}\frac{\partial y_1}{\partial x_j} + \frac{\partial F_i}{\partial y_2}\frac{\partial y_2}{\partial x_j} + \cdots + \frac{\partial F_i}{\partial y_n}\frac{\partial y_n}{\partial x_j} \quad (i, j = 1, 2, \cdots, n).$$

由这些等式的左边所组成的行列式是

$$(-1)^n \frac{D(F_1, F_2, \cdots, F_n)}{D(x_1, x_2, \cdots, x_n)};$$

至于由这些等式的右边所组成的行列式, 显然可表示为行列式

$$\frac{D(F_1, F_2, \cdots, F_n)}{D(y_1, y_2, \cdots, y_n)} \quad 及 \quad \frac{D(y_1, y_2, \cdots, y_n)}{D(x_1, x_2, \cdots, x_n)}$$

的乘积 [参阅 **203** (3)]. 由此得公式

$$\frac{D(y_1, \cdots, y_n)}{D(x_1, \cdots, x_n)} = (-1)^n \frac{\dfrac{D(F_1, \cdots, F_n)}{D(x_1, \cdots, x_n)}}{\dfrac{D(F_1, \cdots, F_n)}{D(y_1, \cdots, y_n)}},$$

它与公式 (15) 相类似.

若已给的方程为关于 $x_1, x_2, \cdots, x_n$ 而解出的方程组:

$$x_i = \varphi_i(y_1, y_2, \cdots, y_n) \quad (i = 1, 2, \cdots, n).$$

则这也可以变成刚才所研究的情形, 只需令其中的 $F_i = \varphi_i - x_i$. 因为在这里 $\dfrac{\partial F_i}{\partial x_j} = -1$ 或 0, 依照 $i = j$ 或 $i \neq j$ 而定, 故分子变成

$$\begin{vmatrix} -1 & 0 & \cdots & 0 \\ 0 & -1 & \cdots & 0 \\ \cdots & \cdots & \cdots & \cdots \\ 0 & 0 & \cdots & -1 \end{vmatrix} = (-1)^n,$$

而前面的公式就成为

$$\frac{D(y_1, \cdots, y_n)}{D(x_1, \cdots, x_n)} = \frac{1}{\dfrac{D(x_1, \cdots, x_n)}{D(y_1, \cdots, y_n)}}.$$

这结果是我们所已经知道的 [**203** (4)].

§3. 隐函数理论的一些应用

211. 相对极值 设有 $n + m$ 个变元的函数 $f(x_1, \cdots, x_{n+m})$, 并假定这些变元还满足 m 个联系方程

$$\Phi_i(x_1, \cdots, x_n, x_{n+1}, \cdots, x_{n+m}) = 0 \quad (i = 1, 2, \cdots, m), \tag{1}$$

现在我们研究这函数的极值问题. 我们先来明确一下这种**相对极值**的概念, 并指出检定它的方法.

常说, 在满足诸联系方程的点 $M_0(x_1^0,\cdots,x_{n+m}^0)$, 函数 $f(x_1,\cdots,x_{n+m})$ 有相对的极大 (极小) 值, 如果在点 M_0 的某一邻域内, 对于一切满足联系方程的点 $(x_1,\cdots,x_{n+m})$ 都能成立不等式:

$$f(x_1,\cdots,x_{n+m}) \underset{(\geqslant)}{\leqslant} f(x_1^0,\cdots,x_{n+m}^0).$$

我们将假定, 函数 f 及 Φ_i 在被考察点的邻域内都有关于一切变元的连续偏导数. 再设, 从偏导数所成的矩阵

$$\begin{pmatrix} \dfrac{\partial\Phi_1}{\partial x_1} & \cdots & \dfrac{\partial\Phi_1}{\partial x_n} & \dfrac{\partial\Phi_1}{\partial x_{n+1}} & \cdots & \dfrac{\partial\Phi_1}{\partial x_{n+m}} \\ \dfrac{\partial\Phi_2}{\partial x_1} & \cdots & \dfrac{\partial\Phi_2}{\partial x_n} & \dfrac{\partial\Phi_2}{\partial x_{n+1}} & \cdots & \dfrac{\partial\Phi_2}{\partial x_{n+m}} \\ \cdots & \cdots & \cdots & \cdots & \cdots & \cdots \\ \dfrac{\partial\Phi_m}{\partial x_1} & \cdots & \dfrac{\partial\Phi_m}{\partial x_n} & \dfrac{\partial\Phi_m}{\partial x_{n+1}} & \cdots & \dfrac{\partial\Phi_m}{\partial x_{n+m}} \end{pmatrix} \tag{2}$$

内取出的 m 阶行列式中至少有一个, 例如, 行列式

$$\frac{D(\Phi_1,\cdots,\Phi_m)}{D(x_{n+1},\cdots,x_{n+m})} = \begin{vmatrix} \dfrac{\partial\Phi_1}{\partial x_{n+1}} & \cdots & \dfrac{\partial\Phi_1}{\partial x_{n+m}} \\ \dfrac{\partial\Phi_2}{\partial x_{n+1}} & \cdots & \dfrac{\partial\Phi_2}{\partial x_{n+m}} \\ \cdots & \cdots & \cdots \\ \dfrac{\partial\Phi_m}{\partial x_{n+1}} & \cdots & \dfrac{\partial\Phi_m}{\partial x_{n+m}} \end{vmatrix} \tag{3}$$

在点 M_0 异于零①.

于是, 若以点 M_0 的充分小邻域为限, 按照定理 4, 方程组 (1) 就等价于方程组

$$x_{n+1}=\varphi_1(x_1,\cdots,x_n),\cdots,x_{n+m}=\varphi_m(x_1,\cdots,x_n), \tag{4}$$

式中的 $\varphi_1,\cdots,\varphi_m$ 是由方程组 (1) 所确定的隐函数. 换句话说, 变元 $x_1,\cdots,x_n$, $x_{n+1},\cdots,x_{n+m}$ 满足联系方程 (1) 这一条件, 可以用变元 $x_{n+1},\cdots,x_{n+m}$, 是 $x_1,\cdots$, x_n 的函数 (4) 这一句话来代替. 这样, $n+m$ 个变元的函数 $f(x_1,\cdots,x_{n+m})$ 在点 $M_0(x_1^0,\cdots,x_n^0,x_{n+1}^0,\cdots,x_{n+m}^0)$ 的相对极值的问题就变成 n 个变元的复合函数

$$f(x_1,\cdots,x_n;\varphi_1(x_1,\cdots,x_n),\cdots,\varphi_m(x_1,\cdots,x_n)) \tag{5}$$

在点 $P_0(x_1^0,\cdots,x_n^0)$ 的普通 (绝对) 极值的问题了.

①在这种情形, 常说, 矩阵 (2) (在点 M_0) 的**秩**为 m.

这种想法也指出了探求使函数 $f(x_1,\cdots,x_{n+m})$ 达到相对极值的点的现实途径: 若事实上我们能够解出联系方程, 例如关于变元 $x_{n+1},\cdots,x_{n+m}$, 而求得函数 (4) 的显示式, 则问题就变成求复合函数 (5) 的绝对极值了. 实在说, 在先前已解出的一系列问题内 [**200**, **201**], 例如, 当我们在条件 $xyzt=c^4$ 之下求 $x+y+z+t$ 的极小值等等时, 就已这样做了.

现在将指出求点 $M_0(x_1^0,\cdots,x_{n+m}^0)$ 的另一途径, 并不假定 (隐) 函数 (4) 有显示式, 虽然在这里我们仍须利用这些函数的存在性.

因此, 设函数 $f(x_1,\cdots,x_{n+m})$ 在点 M_0 有相对极值, 或同样地, 复合函数 (5) 在点 P_0 有绝对极值. 于是, 按照 **196** 的附注 I, 它的微分在这点应变为零, 并且关于自变量的微分 $dx_1,\cdots,dx_n$ 应当是恒等的. 按照一阶微分的形式不变性 [**185**], 这条件可以写成:

$$\sum_{j=1}^{n+m}\frac{\partial f}{\partial x_j}dx_j=0,\tag{6}$$

其中 $dx_{n+1},\cdots,dx_{n+m}$ 要理解为函数 (4) 在点 P_0 的微分, 同时要像各偏导数那样都在点 M_0 计值, 因为 (由定理 4 可以明白)

$$\varphi_1(x_1^0,\cdots,x_n^0)=x_{n+1}^0,\quad\cdots,\quad\varphi_m(x_1^0,\cdots,x_n^0)=x_{n+m}^0.\tag{7}$$

当然, 由 (6) 式不能断定诸微分前面的系数都等于零, 因为这些微分并非全是任意的. 为了要使问题只涉及可以任意选取的微分, 即自变量的微分 $dx_1,\cdots,dx_n$, 我们企图由此去掉各个因变量的微分 $dx_{n+1},\cdots,dx_{n+m}$. 这是容易做到的, 只要把 $x_{n+1},\cdots,x_{n+m}$ 理解为函数 (4)①, 而取联系方程 (1) 的全微分:

$$\sum_{j=1}^{n+m}\frac{\partial\Phi_i}{\partial x_j}dx_j=0\quad(i=1,2,\cdots,m).\tag{8}$$

在此处如同上面一样, 由于 (7), 各偏导数在点 M_0 计值. 因为按照假定, 行列式 (3) 在这点不为零. 故 $dx_{n+1},\cdots,dx_{n+m}$ 可以由此用 $dx_1,\cdots,dx_n$ 的一次式来表达. 若把这些表达式代入 (6) 内, 则得形如

$$A_1dx_1+\cdots+A_ndx_n=0$$

的等式, 其中 $A_1,\cdots,A_n$ 是诸函数 Φ_j 的偏导数的 n 个有理式, 且在点 M_0 计值. 因为在这等式内只涉及自变量的微分 $dx_1,\cdots,dx_n$, 故在点 M_0 有

$$A_1=0,\quad\cdots,\quad A_n=0.$$

①准确些说, 我们要微分那些恒等式, 它们是从方程 (1) 内把 $x_{n+1},\cdots,x_{n+m}$ 代以隐函数 (4) 而得出的. 我们在以后将采用相似的说法.

这些方程连同 m 个联系方程共有 $n+m$ 个方程, 由此就可以确定未知量 $x_1, \cdots, x_{n+m}$.

当然, 我们已得到的仅是 $M_0(x_1^0, \cdots, x_{n+m}^0)$ 为极值点的必要条件. 但是在这种形式下, 这些条件甚至对于检定函数 f 在条件 (1) 之下的最大 (或最小) 值都可能是有用处的, 只要按照问题的性质能预先知道, 在所考察的区域内部应当有达到最大 (最小) 值的点存在, 或是在推论的过程中作出这样的假定, 使所求的点能从其他方面的考虑来认定.

例题在下面 **214** 内.

212. 拉格朗日不定乘数法 在上述的方法内, 变量的对称性受到破坏: 其中一部分当作自变量, 另一部分当作因变量, 一些微分需去掉, 而另一些微分却保留着. 有时这就会引起很复杂的计算. 拉格朗日提出一种方法, 使一切变量都保持着同样的地位.

把 (8) 中诸等式依次乘以暂时任意的 ("不定的") 乘数 λ_i $(i=1,2,\cdots,m)$, 然后把所得的结果与 (6) 相加. 即得等式

$$\sum_{j=1}^{n+m}\left(\frac{\partial f}{\partial x_j}+\lambda_1\frac{\partial \Phi_1}{\partial x_j}+\cdots+\lambda_m\frac{\partial \Phi_m}{\partial x_j}\right)dx_j=0, \tag{9}$$

式中的 $dx_{n+1}, \cdots, dx_{n+m}$ 仍旧都表示着隐函数 (4) 的微分 (在推论时我们将暂时保持着变量的不平等); 一切导数都是在点 M_0 计值的.

现在将如此选择乘数 $\lambda_i=\lambda_i^0$ $(i=1,\cdots,m)$ 的值, 使得因变量的微分 $dx_{n+1}, \cdots, dx_{n+m}$ 前面的系数刚好都等于零:

$$\frac{\partial f}{\partial x_j}+\lambda_1^0\cdot\frac{\partial \Phi_1}{\partial x_j}+\cdots+\lambda_m^0\cdot\frac{\partial \Phi_m}{\partial x_j}=0 \quad (j=n+1,\cdots,n+m). \tag{10}$$

这是能够做到的, 因为为了确定 $\lambda_1, \lambda_2, \cdots, \lambda_m$ 所获得的线性方程组有异于零的行列式 (3). 在选定了这些乘数以后, 等式 (9) 成为

$$\sum_{j=1}^{n}\left(\frac{\partial f}{\partial x_j}+\lambda_1^0\cdot\frac{\partial \Phi_1}{\partial x_j}+\cdots+\lambda_m^0\cdot\frac{\partial \Phi_m}{\partial x_j}\right)dx_j=0. \tag{9*}$$

在这里我们所讨论的又只是自变量的微分了, 因此, 它们前面的系数必须都等于零, 即与 (10) 并列, 我们又有

$$\frac{\partial f}{\partial x_j}+\lambda_1^0\cdot\frac{\partial \Phi_1}{\partial x_j}+\cdots+\lambda_m^0\cdot\frac{\partial \Phi_m}{\partial x_j}=0 \quad (j=1,2\cdots,n). \tag{10*}$$

于是, 为了要确定 $n+m$ 个未知量 $x_1, \cdots, x_{n+m}$ 以及 m 个乘数 $\lambda_1, \cdots, \lambda_m$, 刚好就有同样个数的方程, 就是 m 个联系方程及 $n+m$ 个方程

$$\frac{\partial f}{\partial x_j}+\lambda_1\cdot\frac{\partial \Phi_1}{\partial x_j}+\cdots+\lambda_m\cdot\frac{\partial \Phi_m}{\partial x_j}=0 \quad (j=1,2,\cdots,n+m)$$

[参阅 (10) 及 (10*)].

为了要使这些方程容易书写, 通常引入辅助函数

$$F = f + \lambda_1\Phi_1 + \cdots + \lambda_m\Phi_m;$$

那时, 上述诸方程就可以写成

$$\frac{\partial F}{\partial x_j} = 0 \quad (j = 1, 2, \cdots, n+m). \tag{11}$$

这些方程好像是函数 F 有普通极值的条件. 但这仅能看成是便于记忆的一种方法.

由拉格朗日法也只能得出必要条件. 此外还可以重述前目末尾所说的话.

附注 在上面讲过的理论内, 关于矩阵 (2) 的秩的假定起了决定性的作用, 我们已经三次利用过了. 在用上述方法之一来解问题时, 为了要证实使函数达到相对极值的点一个都没有漏掉, 应当预先肯定, 在所考察的区域内满足联系方程的一切点, 实际上这一假定都能成立. 在简单的情形下我们将为读者证明.

213. 相对极值的充分条件 关于相对极值的充分条件, 这里我们只作简单的论述. 假定函数 f 及 Φ_j $(j = 1, 2, \cdots, m)$ 的二阶导数存在且连续. 现在设点 $M_0(x_1^0, \cdots, x_{n+m}^0)$ 连同乘数 $\lambda_1^0, \cdots, \lambda_m^0$ 都满足于上面已建立的必要条件.

在这点是否有 (相对) 极值存在, 如同在 **198** 内那样, 仍取决于差

$$\Delta = f(x_1, \cdots, x_{n+m}) - f(x_1^0, \cdots x_{n+m}^0)$$

的符号, 但须附以重要的限制, 即点 $(x_1, \cdots, x_{n+m})$ 也应满足联系方程 (1) 或与它相同的 (4). 容易了解, 对于这种点, 函数 f 的增量可以用函数 F 的增量代替 (式中一切乘数 λ_i 当作等于 λ_i^0):

$$\Delta = F(x_1, \cdots, x_{n+m}) - F(x_1^0, \cdots, x_{n+m}^0).$$

因为在点 M_0, 条件 (11) 能获满足, —— 正由于此, 所以转而考虑函数 F 更为方便 —— 这增量, 按照泰勒公式可以写成 [参阅 **198**, (8)]:

$$\Delta = \frac{1}{2}\left\{\sum_{j,k=1}^{n+m} A_{j,k}\Delta x_j\Delta x_k + \sum_{j,k=1}^{n+m}\alpha_{j,k}\Delta x_j\Delta x_k\right\},$$

其中

$$\Delta x_j = x_j - x_j^0, A_{j,k} = F''_{x_j x_k}(x_1^0, \cdots, x_{n+m}^0) \quad (j, k = 1, 2, \cdots, n+m),$$

而当 $\Delta x_1 \to 0, \cdots, \Delta x_n \to 0$ 时 $\alpha_{j,k} \to 0$ (其余的增量 $\Delta x_{n+1}, \cdots, \Delta x_{n+m}$ 由于函数 (4) 的连续性, 在这时也都是无穷小).

若在此处把一切增量 Δx_j 各换成对应的微分 dx_j, 则对于自变量而言, 全然没有变动; 对于因变量, 由代换所引起的变动不过是把系数 $\alpha_{j,k}$ 换成其他的无穷小 $\beta_{j,k}$:

$$\Delta = \frac{1}{2}\left\{\sum_{j,k=1}^{n+m} A_{j,k}dx_j dx_k + \sum_{j,k=1}^{n+m} \beta_{j,k}dx_j dx_k\right\}.$$

换成微分是有益处的, 因为因变量与自变量的微分是由 (8) 中诸线性关系式联系着的. 因为行列式 (3) 在点 M_0 依假定并不为零, 故因变量的微分可以由此用自变量的微分的线性式来表示. 把它们的表达式代入 Δ 内, 代替第一个和式, 我们就得出关于微分 $dx_1, \cdots, dx_n$ 的二次型.

现在, 如同 **198** 及 **199** 内那样, 可以证明: *若这二次型是正 (负) 定的, 则在受检点有相对极小值 (极大值); 若二次型表现为不定的, 则无相对极值.*

可是这检定法的实用价值并不大 (比较 **200** 的附注).

以下将考察一些例题及应用题.

214. 例题及应用题 1) 设需要求函数 $f = x + y + z + t$ 在条件 $\Phi = xyzt - c^4 = 0$ 之下的极值; 变量的变动区域由不等式 $x > 0, y > 0, z > 0, t > 0$ 所确定. 在 **190**, 4) 我们已经解过, 这一问题, 那时是用 $\Phi = 0$ 来确定 t 的表达式,而后代入函数 f 之中. 现在, 求这等式的全微分, 得

$$\frac{dx}{x} + \frac{dy}{y} + \frac{dz}{z} + \frac{dt}{t} = 0, \quad 由此\ dt = -t\left(\frac{dx}{x} + \frac{dy}{y} + \frac{dz}{z}\right).$$

从等式 $df = dx + dy + dz + dt = 0$ 内消去 dt, 得结果

$$\left(1 - \frac{t}{x}\right)dx + \left(1 - \frac{t}{y}\right)dy + \left(1 - \frac{t}{z}\right)dz = 0,$$

由于 dx, dy, dz 是任意的, 它就分解为三个式子:

$$1 - \frac{t}{x} = 0, \quad 1 - \frac{t}{y} = 0, \quad 1 - \frac{t}{z} = 0,$$

于是得 $x = y = z = t = c$.

应用拉格朗日法于这一问题, 引入辅助函数

$$F = x + y + z + t + \lambda xyzt\,^{①},$$

并写出条件

$$F'_x = 1 + \lambda yzt = 0, \cdots, F'_t = 1 + \lambda xyz = 0,$$

由此

$$yzt = xzt = xyt = xyz,$$

于是

$$x = y = z = t = c.$$

①若回忆起这函数所起的作用, 就能明了, Φ 内的常数项可以略去而并无妨碍.

为了要利用前段的结果, 算出 $\lambda=-\frac{1}{c^3}$, 而考察函数

$$F=x+y+z+t-\frac{xyzt}{c^3}.$$

它的二阶微分 (在点 $x=y=z=t=c$) 为

$$d^2F=-\frac{2}{c}(dxdy+dxdz+dxdt+dydz+dydt+dzdt).$$

微分联系方程 (在同一点), 得

$$dx+dy+dz+dt=0.$$

若由此确定 dt 并把它代入前式内, 最后就得

$$-\frac{2}{c}[dxdy+dxdz+dydz-(dx+dy+dz)^2]=\frac{1}{c}[(dx+dy+dz)^2+dx^2+dy^2+dz^2].$$

因为这二次型显然是正定的, 所以在所求的点有相对极小值.

(然而不能由此作出结论, 说这极小值就是函数 $f=x+y+z+t$ 当它的变元之间有如上述的联系时的最小值; 参阅 **200**, 4).)

2) 再求函数

$$u=a^2x^2+b^2y^2+c^2z^2-(ax^2+by^2+cz^2)^2 \quad (a>b>c>0)$$

在条件

$$x^2+y^2+z^2=1$$

之下, 即在这方程所表示的球面上① 的最小值及最大值 [参阅 **200**, 2)].

为此目的, 先用拉格朗日法求函数的一切相对极值. 辅助函数

$$F=a^2x^2+b^2y^2+c^2z^2-(ax^2+by^2+cz^2)^2+\lambda(x^2+y^2+z^2)$$

给出条件:

$$x[(a^2+\lambda)-2a(ax^2+by^2+cz^2)]=0,$$
$$y[(b^2+\lambda)-2b(ax^2+by^2+cz^2)]=0,$$
$$z[(c^2+\lambda)-2c(ax^2+by^2+cz^2)]=0.$$

在它们之外必须再附加联系方程 (即条件). 由此解出

(1) $x=0, y=0, z=\pm1 \quad (u=0);$

(2) $x=0, y=\pm1, z=0 \quad (u=0);$

(3) $x=\pm1, y=0, z=0 \quad (u=0);$

(4) $x=0, y=\pm\frac{1}{\sqrt{2}}, z=\pm\frac{1}{\sqrt{2}} \quad \left(u=\frac{1}{4}(b-c)^2\right);$

(5) $x=\pm\frac{1}{\sqrt{2}}, y=0, z=\pm\frac{1}{\sqrt{2}} \quad \left(u=\frac{1}{4}(a-c)^2\right);$

(6) $x=\pm\frac{1}{\sqrt{2}}, y=\pm\frac{1}{\sqrt{2}}, z=0 \quad \left(u=\frac{1}{4}(a-b)^2\right).$

①由于球面是有界闭集, 在它上面使函数达到最小值及最大值的点必存在, 这由魏尔斯特拉斯定理知之 (参阅 **173** 末的附注).

在括号内所指出 u 的数值内, 选取其最小值及最大值, 就得出问题的解答 [参阅 **200**, 2)].

3) 回到并联的输电网中导线的最经济截面的问题 [**201**, 8)]. 保留那里曾采用的表示法, 就是要求函数

$$f(q_1, q_2, \cdots, q_n) = l_1 q_1 + l_2 q_2 + \cdots + l_n q_n$$

在条件

$$\Phi(q_1, q_2, \cdots, q_n) = \frac{\rho l_1 J_1}{q_1} + \frac{\rho l_2 J_2}{q_2} + \cdots + \frac{\rho l_n J_n}{q_n} = e$$

之下的极值. 现在我们已不必像前面那样做法引入其他变元来代换 $q_1, q_2, \cdots, q_n$ 了, 因为用了我们的新方法, 问题就简单地解决了.

因此, 求方程 $\Phi = 0$ 的全微分, 就可由此求出微分 dq_n 的表达式

$$dq_n = -\frac{q_n^2}{l_n J_n}\left\{\frac{l_1 J_1}{q_1^2} dq_1 + \cdots + \frac{l_{n-1} J_{n-1}}{q_{n-1}^2} dq_{n-1}\right\}.$$

把它代入方程 $df = l_1 dq_1 + \cdots + l_{n-1} dq_{n-1} + l_n dq_n = 0$ 内, 得出结果

$$\left(l_1 - \frac{q_n^2}{J_n} \cdot \frac{l_1 J_1}{q_1^2}\right) dq_1 + \cdots + \left(l_{n-1} - \frac{q_n^2}{J_n} \cdot \frac{l_{n-1} J_{n-1}}{q_{n-1}^2}\right) dq_{n-1} = 0.$$

因为 $dq_1, \cdots, dq_{n-1}$ 已经是任意的[29], 故在它们前面的系数必各别等于零, 由此有

$$\frac{q_1^2}{J_1} = \frac{q_2^2}{J_2} = \cdots = \frac{q_{n-1}}{J_{n-1}} = \frac{q_n^2}{J_n} = \lambda^2,$$

而

$$q_1 = \lambda\sqrt{J_1}, \quad q_2 = \lambda\sqrt{J_2}, \quad \cdots, \quad q_n = \lambda\sqrt{J_n}. \tag{12}$$

比例因子 λ 容易由联系方程确定它:

$$\lambda = \frac{\rho}{e} \sum_{i=1}^{n} l_i \sqrt{J_i}.$$

若应用拉格朗日法, 就须作出辅助函数①

$$F(q_1, q_2, \cdots, q_n) = l_1 q_1 + \cdots + l_n q_n + \lambda^2\left(\frac{l_1 J_1}{q_1} + \cdots + \frac{l_n J_n}{q_n}\right)$$

而使它的导数等于零:

$$\frac{\partial F}{\partial q_1} = l_1 - \frac{\lambda^2 l_1 J_1}{q_1^2} = 0, \quad \cdots, \quad \frac{\partial F}{\partial q_n} = l_n - \frac{\lambda^2 l_n J_n}{q_n^2} = 0,$$

由此仍得出 (12), 等等.

4) 作为更复杂的例题, 我们考察这样一个问题: 三轴椭圆面 $\frac{x^2}{a^2} + \frac{y^2}{b^2} + \frac{z^2}{c^2} = 1$ $(a > b > c)$ 被一个通过其中心的平面 $lx + my + nz = 0$ 所截; 需要确定所得椭圆截线的半轴. 换句话说, 需要求函数 $r^2 = x^2 + y^2 + z^2$ 的极值, 如果它的变元满足上述的两个联系方程.

消去因变量的微分的方法 [**211**] 在这里将引致复杂的计算, 因此我们就立即运用拉格朗日法.

①为了方便, 我们取 "不定乘数" 的形式如 λ^2, 其中并含有常数 ρ.

[29] 参看 **220** 目的脚注 30).

为了要证实在椭圆面与平面的截线上的一切点, 矩阵

$$\begin{pmatrix} \frac{x}{a^2} & \frac{y}{b^2} & \frac{z}{c^2} \\ l & m & n \end{pmatrix}$$

的秩等于 2[①], 我们用反证法. 由一切二阶行列式等于零必将推得上下两列的元素成比例; 但那时等式 $lx+my+nz=0$ 将导致 $\frac{x^2}{a^2}+\frac{y^2}{b^2}+\frac{z^2}{c^2}=0$, 这是不可能的.

作辅助函数

$$F(x,y,z)=x^2+y^2+z^2+\lambda\left(\frac{x^2}{a^2}+\frac{y^2}{b^2}+\frac{z^2}{c^2}\right)+2\mu(lx+my+nz),$$

使它的导数等于零:

$$x+\lambda\cdot\frac{x}{a^2}+\mu l=0,\quad y+\lambda\cdot\frac{y}{b^2}+\mu m=0,\quad z+\lambda\cdot\frac{z}{c^2}+\mu n=0. \tag{13}$$

这些方程分别乘以 x,y,z 而后相加, 就得出 (利用联系方程) $\lambda=-r^2$.

为了明确起见, 若假定 l,m,n 没有一个等于零, 则由 (13) 可以看出 r 不等于 a,b 或 c. 那时方程 (13) 就可以改写成:

$$x=-\mu\frac{la^2}{a^2-r^2},\quad y=-\mu\frac{mb^2}{b^2-r^2},\quad z=-\mu\frac{nc^2}{c^2-r^2}.$$

由此容易求出 μ, 于是也连带地求出 x,y,z; 但避免这样做, 也可以把这些等式预先分别乘以 l,m,n 而后相加, 就得方程

$$\frac{l^2a^2}{a^2-r^2}+\frac{m^2b^2}{b^2-r^2}+\frac{n^2c^2}{c^2-r^2}=0,$$

由此可直接确定出我们所关心的 r^2 的两个极值.

因为预先已知这些极值存在, 故在此处问题已获得完全的解决.

5) 最后, 需要求二次型

$$f(x_1,x_2,\cdots,x_n)\equiv\sum_{i,k=1}^{n}a_{ik}x_ix_k\quad(a_{ik}=a_{ki})$$

在条件

$$\varphi(x_1,x_2,\cdots,x_n)\equiv x_1^2+x_2^2+\cdots+x_n^2=1\text{②} \tag{14}$$

下的最小值及最大值.

作出拉格朗日函数

$$F(x_1,x_2,\cdots,x_n)=f(x_1,x_2,\cdots,x_n)-\lambda(x_1^2+x_2^2+\cdots+x_n^2).$$

①参阅 **212** 的附注.

②此处可加附注如同第 409 页下的脚注 ①.

由条件

$$\left.\begin{aligned}\frac{1}{2}\frac{\partial F}{\partial x_1}&\equiv(a_{11}-\lambda)\cdot x_1+a_{12}\cdot x_2+\cdots+a_{1n}\cdot x_n=0,\\ \frac{1}{2}\frac{\partial F}{\partial x_2}&\equiv a_{21}\cdot x_1+(a_{22}-\lambda)\cdot x_2+\cdots+a_{2n}\cdot x_n=0,\\ &\cdots\cdots\cdots\cdots\cdots\cdots\cdots\cdots\cdots\cdots\\ \frac{1}{2}\frac{\partial F}{\partial x_n}&\equiv a_{n1}\cdot x_1+a_{n2}\cdot x_2+\cdots+(a_{nn}-\lambda)\cdot x_n=0.\end{aligned}\right\}\tag{15}$$

消去 $x_1,x_2,\cdots,x_n$, 就得出关于 λ 的 n 次方程

$$\begin{vmatrix}a_{11}-\lambda & a_{12} & \cdots & a_{1n}\\ a_{21} & a_{22}-\lambda & \cdots & a_{2n}\\ \cdots & \cdots & \cdots & \cdots\\ a_{n1} & a_{n2} & \cdots & a_{nn}-\lambda\end{vmatrix}=0.\tag{16}$$

若 λ 是这方程的一根, 则可以由不全为零的 $x_1,x_2,\cdots,x_n$ 满足线性方程组 (15); 它们乘以适当的乘数后, 就能使条件 (14) 获得满足. 然而确定这些数值并非我们所关心的事, 因为就可看出, 不去确定它们也可以解决函数 f 的最小值及最大值的问题.

实际上, 依次以 $x_1,x_2,\cdots,x_n$ 乘 (15) 中各式而后逐项相加, 就得等式

$$f(x_1,x_2,\cdots,x_n)-\lambda(x_1^2+x_2^2+\cdots+x_n^2)=0$$

或根据 (14) 而得

$$f(x_1,x_2,\cdots,x_n)=\lambda.$$

这样, 若 λ 满足方程 (16), 则函数 f 在对应点 $(x_1,x_2,\cdots,x_n)$ 的值就等于 λ.

我们就得出一个优美的结果: 在遵守条件 (14) 之下所求的函数 f 的最小值及最大值恰为方程 (16) 的最小及最大的 (实) 根 ①.

215. 函数的独立性的概念 考察函数组

$$\left.\begin{aligned}y_1&=f_1(x_1,x_2,\cdots,x_n),\\ y_2&=f_2(x_1,x_2,\cdots,x_n),\\ &\cdots\cdots\cdots\cdots\cdots\\ y_m&=f_m(x_1,x_2,\cdots,x_n),\end{aligned}\right\}\tag{17}$$

它们连同自己的偏导数都是在某一 n 维开域 $\mathcal{D}$ 中有定义而且是连续的.

今将考察其中一个函数的数值, 例如 y_j, 可由其余诸函数全体数值

$$(y_1,\cdots,y_{j-1},y_{j+1},\cdots,y_m)$$

① 然而可以证明这方程所有的根都是实根.

单值地确定的情形. 更准确地说, 若 $\mathcal{E}_0$ 是对应于 $\mathcal{D}$ 中一切可能的点 $(x_1, \cdots, x_n)$ 的上述这种 $(m-1)$ 维点的集合, 则将假定在 $\mathcal{E}_0$ 内成立函数关系

$$y_j = \varphi(y_1, \cdots, y_{j-1}, y_{j+1}, \cdots, y_m), \tag{18}$$

而且, 如果把一切 y_i 换成函数 (17), 这等式在 $\mathcal{D}$ 中就成为关于诸 x 的恒等式①. 这时我们说, *函数 y_j 在区域 $\mathcal{D}$ 中与其余函数有关*. 然而, 为了使我们有应用微分学的可能, 在这定义内再加上一个条件: 函数 φ 在含有集 $\mathcal{E}_0$ 的 $(m-1)$ 维空间的开域 $\mathcal{E}$ 中是有定义的, 它连同自己的偏导数都是连续函数.

特别情形, 若函数 (17) 中之一函数 y_j 变成常数, 则它显然与其余函数有关: 在此处可以简单地令 $\varphi =$ 常数. 一般说来, 函数 $y_1, y_2, \cdots, y_m$ 称为在区域 $\mathcal{D}$ 中彼此相关, 如果其中之一 (哪一个都是一样) 与其余有关.

例题 1) 若令

$$\begin{cases} y_1 = x_1 + x_2 + \cdots + x_n, \\ y_2 = x_1^2 + x_2^2 + \cdots + x_n^2, \\ y_3 = x_1x_2 + x_1x_3 + x_2x_3 + \cdots + x_{n-1}x_n, \end{cases}$$

则不难核对, 在全 n 维空间内成立恒等式

$$y_2 = y_1^2 - 2y_3.$$

2) 类似于此, 关于函数

$$\begin{cases} y_1 = x_1x_2 - x_3, \\ y_2 = x_1x_3 + x_2, \\ y_3 = (x_1^2+1)(x_2^2+x_3^2) - (x_1^2-1)x_2x_3 - x_1(x_2^2 - x_3^2), \end{cases}$$

在三维空间内有恒等式

$$y_3 = y_1^2 - y_1y_2 + y_2^2$$

成立. 它们是**相关函数**.

若形如 (18) 的恒等式既不在区域 $\mathcal{D}$ 中成立, 也不在包含于 $\mathcal{D}$ 中的任何部分区域中成立, 则函数 $y_1, y_2, \cdots, y_m$ 就称为在区域 $\mathcal{D}$ 中彼此**独立**.

要得出函数的独立性这一问题的解答, 可考察这些函数关于一切自变量的偏导数所组成的**雅可比矩阵**:

$$\begin{pmatrix} \dfrac{\partial y_1}{\partial x_1} & \dfrac{\partial y_1}{\partial x_2} & \cdots & \dfrac{\partial y_1}{\partial x_n} \\ \dfrac{\partial y_2}{\partial x_1} & \dfrac{\partial y_2}{\partial x_2} & \cdots & \dfrac{\partial y_2}{\partial x_n} \\ \cdots & \cdots & \cdots & \cdots \\ \dfrac{\partial y_m}{\partial x_1} & \dfrac{\partial y_m}{\partial x_2} & \cdots & \dfrac{\partial y_m}{\partial x_n} \end{pmatrix} \tag{19}$$

①重要的是, 函数 φ 在它自己的直接变元中不包含那些 x.

假定 $n \geqslant m$ 首先就有这样的定理:

定理 1 若由矩阵 (19) 的元素所组成的 m 阶行列式中至少有一个区域 $\mathcal{D}$ 中异于零, 则在这区域中函数 $y_1, y_2, \cdots, y_m$ 是独立的.

证明 设

$$\begin{vmatrix} \dfrac{\partial y_1}{\partial x_1} & \dfrac{\partial y_1}{\partial x_2} & \cdots & \dfrac{\partial y_1}{\partial x_m} \\ \cdots & \cdots & \cdots & \cdots \\ \dfrac{\partial y_m}{\partial x_1} & \dfrac{\partial y_m}{\partial x_2} & \cdots & \dfrac{\partial y_m}{\partial x_m} \end{vmatrix} \neq 0. \tag{20}$$

假如不等于零的行列式不是这一个, 而是任何别的一个, 那么, 只要调换变元的序号, 就可以把问题变成 (20) 的情形.

定理的证明我们用反证法来进行. 假定其中之一个函数例如 y_m, 可以用其余函数来表示, 于是

$$y_m = \varphi(y_1, y_2, \cdots, y_{m-1}), \tag{21}$$

即使在区域 $\mathcal{D}$ 的某一部分 $\mathcal{D}_0$ 中是如此也行.

对每一个变量 x_i $(i = 1, \cdots, m)$ 微分这恒等式, 我们得出一系列的恒等式 (在 $\mathcal{D}_0$ 中) 其形状为

$$\frac{\partial y_m}{\partial x_i} = \frac{\partial y_m}{\partial y_1} \cdot \frac{\partial y_1}{\partial x_i} + \frac{\partial y_m}{\partial y_2} \cdot \frac{\partial y_2}{\partial x_i} + \cdots + \frac{\partial y_m}{\partial y_{m-1}} \cdot \frac{\partial y_{m-1}}{\partial x_i} \quad (i = 1, 2, \cdots, m).$$

我们看出, 行列式 (20) 的最后一行的元素可以由前面 $m-1$ 行的元素预先分别乘以 $\dfrac{\partial y_m}{\partial y_1}, \cdots, \dfrac{\partial y_m}{\partial y_{m-1}}$ 再相加而得. 这种行列式当然是等于零的. 这便违反了定理的条件. 所得的矛盾就证明了等式 (21) 是不可能成立的.

216. 雅可比矩阵的秩 转向一般情形, 我们引入下面的定义. 所谓**雅可比矩阵** (19) (在区域 $\mathcal{D}$ 中) 的**秩**, 这是指由矩阵 (19) 的元素组成的在 $\mathcal{D}$ 中不恒为零的行列式的最高阶数. 当然, 可能遇到这种情形: 矩阵 (19) 的所有元素都恒为零; 这时我们说, 矩阵 (19) 的秩是 0; 但这种情形不值得我们注意, 因为这时所有的函数 $y_1, y_2, \cdots, y_m$ 都干脆成为零 [**183**]. 如果矩阵 (19) 的秩是 $\mu \geqslant 1$, 则由矩阵 (19) 的元素 (当然, 这要假定 $m \geqslant \mu$ 和 $n \geqslant \mu$) 所组成的 μ 阶行列式中至少有一个在 $\mathcal{D}$ 中不恒等于零, 同时所有阶数高于 μ 的行列式 (如果有的话) 都恒等于零. 我们说矩阵在区域某点达到秩 μ, 只要上述的 μ 阶行列式在这一点异于零.

定理 2 设雅可比矩阵在区域 $\mathcal{D}$ 中的秩是 $\mu \geqslant 1$ 且在这区域内一点

$$M_0(x_1^0, x_2^0, \cdots, x_n^0)$$

达到秩 μ_0. 那么, 在点 M_0 的某一邻域 $\mathcal{D}_0$ 内,m 个函数之中的 μ 个 (就是那些函数, 由其导数组成的 μ 阶行列式在点 M_0 不等于零) 是独立的, 而其余则与它们有关.

证明 不失一般性, 可以假定在点 M_0 异于零的行列式就是

$$\frac{D(y_1,\cdots,y_\mu)}{D(x_1,\cdots,x_\mu)}=\begin{vmatrix} \dfrac{\partial y_1}{\partial x_1} & \dfrac{\partial y_1}{\partial x_2} & \cdots & \dfrac{\partial y_1}{\partial x_\mu} \\ \dfrac{\partial y_2}{\partial x_1} & \dfrac{\partial y_2}{\partial x_2} & \cdots & \dfrac{\partial y_2}{\partial x_\mu} \\ \cdots & \cdots & \cdots & \cdots \\ \dfrac{\partial y_\mu}{\partial x_1} & \dfrac{\partial y_\mu}{\partial x_2} & \cdots & \dfrac{\partial y_\mu}{\partial x_\mu} \end{vmatrix} = \begin{vmatrix} \dfrac{\partial f_1}{\partial x_1} & \dfrac{\partial f_1}{\partial x_2} & \cdots & \dfrac{\partial f_1}{\partial x_\mu} \\ \dfrac{\partial f_2}{\partial x_1} & \dfrac{\partial f_2}{\partial x_2} & \cdots & \dfrac{\partial f_2}{\partial x_\mu} \\ \cdots & \cdots & \cdots & \cdots \\ \dfrac{\partial f_\mu}{\partial x_1} & \dfrac{\partial f_\mu}{\partial x_2} & \cdots & \dfrac{\partial f_\mu}{\partial x_\mu} \end{vmatrix}. \tag{22}$$

由于偏导数的连续性, 所以在点 M_0 的某一邻域内也如此, 因此, 按照定理 1, 函数 $y_1,y_2,\cdots,y_\mu$ 在这邻域内是独立的.

现在用 $y_1^0,y_2^0,\cdots,y_\mu^0$ 记这些函数在点 M_0 的数值. 根据 **208** 的定理 4, 在某一 $(n+\mu)$ 维的长方体域

$$(x_1^0-\delta_1,x_1^0+\delta_1;\cdots;x_n^0-\delta_n,x_n^0+\delta_n;y_1^0-\Delta_1,y_1^0+\Delta_1;\cdots;y_\mu^0-\Delta_\mu,y_\mu^0+\Delta_\mu) \tag{23}$$

中方程组 (17) 的前 μ 个

$$\left.\begin{array}{l} f_1(x_1,\cdots,x_\mu;x_{\mu+1},\cdots,x_n)-y_1=0, \\ f_2(x_1,\cdots,x_\mu;x_{\mu+1},\cdots,x_n)-y_2=0, \\ \cdots\cdots\cdots\cdots\cdots\cdots\cdots\cdots\cdots\cdots \\ f_\mu(x_1,\cdots,x_\mu;x_{\mu+1},\cdots,x_n)-y_\mu=0 \end{array}\right\} \tag{24}$$

确定 $x_1,x_2,\cdots,x_\mu$ 为其余变量 $y_1,\cdots,y_\mu,x_{\mu+1},\cdots,x_n$ 的单值函数, 记为:

$$\left.\begin{array}{l} x_1=\varphi_1(y_1,\cdots,y_\mu;x_{\mu+1},\cdots,x_n), \\ x_2=\varphi_2(y_1,\cdots,y_\mu;x_{\mu+1},\cdots,x_n), \\ \cdots\cdots\cdots\cdots\cdots\cdots\cdots\cdots\cdots\cdots \\ x_\mu=\varphi_\mu(y_1,\cdots,y_\mu;x_{\mu+1},\cdots,x_n). \end{array}\right\} \tag{25}$$

在上述区域中方程组 (24) 与 (25) 是完全等价的, 即它们被变元 $x_1, \cdots, x_n$ 和 $y_1, \cdots, y_n$ 的同样数值所满足. 由我们所根据的定理本身得出, 如果将函数 (25) 代入 (24) 以代替 $x_1, x_2, \cdots, x_\mu$, 则得出关于 $y_1, \cdots, y_\mu, x_{\mu+1}, \cdots, x_n$ 的恒等式. 但是对于我们现在重要的还有另一方面: 如果将函数 $f_1, f_2, \cdots, f_\mu$ 代入 (25) 以代替 $y_1, y_2, \cdots, y_\mu$, 则得出关于变元 $x_1, x_2, \cdots, x_n$ 的恒等式 —— 至少在点 $M_0(x_1^0, x_2^0, \cdots, x_n^0)$ 的某个邻域内是如此. 就是只要选取这个邻域

$$\mathcal{D}_0 = (x_1^0 - \delta_1', x_1^0 + \delta_1'; x_2^0 - \delta_2', x_2^0 + \delta_2'; \cdots; x_n^0 - \delta_n', x_n^0 + \delta_n')$$

使得

$$0 < \delta_1' \leqslant \delta_1, \quad 0 < \delta_2' \leqslant \delta_2, \quad \cdots, \quad 0 < \delta_n' \leqslant \delta_n,$$

此外, 还要求对于它的各点由 (24) 定出的 $y_1, y_2, \cdots, y_\mu$ 的值, 即 $f_1, f_2, \cdots, f_\mu$ 的值, 与 $y_1^0, y_2^0, \cdots, y_\mu^0$ 之差分别小于 $\Delta_1, \Delta_2, \cdots, \Delta_\mu$ ①. 实际上, 这时点 $(x_1, x_2, \cdots, x_n, y_1, y_2, \cdots, y_\mu)$ 落在 $\mathcal{M}_0$ 上, 并且与等式 (24) 同时等式(25) 也应当满足.

现在从 (17) (如果 $m > \mu$) 的其余函数中任取一个, 例如 $y_{\mu+1}$, 我们证明, 它与前 μ 个函数 $y_1, y_2, \cdots, y_\mu$ 有关. 如果将 (25) 中的诸函数代入等式 $y_{\mu+1} = f_{\mu+1}(x_1, \cdots, x_n)$ 中以代替 $x_1, \cdots, x_n$ 则 $y_{\mu+1}$ 就成为 $y_1, \cdots, y_\mu, x_{\mu+1}, \cdots, x_n$ 的 (复合) 函数的形状:

$$\begin{aligned} y_{\mu+1} = & f_{\mu+1}(\varphi_1(y_1, \cdots, y_\mu; x_{\mu+1}, \cdots, x_n), \cdots, \\ & \varphi_\mu(y_1, \cdots, y_\mu; x_{\mu+1}, \cdots, x_n); x_{\mu+1}, \cdots, x_n) \\ \equiv & F_{\mu+1}(y_1, \cdots, y_\mu; x_{\mu+1}, \cdots, x_n). \end{aligned} \tag{26}$$

根据上面所作的附注, 如果在这个等式中分别以函数 $f_1, f_2, \cdots, f_\mu, f_{\mu+1}$ 代替 $y_1, y_2, \cdots, y_\mu, y_{\mu+1}$, 则它在区域 $\mathcal{D}_0$ 中关于诸 x 成为恒等式.

为了证明函数 $y_{\mu+1}$ 与函数 $y_1, y_2, \cdots, y_\mu$ 相关, 剩下只要证明 (26) 中的函数 $F_{\mu+1}$ 实际上与变元 $x_{\mu+1}, \cdots, x_n$ 无关. 为了这个目的, 只要证明, 关于 $y_1, \cdots, y_\mu, x_{\mu+1}, \cdots, x_n$ 的恒等式即:

$$\frac{\partial F_{\mu+1}}{\partial x_{\mu+1}} = 0, \quad \frac{\partial F_{\mu+1}}{\partial x_{\mu+2}} = 0, \quad \cdots, \quad \frac{\partial F_{\mu+1}}{\partial x_n} = 0$$

成立就行了 [比较 **183**]. 下面讨论第一个等式作为例子, 其余可以同样证明.

对方程 (24) 关于 $x_{\mu+1}$ 微分, 把 $x_1, x_2, \cdots, x_\mu$ 看成是 $y_1, \cdots, y_\mu, x_{\mu+1}, \cdots, x_n$ 的函数, 我们就得出关于

$$\frac{\partial \varphi_1}{\partial x_{\mu+1}}, \quad \cdots, \quad \frac{\partial \varphi_\mu}{\partial x_{\mu+1}}$$

① 由于函数 $f_1, f_2, \cdots, f_\mu$ 在点 M_0 取值 $y_1^0, y_2^0, \cdots, y_\mu^0$ 并且连续, 所以这是可以实现的.

诸量的线性等式:

$$\left.\begin{array}{l}\dfrac{\partial f_1}{\partial x_1}\cdot\dfrac{\partial \varphi_1}{\partial x_{\mu+1}}+\cdots+\dfrac{\partial f_1}{\partial x_\mu}\cdot\dfrac{\partial \varphi_\mu}{\partial x_{\mu+1}}+\dfrac{\partial f_1}{\partial x_{\mu+1}}=0,\\ \dfrac{\partial f_2}{\partial x_1}\cdot\dfrac{\partial \varphi_1}{\partial x_{\mu+1}}+\cdots+\dfrac{\partial f_2}{\partial x_\mu}\cdot\dfrac{\partial \varphi_\mu}{\partial x_{\mu+1}}+\dfrac{\partial f_2}{\partial x_{\mu+1}}=0,\\ \cdots\cdots\cdots\cdots\cdots\cdots\cdots\cdots\cdots\cdots\\ \dfrac{\partial f_\mu}{\partial x_1}\cdot\dfrac{\partial \varphi_1}{\partial x_{\mu+1}}+\cdots+\dfrac{\partial f_\mu}{\partial x_\mu}\cdot\dfrac{\partial \varphi_\mu}{\partial x_{\mu+1}}+\dfrac{\partial f_\mu}{\partial x_{\mu+1}}=0.\end{array}\right\}\tag{27}$$

作为这 μ 个线性等式的推论, 得出第 $(\mu+1)$ 个线性等式

$$\frac{\partial f_{\mu+1}}{\partial x_1}\cdot\frac{\partial \varphi_1}{\partial x_{\mu+1}}+\cdots+\frac{\partial f_{\mu+1}}{\partial x_\mu}\cdot\frac{\partial \varphi_\mu}{\partial x_{\mu+1}}+\frac{\partial f_{\mu+1}}{\partial x_{\mu+1}}=0.\tag{27*}$$

因为由 (27) 和 (27*) 共 $\mu+1$ 个等式中的上述诸量的系数及自由项所组成的 $(\mu+1)$ 阶行列式, 即行列式:

$$\begin{vmatrix}\dfrac{\partial f_1}{\partial x_1} & \cdots & \dfrac{\partial f_1}{\partial x_\mu} & \dfrac{\partial f_1}{\partial x_{\mu+1}}\\ \dfrac{\partial f_2}{\partial x_1} & \cdots & \dfrac{\partial f_2}{\partial x_\mu} & \dfrac{\partial f_2}{\partial x_{\mu+1}}\\ \cdots & \cdots & \cdots & \cdots\\ \dfrac{\partial f_\mu}{\partial x_1} & \cdots & \dfrac{\partial f_\mu}{\partial x_\mu} & \dfrac{\partial f_\mu}{\partial x_{\mu+1}}\\ \dfrac{\partial f_{\mu+1}}{\partial x_1} & \cdots & \dfrac{\partial f_{\mu+1}}{\partial x_\mu} & \dfrac{\partial f_{\mu+1}}{\partial x_{\mu+1}}\end{vmatrix}$$

恒等于零 (因为矩阵 (19) 的秩是 μ). 但按函数 $F_{\mu+1}$ 的定义 (26), 等式 (27*) 的左边就是导数 $\dfrac{\partial F_{\mu+1}}{\partial x_{\mu+1}}$. 由于 (27*), 这个导数确实等于零.

于是, 在函数 $F_{\mu+1}$ 内并不含变元 $x_{\mu+1},\cdots,x_n$; 而 $y_{\mu+1}$ 只与 $y_1,\cdots,y_\mu$ 有关, 这便是所要证明的.

在 **215** 的例 1) 内, 雅可比矩阵的形式为

$$\begin{pmatrix}1 & 1 & \cdots & 1\\ 2x_1 & 2x_2 & \cdots & 2x_n\\ x_2+x_3+\cdots+x_n & x_1+x_3+\cdots+x_n & \cdots & x_1+x_2+\cdots+x_{n-1}\end{pmatrix}.$$

若第三行各元素依次加以第二行各元素的 $\dfrac{1}{2}$, 则得出 (类似于第一行的) 由相等的元素所组成的列. 由此已很明显, 一切三阶行列式为零. 矩阵的秩等于 2, 实际上, 三个函数中的两个互相独立, 而第三个函数就与这两个函数有关.

类似于此, 上述的定理也可以应用于 **215** 的例题 2).

末了, 须注意, 有时可以在所论区域的一部分内成立诸函数之间的一种相互关系, 而在另一部分内成立另一种相互关系, 或是彼此独立, 等等.

3) 例如, 设 y_1 及 y_2 是二个自变量 x_1, x_2 的函数, 在平面 x_1x_2 上由下列等式确定:

$$y_1 = \begin{cases} x_1^3 x_2^2, & \text{若 } x_1 \geqslant 0, \\ 0, & \text{若 } x_1 < 0. \end{cases} \qquad y_2 = \begin{cases} x_1^2 x_2^3, & \text{若 } x_2 \geqslant 0, \\ 0, & \text{若 } x_2 < 0. \end{cases}$$

容易验证, 这些函数连同自己的导数在全平面上是连续的.

在本题的情形, 雅可比矩阵的秩在第一象限内为 2, 在第二、四象限内为 1, 在第三象限内为零. 只有在第一象限内, 函数彼此独立.

§4. 换元法

217. 一元函数 这一节的目的在于使读者熟悉换元法的形式上的步骤. 因此我们在这里不准备多去解释, 使得这种演算成为合法的一切条件 (而那样做也并无任何困难).

本节内容的主要部分可能在以前都已讲过了, 然而现在把有关换元的全部材料集中在一处似乎是适时的.

设已给含有自变量 x, 其函数 y, 以及 y 关于 x 的直至某阶为止的一系列导数的某一表达式

$$W = F(x, y, y'_x, y''_{x^2}, \cdots).$$

有时需要将它变换成新的自变量 t 及其函数 u 的相同的表达式, 而新旧变量之间则由确定的关系 (名为**变换公式**) 互相关联着. 准确些说, 要把 W 表示为 t, u 以及 u 关于 t 的导数的函数.

通常使用这种**换元法**的动机或则由于在所讨论的问题内变量 t 及 u 特别值得采用, 或则由于把这变换公式引入表达式 W 后可使 W 简化.

首先讨论只是自变量受到变换的情形, 且已给出 x 与新自变量 t 之间的直接变换公式.

假定, 这变换公式关于 x 而解出:

$$x = \varphi(t). \tag{1}$$

若 y 是 x 的函数, 则用 x 做媒介, 它就成为 t 的函数. 我们在 **121** 内已有用 x 及 y 关于 t 的导数来表示 y 关于 x 的导数的公式:

$$\left.\begin{aligned} & y'_x = \frac{y'_t}{x'_t}, \quad y''_{x^2} = \frac{x'_t y''_{t^2} - x''_{t^2} y'_t}{x'^3_t}, \\ & y'''_{x^3} = \frac{x'_t(x'_t y'''_{t^3} - x'''_{t^3} y'_t) - 3x''_{t^2}(x'_t y''_{t^2} - x''_{t^2} y'_t)}{x'^5_t}, \cdots \end{aligned}\right\} \tag{2}$$

因为 $x'_t, x''_{t^2}, x'''_{t^3}, \cdots$ 可以作为 t 的已知函数 [它们可以由 (1) 式微分而得出], 故只需再把 W 内的 $y'_x, y''_{x^2}, \cdots$ 用上述诸表达式代换成 t 的函数 y'_t, y''_{t^2} 等即可.

若已给的变换公式关于 x 为未解出的形式:

$$\Phi(x, t) = 0, \tag{3}$$

问题在本质上是可以同样解决的, 只是导数 $x'_t, x''_{t^2}, \cdots$ 须按照隐函数的微分法去求出它们①.

①可是, 这样在 W 的最后表达式内仍可能包含有 x, 那时就必须借助于 (3) 式来消去它.

转而讨论一般情形. 设二变量都需变换, 但假定变换公式可以写成关于旧变量而解出的形式:

$$x = \varphi(t,u), \quad y = \psi(t,u). \tag{4}$$

若 y 与 x 间存在函数关系, 则由此知 u 与 t 间也将存在函数关系, 由是根据 (4), x 及 y 就成为 t 的复合函数. 按照复合函数的微分法则, 就有

$$x'_t = \varphi'_t + \varphi'_u u'_t, \quad y'_t = \psi'_t + \psi'_u u'_t;$$
$$x''_{t^2} = \varphi''_{t^2} + 2\varphi''_{tu} u'_t + \varphi''_{u^2} u'^2_t + \varphi'_u u''_{t^2}, \quad y''_{t^2} = \psi''_{t^2} + \cdots + \psi'_u u''_{t^2}; \quad \cdots$$

读者须注意, 我们用 x'_t, y'_t 等表示 x 及 y 关于 t 的 "全" 导数, 即已把 u 当作 t 的函数了; 反之, $\varphi'_t, \psi'_t, \cdots$ 只表示关于 t 的偏导数, 因为在函数 $\varphi, \psi, \cdots$ 内 t 只是二变元之一.

把这些式子代入公式 (2), 就得出用 t, u 以及 u 关于 t 的导数来表示 y 关于 x 的导数的式子.

若变换公式不能关于 x 及 y 而解出:

$$\Phi(x,y,t,u) = 0, \quad \Psi(x,y,t,u) = 0, \tag{5}$$

就须按照隐函数的微分法则求出导数 $x'_t, y'_t, x''_{t^2}, y''_{t^2}, \cdots$. 例如对 t 而微分 (5) (这时, 不仅把 x 及 y, 而且把 u 也当作 t 的函数), 就得方程

$$\Phi'_x x'_t + \Phi'_y y'_t + \Phi'_t + \Phi'_u u'_t = 0, \quad \Psi'_x x'_t + \Psi'_y y'_t + \Psi'_t + \Psi'_u u'_t = 0,$$

由此就能求出 x'_t, y'_t, 等等.

在变换公式可以关于新变元而解出的那种特别情形:

$$t = \alpha(x,y), \quad u = \beta(x,y), \tag{6}$$

首先可以利用刚才讲过的一般方法. 例如对 t 而微分公式 (6) (这时把 x, y, u 都当作 t 的函数), 就得

$$1 = \alpha'_x x'_t + \alpha'_y y'_t, \quad u'_t = \beta'_x x'_t + \beta'_y y'_t,$$

由此得

$$x'_t = \frac{\beta'_y - \alpha'_y u'_t}{\alpha'_x \beta'_y - \alpha'_y \beta'_x}, \quad y'_t = \frac{\alpha'_x u'_t - \beta'_x}{\alpha'_x \beta'_y - \alpha'_y \beta'_x},$$

最后得

$$y'_x = \frac{\alpha'_x u'_t - \beta'_x}{\beta'_y - \alpha'_y u'_t}.$$

然而在这种情形, 更简单的是这样来做: 正好像是反过来要把 t, u 变成 x, y 的一样. 对 x 而微分公式 (6) (把 y 当作 x 的函数), 就得

$$t'_x = \alpha'_x + \alpha'_y y'_x, \quad u'_x = \beta'_x + \beta'_y y'_x,$$

于是

$$u'_t = \frac{u'_x}{t'_x} = \frac{\beta'_x + \beta'_y y'_x}{\alpha'_x + \alpha'_y y'_x}, \tag{7}$$

由此也能得出同上面一样的 y'_x 的表达式.

在这里我们也这样区别导数 t'_x, u'_x 与 α'_x, β'_x: 前者表示关于 x 的“全”导数, 已把 y 当作 x 的函数了, 而在后者只是把 x 当作函数 α, β 的二变元之一.

注意, 按照公式 (6) 把变元 x, y 换成变元 t, u, 可以几何地解释为一种平面 (或它的一部分) 上的点变换: 若把 x, y 看成平面上一点 M 的坐标, 把 t, u 看成一点 P 的坐标, 则这变换就把点 M 迁移到点 P. 再取平面上的任何曲线 $\mathcal{K}$, 其方程为 $y = f(x)$; 对应于 x 与 y 之间的这种函数关系, 在 t 与 u 之间也得到一种函数关系: $u = g(t)$, 它也确定平面上的某一曲线 $\mathcal{L}$. 这样, 在所考察的变换之下, 曲线 $\mathcal{K}$ 转移成曲线 $\mathcal{L}$. 若作前一曲线在 M 点的切线, 其斜率为 y'_x, 则第二曲线在对应点 P 也有切线, 其斜率就是由公式 (7) 所确定的 u'_t. 这样, 由曲线 $\mathcal{K}$ 上一点 M 的坐标及在 M 切线的斜率就单值地确定了变换后的曲线 $\mathcal{L}$ 上对应点 P 的坐标及在 P 切线的斜率. 因此, 若经过点 M 作相切于这点的二曲线, 则变换后的两曲线也必相切于对应点 P. 故所考察的平面上的点变换保持相切关系 [比较下面的例题 5)].

218. 例题 1) 设已给方程 $x^2 y''_{x^2} + x y'_x + y = 0$; 令 $x = e^t$, 求变换后的方程.

按照公式 (2) 有

$$y'_x = e^{-t} \cdot y'_t, \quad y''_{x^2} = e^{-2t} \cdot (y''_{t^2} - y'_t),$$

而方程就变成更简单的形式:

$$y''_{t^2} + y = 0.$$

2) 令 $x = t - y$, 变换表达式

$$W = \frac{y''_{x^2} - y'_x(1 + y'_x)^2}{(1 + y'_x)^3}.$$

若写成 $x = t - u, y = u$, 就可以由一般方法完成这变换. 按照公式 (2), 得

$$W = \frac{x'_t y''_{t^2} - x''_{t^2} y'_t - y'_t(x'_t + y'_t)^2}{(x'_t + y'_t)^3}.$$

另一方面, 变换公式给出 $x'_t = 1 - y'_t$; 代入, 最后得 $W = y''_{t^2} - y'_t$.

3) 互换变元的任务 假定要把自变量 x 与其函数 y 所担任的任务互换: 则只需令 $x = u, y = t$, 就可以由一般方法完成这变换. 试提出这样的问题: 用 x 关于 y 的导数去表示 y 关于 x 的导数.

仍利用公式 (2), 用 y 代 t. 若注意 $y'_y = 1$ (又 $y''_{y^2} = y'''_{y^3} = \cdots = 0$), 则立刻得出

$$y'_x = \frac{1}{x'_y}, \quad y''_{x^2} = -\frac{x''_{y^2}}{x'^3_y}, \quad y'''_{x^3} = \frac{3x''^2_{y^2} - x'_y x'''_{y^3}}{x'^5_y}, \cdots$$

例如, 若应用这变换于表达式 $W = y'_x y'''_{x^3} - 3y''^2_{x^2}$, 可得 $W = -\dfrac{x'''_{y^3}}{x'^5_y}$.

4) 换成极坐标 若把 x, y 看成点的直角坐标, 则方程 $y = f(x)$ 表示曲线. 有时常需把 x, y 换成极坐标 r, θ, 而改用极坐标方程 $r = g(\theta)$ 来表示曲线. 那时, 自然会有必要, 要把由 $x, y, y'_x, y''_{x^2}, \cdots$, 表示的曲线的各种几何元素改用 $\theta, r, r'_\theta, r''_{\theta^2}, \cdots$ 来表示.

在这种情形, 大家知道, 变换公式是: $x = r\cos\theta, y = r\sin\theta$. 对 θ 而微分它们 (在这时, 注意 r 是 θ 的函数), 就得

$$
\begin{aligned}
&x'_\theta = r'_\theta \cos\theta - r\sin\theta, \quad y'_\theta = r'_\theta \sin\theta + r\cos\theta;\\
&x''_{\theta^2} = r''_{\theta^2}\cos\theta - 2r'_\theta\sin\theta - r\cos\theta,\\
&y''_{\theta^2} = r''_{\theta^2}\sin\theta + 2r'_\theta\cos\theta - r\sin\theta, \quad \cdots
\end{aligned}
$$

由此, 按照公式 (2) 用 (θ 代 t), 得

$$y'_x = \frac{r'_\theta\sin\theta + r\cos\theta}{r'_\theta\cos\theta - r\sin\theta}, \quad y''_{x^2} = \frac{r^2 + 2r'^2_\theta - rr''_{\theta^2}}{(r'_\theta\cos\theta - r\sin\theta)^3}; \quad \cdots$$

用这种方法, 例如, 切线的斜率便是

$$\operatorname{tg}\alpha = y'_x = \frac{r'_\theta\sin\theta + r\cos\theta}{r'_\theta\cos\theta - r\sin\theta};$$

而切线与向径的延长线所成的角 ω 的正切 (图 114)

$$\operatorname{tg}\omega = \operatorname{tg}(\alpha - \theta) = \frac{\operatorname{tg}\alpha - \operatorname{tg}\theta}{1 + \operatorname{tg}\alpha\cdot\operatorname{tg}\theta} = \frac{xy'_x - y}{x + yy'_x}.$$

现在可以用更简单的公式

$$\operatorname{tg}\omega = \frac{r}{r'_\theta}$$

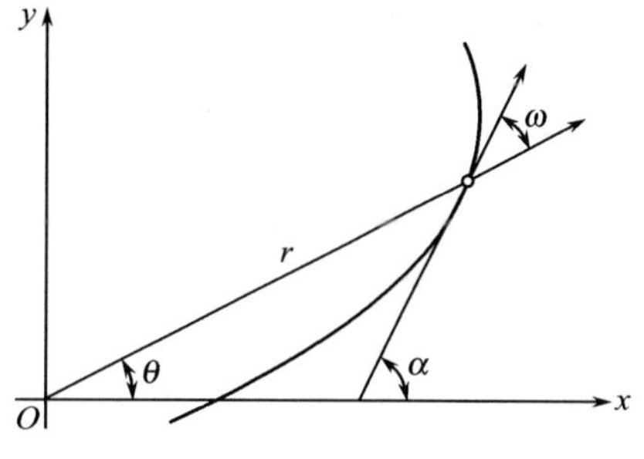

图 114

来表示, 由于这缘故, 当曲线用极坐标方程给定时, 切线的位置最好就用角 ω 来确定它.

再考察表达式

$$R = \frac{(1 + y'^2_x)^{\frac{3}{2}}}{y''_{x^2}},$$

以后 [**251**] 将看到, 它表示曲线的重要的几何元素 (“曲率半径”). 若把上面求出的关于 y'_x 及 y''_{x^2} 的式子代入此处, 在化简后可得

$$R = \frac{(r^2 + r'^2_\theta)^{\frac{3}{2}}}{r^2 + 2r'_{\theta^2} - rr''_{\theta^2}}.$$

5) 勒让德变换　在前目内所提出的换元问题可以把它推广到在变换公式内已出现有导数的情形去. 我们限于讨论这类变换之一作为例题:

$$t = y'_x, \quad u = x\cdot y'_x - y;$$

这变换称为**勒让德变换**.

对 x 而微分第二变换公式, 把左边的 u 看成是以 t 为媒介的 x 的函数 (t 与 x 的函数关系由第一公式给出):

$$u'_t\cdot y''_{x^2} = y'_x + x\cdot y''_{x^2} - y'_x = x\cdot y''_{x^2}.$$

由此 (假定 $y''_{x^2} \neq 0$) $u'_t = x$. 这样, 若写出两个变换公式, 就有

$$x = u'_t, \quad y = t\cdot u'_t - u,$$

这就表明变换的相互性: t, u, u_t' 是怎样用 x, y, y_x' 表示的, 则后者也完全同样地用前者表示着.

用类似于前的方法, 对 x 而微分 $u_t' = x$, 则得

$$u_{t^2}'' \cdot y_{x^2}'' = 1, \quad \text{由此 } y_{x^2}'' = \frac{1}{u_{t^2}''}.$$

继续微分给出

$$u_{t^3}''' \cdot y_{x^2}''^2 + u_{t^2}'' \cdot y_{x^3}''' = 0, \quad \text{于是 } y_{x^3}''' = -\frac{u_{t^3}'''}{u_{t^2}''^3},$$

等等.

须注意, 若以平面上的变换来做勒让德变换的几何说明, 则它决不是点变换. 若要知道点 P 的坐标 t, u, 单知道点 M 的坐标 x, y 是不够的, 还需要知道所考察的曲线 $y = f(x)$ 在这点的切线的斜率 y_x'. 纵然如此, 曲线在此处仍变成曲线, 且仍保持相切关系①.

219. 多元函数 · 自变量的变换 现在转而讨论除自变量 $x, y, \cdots$ 以及它们的函数 z 以外, 还含有 z 关于其变元的 (达到一定阶的) 偏导数的表达式

$$W = F\left(x, y, \cdots, z, \frac{\partial z}{\partial x}, \frac{\partial z}{\partial y}, \cdots, \frac{\partial^2 z}{\partial x^2}, \frac{\partial^2 z}{\partial x \partial y}, \cdots\right)$$

的变换问题.

和前面所说过的简单情形一样, 在这里也可能需要利用联系新旧变元的变换公式把它变成新变量的表达式. 若有 $t, u, \cdots$ 表示新自变量, 用 v 表示它们的函数, 则问题就成为用 $t, u, \cdots, v$ 以及 v 关于其变元的导数来表示 W. 显然, 只要学会如何来变换旧导数 $\frac{\partial z}{\partial x}, \frac{\partial z}{\partial y}, \cdots, \frac{\partial^2 z}{\partial x^2}, \frac{\partial^2 z}{\partial x \partial y}, \cdots$ 成为新导数就够了. 为了书写简单起见, 我们将假定自变量只有两个: 旧的是 x, y, 新的是 t, u.

先从只变换自变量的情形开始, 而变换公式直接联系着旧变元 x, y 与新变元 t, u.

假设变换公式可以关于旧变量而解出:

$$x = \varphi(t, u), \quad y = \psi(t, u). \tag{8}$$

以 x 及 y 为媒介把 z 看成 t 及 u 的复合函数, 按照复合函数的微分法则就得:

$$\frac{\partial z}{\partial t} = \frac{\partial x}{\partial t}\frac{\partial z}{\partial x} + \frac{\partial y}{\partial t}\frac{\partial z}{\partial y}, \quad \frac{\partial z}{\partial u} = \frac{\partial x}{\partial u}\frac{\partial z}{\partial x} + \frac{\partial y}{\partial u}\frac{\partial z}{\partial y}. \tag{9}$$

这样, 我们就得到旧导数 $\frac{\partial z}{\partial x}$ 及 $\frac{\partial z}{\partial y}$ 所满足的线性方程组; 由此旧导数就可用新导数线性地表达出来:

$$\frac{\partial z}{\partial x} = A\frac{\partial z}{\partial t} + B\frac{\partial z}{\partial u}, \quad \frac{\partial z}{\partial y} = C\frac{\partial z}{\partial t} + D\frac{\partial z}{\partial u}. \tag{10}$$

这时必须注意系数 A, B, C, D 是由公式 (8) 中的函数 φ 及 ψ 的导数所组成, 但却完全与 z 无关.

---

①保持相切关系类似的变换在各种几何及分析的领域内起了重要的作用. 这种变换称为**切线变换**或**接触变换**. 点变换及勒让德变换只是其特例.

因此我们也可以把公式 (10) 应用于导数 $\dfrac{\partial z}{\partial x}, \dfrac{\partial z}{\partial y}$ (代替 z). 例如由此, 对于 $\dfrac{\partial^2 z}{\partial x^2}$ 就能得到

$$\begin{aligned}\frac{\partial^2 z}{\partial x^2} &= \frac{\partial}{\partial x}\left(\frac{\partial z}{\partial x}\right) = A\frac{\partial}{\partial t}\left(\frac{\partial z}{\partial x}\right) + B\frac{\partial}{\partial u}\left(\frac{\partial z}{\partial x}\right) \\ &= A\left(A\frac{\partial^2 z}{\partial t^2} + B\frac{\partial^2 z}{\partial t\partial u} + \frac{\partial A}{\partial t}\frac{\partial z}{\partial t} + \frac{\partial B}{\partial t}\frac{\partial z}{\partial u}\right) \\ &\quad + B\left(A\frac{\partial^2 z}{\partial t\partial u} + B\frac{\partial^2 z}{\partial u^2} + \frac{\partial A}{\partial u}\frac{\partial z}{\partial t} + \frac{\partial B}{\partial u}\frac{\partial z}{\partial u}\right).\end{aligned}$$

把 (10) 应用于二阶导数 (代替 z), 可以得出三阶导数的表达式, 等等.

若变换公式能关于新变量而解出:

$$t = \alpha(x, y), \quad u = \beta(x, y),$$

则更方便的是应用反逆法, 即以 t, u 为媒介把 z 看成 x, y 的复合函数, 再对旧变元而施行微分. 这时立即得出形式如 (10) 的公式:

$$\frac{\partial z}{\partial x} = \frac{\partial t}{\partial x}\frac{\partial z}{\partial t} + \frac{\partial u}{\partial x}\frac{\partial z}{\partial u}, \quad \frac{\partial z}{\partial y} = \frac{\partial t}{\partial y}\frac{\partial z}{\partial t} + \frac{\partial u}{\partial y}\frac{\partial z}{\partial u} \tag{11}$$

这次, 系数

$$A = \frac{\partial t}{\partial x}, \quad B = \frac{\partial u}{\partial x}, \quad C = \frac{\partial t}{\partial y}, \quad D = \frac{\partial u}{\partial y}$$

是 x, y 的函数, 但同样与 z 无关.

累次应用公式 (11), 仍可以得出以后各阶导数的表达式. 例如

$$\begin{aligned}\frac{\partial^2 z}{\partial x^2} &= \frac{\partial}{\partial x}\left(A\frac{\partial z}{\partial t} + B\frac{\partial z}{\partial u}\right) = \frac{\partial A}{\partial x}\frac{\partial z}{\partial t} + \frac{\partial B}{\partial x}\frac{\partial z}{\partial u} + A\frac{\partial}{\partial x}\left(\frac{\partial z}{\partial t}\right) + B\frac{\partial}{\partial x}\left(\frac{\partial z}{\partial u}\right) \\ &= \frac{\partial A}{\partial x}\frac{\partial z}{\partial t} + \frac{\partial B}{\partial x}\frac{\partial z}{\partial u} + A\left(A\frac{\partial^2 z}{\partial t^2} + B\frac{\partial^2 z}{\partial t\partial u}\right) + B\left(A\frac{\partial^2 z}{\partial t\partial u} + B\frac{\partial^2 z}{\partial u^2}\right)\text{①}.\end{aligned}$$

最后, 在一般情形, 对于任意的变换公式

$$\Phi(x, y, t, u) = 0, \quad \Psi(x, y, t, u) = 0, \tag{12}$$

可以用直接法或反逆法按照隐函数的微分法则算出偏导数

$$\frac{\partial x}{\partial t}, \frac{\partial x}{\partial u}, \frac{\partial y}{\partial t}, \frac{\partial y}{\partial u} \quad \text{或} \quad \frac{\partial t}{\partial x}, \frac{\partial t}{\partial y}, \frac{\partial u}{\partial x}, \frac{\partial u}{\partial y}.$$

220. 微分的求法 如果在 W 内出现的不是个别的导数, 而是已给阶次的全部导数, 那么我们可以讲一种用新导数表示旧导数的特别方便的方法. 这就是全微分的求法. 它同样可以表示成两组公式, 看我们是用 t, u 还是用 x, y 当作自变量而定.

先设 t, u 是自变量, 一切微分就是关于这些变量而取的 (直接法). 求变换公式 (12) 的全微分,dx 及 dy 就可以由 dt 及 du 线性地表达出来:

$$dx = \alpha dt + \beta du, \quad dy = \gamma dt + \delta du; \tag{13}$$

①在此处应再作出类似于第 **217** 目的脚注. 因为用新导数表示旧导数的表达式内含有 x, y, 故把它们代入 W 以后, 可能还需要再依靠变换公式来消去 x, y. 读者注意在下一场合中也有类似于此的情形.

以后再微分这两个式子, 可以把 d^2x 及 d^2y 表示为 dt 及 du 的二次齐次多项式

$$d^2x = \varepsilon dt^2 + \zeta dtdu + \eta du^2, \quad d^2y = \theta dt^2 + \tau dtdu + \chi du^2, \tag{14}$$

等等. 系数 $\alpha, \beta, \cdots, \tau, \chi$ 是 x, y, t, u 的已知函数.

现在 (利用微分的形式不变性) 把 dz 双关地表示为:

$$dz = \frac{\partial z}{\partial x}dx + \frac{\partial z}{\partial y}dy = \frac{\partial z}{\partial t}dt + \frac{\partial z}{\partial u}du. \tag{15}$$

若把 dx 及 dy 换成它们的表达式 (13), 并使等式两边 dt 及 du 之前的系数相等①, 则得线性方程

$$\alpha\frac{\partial z}{\partial x} + \gamma\frac{\partial z}{\partial y} = \frac{\partial z}{\partial t} \quad 及 \quad \beta\frac{\partial z}{\partial x} + \delta\frac{\partial z}{\partial y} = \frac{\partial z}{\partial u},$$

由此可以确定导数 $\dfrac{\partial z}{\partial x}$ 及 $\dfrac{\partial z}{\partial y}$.

同样, 可以双关地表示 d^2z (记住, 自变量不是 x, y 而是 t, u):

$$\begin{aligned} d^2z &= \frac{\partial^2 z}{\partial x^2}dx^2 + 2\frac{\partial^2 z}{\partial x\partial y}dxdy + \frac{\partial^2 z}{\partial y^2}dy^2 + \frac{\partial z}{\partial x}d^2x + \frac{\partial z}{\partial y}d^2y \\ &= \frac{\partial^2 z}{\partial t^2}dt^2 + 2\frac{\partial^2 z}{\partial t\partial u}dtdu + \frac{\partial^2 z}{\partial u^2}du^2. \end{aligned} \tag{16}$$

若把 dx, dy, d^2x, d^2y 换成它们的表达式 (13) 及 (14), 并使等式两边 $dt^2, dtdu, du^2$ 之前的系数相等②. 这就给出三个线性方程的方程组, 借此可以确定导数 $\dfrac{\partial^2 z}{\partial x^2}, \dfrac{\partial^2 z}{\partial x\partial y}, \dfrac{\partial^2 z}{\partial y^2}$ (因为 $\dfrac{\partial z}{\partial x}, \dfrac{\partial z}{\partial y}$ 已经知道), 等等.

在实施时, 用反逆法更为简便. 这时把 x 及 y 当作自变量, 于是就须对这些变量而取一切微分.

由变换公式 (12) 求得的历次微分为

$$dt = adx + bdy, \quad du = cdx + \partial dy; \tag{17}$$

$$d^2t = edx^2 + fdxdy + gdy^2, \quad d^2u = hdx^2 + idxdy + jdy^2 \tag{18}$$

等等. 且此处的系数 $a, b, \cdots, i, j$ 是 x, y, t, u 的已知函数.

若在 (15) 内把 dt 及 du 换成它们的表达式 (17), 并使等式两边 dx 及 dy 之前的系数相等, 则直接得出

$$\frac{\partial z}{\partial x} = a\frac{\partial z}{\partial t} + c\frac{\partial z}{\partial u}, \quad \frac{\partial z}{\partial y} = b\frac{\partial z}{\partial t} + \partial\frac{\partial z}{\partial u}.$$

①请回忆, 等式 $Adt + Bdu = A'dt + B'du$ 仅在 $A = A', B = B'$ 的场合方才可以对于任意的[30] dt 及 du 成立.

②等式 $Adt^2 + Bdtdu + Cdu^2 = A'dt^2 + B'dtdu + C'du^2$ 仅当 $A = A', B = B', C = C'$ 时方才可以对于任意的[30] dt 及 du 成立.

[30]在所考虑的等式中右边与左边都是函数, 由两个函数的等式总可以得出对任意固定的自变量的值, 这些函数的值相等. (所以实际上在任何确实包含自变量微分的等式中, 愿意的话, 这些微分可以认为是任意固定的数.)

在这一情形, 代替 (16) 就有

$$\begin{aligned}d^2z&=\frac{\partial^2 z}{\partial x^2}dx^2+2\frac{\partial^2 z}{\partial x\partial y}dxdy+\frac{\partial^2 z}{\partial y^2}dy^2\\&=\frac{\partial^2 z}{\partial t^2}dt^2+2\frac{\partial^2 z}{\partial t\partial u}dtdu+\frac{\partial^2 z}{\partial u^2}du^2+\frac{\partial z}{\partial t}d^2t+\frac{\partial z}{\partial u}d^2u.\end{aligned}$$

把 (17), (18) 式代入, 使等式两边 $dx^2, dxdy, dy^2$ 的系数相等, 便直接得出导数 $\frac{\partial^2 z}{\partial x^2}, \frac{\partial^2 z}{\partial x\partial y}, \frac{\partial^2 z}{\partial y^2}$ 的表达式, 等等.

221. 换元的一般情形 最后回头讨论当自变量及函数都变换时的一般情形. 设变换公式能关于旧变量而解出:

$$x=\varphi(t,u,v),\quad y=\psi(t,u,v),\quad z=\chi(t,u,v). \tag{19}$$

若 z 是 x 及 y 的函数: $z=f(x,y)$, 则把此式中的 x,y,z 用 (19) 中的各式代入, 就得到新变量之间的函数关系, 于是 v 成为 t 及 u 的函数.

把 t 及 u 当作自变量 (直接法), 且借 x 及 y 为媒介把 z 看成 t 及 u 的函数, 就可同上面那样, 得到等式 (9), 由此又得 (10). 但在此应把 $\frac{\partial x}{\partial t},\cdots,\frac{\partial z}{\partial u}$ 理解为 x,y,z 对于 t 或 u 的 "全" 偏导数, 它们可以由 (19) 式顾及 v 本身也是 t 及 u 的函数而得到:

$$\frac{\partial x}{\partial t}=\frac{\partial \varphi}{\partial t}+\frac{\partial \varphi}{\partial v}\frac{\partial v}{\partial t},\quad\cdots,\quad\frac{\partial z}{\partial u}=\frac{\partial \chi}{\partial u}+\frac{\partial \chi}{\partial v}\frac{\partial v}{\partial u}.$$

(10) 中的系数 A,B,C,D 内不仅含有 t,u,v, 而且含有导数 $\frac{\partial v}{\partial t},\frac{\partial v}{\partial u}$; 后者是以有理方式出现的. 累次应用公式 (10), 就可由此引出二阶导数的表达式, 等等.

若变换公式能关于新变量而解出:

$$t=\alpha(x,y,z),\quad u=\beta(x,y,z),\quad v=\gamma(x,y,z), \tag{20}$$

则通常可应用反逆法, 即把 x 及 y 当作自变量. 就有

$$\frac{\partial v}{\partial x}=\frac{\partial v}{\partial t}\frac{\partial t}{\partial x}+\frac{\partial v}{\partial u}\frac{\partial u}{\partial x},\quad\frac{\partial v}{\partial y}=\frac{\partial v}{\partial t}\frac{\partial t}{\partial y}+\frac{\partial v}{\partial u}\frac{\partial u}{\partial y}.$$

此处的 $\frac{\partial t}{\partial x},\cdots,\frac{\partial v}{\partial y}$ 需要换成它们的表达式, 只需对 x 及 y 微分公式 (20), 并计及 z 是 x 及 y 的函数, 就可以得到这些表达式:

$$\frac{\partial t}{\partial x}=\frac{\partial \alpha}{\partial x}+\frac{\partial \alpha}{\partial z}\frac{\partial z}{\partial x},\quad\cdots,\quad\frac{\partial v}{\partial y}=\frac{\partial \gamma}{\partial y}+\frac{\partial \gamma}{\partial z}\frac{\partial z}{\partial y}.$$

这样就可得出关于 $\frac{\partial z}{\partial x},\frac{\partial z}{\partial y}$ 的线性方程组, 由此这些导数很容易用 $x,y,z,\frac{\partial v}{\partial t},\frac{\partial v}{\partial u}$ 表达出来.

求以后的导数最简单是这样做: 借 t 及 u 为媒介把导数 $\frac{\partial v}{\partial t}$ 及 $\frac{\partial v}{\partial u}$ 看成是 x 及 y 的函数再对 x (对 y) 微分所得的 $\frac{\partial z}{\partial x}\left(\text{或}\frac{\partial z}{\partial y}\right)$ 的表达式, 等等.

在变换公式为一般形式

$$\left.\begin{aligned}&A(x,y,z,t,u,v)=0,\quad B=(x,y,z,t,u,v)=0,\\&\Gamma(x,y,z,t,u,v)=0\end{aligned}\right\} \tag{21}$$

的情形, 可以利用上述的任何一种方法, 并应用隐函数的微分法则.

要解决所考察的一般换元问题, 也可以应用全微分的求法. 我们限于在旧变元 x 及 y 的自变量的假定之下来叙述这一方法 (反逆法), 于是对这些变元而取一切微分.

由公式 (21) 出发, 累次求微分, 可以得出

$$\left.\begin{aligned} dt &= a_1dx + a_2dy + a_3dz, \\ du &= b_1dx + b_2dy + b_3dz, \\ dv &= c_1dx + c_2dy + c_3dz; \end{aligned}\right\} \tag{22}$$

$$\left.\begin{aligned} d^2t &= \partial_1dx^2 + \partial_2dxdy + \partial_3dy^2 + \partial_4dxdz + \partial_5dydz + \partial_6dz^2 + a_3d^2z, \\ d^2u &= e_1dx^2 + \cdots + e_6dz^2 + b_3d^2z, \\ d^2v &= f_1dx^2 + \cdots + f_6dz^2 + c_3d^2z; \quad \cdots \end{aligned}\right\} \tag{23}$$

若在等式

$$dv = \frac{\partial v}{\partial t}dt + \frac{\partial v}{\partial u}du$$

内把 dt, du 及 dv 换成它们的表达式 (22), 则得

$$c_1dx + c_2dy + c_3dz = \frac{\partial v}{\partial t}(a_1dx + a_2dy + a_3dz) + \frac{\partial v}{\partial u}(b_1dx + b_2dy + b_3dz),$$

由此有

$$dz = Adx + Bdy, \tag{24}$$

式中的 A, B 以有理方式包含导数 $\frac{\partial v}{\partial t}$ 及 $\frac{\partial v}{\partial u}$. 把这式与公式

$$dz = \frac{\partial z}{\partial x}dx + \frac{\partial z}{\partial y}dy$$

对照, 看出

$$\frac{\partial z}{\partial x} = A, \quad \frac{\partial z}{\partial y} = B.$$

今在等式 (t 及 u 不是自变量)

$$d^2v = \frac{\partial^2 v}{\partial t^2}dt^2 + 2\frac{\partial^2 v}{\partial t\partial u}dtdu + \frac{\partial^2 v}{\partial u^2}du^2 + \frac{\partial v}{\partial t}d^2t + \frac{\partial v}{\partial u}d^2u$$

中把 dt, du, d^2t, d^2u, d^2v 换成它们的表达式 (22) 及 (23), 再把 dz 换成它的表达式 (24). 从所得的等式可以确定 d^2z:

$$d^2z = Cdx^2 + 2Ddxdy + Edy^2,$$

式中的 C, D, E 以有理方式包含导数 $\frac{\partial v}{\partial t}, \frac{\partial v}{\partial u}, \frac{\partial^2 v}{\partial t^2}, \frac{\partial^2 v}{\partial t\partial u}, \frac{\partial^2 v}{\partial u^2}$. 把它与公式

$$d^2z = \frac{\partial^2 z}{\partial x^2}dx^2 + 2\frac{\partial^2 z}{\partial x\partial y}dxdy + \frac{\partial^2 z}{\partial y^2}dy^2$$

对照, 得出结果

$$\frac{\partial^2 z}{\partial x^2} = C, \quad \frac{\partial^2 z}{\partial x\partial y} = D, \quad \frac{\partial^2 z}{\partial y^2} = E,$$

等等.

变量的变换问题在此处也可给以几何的意义. 若把变量 (x,y,z) 及 (t,u,v) 看成是点 M 及 P 的空间坐标, 则变换公式, 例如其形式如 (20), 对每一点 M 有某一对应点 P, 即表示着**空间** (或其一部分) **的点变换**. 对应于 x,y,z 之间的函数关系, 就可以得到 t,u,v 之间的函数关系, 于是每一曲面 $\mathcal{S}$ 在这时仍变换成某一曲面 $\mathcal{T}$.

我们已经看到, $t,u,v,\dfrac{\partial v}{\partial t},\dfrac{\partial v}{\partial u}$ 的值由 $x,y,z,\dfrac{\partial z}{\partial x},\dfrac{\partial z}{\partial y}$ 的值单值地确定. 回忆切平面的方程 [**180**, (6)]:

$$Z-z=\frac{\partial z}{\partial x}(X-x)+\frac{\partial z}{\partial y}(Y-y).$$

由此容易推断: 在所考虑的变换之中, 相切于 M 点的二曲面 $\mathcal{S}_1$ 及 $\mathcal{S}_2$ 若对应于二曲面 $\mathcal{T}_1$ 及 $\mathcal{T}_2$, 则 $\mathcal{T}_1$ 及 $\mathcal{T}_2$ 也必相切于 P 点. 故空间点变换保持相切关系 [比较下面的例题 7)].

222. 例题 1) 换成极坐标 设 z 是平面上的点函数 $z=f(M)$. 点的位置通常由它的直角坐标 (x,y) 确定, 于是 z 就成为变量 x 及 y 的函数. 然而用极坐标 r,θ 来表示点的位置, 有时显得更为方便, 于是就有换成新变量的必要. 这种变换可由各种不同的方法实现.

直接法 把 r,θ 当作自变量. 由变换公式

$$x=r\cos\theta,\quad y=r\sin\theta$$

出发, 依照公式 (10) 的模样, 就有

$$\frac{\partial z}{\partial r}=\cos\theta\frac{\partial z}{\partial x}+\sin\theta\frac{\partial z}{\partial y},\quad \frac{\partial z}{\partial \theta}=-r\sin\theta\frac{\partial z}{\partial x}+r\cos\theta\frac{\partial z}{\partial y},$$

由此,

$$\frac{\partial z}{\partial x}=\cos\theta\frac{\partial z}{\partial r}-\frac{\sin\theta}{r}\frac{\partial z}{\partial \theta},\quad \frac{\partial z}{\partial y}=\sin\theta\frac{\partial z}{\partial r}+\frac{\cos\theta}{r}\frac{\partial z}{\partial \theta},\tag{25}$$

于是 $\cos\theta,-\dfrac{\sin\theta}{r},\sin\theta,\dfrac{\cos\theta}{r}$ 在这里就作为系数 A,B,C,D. 以后, 有

$$\begin{aligned}\frac{\partial^2 z}{\partial x^2}&=\cos\theta\frac{\partial}{\partial r}\left(\cos\theta\frac{\partial z}{\partial r}-\frac{\sin\theta}{r}\frac{\partial z}{\partial \theta}\right)-\frac{\sin\theta}{r}\frac{\partial}{\partial \theta}\left(\cos\theta\frac{\partial z}{\partial r}-\frac{\sin\theta}{r}\frac{\partial z}{\partial \theta}\right)\\&=\cos^2\theta\frac{\partial^2 z}{\partial r^2}-\frac{2\sin\theta\cos\theta}{r}\frac{\partial^2 z}{\partial r\partial\theta}+\frac{\sin^2\theta}{r^2}\frac{\partial^2 z}{\partial \theta^2}+\frac{2\sin\theta\cos\theta}{r^2}\frac{\partial z}{\partial \theta}+\frac{\sin^2\theta}{r}\frac{\partial z}{\partial r}.\end{aligned}$$

同样求得

$$\begin{aligned}\frac{\partial^2 z}{\partial y^2}=\sin^2\theta\frac{\partial^2 z}{\partial r^2}&+\frac{2\sin\theta\cos\theta}{r}\frac{\partial^2 z}{\partial r\partial\theta}+\frac{\cos^2\theta}{r^2}\frac{\partial^2 z}{\partial \theta^2}\\&-\frac{2\sin\theta\cos\theta}{r^2}\frac{\partial z}{\partial \theta}+\frac{\cos^2\theta}{r}\frac{\partial z}{\partial r},\end{aligned}$$

等等.

反逆法 把 x,y 当作自变量. 为了要利用公式 (11), 需要知道导数 $\dfrac{\partial r}{\partial x},\dfrac{\partial \theta}{\partial x},\dfrac{\partial r}{\partial y},\dfrac{\partial \theta}{\partial y}$. 只要把联系新旧变量的方程预先解出新变元, 就可以求出它们. 但也可以不必解方程而应用隐函数的微分法求出它们. 若对 x 及 y 而微分变换公式, 把 r 及 θ 当作 x 及 y 的函数, 就得

$$1=\cos\theta\frac{\partial r}{\partial x}-r\sin\theta\frac{\partial \theta}{\partial x},\quad 0=\sin\theta\frac{\partial r}{\partial x}+r\cos\theta\frac{\partial \theta}{\partial x}$$

及

$$0=\cos\theta\frac{\partial r}{\partial y}-r\sin\theta\frac{\partial \theta}{\partial y},\quad 1=\sin\theta\frac{\partial r}{\partial y}+r\cos\theta\frac{\partial \theta}{\partial y}.$$

由此得

$$\frac{\partial r}{\partial x}=\cos\theta,\quad \frac{\partial \theta}{\partial x}=-\frac{\sin\theta}{r},\quad \frac{\partial r}{\partial y}=\sin\theta,\quad \frac{\partial \theta}{\partial y}=\frac{\cos\theta}{r},$$

于是, 按照公式 (11), 我们又重新回到表达式 (25), 等等.

微分的求法 如同刚才那样设 x, y 是自变量.

求变换公式的全微分

$$dx=\cos\theta dr-r\sin\theta d\theta,\quad dy=\sin\theta dr+r\cos\theta d\theta;$$

由此

$$dr=\cos\theta dx+\sin\theta dy,\quad d\theta=\frac{-\sin\theta dx+\cos\theta dy}{r},$$

于是

$$dz=\frac{\partial z}{\partial r}dr+\frac{\partial z}{\partial \theta}d\theta=\left(\cos\theta\frac{\partial z}{\partial r}-\frac{\sin\theta}{r}\frac{\partial z}{\partial \theta}\right)dx+\left(\sin\theta\frac{\partial z}{\partial r}+\frac{\cos\theta}{r}\frac{\partial z}{\partial \theta}\right)dy,$$

又重新得出表达式 (25).

对 dr 及 $d\theta$ 的公式再微分, 给出:

$$\begin{aligned}d^2r&=-\sin\theta d\theta dx+\cos\theta d\theta dy\\&=\frac{\sin^2\theta dx^2-2\sin\theta\cos\theta dxdy+\cos^2\theta dy^2}{r},\\d^2\theta&=\frac{-r(\cos\theta dx+\sin\theta dy)d\theta-(\cos\theta dy-\sin\theta dx)dr}{r^2}\\&=\frac{2\sin\theta\cos\theta dx^2-2(\cos^2\theta-\sin^2\theta)dxdy-2\sin\theta\cos\theta dy^2}{r^2}.\end{aligned}$$

于是对于 d^2z 就有

$$\begin{aligned}d^2z=&\frac{\partial^2 z}{\partial r^2}dr^2+2\frac{\partial^2 z}{\partial r\partial\theta}drd\theta+\frac{\partial^2 z}{\partial \theta^2}d\vartheta^2+\frac{\partial z}{\partial r}d^2r+\frac{\partial z}{\partial \theta}d^2\theta\\=&\left(\cos^2\theta\frac{\partial^2 z}{\partial r^2}-\frac{2\sin\theta\cos\theta}{r}\frac{\partial^2 z}{\partial r\partial\theta}+\frac{\sin^2\theta}{r^2}\frac{\partial^2 z}{\partial\theta^2}+\frac{\sin^2\theta}{r}\frac{\partial z}{\partial r}+\frac{2\sin\theta\cos\theta}{r^2}\frac{\partial z}{\partial\theta}\right)dx^2\\&+2(\cdots)dxdy+(\cdots)dy^2,\end{aligned}$$

由此对于二阶导数 $\dfrac{\partial^2 z}{\partial x^2},\cdots$, 可以得出与前面同样的表达式.

例如, 考察这一表达式

$$W_1=\left(\frac{\partial z}{\partial x}\right)^2+\left(\frac{\partial z}{\partial y}\right)^2,\quad W_2=\frac{\partial^2 z}{\partial x^2}+\frac{\partial^2 z}{\partial y^2}.$$

借助于已求出的公式, 它们变换成:

$$W_1=\left(\frac{\partial z}{\partial r}\right)^2+\frac{1}{r^2}\left(\frac{\partial z}{\partial \theta}\right)^2,\quad W_2=\frac{\partial^2 z}{\partial r^2}+\frac{1}{r^2}\frac{\partial^2 z}{\partial \theta^2}+\frac{1}{r}\frac{\partial z}{\partial r}.$$

2) 换成球面坐标 在空间类似于平面上的极坐标的, 就是所谓球面坐标 ρ,φ,θ, 它们与直角坐标 x,y,z 之间的关系是

$$x=\rho\sin\varphi\cos\theta,\quad y=\rho\sin\varphi\sin\theta,\quad z=\rho\cos\varphi.$$

设有表达式

$$W_1=\left(\frac{\partial u}{\partial x}\right)^2+\left(\frac{\partial u}{\partial y}\right)^2+\left(\frac{\partial u}{\partial z}\right)^2,\quad W_2=\frac{\partial^2 u}{\partial x^2}+\frac{\partial^2 u}{\partial y^2}+\frac{\partial^2 u}{\partial z^2},$$

其中 u 是一个空间的点函数. 试将旧变元 x,y,z 换成新变元 ρ,φ,θ.

若变换分两步进行, 首先令 $x=r\cos\theta, y=r\sin\theta$ (保留 z 不变), 再令 $z=\rho\cos\varphi, r=\rho\sin\varphi$ (保留 θ 不变), 就可以利用例题 1) 的结果.

例如, 对于第二式就有

$$\frac{\partial^2 u}{\partial x^2}+\frac{\partial^2 u}{\partial y^2}=\frac{\partial^2 u}{\partial r^2}+\frac{1}{r^2}\frac{\partial^2 u}{\partial \theta^2}+\frac{1}{r}\frac{\partial u}{\partial r},$$

$$W_2=\left(\frac{\partial^2 u}{\partial z^2}+\frac{\partial^2 u}{\partial r^2}\right)+\frac{1}{r^2}\frac{\partial^2 u}{\partial \theta^2}+\frac{1}{r}\frac{\partial u}{\partial r}.$$

再根据例题 1), 把括号内的式子改写成

$$\frac{\partial^2 u}{\partial \rho^2}+\frac{1}{\rho^2}\frac{\partial^2 u}{\partial \varphi^2}+\frac{1}{\rho}\frac{\partial u}{\partial \rho};$$

最后

$$\frac{\partial u}{\partial r}=\sin\varphi\frac{\partial u}{\partial \rho}+\frac{\cos\varphi}{\rho}\frac{\partial u}{\partial \varphi}.$$

把这些式子代入前式中, 最后求得

$$W_2=\frac{\partial^2 u}{\partial \rho^2}+\frac{1}{\rho^2}\frac{\partial^2 u}{\partial \varphi^2}+\frac{1}{\rho^2\sin^2\varphi}\frac{\partial^2 u}{\partial \theta^2}+\frac{1}{\rho}\frac{\partial u}{\partial \rho}+\frac{\operatorname{ctg}\varphi}{\rho^2}\frac{\partial u}{\partial \varphi}.$$

同样,

$$W_1=\left(\frac{\partial u}{\partial \rho}\right)^2+\frac{1}{\rho^2\sin^2\varphi}\left(\frac{\partial u}{\partial \theta}\right)^2+\frac{1}{\rho^2}\left(\frac{\partial u}{\partial \varphi}\right)^2.$$

3) 求证, 表达式 W_1 及 W_2 在直角坐标换成直角坐标的任何变换:

$$x'=a_1x+b_1y+c_1z,\quad y'=a_2x+b_2y+c_2z,\quad z'=a_3x+b_3y+c_3z$$

之下保持着原有的形式, 式中的系数 a,b,c 满足已知关系式

$$a_ia_j+b_ib_j+c_ic_j=\begin{cases}1, & \text{当 } i=j \text{ 时},\\ 0, & \text{当 } i\neq j \text{ 时}.\end{cases}\tag{26}$$

微分的求法 把 x,y,z 当作自变量, 就有

$$dx'=a_1dx+b_1dy+c_1dz,\quad d^2x'=0,$$

$$dy'=a_2dx+b_2dy+c_2dz,\quad d^2y'=0,$$

$$dz'=a_3dx+b_3dy+c_3dz,\quad d^2z'=0.$$

于是

$$du=\frac{\partial u}{\partial x'}(a_1dx+b_1dy+c_1dz)+\frac{\partial u}{\partial y'}(a_2dx+b_2dy+c_2dz)$$
$$+\frac{\partial u}{\partial z'}(a_3dx+b_3dy+c_3dz),$$

由此

$$\frac{\partial u}{\partial x}=a_1\frac{\partial u}{\partial x'}+a_2\frac{\partial u}{\partial y'}+a_3\frac{\partial u}{\partial z'},\quad \frac{\partial u}{\partial y}=b_1\frac{\partial u}{\partial x'}+b_2\frac{\partial u}{\partial y'}+b_3\frac{\partial u}{\partial z'},$$
$$\frac{\partial u}{\partial z}=c_1\frac{\partial u}{\partial x'}+c_2\frac{\partial u}{\partial y'}+c_3\frac{\partial u}{\partial z'};$$

各自平方再相加, 根据 (26), 就得

$$W_1=\left(\frac{\partial u}{\partial x'}\right)^2+\left(\frac{\partial u}{\partial y'}\right)^2+\left(\frac{\partial u}{\partial z'}\right)^2.$$

以后,

$$\begin{aligned}d^2u=&\frac{\partial^2 u}{\partial x'^2}(a_1dx+b_1dy+c_1dz)^2\\&+2\frac{\partial^2 u}{\partial x'\partial y'}(a_1dx+b_1dy+c_1dz)(a_2dx+b_2dy+c_2dz)+\cdots\end{aligned}$$

W_2 就是 dx^2,dy^2,dz^2 之前的系数的总和, 借助于 (26), 不难证明

$$W_2=\frac{\partial^2 u}{\partial x'^2}+\frac{\partial^2 u}{\partial y'^2}+\frac{\partial^2 u}{\partial z'^2}.$$

4) 方程

$$x^2\frac{\partial^2 w}{\partial x^2}+y^2\frac{\partial^2 w}{\partial y^2}+z^2\frac{\partial^2 w}{\partial z^2}+yz\frac{\partial^2 w}{\partial y\partial z}+zx\frac{\partial^2 w}{\partial z\partial x}+xy\frac{\partial^2 w}{\partial x\partial y}=0$$

按照公式 $x=uv,y=vt,z=tu$ 换成关于新变元 t,u,v 的方程.

直接法 把 t,u,v 看作自变量, 就有

$$\frac{\partial w}{\partial t}=\frac{\partial w}{\partial y}v+\frac{\partial w}{\partial z}u,\quad \frac{\partial w}{\partial u}=\frac{\partial w}{\partial x}v+\frac{\partial w}{\partial z}t,\quad \frac{\partial w}{\partial v}=\frac{\partial w}{\partial x}u+\frac{\partial w}{\partial y}t.$$

由此

$$\begin{aligned}x\frac{\partial w}{\partial x}&=-\frac{1}{2}t\frac{\partial w}{\partial t}+\frac{1}{2}u\frac{\partial w}{\partial u}+\frac{1}{2}v\frac{\partial w}{\partial v},\\y\frac{\partial w}{\partial y}&=\frac{1}{2}t\frac{\partial w}{\partial t}-\frac{1}{2}u\frac{\partial w}{\partial u}+\frac{1}{2}v\frac{\partial w}{\partial v},\\z\frac{\partial w}{\partial z}&=\frac{1}{2}t\frac{\partial w}{\partial t}+\frac{1}{2}u\frac{\partial w}{\partial u}-\frac{1}{2}v\frac{\partial w}{\partial v}.\end{aligned}$$

其次

$$\begin{aligned}x^2\frac{\partial^2 w}{\partial x^2}&=x\frac{\partial}{\partial x}\left(x\frac{\partial w}{\partial x}-w\right)\\&=x\frac{\partial}{\partial x}\left(-\frac{1}{2}t\frac{\partial w}{\partial t}+\frac{1}{2}u\frac{\partial w}{\partial u}+\frac{1}{2}v\frac{\partial w}{\partial v}-w\right)\\&=\frac{1}{4}t^2\frac{\partial^2 w}{\partial t^2}+\frac{1}{4}u^2\frac{\partial^2 w}{\partial u^2}+\frac{1}{4}v^2\frac{\partial^2 w}{\partial v^2}+\frac{1}{2}uv\frac{\partial^2 w}{\partial u\partial v}\\&\quad-\frac{1}{2}vt\frac{\partial^2 w}{\partial v\partial t}-\frac{1}{2}tu\frac{\partial^2 w}{\partial t\partial u}+\frac{3}{4}t\frac{\partial w}{\partial t}-\frac{1}{4}u\frac{\partial w}{\partial u}-\frac{1}{4}v\frac{\partial w}{\partial v},\end{aligned}$$

$$yz\frac{\partial^2 w}{\partial y\partial z}=z\frac{\partial}{\partial z}\left(y\frac{\partial w}{\partial y}\right)=z\frac{\partial}{\partial z}\left(\frac{1}{2}t\frac{\partial w}{\partial t}-\frac{1}{2}u\frac{\partial w}{\partial u}+\frac{1}{2}v\frac{\partial w}{\partial v}\right)$$
$$=\frac{1}{4}t^2\frac{\partial^2 w}{\partial t^2}-\frac{1}{4}u^2\frac{\partial^2 w}{\partial u^2}-\frac{1}{4}v^2\frac{\partial^2 w}{\partial v^2}+\frac{1}{2}uv\frac{\partial^2 w}{\partial u\partial v}$$
$$+\frac{1}{4}t\frac{\partial w}{\partial t}-\frac{1}{4}u\frac{\partial w}{\partial u}-\frac{1}{4}v\frac{\partial w}{\partial v},$$

等等. 把一切同类的表达式相加 (弃去数字乘数), 则得变换后的方程如下:

$$t^2\frac{\partial^2 w}{\partial t^2}+u^2\frac{\partial^2 w}{\partial u^2}+v^2\frac{\partial^2 w}{\partial v^2}=0.$$

到现在为止只变换自变量; 再举几个问题, 其中函数也要变换.

5) 变换方程 $x^2\frac{\partial z}{\partial x}+y^2\frac{\partial z}{\partial y}=z^2$, 设

$$x=t,\quad y=\frac{t}{1+tu},\quad z=\frac{t}{1+tv}.$$

直接法 自变量为 t,u. 把变换公式的第三式对 t 及对 u 施行微分, 这时把 z 及 v 看成 t,u 的函数 (前者借 x,y 为媒介), 就得:

$$\frac{\partial z}{\partial x}+\frac{\partial z}{\partial y}\cdot\frac{1}{(1+tu)^2}=\frac{1-t^2\dfrac{\partial v}{\partial t}}{(1+tv)^2},\quad \frac{\partial z}{\partial y}\cdot\frac{-t^2}{(1+tu)^2}=-\frac{t^2}{(1+tv)^2}\frac{\partial v}{\partial u}.$$

由此得

$$\frac{\partial z}{\partial x}=\frac{1}{(1+tv)^2}\left(1-t^2\frac{\partial v}{\partial t}-\frac{\partial v}{\partial u}\right),\quad \frac{\partial z}{\partial y}=\frac{(1+tu)^2}{(1+tv)^2}\frac{\partial v}{\partial u}.$$

变换后的方程经化简就成为

$$\frac{\partial v}{\partial t}=0.$$

试用他法解同一问题.

反逆法 由变换公式解出新变元

$$t=x,\quad u=\frac{1}{y}-\frac{1}{x},\quad v=\frac{1}{z}-\frac{1}{x},$$

而把 x,y 看作自变量. 对 x 及对 y 微分第三式 (v 借 t,u 的媒介而成为 x 及 y 的函数) 求得

$$-\frac{1}{z^2}\frac{\partial z}{\partial x}+\frac{1}{x^2}=\frac{\partial v}{\partial t}+\frac{\partial v}{\partial u}\frac{1}{x^2},\quad -\frac{1}{z^2}\frac{\partial z}{\partial y}=-\frac{\partial v}{\partial u}\frac{1}{y^2}$$

或

$$\frac{\partial z}{\partial x}=z^2\left(\frac{1}{x^2}-\frac{\partial v}{\partial t}-\frac{1}{x^2}\frac{\partial v}{\partial u}\right),\quad \frac{\partial z}{\partial y}=\frac{z^2}{y^2}\frac{\partial v}{\partial u},\quad \text{等等}.$$

6) 表达式

$$W=\frac{\partial^2 z}{\partial x^2}-2\frac{\partial^2 z}{\partial x\partial y}+\frac{\partial^2 z}{\partial y^2}$$

换成关于变元 $t=x+y,u=\dfrac{y}{x},v=\dfrac{z}{x}$ 的式子.

微分的求法 自变量是 x,y. 把变换公式施行微分, 得

$$dt=dx+dy,\quad du=-\frac{y}{x^2}dx+\frac{1}{x}dy,\quad dv=-\frac{z}{x^2}dx+\frac{1}{x}dz.$$

通过 t, u 为媒介若把 v 看成 x, y 的函数, 则微分 dv 可以写成

$$dv = \frac{\partial v}{\partial t}dt + \frac{\partial v}{\partial u}du = \frac{\partial v}{\partial t}(dx + dy) + \frac{\partial v}{\partial u}\left(-\frac{y}{x^2}dx + \frac{1}{x}dy\right).$$

把 dv 的两个表达式互相对照, 求得

$$dz = \frac{z}{x}dx + x\frac{\partial v}{\partial t}(dx + dy) + \frac{\partial v}{\partial u}\left(-\frac{y}{x}dx + dy\right).$$

求新变元的二阶微分

$$d^2t = 0, \quad d^2u = \frac{2y}{x^3}dx^2 - \frac{2}{x^2}dxdy,$$
$$d^2v = -\frac{2}{x^2}dxdz + \frac{2z}{x^3}dx^2 + \frac{1}{x}d^2z.$$

另一方面,

$$\begin{aligned} d^2v &= \frac{\partial^2 v}{\partial t^2}dt^2 + 2\frac{\partial^2 v}{\partial t\partial u}dtdu + \frac{\partial^2 v}{\partial u^2}du^2 + \frac{\partial v}{\partial t}d^2t + \frac{\partial v}{\partial u}d^2u \\ &= \frac{\partial^2 v}{\partial t^2}(dx + dy)^2 + 2\frac{\partial^2 v}{\partial t\partial u}(dx + dy)\left(-\frac{y}{x^2}dx + \frac{1}{x}dy\right) \\ &\quad + \frac{\partial^2 v}{\partial u^2}\left(-\frac{y}{x^2}dx + \frac{1}{x}dy\right)^2 + \frac{\partial v}{\partial u}\left(\frac{2y}{x^3}dx^2 - \frac{2}{x^2}dxdy\right). \end{aligned}$$

使 d^2v 的两个表达式相等, 把 dz 换成前已求得的它的表达式, 就可以得到确定 d^2z 的表达式:

$$\begin{aligned} d^2z = {} & 2\frac{dx}{x}\left[\frac{z}{x}dx + x\frac{\partial v}{\partial t}(dx + dy) + \frac{\partial v}{\partial u}\left(-\frac{y}{x}dx + dy\right)\right] - \frac{2z}{x^2}dx^2 \\ & + x\left[\frac{\partial^2 v}{\partial t^2}(dx + dy)^2 + 2\frac{\partial^2 v}{\partial t\partial u}(dx + dy)\left(-\frac{y}{x^2}dx + \frac{1}{x}dy\right)\right. \\ & \left. + \frac{\partial^2 v}{\partial u^2}\left(-\frac{y}{x^2}dx + \frac{1}{x}dy\right)^2 + \frac{\partial v}{\partial u}\left(\frac{2y}{x^3}dx^2 - \frac{2}{x^2}dxdy\right)\right]. \end{aligned}$$

由此可以确定导数 $\frac{\partial^2 z}{\partial x^2}, \frac{\partial^2 z}{\partial x\partial y}, \frac{\partial^2 z}{\partial y^2}$, 它们就是 $dx^2, 2dxdy, dy^2$ 之前的系数. 但我们所需要的结果还可以用更简单的方法求得, 只要注意到, 若取 $dx = 1, dy = -1, d^2z$ 就变成 W. 用此法可求得:

$$W = \frac{(x + y)^2}{x^3} \cdot \frac{\partial^2 v}{\partial u^2} = \frac{(1 + u)^3}{t} \cdot \frac{\partial^2 v}{\partial u^2}.$$

7) 勒让德变换 仿照 **218**, 5), 我们在此处引入勒让德变换, 作为一个更一般的变换的例子, 这时联系新旧变元的变换公式内已经含有导数. 令

$$t = \frac{\partial z}{\partial x}, \quad u = \frac{\partial z}{\partial y}, \quad v = x\frac{\partial z}{\partial x} + y\frac{\partial z}{\partial y} - z.$$

把 z 理解为 x 及 y 的某一个确定的函数: $z = f(x, y)$, 并假定对于它有

$$J = \frac{D(t, u)}{D(x, y)} = \frac{\partial^2 z}{\partial x^2}\frac{\partial^2 z}{\partial y^2} - \left(\frac{\partial^2 z}{\partial x\partial y}\right)^2 \neq 0. \tag{27}$$

对 x 及对 y 微分变换公式的第三式 (这时通过 t,u 为媒介把 v 看成 x,y 的函数), 就得

$$\frac{\partial v}{\partial t}\frac{\partial^2 z}{\partial x^2}+\frac{\partial v}{\partial u}\frac{\partial^2 z}{\partial x\partial y}=x\frac{\partial^2 z}{\partial x^2}+y\frac{\partial^2 z}{\partial x\partial y},$$
$$\frac{\partial v}{\partial t}\frac{\partial^2 z}{\partial x\partial y}+\frac{\partial v}{\partial u}\frac{\partial^2 z}{\partial y^2}=x\frac{\partial^2 z}{\partial x\partial y}+y\frac{\partial^2 z}{\partial y^2},$$

由此得

$$x=\frac{\partial v}{\partial t},\quad y=\frac{\partial v}{\partial u},\quad \text{于是又有 } z=t\frac{\partial v}{\partial t}+u\frac{\partial v}{\partial u}-v, \tag{28}$$

即变换有互易的特征.

先对 x 再对 y 微分公式 (28) 中的前二式, 得出方程

$$1=\frac{\partial^2 v}{\partial t^2}\frac{\partial^2 z}{\partial x^2}+\frac{\partial^2 v}{\partial t\partial u}\frac{\partial^2 z}{\partial x\partial y},\quad 0=\frac{\partial^2 v}{\partial t\partial u}\frac{\partial^2 z}{\partial x^2}+\frac{\partial^2 v}{\partial u^2}\frac{\partial^2 z}{\partial x\partial y},$$

及

$$0=\frac{\partial^2 v}{\partial t^2}\frac{\partial^2 z}{\partial x\partial y}+\frac{\partial^2 v}{\partial t\partial u}\frac{\partial^2 z}{\partial y^2},\quad 1=\frac{\partial^2 v}{\partial t\partial u}\frac{\partial^2 z}{\partial x\partial y}+\frac{\partial^2 v}{\partial u^2}\frac{\partial^2 z}{\partial y^2}.$$

因为 [**203**, 4)]

$$I=\frac{\partial^2 v}{\partial t^2}\frac{\partial^2 v}{\partial u^2}-\left(\frac{\partial^2 v}{\partial t\partial u}\right)^2=\frac{D(x,y)}{D(t,u)}=\frac{1}{J}\neq 0,$$

故由这些方程, 有

$$\frac{\partial^2 z}{\partial x^2}=\frac{\dfrac{\partial^2 v}{\partial u^2}}{I},\quad \frac{\partial^2 z}{\partial x\partial y}=-\frac{\dfrac{\partial^2 v}{\partial t\partial u}}{I},\quad \frac{\partial^2 z}{\partial y^2}=\frac{\dfrac{\partial^2 v}{\partial t^2}}{I}.$$

若把 (x,y,z) 及 (t,u,v) 解释为空间某两点的坐标, 则勒让德变换可以看成空间的变换 (但并非点变换). 这时表征 z 与 x,y 之间的函数关系的曲面变换而成确定 v 与 t,u 之间的函数关系的曲面. 因为 $t,u,v,\dfrac{\partial v}{\partial t},\dfrac{\partial v}{\partial u}$ 仅与 $x,y,z,\dfrac{\partial z}{\partial x},\dfrac{\partial z}{\partial y}$ 有关, 故勒让德变换保持相切关系①.

8) 很易推广勒让德变换至任意维空间的情形. 设 z 是 $x_1,x_2,\cdots,x_n$ 的函数. 令

$$t_i=\frac{\partial z}{\partial x_i}\quad (i=1,2,\cdots,n),\quad v=\sum_{i=1}^{n}x_i\frac{\partial z}{\partial x_i}-z;$$

在这里 v 是新变元 $t_1,t_2,\cdots,t_n$ 的新函数.

这里也假定行列式

$$J=\begin{vmatrix}\dfrac{\partial^2 z}{\partial x_1^2} & \dfrac{\partial^2 z}{\partial x_1\partial x_2} & \cdots & \dfrac{\partial^2 z}{\partial x_1\partial x_n}\\ \dfrac{\partial^2 z}{\partial x_2\partial x_1} & \dfrac{\partial^2 z}{\partial x_2^2} & \cdots & \dfrac{\partial^2 z}{\partial x_2\partial x_n}\\ \cdots & \cdots & \cdots & \cdots\\ \dfrac{\partial^2 z}{\partial x_n\partial x_1} & \dfrac{\partial^2 z}{\partial x_n\partial x_2} & \cdots & \dfrac{\partial^2 z}{\partial x_n^2}\end{vmatrix}$$

异于零.

①第 **218** 目 5) 的脚注亦可移用于此.

把确定 v 的公式对 x_k 微分 (在这时通过 $t_1, \cdots, t_n$ 为媒介把 v 看成 $x_1, \cdots, x_n$ 的函数):

$$\sum_{i=1}^{n} \frac{\partial v}{\partial t_i} \frac{\partial^2 z}{\partial x_i \partial x_k} = \sum_{i=1}^{n} x_i \frac{\partial^2 z}{\partial x_i \partial x_k} \quad (k = 1, 2, \cdots, n).$$

由于 $J \neq 0$, 由此推得

$$\frac{\partial v}{\partial t_i} = x_i \quad (i = 1, 2, \cdots, n).$$

这样, 仍有

$$z = \sum_{i=1}^{n} t_i \frac{\partial v}{\partial t_i} - v,$$

于是在一般情形, 变换也有互易的特征.

9) 最后, 再考察一个具有某种特性的变换的例子. 设

$$\varphi(u_1, \cdots, u_n; x_1, \cdots, x_n)$$

是 $2n$ 个变元的函数, 且是关于变元 $x_1, \cdots, x_n$ 的二次齐次函数. 假定行列式

$$H = \begin{vmatrix} \dfrac{\partial^2 \varphi}{\partial x_1^2} & \dfrac{\partial^2 \varphi}{\partial x_1 \partial x_2} & \cdots & \dfrac{\partial^2 \varphi}{\partial x_1 \partial x_n} \\ \dfrac{\partial^2 \varphi}{\partial x_2 \partial x_1} & \dfrac{\partial^2 \varphi}{\partial x_2^2} & \cdots & \dfrac{\partial^2 \varphi}{\partial x_2 \partial x_n} \\ \cdots & \cdots & \cdots & \cdots \\ \dfrac{\partial^2 \varphi}{\partial x_n \partial x_1} & \dfrac{\partial^2 \varphi}{\partial x_n \partial x_2} & \cdots & \dfrac{\partial^2 \varphi}{\partial x_n^2} \end{vmatrix}$$

异于零, 再设

$$t_i = \frac{\partial \varphi}{\partial x_i}$$

并引入 $t_1, \cdots, t_n$ 作为新自变量以代替 $x_1, \cdots, x_n$. 则函数 φ 变成函数

$$\psi(u_1, \cdots, u_n; t_1, \cdots, t_n).$$

今要证明

$$\text{(a)}\ \frac{\partial \psi}{\partial t_i} = x_i, \quad \text{(б)}\ \frac{\partial \psi}{\partial u_i} = -\frac{\partial \varphi}{\partial u_i} \quad (i = 1, \cdots, n).$$

通过 $t_1, \cdots, t_n$ 为媒介把 ψ 看成 $x_1, \cdots, x_n$ 的函数, 再对 x_k 微分 $\varphi = \psi$, 得:

$$\frac{\partial \varphi}{\partial x_k} = \sum_{i=1}^{n} \frac{\partial \psi}{\partial t_i} \frac{\partial^2 \varphi}{\partial x_i \partial x_k} \quad (k = 1, \cdots, n).$$

另一方面, 导数 $\dfrac{\partial \varphi}{\partial x_k}$ 是关于变元 $x_1, \cdots, x_n$ 的一次齐次函数. 故按照欧拉公式 [**188**]

$$\frac{\partial \varphi}{\partial x_k} = \sum_{i=1}^{n} \frac{\partial^2 \varphi}{\partial x_k \partial x_i} x_i \quad (k = 1, \cdots, n).$$

对照已得出的 $\dfrac{\partial \varphi}{\partial x_k}$ 的两个展开式, 由于 $H \neq 0$, 可知关系式 (a) 是正确的.

再对 u_i 微分 $\varphi = \psi$, 就得

$$\frac{\partial \varphi}{\partial u_i} = \frac{\partial \psi}{\partial u_i} + \sum_{k=1}^{n} \frac{\partial \psi}{\partial t_k} \frac{\partial^2 \varphi}{\partial x_k \partial u_i}.$$

但 $\dfrac{\partial \varphi}{\partial u_i}$ 显然是关于 $x_1, \cdots, x_n$ 的二次齐次函数. 仍应用欧拉公式, 上式右边最后的总和给出

$$\sum_{k=1}^{n} \frac{\partial}{\partial x_k} \left(\frac{\partial \varphi}{\partial u_i} \right) x_k = 2 \frac{\partial \varphi}{\partial u_i}.$$

由此即推得关系式 (б).

第七章　微分学在几何上的应用

§1. 曲线及曲面的解析表示法

223. 平面曲线 (直角坐标系) 在本章内我们讲已研究过的微分学的概念、事实和方法在几何上的某些应用. (其中一小部分我们在 **91**, **141**, **143**, **145**, **148**, **180** 中已经讨论过了.)

我们认为, 使读者预先回忆一下曲线及曲面的各种解析表示法是有好处的; 而这就是 §1 内所要讲的. 预先约定, 凡在这章内所讲到的函数, 总是假定为连续且有关于其各变元的连续导数; 在必要时, 我们还要求以后各阶导数也存在而且连续.

先从平面曲线开始, 并且以某一直角坐标系 Oxy 为基础.

前面我们曾不止一次地考察过形如

$$y = f(x) \quad \text{或} \quad x = g(y) \tag{1}$$

的方程, 并研究过与之对应的曲线 [**47, 91, 146** 及其后各段]. 这种把曲线上的点的流动坐标之一表示为另一坐标的 (单值) 显函数, 如此给定曲线的方法, 就称为曲线的**显式法** (或显式). 它具有简单明了的特性; 即将看到, 其他任何种表示法 —— 在某种意义上讲 —— 常可以变成这一种.

我们还需说及与隐函数理论有关的曲线的**隐式法**, 即曲线的表示式为既未解出 x 也未解出 y 的方程

$$F(x, y) = 0 \tag{2}$$

[**205** 及其后]. 这种方程称为曲线的**隐式方程**.

由隐函数的存在定理 [**205, 206**] 推得, 若在曲线的点 (x_0, y_0) 满足条件

$$F'_x(x_0, y_0) \neq 0 \quad 或 \quad F'_y(x_0, y_0) \neq 0,$$

则至少在这点的某一邻域内, 曲线能用显式方程 (1) 中的一种来表示 (而且其中的函数 f 或 g 连同其导数均为连续).

这样, 只有那种同时满足二条件

$$F'_x(x_0, y_0) = 0, \quad F'_y(x_0, y_0) = 0 \tag{3}$$

的曲线上的点 (x_0, y_0) 可以有下述**奇异性**: 在它的邻域内曲线不能用显式方程 (1) 中的任何一种来表示. 曲线上满足方程 (3) 的点就称为**奇异点**.

下面 [**236**] 我们将研究曲线 (2) 在奇异点邻近的性态. 但是通常奇异点总是不加考察的, 我们只在该曲线的**普通** (即非奇异的) **点**的邻域内研究它.

最后, 以往的叙述曾屡次提到, 形如

$$x = \varphi(t), \quad y = \psi(t) \tag{4}$$

的方程, 将点的流动坐标确定为某一参变量的函数, 它们也确定出平面曲线 [例如, 参阅 **106**]. 类似于此的方程称为**参变量方程**; 它们给出曲线的**参变量表示式**.

考察由参变量 $t = t_0$ 的值所确定的点 (x_0, y_0), 并假定在 $t = t_0$ 时, $\varphi'(t_0) \neq 0$. 那时, 在 t_0 的近处导数 $x'_t = \varphi'(t)$ —— 由于连续 —— 将保持同样的符号; 于是函数 $x = \varphi(t)$ 遂为单调函数 [**132**]. 在这些条件之下, 根据 **83** 及 **94**, 可以把 t 看成 x 的单值函数: $t = \theta(x)$. 连续且有连续导数. 在 y 的表达式内用这函数代替 t, 就建立了 y 与 x 的直接函数关系

$$y = \psi(\theta(x)) = f(x),$$

式中的函数 f 仍是连同其导数均为连续的; 这样, 我们至少已能用显式方程来表示在所取点邻近的曲线段. 如果 $\varphi'(t_0) = 0$, 而 $\psi'(t_0) \neq 0$, 也可以做出类似的结论, 但这时得出的是另一形式的显式方程: $x = g(y)$.

只当

$$x'_t = \varphi'(t_0) = 0, \quad y'_t = \psi'(t_0) = 0 \tag{5}$$

同时成立时, 曲线在所考察点的邻域内才不能用显式方程来表示; 这样的点就称为**奇异点**.

在 **237** 内我们将略论具有形式 (4) 的曲线在奇异点近处的性态, 但是在这里我们通常只研究普通的点.

重要的是, 除了保留一切上面关于普通点 (x_0, y_0) 所讲过的话以外 [即对于它条件 (5) 不成立], 还需再假定, 这点只在参变量的一个值 $t = t_0$ 时得到 (即通常所谓**单点**). 反之, 若点 (x_0, y_0) 是**重点**, 例如有参变量的两个不同的值 $t = t_0$ 及 $t = t_1$ 符

合于此点, 则一般说来当有两段曲线在这点相交: 其一段由接近于 t_0 的 t 值所确定, 另一段则由接近于 t_1 的 t 值所确定. 在这种情形, 在已给点的邻域内, 整个曲线仍然不能用显式方程来表示. 因此, 重点本质上应属于奇异点①.

综上所述, 我们并不企图给出曲线概念的几何特征: 对于我们, 曲线仅仅是满足解析关系式 (1)、(2) 或 (4) 的点的轨迹 —— 但假定所遇见的函数及其导数都为连续. 虽然, 由这些不同的方法所确定的几何形象就其整个说来, 可以彼此极为悬殊, 但在小处, 即在普通点 (在参变表示式的情形必须是单点) 的邻域内, 它们全都具有那种由方程 (1) 所给出的最简单的形状.

224. 例题 先浏览一些最常遇见的曲线 (虽然其中的大多数读者已在解析几何内熟习过了).

1) 悬链线 (图 41) 它的方程是

$$y = \frac{a}{2}\left(e^{\frac{x}{a}} + e^{-\frac{x}{a}}\right) = a \ \operatorname{ch}\frac{x}{a}.$$

这曲线表示一根两端悬挂着的、没有弹性的、有重量的柔软细线 (链、电线等) 在平衡状态时的形状.

曲线在顶点 A 附近的形状 (见图) 类似于抛物线, 但在离顶点较远处, 峻峭地趋于无穷远. 线段 $OA = a$ 准确地确定它的形状 —— a 愈小, 曲线愈峻峭. 虽然曲线完全没有必要按照图 41 的位置来放置, 但这位置却使它有最简单形式的方程.

2) 对称于坐标轴的椭圆, 有方程

$$\frac{x^2}{a^2} + \frac{y^2}{b^2} = 1.$$

由于 $\dfrac{x}{a}$ 及 $\dfrac{y}{b}$ 的平方和应当等于 1, 它们自然可以各自当作某一角度 t 的余弦及正弦. 这就得出通常的椭圆的参变量表示式

$$x = a\cos t, \quad y = b\sin t;$$

当 t 由 0 变动至 2π 时, 椭圆就可由长轴的一端 $A(a,0)$ 依逆时针方向画出来.

自然还可以利用平方和等于 1 的其他任何表达式, 例如可设

$$x = a\frac{1-u^2}{1+u^2}, \quad y = b\frac{2u}{1+u^2},$$

式中的 u 由 $-\infty$ 变动至 $+\infty$. 因为在 $u \to \infty$ 时有 $x \to -a$, $y \to 0$, 故可以设想点 $A'(-a,0)$ 是当 $u = \infty$ 时得出的.

同样在双曲线

$$\frac{x^2}{a^2} - \frac{y^2}{b^2} = 1$$

---

①可是有一种情形, 能得出二次的点仍不算作重点: 就是, 对应于参变量的两端的数值, 且曲线在此连续的点. 在圆

$$x = a\cdot\cos\theta, \quad y = a\cdot\sin\theta \quad (0 \leqslant \theta \leqslant 2\pi)$$

的例子中, 由值 $\theta = 0$ 和 $\theta = 2\pi$ 所确定的点就是这种点.

的情形, 使人想起双曲余弦及双曲正弦的已知关系式, 故可以令

$$x = a\,\mathrm{ch}\,t, \quad y = b\,\mathrm{sh}\,t \quad (-\infty < t < +\infty).$$

这曲线的另一表示式为

$$x = a\frac{1+u^2}{1-u^2}, \quad y = b\frac{2u}{1-u^2} \quad (-\infty < u < +\infty, u \neq \pm 1).$$

请读者在每种情形都去观察一下, 当参变量变动时点沿曲线而移动的情形.

3) 半立方抛物线 (图 115)

$$y^2 - cx^3 = 0 \quad (c > 0).$$

在这里原点 (0,0) 成为奇异点. 若方程关于 y 而解出, 就得到曲线的对称二支的显式方程

$$y = \pm\sqrt{cx^3} = \pm\sqrt{c}\,x^{\frac{3}{2}}.$$

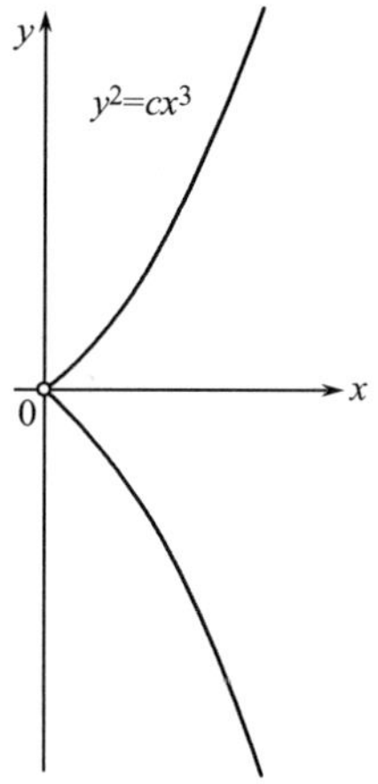

图 115

因为对于每一支当 $x = 0$ 时有 $y' = 0$, 故在原点二支相切于 x 轴, 于是有**尖点** [**歧点**, 参阅 **236**].

4) 星形线 (图 116)

$$x^{\frac{2}{3}} + y^{\frac{2}{3}} = a^{\frac{2}{3}} \quad (a > 0).$$

严格说来, 这方程与我们约定讨论的那种类型并不一样: 在 $(\pm a, 0)$ 及 $(0, \pm a)$ 中的任一点, 方程左方的偏导数必有一个变成 ∞. 可是不难解除曲线方程的无理性而把它表示为

$$(x^2 + y^2 - a^2)^3 + 27a^2x^2y^2 = 0.$$

在这表示式下, 上面指出的各点恰好都成为奇异点.

由曲线方程很易明白, 曲线位于圆 $x^2 + y^2 = a^2$ 之内, 且关于两轴为对称; 因此我们不妨只以讨论第一象限为限. 从方程解出 y:

$$y = \left(a^{\frac{2}{3}} - x^{\frac{2}{3}}\right)^{\frac{3}{2}}$$

且施行微分, 得

$$y' = -\left(a^{\frac{2}{3}} - x^{\frac{2}{3}}\right)^{\frac{1}{2}} \cdot x^{-\frac{1}{3}},$$

我们看到, 在 $x = 0$ 时切线是铅直的, 在 $x = a$ 时切线是水平的. 由此推得, 四个奇异点都是尖点 (歧点).

要想得出星形线的参变量表示式, 只需 (根据曲线方程) 利用 $\left(\frac{x}{a}\right)^{\frac{1}{3}}$ 及 $\left(\frac{y}{a}\right)^{\frac{1}{3}}$ 的平方和应当等于 1 的事实. 令它们等于 $\cos t$ 及 $\sin t$, 就得出参变量方程:

$$x = a\cos^3 t, \quad y = a\sin^3 t \quad (0 \leqslant t \leqslant 2\pi).$$

因为导数

$$x_t' = -3a\cos^2 t\sin t, \quad y_t' = 3a\sin^2 t\cos t$$

在 $t = 0\ (2\pi), \dfrac{\pi}{2}, \pi, \dfrac{3\pi}{2}$ 时都等于 0, 故对应于参变量的这些数值的点都是奇异点 —— 这与上面说的相同.

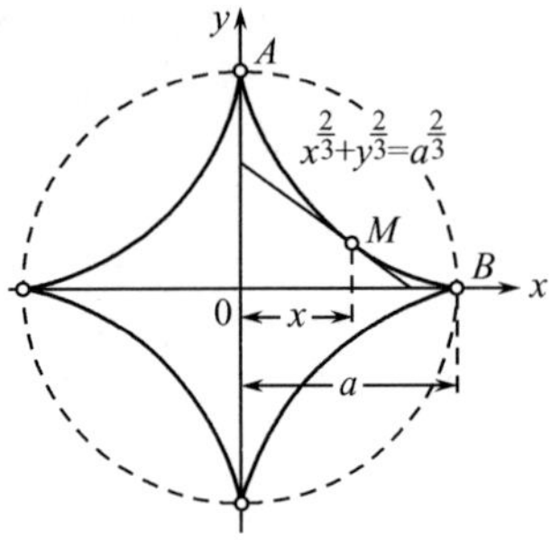

图 116

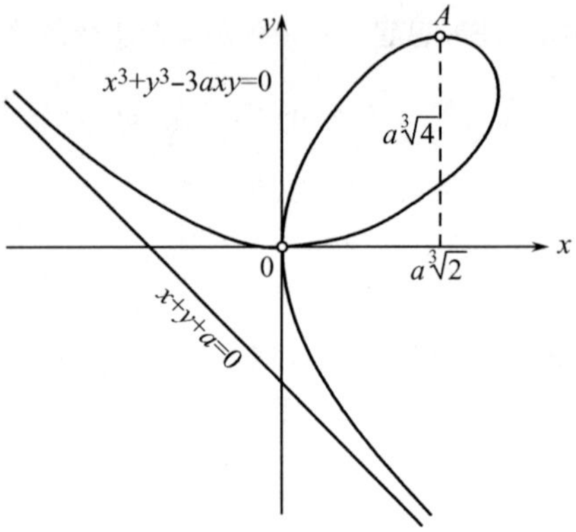

图 117

5) 笛卡儿叶形线 (图 117)

$$x^3 + y^3 - 3axy = 0^{①} \quad (a > 0).$$

原点 $(0,0)$ 是奇异点: 在这点曲线自己相交. 当 $x \to +\infty$ 及 $x \to -\infty$ 时曲线有同一渐近线 $x + y + a = 0$.

为了证实这事, 可以用 x^3 除方程的各项, 得

$$\left(\frac{y}{x}\right)^3 = 3a \cdot \frac{y}{x} \cdot \frac{1}{x} - 1.$$

由此, 首先可以肯定, 例如在 $|x| > 3a$ 时, $\left|\frac{y}{x}\right|$ 为有界, 于是显见, 当 $x \to \pm\infty$ 时, 比式 $\frac{x}{y} \to -1$. 另一方面, 方程又给出

$$y + x = \frac{3axy}{x^2 - xy + y^2} = \frac{3a \cdot \frac{y}{x}}{1 - \frac{y}{x} + \left(\frac{y}{x}\right)^2},$$

于是当 $x \to \pm\infty$ 时就有 $y + x \to -a$. 由此证实了我们的命题 [**148**].

把比式 $t = \frac{y}{x}$ 当作参变量, 把 $y = tx$ 代入曲线方程, 就容易得出参变量表示式:

$$x = \frac{3at}{t^3 + 1}, \quad y = \frac{3at^2}{t^3 + 1} \quad (-\infty < t < +\infty, t \neq -1).$$

当 $t \to \pm\infty$ 时二坐标都趋于 0; 可以设想, 在 $t = 0$ 及 $t = \pm\infty$ 时都得到原点 $(0,0)$. 当 t 由 $-\infty$ 变至 -1 时, 点 (x,y) 由原点出发沿右支趋于无穷远. 当 t 由 -1 变至 0 时, 动点由无穷远沿左支回到原点. 最后, 当 t 由 0 增大至 $+\infty$ 时, 动点 (依逆时针方向) 画出叶形线.

①参阅 **210** 的例题 2). 与 x 的函数 y 的极大值对应的点 $A(a\sqrt[3]{2}, a\sqrt[3]{4})$ 在图上注明着.

225. 机械性产生的曲线 继续举例, 再考察一些机械性产生的曲线, 它们系由一曲线沿着另一曲线上滚动而得.

6) 旋轮线 想象一个中心在 A、半径为 a 的圆, 在直线 Ox 上自左向右并无滑动地滚动 (图 118). 这时圆周上任一点所画出的曲线就称为**旋轮线**. 我们将研究例如圆周上一点 O 在圆滚动一周时所经过的路线.

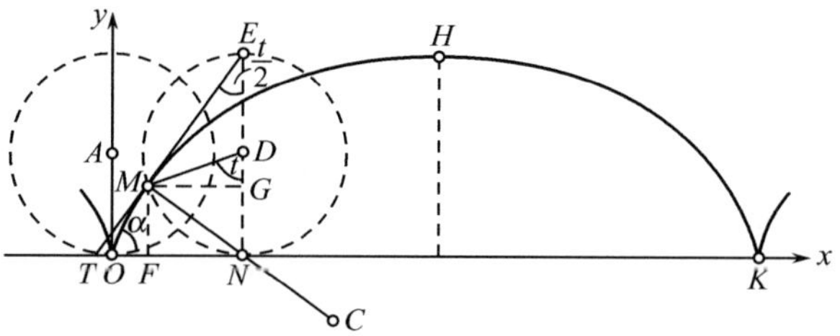

图 118

考察滚动着的圆的一个新位置. 这时, 切点已是另一点 N; 因此, 切点沿着直线移过一段距离 ON. 同时, 当圆周滚过一段弧 $\widehat{NM}$ 以后, O 点已移到新位置 M. 因为滚动时无滑动, 故这两段路程必相等:

$$\widehat{NM} = ON.$$

现在若选取角 $t = \angle NDM$ 作为确定动点位置的参变量, 它是滚动开始时取铅直位置 AO 的半径所转过的角度, 则点 M 的坐标 x 及 y 可用下列方式表示:

$$x = OF = ON - FN = \widehat{NM} - MG = at - a\sin t,$$
$$y = FM = NG = ND - GD = a - a\cos t.$$

因此, 旋轮线的参变量方程是

$$x = a(t - \sin t), \quad y = a(1 - \cos t) \quad (0 \leqslant t \leqslant 2\pi).$$

当 t 由 $-\infty$ 变动至 $+\infty$ 时所得的曲线, 由无数支如图 118 画着的那种曲线所组成.

因为导数

$$x'_t = a(1 - \cos t), \quad y'_t = a\sin t$$

在 $t = 2k\pi$ $(k = 0, \pm 1, \pm 2, \cdots)$ 时同时变为 0, 故与这些数值对应的点就是曲线的奇异点. 但 [**106**, (10)]

$$y'_x = \frac{y'_t}{x'_t} = \frac{\sin t}{1 - \cos t} = \operatorname{ctg}\frac{t}{2},$$

因此, 例如在 $t \to \pm 0$ 时 (或在 $x \to \pm 0$ 时) 导数 y'_x 将趋于 $\pm\infty$; 显见, 在原点 (在其他奇异点亦同) 切线是铅直的: 故在这里有尖点 [歧点, **237**].

7) 圆外及圆内旋轮线 若一圆沿着另一圆的外缘无滑动地滚动着, 则动圆的圆周上任一点所画成的曲线称为**圆外旋轮线**. 当它沿着圆周内缘滚动时, 就得到**圆内旋轮线**. 现在将导出前一曲线的方程.

取定圆的中心 O 作原点, 取 Ox 轴使它经过点 A, 点 A 便是动点在它成为两圆的公切点时的位置 (图 119). 当动圆移至如图中所指出的新位置时, 点 A 移至 M. 点 M 的轨迹就是我们需要确定的.

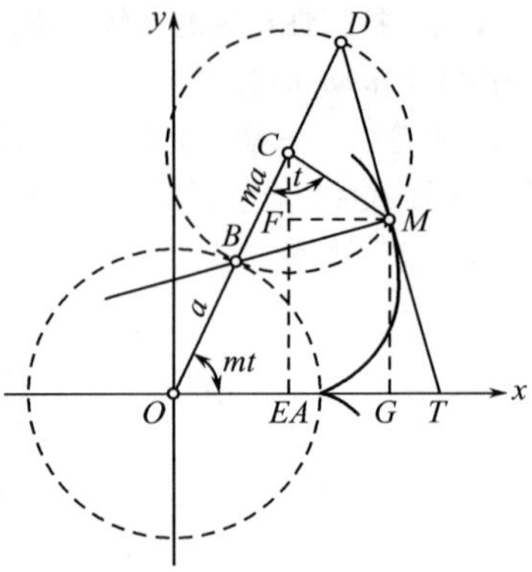

图 119

用 a 表示定圆的半径, 用 ma 表示动圆的半径. 设动圆中心为 C, 其引到 M 点的半径 CM 与引到切点的半径 CB 之间的夹角为 $t=\angle MCB$, 现在就取 t 作为参变量. 在运动开始时, 设 t 等于零.

首先考察在这里应如何表示无滑动这一事实, 这就是: 切点在定圆上所移过的弧 $\overset{\frown}{AB}$ 应该等于它在动圆上所移过的弧 $\overset{\frown}{MB}$:

$$a\cdot\angle AOB=ma\cdot\angle MCB=mat,$$

由此

$$\angle AOB=mt.$$

现在要用 t 表示点 M 的坐标 x 及 y. 就有

$$x=OG=OE+FM=(a+ma)\cos mt+ma\sin\angle FCM;$$

但

$$\angle FCM=\angle BCM-\angle OCE\quad 且\quad \angle OCE=\frac{\pi}{2}-mt,$$

因此

$$\angle FCM=(1+m)t-\frac{\pi}{2}\quad 而\quad \sin\angle FCM=-\cos(1+m)t.$$

结果得到

$$x=a[(1+m)\cos mt-m\cos(1+m)t].$$

用类似的方法可以求得

$$y=a[(1+m)\sin mt-m\sin(1+m)t].$$

这两个方程给出圆外旋轮线的参变量表示式.

当运动开始时动圆上与定圆相接触之点再度与定圆接触时 (即在 $t=2\pi$ 时), 点 M 已画完曲线的一支. 在继续滚动时, 它又画出与这支类似的一支, 等等.

导数

$$x_t'=-m(m+1)a[\sin mt-\sin(1+m)t],$$
$$y_t'=m(m+1)a[\cos mt-\cos(1+m)t].$$

在 $t=2k\pi$ (式中 $k=0,\pm1,\pm2,\cdots$) 时, 即每当动圆上被考察的点重新成为切点时, 同时等于 0. 与此对应的曲线上的点就是奇异点 (歧点).

在圆内旋轮线的情形, 用类似的方法可求得参变量方程为:

$$x=a[(1-m)\cos mt+m\cos(1-m)t],$$
$$y=a[-(1-m)\sin mt+m\sin(1-m)t].$$

这里的 m 同样表示动圆半径对定圆半径的比值. 容易注意到, 这些方程可以从圆外旋轮线方程内把 m 换成 $-m$ 而得出.

在图 120 上画着对应于 $m = 1, 2, \frac{1}{3}$ 的圆外旋轮线, 及对应于 $m = \frac{1}{3}$ 及 $\frac{1}{4}$ 的圆内旋轮线. 最后一图就是读者所已经知道的星形线①.

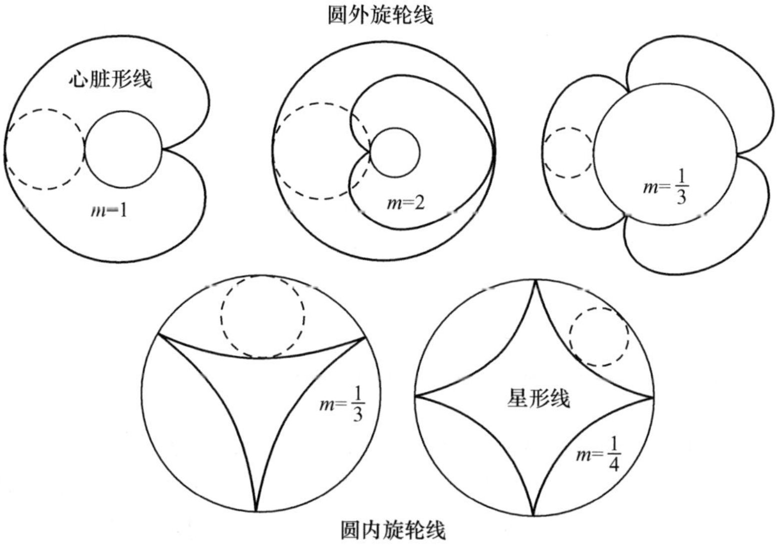

图 120

8) 圆的渐伸线　想象在中心为 O、半径为 a 的圆周上依顺时针方向缠绕以细线; 细线的末端在 A 点. 现在要把这细线 (逆时针方向) 从圆周上揭起, 但始终拉住它的末端使它伸直. 这细线末端画出的曲线称为**圆的渐伸线** [比较下面的 **254, 256**].

取中心 O 为原点 (图 121), 设 x 轴经过点 A. 当细线的一段 AB 被揭起时, 它伸展到 BM 的位置, BM 恰是圆的切线, 而点 A 移至 M. 因此, $\overset{\frown}{AB} = BM$. 取半径 OA 及 OB 之间的交角 $t = \angle AOB$ 作为参变量. 点 M 的坐标 x, y 可用下列方法表示:

$$\begin{aligned} x &= DC - DO = BF - DO \\ &= BM \sin \angle BMC - OB \cos \angle DOB; \end{aligned}$$

但 $BM = \overset{\frown}{AB} = at$, 而角 $\angle BMC$ 及 $\angle DOB$ 等于 $\pi - t$, 于是

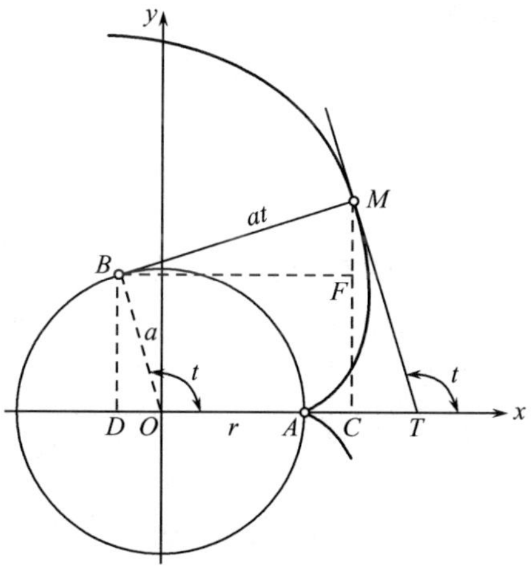

图 121

$$x = at\sin(\pi - t) - a\cos(\pi - t) = a(t\sin t + \cos t).$$

①若在圆内旋轮线的方程内令 $m = \frac{1}{4}$ 并把 t 换成 $-4t$, 则得到例 4) 所提出的方程.

其次,

$$
\begin{aligned}
y = CM &= CF + FM = DB + FM \\
&= OB\sin\angle DOB + BM\cos\angle BMC \\
&= a(\sin t - t\cos t).
\end{aligned}
$$

这样, 我们的曲线可用下面的参变量方程表示:

$$
\begin{aligned}
x &= a(t\sin t + \cos t), \\
y &= a(\sin t - t\cos t).
\end{aligned}
$$

唯一的奇异点对应于 $t = 0$ 的值, 这时两导数

$$x'_t = at\cos t, \quad y'_t = at\sin t$$

同时变为零.

读者易见, 若把一直线沿一圆周滚动 (无滑动), 考察直线上任一点的轨迹, 则也得出同样的曲线.

226. 平面曲线 (极坐标系) · 例题 在许多场合, 用建立曲线上点的流动极坐标 r, θ 之间的函数关系的极坐标方程来表示曲线, 显得更为简单. 极角 θ 从极轴算起, 逆时针方向者为正. 极坐标的向径 r 有时取正的, 有时取负的; 当它合于角 θ 所确定的方向时为正, 反之为负.

如同直角坐标的情形一样, r 与 θ 之间的函数关系也可以表示为显式、隐式或参变量式. 我们以讨论最简单的情形为限, 即当曲线可用显式方程 $r = f(\theta)$ 来表示的情形.

若换成直角坐标, 通常取极点作原点, 极轴作 x 轴, 则方程

$$
\begin{aligned}
x &= r\cos\theta = f(\theta)\cos\theta, \\
y &= r\sin\theta = f(\theta)\sin\theta
\end{aligned}
$$

给出曲线的参变量表示式, 以极角 θ 为参变量 (在这里得出的 θ 的函数 f 是连续的且有连续导数).

公式

$$
\begin{aligned}
x'_\theta &= r'_\theta\cos\theta - r\sin\theta, \\
y'_\theta &= r'_\theta\sin\theta + r\cos\theta
\end{aligned}
$$

指出, 奇异点 (在 **223** 的意义下) 只有在 $r = r'_\theta = 0$ 的场合才能遇到.

转而考察一些例题.

1) 阿基米德螺线: $r = a\theta$ (图 122).

这曲线可以看作这种点的轨迹, 点在从极点射出的射线上作等速运动, 同时这射线又绕极点作等速转动.

为了作出曲线上一系列的点 $A, B, C, D, \cdots$, 我们先在铅直线上截取 $OA = a\cdot\dfrac{\pi}{2}$, 再取 $OB = 2OA, OC = 3OA, OD = 4OA$, 等等, 因为与它们对应的角度是 $2\cdot\dfrac{\pi}{2}, 3\cdot\dfrac{\pi}{2}, 4\cdot\dfrac{\pi}{2}$, 等等. 使角 θ 由 O 变动至 ∞, 则得这曲线的无数个螺形卷 $OABCD$, $DEFGH$, $\cdots$; 相邻二个螺形卷之间沿射线的距离都等于 $2\pi a$.

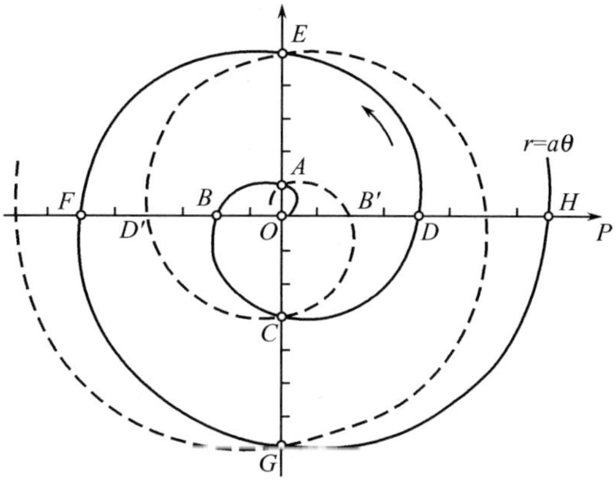

图 122

角 θ 也可取负值递增, 由 0 至 $-\infty$. 那时就得到这曲线的第二种 $OAB'CD'\cdots$ (用虚线画出); 它与第一种是对称的.

注意, 方程 $r = a\theta + b$ 也表示阿基米德螺线: 若使极轴旋转一角度 $\alpha = -\dfrac{b}{a}$, 则这方程就变成 $r = a\theta$.

2) 双曲螺线: $r = \dfrac{a}{\theta}$ (图 123).

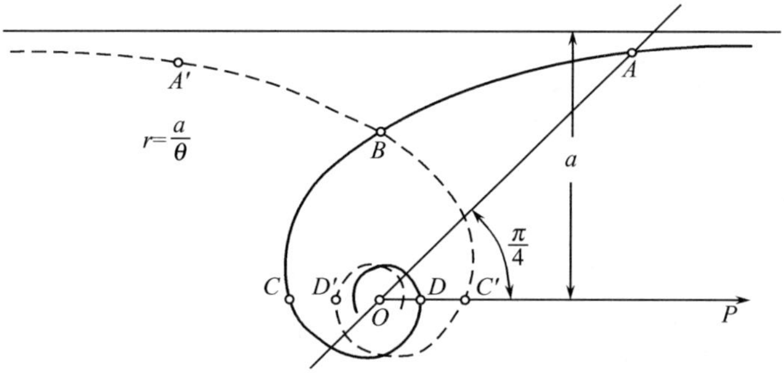

图 123

当极角 θ 增大至无穷时, 向径趋于零, 而曲线上的点趋于与极点相重合 (但它终不能达到); 在这些条件之下, 极点称为曲线的**渐近点**. 曲线绕极点作无穷多次的旋绕.

若在射线 $\theta = \dfrac{\pi}{4}$ 上截取线段 $OA = \dfrac{4a}{\pi}$, 再取 $OB = \dfrac{1}{2}OA, OC = \dfrac{1}{2}OB, OD = \dfrac{1}{2}OC, \cdots$, 则点 $A, B, C, D, \cdots$ 显然都位于曲线上.

角 θ 也可以取负值. 当 θ 由 0 变动至 $-\infty$ 时, 如同阿基米德螺线的情形一样, 得出曲线的第二种 $A'BC'D'\cdots$, 它与第一种对称, 在这里也用虚线画出.

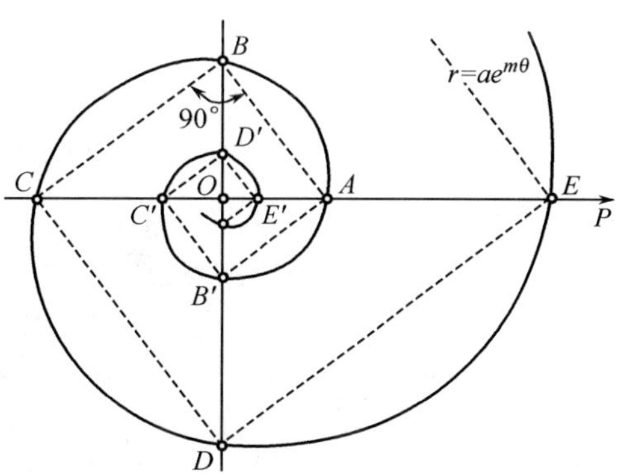

图 124

为了更为正确地明了曲线在无穷远处的形

状, 试考察曲线上的点至极轴的垂直距离 $y = r\sin\theta = a\dfrac{\sin\theta}{\theta}$. 当 $r \to \pm\infty$ 时, 或与此相同, 当 $\theta \to \pm 0$ 时有 $\lim y = a$. 这样, 平行于极轴而与它的距离为 a 的直线就成为曲线的渐近线.

3) 对数螺线: $r = ae^{m\theta}$ (图 124).

若角 θ 依等差数列而增大 (或减小), 则 r 依等比数列而增大 (或减小). 在极轴上截取线段 $OA = a$, 而在其垂直线上截取线段 $OB = ae^{m\frac{\pi}{2}}$; 点 A, B 都在本题的曲线上. 现在若作出直角折线 $ABCDE\cdots$, 则由诸相似三角形不难知道, 线段 $OA, OB, OC, OD, OE, \cdots$ 组成公比为 $e^{m\frac{\pi}{2}}$ 的等比数列; 因为与它们对应的角度是 $0, \dfrac{\pi}{2}, 2\cdot\dfrac{\pi}{2}, 3\cdot\dfrac{\pi}{2}$, 等等, 故一切点 $C, D, E, \cdots$ 也位于被考察的螺线上.

当角 θ 由 0 增至 $+\infty$ 时, 动点绕极点旋转无数卷, 且迅速离开极点至无穷远; 两卷之间的距离已不相等. 角 θ 也可以取负值; 当 θ 趋于 $-\infty$ 时, 向径 r 趋于 0. 曲线绕极点旋转无数次, 且无限地接近它 (但终不能达到, 参阅图 124 上 $AB'C'D'E'\cdots$ 的一部分); 极点就成为曲线的渐近点.

最后, 注意, 只要把极轴绕极点作适当旋转, 就可以消去乘数 a 而把对数螺线的方程化成最简形式: $r = e^{m\theta}$.

4) 蚶线: $r = a\cos\theta + b$ (图 125).

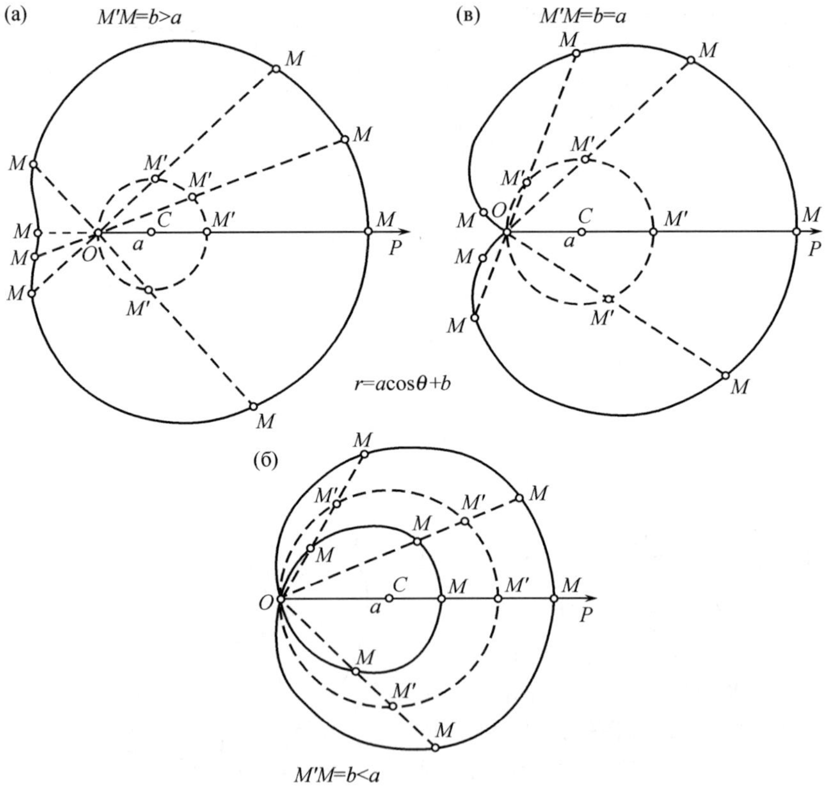

图 125

这些曲线的起源可以设想是这样的: 取直径为 a 的圆, 若选取极点 O 位于圆周上, 而引极轴通过圆心 C, 则对于圆周上的任一点 M', 显然有 $r = a\cos\theta$. 这就是圆的极坐标方程. 若使角 θ 由 0 变动至 2π, 则动点画这圆两次 (逆时针方向).

现在若把圆的一切向径 OM' 都延长一定长的线段 $M'M = b$ $(b > 0)$, 则由这方法所得出的点 M 画成一新曲线, 它通称为**蚶线**. 它的极坐标方程显然是 $r = a\cos\theta + b$.

若 $b > a$, 则事情的处理最为简单, 因为那时向径永远是正的, 故曲线从各方面围绕极点 (图 125a). 在 $b < a$ 时曲线通过极点, 且自己相交, 它画成内纽线如图 125б. 为了确定动点经过极点时的角度 θ, 可在曲线方程内令 $r = 0$. 我们得到方程 $\cos\theta = -\dfrac{b}{a}$, 它只是当 $b \leqslant a$ 时有解.

曲线的中间类型, 即在 $b = a$ 时的曲线是特别有趣的. 在这里极点也位于曲线上 $(\theta = \pi)$, 但没有纽线; 如图 125в. 立刻看到这曲线与上面考察过的, 圆外旋轮线的特殊情形心脏形线 (图 120) 是相同的. 建议读者去证明这事实.

5) 伯努利双纽线 $r^2 = 2a^2\cos 2\theta$ (图 126).

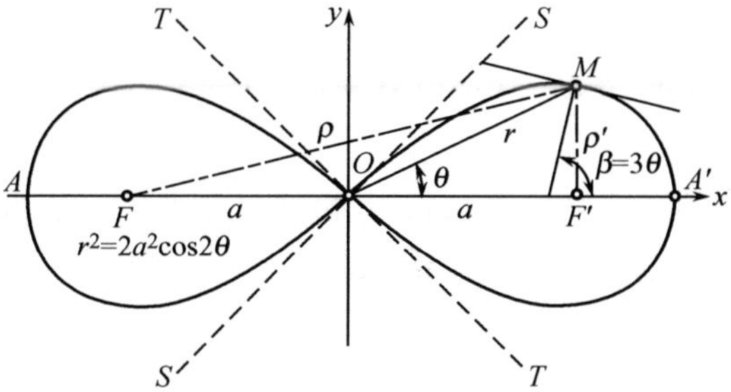

图 126

这曲线可以定义为点 M 的轨迹, 点 M 与相距 $2a$ 的二定点 F 及 F' 的距离 $\rho = FM$ 与 $\rho' = F'M$ 的乘积是常数 a^2 ①.

依照图内记法, 由三角形 OMF 及 OMF' 有

$$\rho^2 = r^2 + a^2 + 2ar\cos\theta, \quad \rho'^2 = r^2 + a^2 - 2ar\cos\theta,$$

于是由定义

$$\rho^2\rho'^2 = (r^2 + a^2)^2 - 4a^2r^2\cos^2\theta = a^4,$$

由此, 经过简单计算以后, 得到

$$r^2 = 2a^2\cos 2\theta.$$

这就是双纽线的极坐标方程.

因为这方程的左边不能得负值, 故右边的角度 θ 只能在使 $\cos 2\theta \geqslant 0$ 的区间内变动着. 这就是区间

$$\left(0, \frac{\pi}{4}\right), \quad \left(\frac{3\pi}{4}, \frac{5\pi}{4}\right), \quad \left(\frac{7\pi}{4}, 2\pi\right).$$

① 由距离 FF' 与常数积 $\rho\rho'$ 之间的关系, 显见线段 FF' 的中点 O 位于曲线上 $(\rho = \rho' = a)$. 但若 $\rho\rho' = b^2$, 而 $b \neq a$, 则 O 不是曲线上的点, 这时我们得到的是所谓**卡西尼卵形线**.

全部曲线位于与极轴成 $\frac{\pi}{4}$ 及 $\frac{3\pi}{4}$ 的两直线 SS 与 TT 之间的一对对顶角内 (见图). 曲线在极点自己相交, 与此对应的角度 $\theta = \frac{\pi}{4}, \frac{3\pi}{4}, \frac{5\pi}{4}, \frac{7\pi}{4}$.

若用普通方法变成直角坐标, 则容易得出双纽线的直角坐标 (隐式) 方程:

$$(x^2 + y^2)^2 = 2a^2(x^2 - y^2).$$

227. 空间的曲面和曲线 我们并不打算在这里深入研究微分学在空间几何学上的应用, 这问题应留给专门的微分几何教程去研究. 因此关于空间几何形象, 我们仅以讨论今后在分析教程本身几个部分内所必需的为限.

如同上述 (回忆一下), 一切被考察的函数将假定为连续且有关于其变元的连续导数.

由坐标轴为 $Oxyz$ 的直角坐标系统出发. 我们已经说过, 空间的曲面可以用流动坐标之间的方程

$$z = f(x, y) \tag{6}$$

来表示 [例如, 参阅 **160**]. 这种方程, 以及类似于它的方程 $x = g(y, z)$ 及 $y = h(z, x)$, 都称为曲面的**显式**方程.

曲面的其他表示法, 在某种意义之下, 常可以化成这一最简单的情形.

经常遇到曲面用方程

$$F(x, y, z) = 0 \tag{7}$$

表示, 并没有解出这个或那个坐标 (**隐式**). 若曲面在点 (x_0, y_0, z_0) 的三个偏导数 $F'_x(x_0, y_0, z_0), F'_y(x_0, y_0, z_0), F'_z(x_0, y_0, z_0)$ 中至少有一个异于 0, 则在这点的邻域内, 曲面就可以用某一种类型的显式方程来表示. 实际上, 例如若 $F'_z(x_0, y_0, z_0) \neq 0$, 则按照 **208** 的定理 3. 至少在被考察点的邻域内, 方程 (7) 确定 z 为 x 及 y 的单值函数: $z = f(x, y)$ (且这时函数 f 连同它关于二变元的导数都为连续).

这样, 只有同时满足了三条件

$$F'_x = 0, \quad F'_y = 0, \quad F'_z = 0$$

的曲面上的奇异点是例外情形.

方程

$$F(x, y) = 0 \tag{8}$$

根本不含有坐标之一的, 也可以解释为**曲面**方程. 就是, 在 xy 平面上它表示一**曲线**; 若把它作为准线, 以平行于 z 轴的母线沿着准线移动作出一**柱面**, 则这柱面上一切的点, 且只有它们, 满足方程 (8) (因为 z 并未在方程内出现且不受任何限制).

方程 $G(y, z) = 0$ 或 $H(z, x) = 0$, 也可以作同样解释.

现在转而讨论空间曲线. 空间曲线的最简单表示法是把它的两个流动坐标, 例如 y 及 z, 给定为第三坐标 x 的函数:

$$y = f(x), \quad z = g(x). \tag{9}$$

这种方法是平面曲线的显式的自然推广. 因此方程 (9) 就可以称为曲线的显式方程.

如同在平面曲线的情形, 空间曲线的其他解析表示式基本上也可以化成显式.

方程 (9) 中的每一式可以解释为曲线在坐标平面 xy 或 xz 上的投影的方程, 或是母线平行于 z 轴或 y 轴的投影柱面的方程 [见 (8)].

空间曲线的更一般的表示法是把它看成二曲面的交线. 若这两曲面的方程是

$$F(x,y,z)=0 \quad \text{及} \quad G(x,y,z)=0, \tag{10}$$

则联立二方程就给出交线的解析表示式. 方程组 (10) 称为曲线的隐式方程.

由函数 F 及 G 的偏导数组成矩阵

$$\begin{pmatrix} F'_x & F'_y & F'_z \\ G'_x & G'_y & G'_z \end{pmatrix}. \tag{11}$$

设在这矩阵内有某一行列式, 例如

$$\begin{vmatrix} F'_y & F'_z \\ G'_y & G'_z \end{vmatrix}$$

在被考察点异于 0. 则根据 **208** 的定理 4, 在这点的邻域内方程组 (10) 可以换成方程组 (9) [而且在方程组 (9) 内出现的函数仍是连同其导数均为连续的].

这样, 只有在曲线的奇异点 (在这种点矩阵 (11) 的三个行列式同时变为零) 的邻域内, 不保证有化成最简表示式的可能.

228. 参变量表示式 最后, 讲到曲面及空间曲线的参变量表示法, 先从曲线开始.

如同我们在平面上所做过的一样, 空间曲线上动点的坐标可以由某一辅助变量——参变量——t 的函数给出:

$$x=\varphi(t), \quad y=\psi(t), \quad z=\chi(t), \tag{12}$$

使得当参变量 t 变动时, 其坐标由这些方程给定的点就画出所考察的曲线 [在显式 (9) 的情形, x 本身起了参变量的作用].

在曲线上所取的点若导数 x'_t, y'_t, z'_t 中至少有一个异于 0, 则如同平面曲线一样, 在这点的邻域内, 容易由参变量表示式化成显式. 只有在奇异点 (该处一切这些导数都等于零) 的邻域内不保证有这种转化的可能.

如同平面曲线的情形一样, 还有所谓重点, 即能由两个以上参变量的值得出的点, 亦算作奇异点[①].

转而讨论曲面的参变量表示式.

---

①参阅第 **223** 目脚注 ①.

这时, 确定曲面上一点的位置须用二参变量 [在显式 (6) 的情形, 即由二坐标 x, y 作为参变量]. 设有方程

$$x=\varphi(u,v),\quad y=\psi(u,v),\quad z=\chi(u,v),\tag{13}$$

式中 (u,v) 变动于闭区域 Δ 中. 作矩阵

$$\begin{pmatrix} \varphi'_u & \psi'_u & \chi'_u \\ \varphi'_v & \psi'_v & \chi'_v \end{pmatrix}\tag{14}$$

并假设 $u=u_0, v=v_0$, 使这矩阵的行列式至少有一个异于 0, 例如, 设

$$\begin{vmatrix} \varphi'_u & \psi'_u \\ \varphi'_v & \psi'_v \end{vmatrix} \neq 0.$$

于是, 把方程组 (13) 的前二式改写成

$$\varphi(u,v)-x=0,\quad \psi(u,v)-y=0,$$

根据 **208** 的定理 4, 可以断定, 由这含有四变量 u, v, x, y 的二方程 (若它们的数值以接近于我们所关心者为限), 确定变量 u, v 为 x, y 的单值函数:

$$u=g(x,y),\quad v=h(x,y),$$

连同它们的导数均为连续. 最后, 把 u 及 v 的表达式代入方程组 (13) 的第三式内, 就得出普通表示曲面的显式方程

$$z=\chi(g(x,y),\quad h(x,y))=f(x,y),$$

式中函数 f 也为连续且有连续导数.

只有在那种情形, 当矩阵 (14) 的三行列式同时都等于零了 (曲面上对应的点便是奇异点), 这种表示式可能得不到.

读者容易明白, 关于曲面的参变量表示式, 也可以建立曲面的单点或重点的概念: 前者只能由参变量 (u,v) 的一组数值得出, 后者至少能由 (u,v) 的二组数值得出①.

回到曲面的参变量方程 (13), 固定其中一个参变量的值, 例如令 $u=u_0$. 那时显然得出某一曲线方程

$$x=\varphi(u_0,v),\quad y=\psi(u_0,v),\quad z=\chi(u_0,v),$$

①应当指出, 在闭曲面的情形 (即没有围线的曲面, 例如球面), 显然不能使它的点与平面 uv 的区域 Δ 的点成互为单值的对应. 在这个情形, 对于任何参变量表示式重点必然存在.

其一切点都位于曲面上. 变动 u_0 的值, 就得到这种 “(u) 曲线” 的一族. 类似于此, 固定 $v = v_0$ 的值, 同样能得出在我们的曲面上的一曲线

$$x = \varphi(u, v_0), \quad y = \psi(u, v_0), \quad z = \chi(u, v_0);$$

由这种 “(v) 曲线” 同样能组成一整个曲线族.

因为 u 及 v 的数值可以作为曲面上一点的坐标, 故这些曲线就称为曲面的**坐标线**. 若曲面上一点是单点, 即只能由参变量 (u, v) 的一组数值得出, 则在每一曲线族内只能有一条坐标线通过它.

观察曲面 [参阅 (6)、(7)、(13)] 及空间曲线 [(9)、(10)、(12)] 的各种解析表示法, 我们可以重述在 **223** 末段所说的话. 在普通点 (并且是单点) 的邻域内, 总可变成最简单的显示表示式的情形.

229. 例题 1) 维维亚尼 (Viviani) 曲线 球面与一直圆柱面 (圆柱面的准线是在球内一半径上作成的圆周) 的交线 (图 127), 称为维维亚尼曲线. 设球的半径为 R; 若置坐标轴如图所示, 则球面及圆柱面的方程各为

$$x^2 + y^2 + z^2 = R^2,$$
$$x^2 + y^2 = Rx.$$

联立这两方程就确定我们的曲线.

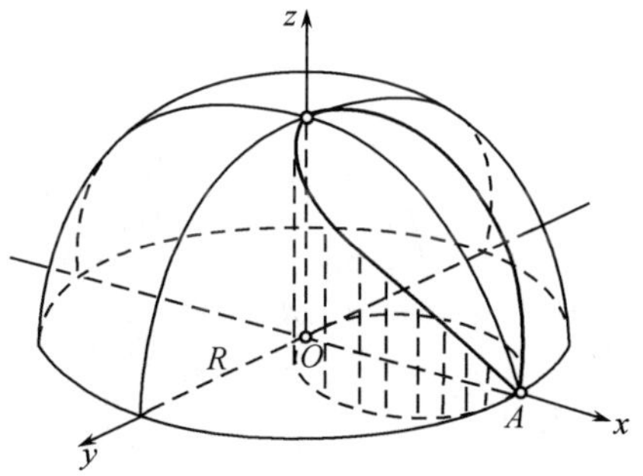

图 127

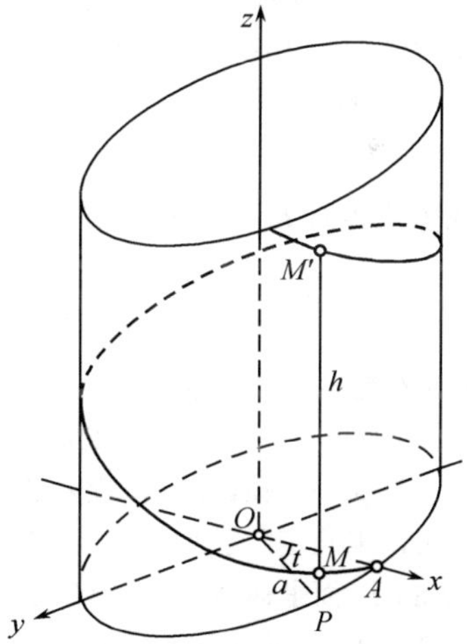

图 128

这曲线形如弯曲的 8; 在点 $(R, 0, 0)$ 它自己相交, 所以这点准是奇异点. 这也可以由计算而证实. 矩阵

$$\begin{pmatrix} 2x & 2y & 2z \\ 2x - R & 2y & 0 \end{pmatrix}$$

有行列式

$$\begin{vmatrix} 2y & 2z \\ 2y & 0 \end{vmatrix} = -4yz, \quad \begin{vmatrix} 2z & 2x \\ 0 & 2x-R \end{vmatrix} = 4xz - 2Rz, \quad \begin{vmatrix} 2x & 2y \\ 2x-R & 2y \end{vmatrix} = 2Ry,$$

它们在点 $(R,0,0)$ 恰巧一齐等于 0.

维维亚尼曲线也可以用参变量式来表示, 例如,

$$x = R\sin^2 t, \quad y = R\sin t\cos t, \quad z = R\cos t.$$

实际上, 不难核验, 这些式子恒等地满足曲线的隐式方程, 而当参变量变动时, 如自 0 变动至 2π, 就画出全部曲线. 点 $(R,0,0)$ 在 $t=\dfrac{\pi}{2}$ 及 $t=\dfrac{3\pi}{2}$ 时得出二次, 所以它是重点, 如我们所希望的一般.

2) 有时曲线的参变量表示式能由曲线的起源自然地推得. 例如,考察螺旋线.它的起源可以设想如下: 设一点 M 原来位于 A 处 (图 128), 它等速地绕 z 轴旋转 (顺时针方向) 同时又在平行于 z 轴的方向 (假定沿正向) 作等速的移动, 则点 M 的轨迹就称为**螺旋线**. 为了确定点 M 的位置, 可以采用线段 OM 的投影 OP 与 x 轴的夹角 t 作为参变量. 点 M 的坐标 x 及 y 与点 P 相同, 于是 $x=a\cos t, y=a\sin t$, 式中的 a 是点 P 所画出的圆的半径. 至于铅直的变量 z, 它与回转角 t 成正比例 (移动及转动都是等速地进行), 即 $z=ct$. 最后, 螺旋线的参变量方程就是

$$x = a\cos t, \quad y = a\sin t, \quad z = ct. \tag{15}$$

所得的螺旋线称为左螺旋线; 若在右手坐标系统时, 则同样的方程组将表示右螺旋线.

由方程组 (15) 内消去参变量 t 使变成显式是很容易的; 例如, 由最后一式内求出 t, 再把它代入前二式内, 就得

$$x = a\cos\frac{z}{c}, \quad y = a\sin\frac{z}{c}.$$

3) 考察半径为 R 中心在原点的球面 (图 129). 它的隐式方程是

$$x^2+y^2+z^2=R^2.$$

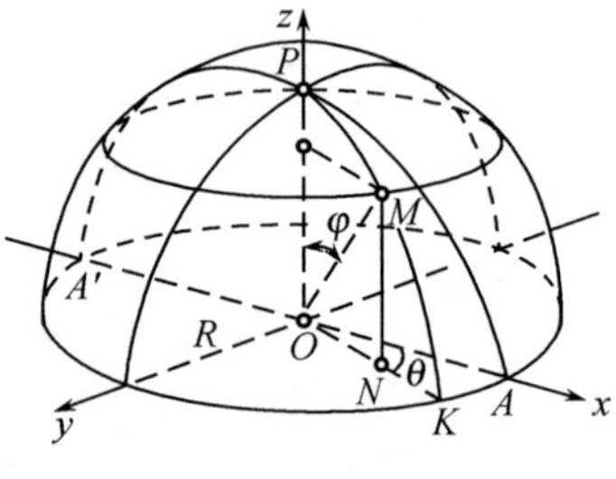

图 129

为了求得它的通常的参变量表示式, 可以作出 "赤道的" 截面 AKA', 并经过 "极" P, P' 及被考察点 M 作 "子午线" $PMKP'$. 点 M 在球面上的位置可以用角 $\varphi=\angle POM$ 及 $\theta=\angle AOK$ 来确定. 我们有 $z=NM=R\cos\varphi$. 再有 $ON=R\sin\varphi$, 而坐标 x 及 y (M 与 N 有相同的值) 就由 ON 表示如: $x=ON\cos\theta, y=ON\sin\theta$. 汇集这些结果, 就得到球面的参变量方程:

$$\begin{aligned} x &= R\sin\varphi\cos\theta, \\ y &= R\sin\varphi\sin\theta, \\ z &= R\cos\varphi, \end{aligned}$$

其中角度 φ 只要自 0 变动至 π 就够了, 而角度 θ 须自 0 变动至 2π.

可是, 球面上的点与在平面 $\varphi\theta$ 的矩形 $[0,\pi;0,2\pi]$ 上的点之间的对应不会是互为单值的①: 由数值 $\theta=0$ 和 $\theta=2\pi$ 得出曲面上的同一点, 此外, 在 $\varphi=0$ ($\varphi=\pi$) 时无论 θ 是怎样的值, 我们只能得到一个点 —— 极点 $P(P')$.

若把角度 φ 换以 $\lambda=\frac{\pi}{2}-\varphi$, λ 自 $-\frac{\pi}{2}$ 变动至 $\frac{\pi}{2}$, 再使 θ 在 $-\pi$ 与 π 之间变动, 则得地理学上的坐标: 纬度与经度.

偏导数的矩阵

$$\begin{pmatrix} R\cos\varphi\cos\theta & R\cos\varphi\sin\theta & -R\sin\varphi \\ -R\sin\varphi\sin\theta & R\sin\varphi\cos\theta & 0 \end{pmatrix}$$

的一切行列式

$$R^2\sin^2\varphi\cos\theta,\ R^2\sin^2\varphi\sin\theta,\ R^2\sin\varphi\cos\varphi$$

在 $\varphi=0$ 及 $\varphi=\pi$ 时一齐变为零. 然而很明显, 仅当应用这一种球面的解析表示式时, 两 "极" 才表示有奇异性.

容易看出, 球面上的一族坐标线由经线 ($\theta=$常数) 组成, 而另一族坐标线由平行圆 ($\varphi=$常数) 组成.

4) 可用下法推广前例. 设在平面 xz 内有一曲线 (母线), 由参变量方程

$$x=\varphi(u),\quad z=\psi(u) \tag{16}$$

给定, 而且 $\varphi(u)\geqslant 0$. 把它当作刚体绕 z 轴旋转 (图 130). 若用 v 表示回转角, 则所得的回转面的方程就可写成

$$x=\varphi(u)\cos v,\quad y=\varphi(u)\sin v,\quad z=\psi(u)\quad (0\leqslant v\leqslant 2\pi),$$

若在平面 xz 内取半圆周

$$x=R\sin u,\quad z=R\cos u,$$

且把它绕 z 轴旋转, 则由这种方法所得球面的参变量表示式与以前的相同 (除记号不同以外).

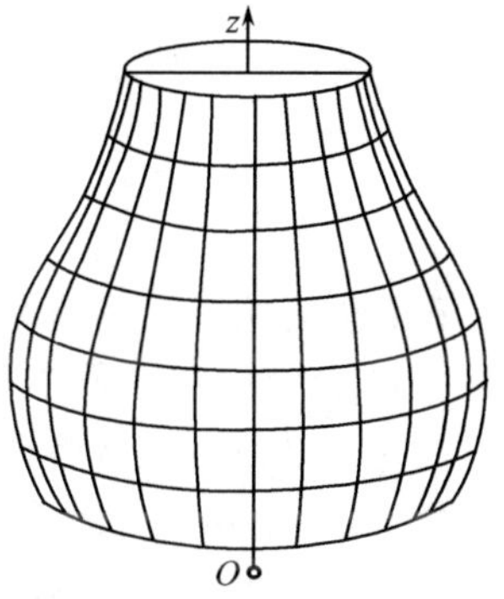

图 130

建议读者去证明, 只有在回转轴上的点, 或是由母线的奇异点回转而得的点, 才可能成为回转面的奇异点.

在此处也是以母线的各种位置 (经线) 及平行圆作为坐标线.

5) 若当曲线 (16) 作回转运动时, 同时又作平行于回转轴的移动, 则 (假设两种运动都是等速地进行) 得**一般螺旋面**

$$x=\varphi(u)\cos v,\quad y=\varphi(u)\sin v,\quad z=\psi(u)+cv.$$

特别情形, 取 x 轴的正向部分

$$x=u,\quad z=0\quad (u\geqslant 0)$$

①比较第 450 页下的脚注.

当作母线, 并使它作螺旋运动, 则得出**普通螺旋面**

$$x = u\cos v, \quad y = u\sin v, \quad z = cv.$$

对于一般螺旋面, 一族坐标线由母线的各种位置 ($v =$ 常数) 组成, 另一族坐标线由螺旋线 ($u =$ 常数) 组成.

§2. 切线及切面

230. 用直角坐标系时平面曲线的切线 切线的概念我们已经遇见多次 [例如, 参阅 **91**]. 若一曲线由显式方程

$$y = f(x)$$

给定, 式中的 f 是连续函数并有连续导数, 则在这曲线上每一点 (x, y) 必有切线, 其斜率 $\operatorname{tg}\alpha$ 由公式

$$\operatorname{tg}\alpha = y'_x = f'(x)$$

表示. 这样, 切线方程为

$$Y - y = y'_x(X - x). \tag{1}$$

在这里 (以下也一样) X, Y 表示流动坐标, 而 x, y是切点的坐标.

容易得出法线 (即经过切点且垂直于切线的直线) 的方程为:

$$Y - y = -\frac{1}{y'_x}(X - x) \quad 或 \quad X - x + y'_x(Y - y) = 0. \tag{2}$$

考察与切线及法线有关系的一些线段, 就是线段 TM 及 MN 以及它们在 x 轴上的射影 TP 及 PN (图 131). 后二者各称为**次切矩**及**次法矩**, 并且记成 sbt (subtangent) 及 sbn (subnormal). 在方程 (1) 及 (2) 内令 $Y = 0$, 容易算出

$$\left.\begin{aligned} \text{sbt} &= TP = \frac{y}{y'_x}, \\ \text{sbn} &= PN = yy'_x. \end{aligned}\right\} \tag{3}$$

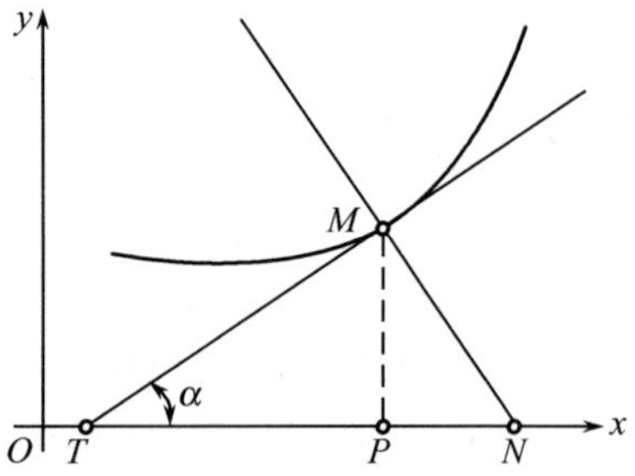

图 131

于是由三角形 MPT 及 MPN 又可确定**切线长**及**法线长**

$$t = TM = \left|\frac{y}{y'_x}\sqrt{1 + y'^2_x}\right|, \quad n = MN = \left|y\sqrt{1 + y'^2_x}\right|. \tag{4}$$

在曲线用隐式

$$F(x, y) = 0$$

的场合, 在它的普通点 $M(x,y)$ 的邻域内可以设想曲线是用显式方程表示的. 例如, 若在点 $M, F'_y(x,y)\neq 0$, 则曲线可用形如 $y=f(x)$ 的方程来表示, 式中 f 为连续函数且有连续导数. 由此已很明显, 曲线在点 M 有切线存在, 且切线方程可以写成 (1) 的形式. 但我们知道 [**209** (15)], 在这情形

$$y'_x=-\frac{F'_x(x,y)}{F'_y(x,y)},$$

把它代入 (1), 经过简单的变换后, 就得出关于 x 及 y 完全对称的切线方程

$$F'_x(x,y)(X-x)+F'_y(x,y)(Y-y)=0. \tag{5}$$

若在点 $M, F'_y=0$, 但 $F'_x\neq 0$, 也可以得出同样的结果. 只有在奇异点这方程失去意义, 在没有作补充研究 [**236**] 时, 这里不能再讲什么.

在上述情形, 法线方程显然是这样的:

$$F'_y(x,y)(X-x)-F'_x(x,y)(Y-y)=0.$$

最后, 假定曲线由参变量方程

$$x=\varphi(t),\quad y=\psi(t)$$

给定. 我们已看到, 若 $\varphi'(t)\neq 0$, 则曲线的切线存在, 且其斜率为

$$\operatorname{tg}\alpha=\frac{y'_t}{x'_t} \tag{6}$$

[**106** (11)]. 切线方程可以写成:

$$Y-y=\frac{y'_t}{x'_t}(X-x)\quad 或\quad \frac{X-x}{x'_t}=\frac{Y-y}{y'_t}.$$

最后一种形式的方程当 $x'_t=0$ 而 $y'_t\neq 0$ 的场合[①]也能适用. 只有在奇异点同时有 $x'_t=0$ 及 $y'_t=0$ 时方程才失去意义, 而关于切线的问题依然存在 [237].

在上式两边的分母上各乘以 dt, 而把切线方程写成

$$\frac{X-x}{dx}=\frac{Y-y}{dy}, \tag{7}$$

有时是便利的.

231. 例题 1) 抛物线: $y^2=2px$. 对这等式施行微分 (把 y 当成 x 的函数), 得 $yy'_x=p$. 这样 [参阅 (3)], *抛物线的次法矩是常数*. 由此可得抛物线的法线 (随之而切线) 的简易作图法.

按照公式 (4), 抛物线的法线长为

$$n=\sqrt{y^2+p^2}.$$

---

①这时, 像通常在解析几何内所约定的, 若在比例式

$$\frac{X-x}{a}=\frac{Y-y}{b}$$

中有一个后项为 0, 那么这比例式就简单地表示其对应的前项也等于 0.

2) 椭圆: $\frac{x^2}{a^2}+\frac{y^2}{b^2}=1$ (图 132).

按照公式 (5) 就有这样的切线方程:

$$\frac{x}{a^2}(X-x)+\frac{y}{b^2}(Y-y)=0.$$

顾及椭圆方程本身, 可以把最后的方程改写成更简单的形式:

$$\frac{xX}{a^2}+\frac{yY}{b^2}=1.$$

在这里令 $Y=0$, 求得 $X=\frac{a^2}{x}$. 这样, 切线与 x 轴的交点 T 与 y 及 b 都无关系. 对应于不同的 b 值的各种椭圆, 它们在横标为 x 的各点上的切线都经过 x 轴上的同一点 T. 因为在 $b=a$ 时得出圆, 它的切线作法很简单, 故立刻能确定 T, 由此就得出椭圆的切线的简易作图法, 如图所显示①.

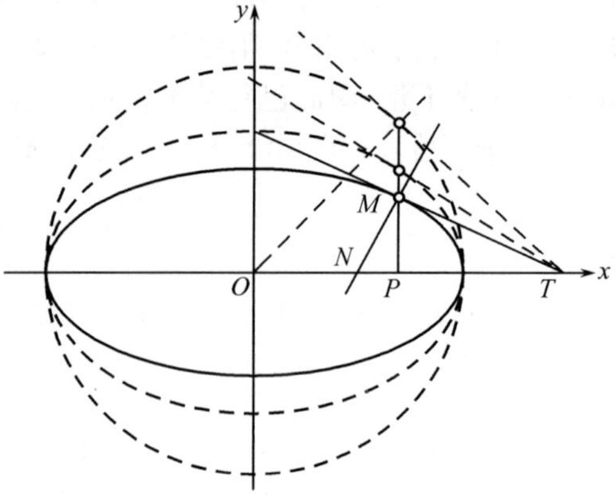

图 132

椭圆的法线长容易确定为:

$$n=\sqrt{\frac{b^4x^2+a^4y^2}{a^2}}.$$

在双曲线 $\frac{x^2}{a^2}-\frac{y^2}{b^2}=1$ 的情形也可得出同样的表达式.

3) 星形线: $x^{\frac{2}{3}}+y^{\frac{2}{3}}=a^{\frac{2}{3}}$ (图 116).

切线方程为

$$x^{-\frac{1}{3}}(X-x)+y^{-\frac{1}{3}}(Y-y)=0,$$

借助于曲线方程本身可以把上式改写成为

$$\frac{X}{x^{\frac{1}{3}}}+\frac{Y}{y^{\frac{1}{3}}}=a^{\frac{2}{3}} \quad 或 \quad \frac{X}{a^{\frac{2}{3}}x^{\frac{1}{3}}}+\frac{Y}{a^{\frac{2}{3}}y^{\frac{1}{3}}}=1.$$

最后的方程是“截距式”. 因此, 切线在两轴上的截距是 $a^{\frac{2}{3}}x^{\frac{1}{3}}$ 及 $a^{\frac{2}{3}}y^{\frac{1}{3}}$. 由此容易得出星形线的一个有趣的性质. 用 τ 表示切线在两轴之间的长度, 就有

$$\tau^2=a^{\frac{4}{3}}x^{\frac{2}{3}}+a^{\frac{4}{3}}y^{\frac{2}{3}}=a^2$$

而得

$$\tau=a=常数.$$

这样, *星形线的对称轴在所有切线上都截取等长的线段*.

4) 旋轮线: $x=a(t-\sin t), y=a(1-\cos t)$ (图 118).

我们已 [在 **225**, 6) 中] 有等式 $y'_x=\operatorname{ctg}\frac{t}{2}$, 即

$$\operatorname{tg}\alpha=\operatorname{ctg}\frac{t}{2}=\operatorname{tg}\left(\frac{\pi}{2}-\frac{t}{2}\right),$$

①椭圆的切线的这一性质与下列之事实有直接关联: 即椭圆可以看作是位于斜平面上的某一圆 (半径为 a) 的正射影.

故可以采用 $\alpha=\dfrac{\pi}{2}-\dfrac{t}{2}$.

回忆 (图 118), $t=\angle MDN$, 于是 $\angle MEN=\dfrac{t}{2}$. 若延长直线 EM 使与 x 轴相交于 T, 则 $\angle ETx=\dfrac{\pi}{2}-\dfrac{t}{2}=\alpha$. 因此, 连接旋轮线上的点与 (在对应位置的) 动圆的最高点的直线 EM 就是旋轮线在这点的切线. 由此, 显然直线 MN 就是法线.

法线长 n 的表达式以后对我们是有用处的, 它容易从直角三角形 MEN 内求得. 就是

$$n=MN=2a\sin\frac{t}{2}.$$

5) 圆外旋轮线:

$$x=a[(1+m)\cos mt-m\cos(1+m)t],$$
$$y=a[(1+m)\sin mt-m\sin(1+m)t]$$

(图 119).

把导数 x'_t 及 y'_t 的表达式写成

$$x'_t=2am(1+m)\sin\frac{t}{2}\cos\left(m+\frac{1}{2}\right)t,$$
$$y'_t=2am(1+m)\sin\frac{t}{2}\sin\left(m+\frac{1}{2}\right)t,$$

就求得

$$\operatorname{tg}\alpha=\frac{y'_t}{x'_t}=\operatorname{tg}\left(m+\frac{1}{2}\right)t.$$

由此有 $\alpha=\left(m+\dfrac{1}{2}\right)t$.

若连接 (图 119) 点 D 与 M, 则这直线与 x 轴所夹的角恰为:

$$\angle xTD=\angle DOT+\angle ODT=mt+\frac{t}{2}.$$

因为, DT 是在点 M 的切线, 而 MB 是法线.

6) 圆的渐伸线: $x=a(t\sin t+\cos t), y=a(\sin t-t\cos t)$ (图 121).

在此处

$$\operatorname{tg}\alpha=\frac{y'_t}{x'_t}=\operatorname{tg}t,\ \text{由此}\quad \alpha=t.$$

这样, 切线 MT 平行于半径 OB, 且 BM 是这曲线的法线.

附注 例题 4)、5)、6) 的结果可以不用任何计算, 而由运动学方面的考虑直接得出. 当一曲线在另一曲线上滚动时, 切点常是动形的瞬时中心, 因此动形上任一点的轨迹的法线必经过这切点.

232. 用极坐标系时的切线 若曲线是由极坐标方程 $r=f(\theta)$ 给定, 则用通常的方法换成直角坐标制, 就得到曲线的参变量表示式

$$x=r\cos\theta=f(\theta)\cos\theta,$$
$$y=r\sin\theta=f(\theta)\sin\theta,$$

并且 θ 在这里起了参变量的作用.

在这种场合, 按照一般公式 (6),

$$\operatorname{tg}\alpha = \frac{y'_\theta}{x'_\theta} = \frac{r'_\theta \sin\theta + r\cos\theta}{r'_\theta \cos\theta - r\sin\theta}.$$

可是, 若用极坐标来研究曲线, 则切线的位置通常并不用它与极轴的交角 α 来确定, 而是用它与向径延长线所夹的角 ω 来确定 (图 114 及图 133). 我们已有简单的公式 [**218**, 4)]

$$\operatorname{tg}\omega = \frac{r}{r'_\theta}. \tag{8}$$

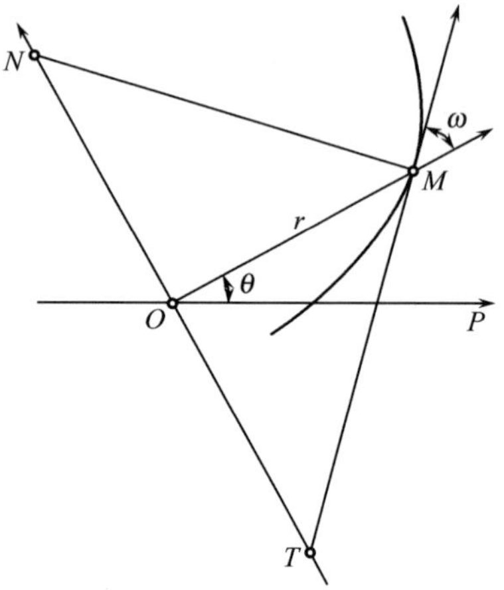

图 133

完全同样地, 代替 **230** 内讲过的线段 t, n, sbt, sbn, 在此处须考察其他的线段. 经过极点 O 作垂直于向径的轴 (当点 M 移动时这轴就旋转着), 延长切线及法线使与它依次相交于点 T 及 N. 那时线段 TM 及 MN 就称为**极切线**及**极法线**, 而它们在该轴上的射影 TO 及 ON 就称为**极次切矩**及**极次法矩**. 我们将用与前相同的记法来表示它们, 但另附以下标 p. 利用公式 (8) 容易得出:

$$\mathrm{sbt}_p = TO = r\operatorname{tg}\omega = \frac{r^2}{r'_\theta}, \quad \mathrm{sbn}_p = ON = r\operatorname{ctg}\omega = r'_\theta,$$

而由此已有

$$t_p = TM = \left|\frac{r}{r'_\theta}\sqrt{r^2 + r'^2_\theta}\right|, \quad n_p = MN = \sqrt{r^2 + r'^2_\theta}.$$

233. 例题 1) 阿基米德螺线: $r = a\theta$ (图 122).

因为 $r'_\theta = a$, 故 $\mathrm{sbn}_p = a =$ 常数. 这使我们得以立刻确定点 N 的位置, 随之而作出法线及切线.

注意, $\operatorname{tg}\omega = \theta$, 因此当 $\theta\to\infty$ 时就有 $\operatorname{tg}\omega\to\infty$ 即 ω 趋近于直角.

2) 双曲螺线: $r = \dfrac{a}{\theta}$ (图 123).

这一次 $r'_\theta = -\dfrac{a}{\theta^2}, \mathrm{sbt}_p = -a =$ 常数,这同样明显地简化了切线的作法.

3) 对数螺线: $r = ae^{m\theta}$ (图 134).

因有 $r'_\theta = mae^{m\theta}$, 于是 $\operatorname{tg}\omega = \dfrac{1}{m} =$ 常数, 从而 $\omega =$ 常数. 这样, 对数螺线具有一个值得注意的性质: *向径与切线之间的夹角保持为常数*. 换句话说, 对数螺线常与其向径相交成定角. 就这性质来说, 它和圆类似, 因为圆与从中心作出的向径亦相交成定角 (直角). [然而, 圆也可以看成是对应于 $m = 0$ 的对数螺线的特殊情形.]

4) 蚶线: $r = a\cos\theta + b$ (图 135).

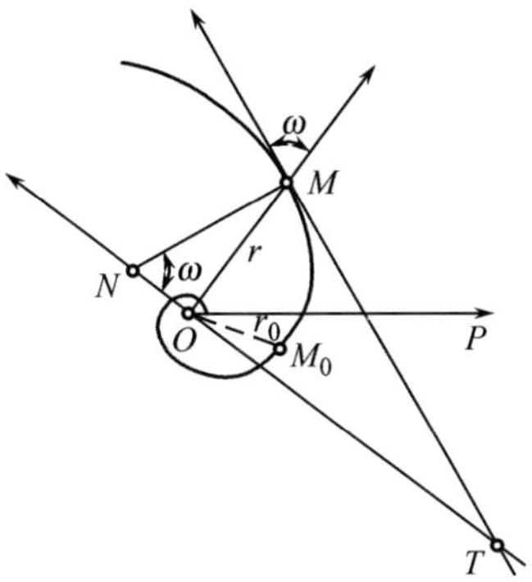

图 134

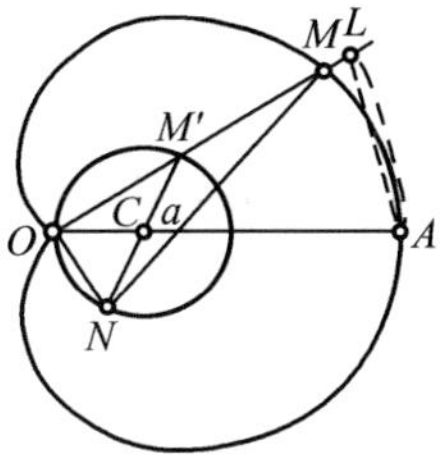

图 135

注意, $\mathrm{sbn}_p = r'_\theta = -a\sin\theta$ 显然与 b 无关. 这样, 若取位于从极点发出的同一射线上而有不同 b 值的各种蚶线的点, 则这些点将有公共的极法线影, 即点 N 是公有的. 但在 $b=0$ 时得出一圆, 它的法线的作法是很明显的; 因此也就容易作出任何蚶线 (图 135) 的法线了. 从 $\triangle MON$ 计算极法线之长

$$n_p = \sqrt{a^2 + 2ab\cos\theta + b^2}.$$

心脏形线① $(b=a)$ 的极法线的表达式特别简单:

$$n_p = 2a\cos\frac{\theta}{2}.$$

5) 双纽线: $r^2 = 2a^2\cos 2\theta$ (图 126).

对上式微分, 把 r 当成 θ 的函数, 得

$$rr'_\theta = -2a^2\sin 2\theta.$$

这二等式两边各自相除, 更根据 (8), 可得

$$\mathrm{tg}\,\omega = \frac{r}{r'_\theta} = -\,\mathrm{ctg}\,2\theta,$$

由此, $\omega = 2\theta + \frac{\pi}{2}$. 用 α 及 β 表示切线及法线的倾角, 就有

$$\beta = \alpha - \frac{\pi}{2}, \quad \alpha = \omega + \theta = 3\theta + \frac{\pi}{2},$$

因此, $\beta = 3\theta$: *双纽线的法线的倾角等于切点的极角的三倍*. 这给出作法线的简易方法.

234. 空间曲线的切线 · 曲面的切面 1° 对于空间曲线, 切线的定义在文字上与平面曲线的情形 **91** 相同. 在这里限于讨论由参变量表示式给定的曲线

$$x = \varphi(t), \quad y = \psi(t), \quad z = \chi(t).$$

①画在图 135 上的正是这一特别情形.

取定值 t, 即得曲线上的定点 $M(x,y,z)$; 设这是普通点, 又是单点 [**223**]. 给 t 以增量 Δt, 则与参变量的新值 $t+\Delta t$ 对应的将是另一点 $M_1(x+\Delta x, y+\Delta y, z+\Delta z)$. 割线 MM_1 的方程为

$$\frac{X-x}{\Delta x}=\frac{Y-y}{\Delta y}=\frac{Z-z}{\Delta z},$$

式中的 X,Y,Z 是流动坐标. 如果我们用 Δt 除所有的分母, 这些方程的几何意义并不会改变:

$$\frac{X-x}{\frac{\Delta x}{\Delta t}}=\frac{Y-y}{\frac{\Delta y}{\Delta t}}=\frac{Z-z}{\frac{\Delta z}{\Delta t}}.$$

若当 $\Delta t\to 0$ 时这些方程在极限情形中仍保持确定的意义, 则由此就能证明割线的极限位置 (即切线) 的存在. 但取极限我们得到

$$\frac{X-x}{x'_t}=\frac{Y-y}{y'_t}=\frac{Z-z}{z'_t}, \tag{9}$$

这些方程, 由于不是所有的分母都等于零, 确实表示着直线. 这样, 在曲线的每一普通点, 切线必存在, 且可用这些方程来表达. 对于奇异点, 关于切线的问题仍未获得解决.

附注 我们在割线方程内在 $\Delta t\to 0$ 时求其极限; 现在要证明这就相当于假定 $\overline{MM_1}\to 0$. 由于函数 φ,ψ,χ 的连续性, 从 $\Delta t\to 0$ 推得

$$\overline{MM_1}=\sqrt{\Delta x^2+\Delta y^2+\Delta z^2}\to 0.$$

为了证明其反面, 指定任意数 $\varepsilon>0$. 因为 $\overline{MM_1}$ 是 Δt 的连续函数, 故当 $|\Delta t|\geqslant\varepsilon$ 时这函数有最小值 δ, 显然 δ 是正的 (因为假定所取的点是单点, 即不能由异于 t 的参变量的值得出). 于是

当 $\overline{MM_1}<\delta$ 时, 必须 $|\Delta t|<\varepsilon$, 这就是所要证明的.

有时方程 (9) 写成

$$\frac{X-x}{dx}=\frac{Y-y}{dy}=\frac{Z-z}{dz}$$

的形式更为便利, 它是以 dt 遍乘 (9) 中所有的分母而得出.

若用 α,β,γ 表示切线与三坐标轴所夹的角, 则方向余弦 $\cos\alpha,\cos\beta,\cos\gamma$ 可表示为:

$$\cos\alpha=\frac{x'_t}{\pm\sqrt{x_t'^2+y_t'^2+z_t'^2}},$$
$$\cos\beta=\frac{y'_t}{\pm\sqrt{x_t'^2+y_t'^2+z_t'^2}},$$
$$\cos\gamma=\frac{z'_t}{\pm\sqrt{x_t'^2+y_t'^2+z_t'^2}}.$$

根式前的符号视切线方向的选择而定.

关于由隐式方程 $F(x,y,z)=0$ 及 $G(x,y,z)=0$ 给定的曲线的切线问题, 我们将在 3° 内考察.

2° 今设曲面由显式方程 $z=f(x,y)$ 给定. 我们在 **180** 内已给出切面的定义, 且在函数 $f(x,y)$ 是可微分的假定之下 ①, 求出这切面的方程 [**180** (7)]:

$$Z-z=f'_x(x,y)(X-x)+f'_y(x,y)(Y-y).$$

普通使用记号

$$\frac{\partial z}{\partial x}=f'_x(x,y)=p,\quad \frac{\partial z}{\partial y}=f'_y(x,y)=q,$$

而把切面方程写成:

$$Z-z=p(X-x)+q(Y-y). \tag{10}$$

若 $\cos\lambda,\cos\mu,\cos\nu$ 是曲面的法线 (即在切点所作切面的垂线) 的方向余弦, 则有表达式

$$\cos\lambda=\frac{-p}{\pm\sqrt{1+p^2+q^2}},\quad \cos\mu=\frac{-q}{\pm\sqrt{1+p^2+q^2}},$$
$$\cos\nu=\frac{1}{\pm\sqrt{1+p^2+q^2}}; \tag{11}$$

在根式前的双重符号对应于法线的两个相反方向.

现在在曲面上通过被考察点作一任意曲线

$$x=\varphi(t),\quad y=\psi(t),\quad z=\chi(t),$$

于是关于 t 将恒等地成立

$$\chi(t)=f(\varphi(t),\psi(t)),$$

在恒等式中对 t 施行微分 [**181**]:

$$\chi'(t)=p\varphi'(t)+q\psi'(t).$$

在被考察的非奇异点取此曲线的切线如 (9) 的形式. 最后, 若在这一等式内根据 (9) 把导数 φ',ψ',χ' 换成与它们成比例的 $X-x,Y-y,Z-z$, 则得出 (10). 这样, 切线 (9) 必定全部位于切面 (10) 内 [31]. 因此, *曲面在其上一定点的切面又可定义为: 通过这点沿着曲面的一切曲线在这点的切线都贴合于其上的平面* ②.

① 我们在此处既已假定偏导数存在且为连续, 因此必定是可微分的 [**179**].

② 关于这事已在 **180** 内讲过一部分.

31) 同样可以验证, 与曲面上过点 x_0 的曲线相切的切线可以填满整个曲面的切平面.

若曲面由隐式方程 $F(x,y,z)=0$ 给定, 那么, 假定在被考察点 $F'_z \neq 0$, 在它的邻域内就可以用显式方程 $z=f(x,y)$ 来表示曲面, 于是切面的存在就有了保证. 因为在这情形

$$p=\frac{\partial z}{\partial x}=-\frac{F'_x}{F'_z},\quad q=\frac{\partial z}{\partial y}=-\frac{F'_y}{F'_z},$$

故把这些 p 及 q 之值代入方程 (10) 内, 就容易把它变成

$$F'_x(x,y,z)(X-x)+F'_y(x,y,z)(Y-y)+F'_z(x,y,z)(Z-z)=0. \tag{12}$$

显然, 即使 $F'_z=0$, 只要其他二导数 F'_x 及 F'_y 中有一个异于 0, 切面方程仍可以表示为这种形式. 只有在奇异点这方程才失去意义 (而关于切面的问题仍未获得解决).

3° 现在容易领会, 当曲线由二隐式方程

$$F(x,y,z)=0,\quad G(x,y,z)=0$$

给定时, 即表示为对应的二曲面的交线时, 怎样去求它的切线. 若曲线上被考察的是普通点, 则在它的邻域内曲线可以用显式方程来表示 [**227**], 于是切线必定存在. 这切线显然是上述二曲面的切面的交线, 因此就可用方程

$$\left.\begin{aligned}F'_x(X-x)+F'_y(Y-y)+F'_z(Z-z)=0,\\ G'_x(X-x)+G'_y(Y-y)+G'_z(Z-z)=0.\end{aligned}\right\} \tag{13}$$

表示. [因为在普通点, 系数所成的矩阵中至少有一个行列式异于 0, 故由这方程组确实决定一直线.]

4° 回到曲面, 最后考察曲面由参变量方程

$$x=\varphi(u,v),\quad y=\psi(u,v),\quad z=\chi(u,v)$$

表示的情形. 仍限于讨论普通点 (又是单点); 因为 [**228**] 在它的邻域内曲面也可以用显式方程来表示, 故必定有切面存在. 其方程可以写成

$$A(X-x)+B(Y-y)+C(Z-z)=0, \tag{14}$$

式中系数 A,B,C 尚待确定.

若在曲面方程内固定与我们所考察的点对应的 v 值, 则得通过该点的坐标线 ["(v) 曲线"] 的方程. 这曲线在该点的切线用方程 [参阅 (9)]

$$\frac{X-x}{x'_u}=\frac{Y-y}{y'_u}=\frac{Z-z}{z'_u}$$

表示. 仿此, 固定 u, 则得另一族中通过所给点的坐标线 ["(u)" 曲线], 它在这点的切线是

$$\frac{X-x}{x'_v}=\frac{Y-y}{y'_v}=\frac{Z-z}{z'_v}.$$

因为这二切线应当都在切面 (14) 内, 故条件

$$Ax'_u + By'_u + Cz'_u = 0,$$
$$Ax'_v + By'_v + Cz'_v = 0.$$

获得满足. 因此系数 A, B, C 应当与矩阵

$$\begin{pmatrix} x'_u & y'_u & z'_u \\ x'_v & y'_v & z'_v \end{pmatrix}$$

的行列式成比例. 通常就令它们等于这些行列式:

$$A = \begin{vmatrix} y'_u & z'_u \\ y'_v & z'_v \end{vmatrix}, \quad B = \begin{vmatrix} z'_u & x'_u \\ z'_v & x'_v \end{vmatrix}, \quad C = \begin{vmatrix} x'_u & y'_u \\ x'_v & y'_v \end{vmatrix}. \tag{15}$$

于是切面方程可以借助于行列式而写成:

$$\begin{vmatrix} X-x & Y-y & Z-z \\ x'_u & y'_u & z'_u \\ x'_v & y'_v & z'_v \end{vmatrix} = 0; \tag{16}$$

它在普通点确实表示一平面.

法线的方向余弦就是

$$\left.\begin{aligned} \cos\lambda = \frac{A}{\pm\sqrt{A^2+B^2+C^2}}, \quad \cos\mu = \frac{B}{\pm\sqrt{A^2+B^2+C^2}}, \\ \cos\nu = \frac{C}{\pm\sqrt{A^2+B^2+C^2}}. \end{aligned}\right\} \tag{17}$$

235. 例题 1) 考察螺旋线 (图 128): $x = a\cos t, y = a\sin t, z = ct$.

在这情形

$$x'_t = -a\sin t, \quad y'_t = a\cos t, \quad z'_t = c,$$

而切线方程为

$$\frac{X-x}{-a\sin t} = \frac{Y-y}{a\cos t} = \frac{Z-z}{c}.$$

切线的方向余弦为

$$\cos\alpha = -\frac{a\sin t}{\sqrt{a^2+c^2}}, \quad \cos\beta = \frac{a\cos t}{\sqrt{a^2+c^2}}, \quad \cos\gamma = \frac{c}{\sqrt{a^2+c^2}}.$$

注意, $\cos\gamma =$ 常数, 因此, 也有 $\gamma =$ 常数. 若设想螺旋线是绕在直圆柱面上的, 就可以说, 螺旋线与这柱面的一切母线交成定角①.

①若把柱面沿母线切开并且铺平, 则螺旋线将变成直线, 它自然与一切铅垂线相交成同一角度. 这种想法使前述结果十分明显.

2) 椭圆面:$\frac{x^2}{a^2}+\frac{y^2}{b^2}+\frac{z^2}{c^2}=1$.

切面由公式 (12) 并运用椭圆面方程而求得:

$$\frac{xX}{a^2}+\frac{yY}{b^2}+\frac{zZ}{c^2}=1.$$

3) 锥面 (二次的): $\frac{x^2}{a^2}+\frac{y^2}{b^2}-\frac{z^2}{c^2}=0$.

切面:

$$\frac{xX}{a^2}+\frac{yY}{b^2}-\frac{zZ}{c^2}=0.$$

锥面的顶点 $(0,0,0)$ 是奇异点, 在那里这方程失去意义, 切面不复存在.

4) 维维亚尼曲线(图 127): $x^2+y^2+z^2=R^2, x^2+y^2=Rx$.

切线由方程组 [参阅 (13)]

$$xX+yY+zZ=R^2,\quad (2x-R)X+2yY=Rx$$

表示着. 这方程组只在奇异点 $(R,0,0)$ 不再表示直线.

5) 螺旋面: $x=u\cos v, y=u\sin v, z=cv$.

按照公式 (16), 切面方程为

$$\begin{vmatrix} X-x & Y-y & Z-z \\ \cos v & \sin v & 0 \\ -u\sin v & u\cos v & c \end{vmatrix}=0.$$

运用曲面方程, 这方程可以化简成为

$$\sin v\cdot X-\cos v\cdot Y+\frac{u}{c}\cdot Z=uv.$$

236. 平面曲线的奇异点 在此处我们将更详细地讨论由隐式方程

$$F(x,y)=0$$

给定的曲线在它的奇异点 (x_0,y_0) 附近的性质. 我们并不想彻底解决这一问题, 只是希望向读者介绍奇异点的几种主要类型. 这时, 我们假定函数 F 是连续的且有连续的一、二阶偏导数. 不失一般性, 可以假设 $x_0=0, y_0=0$, 这不过把原点移至受检点. 于是有

$$F(0,0)=0,\quad F'_x(0,0)=0,\quad F'_y(0,0)=0.$$

引入记号

$$a_{11}=F''_{x^2}(0,0),\quad a_{12}=F''_{xy}(0,0),\quad a_{22}=F''_{y^2}(0,0).$$

假定 a_{11},a_{12},a_{22} 中至少有一数不为零, 我们将应用 $a_{11}a_{22}-a_{12}^2$ 的符号来把奇异点分类. 本目的研究与 **197** 的研究密切相关.

1° $a_{11}a_{22}-a_{12}^2>0$.

在这情形, 我们知道, 函数 $F(x,y)$ 在原点有极值. 这就是说, 在这点的充分小邻域内 $F>0$ 或 $F<0$ (须除去原点本身, 在那里函数等于 0). 换句话说, 在所说的邻域内, 除原点以外没有曲线的任何一个点: 这时原点是曲线的**孤立点**.

可用下例说明这一情形:

$$x^2+y^2=0 \quad \text{或} \quad (x^2+y^2)(x+y-1)=0.$$

原点属于这两曲线, 且在这二曲线上都是孤立点. 但第一曲线全部只由一个点组成, 而第二曲线则除这点以外还包含着并不经过这点的直线 $x+y=1$.

2° $a_{11}a_{22}-a_{12}^2<0$.

如同 **197**, 在原点的邻域内可以把 $F(x,y)$ 表示为下面的形式:

$$F(x,y)=\frac{1}{2}\left\{a_{11}x^2+2a_{12}xy+a_{22}y^2+\alpha_{11}x^2+2\alpha_{12}xy+\alpha_{22}y^2\right\},$$

当 $x\to 0, y\to 0$ 时, 式中的一切 $\alpha\to 0$, 或引入极坐标 ρ,φ:

$$\begin{aligned}F(x,y)=\frac{\rho^2}{2}\{&a_{11}\cos^2\varphi+2a_{12}\cos\varphi\sin\varphi+a_{22}\sin^2\varphi\\&+\alpha_{11}\cos^2\varphi+2\alpha_{12}\cos\varphi\sin\varphi+\alpha_{22}\sin^2\varphi\}.\end{aligned}$$

在所考察的情形, 若再假定 $a_{22}\neq 0$, 则三项式 $a_{11}+2a_{12}t+a_{22}t^2$ 有不同的实根 t_1,t_2 $(t_1<t_2)$, 并且可以分解成因式 $a_{22}(t-t_1)(t-t_2)$. 令 $\varphi_1=\operatorname{arctg}t_1, \varphi_2=\operatorname{arctg}t_2$ 于是 $t_1=\operatorname{tg}\varphi_1, t_2=\operatorname{tg}\varphi_2$. 现在容易把括号 $\{\cdots\}$ 内的前三项变换形式成为:

$$\begin{aligned}&a_{11}\cos^2\varphi+2a_{12}\cos\varphi\sin\varphi+a_{22}\sin^2\varphi\\&=a_{22}\cos^2\varphi(\operatorname{tg}\varphi-\operatorname{tg}\varphi_1)(\operatorname{tg}\varphi-\operatorname{tg}\varphi_2).\end{aligned} \tag{18}$$

由此很明显, 经过原点而与 x 轴成夹角 φ_1 及 φ_2 的直线 —— 为了简明起见, 称它们为直线 (φ_1) 及 (φ_2) —— 分平面为二组对顶角, 在其中一组对顶角内, 上述三项式保持正号, 而在另一组对顶角内保持负号①(图 136).

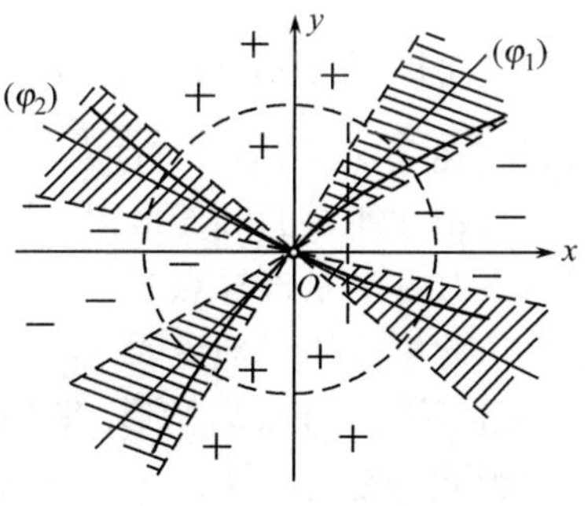

图 136

现在把直线 (φ_1) 及 (φ_2) 放在两对任意狭的对顶角内 —— 两对对顶角各包含在直线 $(\varphi_1-\varepsilon)$ 与 $(\varphi_1+\varepsilon)$ 或 $(\varphi_2-\varepsilon)$ 与 $(\varphi_2+\varepsilon)$ 之间 (这些角见图 136 中的阴影部分). 取以原点为心而有充分小的半径 r_ε 的圆, 可以断定 —— 除去上述画着阴

①此处我们比 **197**, 2° 内所说的略为深入了些: 在那里我们只要断定有二直线存在, 在这二直线上三项式有异号, 就已够了.

影的角 —— 圆内有两组对顶角, 在其中每一组内函数 $F(x,y)$ 本身保持一定的符号: 在其中之一组内为正, 在另一组内为负 (见图 136). 实际上, 因为当角在区间

$$(\varphi_1-\varepsilon,\varphi_1+\varepsilon) \quad \text{及} \quad (\varphi_2-\varepsilon,\varphi_2+\varepsilon)$$

以外变动时, 三项式 (18) 不变为 0, 故它的绝对值必大于某一正数 m_ε. 另一方面, 在 ρ 充分小时 $\alpha_{11}\cos^2\varphi+2\alpha_{12}\cos\varphi\sin\varphi+\alpha_{22}\sin^2\varphi$ 的绝对值将小于 m_ε. 由此推得我们的论断 (参阅 **197**, 1° 内的论断).

现在考察圆内画着阴影的二对对顶扇形, 例如以直线 $(\varphi_1-\varepsilon)$ 及 $(\varphi_1+\varepsilon)$ 为界的那一对. 因为在这些直线上函数有相反的符号, 故在与上述扇形相交的每一铅直线上, 必能求得一点, 在该点 $F(x,y)$ 等于 0, 即这点是我们曲线上的点. 这由连续函数的性质 [**80**] 可知, 只要把它应用于 y (当固定 x 的值时) 的函数 $F(x,y)$ ①.

这样, 在每一对画着阴影的扇形之内必有经过原点的曲线的一支, 同时在扇形之外而属于圆的范围内却没有曲线的点. 由于 ε 是任意的, 显然, 在原点这些曲线支各与直线 (φ_1) 及 (φ_2) 相切.

可是, 在上述的铅直线上使 $F(x,y)=0$ 的是否只有一点, 这问题尚未解决. 假如能找出两个这种点, 则按照罗尔定理 [**111**], 在那一铅直线上位于那两点之间必能找出使 $F'_y(x,y)=0$ 的点. 于是, 要证明它是唯一的, 我们就只需证明, 至少在原点的充分近处, 不可能成立这种等式.

试假定其反面, 设对于某一点序列 $\{(x_n,y_n)\}$ 有 $F'_y(x_n,y_n)=0$, 式中的 $x_n\to 0$ 且 $\dfrac{y_n}{x_n}\to \operatorname{tg}\varphi_1=t_1$. 对于函数 $F'_y(x,y)$ 应用有限增量公式 [**183** (10)]:

$$\begin{aligned}0&=F'_y(x_n,y_n)-F'_y(0,0)\\&=F''_{xy}(\theta_nx_n,\theta_ny_n)\cdot x_n+F''_{y^2}(\theta_nx_n,\theta_ny_n)\cdot y_n \quad (0<\theta_n<1)\end{aligned}$$

或

$$F''_{xy}(\theta_nx_n,\theta_ny_n)+F''_{y^2}(\theta_nx_n,\theta_ny_n)\cdot\frac{y_n}{x_n}=0.$$

使它趋于极限, 最后得 $a_{12}+a_{22}t_1=0$ 或 $t_1=-\dfrac{a_{12}}{a_{22}}$, 这是不正确的: 因为这种 t_1 的值只有在三项式 $a_{11}+2a_{12}t+a_{22}t^2$ 有等根时才能够得到.

从刚才所讲的顺便推得, 在原点的充分近处, 除了原点本身以外, 上述二支曲线上再没有一个是奇异点了.

仿此可以详尽地说明, 当 $a_{22}=0$, 但 $a_{11}\neq 0$ 或 $a_{11}=a_{22}=0$, 但 $a_{12}\neq 0$ 的情形; 只需注意, 在最后情形, 坐标轴本身即为直线 (φ_1) 及 (φ_2).

因此, 在 $a_{11}a_{22}-a_{12}^2<0$ 的假定之下, 点 (0,0) 显出是曲线的二重点: 曲线的二支在这点相交, 每一支在交点各有自己的切线. 这两切线的斜率, 恒由方程 $a_{11}+2a_{12}t+a_{22}t^2=0$ 确定; 只是若 $a_{22}=0$, 必须认为它除有限根以外还有无穷根.

① 比较 **206** 关于隐函数的存在定理 1 的证明.

可以用我们已熟悉的曲线

$$(x^2+y^2)^2+2a^2(y^2-x^2)=0 \quad [\text{双纽线, 图 126}],$$
$$x^3+y^3-2axy=0 \quad [\text{笛卡儿叶形线, 图 117}]$$

作为例题, 原点就是它们的二重点. 在第一曲线的情形, 有 $a_{11}=-4a^2$, $a_{12}=0$, $a_{22}=4a^2$, $t_1=1$, $t_2=-1$, 于是坐标角的分角线便是在原点的二切线. 在第二曲线的情形: $a_{11}=a_{22}=0, a_{12}=-3a, t_1=0, t_2=\infty$, 即以 x 轴和 y 轴为二切线.

3° $a_{11}a_{22}-a_{12}^2=0$.

在这里也假设 $a_{22}\neq 0$. 二次三项式 $a_{11}+2a_{12}t+a_{22}t^2$ 在这时有二重根 $t_1=-\dfrac{a_{12}}{a_{22}}$. 如同上面那样令 $\varphi_1=\operatorname{arctg} t_1$, 经过原点作出与 x 轴组成角度 φ_1 的直线. 把它放在直线 $(\varphi_1-\varepsilon)$ 与 $(\varphi_1+\varepsilon)$ 之间的对顶角内 (图 137 有阴影的部分). 由类似于以前所应用的推论, 可以证明, 在有阴影的区域之外但在原点的充分近处, 函数 $F(x,y)$ 保持确定的符号, 在两侧都相同: 是正或负, 视 $a_{22}>0$ 或 $a_{22}<0$ 而定. 今在直线 $(\varphi_1\pm\varepsilon)$ 上函数有同号, 故不能应用柯西定理.

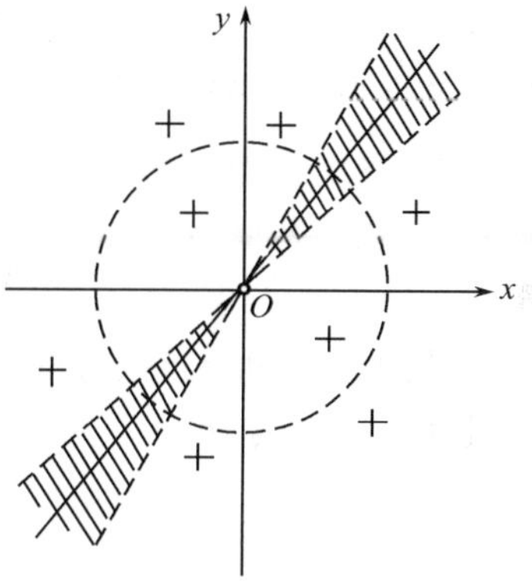

图 137

我们不再深入研究这一情形, 因为这需要更复杂的讨论和高阶导数, 我们仅以列举各种基本可能性为限.

a) 在原点的近处, 除它本身以外再没有曲线上其他的点: **孤立点** (如同 1° 的情形).

例:

$$x^4+y^2=0 \quad \text{或} \quad (x^4+y^2)(x+y-1)=0.$$

对于这二 "曲线", 原点是孤立点.

б) 在画着阴影的二对顶角内 (在原点的充分近处) 每一铅直线上有曲线的二点, 曲线的二支都经过原点且在该点有公切线 (φ_1): **二重点** (如同 2° 的情形).

例:

$$x^4-y^2=0, \quad \text{即} \quad y=\pm x^2$$

是在原点与 x 轴相切的二抛物线.

в) 在画着阴影的二角的一个角内完全没有曲线的点, 而在另一角内有二支曲线, 它们在原点有公共切线 (φ_1), 并且好像是终止于原点. 在这里我们遇到奇异点的一种新类型: **歧点** (或**尖点**). 按照在这点相遇的二支是在公切线的异侧或同侧, 歧点又可分为**第一类**及**第二类**两种.

曲线

$$y^2 - x^3 = 0$$

(半立方抛物线, 图 115) 可以作为在原点有第一类型歧点的曲线的例子. 比较稀有的第二类型歧点可于下例见之:

$$x^5 - (y - x^2)^2 = 0 \quad 或 \quad y = x^2 \pm x^2\sqrt{x} \quad (x \geqslant 0).$$

曲线的二支都在原点与 x 轴相切, 并且都位于 x 轴的上侧 (至少在原点近处是如此) (图 138).

若 $a_{11} = a_{12} = a_{22} = 0$, 就必须考察高阶导数. 在这情形可能有更复杂的奇异点 (**三重点**, 或一般地说, n **重点**, 等等).

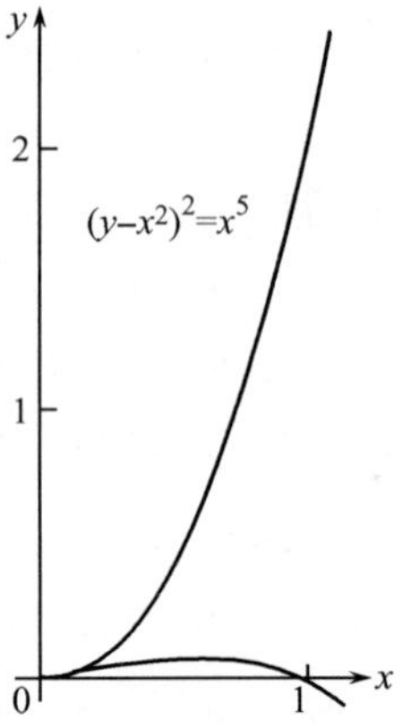

图 138

237. 曲线用参变量表示式的情形 关于用参变量方程

$$x = \varphi(t), \quad y = \psi(t)$$

给定的平面曲线的奇异点再说几句话.

设在 $t = t_0$ 时有

$$x_0' = \varphi'(t_0) = 0 \quad 及 \quad y_0' = \psi'(t_0) = 0,$$

但二阶导数 x_0'' 及 y_0'' 之中至少有一个, 例如 x_0'' 异于零.

经过曲线上与参变量的值 t_0 及 t 相对应的两点 (x_0, y_0) 及 (x, y) 引一割线. 它的方程可以写成:

$$\frac{X - x_0}{x - x_0} = \frac{Y - y_0}{y - y_0}.$$

但按照泰勒公式 [具有佩亚诺式的余项, **124** (10a)] 因为 $x_0' = y_0' = 0$, 就有

$$x - x_0 = \frac{1}{2}(x_0'' + \alpha)(t - t_0)^2,$$
$$y - y_0 = \frac{1}{2}(y_0'' + \beta)(t - t_0)^2,$$

式中 α 及 β 当 $t \to t_0$ 时趋于 0. 把它代入割线方程, 从二分母中约去 $\frac{1}{2}(t - t_0)^2$ 后, 就化成

$$\frac{X - x_0}{x_0'' + \alpha} = \frac{Y - y_0}{y_0'' + \beta},$$

在此处可以求这式在 $t \to t_0$ 时的极限①, 由这种方法就得出切线方程:

$$\frac{X - x_0}{x_0''} = \frac{Y - y_0}{y_0''} \quad 或 \quad Y - y_0 = \frac{y_0''}{x_0''}(X - x_0). \tag{19}$$

①参阅在 **234** 目内的附注. 当被考察的点是单点时, 那段附注在这里也适用.

我们曾假定 $x_0'' \neq 0$; 例如设 $x_0'' > 0$. 则函数 $x = \varphi(t)$ 在 $t = t_0$ 时有极小值 [**137**], 即在 t 值接近于 t_0 时 $x > x_0$ (在 $t < t_0$ 及 $t > t_0$ 时都是如此). 这样, 对应于 $t < t_0$ 及 $t > t_0$ 的二支曲线在点 (x_0, y_0) 相接合; 它们有 (斜的或水平的) 公切线, 且都在铅直线 $x = x_0$ 的右侧. 换句话说, 在歧点 (图 139). 这是用参变量表示的曲线的奇异点的基本情形.

要略为深入一步确定这歧点是哪一类型, 也是容易的. 为此目的, 引进三阶导数, 把增量 $x - x_0$ 及 $y - y_0$ 写成

$$x - x_0 = \frac{1}{2}x_0''(t - t_0)^2 + \frac{1}{6}(x_0''' + \widetilde{\alpha})(t - t_0)^3,$$

$$y - y_0 = \frac{1}{2}y_0''(t - t_0)^2 + \frac{1}{6}(y_0''' + \widetilde{\beta})(t - t_0)^3,$$

式中 $\widetilde{\alpha}$ 及 $\widetilde{\beta}$ 在 $t \to t_0$ 时仍趋于 0.

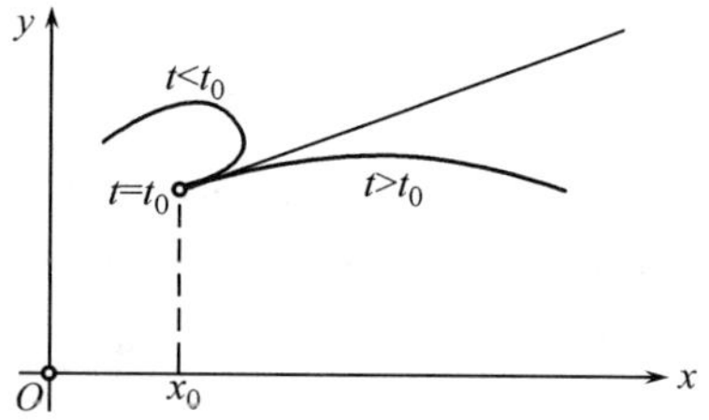

图 139

利用方程 (19) 算出切线上的横标为 x 的点的纵标 Y, 得

$$Y - y_0 = \frac{y_0''}{x_0''}(x - x_0) = \frac{1}{2}y_0''(t - t_0)^2 + \frac{1}{6} \cdot \frac{y_0''}{x_0''}(x_0''' + \widetilde{\alpha})(t - t_0)^3.$$

最后, 作出对应于同一横标 x 的纵标 Y 和 y 的差:

$$Y - y = \frac{1}{6}\left(\frac{x_0'''y_0'' - x_0''y_0'''}{x_0''} + \widetilde{\gamma}\right)(t - t_0)^3,$$

式中 $\widetilde{\gamma}$ 仍表示一个在 $t \to t_0$ 时的无穷小.

现在只要 $x_0'''y_0'' - x_0''y_0''' \neq 0$ (这通常是成立的), 则当 $t < t_0$ 及 $t > t_0$ 时, 即对于在点 (x_0, y_0) 相遇的二支曲线, 差 $Y - y$ 显然将有异号 (当然须假定, 我们的讨论以充分接近于 t_0 的 t 值为限). 故曲线的二支位于切线的两侧, 我们就证实它是第一类歧点.

我们已屡次遇见这类奇异点的例子: 旋轮线、圆外或圆内旋轮线、圆的渐伸线, 它们都有这种歧点 (图 118～图 121).

在例外的情形, 可以出现 $x_0'''y_0'' - x_0''y_0''' = 0$; 那时 $Y - y$ 的展开式将从 $t - t_0$ 的四次或更高次的幂开始. 若这首项的幂是偶数次, 则被考察的奇异点是第二类歧点.

§3. 曲线的相切

238. 曲线族的包络 若二曲线有公共点 M_0 且在这点有公切线, 则称**二曲线在点 M_0 相切**. 本节专门讲述关于平面曲线相切的一些问题.

在考察曲线族的包络之前, 先讨论曲线族的概念. 我们曾屡次遇见那样的曲线方程, 在它里面除了动点的流动坐标 x 及 y 以外还有一个或几个参变量出现. 在有

一个参变量, 如 a 的情形, 方程形如

$$F(x, y, a) = 0. \tag{1}$$

左端是三元函数, 其中变元 a 我们另外给以名称, 只因为它起了特殊的作用: 要得出具体的曲线, 参变量 a 的值必须固定. 当这数值变动时 (通常在某一区间之内), 一般说来, 将得出形状或位置不同的曲线.

一切这些曲线的集合就称为带有一个参变量的**曲线族**, 而方程 (1) 就称为**曲线族的方程**.

有时偶然遇见, 对于此类曲线族有一曲线存在, 它与曲线族内的每一曲线切于一点或几点, 而且它的全部即由这些切点组成 (图 140). 这种曲线称为所给定曲线族的**包络**. 我们即将指出, 怎样确定包络是否存在, 以及如果存在又怎样求出.

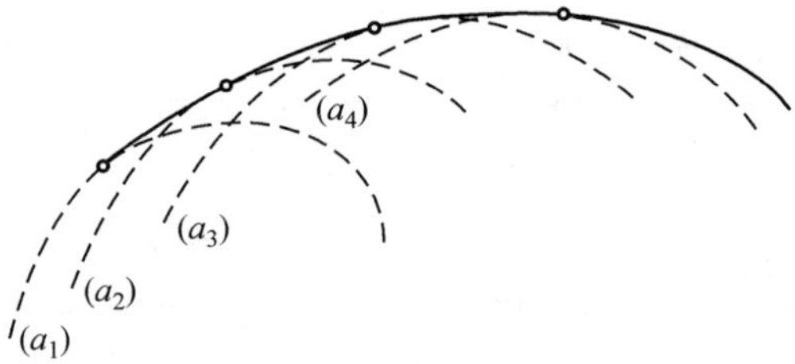

图 140

为此目的, 首先假设包络存在.

为了简单起见, 假定所说的包络 (准确些说, 是包络的各支) 与曲线族内的每一曲线只相切于一点. 于是这切点的坐标就由族中曲线的指定数, 即参变量 a, 单值地确定着:

$$x = \varphi(a), \quad y = \psi(a). \tag{2}$$

由于包络全部由切点组成, 这二方程就给出包络的参变量方程.

我们假定函数 F 的偏导数及函数 φ 及 ψ 的导数都存在且连续.

点 (2) 又位于由同一参变量 a 所确定的曲线 (1) 上, 因此就有关于 a 的恒等式成立:

$$F(\varphi(a), \psi(a), a) = 0. \tag{3}$$

求它关于 a 的全微分, 得 [**181, 185**] ①

$$F'_x dx + F'_y dy + F'_a da = 0, \tag{4}$$

其中诸导数是用 (3) 内所导出的各变元的数值计算而得, 而 dx 及 dy 则表示函数 (2) 的微分.

①在此处顺便说及, 我们也利用函数 F 的偏导数的连续性.

现在我们要用解析方法表达包络在点 (2) 与曲线 (1) 相切的事实. 曲线 (1) 的切线 [参阅 **230** (5)]

$$F'_x(X-x)+F'_y(Y-y)=0 \tag{5}$$

与曲线 (2) 的切线 [**230** (7)]

$$\frac{X-x}{dx}=\frac{Y-y}{dy} \tag{6}$$

应当重合. 这二直线重合的条件可以写成

$$F'_x dx+F'_y dy=0. \tag{7}$$

这时如同上述, x 及 y 取 (2) 中的数值, 而 dx 及 dy 是函数 (2) 的微分.

要注意, 只有假定被考察点并非二曲线的奇异点时, 方程 (5) 及 (6) 才实际上表示二曲线的切线. 虽然, *即使这点是这一或那一曲线的奇异点, 等式 (7) 仍然成立.*

比较 (7) 与 (4) 并注意及 da 是任意数, 就得到 $F'_a=0$, 即

$$F'_a(\varphi(a),\psi(a),a)=0. \tag{8}$$

恒等式 (3) 及 (8) 指出, 我们的未知函数 (2) 应当恒等地关于 a 满足方程组

$$F(x,y,a)=0,\quad F'_a(x,y,a)=0. \tag{9}$$

因此, 若包络存在, 它的参变量方程 (2) 即可由方程组 (9) 解出 x 及 y 而求得.

若视 a 为变量时这方程组没有可以表为 a 的函数的解, 则事情很明显, *包络根本不存在.* 现在假定解方程组 (9) 的结果得到方程组 (2), 表示一个没有奇异点[①] 的曲线. 试问这曲线是否就是曲线族 (1) 的包络呢?

因为函数 (2) 满足方程组 (9), 故恒等式 (3) 及 (8) 成立. 于前一式施行微分而得 (4), 与 (8) 比较, 就得出等式 (7). 若点 (2) (不论哪一个 a) 不是对应曲线 (1) 的奇异点, 则方程 (5) 确实表示曲线 (1) 的切线, 而等式 (7) 就说明这切线与曲线 (2) 的切线 (6) 相重合. 在这情形, *曲线 (2) 确实是曲线族的包络.*

在特殊情形, 例如, 若给定曲线根本没有奇异点, 则可保证曲线 (2) 一定是曲线族的包络.

反之, 若这种奇异点是有的, 且当 a 变动时它们的轨迹是曲线 (2), 则与它对应的函数 φ 及 ψ 必然满足方程组 (9)[②], 虽然在这情形, *曲线 (2) 可能不是包络.*

因此, 在有奇异点的情形, 由解方程组 (9) 的结果所得的曲线 (2) 就必须再加以检验: 它可能是包络, 也可能是曲线族中各曲线的奇异点的轨迹, 最后, 甚至可能一部分是包络而一部分是奇异点的轨迹.

---

①当存在个别的奇异点时, 我们的讨论仅以不包含奇异点的参变量的变动区间为限.

②对于它们 (3) 成立, 因此 (4) 也成立. 其后, 如同本文前面所述, (7) 也成立; 与 (4) 比较, 就得出 (8).

通常在求包络时, 并非达到方程组 (9) 即止, 而是还要做下去 —— 从它们消去 a. 换句话说, 要求得形如

$$\Phi(x,y)=0 \tag{10}$$

的关系式, 其中已不含有 a; 这个关系式就是一个必要而且充足的条件, 对于每一对 x,y 的值, 可以找出这样一个 a 的值, 使得三者同时满足方程组 (9).

由解方程组 (9) 所得出的曲线 (2) 的一切点都应当满足方程 (10). 因此, 若方程 (10) 不表示任何曲线, 则立即知道没有包络. 至若方程 (10) 表示一曲线 (它称为曲线族的**判别曲线**), 则如上所述, 它尚需经过检定. 在它的组成内应当出现包络 (如果存在的话), 也应当有奇异点的轨迹 (若有这种点存在). 此外, 在这里还可能有一种麻烦, 必须用检定来除去它: 就是在判别曲线的组成内可能有曲线族中的一条或几条特殊曲线参加在内. 当判别曲线的无穷多个点对应着同一个 a 值, 与它们同时满足方程组 (9), 就是如此[①].

上述一切最好用例题来说明.

239. 例题 1) 求圆族

$$(x-a)^2+y^2=r^2 \quad (r=\text{常数})$$

(图 141) 的包络.

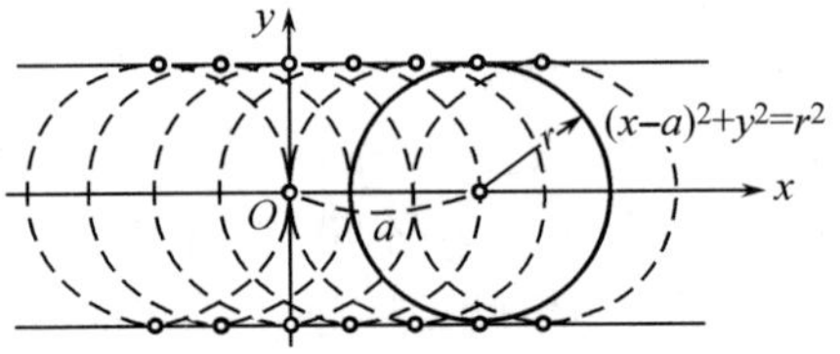

图 141

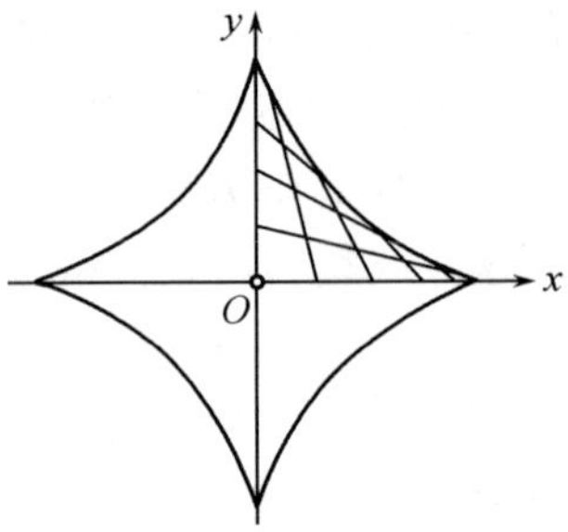

图 142

关于 a 微分, 得 $-2(x-a)=0$. 消去 a, 得 $y^2-r^2=0$, 即得 $y=\pm r$: 平行于 x 轴的二直线, 显然便是包络[②]

①若直接考察方程组 (9), 则这种可能性就不存在了, 因为仅在明知 a 是变量时方可由方程组 (9) 解得判别曲线的参变量方程.

②若取圆族的方程为

$$x-a\pm\sqrt{r^2-y^2}=0,$$

则关于 a 微分的结果就成为 $-1=0$; 由于这等式的不可能, 似乎将得出没有包络的结论. 然而这结论是不正确的, 因为一切所讲的理论都假定了曲线族方程左端的偏导数存在且连续, 而此处 (正是当 $y=\pm r$ 时) 却没有关于 y 的有限导数.

2) 相距为定长 a 的两点分别沿二坐标轴而滑动 (图 142), 求其各种位置的联线的包络. 取动直线的垂线与 x 轴所夹的角 θ 作为参变量, 直线方程就可以写成

$$\frac{x}{\sin\theta}+\frac{y}{\cos\theta}=a.$$

对 θ 施行微分:

$$-\frac{x}{\sin^2\theta}\cos\theta+\frac{y}{\cos^2\theta}\sin\theta=0$$

或

$$\frac{x}{\sin^3\theta}=\frac{y}{\cos^3\theta}.$$

但此式也可写成

$$\frac{\dfrac{x}{\sin\theta}}{\sin^2\theta}=\frac{\dfrac{y}{\cos\theta}}{\cos^2\theta}=\frac{\dfrac{x}{\sin\theta}+\dfrac{y}{\cos\theta}}{\sin^2\theta+\cos^2\theta}=a,$$

由此

$$x=a\sin^3\theta,\quad y=a\cos^3\theta.$$

读者由这些方程当能认出它是星形线的参变量表示式 [**224**, 4) : $t=\dfrac{\pi}{2}-\theta$], 它就是本题内的包络.

对于星形线的这一性质, 我们已遇见过一次 [**231**, 3)].

3) 在许多场合, 包络好像就是这族曲线所占有的那一部分平面的境界线一样. 但这并不永远如此, 举例说明, 如:

$$y=(x-a)^3$$

(图 143).

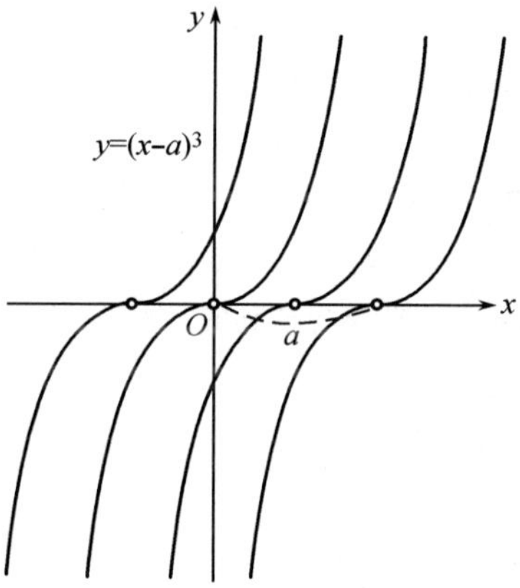

图 143

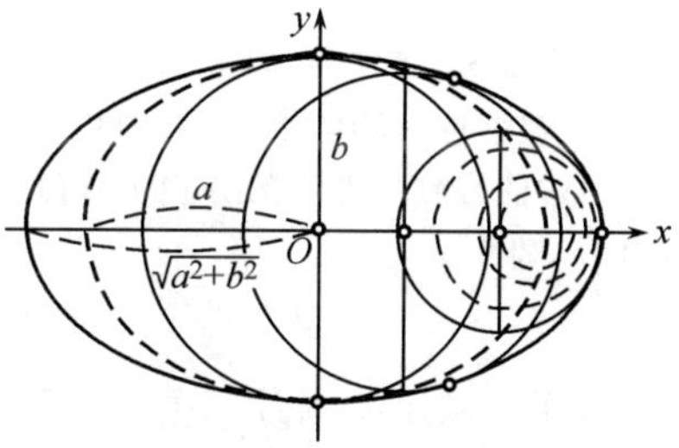

图 144

在这里, 与全族曲线相交的 x 轴是包络. 类似于此的情况还可在更复杂的例题内看出.

4) 求抛物线族 $y=a^2(x-a)^2$ 的包络.

把这方程与方程

$$2a(x-a)^2-2a^2(x-a)=2a(x-a)(x-2a)=0$$

联立, 求得 $x = a$ $(y = 0)$, 或 $x = 2a$ $(y = a^4)$, 于是判别曲线由直线 $y = 0$ 及曲线 $16y = x^4$ 组成. 前者与一切抛物线在其顶点相切. 后者与每一抛物线有三个公共点: 在 $x = 2a$ 时与它相切, 在 $x = -2a \pm 2a\sqrt{2}$ 时与它相交.

5) 考察椭圆

$$\frac{x^2}{a^2} + \frac{y^2}{b^2} = 1.$$

以椭圆内平行于 y 轴的弦为直径而作圆, 试求这圆族的包络 (图 144).

取圆心的横标 t 作为参变量, 把这圆族的方程写成

$$F(x, y, t) = (x - t)^2 + y^2 - \frac{b^2}{a^2}(a^2 - t^2) = 0,$$

其中 t 在区间 $[-a, a]$ 内变动. 就有

$$F'_t = -2(x - t) + \frac{2b^2}{a^2}t = 0, \quad \text{由此有} \quad t = \frac{a^2}{a^2 + b^2}x.$$

把这 t 的值代入方程 $F = 0$ 内, 我们得到包络方程如下:

$$\left(x - \frac{a^2 x}{a^2 + b^2}\right)^2 + y^2 - \frac{b^2}{a^2}\left(a^2 - \frac{a^4 x^2}{(a^2 + b^2)^2}\right) = 0$$

或经过变换后:

$$\frac{x^2}{a^2 + b^2} + \frac{y^2}{b^2} = 1.$$

我们得一椭圆, 它与已给椭圆有相同的对称轴.

稀奇的是: 这椭圆并不与圆族内的一切圆相切. 若不由方程 $F = 0$ 及 $F'_t = 0$ 消去 t, 而从它们解出用 t 表达 x 及 y:

$$x = \frac{a^2 + b^2}{a^2}t, \quad y = \pm\frac{b}{a^2}\sqrt{a^4 - (a^2 + b^2)t^2},$$

则这情况就容易注意到了. 实际上, 由此立即看出, y 的表达式只是在 $|t| \leqslant \dfrac{a^2}{\sqrt{a^2 + b^2}}$ 时始能取实数值. 这就是说, 仅仅与上述 t 值对应的一部分圆族有包络存在.

这个有教训意义的例子告诉我们: 包络用参变量表示法可能是更便利的, 因为由它们容易看出, 对于给定曲线族的那一部分确实有包络存在.

6) 同心圆族

$$x^2 + y^2 = a \quad (a \geqslant 0)$$

无包络: 关于 a 微分立即得出不可能相等的等式 $0 = 1$.

7) 考察两个半立方抛物线族

$$\text{(a)}\ (y - a)^2 - x^3 = 0$$

及

$$\text{(б)}\ y^2 - (x - a)^3 = 0$$

(图 145). 判别曲线为

$$\text{(a)}\ x = 0, \quad \text{(б)}\ y = 0,$$

在两种情形都是奇异点的轨迹. 但在 (б) 的情形它同时又是包络; 在 (a) 的情形却没有包络.

8) 另一种半立方抛物线族

$$(y-a)^2-(x-a)^3=0$$

(图 146) 给出这种类型的更复杂的例子. 在这里, 判别曲线分解为两直线: $y=x$ 及 $y=x-\dfrac{4}{27}$. 前者只是奇异点的轨迹, 而后者是包络.

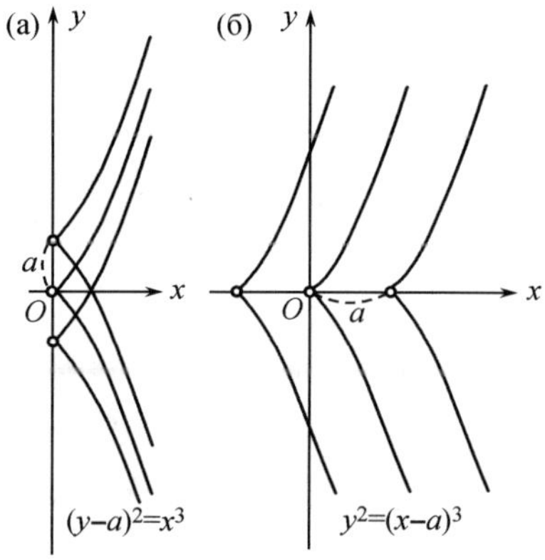

图 145

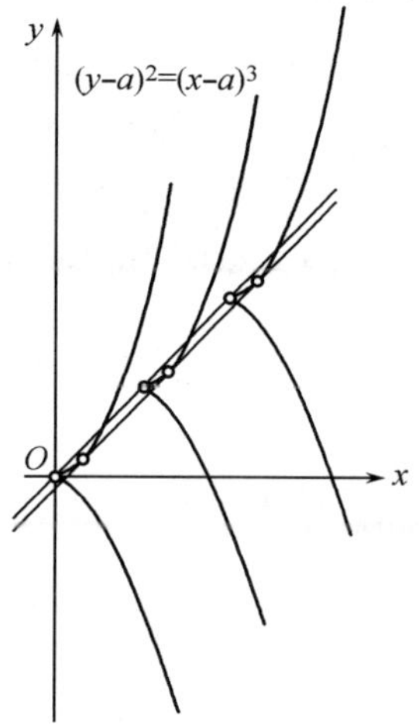

图 146

9) 最后, 考察直线族

$$4(1+t)x=t^2y.$$

若对 t 施行微分, 得 $4x=2ty$, 从二方程消去 t, 结果为

$$x(x+y)=0.$$

这方程代表二直线: $x=0$ 及 $y=-x$, 它们是给定线束内 (在 $t=0$ 及 $t=-2$ 时) 的成员. 它们之中的任何一条既不是包络, 也不是奇异点的轨迹. 在这情形并无包络.

这例题说明我们前面所曾指出的可能性: 方程 (10) 并不代表包络, 而是代表曲线族内的一条或几条曲线. 假如我们不消去 t, 而企图用 t 作为参变量去表达 x 及 y, 则显然是不可能的.

240. 特征点 与包络的概念密切关联的, 是另一有趣的几何概念 —— 特征点. 从曲线族

$$F(x,y,a)=0$$

内取出由参变量的值 a 所确定的一条曲线. 给 a 以一增量 Δa; 与参变量值 $a+\Delta a$ 对应的是曲线族内 “接近” 于前者的另一曲线

$$F(x,y,a+\Delta a)=0.$$

可能遇见, 在 Δa 充分小时二曲线相交于一点或几点. 当 Δa 趋于零时, 这些交点将怎样沿着第一曲线移动. 若在这时交点中的某一点趋于确定的极限位置, 则这极限点就称为原曲线上的**特征点** (图 147). (读者注意, 特征点不仅与它所在的那一曲线有关系, 并且与全曲线族有关系. 对于单独一条曲线而言特征点是毫无意义的.)

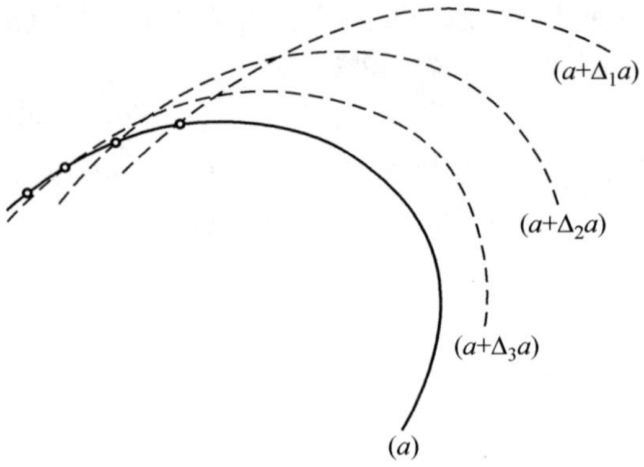

图 147

上述曲线的交点应当满足方程组

$$F(x,y,a)=0,\quad F(x,y,a+\Delta a)=0$$

或与它们等价的方程组

$$F(x,y,a)=0,\quad \frac{F(x,y,a+\Delta a)-F(x,y,a)}{\Delta a}=0. \tag{11}$$

使 Δa 趋向于零, 我们就得出已经熟悉的方程组 (9):

$$F(x,y,a)=0,\quad F'_a(x,y,a)=0,$$

这样, 在 a 值给定时, 特征点的坐标应当满足这方程组.

准确些说, 若固定交点的坐标 x 及 y, 则代替 (11) (应用拉格朗日公式) 可以写成:

$$F(x,y,a)=0,\quad F'_a(x,y,a+\theta\Delta a)=0\quad (0<\theta<1).$$

若在 $\Delta a\to 0$ 时坐标 x,y 的极限各为 $\bar{x},\bar{y}$, 则于上列等式取极限, 由于函数 F 及 F'_a 的连续性, 容易证实特征点的坐标 $\bar{x},\bar{y}$ 确能满足方程组 (9).

现在假设在族内的每一曲线上有特征点存在. 那时就可以提出关于特征点的轨迹的问题. 若这轨迹就是形如 (2) 的曲线, 则该方程组内所出现的函数 $\varphi(a),\psi(a)$ 应当满足方程组 (9), 就是说, 它们可以由这方程组关于 x,y 求解而得出. 同样, 那轨迹上的所有点也都满足方程 (10), 即这轨迹必然列入判别曲线的组成内.

由刚才所讲的可以明白, 若特征点存在, 它的轨迹就是包络或奇异点的轨迹的全部或一部分.

容易证实, 在前段的例题 1)、2)、4)、5) 内特征点的轨迹与包络重合. 这在某种意义上, 是一般可以遇见的情形. 但在例 7) (a) 内特征点的轨迹只是奇异点的轨迹, 而在例 3) 及 7) (б) 内, 曲线之间根本没有交点 (虽然包络存在).

241. 二曲线相切的阶 考察在点 M_0 相切的二曲线.

若二曲线用显式方程 $y=f(x)$ 及 $Y=g(x)$ 给定, 又 M_0 有横标 x_0, 则纵标及切线斜率的互相重合可以这样写出:

$$f(x_0)=g(x_0),\quad f'(x_0)=g'(x_0).$$

为了要表出所考察的两曲线在点 M_0 的邻域内互相接近的程度, 可以在二曲线上各取横标为 x 的点 M 及 m (图 148), 而求无穷小线段

$$mM=Y-y=g(x)-f(x)=\varphi(x)$$

关于基本无穷小 $x-x_0$ 的阶. 若这阶等于 $n+1$ (或大于 $n+1$), 就说二曲线在点 M_0 相切的阶为 n (或高于 n).

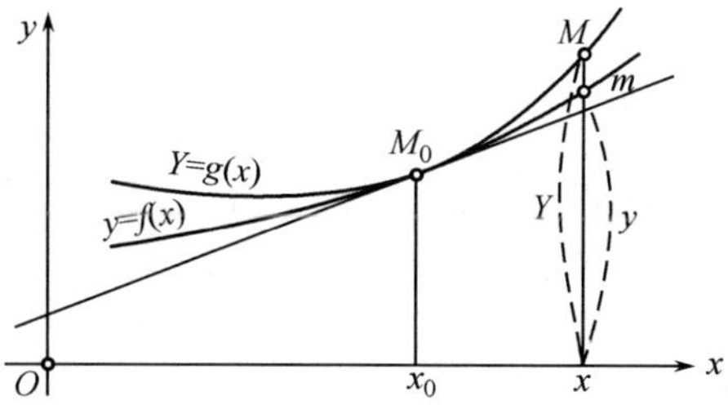

图 148

我们看到, 当相切关系存在时, 恒有

$$\varphi(x_0)=g(x_0)-f(x_0)=0,\quad \varphi'(x_0)=g'(x_0)-f'(x_0)=0.$$

设在点 x_0 函数 $f(x)$ 及 $g(x)$ 有直到 $(n+1)$ 阶为止的所有导数, 而且

$$f''(x_0)=g''(x_0),\quad \cdots,\quad f^{(n)}(x_0)=g^{(n)}(x_0),$$

则

$$\varphi''(x_0)=g''(x_0)-f''(x_0)=0,\quad \cdots,$$
$$\varphi^{(n)}(x_0)=g^{(n)}(x_0)-f^{(n)}(x_0)=0.$$

关于导数 $f^{(n+1)}(x_0)$ 及 $g^{(n+1)}(x_0)$ 的数值, 暂时尚未作出任何假定. 现在把带有佩亚诺式余项的泰勒公式 [**124** (10a)] 应用于函数 $\varphi(x)$:

$$mM=Y-y=\varphi(x)=\frac{\varphi^{(n+1)}(x_0)+\alpha}{(n+1)!}(x-x_0)^{n+1},\tag{12}$$

于是我们看到

$$\lim_{x\to x_0}\frac{mM}{(x-x_0)^{n+1}}=\frac{\varphi^{(n+1)}(x_0)}{(n+1)!}=\frac{g^{(n+1)}(x_0)-f^{(n+1)}(x_0)}{(n+1)!}.$$

这样, 如果 $f^{(n+1)}(x_0)\neq g^{(n+1)}(x_0)$, 则二曲线有 n 阶的相切, 如果有 $f^{(n+1)}(x_0)=g^{(n+1)}(x_0)$, 则相切的阶高于 n. 由此 (假定一切提到的导数都存在) 推得:

为了使曲线 $y=f(x)$ 与 $Y=g(x)$ 在横标为 x_0 的点有 n 阶相切, 条件

$$f(x_0)=g(x_0),\quad f'(x_0)=g'(x_0),\quad \cdots,\quad f^{(n)}(x_0)=g^{(n)}(x_0), \tag{13}$$

$$f^{(n+1)}(x_0)\neq g^{(n+1)}(x_0) \tag{14}$$

获得满足是必要而且充分的. (若最后的不等式不能证明, 就只能断定相切的阶不低于 n.)

对于相切的阶确实等于 n 的情形, 由 (12) 可直接推得,当 n 为偶数时在点 M_0 相切的二曲线彼此相交, 当 n 为奇数时则不相交.

附注 在上述条件的指示之下, 我们再回到相切的阶的定义. 这定义乍看来似乎与所选的坐标系统有关. 但事实上, 二曲线相切的阶并不依赖于坐标系统的选择 (只要坐标轴不平行于公切线), 因此这样建立的概念确实是几何概念.

若把坐标系统旋转任意角度 α, 则新坐标 $\bar{x},\bar{y}$ 可以借助于已知的变换公式用旧坐标 x,y 来表达:

$$\bar{x}=x\cos\alpha+y\sin\alpha,\quad \bar{y}=-x\sin\alpha+y\cos\alpha.$$

设在旧坐标系统之下给定曲线 $y=f(x)$; 若在上列方程组内把 y 理解为就是这函数, 它们就给出曲线在新坐标系统下的参变量表示式, 以 x 为参变量. 显然, 导数

$$\frac{d\bar{x}}{dx}=\cos\alpha+\frac{dy}{dx}\sin\alpha,\quad \frac{d\bar{y}}{dx}=-\sin\alpha+\frac{dy}{dx}\cos\alpha$$

不能同时变为 0, 故在新表示式之下没有一个点是奇异点, 由是显然前一导数在我们所讨论的点不为 0 (因为不然则曲线在这点的切线将平行于 $\bar{y}$ 轴!). 因此, 在这点的邻域内曲线也能用新坐标系统下的显式方程 $\bar{y}=f(\bar{x})$ 来表示.

现在容易看出 [比较 **121**]

$$\frac{d\bar{y}}{d\bar{x}}=\frac{-\sin\alpha+\dfrac{dy}{dx}\cos\alpha}{\cos\alpha+\dfrac{dy}{dx}\sin\alpha},\quad \frac{d^2\bar{y}}{d\bar{x}^2}=\frac{\dfrac{d^2y}{dx^2}}{\left(\cos\alpha+\dfrac{dy}{dx}\sin\alpha\right)^3},$$

而一般

$$\frac{d^k\bar{y}}{d\bar{x}^k}=R_k\left(\frac{dy}{dx},\frac{d^2y}{dx^2},\cdots,\frac{d^ky}{dx^k}\right),$$

式中 R_k 是有理函数的记号. 由此很明显的, 只要对于 x 的二函数 y, 一组等式 (13) 成立, 则对于对应的 $\bar{x}$ 的二函数 $\bar{y}$, 类似的一组等式亦必成立. 恰好与此相同, 当 (13) 成立时, 由不等式 (14) 也能推演出对于新函数的同样的不等式, 因为 —— 在相反的情形 —— 逆变换使我们带来的不是不等式 (14) 而是等式.

由此上述命题的证明即已完成.

242. 曲线之一用隐式表示的情形 现在考察当第二曲线用隐式方程

$$G(x,y)=0 \tag{15}$$

给定时的情形. 设被考察点 $M_0(x_0,y_0)$ 并不是这曲线的奇异点, 也就是设 $G'_y(x_0,y_0)\neq 0$. 于是在这点的邻域内方程 (15) 确定单值函数 $y=g(x)$, 为了规定相切的阶就可以利用已知的条件 (13) [及 (14)].

但因为在这情形我们没有函数的显式 $g(x)$, 故这些条件倘若只需利用已给函数 G 来表达将更为方便.

为此目的, 请注意函数 $g(x)$ 及其导数 $g'(x), g''(x),\cdots,g^{(n)}(x)$ 的数值都可由方程 (15) 以及由那些方程 —— 在 y 理解为 $g(x)$ 之下把 (15) 对 x 施行微分所得出的那些方程 [**209**]: ①

$$\begin{gathered}G(x,\underline{g(x)})=0,\quad G'_x(x,g(x))+G'_y(x,g(x))\underline{g'(x)}=0,\\ G''_{x^2}+2G''_{xy}g'(x)+G''_{y^2}[g'(x)]^2+G'_y\underline{g''(x)}=0,\\ \cdots\cdots\cdots\cdots\cdots\cdots\cdots\cdots\cdots\cdots\\ G^{(n)}_{x^n}+\cdots+G'_y\underline{g^{(n)}(x)}=0\end{gathered}$$

相继地而且单值地确定.

因此, 若 (当 $x=x_0$ 时) 在这些等式内把各处的 $g(x_0), g'(x_0),\cdots,g^{(n)}(x_0)$ 都对应地换成 $f(x_0), f'(x_0),\cdots,f^{(n)}(x_0)$, 则得出一组条件

$$\begin{gathered}G(x_0,\underline{f(x_0)})=0,\quad G'_x(x_0,f(x_0))+G'_y(x_0,f(x_0))\underline{f'(x_0)}=0,\\ G''_{x^2}+2G''_{xy}f'(x_0)+G''_{y^2}[f'(x_0)]^2+G'_y\underline{f''(x_0)}=0,\\ \cdots\cdots\cdots\cdots\cdots\cdots\cdots\cdots\cdots\cdots\\ G^{(n)}_{x^n}+\cdots+G'_y\underline{f^{(n)}(x_0)}=0\end{gathered}$$

这组条件与那组条件 (13) 是完全等价的.

为了把它们表示为更为明显的形式, 引入记号

$$\Phi(x)=G(x,f(x)). \tag{16}$$

那时这些条件就可以改写成

$$\Phi(x_0)=0,\quad \Phi'(x_0)=0,\quad \cdots,\quad \Phi^{(n)}(x_0)=0. \tag{17}$$

①在每一方程内下面画着横线的就是可以由这方程单值确定的数量, 只要在它以前的诸数量都已确定. 这时下面引用的方程组也适用.

因此,当条件 (17) (在有横标为 x_0 的点) 成立, 曲线 (15) 与曲线 $y=f(x)$ 将有不低于 n 阶的相切. 不难推知, 若还有

$$\Phi^{(n+1)}(x_0)\neq 0, \tag{18}$$

则二曲线的相切确为 n 阶.

243. 密切曲线 现在假定给我们的不是曲线 (15), 而是带有 $n+1$ 个参变量的曲线族

$$G(x,y,\overbrace{a,b,\cdots,l}^{n+1})=0. \tag{19}$$

那么自然会想到一个问题: 能否适当选取参变量的值, 使从这曲线族内得出一曲线, 它与已给曲线 $y=f(x)$ 在其定点 $M_0(x_0,f(x_0))$ 达到可能的最高阶相切 (对于已给曲线族而言).

这样的曲线就称为给定曲线在点 M_0 的**密切曲线**. [准确些应当说是, **在已给曲线族内的密切曲线**, 因为对于一条个别的曲线 (15) 这术语并无意义.]

为了判定密切曲线, 我们引入类似于 (16) 的记号:

$$\Phi(x,a,b,\cdots,l)=G(x,f(x),a,b,\cdots,l),$$

并且写出类似于 (17) 的一系列条件:

$$\left.\begin{aligned}\Phi(x_0,a,b,\cdots,l)=0,\quad \Phi'_x(x_0,a,b,\cdots,l)=0,\quad \cdots\\ \Phi^{(n)}_{x^n}(x_0,a,b,\cdots,l)=0.\end{aligned}\right\} \tag{20}$$

我们就得到一组含有 $n+1$ 个未知数 $a,b,\cdots,l$ 的 $n+1$ 个方程. 通常这方程组能单值地确定一组参变量的值, 从而就可求出不低于 n 阶相切的密切曲线.

这时通常总有

$$\Phi^{(n+1)}_{x^{n+1}}(x_0,a,b,\cdots,l)\neq 0,$$

于是相切的阶确实等于 n. 这种情况 (在有 $n+1$ 个参变量时) 认为是正常的.

在那些例外的点, 同时还成立等式

$$\Phi^{(n+1)}_{x^{n+1}}(x_0,a,b,\cdots,l)=0, \tag{21}$$

就说它是**超密切点**. 如果把等式 (20) 及 (21) 一齐看成是含有 $n+2$ 个未知数 $x_0,a,b,\cdots,l$ 的 $n+2$ 个方程的方程组, 这些点就可以求出.

例题 1) 密切直线 直线族用含有二参变量的方程

$$y=ax+b$$

表达. 因此, 在一般情形之下所能得到的相切的最高阶是一阶.

在这里如果把 y 理解为 $f(x)$, 就有:

$$\Phi(x,a,b)=y-ax-b,\quad \Phi'_x(x,a,b)=y'-a,\quad \Phi''_{x^2}(x,a,b)=y''.$$

设当 $x=x_0$ 时 $y=y_0, y'=y'_0, y''=y''_0$, 则得出用以确定参变量 a 及 b 的方程

$$y_0-ax_0-b=0,\quad y'_0-a=0.$$

由此得 $a=y'_0, b=y_0-y'_0x_0$. 把这些值代入直线方程内, 得出方程

$$y=y_0+y'_0(x-x_0),$$

读者不难认出它就是切线方程.

因此, *密切直线就是切线*.

刚才曾指出, 相切的阶一般地说是一阶. 在个别的点, 附加条件 $y''_0=0$ 成立 (例如在拐点), 则相切的阶还能提高.

2) 密切圆① 圆族用含有三个参变量 ξ,η,R 的方程

$$(x-\xi)^2+(y-\eta)^2=R^2$$

表达. 相切的最高阶一般是二阶.

因为, 若仍把 y 理解为 $f(x)$, 在此处有

$$\begin{aligned}&\Phi(x,\xi,\eta,R)=(x-\xi)^2+(y-\eta)^2-R^2,\\&\frac{1}{2}\Phi'_x(x,\xi,\eta,R)=x-\xi+(y-\eta)y',\\&\frac{1}{2}\Phi''_{x^2}(x,\xi,\eta,R)=1+y'^2+(y-\eta)y'',\end{aligned}$$

故参变量可由方程

$$\begin{aligned}&(x_0-\xi)^2+(y_0-\eta)^2=R^2,\\&x_0-\xi+(y_0-\eta)y'_0=0,\\&1+y_0'^2+(y_0-\eta)y''_0=0\end{aligned}$$

确定.

从最后二式 (假定 $y''_0\neq 0$) 求出圆心的坐标:

$$\xi=x_0-y'_0\frac{1+y_0'^2}{y''_0},\quad \eta=y_0+\frac{1+y_0'^2}{y''_0},\tag{22}$$

然后从第一式可得半径

$$R=\frac{(1+y'^2)^{\frac{3}{2}}}{|y''_0|}.\tag{23}$$

依照这些元素就能确定密切圆.

按照 **241** 内所讲的, 通常, 切线并不与曲线相交, 而密切圆刚好相反, 它与曲线相交. 只是在个别的点相切的阶反常地提高时, 就可以出现例外情形.

① 在本文前后, 圆这一字经常理解为圆周的意义.

244. 密切曲线的另一求法 设给定曲线 $y=f(x)$ 及含有 $n+1$ 个参变量的曲线族 (19). 在曲线 $y=f(x)$ 上任意取 $n+1$ 点, 其横标为 $x_1,x_2,\cdots,x_{n+1}$. 为了使族中的一曲线经过这些点, 必须使 $n+1$ 个条件:

$$\Phi(x_1,a,b,\cdots,l)=0,\quad \Phi(x_2,a,b,\cdots,l)=0,\quad \cdots,\quad \Phi(x_{n+1},a,b,\cdots,l)=0$$

获得满足. 通常由此就能单值地确定诸参变量的值; 用 $\tilde{a},\tilde{b},\cdots,\tilde{l}$ 来表示它们.

现在假定, 当如此取出的 $n+1$ 个点按照任意规律趋于曲线上横标为 x_0 的某一确定点时, 参变量的值 $\tilde{a},\tilde{b},\cdots,\tilde{l}$ 也趋于确定极限 $a,b,\cdots,l$. 也可以说, 曲线族中经过这 $n+1$ 个点的曲线逐渐变形而趋于**极限曲线**.

为了要求出它, 可以如此考虑. 已知 x 的函数

$$\Phi(x,\tilde{a},\tilde{b},\cdots,\tilde{l})$$

在 x 的 $n+1$ 个值: $x_1<x_2<\cdots<x_{n+1}$ 都等于 0. 于是按照罗尔定理 [**111**], 一阶导数在 n 个值 $x_1'<x_2'<\cdots<x_n'$ 都等于 0, 二阶导数在 $n-1$ 个值 $x_1''<x_2''<\cdots<x_{n-1}''$ 都等于 0, $\cdots$, $(n-1)$ 阶导数在二值 $x_1^{(n-1)}<x_2^{(n-1)}$ 等于 0, 最后, n 阶导数在某一值 $x_1^{(n)}$ 等于 0; 同时上述的一切值都位于 x_1 与 x_{n+1} 之间.

这样, 就成立 $n+1$ 个等式:

$$\begin{gathered}\Phi(x_1,\tilde{a},\tilde{b},\cdots,\tilde{l})=0,\quad \Phi_x'(x_1',\tilde{a},\tilde{b},\cdots,\tilde{l})=0,\\ \Phi_{x^2}''(x_1'',\tilde{a},\tilde{b},\cdots,\tilde{l})=0,\quad \cdots,\quad \Phi_{x^n}^{(n)}(x_1^{(n)},\tilde{a},\tilde{b},\cdots,\tilde{l})=0.\end{gathered}$$

若现在同时令 $x_1\to x_0,x_2\to x_0,\cdots,x_{n+1}\to x_0$, 则 $\tilde{a}\to a,\tilde{b}\to b,\cdots,\tilde{l}\to l$, 而且显然也有 $x_1'\to x_0,x_1''\to x_0,\cdots,x_1^{(n)}\to x_0$. 在上面写着的等式内取极限, 我们仍得到已经熟悉的用以确定密切曲线的方程组 (20).

因此, 若曲线族中经过给定曲线上 $n+1$ 个点的曲线有极限位置存在, 则这极限曲线就是密切曲线.

由于这关系, 有时就说 (不太严密, 但是逼真), 密切曲线 —— 取自含有 $n+1$ 个参变量的曲线族内 —— 是 "经过给定曲线上 $n+1$ 个无限接近的点的曲线". 特殊情形是, 切线经过曲线上二个无限接近的点, 而密切圆则经过三个无限接近的点.

§4. 平面曲线的长①

245. 引理 我们考察用参变量方程

$$x=\varphi(t),\quad y=\psi(t)\quad (t_0\leqslant t\leqslant T) \tag{1}$$

①虽然实质上这是关于积分学的问题, 但是这里我们便须讨论它, 因为在下面一节我们就要用到曲线弧长的概念及其性质. 对于曲线弧长计算本身我们要等到第二卷才讲.

给定的 (非闭的或闭的) 平面曲线, 其中函数 φ 和 ψ 在这里暂时只假定为连续. 设在曲线上没有重点, 因此, 每一个点只由参变量 t 的一个值 (除去 —— 如果曲线是闭的 —— 曲线的两个重合的端点) ① 得到. 在这些假设下的曲线叫做**简单连续曲线**.

为了要对这样的曲线建立**长**的概念, 我们由几个辅助命题开始. 设 $t_0 \leqslant t' \leqslant t'' \leqslant T$, 而与参数值 t' 和 t'' 相应的两个点是 M' 和 M''.

引理 1 *对于任何 $\delta > 0$ 可以找到这样的 $\eta > 0$, 使得在 $t'' - t' < \eta$ 时弦长 $\overline{M'M''} < \delta$.*

事实上, 由于 (1) 中函数 φ 和 ψ 的 (一致) 连续性, 对于 δ, 可以找到这样的 η, 使得在 $|t'' - t'| < \eta$ 时, 同时有

$$|\varphi(t'') - \varphi(t')| < \frac{\delta}{\sqrt{2}}, \quad |\psi(t'') - \psi(t')| < \frac{\delta}{\sqrt{2}},$$

由此

$$\overline{M'M''} = \sqrt{[\varphi(t'') - \varphi(t')]^2 + [\psi(t'') - \psi(t')]^2} < \delta.$$

还成立下面的引理:

引理 2 *在非闭曲线的情形, 对于任何 $\varepsilon > 0$, 存在这样的 $\delta > 0$, 使得只要弦长 $\overline{M'M''} < \delta$, 立刻得出对应于这弦的端点的参变量数值的差 $t'' - t'$ 也将 $< \varepsilon$.*

假定和我们的结论相反; 于是对于某个 $\varepsilon > 0$, 在任何 $\delta > 0$ 时, 可以找到这样的两个点 $M'(t')$ 和 $M''(t'')$, 使得 $\overline{M'M''} < \delta$ 同时 $t'' - t' \geqslant \varepsilon$. 取收敛于 0 的序列 $\{\delta_n\}$, 并轮流地命 $\delta = \delta_n$ $(n = 1, 2, \cdots)$, 我们得出两个点列 $\{M_n'(t_n')\}$ 和 $\{M_n''(t_n'')\}$, 对于它们

$$\overline{M_n'M_n''} < \delta_n, \quad 但 \quad t_n'' - t_n' \geqslant \varepsilon \quad (n = 1, 2, \cdots).$$

按布尔查诺–魏尔斯特拉斯引理 [**41**], 不失一般性, 这时可以假设

$$t_n' \to t^*, \quad t_n'' \to t^{**}$$

(这是容易验证的, 必要时讨论部分序列), 显然

$$t^{**} - t^* \geqslant \varepsilon,$$

所以 $t^* \neq t^{**}$. 同时对于对应的点 M^* 和 M^{**} 有 $\overline{M^*M^{**}} = 0$, 即这两个点应当重合, 这是不可能的, 因为曲线没有重点也不是闭的. 由得出的矛盾, 证明就完成了.

对于闭曲线引理的论断不一定成立: 在 t' 充分接近于 t_0, 而 t'' 充分接近 T 时, 弦 $M'M''$ 也可以任意小.

①参看 **233** 目的脚注.

246. 曲线的方向 我们设点 A 是参数值 $t = t_0$ 所对应的, 而点 B 是参数值 $t = T$ 所对应的, 这时把 A 叫做曲线的**起点**, 而 B 叫做曲线的**终点**. 一般曲线的点 M 依参变量 t 增加的次序排列, 即异于 A 和 B 而在它们之间的两点, 我们认作对应较大的参变量值的点是较后面的点. 这样就确定了 "曲线的**方向**". 可是, 这个定义在形式上显出与特殊的参变量方程 (1) 有关. 我们证明, 曲线的方向概念实际上与曲线的具体给定法无关.

我们由比较简单的情形, 非闭曲线的情形开始来看.

如果曲线 $\overset{\frown}{AB}$ 是非闭的, 除了表示式 (1) 外还具有表示式 (也没有重点)

$$x = \varphi^*(u), \quad y = \psi^*(u) \quad (u_0 \leqslant u \leqslant U), \tag{1*}$$

其中函数 φ^* 和 ψ^* 仍是连续的, 并且值 $u = u_0$ 对应于点 A, 而值 $u = U$ 对应于点 B, 则两种表示式在曲线上确定出同一方向.

每一个值 t 对应于曲线的某个点, 这个点又单值地定出值 u; 相反地, 每个值 u 对应于一个确定的值 t. 这样, u 是 t 的单值函数: $u = \omega(t)$, 当 t 在 t_0 与 T 之间变化时, 函数 $\omega(t)$ 取得它的每个值各只一次. 特别是, $\omega(t_0) = u_0$, 而 $\omega(T) = U$.

按引理 1, 两个充分接近的值 t 对应于曲线上任意相近的两个点, 于是 —— 按引理 2 —— 它们对应于任意相近的两个值 u , 即函数 $u = \omega(t)$ 也是连续的.

由此可以得出, 这个函数是单调增加的 (狭义的). 事实上, 如果对于 $t_0 < t' < t''$ 有 $u' = \omega(t') > u'' = \omega(t'') > u_0 = \omega(t_0)$, 则按已知的连续函数的性质 [**82**] —— 在 t_0 与 t' 之间可以找到值 t''', 对于它 $\omega(t''') = u''$, 因此, 函数 $u = \omega(t)$ 取得了值 u'' 两次 (在 $t = t''$ 和 $t = t'''$ 时), 由此矛盾就证明了上面的论断.

现在, 既然确立了 $u = \omega(t)$ 是随 t 而增加, 已经很明显, 点依参变量 t 的增加次序的排列完全等价于它依参变量 u 的增加次序的排列.

因此, 这个方向 —— 它可以叫做**曲线由点 A 到点 B 的方向** —— 完全是一个几何概念.

类似地, 以 $-t'$ 代替 t, 并将点依参变量 t' 的增加排列, 我们确立了关于曲线由点 B 向点 A 的方向; 显然, 这个方向也可以由点的位置依参变量 t 减小而得到. 当然, 这个方向也与曲线的特别选取的表示式无关.

最后, 转到关于闭曲线的方向问题. 我们在其上取任意两个 (异于 A) 点 C 和 D, 并设它们对应的两个参变量的值是 $t = t_1$ 和 $t = t_2 > t_1$, 于是由参变量的值 t 确立上面点的排列, 点 D 在 C 之后. 可以证明, 用任何参变量表示式定出的曲线的每个方向, 只要保持点 C 和 D 的这一次序, 必与以前一致. 事实上, 如果值 $t = t_0^*$ 而 $t = T^*$ (其中 $t_0 < t_0^* < t_1$, 而 $t_2 < T^* < T$), 对应于点 A^* 和 B^*, 那么对于 (非闭的) 弧 A^*B^* 类似的结论可以由前面所述推出; 但 t_0^* 可以取得使任意接近于 t_0, 而 T^* 可以取得使任意接近于 T, 所以它对于整个曲线也成立.

因此, 可以谈论关于由点 A 起经点 C 和 D 到 A 的方向, 它与曲线的参变量表示式的选取无关. 同样地, 可以建立由点 A 经 D 和 C 到 A 的方向.

247. 曲线的长 · 弧长的可加性 我们由曲线的表示式 (1) 出发, 曲线上的方向则由参变量 t 的增加而确定. 在曲线上取一系列的点:

$$A = M_0, M_1, M_2, \cdots, M_i, M_{i+1}, \cdots, M_n = B, \tag{2}$$

使得它们沿着指定的方向排列, 并对应于递增的参变量的值

$$t_0 < t_1 < t_2 < \cdots < t_i < t_{i+1} < \cdots < t_n. \tag{3}$$

依次用直线连接这些点 (图 149), 我们就得到曲线 $\overset{\frown}{AB}$ 的**内接折线** $M_0M_1\cdots M_{n-1}M_n$. 回忆前段阐述过, 曲线的方向概念 —— 因而内接折线的概念 —— 与参变表示式 (1) 的特殊选取无关. 曲线 $\overset{\frown}{AB}$ 上的一切可能的内接折线周长 p 的集合的上确界 S, 叫做曲线 $\overset{\frown}{AB}$ 的长:

$$S = \sup\{p\}.$$

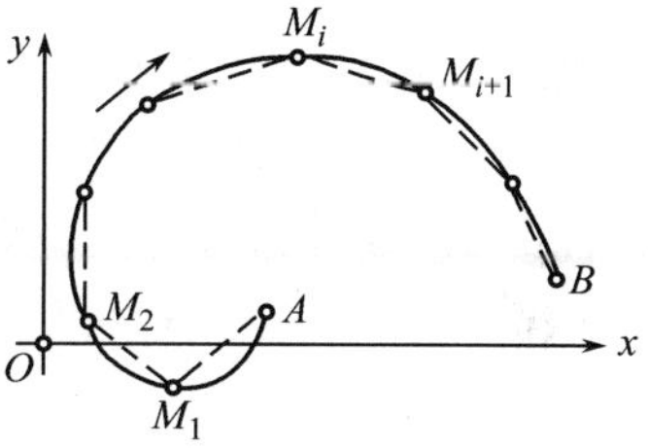

图 149

如果这个数 S 有限, 则曲线叫做可求长的 ①.

由曲线的长的定义得出, 曲线 $\overset{\frown}{AB}$ 的任何内接折线的周长不超过曲线的长; 特别是, 连接曲线的起点和终点的弦 $\overset{\frown}{AB}$ 的长更是如此.

现在我们在曲线 $\overset{\frown}{AB}$ 上取 A 与 B 之间的一点 C, 使它对应于 t_0 与 T 之间的一个值 $t = \bar{t} : t_0 < \bar{t} < T$.

如果曲线 $\overset{\frown}{AB}$ 是可求长的, 则弧 $\overset{\frown}{AC}$ 和 $\overset{\frown}{CB}$ 各个都是可求长的. 反之, 由这两段弧的可求长性推出整个曲线 $\overset{\frown}{AB}$ 是可求长的.分别用 S, S', 和 S'' 来表示弧 $\overset{\frown}{AB}, \overset{\frown}{AC}$ 和 $\overset{\frown}{CB}$ 的长, 这时就有

$$S = S' + S''. \tag{4}$$

要证明 (4), 我们首先假设曲线 $\overset{\frown}{AB}$ 是可求长的, 对应于弧 $\overset{\frown}{AC}$ 和 $\overset{\frown}{CB}$ 的任意内接折线的周长为 p' 和 p''. 将这两个折线合在一起, 作曲线 $\overset{\frown}{AB}$ 的具有周长

$$p' + p'' = p$$

的内接折线. 因为 $p \leqslant S$, 即

$$p' + p'' \leqslant S. \tag{5}$$

所以显然分别有

$$p' \leqslant S \quad 和 \quad p'' < S.$$

①读者应注意到明确**曲线的方向**概念与**内接折线**概念的重要性. 如果 M_i 可以不论取在什么地方, 则上确界 S 永远是 $+\infty$.

因此, 集合 $\{p'\}$ 和 $\{p''\}$有上界 (因 S 为有限!), 因而弧 $\overset{\frown}{AC}, \overset{\frown}{CB}$ 是可求长的, 因为它们有有限长

$$S' = \sup\{p'\}, \quad S'' = \sup\{p''\}.$$

按上确界的性质 [**11**], 周长 p' 和 p'' 可以取得 —— 互不依赖地 —— 与上确界任意接近. 因而由 (5) 取极限就得:

$$S' + S'' \leqslant S. \tag{6}$$

现在假设已知弧 $\overset{\frown}{AC}$ 及 $\overset{\frown}{CB}$ 是可求长的. 作曲线 $\overset{\frown}{AB}$ 的任意内接折线, 设它有周长 p. 如果点 C 是折线的一个顶点, 则它将原来的折线分成了两个折线, 具有周长 p' 和 p'', 各自内接于弧 $\overset{\frown}{AC}$ 和 $\overset{\frown}{CB}$. 如果 C 不是所取折线的一个顶点, 则我们将 C 加到原有的顶点中, 这样做的结果折线的周长只可能增大 (图 150); 如图所示, 新的折线被分成两个. 在每种情形, 都有

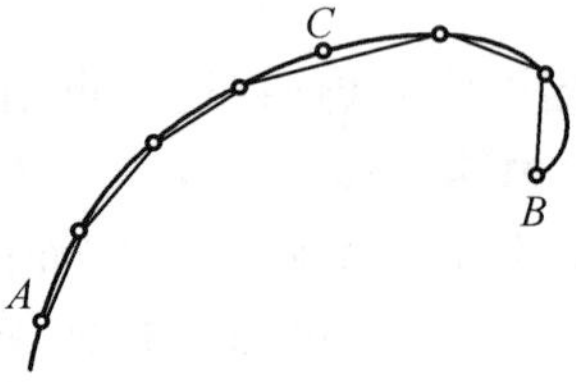

图 150

$$p \leqslant p' + p'' \leqslant S' + S''.$$

集合 $\{p\}$ 有上界 (S' 和 S'' 为有限), 因而曲线 $\overset{\frown}{AB}$ 是可求长的, 并且它的长

$$S = \sup\{p\} \leqslant S' + S''.$$

最后, 把这个不等式与 (6) 相比较, 就得出所要求的等式 (4).

因此, 上述的曲线的弧长概念具有可加性 [比较 **21**, 3)].

所证明的论断容易推广到任意多个部分弧的情形.

248. 可求长的充分条件 · 弧的微分 到现在为止, 我们考虑了简单连续曲线(1)的一般情形. 要给出曲线可求长的方便的充分条件① 和研究弧长的其他性质, 我们回到本章中常用的关于存在连续导数 $\varphi'(t)$ 和 $\psi'(t)$ 的假设. 我们证明, 在所作的假设下, 曲线 (1) 是**可求长的**.

我们考察由 (3) 中参变量的值确定的 (2) 中的点为顶点的折线. 点 M_i 的坐标就是

$$x_i = \varphi(t_i) \quad 和 \quad y_i = \psi(t_i) \quad (i = 0, 1, 2, \cdots, n).$$

于是折线的周长 p 可以写成

$$p = \sum_{i=0}^{n-1} \sqrt{(x_{i+1} - x_i)^2 + (y_{i+1} - y_i)^2}.$$

①可求长的最一般的 (必要而且充分的) 条件, 读者在第三卷中可以找到.

但按有限增量公式 [**112**]

$$x_{i+1}-x_i=\varphi(t_{i+1})-\varphi(t_i)=\varphi'(\tau_i)\cdot(t_{i+1}-t_i),$$
$$y_{i+1}-y_i=\psi(t_{i+1})-\psi(t_i)=\psi'(\overline{\tau}_i)\cdot(t_{i+1}-t_i).$$

所以, 结果

$$p=\sum_{i=0}^{n-1}\sqrt{[\varphi'(\tau_i)]^2+[\psi'(\overline{\tau}_i)]^2}\cdot(t_{i+1}-t_i). \tag{7}$$

如果分别用 L 和 $\overline{L}$ 表示函数 $|\varphi'(t)|$ 和 $|\psi'(t)|$ 在区间 $[t_0,T]$ 上的最大值, 则由 (7) 不难得出估值:

$$p\leqslant\sqrt{L^2+\overline{L}^2}\cdot(T-t_0). \tag{8}$$

集合 $\{p\}$ 就有了上界, 就是说, 曲线有有限长 S, 即是可求长的, 这就是所要证的.

因为 $S=\sup\{p\}$, 所以由 (8) 顺便也就得出 S 的上界的估值:

$$S\leqslant\sqrt{L^2+\overline{L}^2}\cdot(T-t_0), \tag{9}$$

它就是我们现在所需要的. 但是我们还将要估计下界; 如果分别用 l 和 $\overline{l}$ 表示函数 $|\varphi'(t)|$ 和 $|\psi'(t)|$ 在区间 $[t_0,T]$ 上的最小值, 则由 (7) 得出与 (8) 类似的不等式:

$$p\geqslant\sqrt{l^2+\overline{l}^2}\cdot(T-t_0).$$

因而更有

$$S\geqslant\sqrt{l^2+\overline{l}^2}\cdot(T-t_0). \tag{9*}$$

如果改变 t, 曲线上点 $M(t)$ 的位置也随之而改变, 则变弧 $\widehat{AM}$ 的长 s 是参变量 t 的函数; 我们把它记成

$$s=s(t).$$

给自变量 t 一个正的增量 Δt: 点 M 沿着曲线朝着 B 变到位置 M' (图 151). 量 s 也得到一个正的增量 Δs, 它等于弧长 $\widehat{MM'}$ (按前目证明的弧长可加性), 因此, $s(t)$ 是增函数.

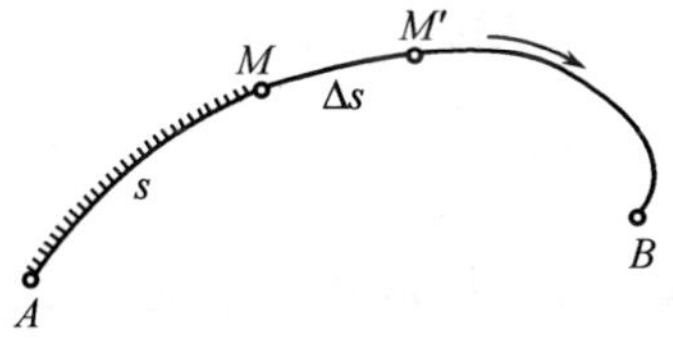

图 151

现在我们不考察区间 $[t_0,T]$, 而考察区间 $[t,t+\Delta t]$, 将估值 (9) 和 (9*) 应用于长为 Δs 的弧 $\widehat{MM'}$:

$$\sqrt{l^2+\overline{l}^2}\cdot\Delta t\leqslant\Delta s\leqslant\sqrt{L^2+\overline{L}^2}\cdot\Delta t,$$

而这里的 l 和 L ($\overline{l}$ 和 $\overline{L}$) 我们可以理解成函数 $|\varphi'(t)|$ ($|\psi'(t)|$) 在区间 $[t,t+\Delta t]$ 上的最小值和最大值. 由此

$$\sqrt{l^2+\overline{l}^2}\leqslant\frac{\Delta s}{\Delta t}\leqslant\sqrt{L^2+\overline{L}^2},$$

又因 —— 按导数的连续性 —— 在 $\Delta t \to 0$ 时 l 和 L 两数都 $\to |\varphi'(t)|$, 而 $\overline{l}$ 和 $\overline{L}$ 两数都 $\to |\psi'(t)|$, 所以上面不等式中的两个根式趋于同一极限

$$\sqrt{[\varphi'(t)]^2 + [\psi'(t)]^2}.$$

因此, 比 $\dfrac{\Delta s}{\Delta t}$ 也趋于同一极限; 容易看出, 这对于 $\Delta t < 0$ 也正确. 所以我们得出结论: 变弧的长 $s = s(t)$ 是参变量 t 的可微分函数; 它关于参变量的导数用公式

$$s'(t) = \lim_{\Delta t \to 0} \frac{\Delta s}{\Delta t} = \sqrt{[\varphi'(t)]^2 + [\psi'(t)]^2}$$

来表达, 或者, 简单地

$$s'_t = \sqrt{x'^2_t + y'^2_t}. \tag{10}$$

如果将这个等式取平方, 并且各项再乘以 dt^2, 则得出特别简单的公式

$$ds^2 = dx^2 + dy^2, \tag{11}$$

这个公式还具有明显的几何意义. 如图 152, 在 (斜边为曲线的) 直角三角形 MNM_1 中, "直角边" 是点 M 的两个坐标增量: $MN = \Delta x, NM_1 = \Delta y$, 而 "斜边" 是弧 $\widehat{MM_1} = \Delta s$, 它是弧 $\widehat{AM} = s$ 的增量. 如果不考察增量本身, 而考察它的主要部分 —— 微分 —— 则成立著名的 "毕达哥拉斯定理".

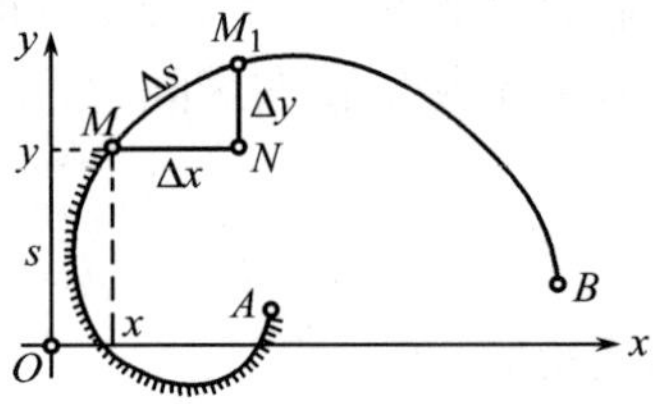

图 152

指出曲线由各种特殊形式给定时重要的公式 (10) 的特殊情形是有益的. 例如, 如果曲线用笛卡儿坐标系中显式方程 $y = f(x)$ 给出, 则起着 "参变量" 作用的是 x, 弧 s 依赖于 $x: s = s(x)$, 而公式就取如下形状:

$$s'_x = \sqrt{1 + y'^2_x}. \tag{10a}$$

如果曲线由极坐标方程 $r = g(\theta)$ 给出, 则我们知道, 这和它用参变量方程给定等价:

$$x = r\cos\theta, \quad y = r\sin\theta,$$

其中参变量是 θ; 弧在这时是 θ 的函数: $s = s(\theta)$. 因为, 显然

$$x'_\theta = r'_\theta \cos\theta - r\sin\theta, \quad y'_\theta = r'_\theta \sin\theta + r\cos\theta,$$

所以

$$x'^2_\theta + y'^2_\theta = r'^2_\theta + r^2,$$

而公式 (10) 就变成

$$s'_\theta = \sqrt{r'^2_\theta + r^2}. \tag{10б}$$

计算弧长的起点不一定就是弧的一个端点, 有时取它的内点来作起点还比较方便. 在这个情形, 自然地, 在参变量增加的方向截取的弧作为正, 而在另一方向的弧作为负, 相应地, 前一种情形弧长用正号, 后一种情形用负号. 这个量 s 就是带有正负号的弧. 为了简单起见, 我们就将它简称为**弧**. 公式 (10)、(11)、(10a)、(10б) 在一切情形都成立.

[应当注意, 如果计算弧长不像通常所作那样在参变量增加的那个方向选作正向, 而是在参变量减小的方向选作正向, 则在公式 (10)、(10a)、(10б) 中的根式前须加以负号.]

249. 用弧作为参变量 · 切线的正向 因为变弧 $s = s(t)$ 是参变量 t 的连续单调增函数, 所以也可以反过来, 把 t 看成是 s 的单值连续函数: $t = \omega(s)$, 式中的 s 从 0 变动至所考察的曲线的全长 S [**83**]. 把这 t 的表达式代入方程 (1), 我们就得到流动坐标 x 及 y 作为 s 的函数的表达式:

$$x = \varphi(\omega(s)) = \Phi(s),$$
$$y = \psi(\omega(s)) = \Psi(s).$$

无疑地, 弧 s 起着点 M 的 "曲线横标" 的作用, 它是确定这点位置的最自然的参变量.

注意到, 计算弧时的起点 A 可以不是所论曲线弧的某一端点; 所以如同上面已解释过的一样, 弧 s 可以取正值, 也可以取负值.

设由 (1) 表示的曲线上的点 M 是普通点, 于是 [参阅 (10)]

$$s'_t = \sqrt{x_t'^2 + y_t'^2} > 0;$$

因此 [**94**] 对于对应的 s 值 (及其邻近) 也存在着连续导数

$$t'_s = \omega'(s) = \frac{1}{\sqrt{x_t'^2 + y_t'^2}},$$

从而, 也存在着连续导数

$$x'_s = \Phi'(s), \quad y'_s = \Psi'(s).$$

由基本公式 (11), 认为一切微分都是对 s 而取的, 就得到

$$\left(\frac{dx}{ds}\right)^2 + \left(\frac{dy}{ds}\right)^2 = 1. \tag{12}$$

这样, 若点 M 是曲线在原表示式 (1) 之下的普通点, 则换成参变量 s 以后它必定仍是普通点. 其次, 公式 (12) 可用以证明下面的简单命题:

设 M 是曲线上的普通点. 若用 M_1 表示这曲线上的动点, 则在 M_1 趋于 M 时, 弦长 MM_1 与弧长 MM_1 的比将趋于 1:

$$\lim_{\widehat{MM_1}\to 0}\frac{MM_1}{\widehat{MM_1}}=1^{①}. \tag{13}$$

采用弧作为参变量, 并设点 M 对应于弧值 s, 而点 M_1 对应于弧值 $s+\Delta s$. 设它们的坐标各为 x, y 及 $x+\Delta x, y+\Delta y$. 则

$$\widehat{MM_1}=|\Delta s|, \quad 而 \quad MM_1=\sqrt{\Delta x^2+\Delta y^2},$$

于是

$$\frac{MM_1}{\widehat{MM_1}}=\frac{\sqrt{\Delta x^2+\Delta y^2}}{|\Delta s|}=\sqrt{\left(\frac{\Delta x}{\Delta s}\right)^2+\left(\frac{\Delta y}{\Delta s}\right)^2}.$$

求上式右端在 $\Delta s\to 0$ 时的极限, 根据 (12) 就得到所求的结果.

在此以前, 我们曾用曲线在其 (普通) 点 M 的切线的斜率 $\operatorname{tg}\alpha$ 来确定切线的位置, 但对于切线上的二相反方向并未加以区别: $\operatorname{tg}\alpha$ 对于两者都是一样的. 然而在某些研究中, 须要固定其中一个方向.

假想在曲线上已选定起点及计算弧的一定方向; 我们就取用以确定曲线上点的位置的弧作为参变量.

设弧 s 对应于上述的点 M. 若给 s 以一正的增量 Δs, 则弧 $s+\Delta s$ 确定另一点 M_1, 它位于 M 的使弧增加的一侧. 取割线的方向从 M 向 M_1, 这有向割线与 x 轴的正向所组成的角用 β 表示. 把线段 MM_1 投影到坐标轴上 (图 153), 按照投影理论的已知定理, 得

$$\text{prj}._x MM_1=\Delta x=MM_1\cos\beta,$$
$$\text{prj}._y MM_1=\Delta y=MM_1\sin\beta,$$

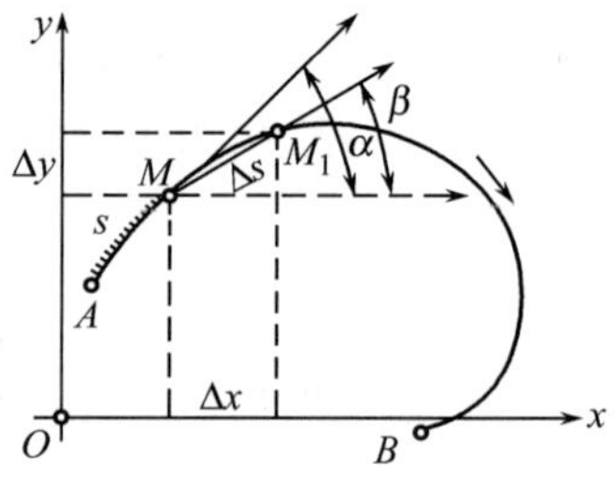

图 153

由此

$$\cos\beta=\frac{\Delta x}{MM_1},$$
$$\sin\beta=\frac{\Delta y}{MM_1}.$$

因为 $\widehat{MM_1}=\Delta s$, 故这些等式可以改写成:

$$\cos\beta=\frac{\Delta x}{\Delta s}\frac{\widehat{MM_1}}{MM_1}, \quad \sin\beta=\frac{\Delta y}{\Delta s}\frac{\widehat{MM_1}}{MM_1}. \tag{14}$$

① 为了简单起见, 我们就写 MM_1 来代表 "线段 MM_1 的长", 写 $\widehat{MM_1}$ 来代表 "弧 $\widehat{MM_1}$ 的长".

我们把切线上向弧增加的一侧的方向称为**切线的正向**; 说得更准确些, 它被定义为: 有着前已规定方向的射线 MM_1 在 $\Delta s \to 0$ 时的极限位置. 若切线的正向与 x 轴的正向所组成的角用 α 表示, 则从 (14) 取极限并计及 (13), 就得到

$$\cos\alpha = \frac{dx}{ds}, \quad \sin\alpha = \frac{dy}{ds}. \tag{15}$$

这些公式确定了角 α 已经准确至只有 $2k\pi$ 之差 (k 是整数), 因此, 实际上已固定了切线的二可能方向之一, 即以之为正向.

附注 在 **245** ~ **249** 关于平面曲线所述的一切, 不需重大的改变就可以适用于空间曲线的情形:

$$x - \varphi(t), \quad y = \psi(t), \quad z = \chi(t) \quad (t_0 \leqslant t \leqslant T). \tag{1*}$$

曲线长的概念可以用和 **247** 中相同的一些说法来建立. 在函数 φ, ψ, χ 存在连续导数时, 长为有限, 因而曲线是可求长的. 变弧的长 (由曲线的起点到参变量所对应的变量 t)

$$s = s(t),$$

关于 t 是可微的, 并且它关于 t 的导数由公式

$$s'_t = \sqrt{x'^2_t + y'^2_t + z'^2_t} \tag{10*}$$

来表达. 由此得出弧的微分公式:

$$ds^2 = dx^2 + dy^2 + dz^2. \tag{11*}$$

在没有奇异点的情形 [**228**], 曲线可以改用这样的参变量表示式, 其中弧 s 本身起着参变量的作用. 最后, 可以建立切线正向的概念, 它的方向余弦由公式

$$\cos\alpha = \frac{dx}{ds}, \quad \cos\beta = \frac{dy}{ds}, \quad \cos\gamma = \frac{dz}{ds} \tag{15*}$$

来表达.

§5. 平面曲线的曲率

250. 曲率的概念 仍设已给简单曲线

$$x = \varphi(t), \quad y = \psi(t) \quad (t_0 \leqslant t \leqslant T), \tag{1}$$

这里函数 φ 及 ψ 假定为连续同时具有一阶和二阶导数. 我们来考察这曲线没有奇异点的弧.

若在它的每一点作一条切线 (取正向), 则由于曲线的 "弯曲性", 这切线将随着切点的移动而回转; 曲线本质上异于直线即在于此, 因为直线的切线 (与直线相重合) 对于一切点都保持着同一方向.

曲线在各点的 "弯曲程度" 或 "曲率" 就成为表征曲线形态的重要元素; 这曲率可以用数字表达出来.

设 $\overset{\frown}{MM_1}$ (图 154) 是曲线的弧; 考察在这弧的两端所作的 (正向的) 切线 MT 及 M_1T_1.

自然, 可以用单位弧长上切线回转的角度, 即比式 $\dfrac{\omega}{\sigma}$ 来表征曲线的曲率, 这里的角 ω 系用弧度来量度, 而弧长 σ 系用选定的单位长来量度. 这个比式称为曲线弧的**平均曲率**.

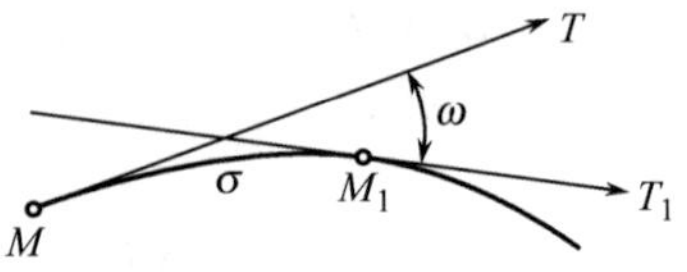

图 154

在曲线的各段上, 它的平均曲率一般说来是不同的. 可是有 (唯一的) 一种曲线, 它的平均曲率处处相同: 这就是圆①.

实际上, 对于圆有 (图 155)

$$\frac{\omega}{\sigma}=\frac{\omega}{R\omega}=\frac{1}{R},$$

不论哪一段圆弧都是一样.

由弧 $\overset{\frown}{MM_1}$ 的平均曲率的概念就可过渡到在一点的曲率的概念.

*若当点 M_1 沿曲线而趋于 M 时, 弧 $\overset{\frown}{MM_1}$ 的平均曲率趋于一极限, 这极限就称为曲线在点 M 的***曲率**.

用字母 k 表示曲线在给定点的曲率, 就有

$$k=\lim_{\sigma\to 0}\frac{\omega}{\sigma}.$$

对于圆显然有 $k=\dfrac{1}{R}$, *即圆的曲率是其半径的倒数.*

附注 平均曲率及在给定点的曲率的概念, 完全类似于动点的平均速度及在给定时刻的速度的概念. 可以说, 平均曲率表示在某一弧上切线的方向的平均变化率, 而在一点的曲率表示在达到给定点的时刻这切线的方向的真正变化率.

现在转而推演曲率的解析表达式, 由这表达式就可以从曲线的参变量表示式算出曲率.

首先假定以弧作为参变量. 我们知道 [**249**], 只要曲线的弧没有奇异点, 这种表示法总是可以实现的.

① 自然, 直线没有算在内, 它的曲率恒为零.

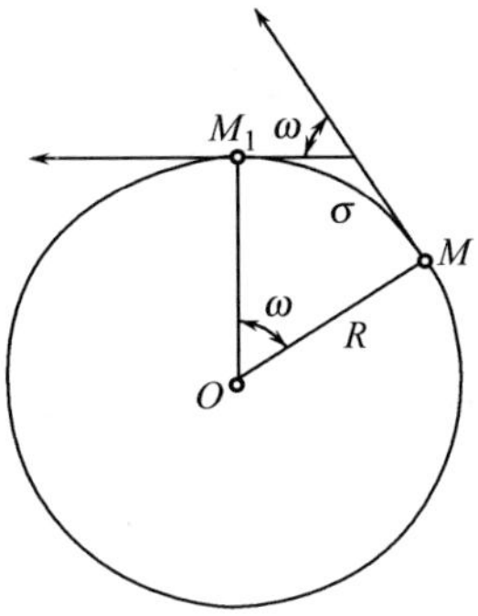

图 155

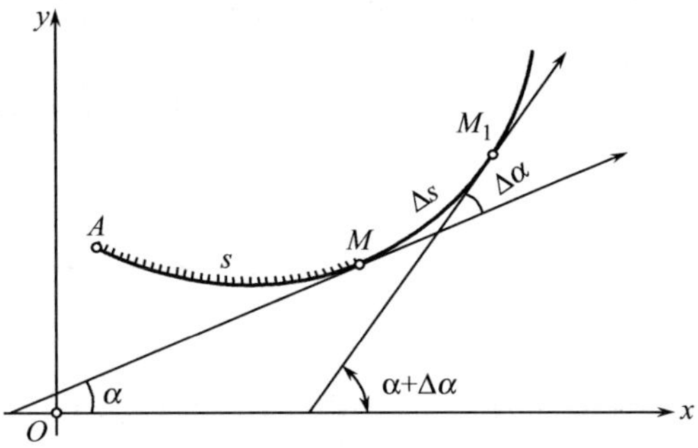

图 156

在曲线上取一点 M (当然假定它不是奇异点), 设它与弧值 s 对应. 给 s 以任意增量 Δs, 得到另一点 $M_1(s+\Delta s)$ (图 156). 由 M 移至 M_1 时, 切线的倾角的增量 $\Delta\alpha$ 就是两切线间的夹角 ω : $\omega=\Delta\alpha$.

因为 $\sigma=\Delta s$, 故平均曲率等于 $\dfrac{\Delta\alpha}{\Delta s}$.

使 $\widehat{MM_1}=\Delta s$ 趋于零, 就得到曲线在点 M 的曲率的表达式

$$k=\lim_{\Delta s\to 0}\frac{\Delta\alpha}{\Delta s}=\frac{d\alpha}{ds}. \tag{2}$$

重要的是, 注意到这公式不论符号的正负都是对的, 因为按照我们的定义, 曲率不为负数, 而这公式的右边也可能得出负的结果.

事实上, $\Delta\alpha$ 及 Δs 都可以取负值, 因此严格地说来, 必须写成:

$$\omega=|\Delta\alpha|, \quad \sigma=|\Delta s|,$$

而最后

$$k=\left|\frac{d\alpha}{ds}\right|.$$

这附注以后必须注意.

为了使公式 (2) 代成便于直接计算的形式同时也可证明曲率的存在, 转而考察任一由参变量表示式 (1) 所给定的曲线.

因为所考察的点 $M(t)$ 不是奇异点, 因而 $x_t'^2+y_t'^2>0$; 所以不失普遍性, 可设 $x_t'=\varphi'(t)\neq 0$.

现在把公式 (2) 改写成另外的形式:

$$k=\frac{d\alpha}{ds}=\frac{\dfrac{d\alpha}{dt}}{\dfrac{ds}{dt}}=\frac{\alpha_t'}{s_t'}. \tag{3}$$

但 $s'_t = \sqrt{x'^2_t + y'^2_t}$ [**248** (10)] 现在只需求出 α'_t. 因为 [**106** (11)]

$$\operatorname{tg}\alpha = \frac{y'_t}{x'_t} \quad 而 \quad \alpha = \operatorname{arctg}\frac{y'_t}{x'_t},$$

故

$$\alpha'_t = \frac{1}{1+\left(\dfrac{y'_t}{x'_t}\right)^2}\frac{x'_t y''_{t^2} - x''_{t^2} y'_t}{x'^2_t} = \frac{x'_t y''_{t^2} - x''_{t^2} y'_t}{x'^2_t + y'^2_t}. \tag{4}$$

把 s'_t 及 α'_t 的值代入 (3) 内, 就得出最后的公式:

$$k = \frac{x'_t y''_{t^2} - x''_{t^2} y'_t}{(x'^2_t + y'^2_t)^{\frac{3}{2}}}. \tag{5}$$

这公式是完全适合于计算的, 因为在它里面出现的一切导数都容易由曲线的参变量方程计算出来.

若曲线用显式方程 $y = f(x)$ 给定, 这公式就变成:

$$k = \frac{y''_{x^2}}{(1 + y'^2_x)^{\frac{3}{2}}}. \tag{5a}$$

最后, 若已给曲线的极坐标方程: $r = g(\theta)$, 则通常可以采用 θ 作为参变量, 而把它变成直角坐标的参变量表示式. 于是利用 (5) 就得到

$$k = \frac{r^2 + 2r'^2_\theta - rr''_{\theta^2}}{(r^2 + r'^2_\theta)^{\frac{3}{2}}}. \tag{5б}$$

251. 曲率圆及曲率半径 在研究许多问题时, 用一个圆周 —— 其曲率与曲线在某点的曲率相同 —— 来近似地代替在该点邻近的曲线, 常有便利之处.

若一圆

1) 与曲线在其上一点 M 相切;

2) 它的凹向与曲线在这点的凹向相同 [32]*;*

*3) 它的曲率与曲线在点 M 的曲率相同 (图 157): 我们就称它为曲线在给定点 M 的***曲率圆**[①].

曲率圆的中心 C 简称为 (曲线在给定点的) **曲率中心**, 而这圆的半径简称为 (曲线在给定点的) **曲率半径**.

由曲率圆的定义可以明了, 曲率中心恒位于曲线在被考察点 (在凹曲一侧) 的法线上. 若曲线在给定点的曲率用 k 表示, 则在 [**250**] 对于圆周曾有公式: $k = \dfrac{1}{R}$, 可知曲率半径显然就是

$$R = \frac{1}{k}.$$

①第 481 页脚注也适用于此.

[32] 严格说来, 第 2) 点需要更确切的叙述, 读者可在 **253** 目末尾找到它.

利用前目内关于曲率的各种不同的表达式, 我们立刻可以写出曲率半径的一系列公式:

$$R = \frac{ds}{d\alpha}, \tag{6}$$

$$R = \frac{(x_t'^2 + y_t'^2)^{\frac{3}{2}}}{x_t' y_{t^2}'' - x_{t^2}'' y_t'}, \tag{7}$$

$$R = \frac{(1 + y_x'^2)^{\frac{3}{2}}}{y_{x^2}''}, \tag{7a}$$

$$R = \frac{(r^2 + r_\theta'^2)^{\frac{3}{2}}}{r^2 + 2r_\theta'^2 - r r_{\theta^2}''}, \tag{7б}$$

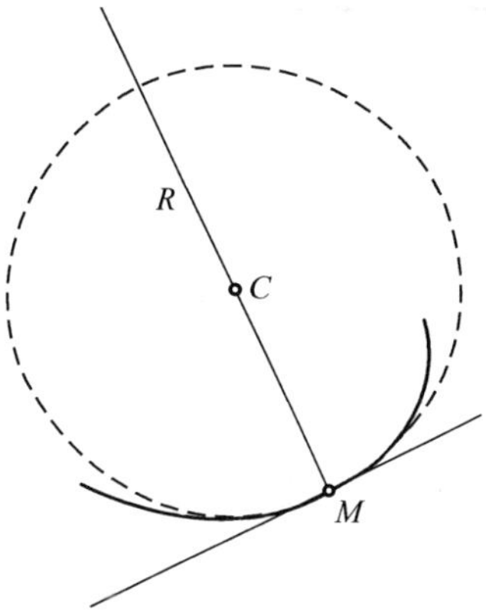

图 157

它们可以应用于各种对应的情形.

如同上面计算曲率时一样, 由这些公式所求得的曲率半径都带着符号. 可是在这里我们不打算弃去符号, 而要设法建立它的几何意义.

为此目的, 引入曲线的法线正向的概念. 我们在 **249** 内曾经说明切线上向弧增加的方向被认作切线的正向. 至于法线的正向我们选取这样的方向, 它与 (正向) 切线间的相互关系恰如 y 轴与 x 轴的相互关系一样. 例如, 当坐标轴照通常处置时, 法线正向可由切线正向逆时针方向旋转角度 $+\frac{\pi}{2}$ 而得到.

现在若把曲率半径 $R = MC$ 看成位于法线上的有向线段, 那么自然, 如果它是在法线的正向上截取的, 就应给以正号, 在相反的情形就应给以负号. 如图 158, 在曲线 (I) 的情形曲率半径就有正号, 在曲线 (II) 的情形有负号.

我们断定由上列公式所求得的曲率半径的符号完全遵照刚才所给出的规定. 可是必须特别着重指出, 在一切情形中, 常假定计算弧的正向是对应于参变量 (t, x 或 θ) 增加的方向.

要证实上述的话, 对于曲线用显式表示法的情形比较简单些: 在这里 (图 158) 切线向右, 因此法线向上. 若 $y_{x^2}'' > 0$ (在所考察的以及 —— 由于连续性 —— 和它邻近的点), 则 [**143**] 曲线也向上凹, 而曲率半径 R 为正; 按照公式 (7a) 也可求得它是正的. 反之, 在 $y_{x^2}'' < 0$ 时曲线向下凹, 曲率半径为负, 在这情形它也完全与公式 (7a) 相符合.

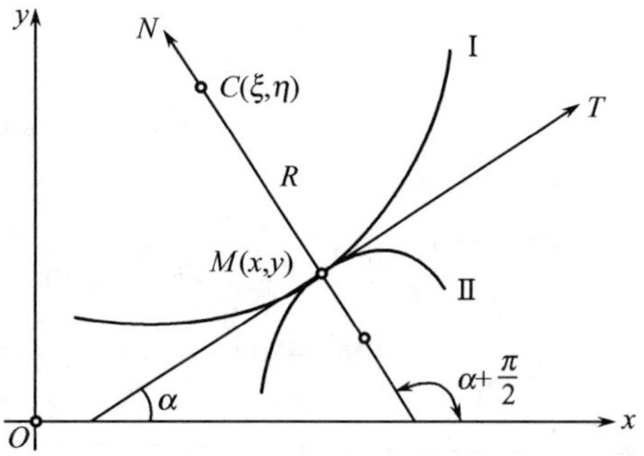

图 158

对于其他公式也可同样表明.

252. 例题 1) 悬链线:

$$y = a\operatorname{ch}\frac{x}{a}$$

(图 41).

在这情形 [比较 **99**, 28)]

$$\sqrt{1+y_x'^2} = \operatorname{ch}\frac{x}{a} = \frac{y}{a};$$

另一方面,

$$y_{x^2}'' = \frac{1}{a}\operatorname{ch}\frac{x}{a} = \frac{y}{a^2}.$$

因此 [参阅 (7a)]

$$R = \frac{\left(\frac{y}{a}\right)^3}{\frac{y}{a^2}} = \frac{y^2}{a}.$$

因为, 不难看出法线长 $n = MN$ 也有同样的表达式, 故可用这样的作图法来求曲率中心 C: 在法线上与 MN (见图) 相反的 (正的) 一侧截取等于 MN 之长的线段, 即得曲率中心 C.

2) 星形线:

$$x^{\frac{2}{3}} + y^{\frac{2}{3}} = a^{\frac{2}{3}}$$

(图 116).

可以不必解方程, 但按照隐函数的微分法而求出导数 y_x' 及 y_{x^2}'':

$$x^{-\frac{1}{3}} + y^{-\frac{1}{3}}y' = 0 \quad 或 \quad x^{\frac{1}{3}}y' + y^{\frac{1}{3}} = 0,$$

由此

$$y' = -\left(\frac{y}{x}\right)^{\frac{1}{3}};$$

其后又有

$$\frac{1}{3}x^{-\frac{2}{3}}y' + \frac{1}{3}y^{-\frac{2}{3}}y' + x^{\frac{1}{3}}y'' = 0,$$

由此

$$y'' = -\frac{a^{\frac{2}{3}}}{3xy^{\frac{2}{3}}}y' = \frac{a^{\frac{2}{3}}}{3x^{\frac{4}{3}}y^{\frac{1}{3}}}.$$

把 y' 及 y'' 的数值代入公式 (7a) 内, 就得到

$$R = 3(axy)^{\frac{1}{3}}.$$

3) 旋轮线:

$$x = a(t - \sin t), \quad y = a(1 - \cos t)$$

(图 118).

因为 [**231**, 4)] $\alpha = \frac{\pi}{2} - \frac{t}{2}$, 故 $d\alpha = -\frac{1}{2}dt$; 又从另一方面, 容易算出

$$x_t' = a(1 - \cos t), \quad y_t' = a\sin t, \quad x_t'^2 + y_t'^2 = 4a^2\sin^2\frac{t}{2},$$

于是

$$s_t' = \sqrt{x_t'^2 + y_t'^2} = 2a\sin\frac{t}{2}, \quad 即 \quad ds = 2a\sin\frac{t}{2}dt.$$

在这种情形, 关于 R 的计算可以利用基本公式 (6):

$$R=\frac{ds}{d\alpha}=\frac{2a\sin\frac{t}{2}dt}{-\frac{1}{2}dt}=-4a\sin\frac{t}{2}.$$

若回忆在 **231**, 4) 内导出的法线长 n 的表达式, 就看出

$$R=-2n.$$

由此可得曲率中心 C 的作图法, 这从图内看得很清楚.

4) 圆的渐伸线:

$$x=a(\cos t+t\sin t),\quad y=a(\sin t-t\cos t)$$

(图 121).

在此处 $\alpha=t$ [**231**, 6)], 于是 $d\alpha=dt$. 另一方面

$$x_t'=at\cos t,\quad y_t'=at\sin t,\quad x_t'^2+y_t'^2=a^2t^2;$$

由此

$$s_t'=at,\quad ds=atdt.$$

因此同样简捷地得到

$$R=\frac{ds}{d\alpha}=at=MB.$$

这样, 切点 B (细线与圆离开的点) 也就是渐伸线在点 M 的曲率中心. 渐伸线的曲率中心的轨迹正是原来的圆.

(这一特殊现象的一般形式我们将在 **255** 内考察.)

5) 对数螺线: $r=ae^{m\theta}$ (图 134).

我们有 $r_\theta'=mr, r_{\theta^2}''=m^2r$. 把它代入公式 (7б) 内, 就求得

$$R=\frac{(r^2+m^2r^2)^{\frac{3}{2}}}{r^2+2m^2r^2-m^2r^2}=r\sqrt{1+m^2}.$$

但 $m=\operatorname{ctg}\omega$ [**233**, 3)], 于是 R 的表达式可以写成

$$R=\frac{r}{\sin\omega},$$

而这样直接从图上看得明白, 它就是极法线长 $n_p=NM$. 因此, 曲率中心就是点 N; 这就不难给出对数螺线的曲率中心的简易作图法.

6) 心脏形线: $r=a(1+\cos\theta)$ (图 135).

在此处有 $r_\theta'=-a\sin\theta, r_{\theta^2}''=-a\cos\theta$. 容易算出

$$r^2+r_\theta'^2=4a^2\cos^2\frac{\theta}{2};$$

还要计算

$$r_\theta'^2-rr_{\theta^2}''=a^2(1+\cos\theta)=2a^2\cos^2\frac{\theta}{2},$$

按照公式 (7a) 立刻求得

$$R = \frac{4}{3}a\cos\frac{\theta}{2}.$$

回想到 [**233**, 4)] 心脏形线的极法线长的表达式, 可见有

$$R = \frac{2}{3}n_p.$$

7) 双纽线: $r^2 = 2a^2\cos^2 2\theta$ (图 126).

我们在 **233**, 5) 内已曾看见, 在这一情形 $\alpha = 3\theta + \frac{\pi}{2}$, 于是 $d\alpha = 3d\theta$. 那么按照公式 (6) 立刻得出

$$R = \frac{ds}{d\alpha} = \frac{1}{3}s'_\theta = \frac{1}{3}\sqrt{r^2 + r'^2_\theta} = \frac{1}{3}n_p = \frac{2a^2}{3r}.$$

因为双纽线的法线我们是会作的, 故由此得出曲率中心的作图法

8) 抛物线: $y^2 = 2px$.

在这里利用隐函数的微分法, 连续求得

$$yy'_x = p, \quad yy''_{x^2} + y'^2_x = 0, \quad \text{由此} \quad y^3y''_{x^2} = -p^2.$$

现在按照公式 (7a),

$$R = \frac{(1 + y'_{x^2})^{\frac{3}{2}}}{y''_{x^2}} = \frac{[y^2 + (yy'_x)^2]^{\frac{3}{2}}}{y^3y''_{x^2}} = \frac{(y^2 + p^2)^{\frac{3}{2}}}{-p^2} \quad (y > 0).$$

回想到 [**231**, 1)] 法线长 $n = \sqrt{y^2 + p^2}$, 就得到

$$R = -\frac{n^3}{p^2}.$$

9) 椭圆及双曲线: $\frac{x^2}{a^2} \pm \frac{y^2}{b^2} = 1$.

微分这等式二次:

$$\frac{x}{a^2} \pm \frac{yy'_x}{b^2} = 0, \quad \text{由此} \quad yy'_x = \mp\frac{b^2x}{a^2};$$

其次, 有

$$yy''_{x^2} = \mp\frac{b^2}{a^2} - y'^2_x, \quad \text{或} \quad y^3y''_{x^2} = -\frac{b^4}{a^2}\left(\frac{x^2}{a^2} \pm \frac{y^2}{b^2}\right) = -\frac{b^4}{a^2}.$$

由此得

$$R = -\frac{(b^4x^2 + a^4y^2)^{\frac{3}{2}}}{a^4b^4} \quad (y > 0).$$

我们已知 [**231**, 2)] 在这情况下法线长的表达式

$$n = \frac{\sqrt{b^4x^2 + a^4y^2}}{a^2},$$

于是

$$R = -\frac{a^2}{b^4}n^3.$$

大家知道, 对于椭圆以及对于双曲线, 半参数 p 表法为: $p = \frac{b^2}{a}$. 因此在这里就得出 R 的最后表达式, 与在抛物线的情形所求得的 R 有相同的形式.

故三种圆锥曲线的曲率半径都与法线长的立方成比例.

10) 末了再就一个实际问题讲几句话. 在这问题内, 恰巧是要利用曲率沿着曲线变动的事实, 要讲的就是在设计铁路转弯时必须应用的所谓**转向曲线**.

力学内证明过, 当质点沿着曲线运动时会产生离心力, 其数量由公式

$$F = \frac{mv^2}{R}$$

确定, 式中 m 是点的质量, v 是它的速度, 而 R 就是曲线在被考察点的曲率半径.

假如铁轨的直线部分直接连接圆弧状的弯曲部分 (图 159 a), 则当由直线轨道走上弯曲轨道时就要突然产生离心力, 因而发生剧烈震动, 这对于进行着的列车以及路面构造都是有害的. 要避免这种情形, 就必须把轨道的直线部分与圆弧部分用某种转向曲线 (图 159 б) 连接起来. 沿着这种转向曲线, 曲率半径将从无穷大 —— 在与直线部分接合的点 —— 逐渐减小至等于圆半径的数值 —— 在与圆弧接合的点, 与此对应, 离心力亦将逐渐增大.

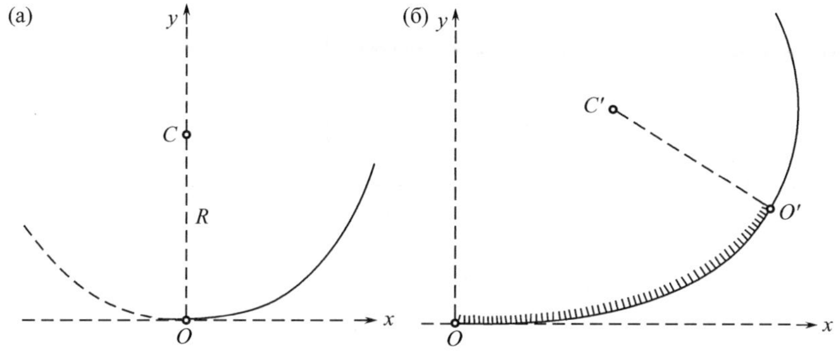

图 159

可以利用立方抛物线 $y = \frac{x^3}{6q}$ 作为转向曲线. 在这一情形, 显然有

$$y' = \frac{x^2}{2q}, \quad y'' = \frac{x}{q},$$

于是得到曲率半径的表达式

$$R = \frac{q}{x}\left(1 + \frac{x^4}{4q^2}\right)^{\frac{3}{2}}.$$

在 $x = 0$ 时 $y' = 0$ 而 $R = \infty$, 因此我们的曲线在原点与 x 轴相切且曲率为零①.

有时双纽线也用来作为转向曲线.

253. 曲率中心的坐标 现在将导出求曲率中心的坐标的公式. 用 x 及 y 表示曲线上被考察点 M 的坐标, 而用 ξ 及 η 表示与它对应的曲率中心 C 的坐标.

①用微分学的方法 [**134, 135**] 容易证明, R 只在 $x = 0.946\sqrt{q}$ 以前是渐减的; 在 x 取这值时 R 有极小值 $1.390\sqrt{q}$. 故这曲线只有这部分被利用于实际方面.

曲率半径 $R = MC$ (图 158) 位于与 x 轴组成 $\alpha + \frac{\pi}{2}$ 之角的有向法线上. 把线段 MC 分别投影于 x 轴及 y 轴上, 按照投影理论的基本定理将有

$$\xi - x = R\cos\left(\alpha + \frac{\pi}{2}\right) = -R\sin\alpha,$$
$$\eta - y = R\sin\left(\alpha + \frac{\pi}{2}\right) = R\cos\alpha.$$

由此得曲率中心的坐标为

$$\left.\begin{aligned} \xi &= x - R\sin\alpha, \\ \eta &= y + R\cos\alpha. \end{aligned}\right\} \tag{8}$$

利用我们从前导出的公式 [**251** (6); **249** (15)]

$$R = \frac{ds}{d\alpha}, \quad \cos\alpha = \frac{dx}{ds}, \quad \sin\alpha = \frac{dy}{ds},$$

刚才所得的表达式就可以改写成:

$$\left.\begin{aligned} \xi &= x - \frac{dy}{d\alpha}, \\ \eta &= y + \frac{dx}{d\alpha}. \end{aligned}\right\} \tag{9}$$

若曲线由参变量方程 (1) 给定, 那么, 回忆到 α'_t 的表达式 (4), 就很容易把公式 (9) 变换成下式:

$$\left.\begin{aligned} \xi &= x - \frac{x'^2_t + y'^2_t}{x'_t y''_{t^2} - x''_{t^2} y'_t} y'_t, \\ \eta &= y + \frac{x'^2_t + y'^2_t}{x'_t y''_{t^2} - x''_{t^2} y'_t} x'_t. \end{aligned}\right\} \tag{10}$$

我们看出, 在此处 ξ 及 η 也如同 x 及 y 一样可以表示为参变量 t 的函数.

在曲线由显式方程 $y = f(x)$ 给定的情形, 公式 (10) 取特殊形式:

$$\xi = x - \frac{1 + y'^2_x}{y''_{x^2}} y'_x, \quad \eta = y + \frac{1 + y'^2_x}{y''_{x^2}}. \tag{10a}$$

公式 (10) 也可用在曲线由极坐标方程 $r = g(\theta)$ 给定的情形, 如同平常情形, 选角 θ 作为参变量.

把刚才得出的公式 (10a) 与 **137** (图 62) 的问题中所得法线上的界点的公式相比较, 就看出前述的界点重合于曲率中心.

若把公式 (10a) 及 (17a) 与 **243** 的公式 (22) 及 (23) 相比较, 还能得出更重要的结果: *曲线在给定点的曲率圆不是别的, 而就是密切圆*. 换句话说 [**244**], *曲率圆就是经过曲线上三点的圆当这三点趋向于给定点而与它重合时的极限位置*.

当然, 这结果可以预知: 在已给曲线与圆周为二级相切的情形, 二曲线在切点的纵标 y 以及它的二导数 y'_x 及 y''_{x^2} 有相同的数值, 于是它们在这点的凹曲方向及曲率的数值都将重合, 因为这两件东西只与上述二导数有关.

254. 渐屈线及渐伸线的定义; 渐屈线的求法 若点 $M(x,y)$ 沿已给曲线而移动, 则与它对应的曲率中心 $C(\xi,\eta)$ 一般说来也画成某一曲线. 已给曲线的曲率中心的轨迹称为它的**渐屈线**. 反之, 原曲线对于自己的渐屈线来说, 就称为它的**渐伸线**.

前目用参变量 t (或 x) 所表示曲率中心 C 的坐标 ξ,η 的表达式 (10) 或 (10a) 可以看成是现成的**渐屈线的参变量方程**. 有时, 从它们消去参变量而用隐式方程

$$F(\xi,\eta)=0$$

表达渐屈线更为有利.

例题 1) 求抛物线 $y^2=2px$ 的渐屈线.

利用上面 [**252**, 8)] 得出的结果:

$$yy'_x=p,\quad y^3y''_{x^2}=-p^2.$$

按照公式 (10a) 求出曲率中心的坐标

$$\xi=x-yy'_x\frac{y^2+(yy'_x)^2}{y^3y''_{x^2}}=x+\frac{y^2+p^2}{p}=3x+p=\frac{3y^2}{2p}+p,$$
$$\eta=y+y\frac{y^2+(yy'_x)^2}{y^3y''_{x^2}}=y-\frac{y}{p^2}(y^2+p^2)=-\frac{y^3}{p^2}.$$

于是, 抛物线的渐屈线的参变量方程 (式中的 y 为参变量) 就是

$$\xi=\frac{3y^2}{2p}+p,\quad \eta=-\frac{y^3}{p^2}.$$

从这二方程消去 y, 先有

$$y^2=\frac{2p}{3}(\xi-p),\quad y^3=-p^2\eta,$$

由此, 最后得

$$\eta^2=\frac{8}{27p}(\xi-p)^3.$$

我们看到, 抛物线的渐屈线是半立方抛物线 (图 160).

2) 求椭圆 $x=a\cos t, y=b\sin t$ 的渐屈线.

我们有

$$x'_t=-a\sin t,\quad x''_{t^2}=-a\cos t,$$
$$y'_t=b\cos t,\quad y''_{t^2}=-b\sin t.$$

把它们代入公式 (10), 就得

$$\xi=a\cos t-\frac{b\cos t(a^2\sin^2 t+b^2\cos^2 t)}{ab}=\frac{a^2-b^2}{a}\cos^3 t,$$
$$\eta=-\frac{a^2-b^2}{b}\sin^3 t.$$

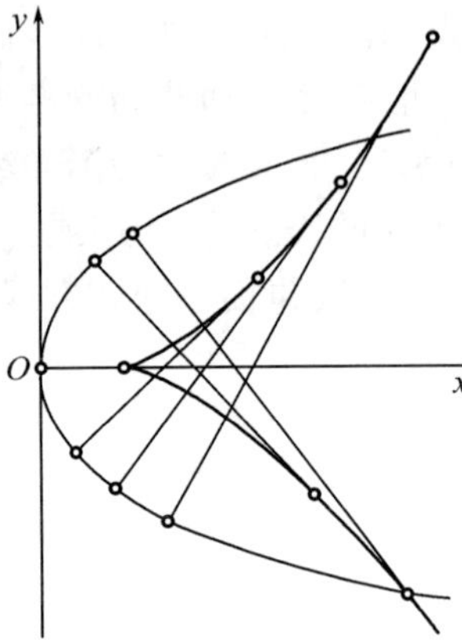

图 160

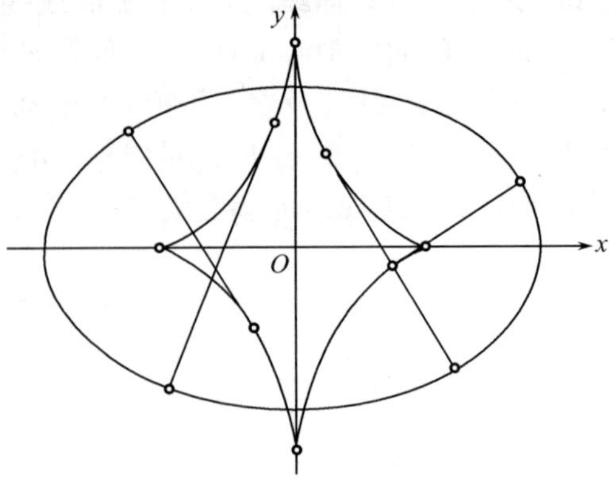

图 161

这就是椭圆的渐屈线的参变表示式. 消去 t, 就得到这曲线的隐式方程

$$(a\xi)^{\frac{2}{3}}+(b\eta)^{\frac{2}{3}}=c^{\frac{4}{3}}\quad(\text{式中 } c^2=a^2-b^2).$$

这曲线颇似星形线, 它由星形线沿铅垂方向拉长而得出 (图 161).

类似于此, 但只借助于双曲函数 (代替三角函数), 就求得双曲线 $\dfrac{x^2}{a^2}-\dfrac{y^2}{b^2}=1$ 的渐屈线

$$(a\xi)^{\frac{2}{3}}-(b\eta)^{\frac{2}{3}}=c^{\frac{4}{3}}\quad(\text{式中 } c^2=a^2+b^2).$$

3) 求星形线 $x^{\frac{2}{3}}+y^{\frac{2}{3}}=a^{\frac{2}{3}}$ 的渐屈线.

我们在 **252**, 2) 内已有:

$$y'_x=-\left(\frac{y}{x}\right)^{\frac{1}{3}},\quad y''_{x^2}=\left(\frac{a^2}{3x^4y}\right)^{\frac{1}{3}}.$$

把它们代入公式 (10a), 化简之后得到

$$\xi=x+3x^{\frac{1}{3}}y^{\frac{2}{3}},\quad \eta=y+3x^{\frac{2}{3}}y^{\frac{1}{3}}.$$

由这些方程, 连同星形线本身的方程, 可以用下列方法消去 x 及 y:

$$\xi+\eta=\left(x^{\frac{1}{3}}+y^{\frac{1}{3}}\right)^3,\quad \xi-\eta=\left(x^{\frac{1}{3}}-y^{\frac{1}{3}}\right)^3,$$
$$(\xi+\eta)^{\frac{2}{3}}+(\xi-\eta)^{\frac{2}{3}}=2\left(x^{\frac{2}{3}}+y^{\frac{2}{3}}\right)=2a^{\frac{2}{3}}.$$

若把坐标轴回转 45°, 则新坐标 ξ_1,η_1 可以用旧坐标 ξ,η 来表达, 其公式为

$$\xi_1=\frac{\xi+\eta}{\sqrt{2}},\quad \eta_1=-\frac{\xi-\eta}{\sqrt{2}},$$

于是在新坐标系统下所求渐屈线的方程为

$$\xi_1^{\frac{2}{3}}+\eta_1^{\frac{2}{3}}=(2a)^{\frac{2}{3}}.$$

我们得知这便是星形线的方程. 这样, 星形线的渐屈线是放大一倍的星形线, 它的两轴可由原来的两轴旋转 45° 而得到 (图 162).

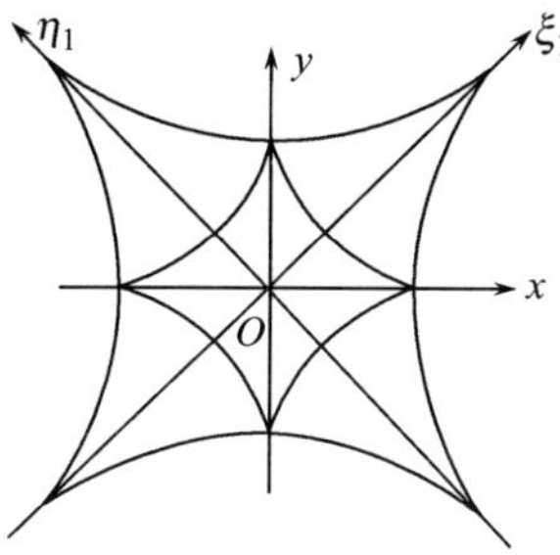

图 162

4) 求旋轮线 $x=a(t-\sin t),\ y=a(1-\cos t)$的渐屈线.

因为我们知道 [**231**, 4)] 对于旋轮线有

$$\alpha=\frac{\pi}{2}-\frac{t}{2},\quad d\alpha=-\frac{1}{2}dt,$$

故利用公式 (9) 较为便利. 把 $d\alpha$ 的值代入, 得

$$\xi=x+2y_t',\quad \eta=y-2x_t'$$

或

$$\xi=a(t+\sin t),\quad \eta=-a(1-\cos t).$$

令 $t=\tau-\pi$, 所得的参变量方程可以改写成

$$\xi=-\pi a+a(\tau-\sin\tau),\quad \eta=-2a+a(1-\cos\tau).$$

由此很清楚, 旋轮线的渐屈线仍是旋轮线, 它与原曲线为合同形, 但向左 (平行于 x 轴, 在负向) 移动一段距离 πa, 再向下 (平行于 y 轴, 亦在负向) 移动一段距离 $2a$.

建议读者去证明, 圆外或圆内旋轮线的渐屈线亦与原曲线为合同形, 且可由原曲线回转而得.

5) 求对数螺线 $r=ae^{m\theta}$ 的渐屈线.

在 **252**, 5) 内所指出的曲率中心的几何作图法使我们容易确定曲率中心的极坐标 r_1 及 θ_1 就是 (参阅图 134)

$$r_1=n_p=r\operatorname{ctg}\omega=mr,\quad \theta_1=\theta+\frac{\pi}{2}.$$

从这些方程及螺线方程本身消去 r 及 θ, 即得渐屈线方程

$$r_1=mae^{m\left(\theta_1-\frac{\pi}{2}\right)}=a_1e^{m\theta_1}.$$

把极轴旋转一适当的角度, 可以使这方程与原方程全等; 这样, 对数螺线的渐屈线是由原曲线绕极点回转一角度而得出的对数螺线.

至于已给曲线的渐伸线的作图法, 待我们研究渐屈线及渐伸线的几个性质以后再回过来讨论.

255. 渐屈线及渐伸线的性质 我们已有渐屈线的参变表示 (8)

$$\xi=x-R\sin\alpha,\quad \eta=y+R\cos\alpha,$$

其中 x,y,R,α 都认作参变量的函数. 现在假定 x 及 y 有关于参变量的 (连续的) 三阶导数①; 那么可以对表达式 (8) 施行微分:

$$d\xi=dx-R\cos\alpha d\alpha-dR\sin\alpha,$$

$$d\eta=dy-R\sin\alpha d\alpha+dR\cos\alpha.$$

①须注意, 在 R 内已出现有它们的二阶导数.

注意到

$$R\cos\alpha d\alpha=\frac{ds}{d\alpha}\frac{dx}{ds}d\alpha=dx,$$
$$R\sin\alpha d\alpha=\frac{ds}{d\alpha}\frac{dy}{ds}d\alpha=dy,$$

最后得

$$d\xi=-\sin\alpha dR,\quad d\eta=\cos\alpha dR. \tag{11}$$

现在限于考察这样的一段曲线, 在这段曲线上 R 既不变为零, 也不变成无穷大, 并且 dR 也不等于零. 由此在给定曲线上以及在它的渐屈线上除去了奇异点的可能性. 因为 $dR\neq 0$, 故曲率半径 R 单调地变动; 或是增大, 或是减小.

以公式 (11) 中的一式除另一式, 即得:

$$\frac{d\eta}{d\xi}=-\operatorname{ctg}\alpha=-\frac{1}{\operatorname{tg}\alpha}=-\frac{1}{\dfrac{dy}{dx}},$$

于是渐屈线的切线斜率与渐伸线的切线斜率互为负倒数, 故两切线互相垂直. 因此:

1° *渐伸线的法线是渐屈线 (在前者的曲率中心) 的切线.*

取渐伸线的法线族; 它依赖于一个参变量 (例如, 确定此曲线上点的位置的参变量). 由已证明的事实, 显然可知, *渐屈线就是这法线族的包络.*

作为练习, 建议读者由另一方法去证实: 从法线方程

$$(X-x)x'_t+(Y-y)y'_t=0$$

着手 (式中的 x,y,x'_t,y'_t 都是参变量 t 的函数), 用 **238** 的方法求出包络, 并证明它重合于渐屈线 (10). 还可以证明, *曲率中心是法线上的特征点*, 即给定法线与无限接近于它的另一法线的交点的极限位置.

现在转而考察渐屈线上的弧 σ. 把 (11) 内的二等式各自平方然后相加, 并且计及 **248** 内关于弧的微分公式 (11), 就得到

$$d\sigma^2=d\xi^2+d\eta^2=dR^2,$$

由此

$$d\sigma=\pm dR \tag{12}$$

或 (因 $dR\neq 0$)

$$\frac{d\sigma}{dR}=\pm 1.$$

因为这比式是参变量的连续函数, 它不能从数值 -1 跳越到 $+1$ (而不经过中间数值), 故它在全段曲线上只能等于其中之一数. 换句话说, 等式 (12) 的右边在全段曲线上只能具一种符号, 正或负.

这符号视渐屈线上计算弧的方向如何选择而定. 若如此选择计算弧的方向, 使 σ 随着曲率半径 R 一同增大, 则在公式 (12) 内须取正号; 若弧 σ 增大时而 R 反而减小, 则取负号.

今用第一种假定, 则有

$$dR = d\sigma, \quad \text{由此} \quad R - \sigma = c = \text{常数}, \tag{13}$$

我们就得到

2° *曲率半径与渐屈线的弧长相差为常数.*

这样, 在渐伸线上两点的曲率半径之差等于对应的两曲率中心之间的渐屈线的弧长. 由此可得计算渐屈线弧长的巧妙方法.

上面已证明的渐屈线的性质还可以很清楚地用机械方法来说明. 为了使叙述简化, 假设曲率半径 R (它不等于零且在被考察的全段上保持同一符号) 处处为正, 这只要在渐伸线上适当选定计算弧的方向就可以办到. 其次, 若在渐屈线上从对应于最小曲率半径的点 P 开始计算弧长, 我们就有 $\sigma > 0$. 在这些条件之下, 等式 (13) 内的常数 c 就也取正值.

现在想象在渐屈线上由端点 Q 至起点 P (图 163) 绕着一条柔软而无弹性的细线; 它在起点 P 处沿切线方向离开渐屈线而达到渐伸线上与 P 相距 c 的对应点 A. 把细线从渐屈线上揭起, 但仍保持着伸直的状态. 设 QNM 是它的一个任意位置; 因为 NM 比 $PA = c$ 增大之值为弧长 $\overparen{PN} = \sigma$, 故 NM 便是曲率半径 R, 就是说点 M 位于渐伸线上.

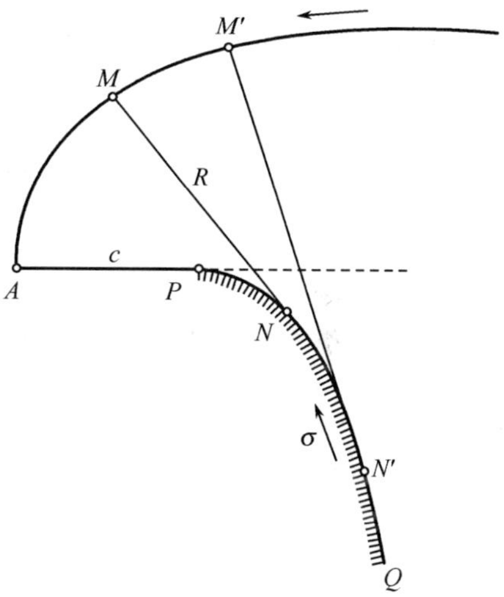

图 163

因此: *渐伸线可以由预先绕在渐屈线上的细线的展开方法而画出*①. *也可以这样说, 当直线 AP 沿着渐屈线并无滑动地滚转时, 其上 A 点所描的轨迹就是渐伸线.*

末了, 再引出渐屈线的曲率半径 ρ 的公式.

用 β 表示渐屈线的切线与 x 轴所成的角, 显然就有:

$$\beta = \alpha \pm \frac{\pi}{2}, \quad \text{于是} \quad d\beta = d\alpha. \tag{14}$$

因此 [参阅 (13) 及 (14)]

$$\rho = \frac{d\sigma}{d\beta} = \frac{dR}{d\alpha} = \frac{ds}{d\alpha}\frac{dR}{ds} = R\frac{dR}{ds}. \tag{15}$$

①渐屈线及渐伸线两个术语的起源即在于此, 意即 “卷起” 及 “展开”.

须记住, 这公式系假定 σ 随着 R 一同增大; 在相反的情形, 上式右端就必须放上负号.

又若认为 σ 随着 s 一同增大, 则可以把公式写成

$$\rho = R\left|\frac{dR}{ds}\right|, \tag{16}$$

这样就把 $\frac{dR}{ds} > 0$ (R 随着 s 一同增大) 及 $\frac{dR}{ds} < 0$ (s 增大而 R 减小) 两种情形合并在一起.

256. 渐伸线的求法 我们看到, 每一渐伸线可以沿着自己的渐屈线而由缠绕于渐屈线上的细线的展开, 或 —— 本质上与此相同 —— 用直线沿着渐屈线滚转 (并无滑动) 的方法而重新得到.

现在将证明逆命题: *若直线在给定曲线上滚转 (并无滑动), 则其上任一点的轨迹成为此曲线的渐伸线.* [这样, 每一曲线有无数条渐伸线.]

设曲线 PN (图 164) 由参变量方程

$$\xi = \varphi(t), \quad \eta = \psi(t)$$

给定, 而且 φ 及 ψ 有一阶及二阶连续导数; 再假设在被考察的曲线段上没有重点, 或一般地说没有奇异点. 曲线弧 σ 由点 P 量起.

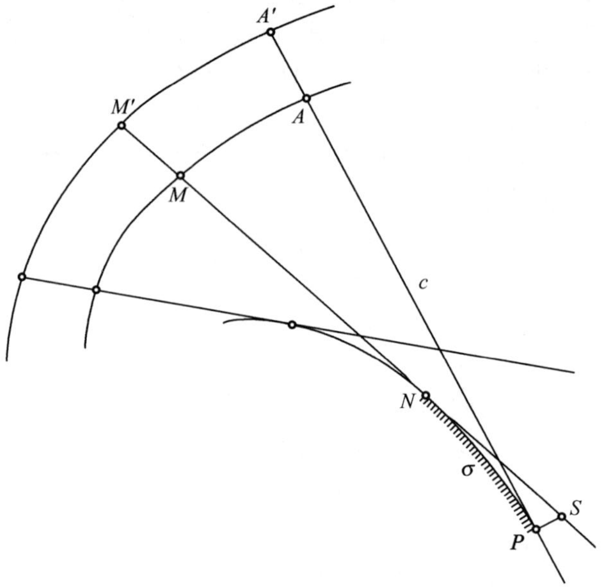

图 164

在点 P 的切线上向弧渐增的一侧取任意点 A, 它与 P 的距离 (连同应有的符号) 用 c 表示, 并且当直线 PA 在给定曲线上滚转 (并无滑动) 时记下它的轨迹. 当

直线在某一新位置时, 那时 N 成为切点, 点 P 移到 S 而 A 移至 M; 显然

$$SN = \overset{\frown}{PN} = \sigma, \quad \text{于是} \quad NM = c - \sigma.$$

若点 N 及 M 的坐标各用 (ξ, η) 及 (x, y) 来表示, 而直线 SN 与 x 轴之间的角用 β 来表示, 则把线段 NM 投影于两轴上, 不难得出:

$$x = \xi + (c - \sigma)\cos\beta, \quad y = \eta + (c - \sigma)\sin\beta. \tag{17}$$

这就给出所求轨迹的参变量表示式.

对它们施行微分, 求得

$$dx = d\xi - \cos\beta d\sigma - (c - \sigma)\sin\beta d\beta,$$
$$dy = d\eta - \sin\beta d\sigma + (c - \sigma)\cos\beta d\beta.$$

因为 [参阅 **249** (15)]

$$\cos\beta = \frac{d\xi}{d\sigma}, \quad \sin\beta = \frac{d\eta}{d\sigma}, \tag{18}$$

故这些结果化简而得

$$dx = -(c - \sigma)\sin\beta d\beta, \quad dy = (c - \sigma)\cos\beta d\beta.$$

把 $d\beta = 0$ 或 $\sigma = c$ 的情形① 除外; 那么, 这两公式两边各自相除, 就得到

$$\operatorname{tg}\alpha = \frac{dy}{dx} = -\operatorname{ctg}\beta = -\frac{1}{\dfrac{d\eta}{d\xi}}.$$

由此已很明显, 两曲线上的对应切线互相垂直, 于是给定曲线确实成为所作曲线的法线族的包络, 即它的渐屈线. 这就是说, 所作曲线是给定曲线的渐伸线, 这便是所要证明的.

前面考察过的圆的渐伸线 [**225**, 8); 比较 **252**, 4)] 可以作为用上述方法求渐伸线的例子.

①与它们对应的是所作曲线上的奇异点.

附录　函数扩充的问题

257. 一元函数的情形 考察定义在某一 (有限的或无穷的) 区间 $\mathcal{X}$ 内, 或更一般地, 在由有限个这种区间所组成的区域 $\mathcal{X}$ 内[①]的函数 $f(x)$. 若函数 $f(x)$ 在 $\mathcal{X}$ 内为连续, 且在这区域内它有直至 n 阶 $(n \geqslant 1)$ 为止的连续导数, 则说, 它在区域 $\mathcal{X}$ 内属于 C^n 类.

这时须注意, 若 $\mathcal{X}$ 含有某区间的任一端点, 则关于这点应有单侧导数[②].

今设函数 $f(x)$ 在并不包括全部数轴的某一区域 $\mathcal{X}$ 内属于 C^n 类 $(n = 1, 2, \cdots)$. 假定在任何与 $\mathcal{X}$ 有重叠部分的区域 $\mathcal{X}^*$ 内存在着也属于 C^n 类的函数 $f^*(x)$, 它在区域 $\mathcal{X}^*$ 与 $\mathcal{X}$ 的公共部分内与 $f(x)$ 全等; 那么, 这函数 f^* 便将函数 f 保持着类而扩充至 $\mathcal{X}^*$.

这样把函数扩充至更广的区域是否永远可能? 对这一问题的回答如下.

定理 任一在闭域[③] $\mathcal{X}$ 内属于 C^n $(n = 1, 2, \cdots)$ 类的函数 $f(x)$ 可以保持着类而扩充至全数轴 $\mathcal{X}^* = (-\infty, +\infty)$.

今将证明, 在这里函数的扩充可以简单地借助于整多项式而实现. 为此目的, 预先作出下列的附注.

我们已在 **123** 内知道, 在点 $x = \alpha$ 处 n 次多项式

$$p(x) = c_0 + \frac{c_1}{1!}(x - \alpha) + \frac{c_2}{2!}(x - \alpha)^2 + \cdots + \frac{c_n}{n!}(x - \alpha)^n \tag{1}$$

---

①译者注: 这里的区域是一维区域.

②或即 —— 在已给条件之下是同一件事情 —— 当 x 从区间内部向此端点接近时诸导数的极限值.

③即由一个或几个形如 $[a, b], [a, +\infty), (-\infty, b]$ 的闭区间所组成的区域.

和它的 n 个导数的值依次为 $c_0, c_1, c_2, \cdots, c_n$.

其次再设要找一个这样的多项式, 它在 $x=\alpha$ 这点满足如上所述的条件, 除此以外, 它自己及它的 n 个导数在另一点 $x=\beta$ 又须具有预先给定的数值 $d_0, d_1, d_2, \cdots, d_n$. 取所求多项式成如下的形式:

$$p(x)+(x-\alpha)^{n+1}q(x), \tag{2}$$

式中 $p(x)$ 就是多项式 (1), 而 n 次多项式 $q(x)$ 则尚待确定. 不论怎样选择 $q(x)$, 多项式 (2) 在点 $x=\alpha$ 处总能满足已知的条件. 对多项式 (2) 逐次微分 n 次, 然后在这多项式及它的导数内令 $x=\beta$; 使所得的表达式依次等于 $d_0, d_1, d_2, \cdots, d_n$, 我们就得出一组关于 $q(\beta), q'(\beta), q''(\beta), \cdots, q^{(n)}(\beta)$ 的线性方程, 由此即可相继确定这些数值. 再根据这些数值, 利用类似于 (1) 的公式, 就不难确定 $q(x)$ [比较 **130**].

现在回到上述命题的证明. 设在一般情形, 区域 $\mathcal{X}$ 系自左向右标以序号的闭区间 $\mathcal{X}_k$ $(k=1,2,\cdots,m)$ 所组成. 在这些区间内令函数 $f^*=f$, 并用下面的方法补充它的定义. 若区间 $\mathcal{X}_1$ 的左端 a_1 是有限数, 则在 $x<a_1$ 时, 令 f^* 等于形如 (1) 的多项式, 其中

$$c_0=f(a_1), \quad c_1=f'(a_1), \quad \cdots, \quad c_n=f^{(n)}(a_1).$$

类似于此, 函数 f 也可以由 $\mathcal{X}_m$ 向右扩充, 仅需这区间的右端 b_m 是有限数. 最后, 对界于 $\mathcal{X}_k$ 与 $\mathcal{X}_{k+1}$ 之间的区间 (b_k, a_{k+1}) $(k=1,2,\cdots,m-1)$ 我们使 f^* 恒等于那种多项式, 它以及它的 n 个导数在点 $x=b_k$ 及 $x=a_{k+1}$ 处都具有与函数 f 及它的导数相同的数值. 不难看出, 如此确定的函数 f^* 就在全区域 $\mathcal{X}^*=(-\infty,+\infty)$ 内实现了所要求的扩充.

258. 关于二维空间的问题　谈到多元函数, 情况就复杂了. 我们以后仅以讨论二元函数为限. 在这一情形所得出的结果也可以适用于任何个变元的一般情形.

我们将考察二维空间内的区域 $\mathcal{M}$, 它可以被理解为开域, 或是开域而附加它的周界 $\mathcal{L}$ 的一部或全部 (在最后的情形, 就成为闭域).

在这情形下要推广 $\mathcal{C}^n$ (当 $n \geqslant 1$ 时) 类的函数的定义, 我们碰到了特殊的困难. 这由于在域界 $\mathcal{L}$ 上的点, 一种或另一类型的偏导数可能是根本无法定义的. 例如, 若区域 $\mathcal{M}$ 是闭圆 $x^2+y^2 \leqslant 1$, 则在点 $(0,\pm 1)$ 就不能说及关于 x 的偏导数, 因为在 $y=\pm 1$ 时, 对 $x=0$ 的值已不能加上任何增量, 以免立刻越出函数的定义域的范围; 类似于此, 在点 $(\pm 1, 0)$ 关于 y 的偏导数也无意义.

当说及 (有一定的阶, 有一定类型的) 偏导数在区域 $\mathcal{M}$ 内为连续时, 我们约定, 在区域的界点 M_0, 这导数①只能理解为在内点 M 算出的同名导数当 M 趋向于 M_0 时的极限值 —— 不管它在事实上是否导数.

①在这时仍保持它的通常的记法.

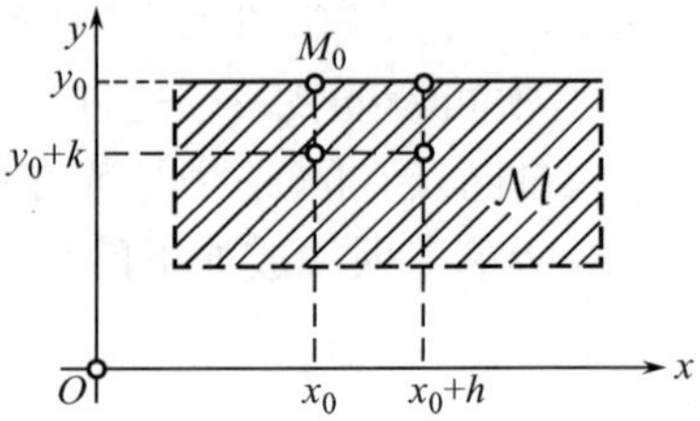

图 165

在以后进一层的叙述, 将说明上述的极限值 —— 对于很广泛的一类区域来说 —— 同时也就是真正的导数, 只要点 M_0 关于区域的位置允许我们得以说及被考察的类型的导数就成. 并且, 对于最简单的矩形区域的情形, 我们立刻就将证明这事实.

因此, 设函数 $f(x,y)$ 本身以及到 n $(n \geqslant 1)$ 阶为止的一切导数在某一矩形 $\mathcal{M}$ 中都为连续, 又点 $M_0(x_0,y_0)$ 位于直线 $y=y_0$ 的某一线段上, 这线段是 $\mathcal{M}$ 的周界 (图 165) 并且属于 $\mathcal{M}$.

从导数 f'_y 开始, 对于它问题较为简单. 按照拉格朗日公式 [**112**], 增量的比式

$$\frac{f(x_0,y_0+k)-f(x_0,y_0)}{k}=f'_y(x_0,y_0+\theta k)\quad(0<\theta<1),$$

当 $k\to 0$ 时恰趋于极限值 $f'_y(x_0,y_0)$, 这样, 它显然就是通常意义下的导数[33) [比较 **113**]. 至若关于导数 f'_x, 则与它对应的增量的比式本身可以看成是个极限

$$\frac{f(x_0+h,y_0)-f(x_0,y_0)}{h}=\lim_{k\to 0}\frac{f(x_0+h,y_0+k)-f(x_0,y_0+k)}{h}.$$

但末一表达式又可按照拉格朗日公式变换成为

$$\frac{f(x_0+h,y_0+k)-f(x_0,y_0+k)}{h}=f'_x(x_0+\theta h,y_0+k)\quad(0<\theta<1).$$

在 $h\to 0, k\to 0$ 时它趋于极限值 $f'_x(x_0,y_0)$. 又按照 **168** 的定理, 由于在 $k\to 0$ 时的单重极限存在, 这二重极限同时也就是累次极限:

$$\begin{aligned}f'_x(x_0,y_0)&=\lim_{h\to 0}\lim_{k\to 0}\frac{f(x_0+h,y_0+k)-f(x_0,y_0+k)}{h}\\&=\lim_{h\to 0}\frac{f(x_0+h,y_0)-f(x_0,y_0)}{h},\end{aligned}$$

于是在这里 $f'_x(x_0,y_0)$ 原来只是被定义为导数的极限值的, 也就成为真正的导数. 上述的话可以逐步移用于高阶导数.

因此, 上面总结出来的条件允许我们现在说及在任何区域 $\mathcal{M}$ 中的连续导数, 而不论属于这区域的界点关于这区域是怎样分布的. 兹称函数 $f(x,y)$ 在二维区域 $\mathcal{M}$ 中属于 $\mathcal{C}^n$ $(n\geqslant 1)$ 类, 如果它在 $\mathcal{M}$ 中为连续, 且有一切类型的直至 n 阶为止的各阶连续导数. 今设区域 $\mathcal{M}$ 并不包括全平面; 若在与 $\mathcal{M}$ 有重叠部分的任何区域 $\mathcal{M}^*$ 中有也属于 $\mathcal{C}^n$ 类的函数 f^* 存在, 它在 $\mathcal{M}$ 与 $\mathcal{M}^*$ 的公共部分中与 f 全等, 则我们就说, 它把**函数 f 保持着类而扩充至** $\mathcal{M}^*$. 在这里自然会提出问题: 这样扩充至更广的区域, 特别是全平面, 是否恒为可能? 我们将指出, 对于闭域 $\mathcal{M}$ 这问题的答案是

33) 准确地说, 是**单侧**导数.

肯定的, 仅需它的周界满足某种简单条件就成. 而且, 为了叙述的简化, 我们将永远假定区域 $\mathcal{M}$ 是有界的, 虽然最后的命题对于无界区域也成立.

上述的结果基本上属于惠德纳 (H. Whitney) 及赫金斯 (M. R. Hestenes).

259. 辅助命题 为了简化基本定理的证明, 我们将先证明几个引理.

引理 1 *假设 $\varphi(u,v)$ 是在区域 $\mathcal{P}$ 中属于 C^n $(n \geqslant 1)$ 类的函数, $\mathcal{P}$ 由不等式*①

$$a < u < b, \quad 0 \leqslant v < \Delta$$

确定. 则必有函数 φ^* 存在, 它把函数 φ 保持着类而扩充至全矩形

$$\mathcal{P}^* = (a, b; -\Delta, \Delta).$$

我们将由下面 $n+1$ 个线性方程的方程组:

$$(-1)^k\lambda_1 + \left(-\frac{1}{2}\right)^k \lambda_2 + \cdots + \left(-\frac{1}{n+1}\right)^k \lambda_{n+1} = 1 \quad (k = 0, 1, 2, \cdots, n) \tag{3}$$

来确定 $n+1$ 个数字 $\lambda_1, \lambda_2, \cdots, \lambda_{n+1}$. 这是可以做到的, 因为方程组的行列式就是对于互不相等的数字 $-1, -\dfrac{1}{2}, \cdots, -\dfrac{1}{n+1}$ 的范德蒙德行列式, 大家知道它异于 0.

今在 $\mathcal{P}^*$ 中如此确定函数 $\varphi^*(u,v)$: 在 $v \geqslant 0$ 时令 $\varphi^*(u,v) = \varphi(u,v)$, 而在 $v < 0$ 时令

$$\varphi^*(u,v) = \lambda_1\varphi(u,-v) + \lambda_2\varphi\left(u, -\frac{1}{2}v\right) + \cdots + \lambda_{n+1}\varphi\left(u, -\frac{1}{n+1}v\right). \tag{4}$$

若 u_0 是 u 在 (a,b) 之内的任意值, 则根据条件 (3) 中对应于 $k=0$ 的第一式, 首先有

$$\lim_{\substack{u \to u_0 \\ v \to -0}} \varphi^*(u,v) = (\lambda_1 + \lambda_2 + \cdots + \lambda_{n+1})\varphi(u_0, 0) = \varphi(u_0, 0).$$

由此得证函数 φ^* 在矩形 $\mathcal{P}^*$ 中位于直线 $v=0$ 上的那些点的连续; 它在 $\mathcal{P}^*$ 中其余各点之为连续是很明显的. 现在转而讨论函数 φ^* 的导数在 $\mathcal{P}^*$ 中的存在与连续的问题; 在这里也只需考察直线 $v=0$ 上的诸点. 对于一切导数

$$\frac{\partial^{i+k}\varphi^*(u,v)}{\partial u^i \partial v^k} \quad (1 \leqslant i+k \leqslant n) \tag{5}$$

我们先证明极限等式

$$\lim_{\substack{u \to u_0 \\ v \to -0}} \frac{\partial^{i+k}\varphi^*(u,v)}{\partial u^i \partial v^k} = \frac{\partial^{i+k}\varphi(u_0, 0)}{\partial u^i \partial v^k} \tag{6}$$

---

①开区间 (a,b) 也可以是无穷区间; 完全同样地, 正数 Δ 也可以为 $+\infty$.

成立. 为此目的, 只需对 u 微分等式 (4) i 次, 再对 v $(v<0)$ 微分 k 次, 得:

$$\begin{aligned}\frac{\partial^{i+k}\varphi^*(u,v)}{\partial u^i\partial v^k}=&(-1)^k\lambda_1\frac{\partial^{i+k}\varphi(u,-v)}{\partial u^i\partial v^k}\\&+\left(-\frac{1}{2}\right)^k\lambda_2\frac{\partial^{i+k}\varphi\left(u,-\frac{1}{2}v\right)}{\partial u^i\partial v^k}+\cdots\\&+\left(-\frac{1}{n+1}\right)^k\lambda_{n+1}\frac{\partial^{i+k}\varphi\left(u,-\frac{1}{n+1}v\right)}{\partial u^i\partial v^k}.\end{aligned}$$

在 $u\to u_0$ 而 $v\to -0$ 时取极限. 由于等式 (3), 结果我们也就得到 (6).

因此, 不论从 $v>0$ 一侧或从 $v<0$ 的一侧对于任何导数 (5) 都保证存在唯一的极限值. 此外, 如果取它这个极限值作为直线 $v=0$ 的点上导数 (5) 的值, 则得到在整个 $\mathcal{P}^*$ 上连续的函数. 但点 $(u_0,0)$ 是 $\mathcal{P}^*$ 的内点, 因而这里应当是真正意义的导数. 关于这方面我们可以根据前段证明过的话: 所说的极限值同时也是平常的导数.

函数 φ^* 也就是函数 φ 在 $\mathcal{P}^*$ 上所求的扩充.

引理 2 *设函数 $f(x,y)$ 在某一有界开域 $\mathcal{M}$①中属于 $\mathcal{C}^n$ 类. 若对这区域的周界 $\mathcal{L}$ 上的每一点可以作一邻域, 使函数 f 在这邻域内可以有保持着类的扩充, 则这种扩充也可能及于全平面 $\mathcal{E}$.*

对于闭域 $\overline{\mathcal{M}}=\mathcal{M}+\mathcal{L}$[34)] 中的任一点 M, 或则能找出一邻域, 函数 f 在它里面是有定义的而且属于 $\mathcal{C}^n$ 类, 或则能找出一邻域, 使在其中 f 可以保持着类而被扩充②. 这邻域可以取作, 例如, 中心在 M 而半径为 $3r$ 的开圆 $\overline{\sigma}=\mathcal{K}(M,3r)$. 这样, 全部闭域 $\overline{\mathcal{M}}$ 不仅能用这些圆 $\overline{\sigma}$ 所组成的系 $\overline{\Sigma}$ 来覆盖住, 而且能用半径为其三分之一的圆 $\sigma=\mathcal{K}(M,r)$ 所组成的系 Σ 来覆盖住.

因为区域 $\mathcal{M}$, 因之 $\overline{\mathcal{M}}$ 都是有界的, 故可以应用博雷尔引理 [**175**], 用从 $\sum$ 中取出的有限系

$$\Sigma_m=\{\sigma_1,\sigma_2,\cdots,\sigma_m\}$$

来覆盖 $\overline{\mathcal{M}}$. 在这里

$$\sigma_i=\mathcal{K}(M_i,r_i)\quad(i=1,2,\cdots,m);$$

同时我们还要考察圆

$$\sigma_i'=\mathcal{K}(M_i,2r_i),\quad \sigma_i''=\mathcal{K}(M_i,3r_i).$$

很容易作出在 $\mathcal{E}$ 中属于 $\mathcal{C}^n$ 类的函数 $h_i(M)=h_i(x,y)$, 使

$$\text{在 } \sigma_i \text{ 中有 } h_i(M)=0,\quad \text{而在 } \mathcal{E}-\sigma_i' \text{ 中有 } h_i(M)=1\quad(i=1,2,\cdots,m).$$

①我们甚至并未假定这区域是连通域, 而且现在也未说及它的周界的形状.

②视 M 是属于开域 $\mathcal{M}$ 还是属于它的周界 $\mathcal{L}$ 而定.

34)这里的加号意味着两个集的并.

例如, 可以这样定义 —— 用 **257** 的方法 —— 在全区间 $-\infty < t < +\infty$ 内属于 $\mathcal{C}^n$ 类的函数 $h(t)$, 使

$$\text{在 } t \leqslant 1 \text{ 时 } h(t) = 0, \quad \text{而在 } t \geqslant 2 \text{ 时 } h(t) = 1,$$

而后再令

$$h_i(M) = h\left(\frac{\overline{MM_i}}{r_i}\right).$$

借助于函数 h_i 再作出函数

$$\begin{aligned} &H_1 = H_1(M) = 1 - h_1, \\ &H_i = H_i(M) = h_1 h_2 \cdots h_{i-1}(1 - h_i) \quad (1 < i \leqslant m); \end{aligned}$$

它们同样是在 $\mathcal{E}$ 中属于 $\mathcal{C}^n$ 类的函数, 显然,

$$\text{在 } \sigma_i \text{ 中} \quad (\text{对于一切 } j > i), \quad H_j = 0, \tag{7}$$

$$\text{在 } \mathcal{E} - \sigma_i' \text{ 中}, \quad H_i = 0, \tag{8}$$

因为在 σ_i 中因子 h_i 等于零, 而在 $\mathcal{E} - \sigma_i'$ 中因子 $(1 - h_i)$ 等于 0. 今

$$\begin{aligned} H_1 + H_2 + \cdots + H_i &= (1 - h_1) + h_1(1 - h_2) + \cdots + h_1 h_2 \cdots h_{i-1}(1 - h_i) \\ &= 1 - h_1 h_2 \cdots h_i, \end{aligned}$$

故在 σ_i 中

$$H_1 + H_2 + \cdots + H_i = 1, \tag{9}$$

因为在那里因子 h_i 等于零.

现在设 φ_i 在 σ_i'' 中与函数 f 或与上述的 f 的扩充为全等, 而在 σ_i'' 之外, 属于 $\mathcal{M}$ 的诸点令 $\varphi_i = f$, 在其他诸点令 $\varphi_i = 0$. 函数 $\varphi_i H_i$ 在 $\mathcal{E} - \sigma_i'$ 内等于零 [参阅 (8)], 而且显然, 在全平面 $\mathcal{E}$ 上属于 $\mathcal{C}^n$ 类. 最后, 令在 $\mathcal{E}$ 中的一切点

$$f^* = \sum_{j=1}^{m} \varphi_j H_j.$$

函数 f^* 已由这等式定义于全平面内, 且同时显然是属于 $\mathcal{C}^n$ 类的函数.

在 $\mathcal{M}$ 内取出任一点 M, 它必属于某一圆 σ_i. 因为全部 $\varphi_j(M) = f(M)$, 此外, 在这点 [由于 (9) 及 (7)]

$$H_1 + H_2 + \cdots + H_i = 1, \quad \text{而在 } j > i \text{ 时 } H_j = 0,$$

故 $f^*(M) = f(M)$. 这样, f^* 确是所求的函数.

260. 关于扩充的基本定理 现在我们已经有条件可以证明在二元函数的情形关于扩充的定理, 但须对区域的周界加以限制.

我们约定由方程

$$x = \varphi(t), \quad y = \psi(t) \tag{10}$$

表达而无重点及奇异点的曲线, 称为 $\mathcal{C}^n$ $(n \geqslant 1)$ 类的**平滑曲线**, 式中在某一区间 $\mathcal{T}$ 内变动, 而函数 φ, ψ 在这区间内属于 $\mathcal{C}^n$ 类.

定理 1 若函数 $f(x, y)$ 在有界闭域 $\mathcal{M}$ 中属于 $\mathcal{C}^n$ $(n \geqslant 1)$ 类, $\mathcal{M}$ 的周界 $\mathcal{L}$ 也由属于 $\mathcal{C}^n$ 类的一条或几条 (互不相交的) 平滑曲线所组成, 则这函数可以保持着类而扩充至于全平面 $\mathcal{E}$.

设 $M_0(x_0, y_0)$ 是周界 $\mathcal{L}$ 上的任意点; 为简单起见, 就认为 $x_0 = y_0 = 0$. 这点必位于构成 $\mathcal{L}$ 的某一条曲线上, 而且是它的普通点. 在这种情形, 不失普遍性, 可以假设在点 M_0 的邻域内, 曲线可用显式方程 $y = g(x)$ 来表示, 式中的 g 也属于 $\mathcal{C}^n$ 类, 并且区域 $\mathcal{M}$ 位于曲线的上侧, 即 (在 M_0 的邻近) 由不等式 $y \geqslant g(x)$ 来确定 (图 166a).

施行变元的变换, 令

$$x = u, \quad y = g(u) + v.$$

这时函数 $f(x, y)$ 就变成函数

$$\varphi(u, v) = f(u, g(u) + v),$$

它在点 $u = v = 0$ 的邻近, 就是在 $v \geqslant 0$ 时 (图 166б) 是属于 $\mathcal{C}^n$ 类. 于是, 按照引理 1, 函数 φ 就可以保持着类而扩充至于数值 $v < 0$ (常以充分接近于原点的部分为限). 若这一扩充由函数 $\varphi^*(u, v)$ 实现, 那么, 还原成旧变元, 容易看出, 函数

$$f^*(x, y) = \varphi^*(x, y - g(x))$$

就给出函数 f 在点 M_0 的某一邻域内的扩充.

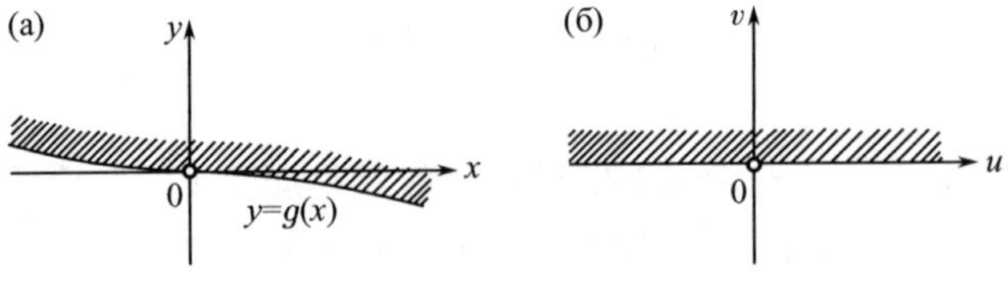

图 166

根据引理 2, 我们现在可以下结论说, 函数 f 确实可以保持着类而扩充至于全平面 $\mathcal{E}$.

261. 推广到一般情况 然而所得结果, 在实用的需要上终嫌不够, 因为经常会遇到周界上有着 "角点" 的区域. 现约定, 由几个彼此组成角度互相连接 (不等于 0 及 π) 的属于 $\mathcal{C}^n$ 类的平滑曲线弧所构成的曲线, 称为属于 $\mathcal{C}^n$ 类的逐段平滑曲线.

定理 2 若区域 $\mathcal{M}$ 的周界 $\mathcal{L}$ 系由一条或几条不相交的属于 $\mathcal{C}^n$ 类的逐段平滑曲线所组成, 定理 1 的结论仍保持有效.

我们已经知道在周界 $\mathcal{L}$ 上的任一点 (不是角点) 总可以作一邻域, 在这邻域内函数 f 可以有保持着类的扩充. 现在将证明对于角点 $M_0(x_0, y_0)$ 也是如此.

在这里仍取 $x_0 = y_0 = 0$; 不失普遍性, 也可以假定, 在原点相接的两弧在这点各有切线, 其一条切线重合于 x 轴的正向部分, 另一条切线与 x 轴组成一个角度 (图 167). 在这种情形, 在原点的充分近处这两弧分别由方程

$$y = g(x) \quad 及 \quad x = h(y)$$

来表达, 而且 $g'(0) = 0$; 函数 g 及 h 都属于 $\mathcal{C}^n$ 类.

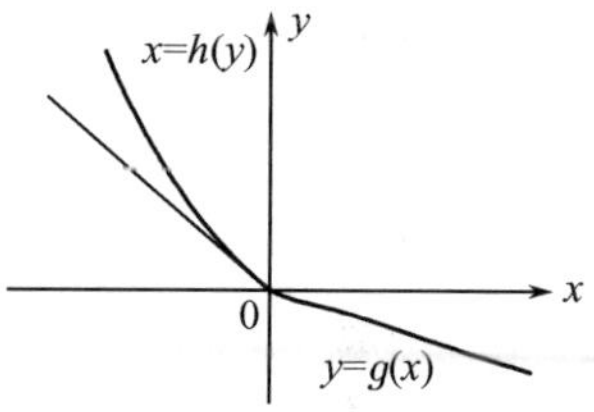

图 167

运用换元法, 令

$$x = u + h(v), \quad y = g(u) + v. \tag{11}$$

因为这些函数的雅可比式

$$J = \begin{vmatrix} 1 & h'(v) \\ g'(u) & 1 \end{vmatrix} = 1 - g'(u)h'(v)$$

在点 $u = v = 0$ 等于 1, 故方程组 (11) 在一切变元的零值的邻域内可以有单值的解

$$u = \lambda(x, y), \quad v = \mu(x, y), \tag{12}$$

而且函数 λ, μ 也属于 C^n 类 [**209**].

在 $v = 0$ 及 $u \geqslant 0$ 时, 由 (11) 得 $y = g(x)$ 及 $x \geqslant 0$, 因此对应于第一段弧的是 u 轴的正向部分; 同样可以证实对应于第二段弧的是 v 轴的正向部分.

显然, 在这种变换之下, 由这些弧在 xy 平面上划分原点的邻域而成的二角状区域, 各对应于 u 轴及 v 轴的正向部分在 uv 平面上划分原点的邻域而成的二个 —— "凹的" 及 "凸的" —— 直角状区域 (图 168, а 及 б).

把表达式 (11) 代入函数 f, 得到变换后的函数

$$\varphi(u, v) = f(u + h(v), g(u) + v),$$

在上述的两直角状区域的某一个内 (哪一个则视情形而定), 有定义而且属于 C^n 类.

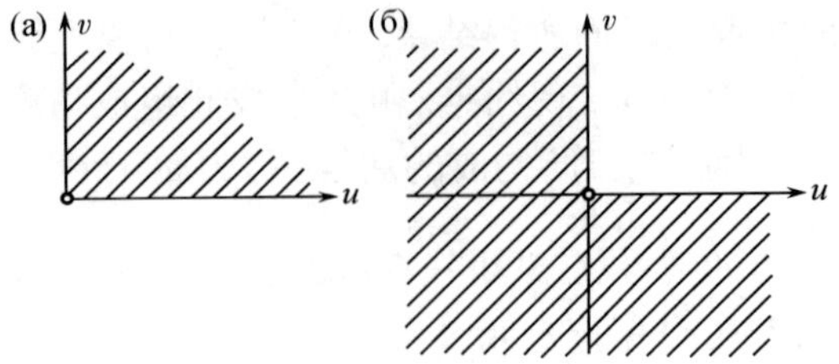

图 168

若讲到 "凸的" 直角状区域 (图 168, a), 则按照引理 1, 首先可以把函数 φ 扩充到第 IV 象限, 以后再把所得函数 (把 u 及 v 对调) 扩充到第 II 及 III 象限, 即扩充到原点的全邻域.

若讲到 "凹的" 直角状区域 (图 168, б), 情况较为复杂. 这时首先, 根据引理 1 (但变换 u 的符号), 把函数 φ 从左半平面扩充到右半平面①, 这样就得到函数 φ_1 —— 在原点的全邻域内. 以后再在下半平面内考察函数 $\psi = \varphi - \varphi_1$, 利用证明引理 2 时所指出的方法, 把它扩充到上半平面, 这就给出函数 ψ_1 —— 也在原点的全邻域内. 但在第 III 象限内 $\psi_1 = \psi = \varphi - \varphi_1 = 0$, 那时, 依照上述方法的特性, 显见在第 II 象限内也有 $\psi_1 = 0$. 现在若在原点的邻域内令 $\varphi^* = \psi_1 + \varphi_1$, 则在第 II 及 III 象限内有 $\psi_1 = 0$ 及 $\varphi_1 = \varphi$, 于是就有 $\varphi^* = \varphi$, 而在第 IV 象限内因有 $\psi_1 = \psi = \varphi - \varphi_1$, 故仍然有 $\varphi^* = (\varphi - \varphi_1) + \varphi_1 = \varphi$. 这样, 所作的函数 φ^* 已把 φ 扩充至于原点的全邻域.

用逆变换 (12) 还原成旧变元, 则得函数 f 的扩充

$$f^*(x, y) = \varphi^*(\lambda(x, y), \mu(x, y)).$$

如同定理 1, 根据引理 2, 证明就此完成.

262. 总结 已证明的关于函数扩充的定理有多种多样的应用. 我们在这里仅指出, 由于它的帮助, 使一系列在分析上有局部性的 (即有关于定点的邻域的) 公式及定理可以推广到被考察区域周界上的点, 而不是如通常一样只限于区域的内点.

例如, 设在 (上面所考察那种类型的) 有周界 $\mathcal{L}$ 的闭域 $\mathcal{M}$ 中定义着函数 $z = f(x, y)$, 它连同它的导数 f'_x 及 f'_y 都为连续. 则当点 (x_0, y_0) 位于 $\mathcal{M}$ 内部时, 成立熟知的 **[178]** 函数的全增量公式:

$$\Delta z = f(x_0 + \Delta x, y_0 + \Delta y) - f(x_0, y_0)$$

$$= f'_x(x_0, y_0)\Delta x + f'_y(x_0, y_0)\Delta y + \alpha\Delta x + \beta\Delta y, \tag{13}$$

①始终仅以原点的邻近为限.

式中 α 及 β 随同 Δx 及 Δy 趋于零. 当点 (x_0, y_0) 位于周界 $\mathcal{L}$ 上时, 证明这公式时所引用的论断一般已不能应用. 但只需限制 Δx 及 Δy, 使点 $(x_0+\Delta x, y_0+\Delta y)$ 不超出 $\mathcal{M}$ 的限界, 则这公式仍为正确. 要证明这事现在是很容易了, 我们只要首先写出对于函数 f^* 的公式, f^* 就是把 f 推广至全平面所得的函数, 而以后 —— 像所指出的, 限于区域 $\mathcal{M}$ 中的点 —— 再还原成原来的函数 f 就成.

在一切情形之下, 若其结论系以公式 (13) 为根据, 我们现在就可对原来的结果作出重要的补充.

如此, 在前述关于函数 f 的假定之下, f 显出不仅是在区域 $\mathcal{M}$ 的内点为可微分函数 **[179]**, 而且在这区域的界点也如此, 因此对于由方程 $z=f(x,y)$ 表达的曲面, 甚至在它的周界上的点, 我们也得有说及它的切平面 **[180]** 的可能.

我们知道, 复合函数的微分法则 **[181]** 也以公式 (13) 为基础, 若函数

$$x=\varphi(t), \quad y=\psi(t) \quad (t_0 \leqslant t \leqslant T) \tag{14}$$

有导数, 且点 $(\varphi(t), \psi(t))$ 全位于区域 $\mathcal{M}$ 的内部, 则对于复合函数 $z=f(\varphi(t), \psi(t))$, 我们已有公式

$$z'_t = f'_x x'_t + f'_y y'_t.$$

现在它就可以扩充到当 "曲线" (14) 接触到区域 $\mathcal{M}$ 的周界时的情形. 还有诸如此的扩充, 等等.

不拟详细阐述, 但再举出一个重要的例子. 设有函数组

$$x=\varphi(u,v), \quad y=\psi(u,v), \tag{15}$$

它们连同其导数在 uv 平面上某一以 $\mathcal{K}$ 为周界的闭域 $\mathcal{P}$ 中都为连续; 并设在这区域的某一点 (u_0, v_0), 雅可比式

$$J=\frac{D(\varphi,\psi)}{D(u,v)}$$

异于 0, 若点 (u_0, v_0) 位于 $\mathcal{P}$ 的内部, 则按照 **208** 的定理 4, 函数组 (15) 可以有逆转, 于是在点 (x_0, y_0) 的邻域内, 其中

$$x_0=\varphi(u_0,v_0), \quad y_0=\psi(u_0,v_0),$$

可以用变元 x, y 的单值函数来表达 u 及 v:

$$u=\lambda(x,y), \quad v=\mu(x,y), \tag{15*}$$

它们连同自已的导数在上述邻域内都为连续. 这样, 以充分接近于 u_0, v_0, x_0, y_0 的 u, v, x, y 的数值为限, 就可以说, 关系式 (15) 与 (15*) 是完全等价的. 这些结论, 如在证明下一命题是有用的: 曲面

$$x=\varphi(u,v), \quad y=\psi(u,v), \quad z=\chi(u,v),$$

[其中 (u,v) 在区域 $\mathcal{P}$ 中变动]在它的普通点 M_0 (对应于 $u=u_0, v=v_0$) 的邻近可以用显式方程来表达 **[228]**. 但对于曲面的周界上的点, 我们的结论已不能应用, 因为在 uv 平面上, 点 (u_0,v_0) 不能位于区域 $\mathcal{P}$ 的周界 $\mathcal{K}$ 上.

但是现在, 利用函数 φ 及 ψ 的扩充 φ^* 及 ψ^*, 我们可以把关于函数组逆转的结果扩充到周界 $\mathcal{K}$ 上的点 (u_0,v_0). 与区域 $\mathcal{P}$ 中邻接于点 (u_0,v_0) 的一部分相对应, 在 xy 平面上就有某一邻接于点 (x_0,y_0) 的区域, 在它的范围内总可以有逆转.

上述的几何结果也可以由对应的方式而补充.

以上所举的例题已足够使读者明了这些定理的重要性, 不论对于数学分析本身或是对于其应用都是一样. 关于应用函数扩充定理的其他例题, 将见于第二、三卷.

索 引

K

L

M

N

O

P

校订后记

Г. М. 菲赫金哥尔茨《微积分学教程》一书, 在我国 20 世纪 50 年代以来的数学教育中曾产生过巨大的影响. 大体说来, 现在 50 岁以上的数学工作者, 鲜有不知此书的, 鲜有未读过 (参考过) 此书的. 它内容丰富而论述深刻 (虽然从今天看来, 处理方法是经典的), 使许多学习过数学类各专业的人受益良多.

本书最早的中译本是根据俄文 1951 年第 4 版 (一、二卷) 和 1949 年版 (第三卷) 译出的, 于 1954—1956 年先后由商务印书馆和高等教育出版社出版、印行. 1959 年又根据俄文 1958 年版对其中第一卷作过修订. 中译本是由多所高等学校的多位数学老师分别翻译, 高等教育出版社多位编辑经手的.

这次高等教育出版社在国家自然科学基金委员会天元数学基金的支持下, 根据 2003 年印行的俄文版进行修订. 由于本书的各位译者大多年事已高 (有的已经谢世), 高等教育出版社在得到主要译者的首肯后, 让我来担任全书的校订工作, 这既使我感到荣幸, 又感到诚惶诚恐, 如履薄冰. 在校订过程中, 原书各位译者认真仔细的工作作风和高质量的翻译, 让我深感敬佩, 并得到很多教益. 从 2003 年印行的俄文版中, 我们看到, 担任本书俄文版的校订、编辑工作的圣彼得堡大学的 A. A. 弗洛连斯基教授除改正原先各版中一些印刷错误外, 又从读者的角度出发, 对书中可能产生不便的地方增加了 122 个注释. 他们这种为使经典名著臻于完善的、认真细致的作风值得我们借鉴.

对本书的校订工作主要在两个方面: 一方面是在新版中 (应是 1959 年以前) 作者作了不少的修订与增删, 尤其是第二卷与第三卷中改动较多. 而由于历史的原因, 在 20 世纪 60 年代以后, 高等教育出版社与各位译者一直没有机会按新版修订译本. 因而这次需要作不少补译的工作. 还有就是翻译 122 个编者注的工作. 另一方面是,涉及数学名词、外国数学家的中译名的规范问题. 由于在 1993 年, 全国自然科学名词委员会 (现改称全国科学技术名词委员会) 已颁布了《数学名词》, 所以校订中首先以此为准, 对数学名词、外国数学家中译名作了统一性的订正. 在此范围之外的则以《中国大百科全书 · 数学卷》、《数学百科全书》(五卷本) 以及张鸿林、葛显良先生编订的《英汉数学词汇》为准. 此外还参考了齐玉霞、林凤藻、刘远图先生合编的《新俄汉数学词汇》. 还有个别的在上述范围之外的名词以及其他一些难于处理的问题, 则是由张小萍、沈海玉、郭思旭三人经商讨后定下来的.

还应当说明的是, 书中有关物理、力学方面的量和单位, 有少数地方与我国现在执行的国家标准不一致. 但是, 改动它们会导致计算过程和结果中数据的改变, 作为译本, 恐怕反而不妥当, 宜保留原作的用法为好. 还有个别数学符号也与我国目前适用的不一致, 也未作改动.

本书的校订过程, 充分体现为一种集体的力量和成果. 首先是本书的策划张小萍编审, 她为本书的修订、出版工作作了周到细致的安排, 并负责一至三卷的终审工作, 作了十分仔细的审阅并提出很多重要意见; 沈海玉先生对一、三卷和第二卷的 13 ~ 14 章作了认真的通读加工和校阅, 提出了许多很好的意见; 李植教授和邵长虹老师为本书翻译了俄文版《编者的话》. 在补译过程中, 我经常得到外语分社田文琪编审在俄译中表达方面耐心而宝贵的指教. 对以上各位的指导、合作与帮助, 表示由衷的感谢!

由于个人的水平所限, 虽经努力, 但在新加内容的补译工作方面、在个别译名的确定方面等, 错误和疏漏恐难于避免, 还请读者不吝指正.

郭思旭

2005 年 8 月

相关图书清单

序号	书号	书名	作者
1	9787040183030	微积分学教程（第一卷）（第 8 版）	[俄] Г. М. 菲赫金哥尔茨
2	9787040183047	微积分学教程（第二卷）（第 8 版）	[俄] Г. М. 菲赫金哥尔茨
3	9787040183054	微积分学教程（第三卷）（第 8 版）	[俄] Г. М. 菲赫金哥尔茨
4	9787040345261	数学分析原理（第一卷）（第 9 版）	[俄] Г. М. 菲赫金哥尔茨
5	9787040351859	数学分析原理（第二卷）（第 9 版）	[俄] Г. М. 菲赫金哥尔茨
6	9787040287554	数学分析（第一卷）（第 7 版）	[俄] В. А. 卓里奇
7	9787040287561	数学分析（第二卷）（第 7 版）	[俄] В. А. 卓里奇
8	9787040183023	数学分析（第一卷）（第 4 版）	[俄] В. А. 卓里奇
9	9787040202571	数学分析（第二卷）（第 4 版）	[俄] В. А. 卓里奇
10	9787040345247	自然科学问题的数学分析	[俄] В. А. 卓里奇
11	9787040183061	数学分析讲义（第 3 版）	[俄] Г. И. 阿黑波夫 等
12	9787040254396	数学分析习题集（根据 2010 年俄文版翻译）	[俄] Б. П. 吉米多维奇
13	9787040310047	工科数学分析习题集（根据 2006 年俄文版翻译）	[俄] Б. П. 吉米多维奇
14	9787040295313	吉米多维奇数学分析习题集学习指引（第一册）	沐定夷、谢惠民 编著
15	9787040323566	吉米多维奇数学分析习题集学习指引（第二册）	谢惠民、沐定夷 编著
16	9787040322934	吉米多维奇数学分析习题集学习指引（第三册）	谢惠民、沐定夷 编著
17	9787040305784	复分析导论（第一卷）（第 4 版）	[俄] Б. В. 沙巴特
18	9787040223606	复分析导论（第二卷）（第 4 版）	[俄] Б. В. 沙巴特
19	9787040184075	函数论与泛函分析初步（第 7 版）	[俄] А. Н. 柯尔莫戈洛夫 等
20	9787040292213	实变函数论（第 5 版）	[俄] И. П. 那汤松
21	9787040183986	复变函数论方法（第 6 版）	[俄] М. А. 拉夫连季耶夫 等
22	9787040183993	常微分方程（第 6 版）	[俄] Л. С. 庞特里亚金
23	9787040225211	偏微分方程讲义（第 2 版）	[俄] О. А. 奥列尼克
24	9787040257663	偏微分方程习题集（第 2 版）	[俄] А. С. 沙玛耶夫
25	9787040230635	奇异摄动方程解的渐近展开	[俄] А. Б. 瓦西里亚娃 等
26	9787040272499	数值方法（第 5 版）	[俄] Н. С. 巴赫瓦洛夫 等
27	9787040373417	线性空间引论（第 2 版）	[俄] Г. Е. 希洛夫
28	9787040205251	代数学引论（第一卷）基础代数（第 2 版）	[俄] А. И. 柯斯特利金
29	9787040214918	代数学引论（第二卷）线性代数（第 3 版）	[俄] А. И. 柯斯特利金
30	9787040225068	代数学引论（第三卷）基本结构（第 2 版）	[俄] А. И. 柯斯特利金
31	9787040502343	代数学习题集（第 4 版）	[俄] А. И. 柯斯特利金
32	9787040189469	现代几何学（第一卷）曲面几何、变换群与场（第 5 版）	[俄] Б. А. 杜布洛文 等

（续表）

序号	书号	书名	作者
33	9787040214925	现代几何学（第二卷）流形上的几何与拓扑（第 5 版）	[俄] Б. А. 杜布洛文 等
34	9787040214345	现代几何学（第三卷）同调论引论（第 2 版）	[俄] Б. А. 杜布洛文 等
35	9787040184051	微分几何与拓扑学简明教程	[俄] А. С. 米先柯 等
36	9787040288889	微分几何与拓扑学习题集（第 2 版）	[俄] А. С. 米先柯 等
37	9787040220599	概率（第一卷）（第 3 版）	[俄] А. Н. 施利亚耶夫
38	9787040225556	概率（第二卷）（第 3 版）	[俄] А. Н. 施利亚耶夫
39	9787040225549	概率论习题集	[俄] А. Н. 施利亚耶夫
40	9787040223590	随机过程论	[俄] А. В. 布林斯基 等
41	9787040370980	随机金融数学基础（第一卷）事实 • 模型	[俄] А. Н. 施利亚耶夫
42	9787040370973	随机金融数学基础（第二卷）理论	[俄] А. Н. 施利亚耶夫
43	9787040184037	经典力学的数学方法（第 4 版）	[俄] В. И. 阿诺尔德
44	9787040185300	理论力学（第 3 版）	[俄] А. П. 马尔契夫
45	9787040348200	理论力学习题集（第 50 版）	[俄] И. В. 密歇尔斯基
46	9787040221558	连续介质力学（第一卷）（第 6 版）	[俄] Л. И. 谢多夫
47	9787040226331	连续介质力学（第二卷）（第 6 版）	[俄] Л. И. 谢多夫
48	9787040292237	非线性动力学定性理论方法（第一卷）	[俄] L. P. Shilnikov 等
49	9787040294644	非线性动力学定性理论方法（第二卷）	[俄] L. P. Shilnikov 等
50	9787040355338	苏联中学生数学奥林匹克试题汇编 (1961 — 1992)	苏淳 编著
51	9787040533705	苏联中学生数学奥林匹克集训队试题及其解答 (1984 — 1992)	姚博文、苏淳 编著
52	9787040498707	图说几何（第二版）	[俄] Arseniy Akopyan

微积分学教程
第一卷

WEIJIFENXUE
JIAOCHENG

策划编辑
张 小 萍

责任编辑
赵 天 夫

封面设计
王 凌 波

责任校对
王 巍

责任印制
赵 义 民

图字：01-2005-5740 号

Фихтенгольц Г. М. *Курс дифференциального и интегрального исчисления* (в 3 томах)

ISBN 5-9221-0436-5 (vol.1)
ISBN 5-9221-0437-3 (vol.2)
ISBN 5-9221-0466-7 (vol.3)

图书在版编目 (CIP) 数据

微积分学教程 . 第 1 卷 : 第 8 版 / (苏) 菲赫金哥尔茨著 ; 杨弢亮 , 叶彦谦译 . — 3 版 . — 北京 : 高等教育出版社 , 2006.1 (2025.9 重印)
ISBN 978-7-04-018303-0

I . 微… II . ①菲… ②杨… ③叶… III . 微积分 - 高等学校 - 教材 IV . O172

中国版本图书馆 CIP 数据核字 (2005) 第 142129 号

出版发行	高等教育出版社
社　　址	北京市西城区德外大街 4 号
邮政编码	100120
印　　刷	北京市白帆印务有限公司
开　　本	787mm×1092mm　1/16
印　　张	33.75
字　　数	690 千字
购书热线	010-58581118
咨询电话	400-810-0598
网　　址	http://www.hep.edu.cn http://www.hep.com.cn
网上订购	http://www.hepmall.com.cn http://www.hepmall.com http://www.hepmall.cn
版　　次	1954 年 10 月第 1 版 2006 年 1 月第 3 版
印　　次	2025 年 9 月第 19 次印刷
定　　价	59.00 元

反盗版举报电话
(010) 58581999　58582371
反盗版举报邮箱
dd@hep.com.cn
通信地址
北京市西城区德外大街 4 号
高等教育出版社知识产权与法律事务部
邮政编码
100120

本书如有缺页、倒页、脱页等质量问题，请到所购图书销售部门联系调换

物 料 号　18303-B0